U0851409

铁路新职人员岗位培训系列教材

铁路通信工（现场综合维护）

中国铁路上海局集团有限公司　编

中国铁道出版社有限公司

2024年·北　京

内 容 简 介

本书为铁路新职人员岗位培训系列教材之一，根据《铁路特有工种技能培训规范》和岗位作业标准编写。全书共十四章，主要内容包括技术规章、通信原理、通信线路、传输系统、数据通信系统、接入网系统、调度通信系统、会议电视系统、铁路综合视频监控系统、应急通信系统、列车及站(客)场广播、移动通信网、通信电源及动力与环境监控系统、通信仪表的原理和使用。

本书可作为铁路通信工(现场综合维护)岗前资格性培训和岗位适应性培训教材，对各类职业院校相关师生也有重要的参考价值。

图书在版编目(CIP)数据

铁路通信工. 现场综合维护/中国铁路上海局集团有限公司编. —北京：中国铁道出版社有限公司，2023. 12(2024. 11 重印)

铁路新职人员岗位培训系列教材

ISBN 978-7-113-30755-4

Ⅰ. ①铁… Ⅱ. ①中… Ⅲ. ①铁路通信-通信设备-维修-岗位培训-教材 Ⅳ. ①U285

中国国家版本馆 CIP 数据核字(2023)第 219927 号

书　　名：铁路通信工(现场综合维护)
作　　者：中国铁路上海局集团有限公司

责任编辑：朱敏洁　　**编辑部电话：**(010)51873134　　**电子邮箱：**zhuminjie1105@163. com
编辑助理：奚　琦
封面设计：郑春鹏
责任校对：苗　丹
责任印制：赵星辰

出版发行：中国铁道出版社有限公司(100054，北京市西城区右安门西街 8 号)
网　　址：https://www. tdpress. com
印　　刷：北京盛通印刷股份有限公司
版　　次：2023 年 12 月第 1 版　2024 年 11 月第 2 次印刷
开　　本：787 mm×1 092 mm　1/16　**印张：**25. 25　**字数：**603 千
书　　号：ISBN 978-7-113-30755-4
定　　价：89. 00 元

版权所有　侵权必究

凡购买铁道版图书，如有印制质量问题，请与本社读者服务部联系调换。电话：(010)51873174

打击盗版举报电话：(010)63549461

编 委 会

主　　　任： 谭载文

副　主　任： 周　伟　陈伟革

主要编审人员： 康　毅　李　竑　陶庆海　周家仕

周　阁　孙　磊　孙菲菲　胡　邹

黄　志　张　森　陈志新　郑靖荣

张永毅　刘　仓　姚　伟　杨银银

前言

新职人员是铁路职工队伍的新生力量，也将是中国式现代化建设的中坚力量。随着我国铁路事业快速发展，路网规模持续扩大、技术装备不断更新、职工队伍大规模新老交替，对铁路专业技能人才，尤其是新职人员的知识结构、技能结构提出了更高的要求。为提高职工岗位技能源头培训质量，提升职工队伍素质，保障运输安全生产，推动铁路高质量发展和现代化建设取得新成效，根据国铁集团《铁路特有工种技能培训规范》和岗位作业标准，中国铁路上海局集团有限公司组织编写了“铁路新职人员岗位培训系列教材”。

本套教材严格落实铁路主要行车工种岗位资格性培训准入制度，紧密结合现场各工种岗位作业实际及职工培训中的重点，充分依据现行基本规章和作业标准，内容反映各专业新技术、新设备、新工艺、新规章制度变化，重点突出非正常情况下应急处置、作业标准和流程、安全规定、关键作业项点等。

本套教材的最大特点为“理实一体”，以岗位需求为导向，以提升职业素养和岗位技能为核心，将理论知识和实作技能融会贯通，融为一体。理论知识部分，遵循铁路专业学科的知识体系，由浅入深，既包含入门必备的基础知识，也针对专业知识逐步展开，使铁路新职人员较快掌握。实作技能部分，以提升技能操作水平为目标，紧密围绕岗位技能需求，突出必知必会内容，涵盖基本技能和专业技能。为便于教学和使用，每章后面配有复习思考题。

本套教材由中国铁路上海局集团有限公司教材编审委员会组织，集团公司领导高度重视，职工培训部主牵头，运输、客运、货运、机务、车辆、工务、电务、供电等各专业部门，分别组建以首席技师、工匠、技能大师等为主体的编写团队进行编写，适用于新职人员岗前资格性培训，也可作为日常岗位适应性培训教材。本套教材在编写过程中得到了相关运输站段的大力支持，在此一并表示感谢！

本书为“铁路新职人员岗位培训系列教材”之一，共十四章，主要内容包括技术规章、通信原理、通信线路、传输系统、数据通信系统、接入网系统、调度通信系统、会议电视系统、铁路综合视频监控系统、应急通信系统、列车及站(客)场广播、移动通信网、通信电源及动力与环境监控系统、通信仪表的原理和使用。

编写过程中,虽多次组织现场调研、专题分析研讨,多层面广泛收集意见建议,但难免有不足和纰漏之处,恳请广大读者提出宝贵意见,便于日后修订完善。

编委会
2023 年 12 月

目录

第一章　技术规章

铁路运输技术规章是铁路企业用以规范铁路运输生产的企业法规，是按照国家铁路运输发展需求，围绕技术规章管理工作的要素、过程及内在联系构建而成的科学有机整体，是铁路运输秩序安全稳定的制度保障。本章介绍铁路技术规章的基本概念、要求、分类、编号和分层管理，使读者系统掌握技术规章体系。

第一节　铁路技术规章

一、概　　述

1. 概念

铁路运输技术规章（以下简称技术规章）是指铁路技术设备（固定设备和移动设备）完成施工或制造且交付运营后，国铁集团、铁路局集团公司、站段制定的涉及行车组织、客运组织、货运组织和铁路技术设备的运用、管理、维修等方面的规章制度。

2. 要求

技术规章实行分级管理。国家铁路技术管理的基本要求及需要在国家铁路统一的技术管理要求，由国铁集团规定。国铁集团未作规定且需要在铁路局集团公司范围内统一的技术管理要求，根据技术设备和运输组织等具体情况，由铁路局集团公司进行细化补充，涉及跨局作业组织等内容与相关铁路局集团公司进行协调。铁路局集团公司未作具体实施规定且需要站段根据实际情况细化补充的，由站段规定。

3. 重要性

技术规章是铁路运输企业为了安全、正点、优质、高效地完成运输任务，组织生产活动，约束经营行为的规范和准则。技术规章是铁路运输安全生产实践的总结，旨在积极探索铁路运输的内在规律，根据系统性、协调性、层次性、前瞻性等基本原则，在实践中不断总结完善，建立层次清晰、结构合理、内容规范、科学严密的技术规章体系。

二、分类及管理

1. 分类

国铁集团、铁路局集团公司技术规章分为基本技术规章和系统技术规章、单项技术规章。铁路局集团公司制定的系统技术规章、单项技术规章均为专业技术规章。站段制定的技术规章不分类，不再划分系统技术规章、单项技术规章，均为专业技术规章。

基本技术规章是铁路技术规章体系的核心，是铁路技术管理的基本要求。国铁集团制定的基本技术规章是《铁路技术管理规程》（以下简称《技规》）以及对《技规》的补充、修改。铁路局集团公司制定的基本技术规章是《普速铁路行车组织规则》（以下简称《行规》）、《高速铁路行车组织细则》(以下简称《行细》),以及对《行规》《行细》的补充、修改。

系统技术规章是指专业技术规章范围内比较综合的技术规章,是本专业系统和其他相关专业系统均要执行的规章。单项技术规章是指专业技术规章范围内比较单一的,仅限本专业系统执行的规章。

专业技术规章是对基本技术规章分层次、按专业进行细化的技术规定,包括国铁集团、铁路局集团公司、站段发布的涉及行车组织、客运组织、货运组织(包括行车安全措施、非正常行车、应急处置、信号、通信、施工维修、机车车辆、牵引供电、电力给水、工电设备、房屋建筑、安全防护等方面的规则、规定、办法)以及《车站行车工作细则》(简称《站细》)、《动车所行车工作细则》(简称《所细》)和机务、车辆、工务等单位的《××段行车工作细则》(简称《段细》)等。

2. 制定发布

技术规章的制定、补充、修订、发布、废止及解释,遵循谁制定、谁负责的原则。国铁集团、铁路局集团公司各专业管理部门组织本专业技术规章的起草工作;跨部门的技术规章,由主办专业管理部门牵头、相关部门参与起草工作;本部门跨专业的技术规章,本部门负责协调。

技术规章应使用规范的名称。国铁集团基本技术规章名称一般使用"规程",系统技术规章名称一般使用"规则",单项技术规章名称一般使用"规定"或"办法"。对既有技术规章进行补充或者部分条款修订时,文件名称一般使用"修订×××××部分内容"的表述;为方便执行,原则上应附修订后的完整技术规章条文。

技术规章的修改、补充文件,纳入原技术规章同类管理。除基本规章外,对同一个技术规章的修订、补充不准超过3次,超过3次时应重新发布。

3. 分层管理

技术规章实行国铁集团、铁路局集团公司和站段三级管理。下级技术规章必须服从上级技术规章,不得与上级技术规章相违背。同一层级技术规章必须服从基本技术规章,不同专业技术规章之间必须协调一致。

《技规》是国铁集团的基本技术规章,统领各专业技术规章、企业标准等。《技规》及国铁集团专业技术规章组成国铁集团技术规章体系;《行规》《行细》及铁路局集团公司专业技术规章组成铁路局集团公司技术规章体系,主要包括行车组织、客运组织、货运组织和技术设备管理等要求;站段编制的《站细》《所细》《段细》及根据国铁集团、铁路局集团公司要求制定的相关实施细则、作业办法等组成站段技术规章体系,主要反映站段技术管理工作的要求。

4. 目录编号

凡属于技术规章管理范围的文件应分别纳入各层级技术规章目录,实行目录和编号管理。国铁集团、铁路局集团公司技术规章签发后,由技术规章归口管理部门统一进行技术规章编号。站段是否编号由铁路局集团公司规定。国铁集团、铁路局集团公司和站段归口管理部门每年需组织一次技术规章清理,并公布有效、失效和废止的技术规章目录。

第二节　《铁路技术管理规程》

一、概　　述

《铁路技术管理规程》(简称《技规》)是国家铁路技术管理的基本规章。《技规》的编制对铁路的基本建设、运输生产和安全管理都起着重要的作用,它主要包括技术设备、行车组织、信号显示等三个方面的内容。《技规》是铁路各部门、各单位制定各种规程、规范、规则、细则、标准和办法的基本依据,其编制对铁路的基本建设、运输生产和安全管理都起着重要的作用。

《技规》包括普速铁路部分和高速铁路部分。其中普速铁路部分适用于200 km/h以下的铁路(仅运行动车组列车的铁路除外),高速铁路部分适用于200 km/h及以上的铁路和200 km/h以下仅运行动车组列车的铁路。

二、《技规》涉及通信专业的主要内容

《技规》中对通信的维修组织机构进行明确,对通信作用和功能进行阐述,对通信中承载网、业务网、支撑网、通信线路及其他分系统进行了详细阐述,并明确了普速铁路和高速铁路中通信提供的业务。

《技规》中规定"为保证信号、通信设备的质量,应设电务段、通信段等电务维修机构。电务段、通信段管辖范围应根据信号、通信设备等条件确定",明确了通信维修组织机构。此外,《技规》中还规定"铁路通信网是覆盖铁路的统一、完整的专用通信网,为运输生产和经营管理提供话音、数据和图像通信业务。铁路通信应符合国家、铁道行业的有关技术标准和质量要求,确保全程全网安全、可靠、迅捷、畅通",明确了通信在铁路运输中的重要功能及作用。

1.《技规(普速铁路部分)》

第121条为"铁路通信应根据下列主要通信业务,配置相应通信设备:

"(1)普通电话(固定、移动);

"(2)专用电话(固定、移动),包括调度电话、车站(场)电话、站间行车电话等;

"(3)会议电话;

"(4)广播;

"(5)数据承载;

"(6)数据终端(铁路电报、列车调度命令信息无线传送、车次号校核信息无线传送、列车尾部风压信息传送、列车安全防护预警信息传送等);

"(7)图像通信(会议电视、综合视频监控等);

"(8)应急通信;

"(9)时钟、时间同步基准信号。"明确了普速铁路中的主要通信业务。

2.《技规(高速铁路部分)》

第112条为"铁路通信应根据下列主要通信业务,配置相应通信设备:

"(1)普通电话(固定、移动);

“(2)专用电话(固定、移动),包括调度电话、车站(场)电话、站间行车电话等;

“(3)数据承载;

“(4)数据终端(铁路电报、列车调度命令信息无线传送、车次号校核信息无线传送、列车尾部风压信息传送、列车安全防护预警信息传送等);

“(5)图像通信(会议电视、综合视频监控等);

“(6)应急通信;

“(7)时钟、时间同步基准信号。”明确了高速铁路中的主要通信业务。

第三节 《铁路通信维护规则》

一、概 述

《铁路通信维护规则》(以下简称《维规》)是在《铁路有线通信维护暂行规则》《铁路无线通信维护暂行规则》《铁路数字移动通信系统(GSM-R)维护暂行规则》《铁路通信仪器仪表管理办法》《动车组车载通信设备高级检修规程》等规章基础上,根据铁路通信设备运用特点和设备管理、现场维护工作要求,在广泛征求意见后,对原有技术规章进行整合、调整,修编而成,是铁路通信设备维护的基本规章。

《维规》分为综合管理、设备维护两篇。其中综合管理篇 9 章、5 个附件,包括总则、维护组织、维护管理、质量管理、障碍管理、跨局通信网停机要点管理、机房管理、仪器仪表管理、运维支撑系统的运用管理;附件包括铁路通信维护工作表样式、管理制度和资料名称,主要通信设备使用年限参照表,通信设备备品备件配置标准参考表,通信仪器仪表配置标准参考表和一级备品备件库使用申请流程图。设备维护篇 23 章,包括通信线路、传输网、接入网、时钟同步网、时间同步网、数据通信网、电话交换、调度通信、会议通信、电报通信、应急通信、广播与站场通信、综合视频监控、数字移动通信系统核心网、数字移动通信系统无线网、列车无线调度通信固定设备、无线通信中继设备、移动通信终端设备、通信地理信息管理系统、通信电源、监控监测系统及网管设备、专线电路及接入设备和铁塔、机房空调、箱式机房。

二、设备维护

《维规》中设备维护篇围绕当前通信维护的主要专业和内容展开,涵盖了铁路通信承载网、业务网、支撑网的各主要专业,具体涉及通信线路、传输网、调度通信等 23 项通信设备系统,在专业知识部分具体介绍,在此不再赘述。

三、综合管理

《维规》中综合管理篇汇集通信管理主要内容,包括维护组织、维护管理、质量管理、障碍管理、跨局通信网停机要点管理、运维支撑系统的运用管理等,共 9 章、5 个附件。

1. 总则

铁路通信是铁路的重要基础设施,是保障铁路运输安全、提高效率的重要工具。为满足铁路运输经营需要,确保铁路通信安全畅通,规范通信维护管理,统一通信维护标准,特制定本规则。

铁路通信设备包括通信线路、传输、接入网、时钟及时间同步、数据通信、电话交换、调度通信、会议通信、电报通信、应急通信、广播与站场通信、综合视频监控、列车无线调度通信、数字移动通信(GSM-R)、通信电源、监控监测系统等。

铁路通信维护工作应贯彻“安全第一，预防为主”的方针，坚持强度与性能并重的原则；优化修程修制和生产组织，提高维护工作效率；采用新技术、新材料、新工艺，提升通信设备的维护质量；充分利用信息技术，完善运行维护支撑体系，实现维护、管理信息化。

2. 维护组织

铁路通信维护管理工作应按分级管理、逐级负责的要求，实行国铁集团、铁路局集团公司、段三级管理，段、车间、工区(班组)三级维护。

3. 维护管理

通信维护管理应树立全程全网观念，实行统一指挥、分级管理。

通信维护工作应树立科学维修理念，推进全面质量管理，加强安全风险控制，优化维修作业方式，推广先进维修经验，提高通信设备维护质量。

设备维护单位要建立健全维护管理制度，落实安全、保密、机房、维修作业、数据制作等基本工作制度，规范备品备件、仪器仪表、台账、技术资料的使用和管理，制定岗位工作标准和维修作业标准，不断完善障碍处理流程和应急预案，提高应急处置能力。

通信线路、漏泄电缆和通信杆的维护实行维修、中修、大修修程，其他通信设备的维护实行维修修程。通信设备的维修包括日常检修、集中检修和重点整修。

4. 质量管理

维护质量是衡量维护工作优劣程度的评判依据，包括设备质量、工作质量和运用质量。设备质量和工作质量是运用质量的基础，运用质量是设备质量和工作质量的综合反映。

设备质量是指设备的客观状态质量，包括机械强度和电气性能；工作质量是指维护、管理人员在生产活动中所达到的质量，包括技术水平、工作态度和维护管理任务的执行程度；运用质量是指通信系统在使用过程中的动态质量，是运用中的系统、设备及电路在规定的技术条件下所能完成其功能的程度。

5. 障碍管理

设备障碍既是运用质量的重要标志，也是设备质量的客观反映。设备障碍构成铁路通信故障、事故的，按照国家或国铁集团铁路交通事故调查处理、铁路行车设备故障调查处理、铁路电务安全管理等有关规定执行。

凡运用中的通信设备不能正常运用且未影响正常行车的，列通信障碍。通信障碍分为通信一类障碍和通信二类障碍。

铁路通信大通道是承载各类业务网和重要信息系统的主干通道，各级维护部门应加强维护管理，保障网络运行质量，压控设备障碍延时，确保铁路通信大通道的安全畅通。

铁路通信大通道根据使用性质，分为骨干大通道和局干大通道。

6. 跨铁路局集团公司通信网停机要点管理

为规范跨铁路局集团公司通信网施工管理，对国铁集团与各铁路局集团公司间、各铁路局集团公司与铁路局集团公司间的骨干传输网(含跨集团公司组网的传输系统)、数据网骨干网络(含网络转发节点)和GSM-R核心网设备的停机施工、维修作业项目(以下统称“施工项目”)，实行要点管理，并按《铁路营业线施工安全管理办法》有关规定纳入施工计划。

跨铁路局集团公司通信网的设备停机作业时间由通信中心负责统一协调相关铁路局集团公司确定。

7. 机房管理

通信机房的环境、设备、管理、安全和质量应符合国家、行业、国铁集团有关规定，满足设备可靠稳定运行要求；机房消防设施的配备和使用应符合消防安全相关规定。

通信机房按机房内设备在通信网的地位分为三类：

一类机房：国铁集团、铁路局集团公司通信枢纽设备机房，网管中心等机房；调度所调度交换机、GSM-R 网络核心节点、数据网骨干网络及区域网络核心节点等设备所在机房。

二类机房：传输网骨干层节点、数据网汇聚节点、GSM-R 网 BSC 节点等设备所在机房。

三类机房：除一、二类以外的其他机房。

8. 仪器仪表管理

通信仪器仪表是保证通信网络和设备质量，满足铁路通信系统指标测试和维护工作的必要工具。

通信仪器仪表管理应贯彻执行国家和国铁集团的相关规定，坚持服务生产、标准规范、统一管理、逐级负责的原则。

通信仪器仪表的计量检定工作应执行国家及国铁集团的有关规定，建立量值可追溯的工作流程，确保计量检定结果准确、可靠。

9. 运维支撑系统的运用管理

通信维护管理工作应充分利用现代通信等信息技术，建立、健全运行维护支撑体系，通过网管、监测等运维支撑管理系统，实现对通信设备设施、网络资源、维护管理过程等的集中监控、综合分析和智能化管理，提高维护工作的针对性。

通信网运行维护支撑体系各管理系统按照通信网结构特点和运维体制设置，主要包括专业网管、监控监测、通信综合网管、骨干通信网运维与资源管理、GSM-R 数据管理、通信技术履历管理、铁路通信地理信息管理等系统。

第四节 《行车组织规则》及《行车组织细则》

一、概　　述

《普速铁路行车组织规则》(以下简称《行规》)和《高速铁路行车组织细则》(以下简称《行细》)是根据《技规》的规定，并结合铁路局集团公司的实际制定的补充规则，是铁路局集团公司行车组织的基本技术规章。

《行规》《行细》由总则、用语说明、行车设备、编组列车、调车工作、行车闭塞、列车运行与接发、通信信号、特殊规定、事故救援及应急处理、附则组成。

《行规》《行细》的内容各铁路局集团公司虽然不尽相同，但其主要项目大同小异。各章节内针对《技规》规定的有关条文按需要进行具体补充，使之更加切合实际条件，要求更加具体，便于操作执行。此外，根据铁路局集团公司的实际，把一些涉及行车的单项规定、办法、措施等作为附录，一并编入。

二、《行规》

1. 编制依据

为加强铁路局集团公司铁路技术管理，根据国铁集团《技规（普速铁路部分）》和《普速铁路行车组织规则编制规则》规定，结合铁路局集团公司普速铁路具体条件和运输生产实际，制定本规则。

2. 适用范围

《行规》适用于铁路局集团公司管内 200 km/h 以下的铁路（仅运行动车组列车的铁路除外）。委托铁路局集团公司运营管理的合资铁路公司应执行本规则。其他合资铁路公司、地方铁路可比照执行。

《行规》是铁路局集团公司基本技术规章，也是贯彻落实《技规》，加强普速铁路技术管理的基本规则。管内普速铁路的行车工作，除应认真执行《技规》及国铁集团颁布的有关技术规章制度文件外，均应按照本规则执行。各相关部门须根据《行规》的规定，补充完善相应专业技术规章。

三、《行细》

1. 编制依据

为加强铁路局集团公司铁路技术管理，根据国铁集团《技规（高速铁路部分）》和《高速铁路行车组织细则编制规则》规定，结合铁路局集团公司高速铁路具体条件和运输生产实际，制定本细则。

2. 适用范围

《行细》适用于铁路局集团公司管内 200 km/h 及以上的铁路和 200 km/h 以下仅运行动车组列车的铁路。委托铁路局集团公司运营管理的合资铁路公司应执行本细则。其他合资铁路公司、地方铁路可比照执行。

《行细》是铁路局集团公司基本技术规章，也是铁路局集团公司贯彻落实《技规》，加强高速铁路技术管理的基本规则。铁路局集团公司管内高速铁路的行车工作，除应认真执行《技规》及国铁集团颁布的有关技术规章制度文件外，均应按照《行细》执行。

复习思考题

1. 铁路运输技术规章的概念是什么？
2. 技术规章主要分为哪几类？
3. 基本技术规章主要包括哪些？
4. 《维规》包括哪两篇？分别包括哪几部分？
5. 《技规（高速铁路部分）》中通信设备提供哪些主要通信业务？

第二章 通信原理

通信原理是整个通信系统最为基础的理论知识之一，也是铁路通信技术的重要组成部分。本章通过介绍通信系统的基本原理、基本分析方法以及通信网的架构等，使大家基本了解和初步掌握通信原理和铁路通信系统的构成体系。

第一节 通信原理概述

一、通信技术及其发展

通信指的是克服距离上的障碍，进行信息的传递与交换的过程。通信的基本问题就是在一点准确地或近似地再现另一点所选择的消息。通信的目的就是迅速、准确地进行信息传输。

社会发展进程中通信方式有很大不同，原始通信时代以语音为主，邮政通信时代以文字发明为标志，电气通信时代以电报、电话为主，信息时代以信息多样化、方式多样化为特点，并与计算机相结合。

二、通信系统模型

1. 模拟通信系统模型

模拟通信系统模型如图 2-1 所示。

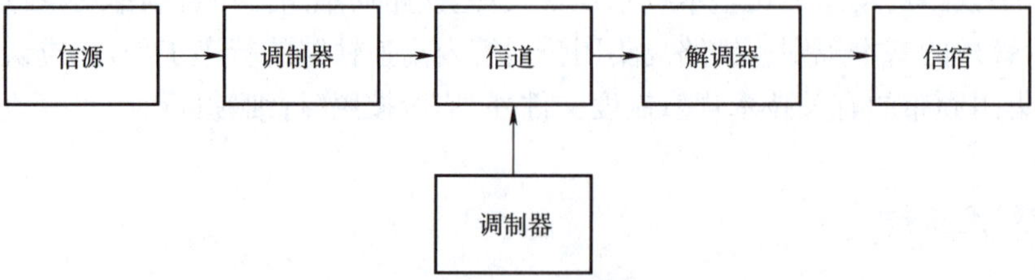

图 2-1　模拟通信系统模型

2. 数字通信系统模型

数字通信系统模型如图 2-2 所示。

数字通信的主要优点：可作信源编码、压缩冗余度、提高信道利用率；可采用数字加密技术，保密性好；可采用纠错和检错技术，差错可控制。

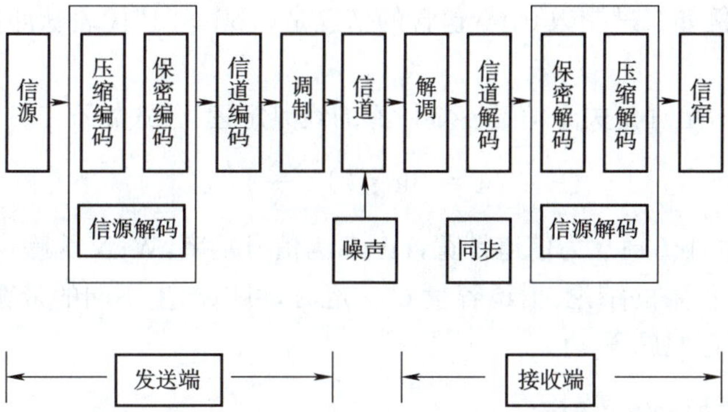

图 2-2 数字通信系统模型

三、通信系统分类

1. 按信号特征分类

(1)数字通信系统:可用于电话、电视、计算机数据等信号的远距离传输。

(2)模拟通信系统:可用于有线电话环路、无线电广播、电视广播等。

2. 按数字信号的传输方式分类

(1)并行传输系统

常用的并行方式是将构成一个字符的代码的若干位分别通过同样多的并行信道同时传输,例如计算机的并行口常用于连接打印机,一个字符分为 8 位,因此每次并行传输 8 bit 信号。

(2)串行传输系统

并行传输的速率高,但传输线路和设备都需要相应增加若干倍,一般适用于短距离、要求传输速度高的场合;串行传输速率虽然低,但使用设备少,因而是当前通信网络中普遍采用的传输方式。

3. 按调制方式分类

(1)线性调制系统:已调波中被调参数随调制信号成线性变化的调制过程。

(2)非线性调制系统:频谱搬移后基带谱结构改变。

(3)数字调制系统:用数字信号控制载波信号的参量变化。

4. 按信号复用方式分类

频分复用(FDM)系统:模拟通信的基本形式。

时分复用(TDM)系统:数字通信的基本形式。

波分复用(WDM)系统:光纤通信的基本形式。

码分复用(CDM)系统:扩频通信、移动通信的基本形式。

第二节 信息量和信道

一、信 息 量

二进制数字中的位,信息量的度量单位,为信息量的最小单位。二进制数的 1 位所包含的信息就是 1 bit,例如二进制数 0100 包含的信息是 4 bit。“1”代表脉冲信号,“0”代表脉冲间隔。

香农(Shannon)定理是关于信道容量计算的经典定理,公式如下:

$$C=B\log_2\left(1+\frac{S}{N}\right) \tag{2-1}$$

式中,C 为信道容量,bit/s;B 为信道带宽,Hz;S 为信号功率,W;N 为噪声功率,W。从这个公式可以得出一个重要的结论:信道容量 C 一定时,可以产生不同的带宽 B 和信噪比 S/N 组合。扩频通信即据此原理。

二、通信系统的性能指标

1. 有效性

有效性通常用码元传输速率、信息传输速率及系统的频带利用率三个指标来说明。

(1)码元传输速率

码元传输速率又称调制速率。它表示在信号调制过程中,1 s 内调制信号(即码元)被变换的次数。

(2)信息传输速率

信息传输速率又称传信率,是单位时间内系统所传送的信息量,单位为 bit/s。

(3)系统的频带利用率

通信系统的频带利用率 T 是指在单位时间、单位频带上传输信息量的多少。系统所占用的频带越宽,传输信息的能力越大。公式如下:

$$T=\text{符号传输速率/频带宽度(Band/Hz)} \tag{2-2}$$

或

$$T=\text{信息传输速率/频带宽度(bit/s/Hz)} \tag{2-3}$$

2. 可靠性

(1)误码率

信息码元在传输过程中被误传的概率。

(2)误信率

信息量在传输过程中被丢失的概率。

(3)信噪比

信号与噪声的功率比,单位为 dB。

三、信　　道

信道是信号传输的通道(媒介)。

1. 狭义信道

狭义信道仅指发送设备和接收设备之间的传输媒介,可分为有线信道、无线信道等。

有线信道包括架空明线、对称电缆、同轴电缆、光纤等。

无线信道包括中长波(地波),短波电离层反射(天波),超短波、微波视距传输(空间波),超短波、微波对流层散射,卫星中继(视距传播)等。

2. 广义信道

广义信道不仅包括传输媒介，还包括与传输有关的设备，如变换装置、发送设备、接收设备、调制解调器等，有时还应包括天线、馈线。广义信道按照功能划分，可分为调制信道、编码信道。

(1)调制信道：指从调制器输出端到解调器输入端的所有设备和媒介。研究调制和解调时，常用调制信道。

(2)编码信道：指从编码器输出端到译码器输入端的所有设备和媒介。研究编码时，常用编码信道。

第三节　模拟调制系统

一、调制的概念

调制是将载有有用信息的频谱搬移到高频段的过程。调制可分为线性幅度调制和非线性调制。

1. 线性幅度调制

幅度调制是线性调制(非线性变换)。

(1)波形上：幅度与基带信号成正比。

(2)频谱上：是基带信号频谱简单的搬移(平移)，频谱结构不变。

2. 非线性调制

非线性调制包含频率调制、相位调制。

二、调制的作用

调制是将低频信号加载在高频载波上发送的过程。信号调制的主要作用如下：

1. 便于无线信号辐射

无线通信信号传输只有当天线的尺寸不小于 1/4 发射信号的波长时，信号才能有效辐射出去。例如：对于 3 000 Hz 的音频信号，若要直接通过无线传输，天线约为 25 km，显然难以实现。但如果将频谱搬到 30 MHz，则只需 2.5 m 的天线。

2. 实现多路复用

被传输信号的带宽与信道本身的带宽相比，一般来说是很小的，所以一个信道只传输一路信号非常浪费。调制可以把不同的基带信号频谱搬到不同的位置上，避免信号间的相互干扰，传输多路信号。

3. 提高系统的抗噪声性能

采用不同的调制方式，可以相应扩展信号的传输带宽，通过香农定理分析可知，在干扰严重的信道内，可以通过增大带宽的方式来换取抗噪声性能的提高。

第四节 模拟信号的数字传输

一、基带通信系统

基带通信系统是一种数字通信系统,它将模拟信号转换为数字信号,然后通过传输介质进行传输。基带通信系统的基本原理是将模拟信号进行采样、量化和编码,然后通过传输介质进行传输,接收端进行解码、恢复和滤波,最终得到原始的模拟信号。

1. 基带通信系统模型

基带通信系统模型如图 2-3 所示。

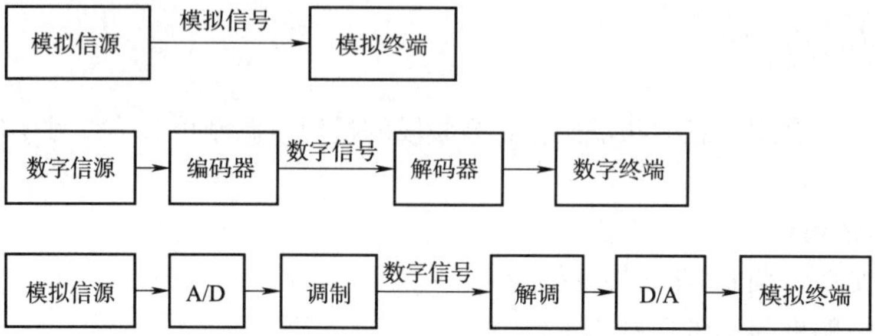

图 2-3　基带通信系统模型

2. 连续载波通信系统模型

连续载波通信系统模型如图 2-4 所示。

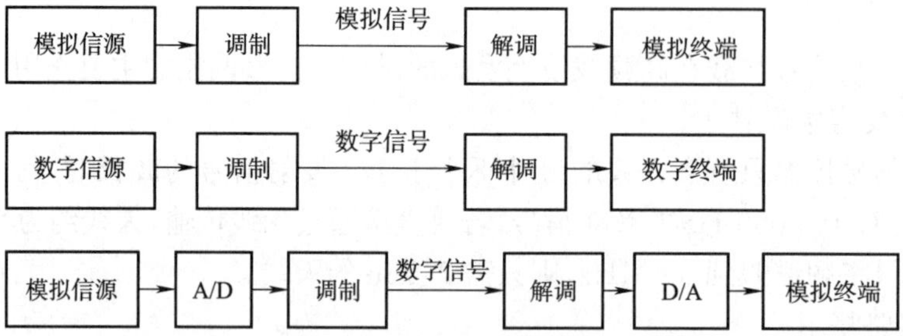

图 2-4　连续载波通信系统模型

二、抽样定理

抽样是指把连续信号变换成时间上离散信号的过程。一个有限频带信号进行等间隔抽样时,原波形可被完全恢复,信息无损失。

1. 模数转换

用数字通信系统传输模拟信号,在发送端需进行模数转换(A/D),在接收端需经过数模转换(D/A)恢复信源信号。模数转换需经过抽样、量化、编码三个步骤。

2. 脉冲编码调制(PCM)

PCM 是经过抽样量化编码后,再进行信道传送的通信体制。除了 PCM 外,可用于传输模拟信号的通信体制还有增量调制(DM)、差分脉冲编码调制(DPCM)。

三、量　　化

量化在数字信号处理领域,是指将信号的连续取值(或者大量可能的离散取值)近似为有限多个(或较少的)离散值的过程。

1. 抽样与量化区别

抽样是把连续信号变换成时间上离散信号的过程。量化是对抽样值进行离散化,即用有限个电平表示抽样信号的幅度。量化是对抽样信号进行幅度上离散。

2. 量化方式

量化方式分为均匀量化和非均匀量化。

均匀量化:把输入信号的取值域按等间距分割,它是等间隔的量化。存在着量化误差与编码位数之间的矛盾,也就是存在着动态范围与设备复杂性及带宽之间的矛盾,对弱信号传输不利。

非均匀量化:根据信号的幅度来确定量化的间隔。常见的非均匀量化有 13 折线 A 律和 15 折线 μ 律。

四、脉冲调制

1. 脉冲调制(PM):让脉冲的参数和抽样值保持线性关系,参数值反映抽样值变化。载波为周期脉冲串。脉冲调制分为 PAM(脉冲幅度调制)、PDM(脉冲宽度调制)、PPM(脉冲位置调制)、PCM(脉冲编码调制)。

2. PCM

(1)PCM 系统组成

PCM 是在 PAM 基础上发展起来的一种通信方式,指的是将模拟信号的抽样值经量化,编码后再进行传输,如图 2-5 所示。

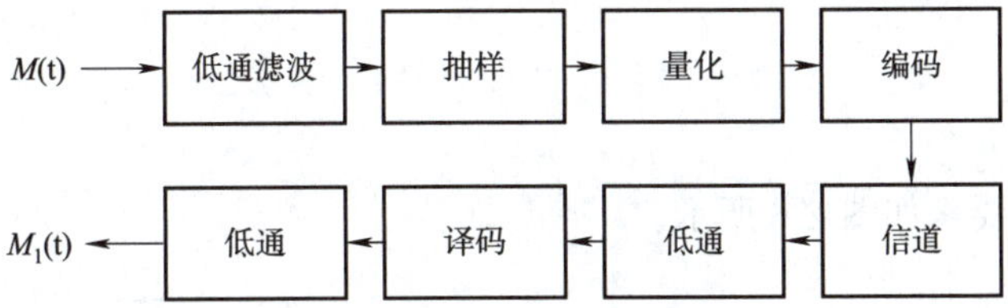

图 2-5　PCM 系统模型

(2)量化器字长的影响

量化器字长增加,量化误差随之减小,传码率要求增加,带宽增大,信噪比门限电平抬高,要求输入信噪比也相应提高。

(3)DPCM 的基本原理

DPCM 根据过去的样本估算下一个样本信号的幅度大小,将这个值称为预测值,然后对实际信号值与预测值之差进行量化编码,从而减少了每个样本信号表示的位数。

第五节 数字调制系统

一、基带传输的概念

基带传输是一种不搬移基带信号频谱的传输方式,未对载波调制的待传信号称为基带信号,根据信道中传输的信号是否经过调制,系统分为基带传输系统和带通传输系统。经过调制的数字传输系统就是数字带通传输系统,未经过调制的传输系统就是数字基带传输系统。

二、基带传输常用码型及码型设计

1. 常用码型

数字基带传输常用的码型包括 AMI 码、HDB3 码、双相码、差分双相码、CMI 码和块编码。

2. 基带传输码型设计原则

(1)不含直流成分,且低频分量应尽量少。

(2)含有丰富的定时信息,以便从接收码流中提取定时信息。

(3)功率谱主瓣宽度窄,以节省传输频带。

三、数字调制方式

将数字基带信号变换成适合信道传输的数字频带信号,然后进行传输,这种调制过程叫数字调制。数字信号的载波调制有三种方式:幅度调制(ASK)、频率调制(FSK)、相位调制(PSK)。

第六节 通 信 网

一、构 成

通信网的构成要素如图 2-6 所示。

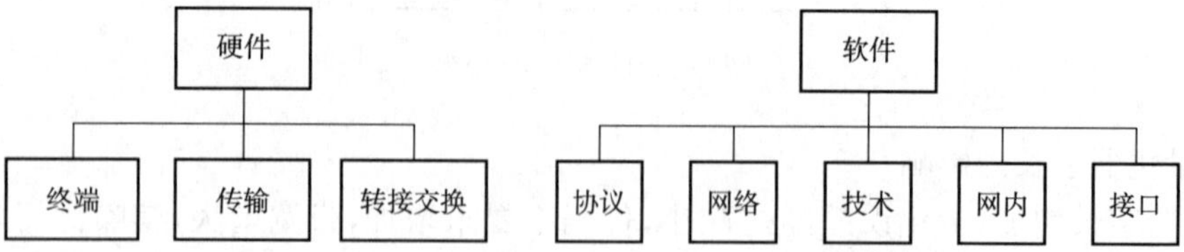

图 2-6 构成要素

二、分 类

一个完整的现代通信网可分为相互依存的三类:业务网、承载网、支撑网。

1. 业务网

业务网负责向用户提供各种通信业务，如基本语音、数据、多媒体、VPN(虚拟专用网络)等，采用不同交换技术的交换节点设备通过承载网互联在一起就形成了不同类型的业务网。业务网的主要技术要素有以下几方面：网络拓扑结构、交换节点技术、编号计划、信令技术、路由选择、业务类型、计费方式、服务性能保证机制等。其中，交换节点技术是业务网的核心要素。目前主要的业务网有：公共电话网、公共移动电话网、智能网、分组交换网、帧中继网、数字数据网、计算机局域网、Internet 互联网、ATM 网等。

2. 承载网

承载网是随着光传输技术的发展，在传统传输系统的基础上引入管理和交换智能后形成的。承载网独立于具体业务网，负责按需为交换节点和业务节点之间的互联分配电路，在这些节点之间提供信息的透明传输通道，它还包含相应的管理功能，如电路调度、网络性能监视、故障切换等。构成承载网的主要技术要素有传输介质、复用体制、承载网节点技术等。

移动通信是移动体之间的通信，或移动体与固定体之间的通信。移动体可以是人，也可以是汽车、火车、轮船、收音机等在移动状态中的物体。

移动通信是进行无线通信的现代化技术，这种技术是电子计算机与移动互联网发展的重要成果之一。移动通信技术经过第一代、第二代、第三代、第四代技术的发展，目前，已经迈入了第五代发展的时代(5G 移动通信技术)，这也是目前改变世界的几种主要技术之一。

现代移动通信技术主要可以分为低频、中频、高频、甚高频和特高频几个频段，在这几个频段之中，技术人员可以利用移动台技术、基站技术、移动交换技术，对移动通信网络内的终端设备进行连接，满足人们的移动通信需求。从模拟制式的移动通信系统、数字蜂窝通信系统、移动多媒体通信系统，到目前的高速移动通信系统，移动通信技术的速度不断提升，延时与误码现象减少，技术的稳定性与可靠性不断提升，为人们的生产生活提供了多种灵活的通信方式。

移动通信技术经历了模拟传输、数字语音传输、互联网通信、个人通信、新一代无线移动通信五个发展阶段。本书后续章节将对数据通信网进行详细论述，此处不予赘述。

3. 支撑网

支撑网负责提供业务网正常运行所必需的信令、同步、网络管理、业务管理、运营管理等功能，以提供用户满意的服务质量。支撑网包含同步网、信令网、管理网。同步网处于数字通信网的最底层，负责实现网络节点设备之间和节点设备与传输设备之间信号的时钟同步、帧同步以及全网的网同步，保证地理位置分散的物理设备之间数字信号的正确接收和发送。对于采用公共信道信令体制的通信网，存在一个逻辑上独立于业务网的信令网，它负责在网络节点之间传送与业务相关或无关的控制信息流。管理网的主要目标是通过实时和近实时来监视业务网的运行情况，并相应地采取各种控制和管理手段，以在各种情况下充分利用网络资源，保证通信的服务质量。另外，从网络的物理位置分布来划分，通信网还可以分成用户驻地网(CPN)、接入网和核心网三部分，其中用户驻地网是业务网在用户端的自然延伸，接入网也可以看成承载网在核心网之外的延伸，而核心网则包含业务、传送、支撑等网络功能要素。

三、网络安全

网络应用给人们带来了无尽的好处,但随着网络应用的扩大,网络安全风险也变得更加严重和复杂。原来由单个计算机安全事故引起的损害可能传播到其他系统和主机,引起大范围的瘫痪和损失。另外加上缺乏安全控制机制和对网络安全政策及防护意识的认识不足,这些风险正日益加重。网络结构、网络硬件及软件系统配备等网络组成部分都可能存在安全漏洞;网络应用的不同其所具有的风险程度也不同;黑客的入侵、计算机及网络病毒的侵害时刻都威胁着正在运行的网络。

网络安全是指通过采取必要措施,防范对网络的攻击、入侵、干扰、破坏和非法使用及意外事故,使网络处于稳定可靠运行的状态,以及保障网络数据完整性、保密性、可用性的能力。

随着铁路通信网的建设,加强对网络管理系统以及网络安全系统的建设,保证通信网自身以及承载业务的安全性势在必行。

复习思考题

1. 各种模拟调制方式的特点有哪些?
2. 根据数字信号的传输方式分类,通信系统有哪些?
3. 通信协议应该包括哪些内容?
4. 网络体系结构常用的两种模型是什么?
5. 铁路通信网为铁路提供的通信业务主要有哪些?

第三章　通信线路

通信线路是构成通信网的重要组成部分，是信号的传输媒介，为各种信息提供安全畅通、稳定可靠的通路。通信线路的好坏直接影响通信系统的传输性能。本章所称的通信线路包括光缆线路和电缆线路。

第一节　通信线路概述

一、光　　缆

光缆是为了满足光学、机械或环境的性能规范而制造的，它是利用包覆护套中的一根或多根光纤作为传输媒质并可以单独或成组使用的通信线缆组件。

(一)光纤的结构

光纤是光导纤维的简称。光纤在光通信系统中的作用是：在不受外界干扰的条件下，损耗低、失真小地将光信号(数字或模拟)从一端传输到另一端。光纤一般是由双层或多层不同玻璃材质的同心圆柱体构成，结构示意如图 3-1 所示。

1. 纤芯和包层

光纤的中心部分是纤芯，纤芯以外的部分称为包层，仅由纤芯和包层构成的光纤称为裸光纤。纤芯的作用是传输光波，一般单模光纤纤芯的直径是 8～10 μm，多模光纤纤芯的直径是 50 μm。包层的作用是使光波封闭在纤芯中传输，其直径一般为 125 μm。纤芯材料的折射率为 n_1，包层材料的折射率 n_2，$n_1 > n_2$ 使得纤芯—包层界面处可对在光纤中传输的光形成壁垒作用，将光波封闭在光纤的纤芯中传播。

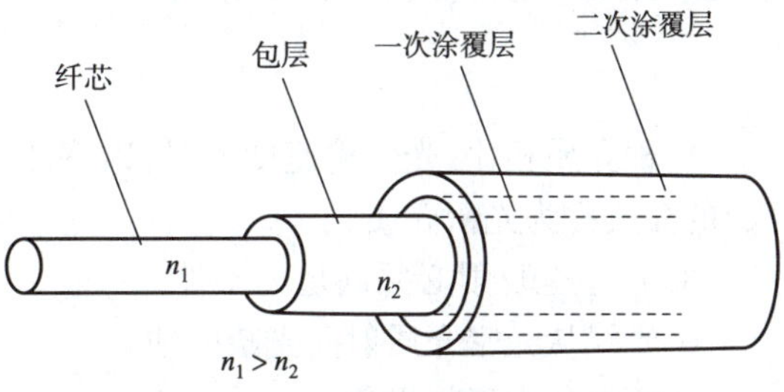

图 3-1　光纤结构示意

2. 涂覆层

包层的外部附加着几层塑料涂层，从里到外分别是一次涂覆层(又称预涂层)、二次涂覆层(又称塑料层)。这些涂层具有保护纤芯的作用，增加了光纤的机械强度与可弯曲性，保护光纤不受水汽侵蚀和机械擦伤，起到了延长光纤寿命的作用，涂覆后的光纤称为光纤芯线。

(二)光纤的导光原理

光是一种频率很高的电磁波，而光纤本身是一种介质波导。

1. 全反射原理：光线在均匀介质中是以直线传播的，但在两种不同介质的分界面会生反射和折射现象，如图 3-2 所示。

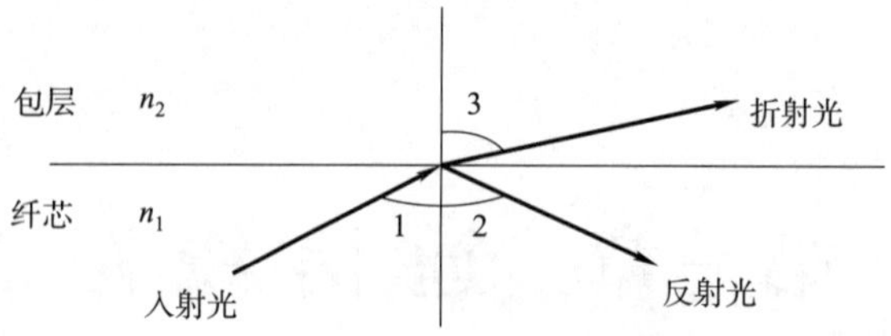

图 3-2 光的反射与折射

当$\frac{n_1}{n_2}$的值增大到一定程度,会使折射角≥90°,此时的折射光线不再进入包层,而会在纤芯与包层的分界面上掠过,或者重新返回到纤芯中进行传播,这种现象叫做光的全反射现象。阶跃光纤就利用了光的全反射现象,光在阶跃光纤内的传输路径如图 3-3 所示。

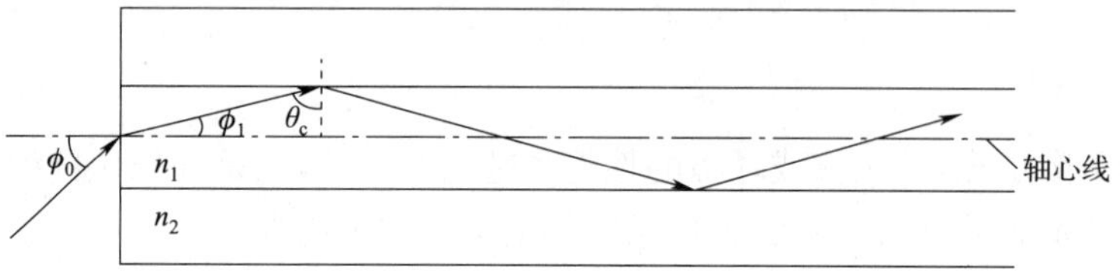

图 3-3 光的全反射

2. 光密介质和光疏介质

介质的折射率表示介质的传光能力,某一介质的折射率 n 等于光在真空中的传播速度 c 与在该介质中的传播速度 v 之比,即

$$n=\frac{c}{v} \tag{3-1}$$

两种介质相比,光传输速度大(折射率小)的介质称为光疏介质,光传输速度小(折射率大)的介质称为光密介质。

3. 产生全反射必须满足的条件

①光线从光密介质射向光疏介质。

②入射角大于临界角。

(三)光纤的分类

1. 按照光纤的传输模式来分,光纤可分为单模光纤和多模光纤。

(1)单模光纤是只能传输一种模式的光纤。单模光纤的折射率一般呈阶跃型分布,单模光纤只能传输基模,不存在模式色散,具有比多模光纤大得多的带宽,故单模光纤特别适用于大容量、长距离传输。

(2)多模光纤是可以传输多个模式的光纤。多模光纤由于纤芯直径较大,传输模式较多,故这种光纤的带宽较窄,传输特性较差,传输容量也较小。

2. 按照光纤折射率分布形式的不同,光纤可以分为阶跃型光纤、渐变型光纤。

3. 按照光纤传输光波长的长短来分,光纤可以分为短波长光纤、长波长光纤和超长波长光纤。短波长光纤工作在 0.8～0.9 μm 波段,属于多模光纤,ITU-T 建议用 G.651 表示多模光纤。

4. 按照制造光纤的材料来分,光纤可分为石英光纤和全塑光纤。

5. 按照套塑结构分类,光纤可分为紧套光纤和松套光纤。

6. 按照 ITU-T 建议来分。

ITU-T 制定了统一的光纤标准。单模光纤一般分为下列形式:

(1)G. 652 光纤(常规单模光纤),在 1 310 nm 波长窗口色散性能最佳,是目前应用最广泛的光纤。在 1 310 nm 处,色散小,衰耗大;在 1 550 nm 处,色散大,衰耗小。目前分为四类:G. 652A、G. 652B、G. 652C、G. 652D,其中 G. 652A、G. 652B 类型光纤对应 B1. 1 类单模光纤,G. 652C、G. 652D 类型光纤对应 B1. 3 型单模光纤。

(2)G. 653 光纤(色散位移单模光纤),在 1 550 nm 波长处衰耗和色散皆为最小值,可实现大容量长距离传输。但因出现四波混频效应(FWM),限制了它在 WDM(波分复用)方面的应用;IEC 和 GB/T 把 G. 653 光纤分类命名为 B2 型光纤。

(3)G. 654 光纤(截止波长位移单模光纤),也称 1. 55 μm 性能最佳单模光纤、1 550 nm 损耗最小光纤,主要用于长再生中继距离的海底光缆;IEC 和 GB/T 把 G. 654 光纤分类命名为 B1. 2 型光纤。

(4)G. 655 光纤(非零色散位移单模光纤)克服了 G. 652 光纤在 1 550 nm 处色散受限和 G. 653 光纤在 1 550 nm 处出现四波混频效应的缺陷,适用于 WDM 系统。WDM 是一种可以提高光纤频率带宽利用率的系统,目前分为 G. 655A、G. 655B 和 G655C 三个子类。IEC 和 GB/T 把 G. 655 类光纤分类命名为 B4 型光纤。

(四)光纤的主要特性

光纤的特性有很多,主要特性有几何特性、光学特性、传输特性、机械特性、温度特性。

1. 几何特性

光纤的几何特性包括芯直径、包层直径、纤芯/包层同心度、不圆度和光纤翘曲度等。

2. 光学特性

光纤的光学特性有折射率分布、数值孔径、模场直径及截至波长等。

3. 传输特性

损耗和色散是光纤最重要的传输特性。损耗限制系统的传输距离,色散限制系统的传输容量。光纤损耗和色散的机理和特性,为光纤通信系统的设计提供依据。

(1)光纤的损耗特性

光波在光纤中传输,随着传输距离的增加,光功率强度逐渐减弱,光纤对光波产生衰减作用,称为光纤的损耗(或衰减),光纤损耗的单位为 dB/km。

单模光纤中有两个低损耗区域,分别在 1 310 nm 和 1 550 nm 附近。光纤的损耗主要取决于吸收损耗、散射损耗、弯曲损耗、连接损耗。

①吸收损耗

吸收损耗是制造光纤的材料本身造成的损耗。由于光纤中某些材料(如 SiO_2、金属与 OH^- 杂质离子)吸收光能而产生振动,造成对光的吸收。

②散射损耗

光的散射由传输介质中含有的大量微小的、不均匀的“微粒”造成,它们把光能量向各个方向散射,导致传输方向上的光能量减少,形成光的衰减。散射衰减分为线性和非线性两种。

③弯曲损耗

光纤实际使用时不可避免地会出现弯曲,此时的曲率半径比光纤的直径大得多。当光纤受到侧压力、套塑光纤遇到温度变化或工艺不完善,都会出现“微弯”。

④连接损耗

连接损耗是进行光纤连接时产生的损耗,包括固定连接损耗和活动连接损耗。

(2)光纤的色散特性

光脉冲中的不同频率或模式在光纤中的群速度不同,这些频率成分和模式到达光纤终端有先有后,使得光脉冲发生展宽,这就是光纤的色散。

①模式色散

模式色散是由于不同模式的时间延迟不同而产生的,它取决于光纤的折射率分布,并和光纤材料折射率的波长特性有关,不同模式具有不同传输速度(仅多模光纤有)。

②材料色散

材料色散是由于光纤的折射率随波长而改变,以及模式内部不同波长成分的光(实际光源不是纯单色光),其时间延迟不同而产生的。这种色散取决于光纤材料折射率的波长特性和光源的谱线宽度。

③波导色散

波导色散是由于波导结构参数与波长有关而产生的,它取决于波导尺寸和纤芯与包层的相对折射率差。

4. 机械特性

光纤的机械特性主要包括耐侧压力、抗拉强度、弯曲以及扭绞性能等,使用者最关心的是抗拉强度。

5. 温度特性

光纤的温度特性,是指在高、低温条件下对光纤损耗的影响,一般温度变化会导致损耗增大。光纤的低温性能十分重要,对于架空光缆及北方地区,低温特性不良,将会严重影响通信质量。

(五)光缆的结构

光缆是以一根或多根光纤或光纤束制成的符合化学、机械和环境特性的结构。不论何种结构形式的光缆,基本上都是由缆芯、加强元件、护层等部分构成。

1. 缆芯

光缆中包含的光纤构成缆芯。缆芯由光纤的芯数决定,可分为单芯型和多芯型两种,缆芯可以放在光缆的中心或非中心部位。在缆芯内还需填充油膏,使其具有可靠的防潮性能,防止潮气在缆芯中扩散。

2. 加强元件

在光缆中心或外护层内加入钢丝或玻璃纤维增强塑料,用来增强光缆的拉伸强度。加强元件主要用于承受敷设安装时所加的外力。

3. 护层

护层指光缆从里到外加入的一层或多层圆筒状护套。光缆的护层主要是对已成缆的光纤芯起保护作用,用来防止外界各种自然外力和人为外力的破坏,光缆的护层可分为内护层和外护层。

(六)光缆的典型结构

1. 层绞式结构光缆

层绞式结构光缆由经过套塑的光纤绕在加强芯周围绞合而成。目前在市话中继和长途线路上采用的几种层绞式结构光缆示意如图 3-4 所示。

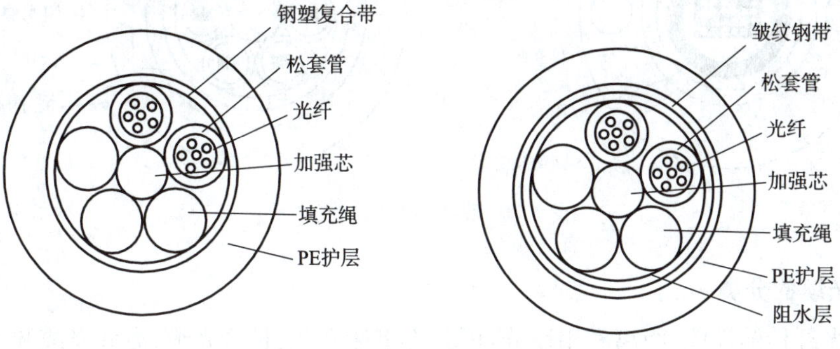

图 3-4 层绞式结构光缆示意

2. 骨架式结构光缆

骨架式结构光缆是将紧套光纤或一次涂覆光纤放入螺旋形塑料骨架凹槽内构成的，骨架的中心是加强元件。在骨架式光缆的一个凹槽内，可放置一根或几根涂覆光纤，也可放置光纤带，从而构成大容量的光缆，结构如图 3-5 所示。

3. 中心束管式结构光缆

中心束管式结构光缆把一次涂覆光纤或光纤束放入大套管中，将加强芯配置在套管周围，如图 3-6 所示。

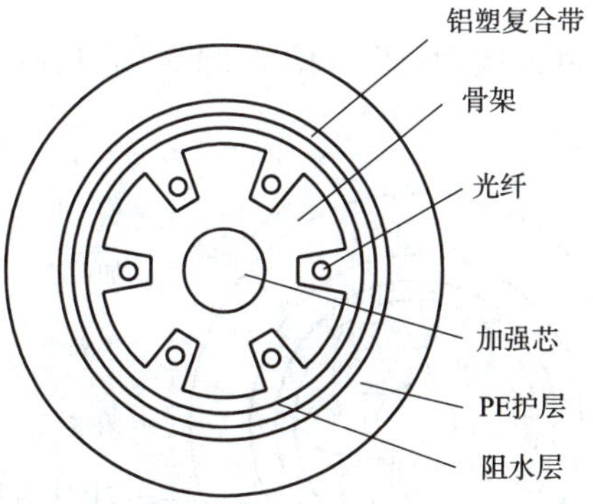

图 3-5 骨架式结构光缆示意

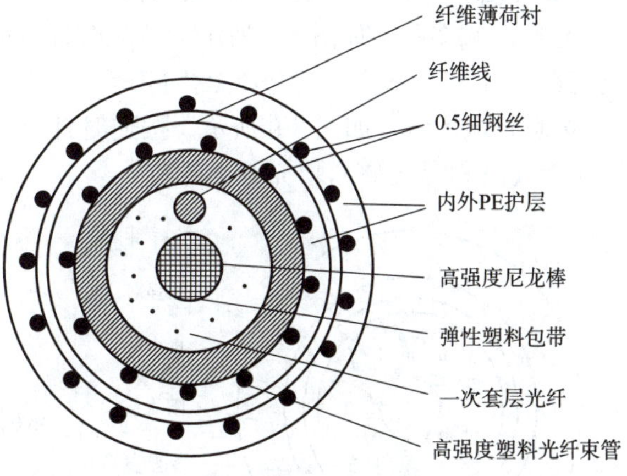

图 3-6 中心束管式结构光缆示意

4. 带状式结构光缆

带状式结构光缆把带状光纤单元放入大套管中，形成中心束管式结构；也可把带状光纤单元放入凹槽内或松套管内，形成骨架式或层绞式结构，如图 3-7 所示。

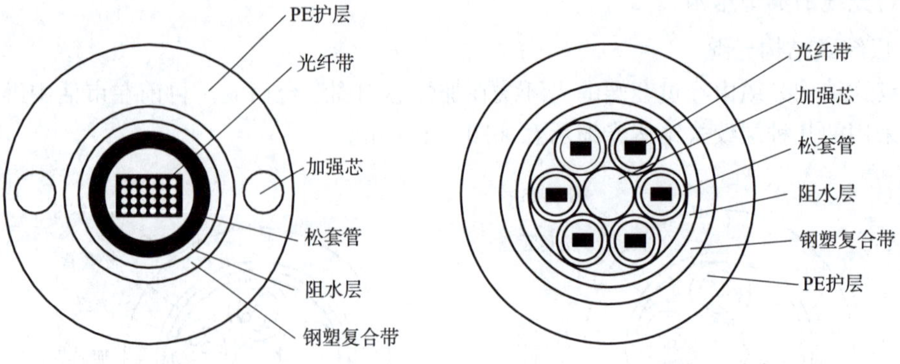

图 3-7 带状式结构光缆示意

(七)光缆的分类

1. 按光纤传输性能、距离和用途分,可分为市话光缆、长途光缆、海底光缆和用户光缆。

2. 按光纤的种类分,可分为多模光缆、单模光缆。

3. 按光纤套塑方法分,可分为紧套光缆、松套光缆、束管式光缆和带状多芯单元光缆。

4. 按光纤芯数多少分,可分为单芯光缆、双芯光缆、四芯光缆、六芯光缆、八芯光缆、十二芯光缆和二十四芯光缆等。

5. 按敷设方式分,可分为管道光缆、直埋光缆、架空光缆和水底光缆。

(八)光缆端别、纤芯色谱

1. 光缆的端别

为了在设计、施工及维护中统一标志,不出差错,保证光缆在布放、接续等过程中的质量,需要对光缆端别进行规定,光缆端别分 A、B 端。可以从下面几个图例中具体分析。

光缆 A 端图示一如图 3-8 所示。按顺时针方向,颜色依次为:蓝 1、橘 2、绿 3、棕 4、白 5(填充管)、白 6(填充管),填充管无纤芯。

光缆 B 端图示一如图 3-9 所示。按逆时针方向,颜色依次为:蓝 1、橘 2、绿 3、棕 4、白 5(填充管)、白 6(填充管),填充管无纤芯。

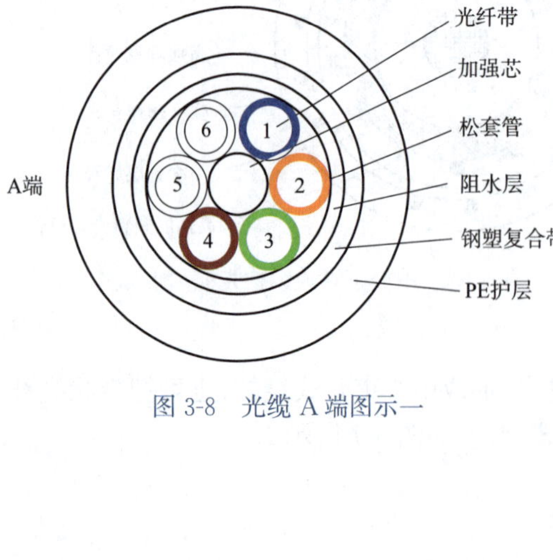

图 3-8 光缆 A 端图示一

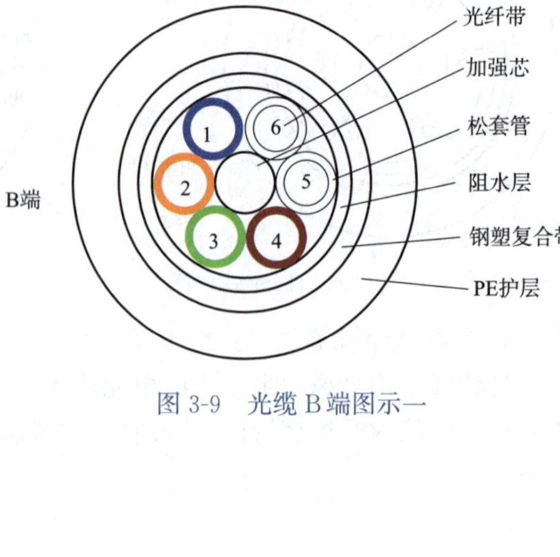

图 3-9 光缆 B 端图示一

光缆A端图示二如图3-10所示。按顺时针方向，颜色依次为：红1、绿2、白3、白4、白5、白6；红管、绿管为填充管，填充管无纤芯。

光缆B端图示二如图3-11所示。按逆时针方向，颜色依次为：红1、绿2、白3、白4、白5、白6；红管、绿管为填充管，填充管无纤芯。

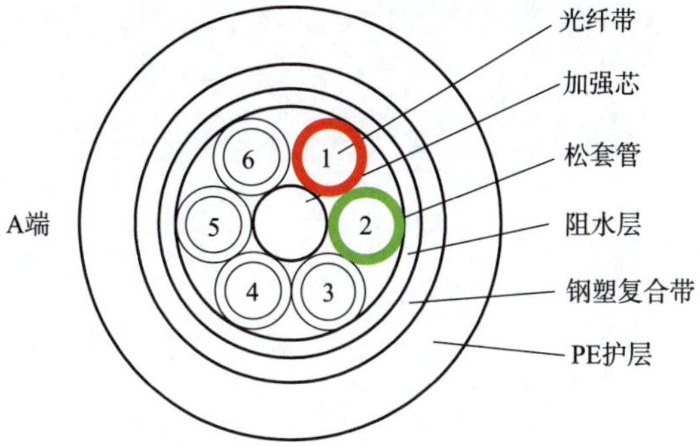

图3-10 光缆A端图示二

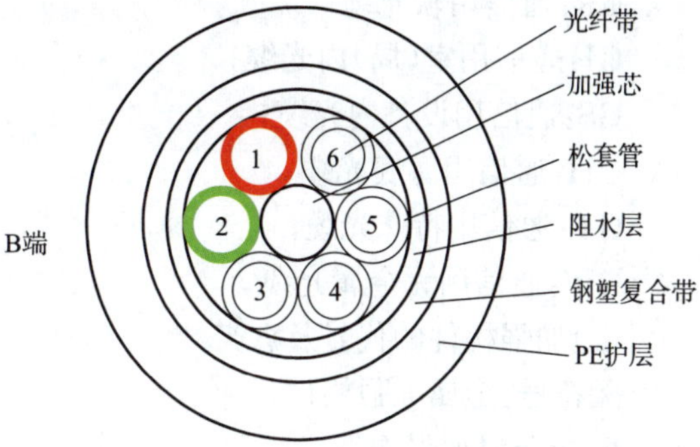

图3-11 光缆B端图示二

2. 光纤纤序的识别

要识别层绞式光缆中光纤的纤序，首先要识别光缆中光纤松套管(光纤单元)的排列顺序。

(1)光纤松套管的识别

采用全色谱时，松套管色谱顺序为蓝、橙、绿、棕、灰、白、红、黑、黄、紫、粉红、青蓝。此时蓝管为第1束管，橙管为第2束管、绿管为第3束管……，青蓝为第12束管。

(2)光纤纤序的识别

光纤松套管(或光纤单元)的排列顺序确定之后，即可确定光缆内光纤的纤序。

通常对某一光缆而言，缆内每一松套管(或光纤单元)内的光纤数和光纤色谱是一样的。目前松套管内的光纤采用全色谱，见表3-1，表3-1中示出了光纤色谱与纤序的对应关系。

表3-1 套管内光纤色谱与纤序的对应关系

光纤序号	1	2	3	4	5	6	7	8	9	10	11	12
颜色	蓝	橙	绿	棕	灰	白	红	黑	黄	紫	粉红	青蓝

(九)光缆的型号

目前光缆型号由光缆类型参数和光纤规格参数等构成，中间用一短横线分开。

光缆型号采用一横列共十三项参数表示。其中，第一至第五项是光缆类型参数，第六至第十二项是光纤规格参数，第十三项是附加参数，如图3-12所示。

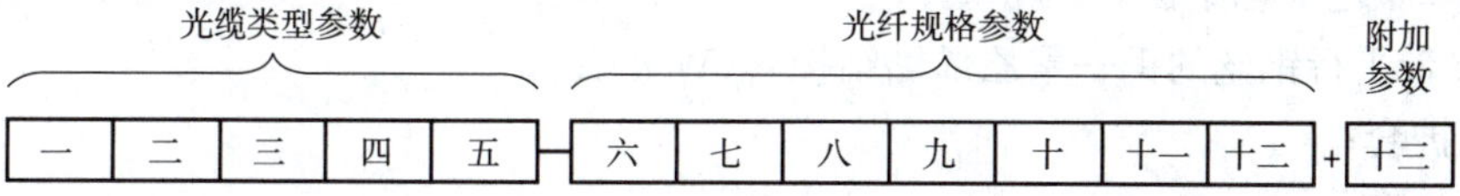

图3-12 光缆型号构成

1. 光缆类型参数

光缆类型参数由分类、加强构件、结构特征、护套和外护层5个部分组成。第一项表示光缆分类代号;第二项表示加强构件代号;第三项表示结构特征代号;第四项表示护套代号;第五项表示外护层代号。

(1)光缆分类的代号及意义

GY:通信用室(野)外光缆;

GR:通信用软光缆;

GJ:通信用室(局)内光缆;

GS:通信用设备内光缆;

GH:通信用海底光缆;

GT:通信用特殊光缆;

GW:通信用无金属光缆。

(2)加强构件的代号及意义

无符号:金属加强构件;

F:非金属加强构件;

G:金属重型加强构件;

H:非金属重型加强构件。

(3)结构特征的代号及意义

光缆结构特征应能表示出缆芯的主要类型和光缆的派生结构。当光缆有几个结构特征需要注明时,可用组合代号表示,其组合代号按下列代号自上而下顺序排列。

D:光纤带结构;

S:松套结构;

J:光纤紧套被覆结构;

G:骨架槽结构;

X:中心束管结构;

T:油膏填充式结构;

Z:自承式结构;

B:扁平形状;

Z:阻燃。

(4)护套的代号及意义

Y:聚乙烯护套;

V:聚氯乙烯护套;

U:聚氨酯护套;

A:铝—聚乙烯黏结护套(A 护套);

S:钢—聚乙烯黏结护套(S 护套);

W:夹带平行钢丝的钢—聚乙烯黏结护套(W 护套);

L:铝护套;

G:钢护套;

Q:铅护套。

(5)外护层的代号及意义。

外护层是指铠装层及铠装层外边的外被层,其代号及意义见表 3-2。

表 3-2　外护层代号及意义

代　号	铠装层(方式)	代　号	外被层
0	无	0	无
1	—	1	纤维层
2	双钢带	2	聚氯乙烯套
3	细圆钢丝	3	聚乙烯套
4	粗圆钢丝	—	—
5	单钢带皱纹纵包	—	—

2. 光纤规格参数

光纤规格参数由光纤数目、光纤类别、光纤主要尺寸参数、传输性能和适用温度五部分组成,各部分均用代号或数字表示。光纤规格参数的具体意义,如图 3-13 所示。

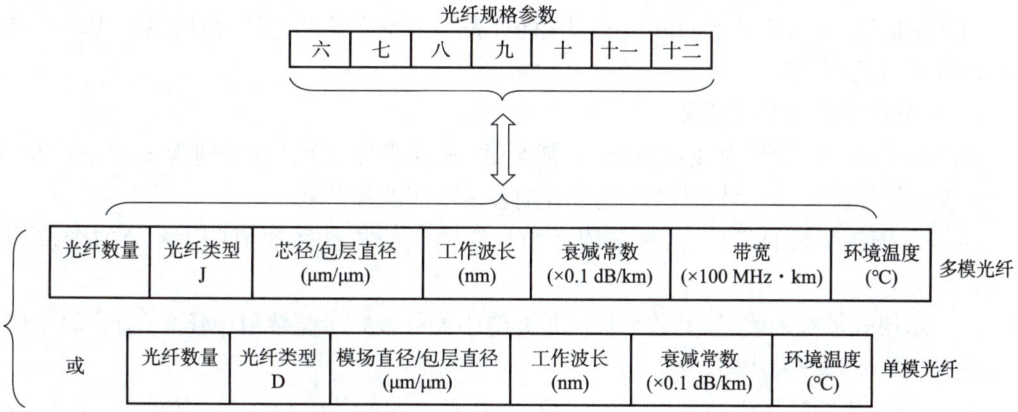

图 3-13　光纤规格参数的具体意义

(1)光纤数目

光纤数目用光缆中同类别光纤的实际有效数目的数字表示。

(2)光纤类别

光纤类别用光纤产品的分类代号表示(A 表示多模光纤,B 表示单模光纤),再以数字和小写字母表示不同的种类、类型的光纤,多模光纤分类代号见表 3-3,单模光纤分类代号见表 3-4。

其他分类代号如下:

J:二氧化硅系多模渐变型光纤;

T:二氧化硅系多模阶跃型(突变型)光纤;

Z:二氧化硅系多模准突变型光纤;

D:二氧化硅系单模光纤;

X:二氧化硅纤芯塑料包层光纤;

S:塑料光纤。

表 3-3 多模光纤分类代号

分类代号	类　型	纤芯直径(μm)	包层直径	材　料
A1a	渐变型	50	125	二氧化硅
A1b	渐变型	62.5	125	二氧化硅
A2	阶跃型	50	125	二氧化硅

表 3-4 单模光纤分类代号

分类代号	名　称	材　料
B1	非色散位移型	二氧化硅
B2	色散位移型	二氧化硅
B3	非零色散位移型	二氧化硅

(3)光纤的主要尺寸参数代号及其意义

用阿拉伯数字(含小数点)并以 μm 为单位,表示多模光纤的芯径/包层直径或单模光纤的模场直径/包层直径。

(4)传输性能代号及其意义

光纤的传输特性代号由使用波长、损耗系数、模式带宽的代号(分别为 a、bb、cc)构成。其中 a 表示使用波长的代号,其数字代号分别表示不同波长区域。

bb 表示损耗系数的代号,其数字依次为光缆中光纤损耗系数值(dB/km)的个位和十分位。

cc 表示模式带宽的代号,其数字依次是光缆中光纤模式带宽数值(MHz · km)的千位和百位数字。单模光纤无此项。

注意:同一光缆适用于两种以上的波长,并具有不同的传输特性时,应同时列出各波长上的规格代号,并用“/”分开。

(5)适用温度代号及其意义

A 适用于−40 ℃～+40 ℃;

B 适用于−30 ℃～+50 ℃;

C 适用于−20 ℃～+60 ℃;

D 适用于−5 ℃～+60 ℃。

二、电　缆

电缆通信是以电信号作为信息的载体,以电缆作为传输介质的通信方式。目前大量应用的电缆线路是对称电缆和同轴电缆,它们广泛用于接入网系统的用户线、交换机与传输设备间连接线、发射机与天线间的馈线等场合。

(一)对称电缆

1. 对称电缆的分类

对称电缆按用途分为长途电缆和地区电缆;按导线材料分为铜导线电缆和铝导线电缆;按线对绞合方式分为对绞式电缆和星绞式电缆;按芯线绝缘颜色分为全色谱电缆和普通色谱电缆等。

2. 对称电缆的结构

对称电缆在结构上主要由缆芯、屏蔽层和护层组成。

(1)缆芯

缆芯主要由导电芯线、芯线绝缘、缆芯扎带及包带层等组成。对称电缆线路为双线回路,因此必须构成线对(组),为了减少线对(组)之间的电磁耦合,提高线对之间的抗干扰能力,线对(或四线组)应当进行扭绞。

芯线扭绞常用对绞和星绞两种。地区电缆通常采用对绞方式,长途对称电缆则采用星绞方式。

(2)屏蔽层

为了减少外界电磁场对电缆线对的干扰,缆芯的外层(护套的里层)包覆金属屏蔽层,将缆芯与外界隔离。

(3)护套和外护层

护套直接包覆在屏蔽层外面,作用是保持缆芯不受潮气、水分以及化学作用的侵蚀,护套材料主要采用高分子聚合物塑料。

对称电缆外层的表面有识别标记,标记内容有:导线直径、线对数量、电缆型号、制造厂名代号及制造年份,标记长度间隔不大于 1 m,标记在外表面上。

3. 对称电缆的缆芯色谱

(1)对绞式缆芯色谱

①缆芯色谱

对绞式电缆的缆芯色谱可分为普通色谱和全色谱,目前普遍使用的是全色谱。所谓全色谱是指电缆中的任何一结芯线,都可以通过各级单位的扎带颜色以及线对的颜色来识别。换句话说,给出线号就可以找出线对,拿出线对就可以说出线号。

全色谱线由 5 个领示色、5 个循环色组合扭绞成 25 种不同色标的线对。

领示色(a 线)排列顺序为:白、红、黑、黄、紫;循环色(b 线)排列顺序为:蓝、橘、绿、棕、灰。每 25 对线为一个基本单位,线对序号及色谱见表 3-5。

表 3-5 全色谱与线对编号色谱

线对序号	1	2	3	4	5	6	7	8	9	10	11	12	13
a 线	白	白	白	白	白	红	红	红	红	红	黑	黑	黑
b 线	蓝	橘	绿	棕	灰	蓝	橘	绿	棕	灰	蓝	橘	绿
线对序号	14	15	16	17	18	19	20	21	22	23	24	25	
a 线	黑	黑	黄	黄	黄	黄	黄	紫	紫	紫	紫	紫	
b 线	棕	灰	蓝	橘	绿	棕	灰	蓝	橘	绿	棕	灰	

②扎带色谱

当对称电缆内的芯线对数超过 25 对时,每个基本单位(25 对线)采用非吸湿性有色材料制成的扎带加以区分。600 对以下对称电缆各基本单元的扎带色谱见表 3-6。超过 600 对需启用超单位色谱。

表 3-6 扎带色谱

单位序号	1	2	3	4	5	6	7	8	9	10	11	12
扎带色谱	白/蓝	白/橘	白/绿	白/棕	白/灰	红/蓝	红/橘	红/绿	红/棕	红/灰	黑/蓝	黑/橘
单位序号	13	14	15	16	17	18	19	20	21	22	23	24
扎带色谱	黑/绿	黑/棕	黑/灰	黄/蓝	黄/橘	黄/绿	黄/棕	黄/灰	紫/蓝	紫/橘	紫/绿	紫/棕

③备用线对线序及色谱

备用线对位置应在缆芯外层,主要用于替换已损坏线对,其线对线序及色谱见表 3-7。

表 3-7 备用线对线序及色谱

单位序号	1	2	3	4	5	6	7	8	9	10
扎带色谱	白红	白黑	白黄	白红	红黑	红黄	红紫	黑黄	黑紫	黄紫

(2)星绞式缆芯色谱

星绞式缆芯四线组对称电缆芯线绝缘的颜色通常用红、白、蓝、绿来表示,红、白为第一组,蓝、绿为第二组。

(二)同轴电缆的结构与分类

同轴电缆由同轴心的内、外导体构成,其结构如图 3-14 所示。内导体多为实心导线,外导体是一根空心导电管或金属编织网。内、外导体之间用绝缘介质隔开,外导体外面有一层绝缘保护层。同轴电缆的外导体通常接地,所以它能够很好地起到屏蔽作用。

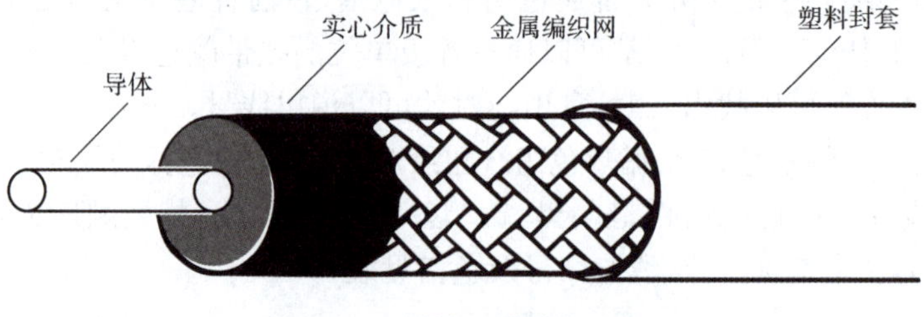

图 3-14 同轴电缆结构示意

根据内、外导体的结构尺寸,同轴电缆分为大同轴、中同轴和小同轴。

同轴电缆主要用作端局间的中继线、交换机与传输设备间连接线、发射机与天线间的馈线等。

(三)电缆的传输原理与特性

对称电缆、同轴电缆虽然结构各异,但它们都利用双导线构成传输回路,来完成电信号的传输。对称电缆和同轴电缆的电性能参数包括一次参数和二次参数。

1. 一次参数

一次参数包括回路的有效电阻 R、电感 L、工作电容 C 及绝缘电导 G。

2. 二次参数

二次参数包括特性阻抗 Z_c 和传输常数 γ(包括衰减常数和相移常数)。二次参数被用来衡量通信线路的传输质量,因此也称为传输质量参数。

第二节　光纤连接

一、连接方式

光纤连接分为固定连接和活动连接。

光纤的活动连接也称为活接头，它是可以拆卸的连接，活动连接一般用于光缆线路中的光纤与光传输设备（如光端机）之间、光仪表耦合等方面的连接。光纤的活动连接是通过光纤活动连接器来实现的。

光纤的固定连接也称为永久性连接，俗称死接头，一般用于光缆线路中光纤与光纤之间的连接。其特点是光纤一次性连接完成后不能拆卸，这种连接习惯上称为光纤接续，连接方法以熔接法为主，也有采用机械连接法的。

二、光纤连接器

光纤连接器是用于连接两根光纤或光缆以形成光通路的可以重复使用的无源器件，在光纤通信系统的构成、功能的扩展或性能的提高等方面不可或缺。光纤连接器广泛应用在光纤配线架（ODF）和光纤测试仪器、仪表中，具有插入损耗小、反射损耗大、工作温度范围宽、性能稳定、寿命长、体积小、价格便宜、便于集成等优点。

1. 结构

光纤连接器由两个配合插头和一个适配器（法兰盘）组成，基本结构如图 3-15 所示。两个插头中装进两根光纤，适配器实现光纤端面的精密对接。

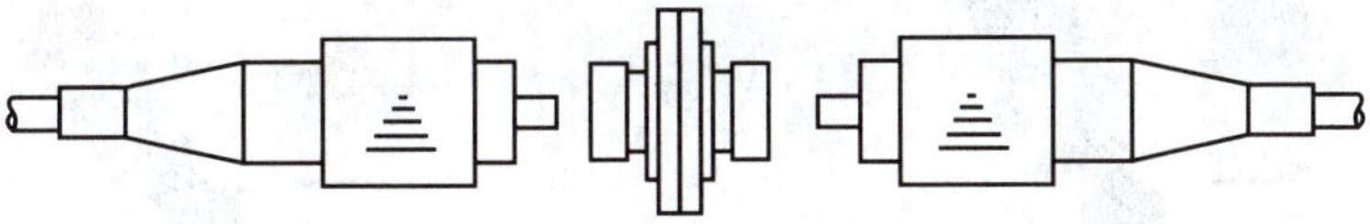

图 3-15　光纤连接器基本结构

2. 种类

光纤连接器的品种、型号很多，我国用得较多的是 FC 型、SC 型、ST 型和 LC 连接器，见表 3-8。

表 3-8　常用光纤连接器列表

连接器型号	描　　述	外形图
FC/PC	金属圆形光纤接头，微凸球面研磨抛光	 
SC/PC	塑料方形光纤接头，微凸球面研磨抛光	 
ST/PC	金属卡接式圆形光纤接头，微凸球面研磨抛光	 
LC/PC	塑料卡接式方形光纤接头，微凸球面研磨抛光	 

(1)FC 型连接器

FC 型连接器是圆形带螺纹连接头,外部零件采用金属材料,紧固方式为将螺帽通过螺纹拧到适配器上,优点是牢靠、防灰尘,缺点是安装时间较长,它是我国电信网采用的主要品种,已有对应的国家标准。

(2)SC 型连接器

SC 型连接器为卡式方型连接器,其外壳呈矩形,所采用的插针与耦合套筒的结构尺寸与 FC 型完全相同,紧固方式采用插拔销闩式,不需旋转直接插拔。此类连接器价格低廉,插拔操作方便,介入损耗波动小,抗压强度较高,安装密度高;缺点是容易掉出来。

3. 光纤连接器的性能

光纤连接器光性能方面的基本参数主要有插入损耗和回波损耗。

(1)插入损耗

插入损耗即连接损耗,是指因连接器导入而引起的链路有效光功率的损耗。插入损耗越小越好,一般要求应不大于 0.5 dB。

(2)回波损耗

回波损耗是指连接器对链路光功率反射的抑制能力,其典型值应不小于 25 dB。实际应用的连接器,插针表面经过专门的抛光处理,可以使回波损耗更大,一般不低于 45 dB。

三、光纤耦合器

光纤耦合器是将光信号进行分路或合路、插入、分配的一种器件,如图 3-16 所示。

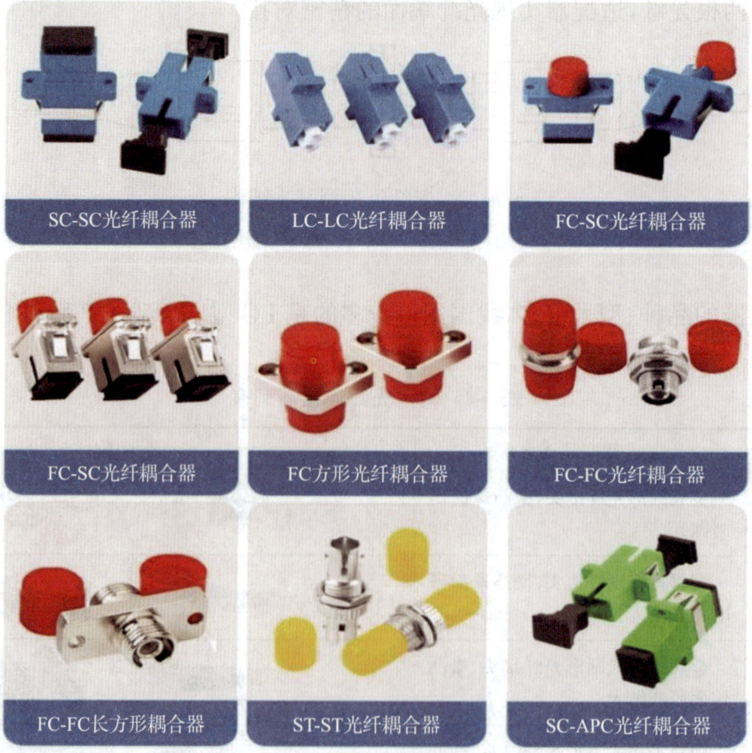

图 3-16　各种光纤耦合器

1. 原理

光纤耦合器是光纤与光纤之间进行可拆卸(活动)连接的器件,它把光纤的两个端面精密对接起来,使发射光纤输出的光能量能最大限度地耦合到接收光纤中去,并使其介入光链路,从而将对系统造成的影响减到最小。直连式光纤耦合器如图 3-17 所示。

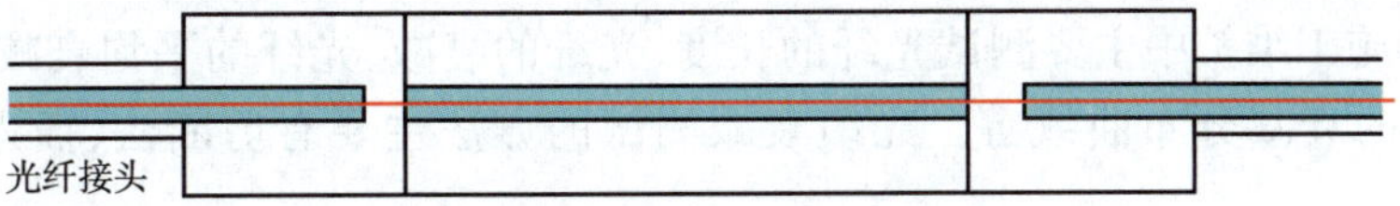

图 3-17 直连式光纤耦合器

2. 特性

(1)插入损耗

插入损耗为指定输出端口的光功率相对全部输入光功率的减少值。

(2)附加损耗

附加损耗为所有输出端口的光功率总和相对于全部输入光功率的减小值。

四、光纤衰减器

光纤衰减器的类型很多,如图 3-18 所示,不同类型的光纤衰减器分别采用不同的工作原理。

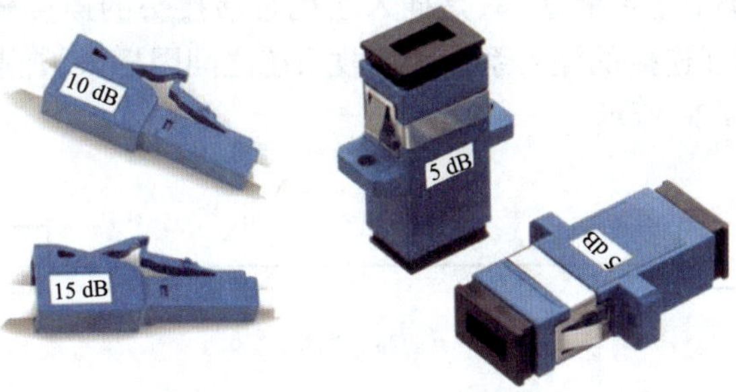

图 3-18 光纤衰减器

1. 位移型光纤衰减器

位移型光纤衰减器根据对中精度越高,光信号损耗传输越小的原理,让光纤在对接时,发生一定的错位,使光能量损失一些,以达到控制衰减量的目的。

2. 薄膜型光纤衰减器

薄膜型光纤衰减器利用光在金属薄膜表面的反射光强与薄膜厚度有关的原理制成。

3. 衰减片型光纤衰减器

衰减片型光纤衰减器直接将具有吸收特性的衰减片固定在光纤的端面上或光路中,达到衰减光信号的目的,这种方法不仅可以用来制作固定光纤衰减器,也可用来制作可变光纤衰减器。

第三节　光缆线路的维护

一、光纤衰减测试

在光缆的施工维护中主要测试光纤的长度、光纤的衰减、光纤的平均衰减、光纤故障点的位置、光纤的衰减分布曲线等。光缆衰减测试的方法主要有剪断法、插入法和后向散射法。

1. 剪断法

在不改变输出光源的条件下,分别测出通过光纤两个点的光功率 P_1 和 P_2,再按定义计算出光纤的衰减系数 α。剪断法测试原理如图 3-19 所示。

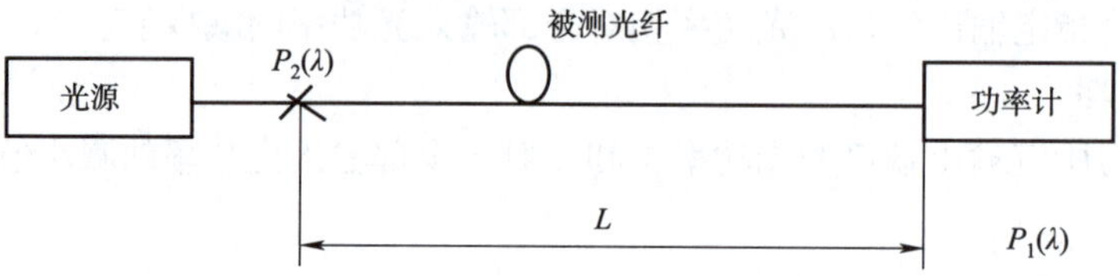

图 3-19　剪断法测试原理

2. 插入法

插入法测量原理类似于剪断法,只是插入法用带活接头的连接软线代替短光纤进行参考测量,计算在预先相互连接的注入系统和接收系统之间因插入被测光纤引起的功率损耗。插入法测试原理如图 3-20 所示。

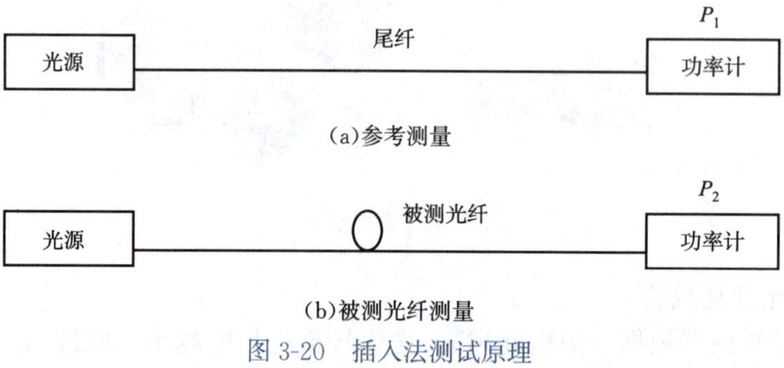

图 3-20　插入法测试原理

3. 后向散射法

后向散射法可应用在光缆的单盘测试、光缆接续、光缆竣工验收及光缆维护中,测试时 OTDR 通过尾纤与被测光纤连在一起,向被测光纤送入光信号,通过分析 OTDR 上的反射图形,就可测出光纤的长度、衰减等,其基本测试原理如图 3-21 所示。

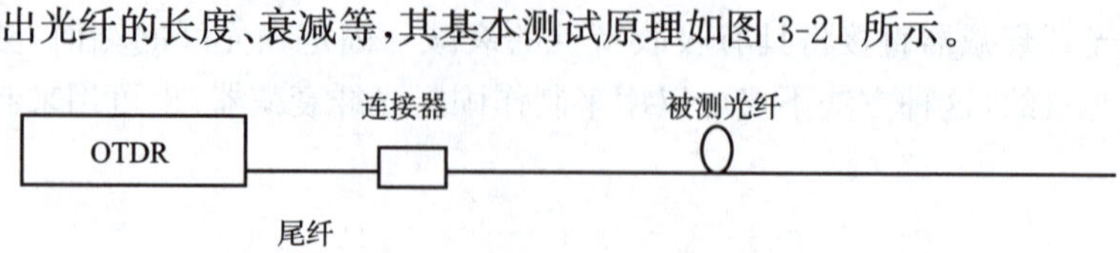

图 3-21　后向散射法测试原理

二、光缆单盘测试

光缆单盘测试是光缆线路工程施工中很重要的一个环节。它主要是利用光时域反射仪(OTDR),对单盘光缆的长度、光纤衰减系数和光纤后向散射曲线进行测量检查,以确定光缆的主要性能指标是否达到工程设计和采购要求,并为光缆配盘提供依据。

1. 光缆单盘测试程序

(1)检查资料

到达测试现场后,应首先检查光缆出厂质量合格证,并检查厂方提供的单盘测试资料是否齐全,其内容包括光缆的型号、芯数、长度、端别、结构剖面图及光纤的纤序、衰减系数、折射率等,看其是否符合订货合同规定的要求。

(2)外观检查

主要检查光缆盘包装在运输过程中是否损坏,然后开盘检查光缆的外皮有无损伤,缆皮上打印的字迹是否清晰、耐磨,光缆端头封装是否完好。对存在的问题,应做好详细记录,在对光缆指标测试时,应做重点检验。

(3)核对端别

从外端头开剥光缆约 300 mm,根据光纤束(或光纤带)的色谱判断光缆的外端端别,并与厂方提供的资料相对照,看是否有误。然后在光缆盘的侧面标明光缆的盘号和端别,以方便光缆配盘和敷设。

(4)光纤检查

开剥光纤束管约 200 mm,清洁光纤,核对光纤芯数和色谱是否有误,并确定光纤的纤序。

(5)技术指标测试

用 V 形连接器把被测光纤与测试光纤相连后,再连接到 OTDR 上,根据设计要求测试光纤的长度、光纤的平均衰减,并与光纤的出厂测试指标相对照,看是否有误。同时应查看光纤的后向散射曲线是否有衰减台阶和反射峰。整条光缆里只要有一根光纤出现断纤、衰减严重超标、明显的衰减台阶或反射峰(不包括光纤尾端的反射峰),应视为不合格产品。

①光缆长度测试

测试时将尾纤与辅助光纤熔接在一起,做成测试用光纤,辅助光纤的长度大于 1 km。将尾纤连接在 OTDR 上,辅助光纤的另一端通过 V 沟连接器与被测光纤连接。辅助光纤、被测光纤在连接前要用光纤切割刀制作好端面,连接时应注意在 V 沟连接器中添加匹配液,来提高耦合效率。光缆单盘测试示意如图 3-22 所示。

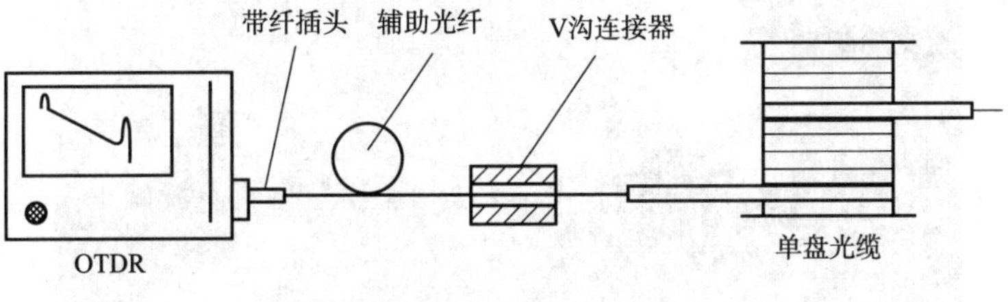

图 3-22 光缆单盘测试示意

在测量前要对OTDR进行设置,设置的主要参数有量程、脉宽、折射率、光缆修正系数等。只有对OTDR进行合理的设置,才能准确地测试光纤。具体设置方法参考OTDR使用方法。

②光纤衰减常数测试

测试时可根据工程设计需要,选择1 310 nm或1 550 nm波长的光信号进行测试。单位长度上的衰减量称为衰减常数,单位为dB/km。单盘测试,主要是测量其衰减常数。

(6)恢复包装

测试完成后,把光缆端头剪齐,用热可缩帽对端头进行密封处理,然后把拉出的光缆盘绕在缆盘上并加以固定,同时恢复光缆盘包装。

三、光纤熔接机操作

光纤熔接机是完成光纤固定连接的专用工具,它放出电弧将两头光纤熔化,同时运用准直原理平缓推进,以实现光纤模场的耦合。

1. 电源连接

如果使用外接电源(交流或直流)供电,应使用交流适配器;如果使用电池供电,应使用可拆卸电池,位于熔接机下部的供电单元插槽可供以上两种供电方式使用。

2. 开机

按下操作面板上"⏻ ON/OFF"按键,电源绿色指示灯亮,熔接机将进行复位自检。自检完毕,屏幕显示"准备",待机画面显示。其中:熔接模式"SM FAST"表示熔接程序用于标准的单模光纤快速熔接。加热模式"60 mm"表示加热程序用于加热标准60 mm热缩管。其他类型的光纤,应选择对应的熔接模式。

3. 清洁光纤

用蘸有酒精的纱布或足够软的纸巾清洁从尾部算起大约100 mm左右的光纤,如果光纤涂覆层表面的灰尘微粒进入热缩套管内部,将会引起光纤断裂或者损耗增大。

4. 套光纤热缩套管

给光纤套上热缩套管。

5. 开剥与清洁裸光纤

用剥纤钳剥除光纤涂覆层,长度为30~40 mm,并用蘸有酒精(浓度大于99%的纯酒精)的纱布或足够软的纸巾把裸光纤擦干净,用干净的棉布再擦一次,如图3-23所示。

图3-23 清洁裸光纤

6. 切割光纤(做端面)

(1)轻轻压住切割刀压臂并滑开锁扣,使切割刀解锁。

(2)推进切割刀下部的滑块直至它锁定。

(3)把已剥好的光纤放到切割刀上。

(4)压下压臂。

(5)慢慢松开压臂,弹簧的弹力会使压臂回到初始位置。

(6)当压臂抬起时,光纤碎屑收集器会转动并自动把光纤碎屑卷入残渣收集容器内。制备好的端面应垂直于光纤轴,端面应平整无损伤、边缘整齐、无毛刺。

7. 放置光纤

(1)打开防风罩,将左右两边的光纤压板打开。

(2)把准备好的光纤放置在V形槽内,并使光纤末端处于V形槽边缘和电极尖端之间,如图3-24所示。小心不要让制备好的光纤撞击到任何地方,以保证光纤端面的质量。

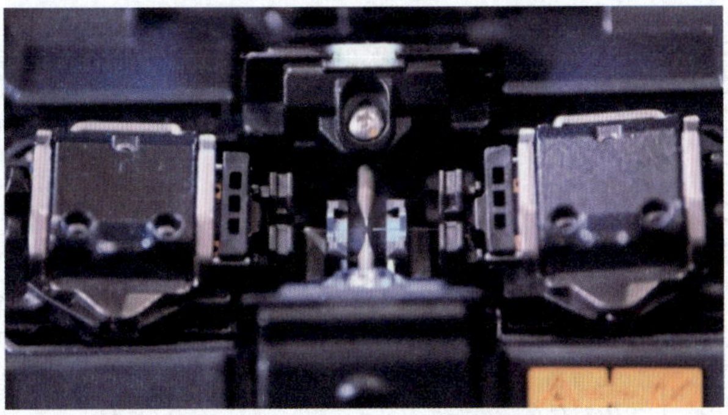

图3-24　光纤放置在V形槽内

(3)用手指捏住光纤,然后合上压板以保证光纤不会移动,并确保光纤放置在V形槽的底部。

(4)确保正确的切割长度,不要紧绷光纤,否则在放电过程中两根光纤就不能充分靠近,会导致不良的熔接损耗。

(5)按照上面的步骤放置另外一根光纤。

(6)关闭防风罩,熔接机将会自动开始熔接,或者按操作面板上的"SET"键,执行熔接操作。

8. 熔接操作

为了确保良好的熔接,需要通过显示器对光纤进行视觉检查,标准的熔接步骤如下:

(1)光纤在熔接机内清洁放电之后,熔接机将检查光纤的切割角度和端面质量。如果测量出来的切割角度或光纤端面有毛刺,则蜂鸣器响,同时显示器会显示一个错误信息来警告操作者。

(2)光纤检查完毕后进行光纤对准,对准完成之后执行放电,熔接光纤。

(3)熔接完成之后将显示估算的熔接损耗,熔接后的光纤可能出现反常情况,熔接机会显示一个错误信息,熔接损耗增大原因和解决办法见表3-9。

表 3-9 熔接损耗增大原因和解决办法

现　象	原　因	解决办法
纤芯轴向错位 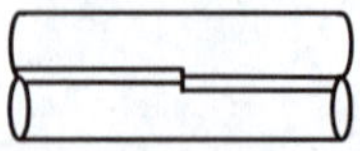	V 形槽或者光纤压脚有灰尘	清洁 V 形槽和光纤压脚
纤芯角度错误 	V 形槽或者光纤压脚有灰尘	清洁 V 形槽和光纤压脚
	光纤端面质量差	检查光纤切割刀是否工作良好
纤芯台阶 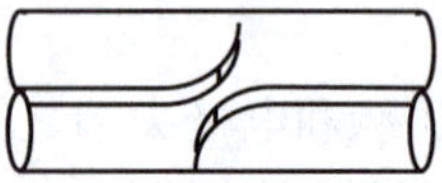	V 形槽或者光纤压脚有灰尘	清洁 V 形槽和光纤压脚
纤芯弯曲 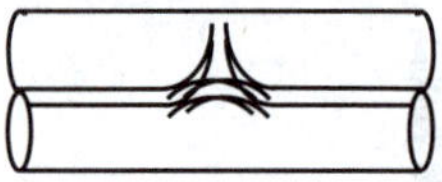	光纤端面质量差	检查光纤切割刀是否工作良好
	预放电强度低或者预放电时间短	增大“预放电强度”及/或增大“预放电时间”
模场直径失配 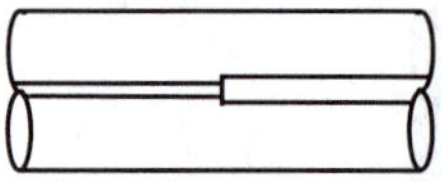	放电强度太低	增大“放电强度”及/或“放电时间”
灰尘燃烧 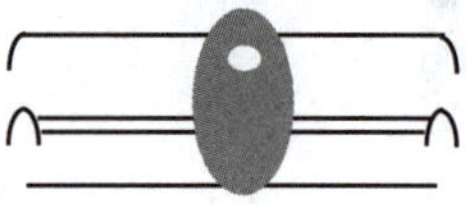	光纤端面质量差	检查切割刀的工作情况
	在清洁光纤或者清洁放电之后灰尘依然存在	彻底清洁光纤或者增加“清洁放电时间”
气泡 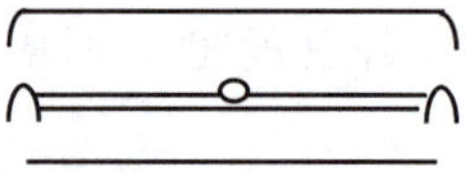	光纤端面质量差	检查光纤切割刀是否工作良好
	预放电强度低或者预放电时间短	增大“预放电强度”及/或增大“预放电时间”
光纤分离 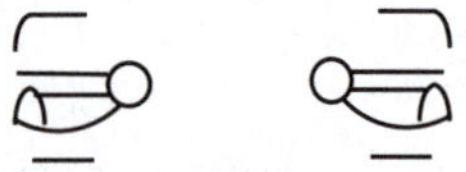	光纤推进量太小	做“发动机校准”实验
	预放电强度太高或者预放电时间太长	降低“预放电强度”及/或减少“预放电时间”
过粗 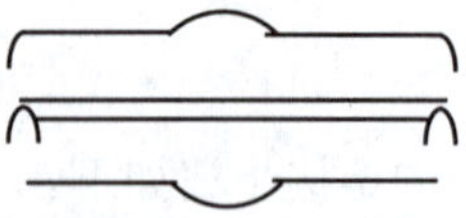	光纤推进量太大	降低“重叠量”并做“发动机校准”实验
过细 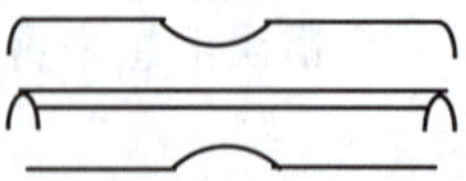	放电强度不合适	做“放电校正”
	一些放电参数不合适	调整“预放电强度”“预放电时间”或者“光纤推进量”
线 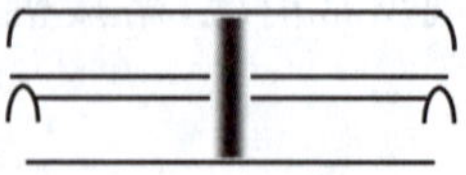	一些放电参数不合适	调整“预放电强度”“预放电时间”或者“光纤推进量”

9. 取出光纤

(1)打开加热炉的盖子。

(2)按“SET”键或打开防风罩,熔接机将自动对光纤熔接点进行拉力测试,然后打开光纤压板,取出光纤。

10. 加热

(1)把带有热缩套管的光纤移动到加热炉中,注意应放置于加热炉中央,使其受热均匀,防止出现“喇叭口”。

(2)面板上“HEAT”键加热指示灯点亮,显示屏上显示加热标识,熔接机将执行热缩管加热程序。加热完毕后蜂鸣器响,加热指示灯(橙色)熄灭。

(3)打开加热炉盖并取出已由热缩套管保护的光纤,观察加热完的热缩套管,检查内部有无气泡和脏物/灰尘。

四、光缆接续

(一)基础知识

光纤熔接是光纤连接方法中使用最广泛的方法。常见的为电弧熔接法,即利用电弧放电产生的高温,使被连接的光纤熔化,从而熔接成为一体。

1. 光纤的接续损耗

光纤熔接后,光传输经过接续部位会产生一定的损耗,习惯上称为光纤接续损耗,即接头损耗。

无论是多模光纤还是单模光纤都会产生接续损耗。被连接的两根光纤本身的几何、光学参数不完全相同,而且连接后可能由于连接工艺等外部原因造成光纤纤芯的轴芯错位、端面倾斜、端面间有间隔、端面不清洁等,以上因素都可能会导致接头损耗的产生。由于在实际中光纤存在不同程度的失配,工艺条件和操作技能难以使光纤无偏差对准,因此不可避免地存在光纤接续损耗。

产生光纤接续损耗的原因有:

(1)模场直径不匹配。

(2)光纤折射率分布不同。

(3)纤芯与包层存在偏心。

(4)光纤纤芯不圆。

(5)不同光纤连接。

(6)光纤的轴心错位。

(7)光纤端面倾斜。

(8)光纤熔接变形。

(9)光纤端面污染。

(10)端面制备的其他原因。

2. 光缆接续的一般要求

(1)光缆接续前应核对光缆的程式、端别,并确保无误;确认光缆保持良好的状态、光纤传输特性良好、护套对地绝缘良好。

(2)接头盒的束管及光纤的序号应做永久性标记。当两个方向的光缆从接头盒的同一侧进入时,光缆的端别要做出标记。

(3)光缆接续应符合施工规范和接头盒安装工艺的要求。

(4)光缆接续时应做好防尘、防风、防雨等安全保障措施,当环境温度过低时应考虑保温措施。

(5)接头盒两端的光缆余留应结合敷设方式而定。

(6)单个光缆接头盒应一次性完成。

(7)光纤接头的接续损耗应达到指标要求。

3. 常用光缆接头盒

光缆接头盒的型号和种类较多,但构造原理基本相同,其基本结构分为接头盒保护罩、固定组件、密封组件以及余纤收容盘四部分,常见光缆接头盒构造如图 3-25 所示。

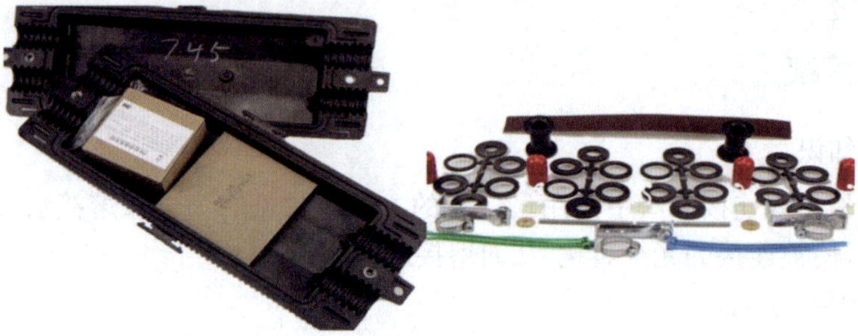

图 3-25 常见光缆接头盒构造

(1)接头盒外罩(保护罩)

接头盒外罩是光缆接头盒的保护部分,其材质一般为高强度工程塑料,具有抗冲击、耐张力、耐压力、耐腐蚀、抗老化等特点。

(2)固定组件

固定组件又分为光缆外护套固定、加强芯固定和接头盒固定部分。光缆外护套固定和加强芯固定部分的主要作用是固定待接光缆。接头盒固定部分(直埋光缆接头盒不需要这一部分)的作用主要是固定光缆接头盒,包括架空安装、抱杆安装、挂墙安装等。

(3)密封组件

接头盒密封形式主要有橡胶垫(条、圈)密封、密封胶密封、热缩管密封等,目的是防止水、潮气、有害气体等进入接头盒内部。

(4)余纤收容盘

余纤收容盘又称容纤盘、光纤接续盘,作用是收容余纤并固定光纤接头,是整个接头盒的核心。

(二)光缆接续流程

光缆接续流程如图 3-26 所示。

1. 仪表、材料、器具准备

(1)仪表准备

检查熔接机各项参数设置是否符合所要接续光纤的参数要求,可用和待接光纤相同的光纤做熔接试验,调整参数获得最佳熔接效果,以确认设备工作在最佳状态。

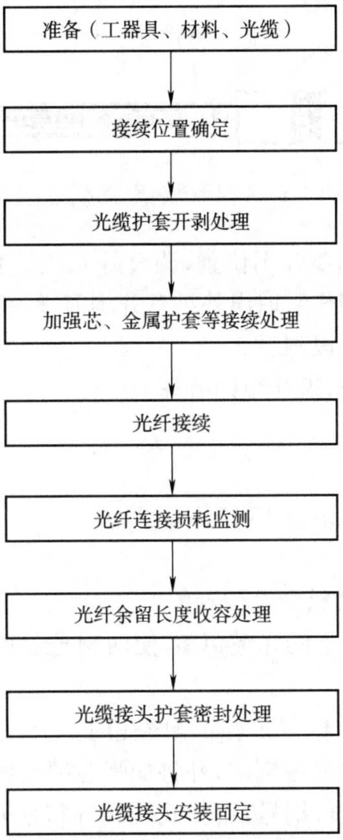

图 3-26　光缆接续流程

(2)工具材料检查准备

检查光缆接续常用工具材料是否齐全，主要有：断线钳、护套开剥器、纵剖刀、钳子、斜口钳、剪刀、尖嘴钳、美工刀、卷尺、扳手、操作台、记号笔、酒精、脱脂棉、光缆接头盒等。

(3)相关资料准备

掌握待熔接光缆的出厂资料，具体有光缆型号、光纤参数等。要熟悉所使用的光缆接头盒性能、参数，确定接续工艺，根据不同的光缆接头盒确定光纤收容长度、光缆开剥长度、固定方式等。

(4)机具准备

车辆、发电机、照明用具、开挖工具、帐篷等。

2. 光缆接续前的现场准备

(1)平整接续场地，放置好工作台及所需工具、材料，并将工具盒、材料擦净。

(2)将光缆接头盒打开，取出连接支架，从连接支架上取下光纤盘留板，待用。

(3)将要进行接续的光缆外护套清洁干净。

3. 光缆开剥

光缆开剥示意如图 3-27 所示。

(1)根据接头盒确定开剥光缆的长度，一般光缆每端的开剥长度为 1.8 m 左右，用卷尺量取后做标记。

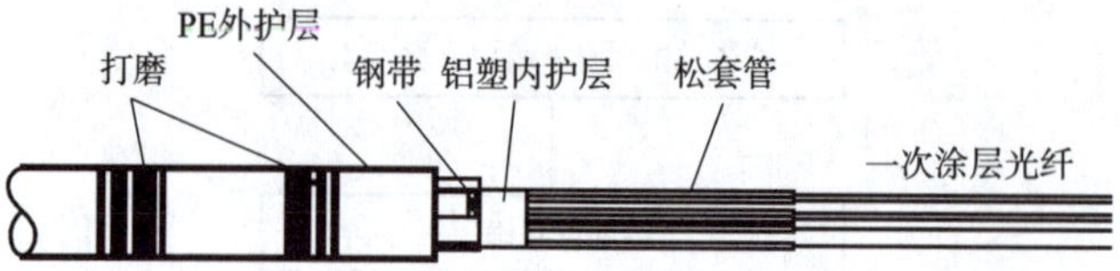

图 3-27 光缆开剥示意

(2)将外护套开剥刀放入光缆开剥位置,调整好光缆护套开剥刀刀片进深,沿光缆横向绕动护套开剥刀,将光缆护套割伤后取出外护套开剥刀,轻折光缆,使护套完全断裂,然后拉出光缆护套,开剥光缆时最好逐段剥除。

(3)松开尼龙扎带和阻水带,沿开缆处剪齐。

(4)去除光缆填充油膏。

(5)分开缆芯和加强芯。

(6)用卡钳剪断加强芯并留余长 15 cm。

(7)沿开缆处剪去填充管。

4. 连接支架、加强芯安装及松套管预盘留

(1)调整好工作台固定支架上的光缆距离,使两侧光缆基本平直对应。

(2)清理核对光缆松套管。

(3)将光缆加强芯端头卡入 L 形支架带槽螺孔内,上好螺帽,用扳手紧固。

(4)使用喉箍将 L 形支架与光缆绑定,并将加强芯端头做好打弯处理,剪去多余部分。

(5)将松套管分开理顺并进行编号,用扣式绕线环将松套管捆绑在预留处内进行预留,并保证松套管能自由伸缩。

(6)用同样的方法固定另一侧光缆端头。

5. 收容盘的安装

(1)用酒精棉纸、清洗剂将光纤接续所需用的工具、材料擦净待用。

(2)按顺序检查松套管的排列,并分开理顺。

(3)将光纤收容盘上的两个孔对准连接支架上的孔位,并用螺栓拧紧。

(4)用多用钳在距光缆外护套切口合适位置处切割一刀,将松套管轻轻折断并抽去,光纤松套管可分段割除。

(5)用酒精棉纸擦净光纤上的油膏,再把光纤放置在收容盘的引入槽内,并用绑扎带将光纤松套管绑扎在槽孔上,对光纤进行预盘留。

(6)将光纤熔接机、接续所需材料和专用工具放置在操作台上,如图 3-28 所示。

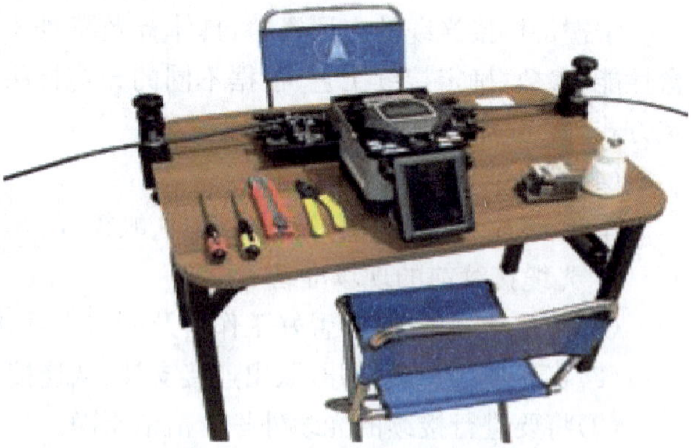
图 3-28 接续工具放置示意

6. 光纤接续

(1)根据所需熔接的光缆参数调整仪器参数,如接续模式、热熔模式等。

(2)从收容盘内取出光纤,清洁油膏,接着穿好热缩管,用剥纤钳剥除 3～4 cm 光纤涂覆

层，用酒精棉清洁干净。

(3)用光纤切割刀切割光纤端面，将做好端面的光纤放在熔接机V形槽内。

(4)开始熔接操作，观察所制作的光纤端面是否整齐，端面角度是否良好。若无异常可让熔接机继续工作，直到放电熔接。

(5)观察熔接后的图像（X轴，Y轴）有无偏心、气泡、错位等现象，同时参考熔接机损耗值，判断接续质量，若接续合格，则打开防风罩取出光纤，把热熔管推至接续点处，放到托盘等待测试。

(6)联系测试人员进行测试。若测试结果不合格，再进行第二次接续。对接续合格的光纤进行热熔，加热完听见蜂鸣声后，待热熔管冷却后取出，放于托盘内。光缆接续示意如图3-29所示。

图3-29　光缆接续示意

7. 接续指标测试

用OTDR对光缆线路接续施工和接续损耗进行监测是目前最常用、最有效的方式。这种方法最主要的一个优点是，在测得精确接续损耗的同时还可以测出接续点与测试点之间的准确距离。这一点对于光缆线路的后期故障处理来说是非常重要的。

OTDR监测方式一般分为远端监测方式、近端监测方式、近端监测远端环回方式和两端监测方式四种。在施工和维护中可以根据需要选择不同的测试方式。

(1)远端监测方式

远端监测是指将OTDR放在机房内，将被测光缆的全部光纤接上带连接器的尾纤。光纤接续点不断向前移动，OTDR始终在机房内作远端监测，通过测试人员和接续人员的联系，及时反馈接续存在的问题，如图3-30所示。这种方法的缺点是仅能测得接头点的单向损耗。

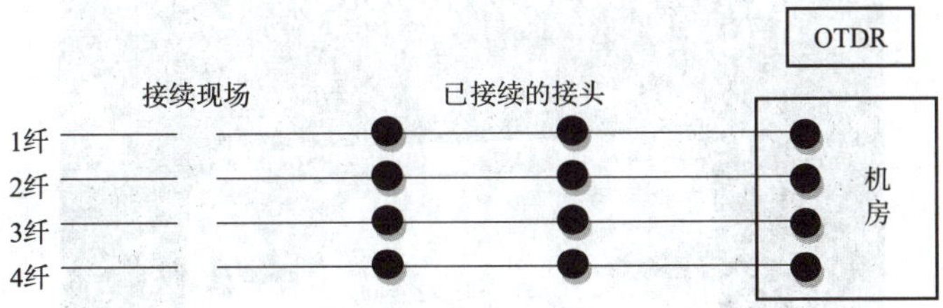

图3-30　远端监测示意

(2)近端监测方式

近端监测是指OTDR始终在光缆接续前方一个盘长的地方，随着接头往前推进，如图3-31所示。这种方式的缺点同远端监测方式一样，只能测得接头点的单向损耗。

(3)近端监测远端环回方式

近端监测远端环回方式和近端监测方式一样，只是在远端（机房内）将光纤每两根环接

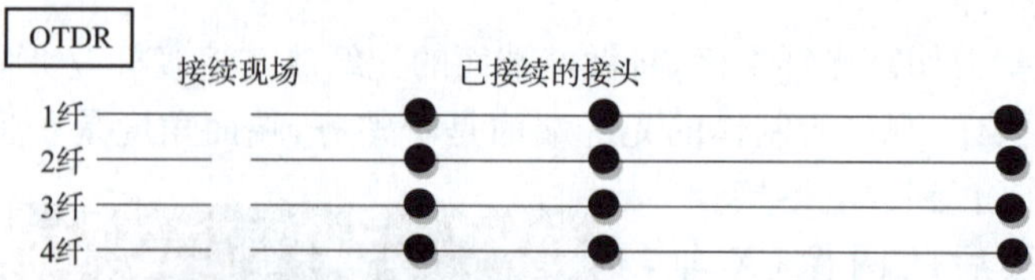

图 3-31　近端监测示意

在一起(即 1 号和 2 号连接,3 号和 3 号连接,以此类推),如图 3-32 所示,这样可以监测到光纤接头的正、反向接续损耗,有利于判断接续质量是否合格,常用于长途干线光缆工程中。

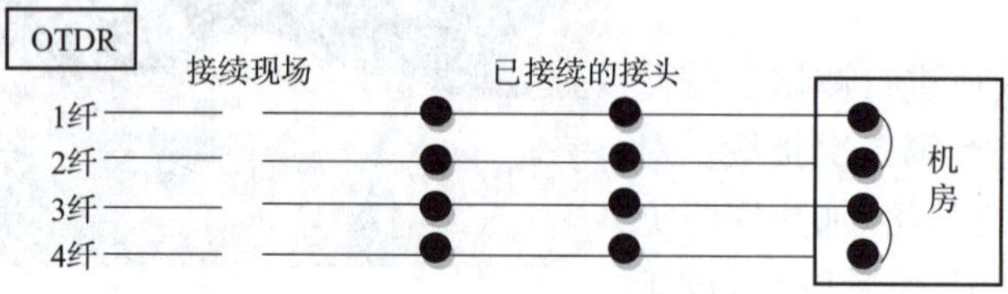

图 3-32　近端监测远端环回示意

(4)两端监测方式

两端监测是指用两台 OTDR 分别在两端机房对光链路中间正在接续的接头进行监测,一般适合于现场光缆线路的割接、故障抢修。

8. 光纤收容

光纤收容步骤如下:

(1)固定光纤热熔管:光纤保护管钢芯朝上,按光纤纤序将保护管依次卡入固定槽内,固定好后将束管顺序标签粘贴在上面。

(2)收容光纤:将光纤在收容盘内以最大的弯曲半径,采用单一圆圈或“∞”双圈盘绕方法收容,光纤盘留半径不得小于 4 cm,同时确保光纤不受力、挤压。光纤收容效果如图 3-33 所示。

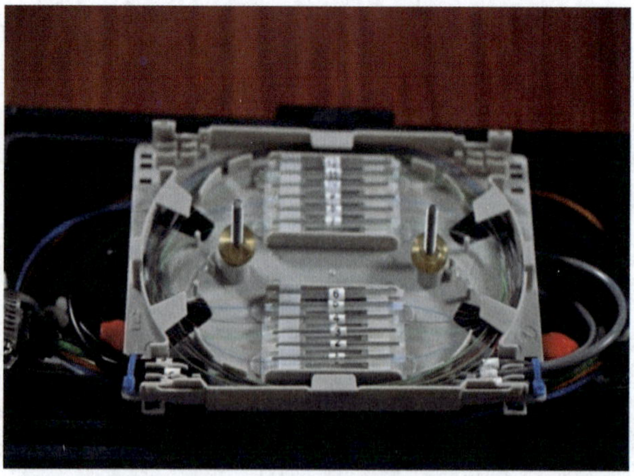

图 3-33　光纤收容效果

(3)联系测试人员对盘好的光纤进行复测。

(4)复测完毕盖好收容盒盖。

9. 接头盒密封

(1)在距光缆固定卡外侧 60 mm 处用酒精清洁缆身,并用砂纸进行打磨处理。

(2)将接头盒从下盒体由下而上套到连接支架上,并将挡圈放入盒体挡圈槽内,用记号笔分别在挡圈内侧标出密封区域。

(3)在密封区域用密封带拉伸缠绕,缠绕高度略高于挡圈高度。

(4)将预先放置的挡圈移至缠绕好的密封带两侧并放入下盒体内,两侧挡圈必须入槽到位。

(5)把两根密封条分别嵌入盒体两边的槽道内,多余部分剪去。

(6)在盒体两端相应位置放入 20 mm 的短密封条。

(7)在无光缆引入的盒体端口放入缠好密封带的堵头。

(8)将上盒体合到下盒体上,上下对齐,放入紧固螺栓,对角交替均匀拧紧所有外部紧固螺栓。

10. 光缆接头机械保护

(1)接头坑底要平整、宽敞,保证光缆的弯曲半径大于光缆直径的 15 倍。

(2)把光缆接头盒轻置于坑底,接头盒两端引出的光缆平直部分长度不小于 500 mm。

(3)先回填部分松土,回填至高于盒端平面,然后在接头盒位置覆盖一块水泥板,最后将接头坑全部填满。

第四节 光缆线路的故障处理

一、光缆线路故障产生的原因

1. 光缆线路故障在接头盒处

(1)容纤盒内光纤松动,导致光纤弹起,在容纤盒边缘或盘上螺栓处被挤压,严重时会压伤、压断光纤。

(2)接头盒内的余纤在盘放收容时出现局部弯曲半径过小或光纤扭绞严重现象,产生较大的弯曲损耗和静态疲劳,在 1 310 nm 波长测试,接头损耗变化不明显,在 1 550 nm 波长测试,接头损耗显著增大。

(3)制作光纤端面时,裸光纤太长或者热缩保护管加热时,光纤保护位置不当,造成一部分裸光纤在保护管之外,接头盒受外力作用时引起裸光纤断裂。

(4)除涂覆层时裸光纤受伤,长时间后损伤扩大,接头损耗随之增加,严重时会造成断纤。

(5)接头盒进水,冬季结冰导致光纤损耗大,甚至发生断纤。

2. 光缆线路故障在非接头盒处

(1)外力因素:施工挖掘、车辆挂断等。

(2)自然灾害:火灾、雷击等。

(3)光纤自身原因造成的线路故障。

(4)人为破坏:盗窃等。

以上各种原因造成的光缆中断情况不同,不同的故障原因导致的光缆故障处理方法也不同。

二、光缆线路故障分析和判断

1. 光缆线路故障定位步骤

(1)确定故障纤及故障处纤长位置。

(2)掌握光缆线路竣工资料。

(3)精确确定位置。

(4)故障处在接头附近时应判断故障位置与接头的关系。

(5)有地表以上的破坏痕迹应在巡查中直接确定。

(6)双向测试定位分析能提供有效参照和印证。

2. 光缆线路故障定位原则

(1)原则上从距离故障点近端机房侧进行测试会提高精确度。

(2)先确定故障所处光缆段,从最近接头点处开始核算。

(3)处于机房侧第一段时,要综合考虑测试尾纤长度和进机房敷设长度,地下室、人孔余留长度,并注意记录光缆尺标。

(4)双向测试定位分析能提供有效参照和印证。

(5)掌握准确翔实的路由和线路资料。

(6)隐蔽故障开挖后,未找到故障时,应将光缆尺标与核算尺标进行比较,确定真实故障点的方向位置。机房侧尺标能在机房看到,接头坑口尺标在线路资料中应有记录。

(7)根据实际路由资料进行地表路由位置修正。

三、光缆线路故障处理

光缆线路常见故障现象有:光纤接续点损耗增大或断纤、光纤衰减曲线出现台阶、接续点衰减台阶水平拉长、光纤全部中断。

1. 光纤接续点损耗增大或断纤

(1)原因分析

①光纤接续质量不高、接头盒内光纤收容盘未紧固。

②接头盒内进水,温度过低导致结冰,光缆护套纵向收缩,对光纤施加压力产生微弯,使衰减增大或光纤中断。

③温度过高,使光缆护套及其他保护材料损坏,影响光纤特性。

(2)处理方法

使用OTDR测试判定故障位置,打开原接头盒检查。对存在弯曲半径过小的光纤进行整理,对故障光纤进行重新接续。

2. 光纤衰减曲线出现台阶

(1)原因分析

光缆受机械力扭伤,部分光纤受力但尚未断开。

(2)处理方法

使用 OTDR 测试判定故障位置,检查光缆的外观。如有明显的扭绞,进行顺直处理后,再次测试纤芯性能,如果扭伤不严重,性能可恢复;如果扭伤严重,对故障光纤进行重新接续处理。

3. 接续点衰减台阶水平拉长

(1)原因分析

在原接续点附近出现断纤故障。

(2)处理方法

使用 OTDR 测试判定故障点位置,进行重新接续处理。

4. 光纤全部中断

(1)原因分析

光缆受外力影响,被挖断或拉断等。

(2)处理方法

使用 OTDR 测试判定故障位置后,进行光缆接续处理。

第五节 电缆线路的维护与故障处理

一、全塑电缆的接续

1. 扣式接线子接续

(1)全塑电缆芯线接续的一般规定

①电缆芯线接续前,应核对电缆程式、对数,检查端别。

②全塑电缆芯线接续必须采用压接法,不得采用扭接法。

③电缆芯线的直接、复接线序必须与要求相符,全色谱电缆接续时色谱、色带必须对应。

④电缆芯线接续不应产生混线、断线、接地、串音及接触不良等现象,接续后应保证电缆的标称对数全部合格。

(2)扣式接线子接续操作方法及步骤

①根据电缆对数、接线子排数,电缆芯线留长应不小于接续长度的 1.5 倍。

②剥开电缆护套后,按照扎带颜色分开各单位束,并临时用包带捆扎,以便操作。

③按色谱挑出第一个超单位线束,将其他超单位线束折回电缆两侧,将第一个超单位线束编好线序。

④按编号和色谱顺序,挑出第一对线(白蓝),芯线在接续扭线点疏扭 3~4 花,留长 5 cm,对齐剪去多余部分,要求 4 根导线平直、无钩弯。a 线接 a 线,b 线与 b 线压接,如图 3-34 所示。

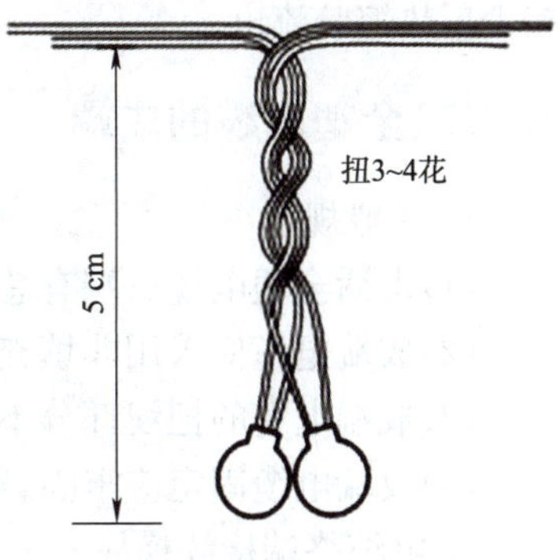

图 3-34 扣式接线子接续示意

⑤将两根 a 线插入接线子进线孔内,并一直插到底部,然后选用适当的压接钳,将接线子放入压接钳钳口内进行压接,压接时要注意压到底为止。

⑥每 5 对为一组,在同一刻度处(注意第一组与切口之

间、组与组之间的距离)。

⑦重复上述步骤,直至全部接续完成。

2. 全塑电缆接头热缩套管封合工艺

(1)热缩套管的选型

根据电缆外径、接头开长、接头外径、电缆保气要求,选择相应的热缩套管型号。RSB 32型热缩套管组件如图3-35所示。

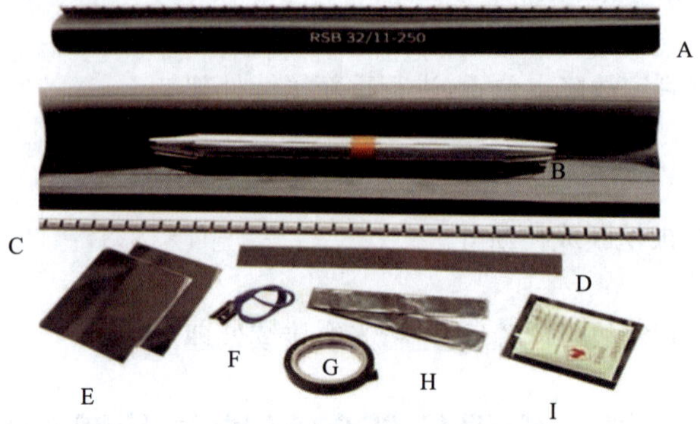

A—热缩套管;B—金属内衬筒;C—不锈钢卡条;D—砂皮条;
E—铝箔片;F—屏蔽连接线;G—电工胶带;H—铝箔条;I—清洁纸。

图3-35 RBS 32型热缩套管组件

(2)操作步骤

①电缆芯线接续完毕后,在电缆两端端口处,安装专用屏蔽线。

②对接续后的芯线进行包扎,安装金属内衬套管,并把纵剖面拼缝用铝箔条或胶带固定,内衬管两端用胶带缠包,清洁内衬管两端的电缆外护套,再用砂布条打磨。

③在热缩套管两侧电缆护套上做标记,将隔热铝箔贴缠在电缆所划的标记外侧,平整隔热铝箔,用喷灯加热金属内衬管和铝箔之间的电缆护层,将热缩套管装在接头上。

④首先用喷灯对热缩管卡条两侧进行加热,然后再从热缩管中下方加热,将喷灯向两端圆周移动加热,直到热缩管收缩成型。

⑤整个热缩套管加热成型后,再对整个卡条两侧均匀加热,然后用锤子柄轻轻敲打热缩管两端弯头处卡条,使热缩套管卡条与内衬套紧密黏合。温度指示漆应均变色,套管两端应有少量热熔胶流出。

二、全塑电缆的成端

1. 一般规定

(1)市话全塑电缆成端有总配线架(MDF)成端、交接箱成端和综合配线架成端。

(2)成端电缆应采用非填充型HYA或PVC电缆。

(3)成端电缆的把线部分不允许有接续点。

(4)成端电缆固定应牢固、美观、横平竖直,不扭曲,电缆的曲率半径应符合要求。

2. 电缆终端接续模块

目前采用的成端电缆终端接续模块见表3-10。

表 3-10　成端电缆终端接续模块

位　置	终端接续模块	与成端芯线连接的方法
配线架 MDF	针孔绕接式	绕接法
	科隆模块式	卡接法
交接箱	科隆模块式	卡接法
	插入旋转卡接式	卡接法
	3M 模块式	卡接法

3. 成端电缆的选择及固定

(1)MDF 成端电缆应采用非延燃型非填充的 HYA、PVC 型全塑电缆。

(2)交接箱成端电缆,无特殊需要,可采用 HYA 型电缆。

(3)成端电缆芯线线径在 0.4～0.5 mm 间选择。

(4)成端电缆固定应牢固、美观、横平竖直,不扭曲,电缆的曲率半径应符合要求。

三、电缆线路的故障处理

1. 通信电缆常见故障分类

(1)混线:同一线对的芯线由于绝缘层损坏导致相互接触,称为混线,也称自混。相邻线对芯线间由于绝缘层损坏导致相碰,称为它混。

(2)接地:电缆芯线绝缘层损坏导致碰触屏蔽层,称为接地。

(3)断线:电缆芯线一根或数根断开称为断线。

(4)绝缘不良:电缆芯线之间以塑料为绝缘层,由于绝缘物受到水和潮气的侵袭,使绝缘电阻下降,造成电流外溢的现象称为绝缘不良。

(5)串、杂音:在一对芯线上,可以听到另外用户通话的声音,称为串音;用受话器试听,可以听到“嗡嗡”或“咯咯”的声音,称为杂音。

2. 故障处理

(1)混线

①原因分析:接头内受过强拉力或受外力碰损使芯线绝缘层受伤的部位常造成混线情况。

②处理方法:多采用万用表、兆欧表及电缆故障综合测试仪等仪表判断故障位置,进行接续处理。

(2)接地

①原因分析:多因受外力磕、碰、砸等损坏缆芯护套或工作中不慎使芯线接地形成。

②处理方法:多采用电桥或电缆故障综合测试仪等仪表判断故障位置,进行接续处理。

(3)断线

①原因分析:一般是接续或敷设时不慎使芯线断裂、受外力损伤、强电流烧断所致。

②处理方法:多采用万用表、电缆故障综合测试仪等仪表判断故障位置,进行接续处理。

(4)绝缘不良

①原因分析:一般是由于接头在封焊前驱潮处理不够、电缆受伤浸水、充气充入潮气等原因,造成芯线绝缘长期下降。

②处理方法:多采用万用表、兆欧表及电缆故障综合测试仪等仪表判断故障位置,进行接续处理。

(5)串、杂音

①原因分析:主要是由电缆芯线错接、破坏了芯线电容的平衡、线对接头松动引起电阻不平衡、外界干扰源磁场窜入等造成的。

②处理方法:多采用万用表及电缆故障综合测试仪等仪表判断故障位置,进行接续处理。

第六节　通信线路的维护标准

一、光缆的维修标准

1. 通信光缆线路技术维护的项目、指标应符合表3-11的规定。

表3-11　光缆线路技术维护的项目、指标

序　号	测试项目	维护指标
1	中继段光纤通道后向散射信号曲线检查	≤竣工值+0.1 dB/km(最大变动量≤5 dB)
2	光缆线路光纤衰减	≤竣工值+0.1 dB/km(最大变动值≤5 dB)
3	直埋接头盒监测电极间绝缘电阻	≥5 MΩ

表3-11中,中继段光纤通道后向散射信号曲线检查时,仪表的测试参数应与前次的测试参数相同,要求如下:

(1)发现光缆某中继段中有多根光纤的衰减值大于竣工值+0.1 dB/km(最大变动量≤5 dB)时,应及时进行处理。

(2)当发现光纤后向散射曲线上有单点衰耗≥0.5 dB时,应增加测试次数,观察光缆衰耗点变化趋势,组织技术人员进行分析,适时处理。

2. 光电缆中的弯曲半径应符合下列要求:

(1)光缆接头处弯曲半径不小于护套外径的20倍,其他位置光缆弯曲半径不应小于光缆外径的15倍。

(2)铝护套电缆弯曲半径不应小于电缆外径的15倍。

(3)铅护套电缆弯曲半径不应小于电缆外径的7.5倍。

3. 接续后的光纤收容余长单端引入引出不应小于0.8 m,两端引入引出不应小于1.2 m,对水底光缆不应小于1.5 m。光纤收容时的弯曲半径不应小于40 mm。

4. G.652光纤接头衰减限值最大值不大于0.12 dB,平均值不大于0.08 dB;G.655光纤接头衰减限值最大值不大于0.14 dB,平均值不大于0.08 dB。

5. 在光缆迁改、整修时,新敷设光缆宜布放至原光缆最近接头盒处,原则上只允许增加1个光缆接头。

6. G.652(B1.1、B1.3)单模光纤主要特性见表3-12。

表 3-12 G.652(B1.1、B1.3)单模光纤主要特性

序 号	项 目	技术指标(dB/km)	
		Ⅰ级	Ⅱ级
1	1 310 nm 衰减系数最大值	0.35	0.38
2	1 550 nm 衰减系数最大值	0.21	0.24

7. G.655(B4)单模光纤主要特性见表 3-13。

表 3-13 G.655(B4)单模光纤主要特性

序 号	项 目	技术指标(dB/km)	
		Ⅰ级	Ⅱ级
1	1 460 nm 衰减系数最大值(仅对 D 类和 E 类)	0.28	0.31
2	1 550 nm 衰减系数最大值	0.22	0.25
3	1 625 nm 衰减系数最大值	0.27	0.30

二、电缆的维护标准

1. 通信电缆线路技术维护的项目、指标应符合表 3-14 的规定。

表 3-14 电缆线路技术维护的项目、指标

序 号	项 目		指 标	备 注
1	绝缘电阻(芯线和金属护套间)	长途	≥1 000 MΩ·km	
		地区	≥5 MΩ	
	绝缘电阻(两线间)	长途	≥2 000 MΩ·km	
		地区	≥10 MΩ	
2	环路电阻	长途对称线对及信号线	不超过标准值的 5%	
		地区电缆	不超过标准值的 10%	
3	不平衡电阻	长途电缆(低频)	≤2 Ω	
		地区电缆	≤3 Ω	

2. 光电缆防雷

(1)两条以上的电缆同沟敷设时,在相距较近的接头处应做横连线。

(2)电缆应做防雷保护接地,其接地间距宜为 4 km 左右。对于雷害严重的地段,防雷保护接地的间距宜适当缩短。在电气化铁路区段,通信电缆的屏蔽地线可以代替防雷地线。

(3)防雷保护接地装置应与电缆垂直布置,接地体与电缆的间距不宜小于 10 m,接地标石上应有地线断开测试的条件。

(4)在落雷较广的地带,宜设防雷屏蔽线。防雷屏蔽线不宜与光电缆的金属护套连通,也不另作接地,但应将防雷屏蔽线延至土壤电阻率较小的地方。

(5)雷害严重地段,可采用非金属加强构件的光缆。

(6)直埋光缆不设屏蔽地线,但接头两侧的金属护套及金属加强件应相互绝缘。

(7)光电缆距离孤立的高大树木、杆塔或高耸建筑物及其保护接地装置的防雷最小间距应符合《铁路通信维护规则》的相关规定。

复习思考题

1. 按照ITU-T建议,光纤应怎么划分?
2. 常见的光纤连接器的种类有哪些?
3. 通信电缆常见故障有哪些?
4. 光缆接续时产生气泡的原因是什么?
5. 光缆线路故障定位的步骤是什么?

第四章　传输系统

传输系统是通信网的重要组成部分，主要承载各种话音、数据以及视频业务的传送任务。没有传输系统就无法形成通信网络，传输系统质量是影响通信网质量的关键因素之一。

第一节　传输系统概述

一、传输系统的基本概念

传输系统是通信网的重要组成部分，图 4-1 所示为通信网的基本结构。传输系统按照传输媒介不同，可分为有线传输系统和无线传输系统。有线传输系统包括电缆传输系统和光纤传输系统；无线传输系统包括移动通信系统、微波传输系统、卫星传输系统等。本节主要介绍光纤传输系统。

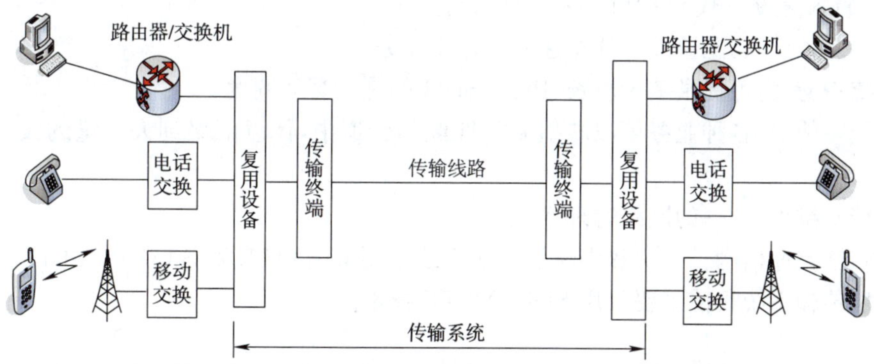

图 4-1　通信网的基本结构

二、常用的光纤传输技术

目前，光纤传输系统采用的主要传输技术有同步数字体系（SDH）、多业务传输平台（MSTP）、波分多路复用（WDM）、光传送网络（OTN）、多业务光传送网（MS-OTN）等。

1. 同步数字体系（SDH）传输技术

SDH 主要针对光纤传输，第一次真正实现了数字传输体制上的世界性标准。SDH 规范了数字信号的传输速率等级、帧结构、复用方式和光接口特性等，使其成为不仅适用于光纤传输，也适用于微波和卫星传输的通用技术体制。

2. 多业务传输平台（MSTP）传输技术

MSTP 是基于 SDH 的多业务传送技术，以 SDH 技术为基础，与现有 SDH 网络有很好的兼容性。MSTP 将多种业务进行汇聚并进行有效适配，实现多业务的综合接入和传送，实现SDH从纯传送网转变为传送网和业务网一体化的多业务平台,它能够同时实现时分复用(TDM)、以太网、IP等多业务的接入处理和传送。目前,铁路通信网的传输系统大量采用使用MSTP技术的SDH设备,即MSTP节点设备,纯粹的SDH设备已逐步减少。

3. 波分多路复用(WDM)传输技术

WDM是在同一根光纤上同时传输多个不同波长光信号的技术。目前广泛应用的是工作在1 550 nm窗口的密集波分复用(DWDM)系统。DWDM系统的复用光通路速率可以为2.5 Gbit/s、10 Gbit/s等,而复用光信号的波道数可以是4、8、16、32,甚至更多,系统的传输容量可达到300～400 Gbit/s。

4. 光传送网络(OTN)技术

WDM技术解决了光纤资源不足的问题,但其缺乏网络操作维护管理(OAM),调度不够灵活且保护不够完善,因此诞生了OTN。

OTN符合ITU-T G.709、G.872和G.798等建议,能够提供基于光通道的客户信号传送、复用、路由、管理、监控以及保护。OTN在传统WDM的基础上,融合了SDH的一些优点,支持光层调度和电层调度、丰富的OAM开销、更完善的保护方式等。

5. 多业务光传送网(MS-OTN)技术

MS-OTN顺应传送网络的发展趋势,融合OTN、TDM和分组(PKT)技术,可完全满足带宽、品质与成本方面的综合要求,是构建面向未来的传送网络的理想选择。

MS-OTN是新一代OTN产品,有四大特点:

(1)多业务接入:能够接入任意速率的任意业务。

(2)统一交叉:可提供基于波长、PKT、SDH的统一交叉调度。

(3)统一传送:各种业务可以映射到最匹配的管道中,任意汇聚到大容量的波长中统一传送。

(4)统一维护:统一的网络管理系统。

目前,铁路通信网骨干层和中继层传输系统主要采用OTN/MS-OTN+SDH/MSTP技术,接入层传输系统目前主要采用SDH/MSTP技术。

第二节 SDH传输系统的工作原理

一、SDH的基本概念与特点

1. 基本概念

传统的由准同步数字体系(PDH)传输体制组建的传输网,其最早异步复用的方式很明显不能满足信号大容量的要求,另外PDH体制的地区性规范也使网络互联增加了难度,因此在通信网向大容量、标准化发展时,PDH传输体制的瓶颈越来越明显,制约了传输网向更高的速率发展,由此产生了SDH传输体制。

根据ITU-T的建议定义,SDH是由为不同速度的数位信号传输提供相应等级的信息结构,包括复用方法、映射方法,以及相关的同步方法组成的技术体制。

2. 特点

(1)接口方面:SDH体制对网络节点接口(NNI)作出统一规范。规范的内容有数字信号速率等级、帧结构、复接方法、线路接口、监控管理等。这使 SDH 设备容易实现多厂家互联；线路接口（这里指光口）采用世界性统一的标准规范，SDH 信号的线路编码仅对信号进行扰码，不再插入冗余码。

（2）复用方式：SDH 采用了同步复用方式和灵活的映射结构，将低速的信号以字节间插方式复用进高速的 SDH 信号的帧结构中，这使得低速信号在高速 SDH 信号帧中的位置是固定的、有规律的，即可预见的。这样就能从高速 SDH 信号例如 2.5 Gbit/s（STM-16）中直接分/插出低速的 155 Mbit/s（STM-1）或者 2 Mbit/s 等支路信号，从而节省了大量的复接/分接设备，增加了可靠性，减少了信号损伤、设备成本、功耗、复杂性等，使业务的上、下更加简便。

（3）运行维护方面：SDH 信号的帧结构中安排了丰富的用于运行维护功能的开销字节，使网络的监控功能大大加强。

（4）兼容性：SDH 有很强的兼容性，这样就意味着当组建 SDH 传输网时，原有的 PDH 传输网不会作废，两种传输网可以共同存在。

二、SDH 的速率与帧结构

1. 速率

SDH 具有一套标准化的信息结构等级，称为同步传递模块 STM-*N*。SDH 的第一级（*N*=1）同步数字级别速率为 155.520 Mbit/s，更高级别的信号按比例 *N*（*N*=4，16，…）由字节间插复用而成，常见的 SDH 速率等级见表 4-1。

表 4-1 常见的 SDH 速率等级

同步数字系列等级	比特率（Mbit/s）	容量（路）	2M 数量（个）
STM-1	155.520	1 890	63
STM-4	622.080	7 560	252
STM-16	2 488.320	30 240	1 008
STM-64	9 953.280	120 960	4 032

2. 帧结构

SDH 的帧结构必须适应同步数字复用、交叉连接和交换的功能，同时为了便于实现支路信号的插入和取出，支路信号在一帧内的分布最好是有规律的、均匀的。为此 ITU-T 规定 SDH 是以字节为单位的矩形块状帧结构，如图 4-2 所示。

从图 4-2 可以看出，STM-*N* 的信号是 9×270×*N* 的帧结构。此处的 *N* 与 STM-*N* 的 *N* 一致，取值为 1，4，16，64…，表示此信号由 *N* 个 STM-1 信号通过字节（8 bit）间插复用而成。由此可知，STM-1 信号的帧结构是 9×270 的块状帧，由图 4-2 可以看出，当 *N* 个 STM-1 信号通过字节间插复用成 STM-*N* 信号时，仅仅是将 STM-1 信号的列按字节间插复用，行数恒定为 9。

ITU-T 规定对于任何级别的 STM-*N* 帧，帧频（也就是每秒传送的帧数）是 8 000 帧/s，也就是帧长或帧周期为恒定的 125 μs。帧周期恒定是 SDH 信号的一大特点，任何级别的 STM-*N* 帧，帧频都是 8 000 帧/s。

对于 STM-1 而言，每帧由 9 行、270 列字节组成，帧长度为 270×9=2 430 B，相当于

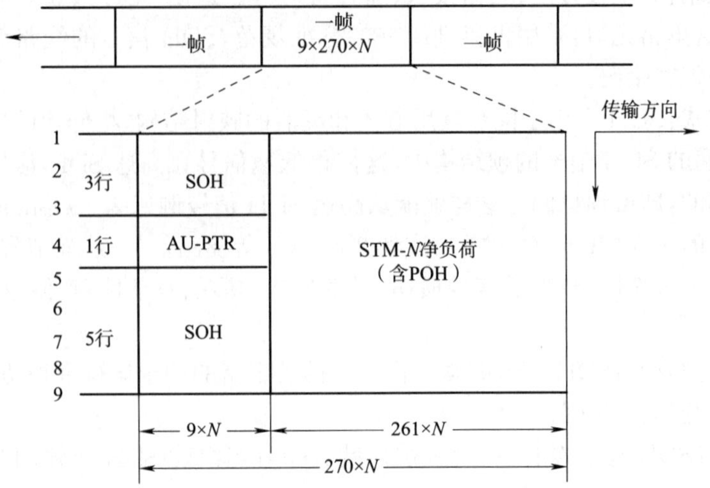

图 4-2 SDH 的帧结构

19 440 bit,由此可计算出 STM-1 的传输速率 R_b,计算公式如式 4-1 所示。

$$R_b=\frac{每帧的比特数}{传输一帧的时间}=\frac{270\times9\times8}{125\times10^{-6}}\ \text{bit/s}=155.52\ \text{Mbit/s} \tag{4-1}$$

SDH 信号帧的传送原则是:帧结构中的字节(8 bit)从左到右、由上而下一个字节一个字节的传输,即从第 1 行最左边字节开始,从左向右传完第 1 行,再依次传第 2 行、第 3 行……直至全部 $270\times N\times9$ 个字节都传送完毕,再转入下一帧,如此一帧一帧地传送,每秒共传 8 000 帧。

3. 帧结构的组成

STM-N 整个帧结构可分为三个主要区域,分别是净负荷区域(Payload)、段开销区域(SOH)和管理单元指针区域(AU-PTR)。

(1)净负荷区域

净负荷区域是 STM-N 帧结构中存放各种业务信息码块的地方,图 4-2 中横向第 $10\times N$~$270\times N$ 列,纵向第 1~9 行的 $2\,349\times N$ 个字节都属此区域。为了实时监测用户信息在传递过程中是否损坏,在打包低速信号的过程中加入了监控开销——通道开销(POH)字节。POH 作为净负荷的一部分,与业务信息一起装载在 STM-N 中传送,它负责对通道性能进行监视、管理和控制。通道开销分为低阶通道开销和高阶通道开销,分别完成 VC12 和 VC3/VC4 的通道性能监控。

(2)段开销区域

段开销(SOH)是指 STM-N 帧结构中为了保证信息净负荷正常、灵活传送所必需的附加字节,是供网络运行、管理和维护(OAM)使用的字节。段开销进一步分为再生段开销(RSOH)和复用段开销(MSOH),分别用于再生段和复用段的运行、管理和维护。

(3)管理单元指针区域

管理单元指针(AU-PTR)用来指示信息净负荷的第一个字节在 STM-N 帧中的准确位置,以便在接收端能正确地分解信号帧。AU-PTR 的位置在 STM-1 帧第 4 行的 1~9 列,共 9 个字节,用以指示 VC4 的首字节 J1 在 AU-4 净负荷中的具体位置,以便收端能据此正确分离 VC4。

三、SDH 的复用原理

ITU-T 规定了一整套完整的复用结构(即复用路线),通过这些路线可将三个系列(欧洲、北美和日本)的数字信号以多种方法复用成 STM-N 信号。我国的 SDH 复用采用欧洲系列的复用路线。如图 4-3 所示,复用过程是由一些基本复用单元经过若干中间复用步骤进行的。SDH 的基本复用单元包括标准容器(C)、虚容器(VC)、支路单元(TU)、支路单元组(TUG)、管理单元(AU)和管理单元组(AUG),这些复用单元的下标表示与此复用单元相应的信号级别。

由图 4-3 可知,我国的 SDH 复用结构中允许有三个 PDH 支路信号输入口,分别是 PDH 四次群(139.264 Mbit/s)、三次群(34.368 Mbit/s)和基群(2.048 Mbit/s)。在 SDH 中,一个 STM-1(155.520 Mbit/s)能装载 63 个 2.048 Mbit/s、3 个 34.368 Mbit/s 或一个 139.264 Mbit/s。

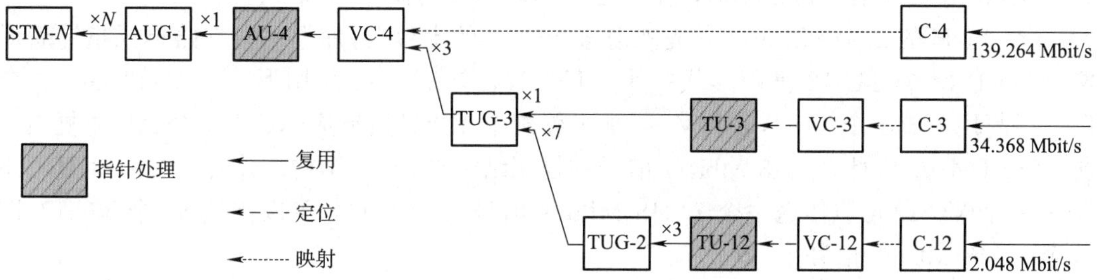

图 4-3 我国 SDH 的复用结构

从 SDH 复用映射结构中可以看出,将低速支路信号复用进 STM-N 都需要经过映射、定位和复用三个步骤。

1. 映射

映射是指在 SDH 网络边界,将各种速率的 PDH 信号先分别经码速调整装入相应的标准容器(C),再加入低阶或高阶通道开销(POH)形成虚容器(VC)的过程。

映射的实质是使各支路信号与相应的虚容器(VC)容量同步,以便使 VC 成为可以独立进行传送、复用和交叉连接的实体。

我国 SDH 复用路线中的映射如下:

(1)将 139.264 Mbit/s 信号映射进 VC-4;

(2)将 34.368 Mbit/s 信号映射进 VC-3;

(3)将 2.048 Mbit/s 信号映射进 VC-12。

虚容器 VC 是 SDH 中最重要的一种复用单元,主要支持通道层的连接。正常情况下,VC 的速率与 SDH 网络是同步的,除在 VC 的组合点和分解点(即 PDH/SDH 网的边界处)外,VC 在 SDH 网中传输时总是保持完整不变,因而可以作为一个独立的实体,方便灵活地在通道中任意点插入或取出,进行同步复用和交叉连接处理。

2. 定位

定位是将帧偏移信息收进支路单元或管理单元的过程,即以附加于 VC 上的指针指示和确定 VC 帧的起点在 TU 或 AU 净负荷中的位置。在发生相对帧相位偏差使 VC 帧起点

“浮动”时,指针值亦随之调整,始终保证指针值准确指示 VC 帧起点的位置。

定位的目的是使收端能正确地从 STM-*N* 中拆离出相应的 VC,进而通过拆 VC、C 的包封分离出 PDH 低速信号,从而实现从 STM-*N* 信号中直接下低速支路信号的功能。

SDH 采用指针技术实现定位。SDH 的指针有两种,即管理单元指针(AU-PTR)和支路单元指针(TU-PTR),分别实现 VC-4 在 AU-4 中的定位,以及 VC-12、VC-3 在 TU 中的定位。

3. 复用

复用是指将多个支路单元适配到高阶 VC-4 或把多个管理单元适配进复用段的过程。如将低阶 TU-12 复用形成 TUG-2、TUG-3,最后形成 VC-4;再由 AUG 复用形成 STM-*N* 帧。复用就是通过字节间插方式把 TU 组织进高阶 VC 或把 AU 组织进 STM-*N* 的过程。

由于传输设备与交换设备接口大都采用 2.048 Mbit/s 速率,故 2.048 Mbit/s 信号(PDH 基群信号)的映射和同步复用是最重要的,也是最复杂的。

2.048 Mbit/s 信号到 STM-*N* 信号的实现步骤(参考图 4-3)如下:

1 个 PDH 的 2.048 Mbit/s 首先映射进 VC-12 的虚容器,加上一些支路单元指针后形成了 TU-12,3 个 TU-12 复用形成一个 TUG-2,7 个 TUG-2 复用形成 1 个 TUG-3,3 个 TUG-3 复用形成 1 个 VC-4,1 个 VC-4 加上管理单元指针后形成 AU-4,1 个 AU-4 复用形成 1 个 STM-1。因此,2.048 Mbit/s 信号的复用结构是 3-7-3 结构。并且,在 3-7-3 复用路线中,一个 VC-12 可以传送一个 2.048 Mbit/s 信号,一个 VC-4 可以传送 63 个 VC-12,即 63 个 2.048 Mbit/s 信号。

四、SDH 网元类型及功能

SDH 传输网是由不同类型的网元通过光缆线路连接组成的,通过不同的网元完成 SDH 网的传送功能,如上/下业务、交叉连接业务等。

SDH 设备的基本类型有终端复用器(TM)、分插复用器(ADM)、数字交叉连接设备(DXC)和再生中继器(REG)等。

1. 终端复用器(TM)

终端复用设备的主要功能是将多路低速的支路信号(包括 PDH 信号和 STM-*N* 信号)复用形成一路高速的 STM-*N* 信号,完成电/光变换后在光纤中传输;在相反方向则为逆过程,即从 STM-*N* 信号中分出多路低速支路信号,其功能如图 4-4 所示。

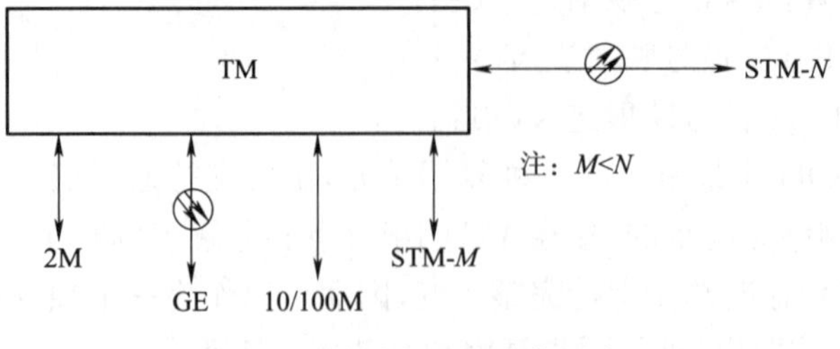

图 4-4 终端复用器功能示意

终端复用器是一个双端口器件,在线路一侧为标准光接口;在支路一侧为 G.703 信号接口、STM-*M* 信号($M<N$)接口或 10/100M 以太网口等。

2. 分插复用器(ADM)

分插复用器是一种无需终结整个 STM-N 信号,能够将任何速率等级(不超过 STM-N 的信号速率)的支路信号从 STM-N 线路信号分出和插入到 STM-N 线路信号中的设备,因此分插复用器具有两个方向的高速线路端口,一个低速的支路端口,其功能如图 4-5 所示。

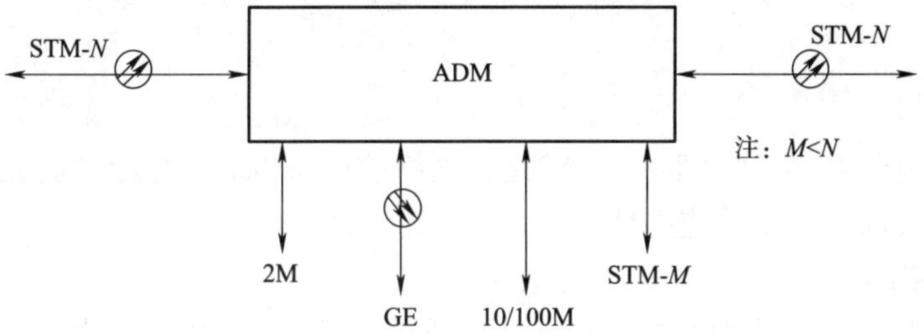

图 4-5 分插复用器功能示意

ADM 除具有上、下支路信号的能力,还具有交叉连接功能,能使两个 STM-N 线路信号之间的各级 VC 实现交叉连接。

ADM 是 SDH 中最重要的网元之一,通过它可等效成其他网元,即能完成其他网元的功能,例如:一个 ADM 可等效成两个 TM。

3. 数字交叉连接设备(DXC)

数字交叉连接设备是一种具有一个或多个 PDH 或 SDH 信号端口,并且在网管系统的控制下,可以将在任何数字端口的速率信号与其他数字端口之间实现可控连接和再连接的设备,其功能如图 4-6 所示。DXC 设备能够对传输网进行自动化管理,通常应用于比较重要的网络枢纽站。

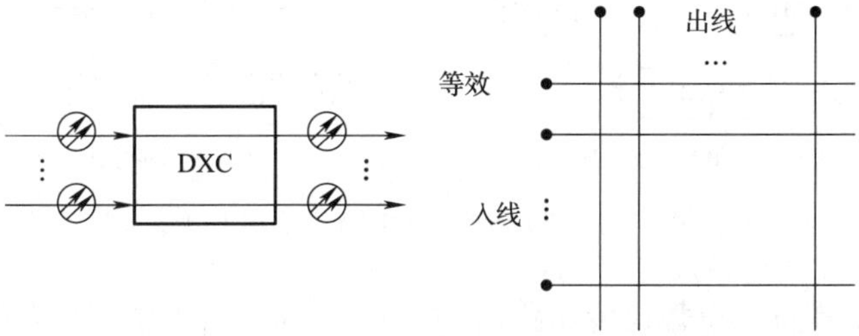

图 4-6 数字交叉连接设备功能

根据端口速率和参与交叉连接速率的不同,数字交叉连接设备分为不同的配置类型,通常用 DXCm/n 来表示,其中,m 表示可接入 DXC 的最高速率等级,n 表示在交叉矩阵中能够进行交叉连接的最低速率级别。

4. 再生中继器(REG)

光传输网的再生中继器有两种:一种是纯光的再生中继器,主要进行光功率放大以延长光传输距离;另一种是用于脉冲再生整形的电再生中继器,主要通过光/电变换、电信号抽样、判决、再生整形、电/光变换,达到不积累线路噪声,保证线路上传送信号波形完好性的目的。再生中继器是双端口器件,只有两个线路端口,没有支路端口,如图 4-7 所示,其功能是对接收信号进行均衡放大、判决、再生成适合线路传输的光信号发送出去。REG 是一种构成 SDH 长距离传输的网元,其结构比 ADM 设备简单,只有放大、处理再生段开销的功能,没有交叉、复用的功能,即没有上、下支路信号的功能。

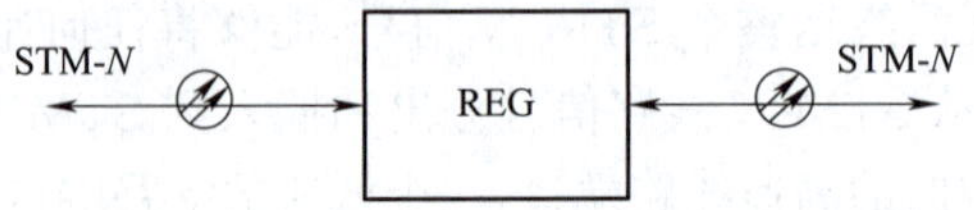

图 4-7 再生中继器示意

五、SDH 的网络结构

网络结构是指网络的物理形状,也就是指网络节点与传输线路组成的几何图形,即网络的物理拓扑,它反映物理上的连接性。

1. 基本网络结构

SDH 网络中采用的网络结构有多种,基本的物理拓扑主要有 5 种类型:线型、星型、树型、环型和网孔型,如图 4-8 所示。

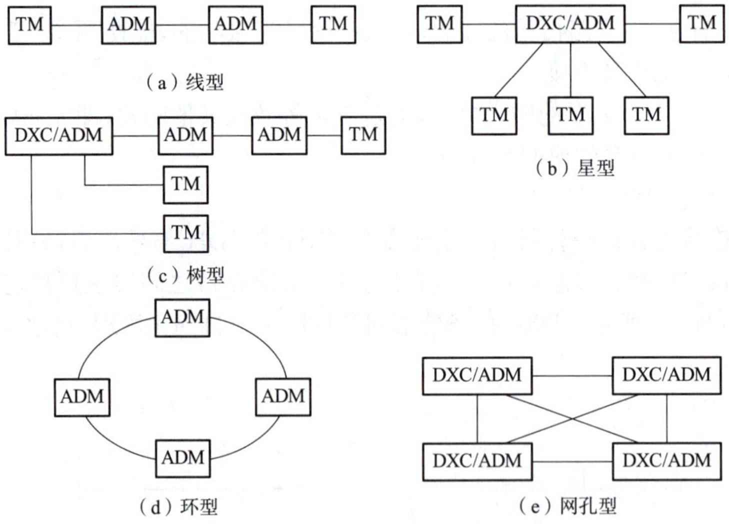

图 4-8 SDH 网络基本物理拓扑类型

SDH 环型网络具备发现替代传输路由,并重新确立通信的能力,因而在实际工程建设中,基本上采用具有自动保护功能的环型结构(通常叫自愈环)。

由于传输网络的用途不可能完全相同,网络的服务等级也不相同,因此,实际光纤传输网络的拓扑结构不仅仅局限于上述几种基本结构形式,而是在基本结构基础上派生出各种混合结构的应用。在实际应用中,比较常用的是由上述拓扑结构派生的 T 型网、环带链网、环相切网、环相交网等。环带链网、环相切网拓扑结构如图 4-9 所示。

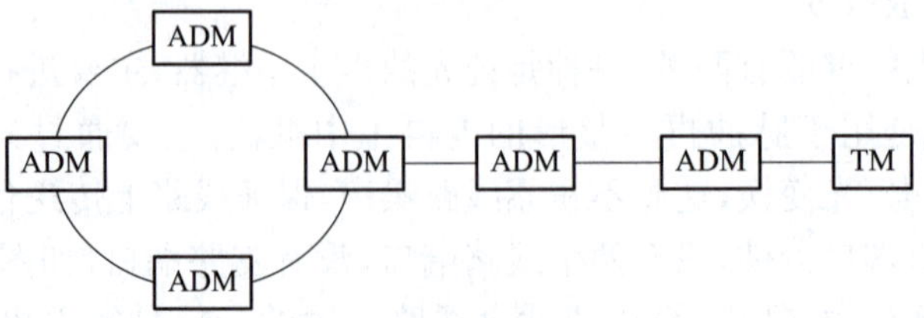

(a)环带链网

图 4-9

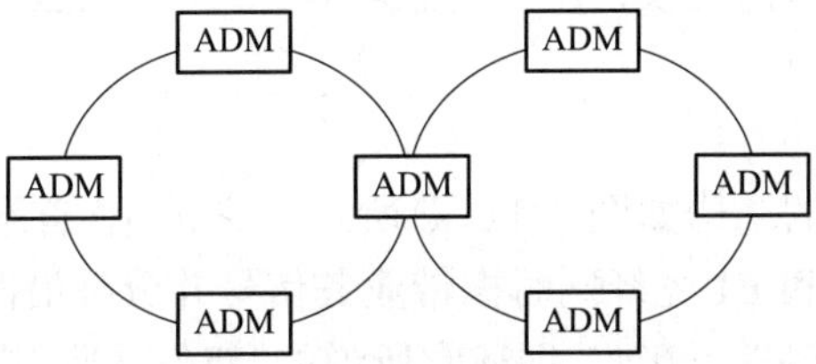

(b)环相切网

图 4-9　常用拓扑结构

2. 我国铁路 SDH 传输系统的网络结构

我国铁路 SDH 传输网作为铁路通信系统的大动脉，承载着所有系统的信息传输，如 GSM-R 业务、调度通信与数据业务、会议电视等。

我国铁路 SDH 传输网的网络结构总体上可分为三层，从高到低依次为骨干层、汇聚层和接入层。

(1)骨干层

骨干层是最上一层网络，骨干层主要用于国铁集团到各个铁路局集团公司以及各铁路局集团公司之间的长途通信。骨干层通常采用环型或 1+1 链型组网。

(2)汇聚层

汇聚层是第二层网络，也称局干层，主要用于铁路局集团公司各主要站点之间的通信。汇聚层的网络结构一般为环型或 1+1 链型组网。

(3)接入层

接入层位于最低层，主要用于铁路沿线各站点之间的通信。接入层的网络结构一般也为环型，并辅以少量线型结构。

3. SDH 的网络保护

随着传输系统容量以及速率越来越高，对传输系统传送信息的及时性、准确性的要求也越来越高。传输系统一旦出现线路故障，将会导致局部甚至整个网络瘫痪。为了提高网络的安全性，要求网络有较高的生存能力，从而产生了自愈网的概念。

网络自愈是指当业务信道损坏导致业务中断时，网络自动将业务切换到备用业务信道，使业务能在较短的时间(ITU-T 规定为 50 ms 以内)恢复正常传输。注意这里仅是指业务得以恢复，发生故障的设备和发生故障的信道还需人为修复。

(1)1+1 线路保护

1+1 线路保护是最简单的自愈网形式，其基本原理是当主用工作通道出现故障时，利用节点间预先安排的备用线路取代失效或劣化的主用线路，由工作通道倒换到保护通道，使业务得以继续传送。1+1 线路保护倒换方式如图 4-10 所示。

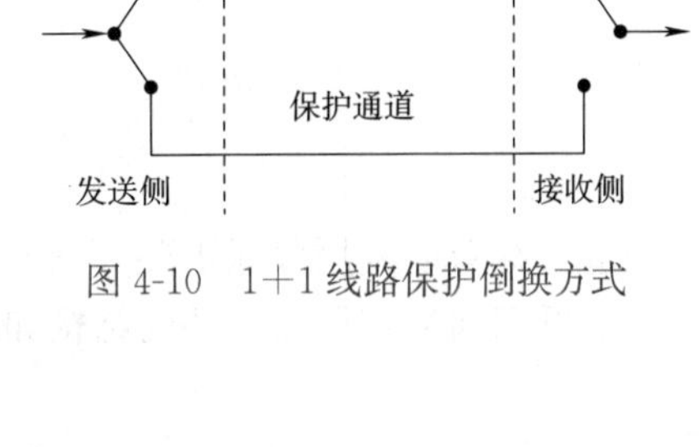

图 4-10　1+1 线路保护倒换方式

(2)环型保护

环型保护是实现自愈能力的一种方法，也称为自愈环。自愈环已经成为 SDH 组网不可缺少的、发展应用最广泛的一种网络。目前比较常用的自愈环有二纤单向通道保护环和二纤双向复用段保护环。

①二纤单向通道保护环

二纤单向通道保护环的结构如图 4-11(a)所示。它采用“首端桥接,末端倒换”的 1+1 保护方式,即利用 S1 光纤和 P1 光纤同时携带业务信号并分别沿两个相反的方向传输,但接收端只择优选取其中的一路进行接收,即通常所说的“双发选收”模式。

正常情况下,A 点和 C 点的通信如下:

A 发 C 收:A 点将信号同时发往 S1 光纤和 P1 光纤(发往 S1 的信号经由 B 站到 C 站,发往 P1 的信号经由 D 站到 C 站)。信号到达 C 站后,C 站选择接收来自 S1 光纤的信号。即 A 发 C 收的信号经由 B 站到达 C 站。

C 发 A 收:C 点将信号同时发往 S1 光纤和 P1 光纤(发往 S1 的信号经由 D 站到 A 站,发往 P1 的信号经由 B 站到 A 站)。信号到达 A 站后,A 站选择接收来自 S1 光纤的信号。即 C 发 A 收的信号经由 D 站到达 C 站。

若 BC 节点间的两根光纤同时被切断时,A 点和 C 点的通信如下:

A 发 C 收:因为 BC 节点的两个光纤同时中断,如图 4-11(b)所示,则在节点 C 来自 S1 光纤的 AC 信号丢失,按通道择优选取的准则,在节点 C,倒换开关将由 S1 光纤转向 P1 光纤,接收来自 P1 光纤的信号,从而使 AC 业务信号得以维持,不会丢失。即此时 A 发 C 收的信号经由 D 站到达 C 站。

C 发 A 收:C 发 A 收的信号和正常情况下一样,仍经由 D 站到达 C 站。

故障排除后,倒换开关自动返回原来位置。但是倒换并不是在故障排除后立即恢复原来位置的,而是在工作信道恢复正常后,等待一段时间,这段时间称为 WTR(等待恢复时间),这是为了避免线路不稳定而引起频繁倒换,WTR 一般为 5～12 min。

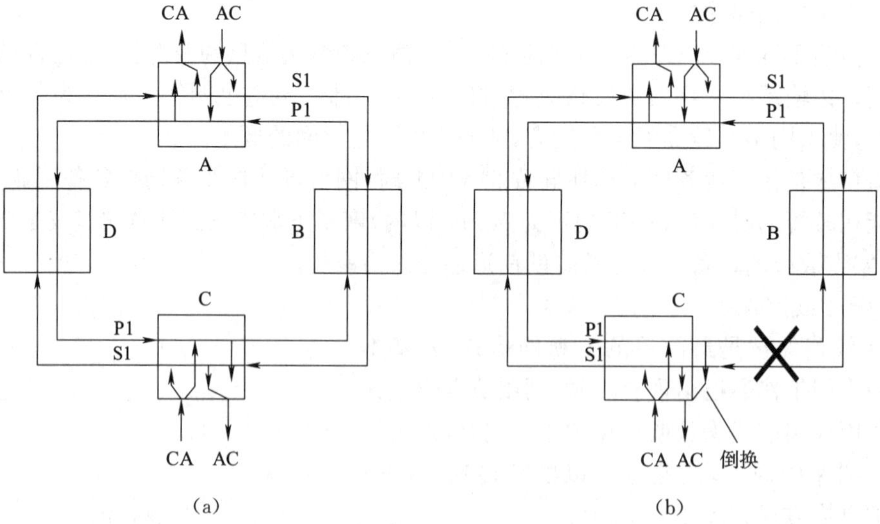

图 4-11 二纤单向通道保护环结构

②二纤双向复用段保护环

二纤双向复用段保护环的结构如图 4-12(a)所示,图中每对相邻节点之间有两根传输方向相反的光纤，每根光纤的一半时隙作为工作通路，用于传业务信号；另一半时隙作为保护通路，留给保护信号。正常情况下，业务信号只在工作通路中传输，即占用 S1、S2 光纤的前半时隙，而保护通路处于空闲状态。

正常情况下，A 点和 C 点的通信如下：

A 发 C 收：A 节点将信号发往 S1/P2 光纤的前半时隙 S1，即 A 发 C 收的信号经由 B 节点到达 C 节点。

C 发 A 收：C 点将信号发往 S2/P1 光纤的前半时隙 S2，即 C 发 A 收的信号也经由 B 节点到达 A 节点。

当 BC 节点间光缆中的两根光纤同时被切断时，如图 4-12(b)所示，A 点和 C 点的通信如下：

A 发 C 收：因为 BC 节点的两个光纤同时中断，B 节点的倒换开关将 S1/P2 光纤前半时隙 S1 所携带的信息转移到 S2/P1 光纤的后半时隙 P1，并经 A、D 节点传输到达 C 节点。即此时 A 发 C 收的信号经由 B、A、D 到达 C 节点。

C 发 A 收：因为 BC 节点的两个光纤同时中断，C 节点的倒换开关将 S2/P1 光纤前半时隙 S2 所携带的信息转移到 S1/P2 光纤的后半时隙 P2，即此时 C 发 A 收的信号经由 D 到达 A。

故障排除后，B 节点和 C 节点的倒换开关将自动返回到原来的位置。

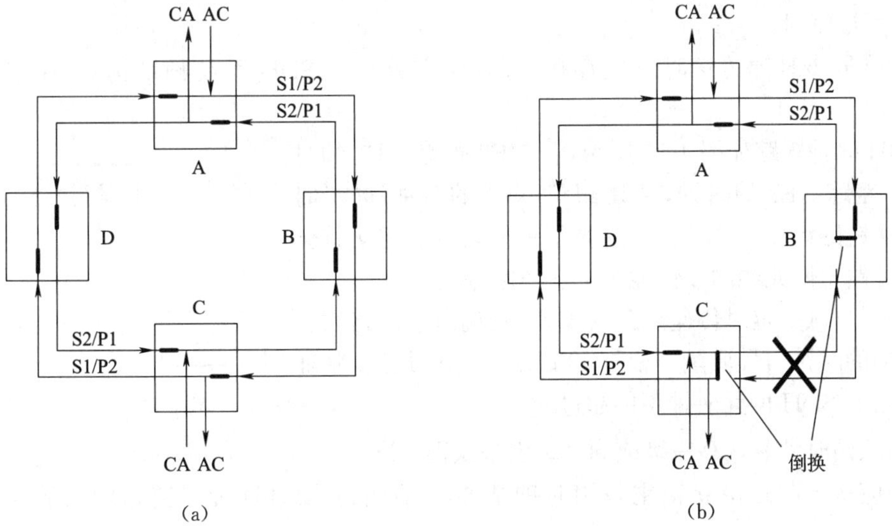

图 4-12 二纤双向复用段保护环结构

③二纤单向通道保护环和二纤双向复用段保护环的比较

a. 二纤单向通道保护环

二纤单向通道保护环是在通道级别上的倒换，由于是单端倒换，且没有协议过程，倒换速度比较快，倒换比较可靠，环上的节点数无限制。但是在通道保护中线路时隙不能复用，环传输容量小，不能传送额外业务，环传输容量为 STM-*N*。二纤单向通道保护环适用于集中型业务。

b. 二纤双向复用段保护环

二纤双向复用段保护环遵循 ITU-T G. 841 建议，在倒换过程中需要传递协议，并且需要环网所有网元一起协作完成倒换,由于其中涉及的单板比较多,任何一处发生不稳定都有可能影响倒换质量,因此对环网要求比较高。复用段保护线路时隙可以复用,大大增加整个环的传输容量。备用通道 P1、P2 可传送额外业务。但是由于使用 APS 协议,而且需执行交叉连接功能,二纤双向复用段保护环倒换时间稍长。环上的节点数受限制,不能超过 16 个节点。环传输容量为$\frac{k}{2}\times$STM-N(k 为网络中的节点数)。二纤双向复用段保护环特别适用于分散型业务。

④四纤复用段保护环

四纤复用段保护环由四根光纤组成:二根业务光纤——S1 与 S2(一发一收),传送正常业务;二根保护光纤——P1 与 P2(一发一收),P1 为 S1 提供反向保护,P2 为 S2 提供反向保护。

四纤复用段保护环能重复使用节点间时隙,大大增加整个环的传输容量。备用光纤 PI、P2 可传送额外业务。但是由于使用 APS 协议,而且需执行交叉连接功能,倒换速度较慢,对设备要求较高。环传输容量为 $k\times$STM-N(k 为网络中的节点数)。四纤复用段保护环适用于分散型业务。

六、SDH 传输系统的同步

1. 同步原则

(1)在同步时钟传送时不应存在环路,应充分利用 SDH 系统帧结构 S1 字节来避免环路。

SDH 时钟跟踪如图 4-13 所示,若 NE2 跟踪 NE1 的时钟,NE3 跟踪 NE2 的时钟,NE1 跟踪 NE3 的时钟,同步时钟的传送链路组成一个环路。这时某一网元时钟劣化就会使整个环路上网元的同步性能产生连锁性劣化。

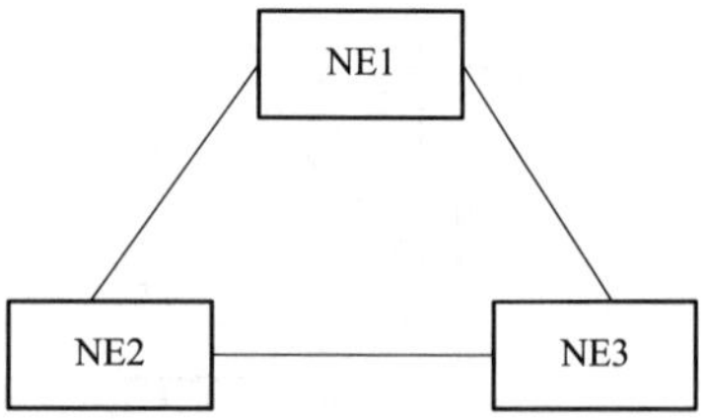

图 4-13 SDH 时钟跟踪

(2)尽量减少定时传递链路的长度,避免由于链路太长影响传输的时钟信号质量。根据 ITU-T G. 803 规定,基准定时链路上 SDH 网元时钟不能超过 60 个。

(3)从站时钟要从高一级或同一级设备获得基准。

(4)应从分散路由获得主备用时钟基准,以防止主用时钟传递链路中断后时钟基准丢失。

(5)选择可用性高的传输系统来传递时钟基准。

2. SDH 网元时钟源类型

(1)外部时钟源:直接利用外部输入站时钟(2 048 kHz 或 2 Mbit/s)。

(2)线路时钟源:从 STM-N 线路信号中提取。

(3)支路时钟源:从来自纯 PDH 网或交换系统的 2 Mbit/s 支路信号中提取时钟。

(4)SDH 设备内置时钟源。

3. SDH 设备的定时方式

(1)外同步方式

目前每个 SDH 网络单元中的 SETPI 模块提供了输出定时和输入定时接口,接口具有

G. 703 接口的 2 Mbit/s 的物理特性。外部提供的定时源一般有三种：

①PDH 网同步中的 2 048 kHz 同步定时源。

②同局中其他 SDH 网络单元输出的定时。

③同局中时钟同步网(BITS)输出的时钟。

(2)从接收信号提取的定时

目前主要推荐从不受指针调整影响的 STM-*N* 信号中直接提取定时。

(3)内部定时方式

将内部石英晶体振荡器产生的信号作为定时基准。

第三节 OTN 传输系统的工作原理

一、OTN 的概念及特点

1. 基本概念

OTN 是以波分复用技术为基础，在光层组织网络的传送网，是下一代的骨干传送网。OTN 是管理电域和光域的统一标准，处理的基本对象是波长级业务，它将传送网推进到真正的多波长光网络阶段。由于结合了光域和电域处理的优势，OTN 可以提供巨大的传送容量、完全透明的端到端波长/子波长连接以及电信级的保护，是传送宽带大颗粒业务的最优技术。

2. 特点

(1)多种客户信号封装和透明传输：支持 Ge、10Ge、40Ge、100Ge 以太网、光纤通道(FC)和吉比特无源光网络(GPON)等多种客户信号的映射和透明传输。

(2)大颗粒的带宽复用、交叉和配置：OTN 定义的电层带宽颗粒为光通路数据单元(1 000 Mbit/s、2. 5 Gbit/s、10 Gbit/s、40 Gbit/s)；光层的带宽颗粒为波长，相对于 SDH 的 VC-12/VC-4 的调度颗粒，OTN 复用、交叉和配置的颗粒明显要大很多，能够显著提升高带宽数据客户业务的适配能力和传送效率。

(3)强大的开销和维护管理能力：OTN 提供了和 SDH 类似的开销管理能力。

(4)增强了组网和保护能力：通过 OTN 帧结构、ODU*k* 交叉和多维度可重构光分插复用器(ROADM)的引入，大大增强了光传送网的组网能力。另外，OTN 将提供更为灵活的基于电层和光层的业务保护功能，如光子网连接保护(SNCP)和共享环网保护、基于光层的光通道或复用段保护等。

二、OTN 的帧结构与速率

1. 帧结构

ITU-T G. 709 标准的 OTN 帧由 3 部分组成。

(1)开销区：用于运行、维护、管理。

(2)净荷区：用于承载用户数据。

(3)前向纠错 FEC 区：是指信号在被传输之前预先进行一定的编码处理，在接收端则按规定的算法解码，以达到找出错码并纠正错码的目的。

2. 速率

OTN 帧中的列数与行数决定着传输报文的大小,帧结构如图 4-14 所示。ITU-T G.709 规定,OTUk 信号不管 k 等于几,帧尺寸都是 4×4 080 B(每个帧尺寸不变,帧结构统一,便于管理,但是尺寸不变,帧的速率就必须变化),但不同等级速率(k)不同,信号帧的周期也不同,k 值越大,帧周期越短。信号速率=每帧字节×每秒帧数。

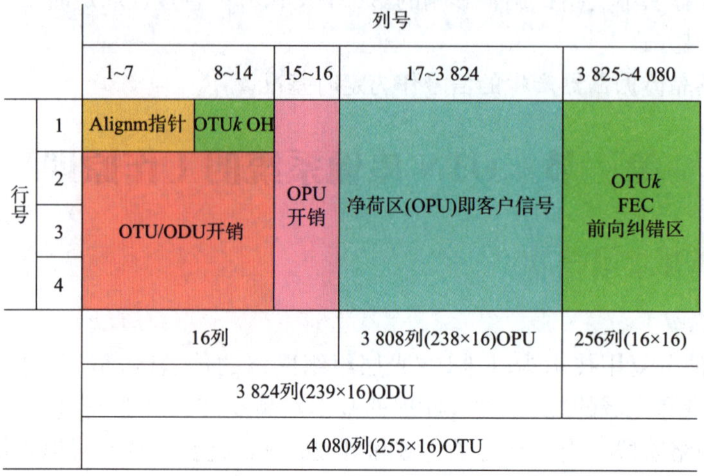

图 4-14 OTN 的帧结构

OTUk 帧分为 4 行,4 080 列(255×16),单位是 B,数据是从上到下,从左到右进行传输的。

光净荷单元(OPU)是 3 808(238×16)列,帧字节=3 804×4=4×238×16 B。

光数据单元(ODU)是 3 824(239×16)列,帧字节=3 824×4=4×239×16 B。

前向纠错(FEC)是 256(16×16)列,帧字节=256×4=4×16×16 B。

光传送单元(OTU)是 4 080(255×16)列,帧字节=4 080×4=4×255×16 B。

OTUk 的速率填充使用了不同等级的 SDH 刚性管道,对应关系见表 4-2。

表 4-2 SDH 速率与 OTU 的映射对应关系

SDH 速率等级		与 OTU 的映射对应
等　级	速率(Mbit/s)	
STM-1	155.52	—
STM-4	622.08	—
STM-16	2 488.32	OTU1 使用该速率映射
STM-64	9 953.28	OTU2 使用该速率映射
STM-256	39 813.12	OTU3 使用该速率映射

三、OTN 网元类型及功能

1. 光终端复用站(OTM)

OTM 将业务信号通过合波单元插入波分系统的线路上,同时可将业务经过分波单元从波分系统的线路上分下来，其功能示意如图 4-15 所示。

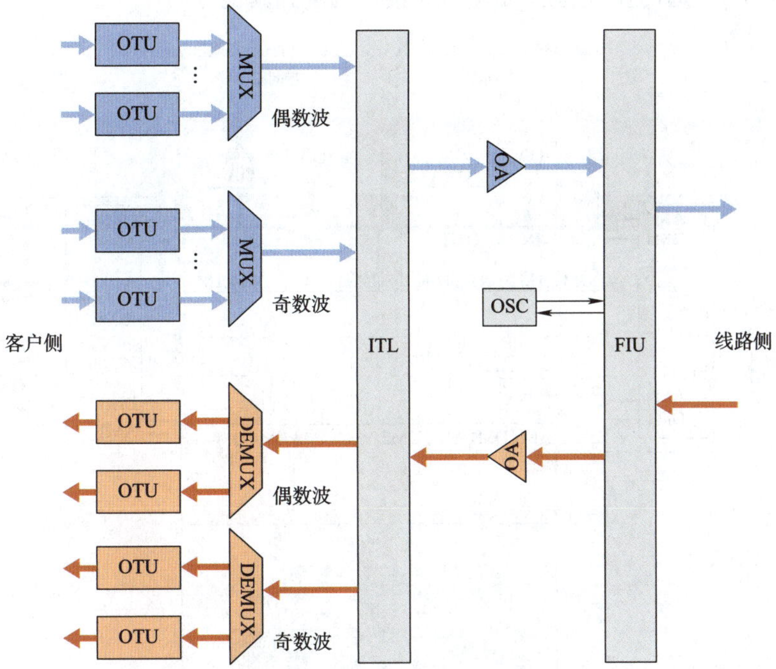

图 4-15 光终端复用站功能示意

2. 光线路放大设备(OLA)

OLA 用来放大双向传输信号，延伸传输距离，其功能示意如图 4-16 所示。

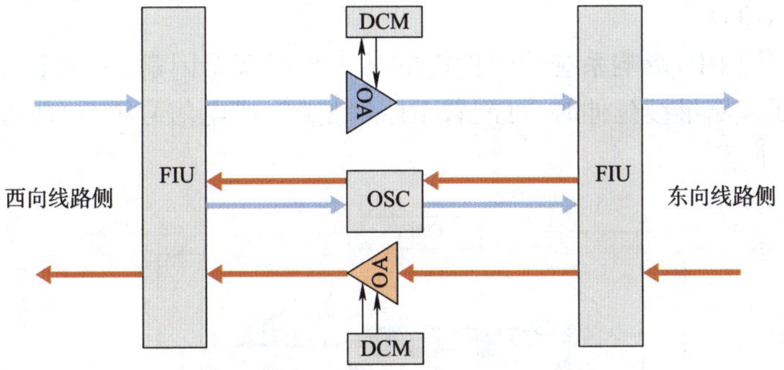

图 4-16 光线路放大设备功能示意

3. 光分插复用设备(OADM)

OADM 可从多波长信道中分出或插入一个或多个波长，实现波长的上下。OADM 可分为固定光分插复用器(FOADM)和可重构光分插复用器(ROADM)。

(1)FOADM：从合波光信号中分插出特定波长的光信号，送入 OTU 或线路板；同时将 OTU 单板或线路板发送的符合 WDM 标准波长的光信号复用进合波光信号。

(2)ROADM：从合波信号中分插出任意的单波或合波信号，实现多个维度的动态光波长调度，且可实现上述过程的逆过程。ROADM 是现在主流的 OADM 站点类型，能够上下任意波长，其穿通波长不需要人工连纤，功能示意如图 4-17 所示。图中 IN/OUT 接口用来进行业务的上下，穿通的业务通过 AM/DM 接口调度到其他方向。

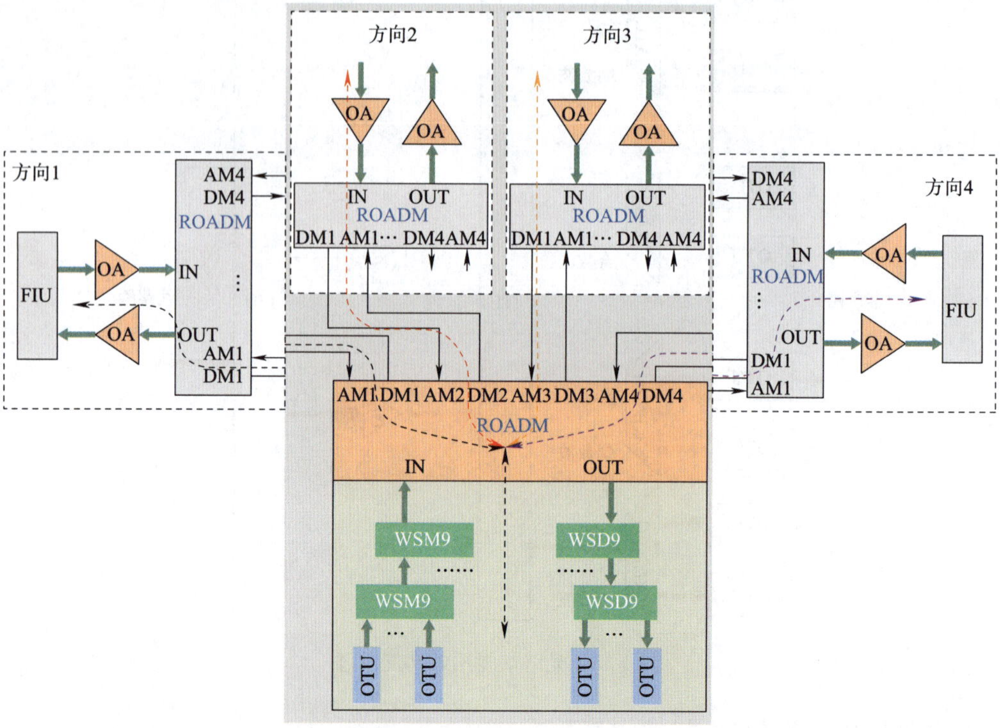

图 4-17 ROADM 站点功能示意

4. 中继站(REG)

在长距离的传输中，影响系统传输性能的某一个或多个因素(如色散、功率、噪声、非线性效应等)限制了线路继续延伸时，可配置 REG 站点完成电信号再生，改善信号质量，其功能示意如图 4-18 所示。

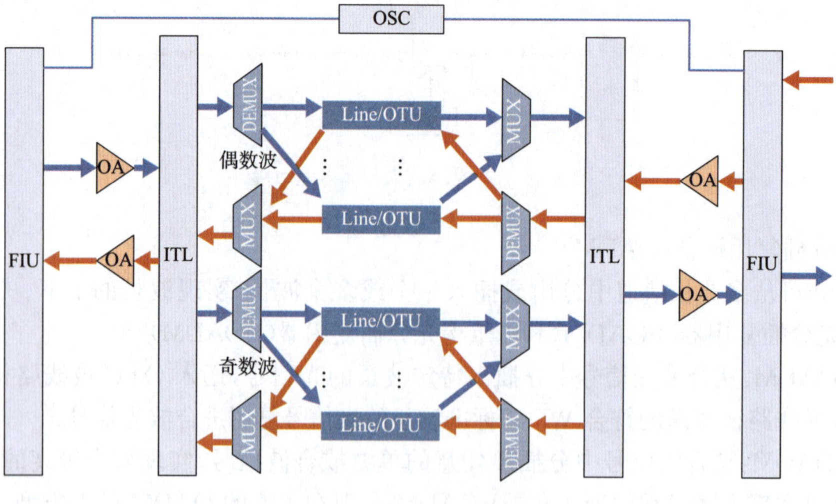

图 4-18 REG 站点功能示意

四、OTN的网络保护

1. 1+1线路保护

1+1线路保护指每一条主通道都有一条专有的备通道为其提供保护。发送端在主备通道上同时发送数据,正常情况下,接收端选收主用通道上的业务。在主通道异常时,接收端根据通道状态及外部命令选择备通道的数据,使得业务得以恢复。1+1线路保护倒换方式如图4-19所示。

2. 1∶1保护

1∶1保护指主备通道一一对应,相互保护,但是业务并不在主备通道同时传输。发端在主通道上发主用业务,在备通道上发额外业务(低级别业务)。收端从主通道收主用业务,从备通道收额外业务。当主通道出现故障,发端将主用业务发到备通道上,收端将从备通道选收主用业务。此时,额外业务被终结,主用业务传输得到恢复。1∶1保护倒换方式如图4-20所示。

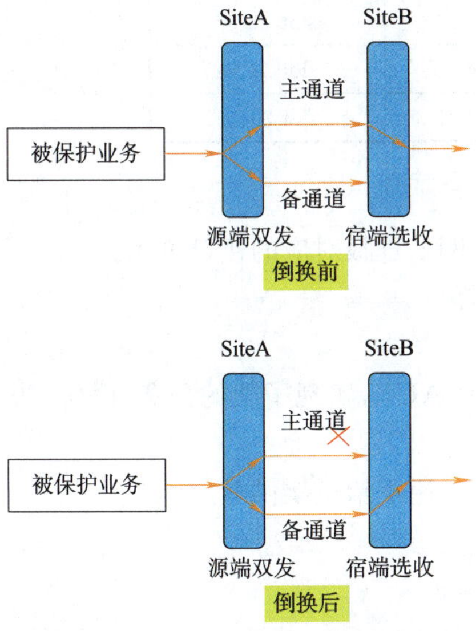

图4-19　1+1线路保护倒换方式

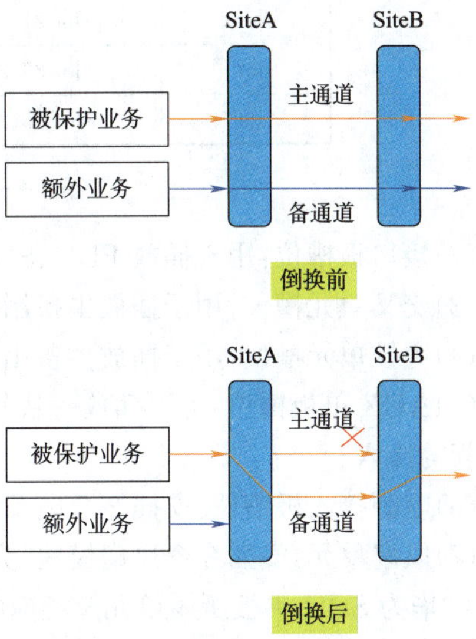

图4-20　1∶1保护倒换方式

第四节　传输系统的现场设备

一、华为SDH传输设备板件

以典型的华为OSN3500(2.5G设备)设备为例进行介绍。

1. OSN3500设备面板

OSN3500设备面板如图4-21所示。

2. 单板功能

OSN3500采用双层子架结构,整个子架从功能上可分为:

(1)业务处理板槽位:用于插放各种业务处理板,如线路、支路、以太网处理板等。

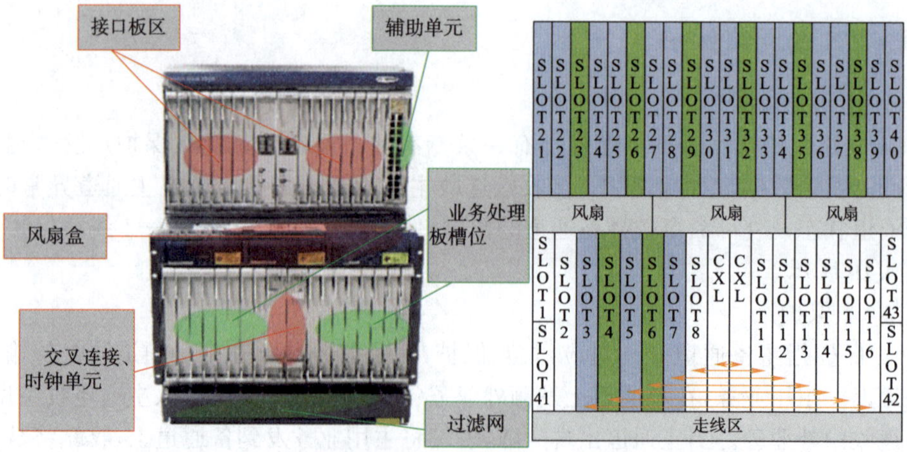

处理板槽位	对应出线板槽位	处理板槽位	对应出线板槽位
slot 2	slot 19、20	slot 13	slot 29、30
slot 3	slot 21、22	slot 14	slot 31、32
slot 4	slot 23、24	slot 15	slot 33、34
slot 5	slot 25、26	slot 16	slot 35、36

图 4-21 OSN3500 设备面板

(2)接口板槽位:用于插放 PDH、SDH 以及以太网处理板对应的接口单元。

(3)交叉单元槽位:用于插放主备用的交叉连接单元。

(4)主控单元槽位:用于插放主备用的主控板。

(5)AUX 单板槽位:可以插放一块辅助接口单元 AUX,实现子架的公务、时钟、告警以及网管的接入。

(6)电源接入板槽位:安插 2 个电源接入板(PIU),用于给子架供电。

(7)风扇单元:安插 3 个风扇模块,为设备散热。

3. 华为 SDH 单板所属单元及相应的功能见表 4-3。

表 4-3 华为 SDH 单板所属单元及相应的功能

系统单元		所含单板	单元功能
SDH 业务处理单元	处理板	SF64、SL64、SF16、SLQ16、SL16(A)、SLQ4、SLD4、SL4、SLH1、SLT1、SLO1、SLQ1、SL1、SEP(1)、R1SLQ1、R1SL1	接入并处理 STM-1/STM-4/STM-16/STM-64 光信号或 AU-4c/AU-16c/AU-64c 级联信号。 接入并处理带 FEC 的 STM-16/STM-64 光信号。 接入并处理 STM-1 电信号,并可支持 STM-1e 的 TPS 保护
	出线板	EU08、OU08、EU04	
	保护倒换板	TSB8、TSB4	
PDH 业务处理单元	处理板	SPQ4、PD3、PL3、PQ1、PQM、PD1、R1PL1、PL3A	接入并处理 E1、E1/T1、E3/T3、E4 速率的 PDH 电信号和 STM-1 的 SDH 电信号,并实现 TPS 保护
	出线板	MU04、D34S、C34S、D75S、D12S、D12B、L75S、L12S	
	保护倒换板	N1TSB8	

续上表

系统单元		所含单板	单元功能
以太网业务处理单元	处理板	EGS4、EGS2、EGT2、EMS4、EFS0、EFS4、EFT8(A)、EFT4	接入并处理 1000BASE-SX/LX/ZX、100BASE-FX、10/100BASE-TX 以太网信号，并可支持各以太网信号，实现 TPS 保护
	出线板	ETF8、EFF8、ETS8	
	保护倒换板	N1ETS8(支持 TPS)	
电源输入单元		T1PIU	完成电源引入和防止设备受异常电源的干扰，可支持 1+1 热备份
以太环网业务处理单元	处理板	N2EMR0、N2EGR2	接入和处理 1000BASE-SX/LX/ZX、100BASE-FX、10/100BASE-TX 以太网业务，提供弹性以太环网。接入、处理并实现对以太网信号的 TPS 保护
	出线板	N1ETF8、N1EFF8	
SDH 交叉矩阵单元		T1GXCSA、T1EXCSA	完成 SDH 和 PDH 信号/数据信号之间的交叉连接；为设备提供系统时钟
同步定时单元			
交叉、主控、线路三合一单元		CXL1、CXL4、CXL16	集成了主控、交叉时钟、STM-1/STM-4/STM-16 线路单元
系统控制与通信单元		N2GSCC	提供系统与网管的接口；对 SDH 信号的开销进行处理
开销处理单元			
板间通信和电源备份单元		T1AUX	实现电源 1∶N 的集中备份功能，并对外提供辅助接口(F1、告警、外部时钟等接口)
		T1EOW	实现板间通信功能，并对外提供辅助接口(公务、广播、外部时钟等接口)
风扇单元		N1FANA	为设备散热
其他功能单元	光放大板	BA2、BPA	实现光功率放大和前置放大
	盒式光纤放大器	N1COA、61COA、62COA	N1COA、61COA 实现光功率放大和前置放大。62COA 实现拉曼放大
	色散补偿板	DCU	实现 STM-64 光信号的色散补偿

二、中兴 SDH 传输设备板件

以典型的中兴 S385 设备(10G、2.5G 设备)为例进行介绍。

1. S385 传输设备面板

S385 传输设备面板如图 4-22 所示。

电接口出线区/桥接板	电接口出线区	电接口出线区	电接口出线区	电接口出线区	OW	NCP	NCP	QXI	SCI	电接口出线区	电接口出线区	电接口出线区	电接口出线区	电接口出线区/桥接板
61	62	63	64	65	17	18	19	66	67	68	69	70	71	72

光/电/保	光/电	光/电	光/电	光/电	光	光	交叉板	交叉板	光	光	光/电	光/电	光/电	光/电	光/电/保
1	2	3	4	5	6	7	8	9	10	11	12	13	14	15	16
FAN51						FAN51				FAN51					

图 4-22 中兴 S385 面板

2. 单板功能

(1)网元控制类单板:完成网元控制管理及通信相关功能。

(2)交叉时钟类单板:提供业务信息、开销信息的交叉连接功能及设备时钟功能。

(3)公务板:通过接口板配合完成设备的公务及辅助业务功能。

(4)线路处理板及接口板:提供 SDH 群路信号处理功能。

(5)支路板及接口板:提供不同速率 PDH 业务的上下。

(6)以太网业务处理板及接口板:实现本地以太网业务的上下,分为透传型、二层交换型、RPR 型及 RPR 与二层交换混合型等。

(7)ATM 业务处理板及接口板:实现本地 ATM 业务的上下。

(8)放大板:用于配合线路板实现长距离传输。

3. S385 传输设备单板名称及代号

S385 传输设备单板名称及代号见表 4-4。

表 4-4 S385 传输设备单板名称及代号

单板名称	单板代号	单板名称	单板代号	单板名称	单板代号
网元控制板	NCP	2 路 STM-4 光线路板	OL4x2	63 路 E1 电接口倒换板(接口 75 Ω)	ESE1x63
公务板	OW	4 路 STM-4 光线路板	OL4x4	63 路 T1 电处理板	EPT1x63
Qx 接口板	QxI	2 路 STM-1 光线路板	OL1x2	63 路 E1 电处理板(接口为 120 Ω)	EPE1x63 (120)
交叉时钟板	CSA	4 路 STM-1 光线路板	OL1x4	63 路 E1/T1 电接口板(E1 接口为 120 Ω,T1 接口为 100 Ω)	EIT1x63
	CSE	8 路 STM-1 光线路板	OL1x8		EST1x63
时分交叉模块	TCS32	4 路 STM-1 线路处理板	LP1x4	E1/T1 电接口桥接板	BIE1
	TCS64	8 路 STM-1 线路处理板	LP1x8	双路透传千兆以太网板	TGE2B
时分交叉模块(V2.10 支持)	TCS128	4 路 STM-1 电接口倒换板	ESS1x4	增强型智能以太网处理板	SECx48
	TCS256	8 路 STM-1 电接口倒换板	ESS1x8		SECx24
B 型时钟接口板(2 Mbit/s)	SCIB	6 路 E3/T3 电处理板	EP3x6	内嵌 RPR 交换处理板	RSEB
H 型时钟接口板(2 MHz)	SCIH	6 路 E3/T3 电接口倒换板	ESE3x6	以太网电接口倒换板	ESFEx8
1 路 STM-64 光线路板	OL64	STM-1e/E3/T3/FE 接口桥接板	BIE3	STM-1 光接口板	OIS1x8
1 路 STM-16 光线路板	OL16	63 路 E1 电处理板(接口为 75 Ω)	EPE1x63 (75)	8 路 ATM 处理板	AP1x8
1 路 STM-4 光线路板	OL4	63 路 E1 电接口板(接口为 75 Ω)	EIE1x63	光放大板	OA

三、华为 OTN 传输设备板件

以典型的华为 OSN9800 设备为例进行介绍。

OSN9800 主要应用于骨干/核心层和城域/汇聚层。OSN9800 通用型平台子架作为光子架，主要配合 OSN9800 64/U32/M24 等电子架使用，为客户构建端到端 OTN/WDM 骨干传送解决方案，实现多业务、大容量、全透明的传输。

1. OSN9800 通用平台子架

(1)OSN9800 通用平台子架为光子架，不支持电层，面板如图 4-23 所示。

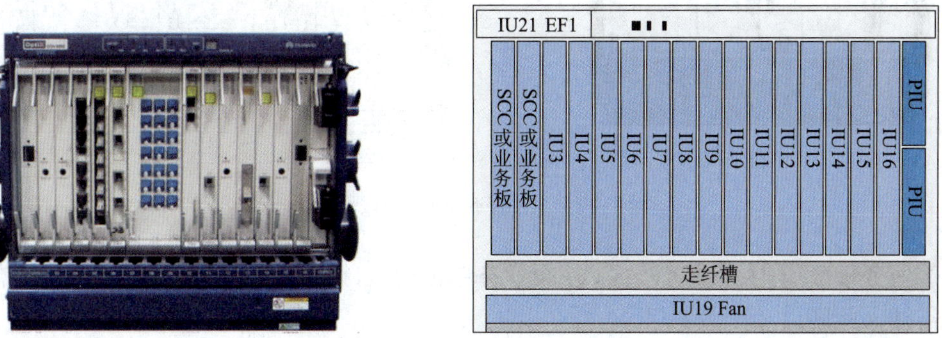

图 4-23 OSN9800 通用平台子架面板

(2)子架结构

子架包括接口区、单板区、走纤槽、风扇区。

①接口区：由 EFI 提供维护管理接口。

②单板区：IU1～IU16 槽位(直流供电)/IU1～IU15 槽位(交流供电)可用于插放业务单板。当通用型平台子架作为主子架时，推荐双配 SCC 单板，也可以单配 SCC 单板。双配 SCC 单板时，两块 SCC 单板互为备份，插放在 IU1 和 IU2 槽位。单配 SCC 单板时，可以插放在 IU1 或 IU2 槽位；SCC 单板插放在 IU1 槽位时，IU2 槽位可以插放业务单板；SCC 单板插放在 IU2 槽位时，IU1 槽位不能插放业务单板。当通用型平台子架作为从子架时，不需要配置 SCC 单板，此时 IU1、IU2 槽位都可以插放业务单板。

2. OSN9800 M24 子架

(1)OSN9800 M24 子架为电子架，不支持光层，面板如图 4-24 所示。

(2)子架结构

OSN9800 M24 子架支持调度 ODUk(k=0、1、2、2e、3、4、flex)业务、VC-3/VC-4/VC-12 业务。IU1～IU6，IU7～IU18，IU19～IU24 槽位的交叉调度能力如下：

①电源和接口区：PIU(电源接口板)互为 1+1 备份，任何一路外部输入电源故障都不影响设备的正常工作。EFI 单板左右两侧的 PIU 互为备份，如 IU100 PIU 与 IU105 PIU 互为备份、IU101 PIU 与 IU106 PIU 互为备份。EFI 提供维护管理接口。EFI 由 CXP 单板供电。风扇区有两个风机盒，为子架提供通风散热。

PIU 位于子架顶部的电源及接口区，在图 4-24 中，若分区的颜色与某 PIU 颜色相同，说明此分区的供电由该 PIU 负责。

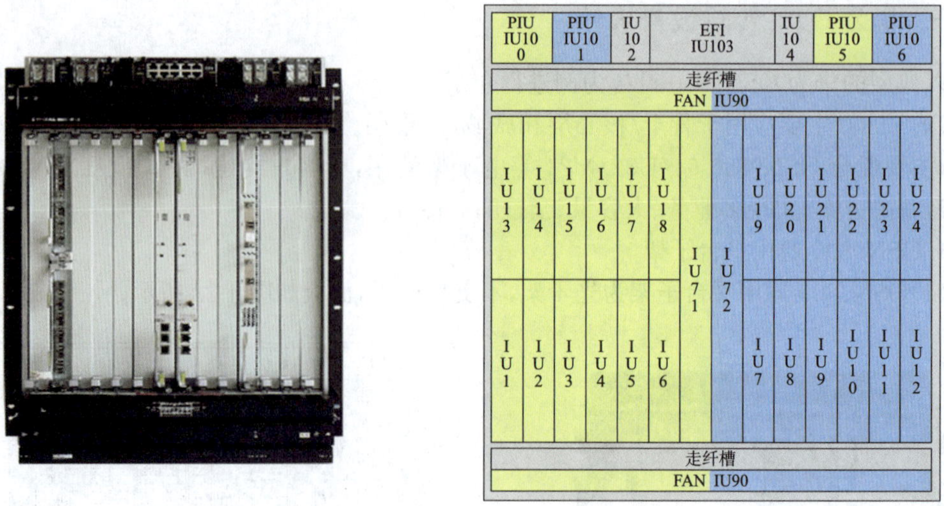

图 4-24 OSN9800 M24 子架面板

②业务板区:有 1 个业务板区,24 个业务单板槽位,根据业务规划配置业务板,所有业务板均需插入此区。

③主控板和交叉板区:有两个主控交叉多协议处理板(CXP),两个 CXP 单板互为 1+1 备份,提供主控功能;对子架中各单板进行管理,为其提供时钟,并提供网元间通信;提供业务板间的交叉连接与业务调度。

3. OSN9800 U32 子架

(1)OSN9800 U32 子架既支持电层又支持光层,子架面板如图 4-25 所示。

(2)子架结构

子架包括电源和接口区、风扇区、走纤槽、业务板区、主控和交叉板区。

①电源和接口区:有 10 个电源接口板(PIU)为子架供电。PIU 位于子架顶部的电源及接口区,图 4-25 中,若分区的颜色与某 PIU 颜色相同,说明此分区的供电由该 PIU 负责。PIU 互为 1+1 备份,任何一路外部输入电源故障都不影响设备的正常工作。EFI 单板左右两侧的 PIU 互为备份,如 IU100 PIU 与 IU106 PIU 互为备份、IU101 PIU 与 IU107 PIU 互为备份。EFI 提供维护管理接口。

②风扇区:有 4 个风机盒,为子架提供通风散热。

③走纤槽:有 2 个走纤槽,从单板光口引出的尾纤经走纤槽进入机柜侧壁的盘纤架。

④业务板区:有 2 个业务板区,共 32 个业务单板槽位,根据业务规划配置业务板,所有业务板均需插入此区。插入 IU1~IU16 的业务板,扳手在其右边。插入 IU17~IU32 槽位的业务板,扳手在其左边。

⑤主控板和交叉板区:有 1 个主控板和交叉板区,含有 7 个交叉板(XCS)槽位,2 个主控板(CTU)槽位。交叉板采用 $M:N$ 备份,为业务板提供交叉。主控板互为 1+1 备份,对子架中各单板进行管理,为其提供时钟,并提供网元间通信。

4. 华为 OTN 设备单板

华为 OTN 产品系列支持支路板、线路板分离架构。支路/线路板和集中交叉单板配合

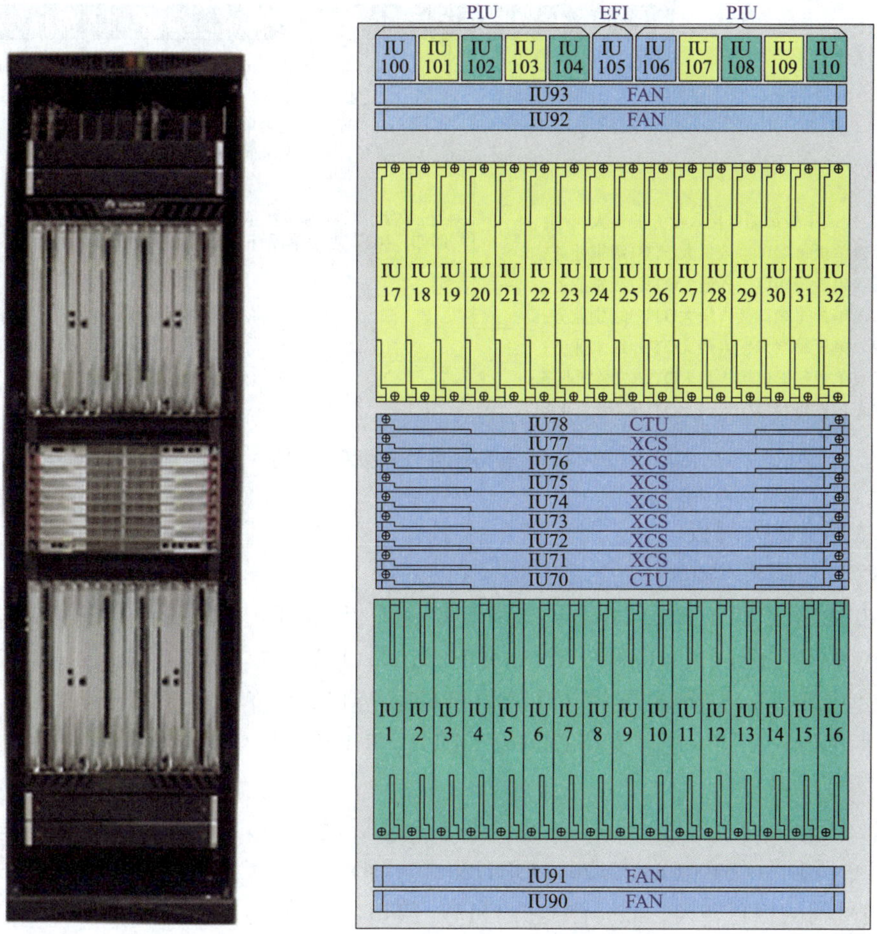

图 4-25　OSN9800 U32 子架面板

使用，除了可以完成 OTU 单板功能外，还可通过集中交叉单板进行各级别 ODU*k* 颗粒业务调度，实现更加灵活的电层信号调度及更高的带宽利用率。

(1)支路业务处理板

支路业务处理板命名规范如图 4-26 所示。

需要注意的是，“OTU*n* 级别业务”不单指 OTU*n* 业务，也包括与 OTU*n* 同速率级别的其他业务，如 OTU2、10Ge、STM-64 都属于“OTU2 级别业务”。第 3 位为 G 表示单板为 M 系列子架独有的高 5.5U 的业务板。

①V6T220 支路板

V6T220 支路板为 20 路 10 Gbit/s 支路业务处理板，单板支持 ODU0、ODU1、ODU2(e) 和 ODUflex 的混合传送。

②V7T402 支路板

V7T402 支路板为 2 路 100G 支路业务处理板，支持 100Ge、40Ge 电层交叉、OTU4 的 OTN 接口等功能和特性，支持 2 路 ODU4/ODU3/ODUflex 信号通过背板总线与交叉板实现业务的交叉调度。

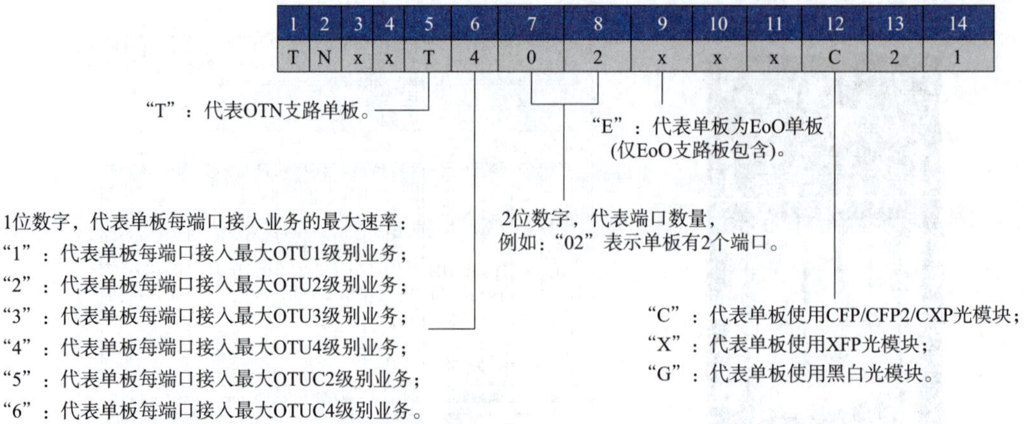

图 4-26 支路业务处理板命名规范

(2)线路业务处理板

①N210 线路板

N210 线路板为 10×10 Gbit/s 线路业务处理板，属于 OTN 线路类单板，实现 80×ODU0/80×ODUflex/40×ODU1/10×ODU2、10×OTU2 或 10×ODU2e、10×OTU2e 信号间的相互转换。波分侧支持 OTU2/OTU2e 接口，为符合 ITU-T G.694.1 建议的 DWDM 标准波长。同一光口支持 ODU0、ODU1、ODUflex 信号的混合传送。

②N402 线路板

N402 线路板为 2×100 Gbit/s 线路业务处理板，属于 OTN 线路类单板，实现 160×ODU0/80×ODU1/20×ODU2/20×ODU2e/4×ODU3/2×ODU4/160×ODUflex 与 2×OTU4 信号间的相互转换。波分侧支持 OTU4 接口，OTU4 为符合 ITU-T G.694.1 建议的 DWDM 标准波长。同一光口支持 ODU0、ODU1、ODU2/ODU2e、ODU3、ODUflex 的混合传送。

③N404 线路板

N404 线路板为 4×100 Gbit/s 线路业务处理板，属于 OTN 线路类单板，实现 320×ODU0/160×ODU1/40×ODU2/40×ODU2e/8×ODU3/4×ODU4/320×ODUflex 与 4×OTU4 信号间的相互转换。波分侧支持 OTU4 接口。同一光口支持 ODU0、ODU1、ODU2/ODU2e、ODU3、ODUflex 的混合传送。

(3)通用业务处理板

通用业务处理单板的每个端口都可以独立被用作支路端口或线路端口，所以同时具有 OTN 支路类单板和 OTN 线路类单板的功能。

通用业务处理板命名规范如图 4-27 所示。

图 4-27 中第 3 位为 G 表示单板为 M 系列子架独有的高 5.5U 的业务板。

TNV3G220 单板为 20×10 Gbit/s 通用业务处理单板。根据应用场景的需求，每个端口都可以独立被用作支路端口、线路端口(线路模式或中继模式)。被用作支路端口时，最大支持 160 路 ODU0/80 路 ODU1/160 路 ODUflex/20 路 ODU2/ODU2e 信号与交叉板实现业务的交叉调度，波分侧支持 OTU2/OTU2e 接口。被用作线路端口时，单板每个端口支持

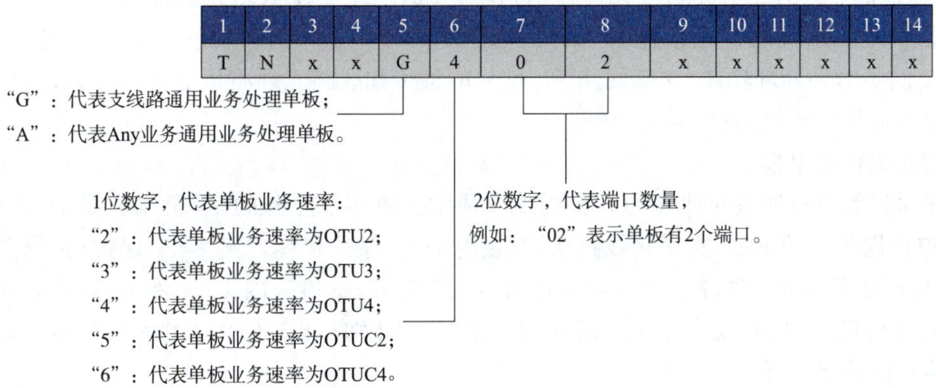

图 4-27　通用业务处理板命名规范

8×ODU0/4×ODU1/8×ODUflex、1×ODU2、1×OTU2 信号间的相互转换。被用作线路端口中继模式时，用于系统中的电中继站，实现 OTU2/OTU2e 光信号的电中继功能。

(4)交叉板

交叉板提供子架内单板间电信号调度的物理通道，完成单板间电信号的调度，实现子架内 ODUk(k=0、1、2、2e、3、4、flex)信号、OSUflex 以太网业务 Packets、VC-4 信号的调度和保护。

(5)系统控制与通信类单板

系统控制与通信类单板协同网络管理系统对设备的各单板进行管理，实现各个网元之间的相互通信。系统控制与通信类单板支持网元数据备份、子架内配置管理、告警输出等。

带时钟处理的系统控制与通信类单板有 TNU1CTU、TNS1CTU、TNU2CTU、TNS2CTU、TNU4CTU、TNU5CTU 等。

(6)主控交叉合一单板

G3CXP 为通用交叉及主控时钟处理板，G3CXP 单板属于主控交叉合一单板，可协同网络管理系统对设备的各单板进行管理，完成子架内 ODUk(k=0、1、2、2e、3、4、flex)/VC-4/Packets/OSUflex 信号业务的调度、配置管理、告警输出等，支持网元数据备份。当网元的数据发生变化时，数据库实时备份功能可以立刻将变化的配置数据保存到存储介质上，保证在网元硬复位或掉电情况下配置数据不丢失，提高网元的可靠性。

(7)通用型平台子架的各类单板

①系统控制与通信类单板

TN52SCC 单板属于系统控制与通信类单板，可协同网络管理系统对设备的各单板进行管理，实现各个设备之间的相互通信；完成设备配置管理、告警输出等；支持网元数据备份。当网元的数据发生变化时，数据库实时备份功能可以立刻将变化的配置数据保存到存储介质上，保证在网元硬复位或掉电情况下配置数据不丢失，提高网元的可靠性；支持用 CF 卡进行 SCC 数据备份，网元数据(不包括网元 ID、网元 IP、子网掩码 ID、节点 ID)和单板软件包将备份到 CF 卡上，在更换 SCC 之后，不需重新配置已备份的网元数据。

②光监控信道类单板

光监控信道类单板可以在两个网元间传递监控信息，光监控信道信号独立于主光路信号,可靠性高。AST2 单板属于光监控信道类单板,用于实现双路光监控信号的收发控制,可传送并提取系统的开销信息,经处理后送至 SCC 单板。AST2 单板还可以实现 IEEE 1588v2 同步时钟处理功能,支持两路 FE 信号的透传和线路光纤质量监测功能;可完成两路光监控通道信号的收、发控制与处理。

③光保护类单板

光保护类单板通过对业务的双发选收或选发选收实现业务的 1+1 保护或 1∶1 保护。OLP 单板属于保护单元,实现光线路保护、板内 1+1 保护和客户侧 1+1 保护;实现光线路保护,保证业务在光纤线路出现故障时也可以正常接收;提供板内 1+1 保护,对没有双发选收功能的 OTU 单板实现业务保护;提供客户侧 1+1 保护,通过使用工作和保护两个 OTU,实现客户侧业务的保护。

④光谱分析类单板

光谱分析类单板可以在不中断业务的情况下对光信号进行集中监视。OPM8 单板提供 8 个端口,主要用于光功率监控。TN11OPM8 单板每个端口最多可以对 80 波光信号的光功率进行检测,TN15OPM8 支持 Flexible Grid 波长的光功率检测,每端口可支持检测的最多波长数与设置的通道间隔有关。TN97OPM8 支持扩展 C 波段和 Flexible Grid 波长信号的光功率检测,每个端口支持最多 128 波光信号的光功率检测。

⑤光可调衰减类单板

光可调衰减类单板(EVOA)主要配置在光放大板输入端口、OADM 上波和穿通端口,实现光功率的调节。VA4 单板属于光可调衰减类单板,可调节 4 路光信号的光功率。

⑥时钟单元

STG 单板属于时钟类单板,用于完成整个网元时钟和时间同步;单板可以向各个业务板提供系统时钟信号以及帧头信号,时钟满足 ITU-T G. 813、G. 823、G. 8275. 1 标准;可将网元时间同步为上游系统时间,完成整个网元时钟和时间同步。

⑦光合波类单板

M40V 单板属于光合波类单板,可将最多 40 路符合 WDM 系统要求的标准波长光信号复用入 1 路合波信号,并且可以调节各通道的输入光功率。

⑧分波类单板

D40 单板属于光分波类单板,可将 1 路光信号解复用为最多 40 路符合 WDM 系统要求的标准波长光信号。

⑨光纤放大器类单板

a. OAU1 单板属于光纤放大器类单板,可完成光信号的放大功能,可用于发送端和接收端。OAU1 单板支持增益调节、在线光性能监测、增益锁定技术、瞬态控制技术等功能和特性;可放大 C 波段的输入光信号,总波长范围为 1 529～1 561 nm;可以支持系统实现不同跨段的无电中继传输。

b. OBU1 单板属于光纤放大器类单板,可完成光信号的放大功能。OBU1 单板支持在线光性能监测、增益锁定技术、瞬态控制技术等功能和特性;可放大 C 波段的输入光信号,总波长范围为 1 529～1 561 nm;可以支持系统实现不同跨段的无电中继传输。

四、中兴 OTN 传输设备板件

以典型的中兴 ZXONE 8700 设备为例进行介绍。

1. 子架

根据 ZXONE 8700 机柜的高度及要实现的功能，按需要配置 8 种类型的子架，具体见表 4-5。

表 4-5　ZXONE 8700 设备子架类型

子　架	类　型	描　述
NX41-19	传输子架	①支持光信号的传输，无交叉调度功能。 ②单面单层子架，最大可插单槽位全高板 32 块
NX41-21		
DX41-19	分布式交叉子架	①具备电交叉功能。 ②经过分布式电交叉背板完成帧的交叉调度
DX41-21		
CX21	集中式交叉子架	①具备电交叉功能。 ②交叉单板与背板配合完成背板侧时隙帧的任意时隙交叉调度。 ③支持的交叉颗粒度类型和接入业务类型比分布式交叉子架多，常应用于大规模的调度系统
CX31		
CX51		
CX71		

2. 单板

ZXONE 8700 设备单板支持的子系统类型见表 4-6。

表 4-6　ZXONE 8700 设备单板子系统类型

类　型	说　明
业务接入与汇聚子系统单板	①业务接入：采用光—电—光转换方式，完成信号之间的波长转换和数据再生。 ②汇聚：完成不同速率信号的汇聚和分解
合分波子系统单板	①合波：将不同光源波长的信号结合在一起，经一根传输光纤输出。 ②分波：将同一传输光纤送来的多波长信号分解为多个波长分别输出
光放大子系统单板	将光信号放大，实现长距离传输
保护子系统单板	完成对单板、链路和通道的保护
光层管理子系统单板	完成接入光信号的监控，并将监控信息上报到网管系统
电源子系统单板	处理外部输入电源，输出系统需要的直流电源，同时对输出电源进行监控和保护
监控子系统单板	完成系统的网元管理和信息监控
RPOA 子系统单板	实现超长跨距的 DWDM 传输
交叉子系统单板	与背板配合完成背板侧时隙帧的任意时隙交叉和调度

(1)业务接入与汇聚子系统单板

ZXONE 8700 设备业务接入与汇聚子系统各单板主要功能见表 4-7。

表 4-7　ZXONE 8700 设备业务接入与汇聚子系统各单板主要功能

单板名称	单板标识	主要功能
增强型 2.5 Gbit/s 光转发板	SOTU2.5G	①客户侧最大接口数量为 1。 ②实现 2.5 Gbit/s 业务波长转换

续上表

单板名称	单板标识	主要功能
紧凑型 10 Gbit/s 光转发板	SOTU10G	①客户侧最大接口数量为 1。 ②实现 10 Gbit/s 业务波长转换
增强型 10 Gbit/s 光转发板	EOTU10G	①客户侧最大接口数量为 1。 ②实现 10 Gbit/s 业务波长转换
增强型 10 Gbit/s 光转发板(B 型)	EOTU10GB	①客户侧最大接口数量为 1。 ②实现 10 Gbit/s 业务波长转换
40 Gbit/s 光转发板	TST3	①客户侧最大接口数量为 1。 ②实现 40 Gbit/s 业务波长转换
双路 10 Gbit/s 光转发板	TD2C	①客户侧最大接口数量为 2。 ②实现双路 10 Gbit/s 业务波长转换
单路 10 Gbit/s 光转发板	TS2C	①客户侧最大接口数量为 2。 ②实现单路双向 10 Gbit/s 速率光信号到 OTU2、OTU2e、OTU1f 的波长转换
单路 100 Gbit/s 业务光转发板	TS4	①客户侧最大接口数量为 1。 ②实现单路 100 Gbit/s 业务波长转换
4 路 any 业务到 OTU1 汇聚板	MQA1	①客户侧最大接口数量为 4。 ②与 MJA 单板配合使用,实现 100 Mbit/s～2.67 Gbit/s 业务到线路侧 OTU1 的复用和解复用
4 路 any 业务到 OTU2 汇聚板	MQA2	①客户侧最大接口数量为 4。 ②支持分布式交叉,与 MJA 单板配合使用,实现 10 Gbit/s 速率信号汇聚。通过背板交叉来扩展客户侧接入业务数量
6 路 any 业务到背板	MJA	①客户侧最大接口数量为 6。 ②实现 6 路客户 any 业务到背板的复用和解复用
16 路 E1 业务到 OTU1 汇聚板	MHE1	①客户侧最大接口数量为 16。 ②完成混合汇聚以及分布式交叉
8 路 Ge/10Ge 到 OTU2 接入交换板	SOG2	①客户侧最大接口数量为 8。 ②实现 8 路 Ge/10Ge 业务到 OTU2 业务的汇聚交换
8 路多业务混合接入汇聚板	MOM2	①客户侧最大接口数量为 8。 ②实现多业务接入汇聚到 OTU2 光信号
4 路 10 Gbit/s 子速率汇聚板	MQT3	①客户侧最大接口数量为 4。 ②实现 4 路 10 Gbit/s 业务汇聚到 OTU3
10 路 10 Gbit/s 汇聚板	MX2	①客户侧最大接口数量为 10。 ②实现 10 路 10 Gbit/s 业务汇聚到 OTU4
8 路多种速率业务到两路 OTU2 的混合汇聚单板(B 型)	MOM2B	①客户侧最大接口数量为 8。 ②实现多业务接入汇聚到 OTU2 光信号
10 路 10 Gbit/s 汇聚板	MX2	①客户侧最大接口数量为 10。 ②实现 10 路 10 Gbit/s 业务汇聚到 OTU4
汇聚交换单板(A 型)	ASMA	①客户侧最大接口数量为 24。 ②实现 24 路 Ge 信号或 1 路 10Ge 与 2 路 OTU2 信号的复用和解复用

续上表

单板名称	单板标识	主要功能
汇聚交换单板(B 型)	ASMB	①客户侧最大接口数量为 10。 ②实现 8 路 Ge 业务和 2 路 10Ge 业务到 OTU2、OTU2e 信号的复用和解复用
4 路 2.5 Gbit/s 子速率汇聚单板	SRM1	实现 4 路 STM-1/STM-4 到 STM-16 的复用和解复用
4 路 622 Mbit/s 或 155 Mbit/s 子速率汇聚单板	SRM42	实现 4 路 STM-16 到 OTU2 的复用和解复用
FC 业务接入单板	FCA	实现客户侧 2 路 FC800、4 路 FC200、8 路 FC100 或者 8 路 Ge 业务到线路侧 OTU2 的复用和解复用
FC 业务接入单元中继单板	FCAG	实现线路侧 OTU2 信号的波长转换和数据再生
4 路 100 Gbit/s 汇聚板	MQ4	实现客户侧 4 路 OTU4、100 Ge 信号到 1 路双子载波 400G 信号或两路 200G 信号的映射，同时支持逆转换
2 路 100 Gbit/s 转发板	TD4	实现客户侧 2 路 OTU4、100 Ge 信号到 OTU4 的映射，同时支持逆转换

(2)合分波子系统单板

ZXONE 8700 设备合分波子系统各单板主要功能见表 4-8。

表 4-8　ZXONE 8700 设备合分波子系统各单板主要功能

单板名称	单板标识	主要功能
光合波板	OMU	实现 C、C/C+波段的合波，合波数分为 8、16、32、40、48、80 波 6 种
光分波板	ODU	实现 C、C/C+波段的分波，分波数分为 8、16、32、40、48、80 波 6 种
光分波板(B 型)	ODUB	实现 C、C+、L 和 L+波段的分波，分波数为 40
光合分波交织板	OCI	实现光梳状滤波器(Interleaver)，完成对 C 波段或 L 波段的信道交织复用和解复用
预均衡式合波板	VMUX	利用 AWG/+VOA(可调光衰耗器)技术，在合波前调节各通道的衰减量，合波数为 C 波段的 40、48 波
预均衡式合波板(B 型)	VMUXB	完成通道功率均衡和 C 波段 40 波合波
紧凑型监控分插板	SSDM	实现主光通道和监控通道信号的合、分波
紧凑型光组合分波板	SOGMD	与 SOAD 单板配合使用，实现组合分波
紧凑型光组合分波板(B 型)	SOGMDB	支持 4 个波带或者 5 个波带的合、分波
紧凑型 4 路上下光分插复用板	SOAD4	完成 4 路上路和下路波长，及级联波长分合波处理
波长选择板	WSU	用于上路合波或者下路分波，实现不同端口上波长的选择复用，提供业务波长的二维动态或者多维动态调度功能
波长阻断板	WBU	完成 50 GHz 和 100 GHz 间隔的任意波长阻断
波长阻断复用板	WBM	完成 100 GHz 间隔的任意波长阻断
光功率分配板	PDU	完成业务信号在 5/9 个方向的广播，配合 WSUA 单板实现任意波长到任意方向/任意端口的动态配置

(3)光放大子系统单板

ZXONE 8700 设备光放大子系统各单板主要功能见表 4-9。

表 4-9 ZXONE 8700 设备光放大子系统各单板主要功能

单板名称	单板标识	主要功能
紧凑型增强光放大板	SEOA	利用掺铒光纤放大器(EDFA)直接插入光纤传输链路中对信号进行放大,用于提高发送功率,延长传输距离
增强光放大板	EOA	利用掺铒光纤放大器(EDFA)实现对光信号的全光放大,增益可大范围调整,以适应不同的中继距离传输需求
分布式拉曼放大板	DRA	同掺铒光纤放大器(EDFA)配合使用,可以实现长距离、宽带宽、低噪声、分布式的在线信号光放大
线路衰减补偿单板	LAC	保证线路中各跨段的功率点、接收端的接收功率正常
混合节点放大板	HNA	放大 C 波段(1 529～1 561 nm)输入光信号,支持不同跨段的无电中继传输

(4)保护子系统单板

ZXONE 8700 设备保护子系统单板主要功能见表 4-10。

表 4-10 ZXONE 8700 设备保护子系统单板主要功能

单板名称	单板标识	主要功能
紧凑型光保护板	SOP	利用并发优收方式,实现 1+1 光通道或线路保护功能

(5)光层管理子系统单板

ZXONE 8700 设备光层管理子系统各单板主要功能见表 4-11。

表 4-11 ZXONE 8700 设备光层管理子系统各单板主要功能

单板名称	单板标识	主要功能
光纤监控板	OFM	完成对 C 波段 4 路或 8 路光纤的性能检测
光纤监测滤波板	OFMF	①将检测光脉冲信号合入待测光纤中。 ②检测分析从待测光纤中分离出的反射回来的检测光脉冲信号
光通道性能监测单板	OPM	完成对 C 波段最多 4 路输入光信号的性能监测
增强型光通道性能监测板	EOPM	完成对 C 波段 8/4/1 路输入光信号的性能监测
光波长监控单板	OWM	支持对 C 波段最多 2 个光方向上的光波长检测
增强型光波长监控单板	EOWM	支持对 C 波段最多 4 个光方向上的光波长检测

(6)电源子系统单板

ZXONE 8700 设备电源子系统各单板主要功能见表 4-12。

表 4-12 ZXONE 8700 设备电源子系统各单板主要功能

单板名称	单板标识	主要功能
电源单板	SPWA	①为子架单板提供−48 V 或−60 V 直流电源。 ②为 NX41/DX41 子架提供电源

续上表

单板名称	单板标识	主要功能
电源单板(D型)	PWD	①为子架单板提供−48 V或−60 V直流电源。 ②为CX21、CX31、CX51子架提供电源
电源单板(E型)	PWE	①为子架单板提供−48 V或−60 V直流电源。 ②为NX41/DX41子架提供电源
电源单板(F型)	PWF	①为子架单板提供−48 V或−60 V直流电源。 ②为CX71子架提供电源

(7)监控子系统单板

ZXONE 8700设备监控子系统各单板主要功能见表4-13。

表4-13 ZXONE 8700设备监控子系统各单板主要功能

单板名称	单板标识	主要功能
公务板	OW	实现网元间语音公务通话,适用于NX41子架
温度显示均流板	FLW	实现环境温度检测、温度数字显示
紧凑型主控板	SNP	完成控制、通信和协议处理,负责本网元内所有单板的通信,适用于NX41子架
紧凑型主控板(B型)	SNPB	完成控制、通信和协议处理,负责本网元内所有单板的通信,并支持光电监控通道以及带外时间/时钟传送功能
紧凑型光监控信道板(B型)	SOSCB	实现监控系统中网元之间ECC数据、公务与透明用户通道数据、APS信息的传递和交换,适用于NX41子架
紧凑型通信控制板	SCC	实现网元内部各子架单板之间的管理、控制消息的路由和转发,适用于NX41子架
扩展接口单板(A型)	SEIA	①用于引出子架的各种对外接口、级联接口。 ②实现单板面板接口与设备连接
子架通信控制板	CCP	用于各子架间通信,实现与SNP主控单板之间的信息转发,适用于NX41子架
带外时间接口板	TIS	支持时间/时钟的处理,同时提供2 Mbit/s的时钟接口,适用于NX41子架
扩展接口板(C型)	EIC	提供告警和调试信号等设备部分外部接口,适用于NX41子架
扩展接口板(D型)	EID	提供至机架灯板信号接口、以太网、告警输入/输出接口对外接口,适用所有类型子架
时间接口单板	ETI	用于时间同步子系统中,提供时间同步所需的各类输出接口

(8)RPOA子系统单板

ZXONE 8700设备RPOA子系统各单板主要功能见表4-14。

表4-14 ZXONE 8700设备RPOA子系统各单板主要功能

单板名称	单板标识	主要功能
RPOA泵浦板	RGU	为传输线路提供增益调整功能,实现泵浦光信号和线路光信号的合波或分波

续上表

单板名称	单板标识	主要功能
RPOA 增益模块	SNPB	完成控制、通信和协议处理，负责本网元内所有单板的通信，并支持光电监控通道以及带外时间/时钟传送功能

(9)交叉子系统单板

ZXONE 8700 设备交叉子系统各单板主要功能见表 4-15。

表 4-15 ZXONE 8700 设备交叉子系统各单板主要功能

单板名称	单板标识	主要功能
客户侧 8 路业务接入板	CO1	完成客户侧 8 路业务混合接入
客户侧 2 路 10G 业务接入板(B 型)	CD2B	完成客户侧 2 路 10G 业务接入、汇聚并下背板交叉
双路 40G 业务接入板(客户侧)	CD3	完成双路 40G 业务接入
16 路 1+1 保护业务接入板(客户侧)	CH1P	完成 16 路客户业务接入
16 路业务接入板(客户侧)	CH1	完成 16 路客户业务接入
8 路 10G 业务接入板(客户侧)	CO2	完成 8 路 10G 的客户信号接入
4 路 10G 业务接入板(客户侧)	CQ2	完成 4 路 10G 的客户信号接入
单路 40G 业务接入板(客户侧)	CS3	完成 40G 客户侧业务接入并下背板交叉
10 路 10G 业务接入板(客户侧)	CX2	支持客户侧 10 路 10G 业务输入输出
单路 100 Gbit/s 业务接入板(客户侧)	CS4	①支持客户侧 1 路 100Ge 或 OTU4 信号映射到 OTUa 信号后下背板进行交叉。 ②支持背板侧 ODUa 信号解映射到客户侧 1 路 100Ge 或 OTU4 信号
4 路 10G 业务接入交换单板(客户侧)	EQG2	实现 4 路 10Ge 业务接入
16 路 Ge 业务接入交换单板(客户侧)	EHG1	实现 16 路 Ge 业务接入
1 路 100Ge 业务客户侧接入交换板	ESG4	支持客户侧 1 路 100Ge 业务的接入，完成 ODUflex 封装到 ODUa 帧信号并进入背板实现电交叉
单路 40 Gbit/s 业务接入单板(线路侧)	LS3	客户侧单板 CS3 配合实现业务速率为 40 Gbit/s 的线路侧信号下背板交叉
单路 100 Gbit/s 业务接入板(线路侧)	LS4	①支持线路侧 1 路 OTU4 信号解映射到 OTUa 信号后下背板进行交叉。 ②支持背板侧 ODUa 信号解映射到线路侧 1 路 OTU4 信号
单路 100 Gbit/s 业务接入板(线路侧，B 型)	LS4B	实现线路侧 1 路 OTU4 信号接入
2 路 10G 业务接入线路板(B 型)	LD2B	线路侧支持双路 10G 业务下背板交叉
8 路 10G 业务接入板(线路侧)	LO2	完成 8 路 10 Gbit/s 业务接入
8 路线路侧 10G 业务接入板(B 型)	LO2B	完成 8 路特定波长信号接入

续上表

单板名称	单板标识	主要功能
8 路线路侧 10G 业务接入板(C 型)	LO2C	①支持主光通道与光监控通道的合波和分波。 ②放大 C 波段(1 529～1 561 nm)输入光信号。 ③支持波带合分波功能。 ④支持 8 路 OTU2 业务接入和下背板调度
4 路 10G 业务接入板(线路侧)	LQ2	完成 4 路 10 Gbit/s 速率业务接入
交叉板(A 型)	XCA	实现 160 路 ODUa 帧交叉
交叉板(C 型)	XCC	实现 ODUa 帧的时隙交叉
交叉板(E 型)	XCE	单槽位交叉板,实现 VC-4 和 VC-12 交叉调度
交叉板(F 型)	XCF	双槽位交叉板,实现 VC-4 和 VC-12 交叉调度
时钟板	CLK	为交叉板和业务板提供统一时钟和定帧信号
时钟板(C 型)	CLKC	①实现电源板、接口板控制、以太网交换。 ②提供子架的时钟处理及时钟对外接口功能

第五节　传输系统的维护与故障处理

一、网络管理

传输网电路分干线电路、局线电路和本地电路三级。干线电路是国铁集团到各铁路局集团公司和各铁路局集团公司之间的长途电路,其资源管理由国铁集团运输局电务部负责,日常管理由北京通信中心负责;局线电路是各铁路局集团公司管内的长途电路;本地电路是各铁路局集团公司管内的本地电路。

各级网管严格执行工单内容,数据配置严格实行“一人操作、一人复核”制度。在业务开通、电路测试、障碍处理等作业过程中,应树立“全程全网”和“端到端”的工作理念,业务指挥关系应遵循以下规定:

1. 现场服从网管,区域服从全局,下级服从上级的统一指挥。

2. 电路始端站指挥电路终端站,电路两端站指挥电路转接站。

二、质量标准

1. 误码

(1)定义

①误码率

误码是指数字信号在传输时发生了错误,以致影响传输系统的传输质量。通常用误码率(BER)这一参数来衡量误码对传输质量的影响大小,误码率是错误接收的码元数与传输的码元总数之比。产生误码的原因很多,但主要是传输系统的噪声和抖动。

②误码性能事件

a. 误码秒(ES):凡是出现误码(即使只有 1 bit)的秒数都称为误码秒。

b. 严重误码秒(SES):把误码率大于 1×10^{-3} 的秒数称为严重误码秒。对于 64 kbit/s

而言,1 s 内误码个数大于 64(64 kbit/s×10^{-3}=64 bit/s),就是一个严重误码秒。

c. 误码块(EB):由于 SDH 帧结构是块状结构,因而当同一块内的任意比特发生差错(误码)时,称该块为差错块或误码块。

d. 误块秒(ES):当某 1 s 中有 1 个或多个误块,则称该秒为误块秒。

e. 严重误块秒(SES):1 s 中含有不少于 30%的误块,该秒为严重误块秒。

③误码性能参数

a. 误码秒比:误码秒比是误码秒的时间百分数,是可用时间内,误码秒与可用秒数之比。

b. 严重误码秒比:严重误码秒比是可用时间内,严重误码秒与可用秒数之比。

c. 误块秒比(ESR):在规定观察时间间隔内出现的误块秒数与总的可用时间之比,称为误块秒比(ESR)。

d. 严重误块秒比(SESR):在规定观察时间间隔内出现的严重误块秒数与总的可用时间之比,称为严重误块秒比(SESR)。

(2)指标

在正常工作条件下 SDH 设备、OTN 设备 SDH 业务、OTU*k* 业务、FC 业务、CPRI 业务等接口自环测试 24 h 误码率应为 0。

(3)说明

上述误码性能参数的评价只有在通道处于可用状态时才有意义,上述参数的计算都是在可用时间内的结果。

2. 其他指标

(1)抖动

数字信号的特定时刻(如最佳抽样时刻)与理想时刻位置的短时间偏差称为抖动。产生抖动的主要原因有:噪声、码间干扰、时钟不稳定、指针调整等。

(2)信噪比

信噪比(SNR)是指一个电子设备或者电子系统中信号功率与噪声信号功率的比值。

(3)OTN 系统的中心频率和工作波长

OTN 系统的中心频率和工作波长是指每个复用通路对应的中心波长(频率)。

(4)OTU*k* 接口允许的输出抖动和容限指标。

三、传输设备故障处理总体思路

光传送网络由光传输设备以及它们之间的光纤组成。网络中的绝大部分故障是网络中某些网元或者某段光纤故障引起的。因此将故障点定位到某一个特定区域的单个网元是故障定位的关键。绝大多数情况下,单站中的某些单板失效或者故障会导致整个网络出现故障,所以在故障定位到单站后,须进一步定位故障点。整个过程可参考以下原则:

1. 先定位外部,后定位内部

在进行系统的故障定位时,应该首先排除外部设备的问题。外部设备问题包括光缆、接入传输设备尾纤和掉电等问题。

2. 先定位网络,后定位网元

传输设备出现故障时,有时不会只在一个单站出现告警信号,很多单站会同时上报告警。这时就需要通过分析和判断缩小故障的范围,快速、准确地定位出故障站。

3. 先分析高级别告警，后分析低级别告警

在分析告警时，应首先分析高级别的告警，如紧急告警、主要告警；然后再分析低级别的告警，如次要告警和提示告警。

4. 先分析多波信号告警，后分析单波信号告警

在分析 OTN 设备告警时，应先分析是多个波道信号都有问题还是仅单波道信号有问题。多波道信号同时出现故障，问题通常在合波部分，处理了合波部分的故障后，支路信号告警通常就随之消除了。

5. 先分析双向信号告警，后分析单向信号告警

在分析告警时，若“本站收、对端站发”的方向有告警，需要先检查“对端站收、本站发”的方向是否有类似的故障现象，若双方向都有告警需先分析处理。

6. 先分析共性告警，后分析个别告警

在分析告警时，应先分析是个别问题还是共性问题，确定问题的影响范围。需要确定是一个单板出问题，还是多个单板都出现类似问题；对多光口单板而言，应确定是一个光口有误码还是多个或所有光口都有误码。

四、故障处理方法

对于一般性的硬件故障，一般采用“一分析、二测试、三换板”的方法。当故障发生时，首先通过对告警、性能事件、业务流向进行分析，初步判断故障点范围。然后通过逐段环回，排除外部故障或将故障定位到单个网元，直至单板。最后，更换引起故障的单板，排除故障。

在日常维护中，可综合使用以下几种方法进行故障定位和处理：

1. 信号流分析法

在处理 OTN 设备告警时，通过对出现故障的波分系统的业务流向进行逐点排查，实现故障定位。

2. 告警和性能数据分析法

通过对故障产生时伴随的大量告警和性能数据进行分析，可以大概判断出发生故障的类型和位置。对于不同的单板，告警的产生、检测、传递有所不同。通过对告警信号流的分析，可以较快地定位到故障点。

3. 仪表测试法

常用仪表：2M 误码仪、SDH 综合分析仪、光功率计、万用表、光谱分析仪、通信信号分析仪、OTDR 仪表等。

若怀疑电源供电电压有问题，可利用万用表进行测试；若怀疑光板激光器发光有问题，可利用光功率计进行测试；若怀疑 2M 通道有问题，可结合环回法利用 2M 误码仪进行测试；若怀疑光缆纤芯有问题，可用 OTDR 仪表进行测试。

4. 环回法

环回法是传输设备定位故障最常用、最有效的一种方法。该方法最大的特色就是可以不依赖对大量告警及性能数据进行分析来定位故障。但是环回法会导致环回通道内的正常业务暂时中断，这是该方法的最大缺点。一般只有在业务已中断时，才使用环回法进行故障排除。环回分为硬件环回和软件环回。

(1)硬件环回：用尾纤、自环电缆对光口、电口进行环回操作。采用硬件自环光口时一定

要加适当的衰减器,以防止接收光功率太强,导致光接收模块饱和,或者因光功率太强而损坏光接收模块。

(2)软件环回:通过网管设置环回,有内环回和外环回两种,如图 4-28 所示。

①内环回:执行环回后的信号流向本传输网元内部。

②外环回:执行环回后的信号流向本传输网元外部。

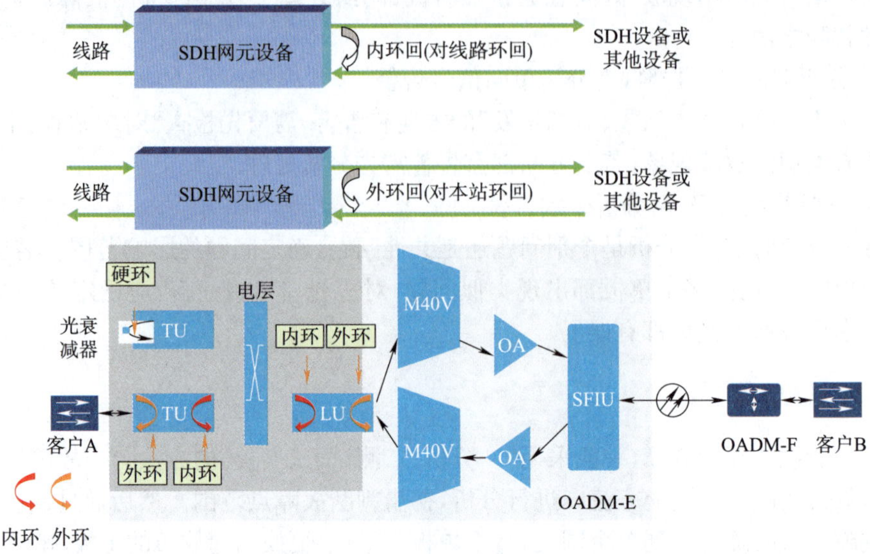

图 4-28　传输设备软件环回示意

5. 替换法

替换法指使用一个工作正常的物件去替换一个被怀疑工作不正常的物件,这里的物件可以是一段线缆、一个设备、一块单板或一个法兰盘等。

在日常维护中,更换单板是较常用的替换法。单板的拔插和更换操作步骤如下:

(1)先完全拧松单板拉手条上下两端的锁定螺钉,然后同时向外扳动拉手条上的扳手至单板完全拔出。

(2)插入单板时,先将单板的上下边沿对准子架的上下导槽,沿上下导槽慢慢推进,直至单板刚好嵌入母板。

(3)子架插头要对准单板插座,子架防误插导销要对准单板的防误插导孔,然后再稍用力推单板的拉手条,直至单板基本插入。若感觉到单板插入有阻碍时不要强行插单板,应调整单板位置后再试。

(4)观察到插头与插座的位置完全配合时,将拉手条的上下扳手向里扣,至单板完全插入,旋紧锁定螺钉。

(5)更换单板时,首先要确认换上的板子和换下的板子是同一种具体型号,型号标识一般在单板的上部或单板拉手条上。

注意事项:

①任何时候接触单板都要戴防静电手环,不能用手触摸印刷电路板。

②不能将单板放置在水泥地板上、斜靠在设备上,应放进防静电袋子中。

6. 应急处理法

在一些特殊情况下，如由于瞬间供电异常、外部强烈的电磁干扰，致使传输设备某些单板进入异常工作状态，此时会产生如业务中断、通信中断等故障现象，可能伴随有相应的告警，也可能没用任何告警，检查各单板的配置数据也是完全正常的。在这种情况下，经验证明，通过复位单板、单站重启、重新下发配置或将业务倒到备用通道等手段，可有效排除故障，恢复业务。

五、传输设备常见故障

根据现场维护经验，传输设备常见故障有以下几类。

1. 光功率异常

输入光功率异常（过低和过高）会导致系统产生误码，甚至导致业务中断。

光功率异常除设备本身的原因外，最大的可能是尾纤连接头脏、尾纤受损导致衰耗增大、尾纤弯曲半径过小。因此若出现不明原因光功率降低，应检查尾纤的连接和衰耗；ODF、衰减器、法兰盘、光接口板的接口是否连接紧密；ODF、衰减器、法兰盘、光接口板的接口是否清洁；尾纤连接器的接口是否清洁；尾纤是否被挤压；尾纤盘纤的曲率半径是否过小、是否打折；尾纤绑扎是否过紧。

2. 业务中断

（1）设备出现 R_LOS、R_LOF、R_OOF、MUT_LOS、MS_AIS、误码等 SDH 接口板、波分设备告警时，说明业务已经中断。

如果业务中断在时间上有规律性，应首先分析故障发生时的运行环境条件，可能是光纤或接头异常、电源故障、环境（温度、湿度）异常、线路故障等外部原因造成了业务中断。

设备硬件故障引起业务中断的主要原因是各单板性能劣化或失效。性能劣化或失效的单板可能有：波长转换单板、光放大单板、合波分波板、SDH 光板。

（2）设备出现 TU_AIS、TU_LOP 等 PDH 接口板告警时，说明业务已经中断。

应先在网管上查看是否有 R_LOS、R_LOF、HP_SLM 等高级别告警，优先处理这些高级别告警后，查看告警是否排除。若没有高级别告警，在网管查看数据配置是否有错。

设备硬件故障引起业务中断的主要原因是支路板单板性能劣化或失效。

3. 误码

误码是指在传输过程中码元发生了错误。误码常见原因如下：

（1）外部原因：外界干扰、设备接地问题、光功率异常（过高、过低）、信噪比劣化、色散容限问题、光纤非线性效应、环境问题（设备温度过高）。

（2）设备原因：单板失效或性能劣化。

4. 通信类故障

（1）传输网管监控通信模式

①网管（NMS）与网关网元（GNE）间：TCP/IP。

②网关网元（GNE）与非网关网元（NE）间：ECC。

（2）常见故障原因

①ECC 通信中断：网元 ID 重复、OSC 单板尾纤故障、SCC/OSC 故障、OTU 故障等。

②ECC 时断时通：时钟跟踪设置错误。

③主控板频繁复位:网络规模过大导致 ECC 负荷过重。

④网管所有网元脱管:网管与网关网元相连的通道及网线故障。

5. 保护类故障

保护类故障场景及常见原因见表 4-16。一般通过检查参数设置,告警分析等方法进行保护类故障处理。

表 4-16　保护类故障场景及常见原因

故障场景	保护无法倒换	保护倒换后无法恢复
常见原因	①保护组参数设置错误。 ②人为实施了人工倒换、锁定倒换或强制倒换命令。 ③单板光纤连接错误。 ④保护通道故障。 ⑤电交叉业务配置错误。 ⑥单板故障	①保护组"等待恢复模式"为"非恢复式"。 ②工作通道出现故障。 ③工作通道正常时,业务需延迟"等待恢复时间"后,由保护通道倒回工作通道

复习思考题

1. 传输设备故障处理的总体思路是什么?
2. 2.048 Mbit/s 信号复用进 STM-*N* 信号的具体步骤有哪些?
3. 二纤单向通道保护环和二纤双向复用保护环有何区别?
4. OTN 网络两种保护方式有何区别?
5. 单板维护时的注意事项有哪些?

第五章 数据通信系统

随着现代化铁路的高速发展，数字智能设备在铁路运营管理业务中广泛应用，数据通信系统在铁路得到迅速发展。数据通信在传输速率、可靠性、传输质量、线路资源利用率和业务接入方式等指标上优势显著。对于提高铁路整体运营效率、保障行车安全、提升运营服务质量具有积极的意义。

第一节 数据通信概述

一、数据通信的基本概念

1. 定义

数据通信是通信技术和计算机技术相结合而产生的一种新的通信方式，是计算机与计算机或计算机与其他数据终端之间存储、处理、传输和交换信息的一种通信技术。实现这种通信的系统是数据通信系统。

数据通信网是数据通信系统的扩充，或者说是若干个数据通信系统的归并和互联。任何一个数据通信系统都是由终端、数据电路和计算机系统三种类型的设备所组成的，远端的数据终端设备(DTE)通过由数据电路终接设备(DCE)和传输信道组成的数据电路与计算机系统连接。数据通信系统模型如图 5-1 所示。

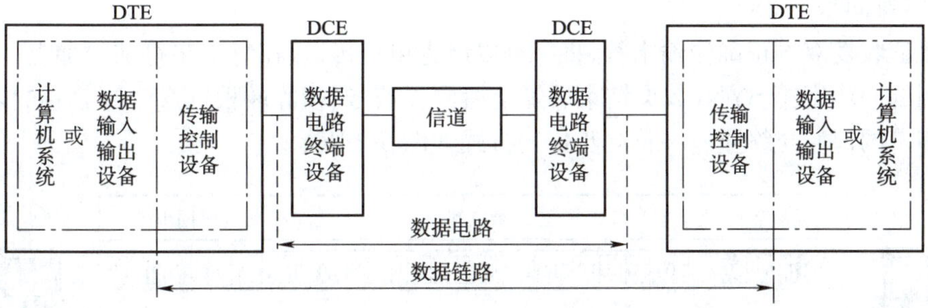

图 5-1 数据通信系统模型

一般把数据通信网划分为两个部分，第一部分是通信子网，第二部分是本地网。

通信子网具备传输和交换功能，在原有网络传输链路上增加用于数据交换或连接的节点交换机，可构成专门处理数据信息的数据通信网，并将进一步发展成能够处理各种通信业务的综合通信网。

本地网由一些数据通信专用设备，如集线器、复用器、通信控制器和前置处理机等，以及这些专用设备与各类通信网的专用接口组成。一般本地网的数字通信业务经由主机送往各节点交换机。

2. 特点

(1)数据通信可实现计算机和计算机之间以及人和计算机之间的通信。

(2)数据通信中,信息量具有突发性,并且不同业务通信持续时间差异性也较大。

(3)数据通信的"用户"所采用的计算机和终端等设备多种多样,它们在通信速率、编码格式、同步方式和通信规程等方面都有很大差别。

(4)数据通信对数据传输速率要求高,要求接续和传输响应快。

二、数据通信的同步技术与交换方式

(一)同步技术

在数据通信系统中,通信双方收发数据序列必须在时间上取得一致,这样才能保证接收的数据与发送的数据一致,这就是通信中的同步问题。整个计算机通信系统能否正确有效地工作,在相当程度上取决于是否能很好地实现同步。在数据传输同步技术中,串行通信广泛采用同步传输和异步传输两种;并行通信则一般采用同步传输。

1. 同步传输

(1)位同步

在数据通信过程中,接收端根据发送端发送数据的起止时间和时钟频率来校正自己的时间基准与时钟频率,这个过程就叫位同步。实现位同步的方法主要有外同步法和内同步法。

①外同步法:指在发送端发送一路数据信号的同时,另外发送一路同步时钟信号。接收端根据接收到的同步时钟信号来校正时间基准与时钟频率,实现收发双方的位同步。

②内同步法:指从自含时钟编码的发送数据中提取同步时钟的方法,曼彻斯特编码与差分曼彻斯特编码都是自含时钟的编码方法。

(2)字符同步

为保证收发双方正确传输字符,将字符以组为单位传送,在每组字符前面加上一个用于同步控制的同步字符 SYN,数据结束后加上后同步信号,接收端根据 SYN 与后同步信号确定数据字符的起始与终止。字符同步传输方式如图 5-2 所示。

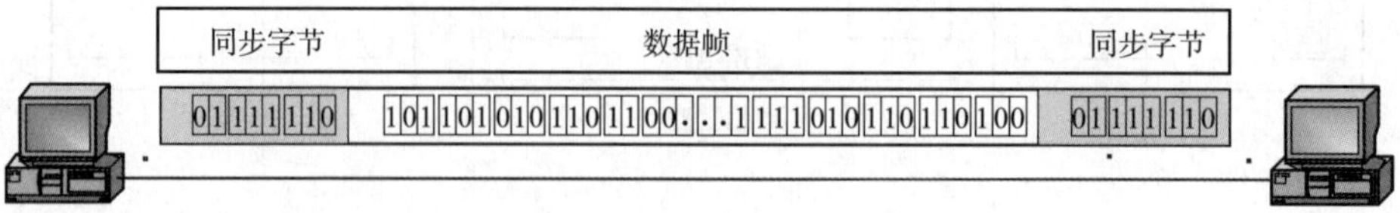

图 5-2 字符同步传输方式

2. 异步传输

异步传输一次只传输一个字符,每个字符用一位起始位引导,由一位停止位结束。起始位为"0",占一位,停止位为"1",占 1～2 位。在没有数据发送时发送方可发送连续的停止位,接收方根据"1"至"0"的跳变来判别一个新字符的开始,然后接收字符中的所有位。异步传输方式如图 5-3 所示。

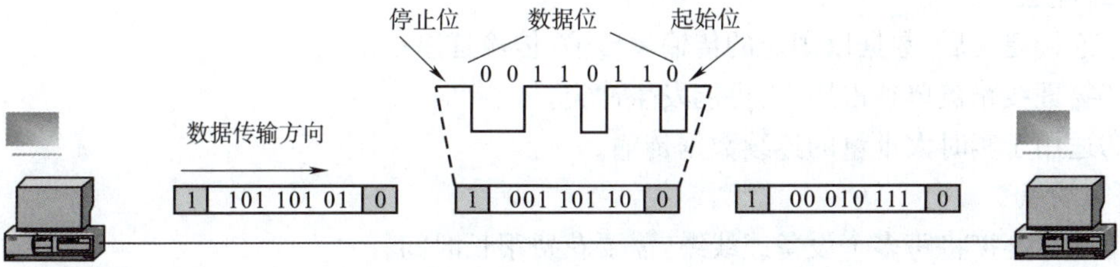

图 5-3　异步传输方式

(二)交换方式

各种数据经过编码后在通信信道上进行传输,实现数据通信。最简单的数据通信方式是利用传输介质将两个端点直接相连,但每个通信系统都采用将收发两端直接相连的形式是不可能的,通常通过一个由多个节点组成的中间网络,把数据从源节点转发到目的节点,实现相互通信。目前,常用的网络数据交换方式有电路交换、报文交换、分组交换等。

1. 电路交换

(1)概念

电路交换是根据电话交换原理发展起来的一种直接交换方式。在数据通信中,电路交换传输主要是应用同步传输模式来实现的。电路交换的过程分为三个步骤。

①电路建立:在传输任何数据之前,要先经过呼叫过程建立一条端到端的电路。

②数据传输:在整个数据传输过程中,建立的电路必须始终保持连接状态。

③电路拆除:数据传输结束后,由某一方发出拆除请求,然后逐节拆除到对方节点。

电路交换原理如图 5-4 所示。

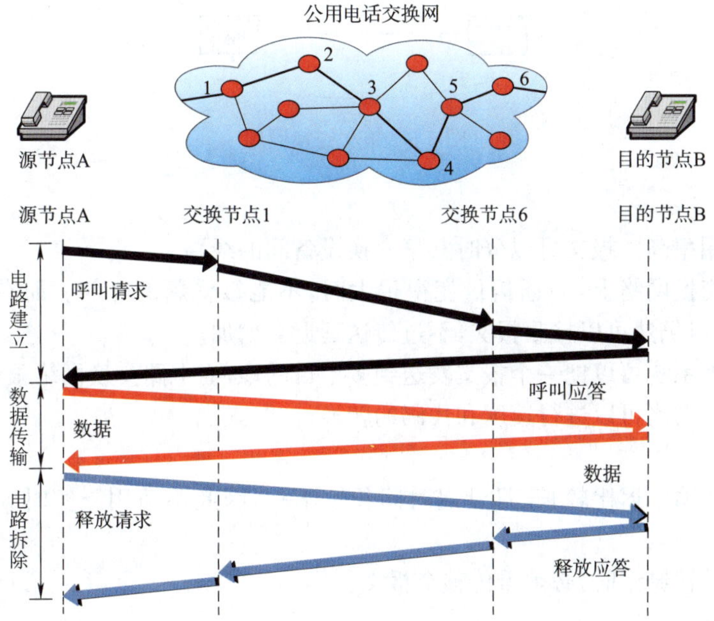

图 5-4　电路交换原理

(2)优点

①连接建立后,数据以固定的传输率传输,传输延迟小。

②物理线路被单独占用,不可能发生冲突。

③适用于实时大批量的连续数据传输。

(3)缺点

①建立连接将跨多个设备或线缆,需要花费很长时间。

②连接建立后,由于线路是专用的,即使空闲,也不能被其他设备使用,会造成一定的浪费。

③对通信双方而言,收发速度、编码方法、信息格式和传输控制等必须一致才能完成通信。

2. 报文交换

(1)工作原理

报文交换类似于发送信件,以报文为单位发送信息,不管发送数据的长度是多少都把它当作一个逻辑单元。每个报文由报头、正文和报尾三部分组成,报头中包含发送信息的计算机地址和接收信息的计算机地址。通信子网根据报头目的地址选择路径,在两个节点之间的一段链路上逐段传输,不需要在两个主机之间建立多个节点组成的通道。报文交换原理如图5-5所示。

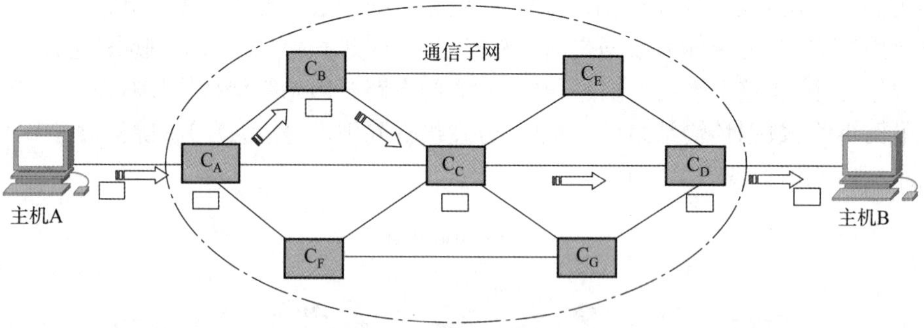

图5-5　报文交换原理

(2)优点

①电路利用率高。报文可以分时共享交换设备间的线路。

②在电路交换网络上,当通信量变得很大时,不能接受新的呼叫。而在报文交换网络上,通信量很大时仍然可以接收报文,不过传送延迟会增加。

③报文交换系统可以把一个报文发送到多个目的地,而电路交换网络很难做到这一点。

④报文交换网络可以进行速度和代码的转换。

(3)缺点

①数据的传输延迟比较长,且延迟时间长短不一,因此不适用于实时或交互式的通信系统。

②当报文传输错误时,必须重传整个报文。

3. 分组交换

分组交换是对报文交换的改进,又称为报文分组交换。它将报文分成若干个分组,每个分组的长度有一个上限,有限长度的分组降低了对每个节点存储能力的要求,提高了交换速度。分组交换适用于交互式通信，如终端与主机通信。报文分组结构如图 5-6 所示。

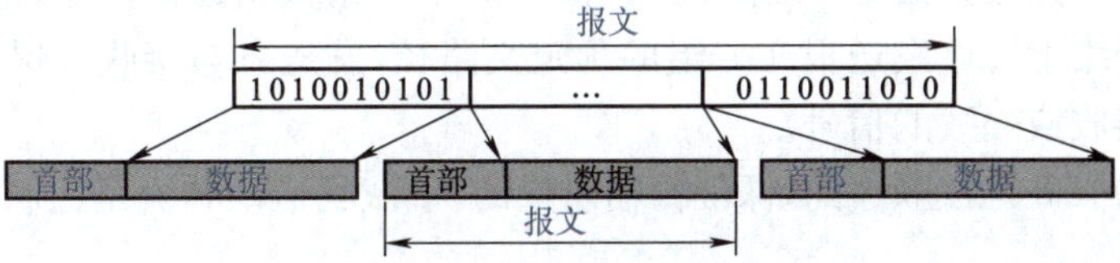

图 5-6 报文分组结构

分组交换是在电路交换和报文交换的基础上发展起来的，结合了两者的优点，分为数据报方式和虚电路方式。

(1)数据报方式

在数据报方式中，子网接收主机 A 发送的报文，经编址、拆卸后分成若干分组。设有 3 个分组 P_1、P_2、P_3，C_A 将根据子网当前的通路情况及通信量情况，将 P_1、P_2、P_3 沿不同的子网路径发送出去，接收端将接收的分组重新组装成报文。这类服务没有建立链路和拆除链路的过程，数据报方式原理如图 5-7 所示。

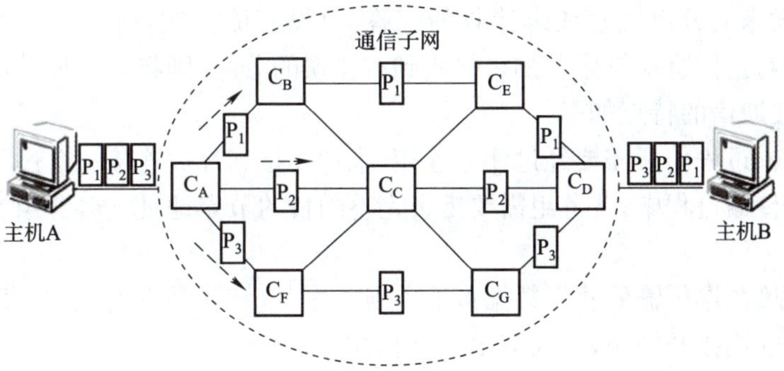

图 5-7 数据报方式原理

(2)虚电路方式

虚电路方式试图将数据报方式与电路交换方式结合起来，发挥两种方法的优点，达到最佳的数据交换效果。与电路交换方式类似，虚电路方式在数据传输前也要建立一条传输通路，但这条通路是逻辑的而非物理的。

虚电路方式中两个用户的终端设备在开始互相发送和接收数据之前，需要通过通信网络建立逻辑上的连接，用户不需要在发送和接收时清除连接。虚电路可以通过呼叫请求建立，并要赋予虚电路号，可通过虚电路号将分组沿子网中的节点逐站传递。

由于虚电路方式兼具电路交换与分组交换技术的优点，因此在计算机网络中得到了广泛应用。

三、数据通信网的通信模式

数据通信网的通信模式分为面向连接和面向无连接两种。

1. 面向连接通信

面向连接通信模式需要系统在通信双方之间发送数据之前先建立连接。面向连接网络类似于电话系统,在开始通信前必须先进行一次呼叫和应答,也可以是永久性或半永久性的专线连接。在面向连接方法中,两个端点之间建立了一条数据通信信道(电路)。这条信道提供了一条在网络上顺序发送报文分组的预定义路径,发送方与接收方保持联系以协调会话和报文分组接收或失败的信号。

面向连接的服务是按顺序的,保证传输质量的,可恢复错误和流量控制的,可靠的连接。其特点如下:

(1)数据传输前必须经过建立连接、维护连接和释放连接三个过程。

(2)在数据传输过程中,各分组不需要携带目的节点的地址。面向连接服务的传输连接类似于一个通信管道,发送者在一端放入数据,接收者从另一端取出数据。

(3)面向连接数据传输的收发数据顺序不变,因此传输的可靠性好,但需在通信开始前协商连接开销,协议复杂,通信效率不高。

2. 面向无连接通信

面向无连接通信模式是指通信双方不需要事先建立一条通信线路,而是把每个带有目的地址的包(报文分组)送到线路上,由系统自主选定路线进行传输。发送方和接收方之间没有初始协商,发送方仅仅向网络上发送数据报,每个分组含有源地址和目的地址。该方法中没有接收方发来的分组接收或未接收的应答,也没有流控制,所以分组可能不按次序到达,接收方必须对它们重新排序。如果接收到有错误的分组,则将它删掉并请求重发。

面向无连接通信的特点如下:

(1)数据传输过程前不需要经过建立连接、维护连接和释放连接三个过程。

(2)在数据传输过程中,各分组需要携带完整的目的节点地址。各分组在系统中是独立传送的。

(3)面向连接数据传输的收发数据可能出现乱序、重复和丢失的现象。因此传输的可靠性较低,但通信的连接开销小,协议简单,通信效率高。

四、数据通信网的分类

数据通信网大致可分为数字数据网(DDN)、分组交换网(X.25)、帧中继网(FR)、异步传输网(ATM)等。

1. 数字数据网

数字数据网采用数字信道来传输数据信号。DDN 向用户提供的是半永久性的数字连接,中间不进行复杂的软件处理,因此延时较小,避免了分组交换网中传输时延大且不固定的缺点。DDN 采用数字交叉连接装置,可根据用户需要,在约定的时间内接通所需带宽的线路,信道容量的分配和接续在计算机控制下进行,具有较大的灵活性。DDN 的主要优点有传输质量高、延时小、可靠性高、误码率低、支持多种业务、可方便地组建虚拟专用网(VPN)等。

2. 分组交换网

分组交换网是继电路交换网和报文交换网之后的一种新型交换网络,它主要用于数据通信。分组交换是一种存储转发的交换方式,它将用户的报文划分成一定长度的分组,以分组为单位存储转发,因此,它比电路交换的利用率高,比报文交换的时延要小,且具有实时通信的能力。分组交换利用统计时分复用原理,将一条数据链路复用成多个逻辑信道,最终构成一条主叫、被叫用户之间的信息传送通路，称为虚电路（VC），来实现数据的分组传送。分组交换是为适应计算机通信而发展起来的一种先进通信手段，它以CCITT建议的X.25协议为基础，可以满足不同速率、不同型号的终端与终端、终端与计算机、计算机与计算机间以及局域网间的通信，实现数据库资源共享。分组交换网可以进行速率、码型、规程的转换，允许不同类型、速率、编码格式、通信规程的终端之间互相通信，可采用流量控制措施，但通信协议开销较大。

3. 帧中继网

帧中继网是从分组交换技术发展而来的。帧中继技术把不同长度的用户数据组，均包封在较大的帧中继帧内，加上寻址和控制信息后在网上传输。帧中继网使用统计复用技术，按需分配带宽，向用户提供共享的网络资源，大大提高了网络资源的利用率；采用虚电路技术，只有当用户准备好数据时，才把所需的带宽分配给指定的虚电路，而且在网络里按照分组动态分配带宽，因而适合于突发性业务。帧中继只使用了物理层和链路层的一部分来执行其交换功能，利用用户信息和控制信息分离的D信道连接来实施以帧为单位的信息传送，简化了中间节点的处理；将流量控制、纠错等功能留给智能终端去完成，大大简化了处理过程，提高了效率。帧中继没有存储转发功能，因而具有与快速分组交换相同的一些优点。

4. ATM

与以太网、令牌环网、光纤分布式数据接口（FDDI）网络等使用可变长度包的技术不同，ATM使用53字节固定长度的信元（CELL）进行交换。信元实际上是一种固定长度的分组，所以也是一种分组交换，从面向连接这一要求来看又具有某些电路交换的特征。ATM是一种交换技术，没有共享介质或包传递带来的延时，非常适合音频和视频数据的传输。同时由于ATM采用统计复用技术，接入带宽突破原有的2 Mbit/s，可达到2～155 Mbit/s，因此适合高带宽、低延时或高数据突发等应用。

五、数据通信主要性能指标

1. 数据传输速率

数据传输速率是指单位时间内传输的信息量，可用比特率和波特率来表示。

（1）比特率

比特率是每秒传输二进制信息的位数，单位为bit/s。

（2）波特率

波特率也称码元速率、调制速率或者信号传输速率，是指每秒传输的码元（符号）数，单位为Baud。若每个码元所含的信息量为1 bit，则波特率等于比特率。

2. 数据传输带宽

带宽是指每秒传输的最大字节数，也就是一个信道的最大数据传输速率，单位也为bit/s。高带宽则意味着系统的高处理能力，常用的单位有kbit/s、Mbit/s、Gbit/s、Tbit/s。

3. 传输时延

传输时延是指报文或分组从网络的一端传送到另一端所需的时间。它包括发送时延、传播时延、处理时延，即总时延＝发送时延＋传播时延＋处理时延。一般主要考虑发送时延与传播时延。报文长度较大时，需重点考虑发送时延；报文长度较小时，需重点考虑传播时延。

4. 误码率

误码率是指二进制数据位传输时出错的概率。误码率$=\frac{传输中的误码}{所传输的总码数}\times100\%$。它是衡量数据通信系统在正常工作情况下传输可靠性的指标。在计算机网络中,一般要求误码率低于1×10^{-6}。若误码率达不到这个指标,可通过差错控制方法检错和纠错。

5. 丢包率

丢包率是指路由器在稳定的持续负荷下,由于某种原因造成的不能转发的数据包在应该转发的总数据包中所占的比例。丢包率$=\frac{输入报文-输出报文}{输入报文}\times100\%$。丢包率通常用于衡量路由器在超负荷工作时的性能。

6. 时延抖动

时延抖动是指时延变化。一般来说,数据业务对时延抖动不敏感,但由于 IP 网络多业务发展,如 VoIP(Voice over Internet Protocol)、视频点播等业务的出现,该指标有了测试的必要性。数据包离开发送端时,按照一定的间隔均匀发送,然而在通过网络时,这一均匀间隔因数据包经历不同的延迟而遭到破坏,从而产生抖动。抖动会对语音、视频流等实时业务造成影响,分组到达时间的差异将导致话音或视像出现断续。特别是当低速链路的网络节点遭遇大数据包流量拥塞时,数据包在各节点缓存时间不同,使得数据包到达接收端的时间差较大,抖动不可避免。通常使用链路分段和交叉将大包拆小,来减少大包对时延的影响。

第二节　数据通信的基本结构

一、数据通信系统的基本结构

任何一个通信系统都可以看作由发送设备、传输信道和接收设备三大部分组成。把产生和发送信息的一端称为信源,把接收信息的一端称为信宿,把信源传送到信宿的通信线路称为信道。

在实际通信过程中,难免受到外界电磁波等噪声源的干扰影响。因此,数据通信系统基本结构如图 5-8 所示。

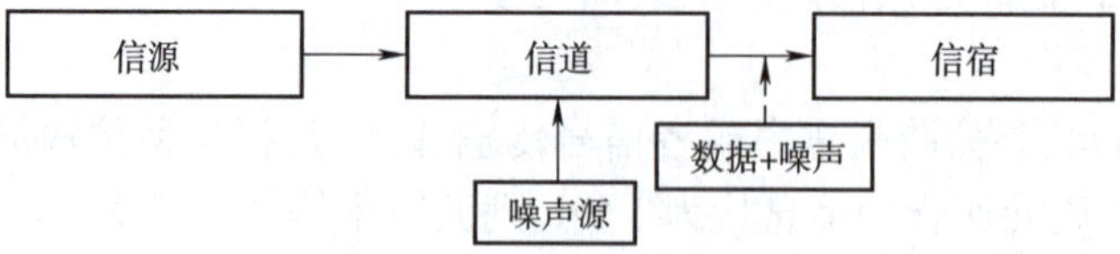

图 5-8　数据通信系统基本结构

1. 信源

信源包括源站和发送器。

(1)源站:指产生要传输的数据的计算机或服务器等设备。

(2)发送器:指对要传送的数据进行编码的设备,如调制解调器等。常见的网卡中也包括发送器组件和编码功能。

2. 信道

信道是网络通信的信号通道，如双绞线通道、同轴电缆通道、光纤通道或者无线电波通道等，还包括线路上的交换机和路由器等设备。

3. 信宿

信宿包括目的站和接收器。

(1)目的站：指从接收器获取从发送端发送的信息的计算机或服务器等。

(2)接收器：接收从发送端发来的信息，并把它们转换为能被目的站设备识别和处理的信息。它也可以是调制解调器之类的设备。常见的网卡中也包括接收器组件和解码功能。

4. 数据通信的基本过程

数据从发送端出发到被接收端接收的整个过程称为数据通信过程。每次通信又包含数据传输和通信控制两个子过程。通信控制是为了保证数据传输而进行的各种辅助操作。数据通信的基本过程一般分为五个阶段，每个阶段包括一组功能操作。

第一阶段：建立通信线路，用户将要通信的对方地址告诉通信控制处理机，这相当于用户拿起电话进行拨号。

第二阶段：若对方同意通信，建立数据传输链路，通信双方建立同步联系，使双方设备处于正确的收发状态。这相当于对方电话铃响，并拿起电话。

第三阶段：传输数据以及必要的通信控制信号。这类似于通话双方进行对话。

第四阶段：数据传输结束，通信双方通过控制信息确认此次通信结束。这类似于对话双方说再见。

第五阶段：通知通信控制处理机通信结束，并切断数据连接的物理通道。这相当于对话双方挂起电话。

二、数据通信系统的网络结构

拓扑结构定义了组织网络设备的方法。常见拓扑结构如图 5-9 所示。

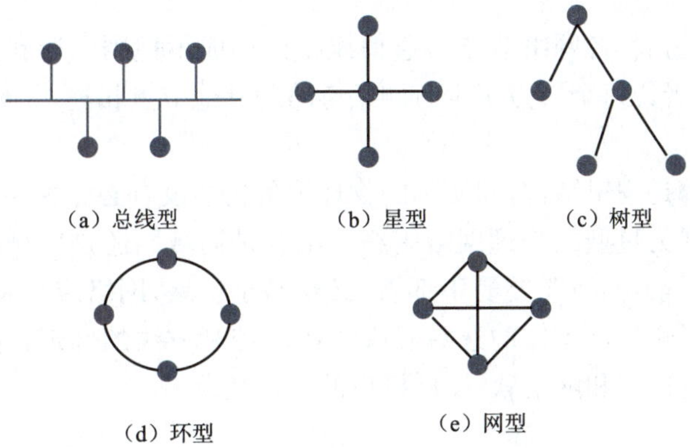

图 5-9　常见拓扑结构

1. 总线型

在总线型拓扑中，网络中的所有设备都连接到一个线型的网络介质上，这个线型的网络介质称为总线。当一个节点在总线拓扑网络上传送数据时，数据会向所有节点传送。每一个设备都要检查经过它的数据,如果数据不是发给它的,则该设备丢弃数据;如果数据是发向它的,则接收数据,并将数据交给上层协议处理。典型的总线型拓扑线路布局简单,使用较短的网络介质,所需要的线缆花费也较低。缺点是很难进行故障诊断和故障隔离,一旦总线出现故障,就会导致整个网络故障;而且局域网中每一个设备都会向所有设备发送数据,消耗了大量带宽,大大影响了网络性能。

2. 星型

星型拓扑结构有一个中心控制点。使用星型拓扑时,连接到局域网上的设备间的通信是通过与集线器或交换机的点到点连线进行的。星型拓扑易于设计和安装,网络介质直接从中心的集线器或交换机处连接到工作站所在区域;星型拓扑易于维护,网络介质的布局使得网络易于修改,并且更容易对发生的问题进行诊断。局域网构建时大量采用星型拓扑结构。星型拓扑的缺点是一旦中心控制点设备出现问题,容易发生单点故障;每一段网络介质只能连接一个设备,导致网络介质数量增多,局域网安装成本提升。

3. 树型

树型结构(也称星型总线拓扑结构)是从总线型和星型结构演变来的。网络中的节点设备都连接到一个中央设备(如集线器)上,但并不是所有的节点都直接连接到中央设备,大多数节点首先连接到一个次级设备,次级设备再与中央设备连接。

4. 环型

环型拓扑结构各个网络节点通过环接口连在一条首尾相接的闭合环型通信线路中,每个节点设备只能与它相邻的一个或两个节点设备直接通信。如果要与网络中的其他节点通信,数据需要依次经过两个通信节点之间的每个设备。环型网络既可以是单向的也可以是双向的。单向环型网络的数据绕着环向一个方向发送,环中的每个设备都将接收数据,经再生放大后将其转发出去,直到数据到达目标节点为止。双向环型网络中的数据能在两个方向上进行传输,因此设备可以和两个邻近节点直接通信。如果一个方向的环中断,数据还可以沿相反方向在环中传输,最后到达其目标节点。

5. 网型

网状拓扑结构是指将各网络节点与通信线路连接成不规则的形状,每个节点至少与其他两个节点相连,或者说每个节点至少有两条链路与其他节点相连,大型互联网一般都采用这种结构。

上述拓扑结构都是逻辑结构,和实际的物理设备构型没有必然关系,如逻辑总线型和环型拓扑结构通常表现为星型的物理网络组织。不管是局域网还是广域网,其拓扑的选择都需要考虑如下诸多因素:网络既要易于部署,又要易于扩展;网络应具备较高的可靠性。网络拓扑的选择还会影响传输媒体的选择和媒体访问控制方法的确定,这些因素又会影响各个站点在网上的运行速度和网络软、硬件接口的复杂性。

第三节 数据传输介质

数据传输介质是网络中连接收发双方的物理通路,是数据通信中实际传送信息的载体。网络中的传输介质分为两大类:有线传输介质与无线传输介质。常见的有线传输介质有同轴电缆、双绞线、光纤等,常见的无线传输介质有微波、卫星等。

一、有线传输介质

1. 同轴电缆

同轴电缆是局域网中最早使用的传输介质，可以通过专用的中同轴电缆（俗称粗缆）或小同轴电缆（俗称细缆）来组网，应用于局域网中。同轴电缆由内导体、绝缘层、屏蔽层及外部保护层组成，同轴电缆结构如图 5-10 所示。

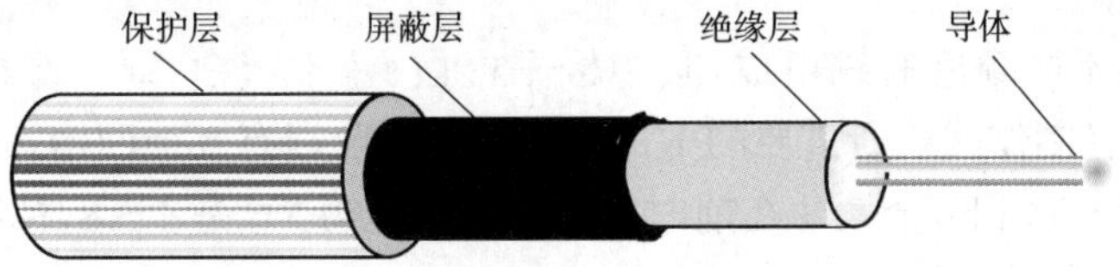

图 5-10　同轴电缆结构

同轴电缆的最大优点是抗干扰性强，而且支持多点连接。缺点是物理可靠性不好，现在基本上已被双绞线所替代。

2. 双绞线

双绞线（Twisted Pair，TP）是最常用的一种传输介质，它由两条具有绝缘保护层的铜导线相互绞合而成。把两条铜导线按一定的密度绞合在一起，可增强双绞线的抗电磁干扰能力。一对双绞线形成一条通信链路，双绞线中可传输模拟信号和数字信号。双绞线通常分为非屏蔽式和屏蔽式两种。

（1）非屏蔽式双绞线（UTP）

把一对或多对双绞线组合在一起，并用塑料套装，这种双绞线电缆称为非屏蔽双绞线（Unshielded Twisted Pair，UTP）。用于计算机网络中的 UTP 不同于其他类型的双绞线，其阻抗为 100 Ω，线缆外径大约为 4.3 mm。通常使用 RJ-45 连接器与 UTP 连接，构成 UTP 电缆。常用的 UTP 有 5 类、超 5 类、6 类等形式。5 类非屏蔽双绞线结构如图 5-11 所示。

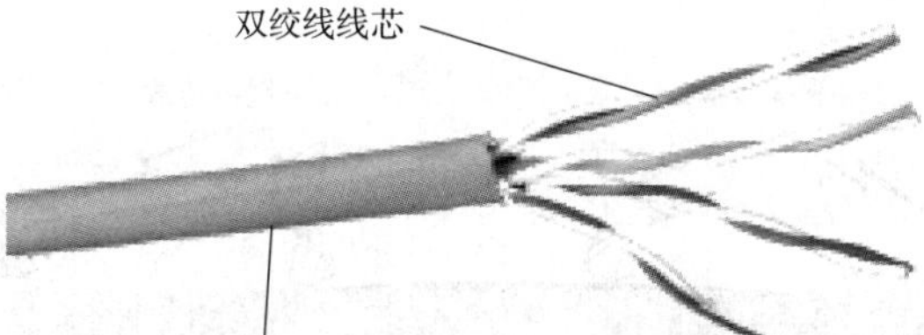

图 5-11　5 类非屏蔽双绞线结构

UTP 具有成本低、质量轻、尺寸小、易弯曲、易安装、阻燃性好、适于结构化综合布线等优点，因此，在一般的局域网建设中被普遍采用。但它也存在传输时有电磁辐射、容易被窃听等缺点。所以，在少数信息保密级别要求高的场合，还须采取一些辅助屏蔽措施。

（2）屏蔽式双绞线（STP）

采用铝箔套管或铜丝编织层套装双绞线就构成了屏蔽式双绞线（Shielded Twisted Pair，STP）。STP 常用的形式有 3 类和 5 类两种，阻抗有 150 Ω 和 200 Ω 两种规格。屏蔽式双绞线具有抗电磁干扰能力强、传输质量高等优点,但它也存在接地要求高、安装复杂、弯曲半径大、成本高等缺点,如果安装不规范,实际效果会更差。屏蔽式双绞线抗电磁辐射的能力很强,适合于在工业环境和其他有严重电磁辐射干扰或无线电辐射干扰的场合布放。对于线路周围有敏感仪器的场合,屏蔽双绞线也可以避免对它们的干扰。然而,屏蔽双绞线需要可靠接地,否则其屏蔽层就会像天线一样去感应周围所有的电磁信号,引入更严重的噪声。因此,屏蔽式双绞线的实际应用并不普遍。

(3)双绞线线序

双绞线由 8 根不同颜色的线组成,其中橙+橙白、蓝+蓝白、绿+绿白、棕+棕白分成 4 对线绞合在一起。制作网线所需要的 RJ-45 水晶接头前端有 8 个凹槽,凹槽内的金属触点有 8 个,当水晶头开口朝下,金属片在前时,从左至右引脚序号是 1～8,标准中规定了 568A 与 568B 两种双绞线的线序。

568A:绿白-1,绿-2,橙白-3,蓝-4,蓝白-5,橙-6,棕白-7,棕-8。

568B:橙白-1,橙-2,绿白-3,蓝-4,蓝白-5,绿-6,棕白-7,棕-8。

直连线两端线序一致,即两端皆为 568A 或 568B;交叉线两端线序不同,即一端为 568A,另一端为 568B。

3. 光纤

光纤是发展最快、性能最好、应用前途最广的一种网络传输介质。

二、无线传输介质

1. 微波

微波在空间主要沿直线传播,并且能穿透电离层进入宇宙空间,其传播距离受到限制且与天线的高度有关,一般只有 50 km 左右。长途通信时必须建立多个中继站,中继站把前一站发来的信号经过放大后再发往下一站,类似于“接力”,所以又把微波通信称为数字微波接力通信。如果中继站采用 100 m 高的天线塔,则接力距离可增大到 100 km,微波通信示意如图 5-12 所示。

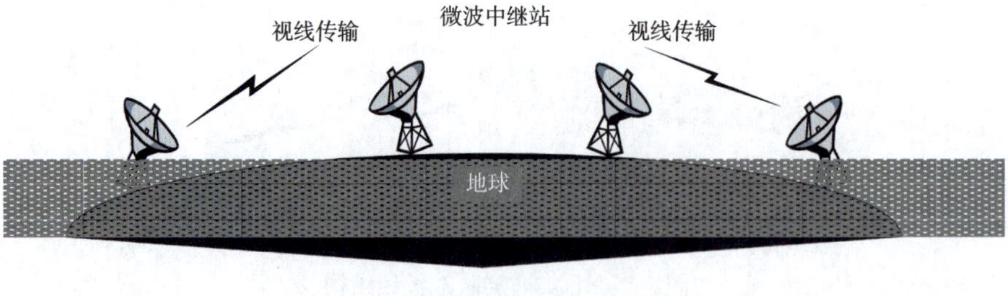

图 5-12 微波通信示意

2. 卫星

卫星通信是利用人造地球卫星作为太空无人值守的微波中继站的一种特殊形式的微波接力通信。卫星通信具有通信距离远、费用与通信距离无关、覆盖面积大、不受地理条件限制、通信信道带宽宽、可进行多址通信与移动通信等优点,成为现代主要的通信手段之一。卫星通信示意如图 5-13 所示。

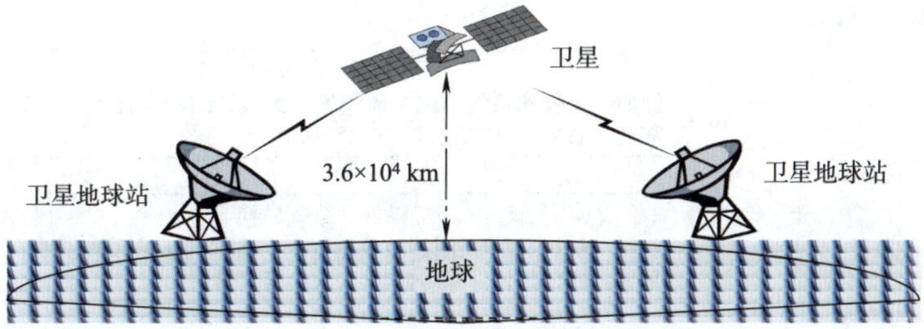

图 5-13　卫星通信示意

第四节　网络参考模型

一、OSI 参考模型

OSI 参考模型的全称是开放系统互连参考模型（Open System Interconnection Reference Model，OSI/RM），它是由国际标准化组织 ISO 提出的一个网络系统互联模型。该体系结构标准定义了网络互联的七层框架（物理层、数据链路层、网络层、传输层、会话层、表示层和应用层）。在这一框架下进一步详细规定了每一层的功能，以实现开放系统环境中的互联性、互操作性和应用的可移植性。

1. OSI 参考模型分层结构

OSI 模型把网络通信的工作分为 7 层。1～4 层是低层，这些层与数据移动密切相关。5～7 层是高层，包含应用程序级的数据。每一层负责一项具体的工作，然后把数据传送到下一层。由低到高具体分为：物理层、数据链路层、网络层、传输层、会话层、表示层和应用层。OSI 参考模型结构如图 5-14 所示。

分层的好处是利用层次结构可以把开放系统的信息交换问题分解到一系列容易控制的软硬件模块（层）中，而各层可以根据需要独立修改或扩充功能，同时，有利于不同制造厂家的设备互联，也有利于学习和理解数据通信网络。

OSI 参考模型中不同层完成不同的功能，各层相互配合，通过标准的接口进行通信。

第 7 层应用层：OSI 中的最高层。为特定类型的网络应用提供访问 OSI 环境的手段。应用层确定进程之间通信的性质，以满足用户的需要。应用层不仅要提供应用进程所需要的信息交换和远程操作，而且还要作为应用进程的用户代理，提供一些信息交换所必需的功能。

第 6 层表示层：主要用于处理两个通信系统中交换信息的表示方式，为上层用户解决用户信息的语法问题。它包括数据格式交换、数据加密与解密、数据压缩与终端类型的转换。

第 5 层会话层：在两个节点之间建立端连接。为端系统的应用程序之间提供对话控制机制。此服务包括设置连接的双工方式；会话层管理登入和注销过程。它具体管理两个用户和进程之间的对话。如果在某一时刻只允许一个用户执行一项特定的操作，会话层协议就会管理这些操作，如阻止两个用户同时更新数据库中的同一组数据。

第 4 层传输层：常规数据递送（面向连接或无连接）。为会话层用户提供一个端到端的可靠、透明和优化的数据传输服务机制。包括全双工或半双工、流控制和错误恢复服务。传

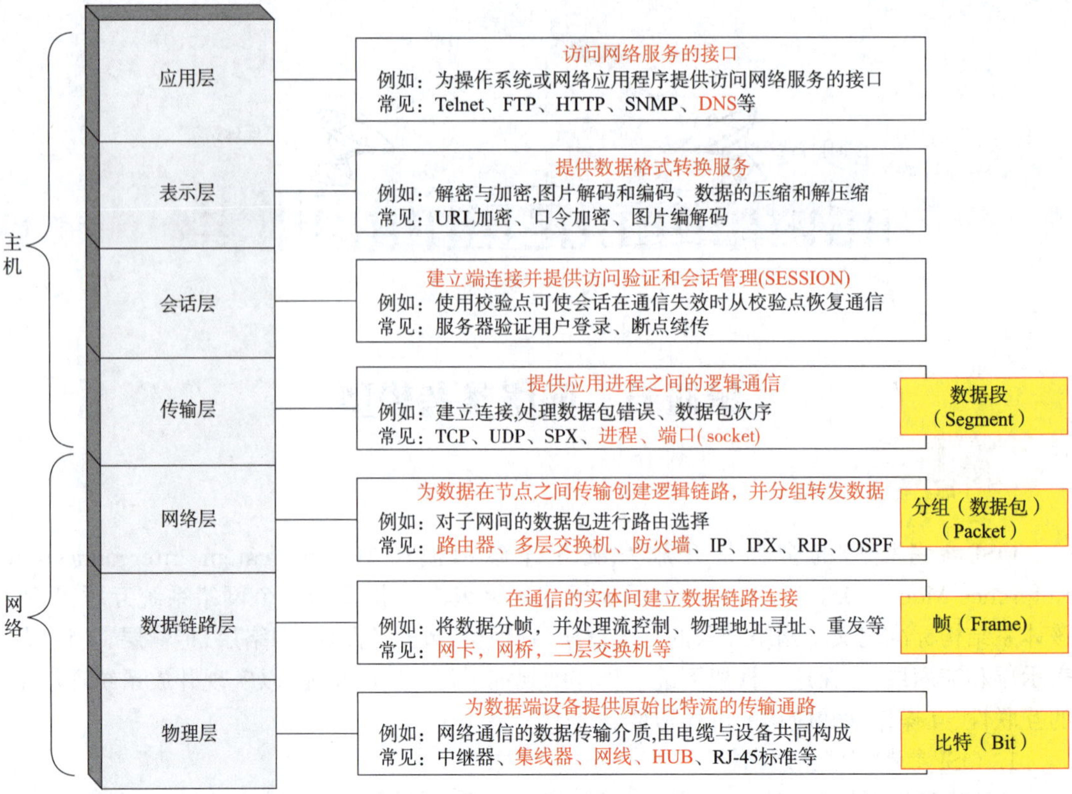

图 5-14 OSI 参考模型结构

输层把消息分成若干个分组，并在接收端对它们进行重组。不同的分组可以通过不同的连接传送到主机。这样既能获得较高的带宽，又不影响会话层。在建立连接时传输层可以请求服务质量，该服务质量可指定可接受的误码率、延迟量、安全性等参数，还可以实现基于端到端的流量控制功能。

第 3 层网络层：本层通过寻址来建立两个节点之间的连接，为源端运输层送来的分组选择合适的路由和交换节点，正确无误地按照地址传送给目的端运输层。它通过互联网络来路由和中继数据；除了选择路由之外，网络层还负责建立和维护连接，控制网络上的拥塞以及在必要时生成计费信息。网络层数据的基本单元称为数据包(packet)。

第 2 层数据链路层：在此层将数据分帧，并处理流控制。可屏蔽物理层，为网络层提供一个数据链路的连接，这样在一条有可能出差错的物理连接上，可进行几乎无差错的数据传输(差错控制)。本层指定拓扑结构并提供硬件寻址。数据链路层数据的单位称为帧(frame)。常用设备有网桥、交换机。

第 1 层物理层：处于 OSI 参考模型的最底层。物理层的主要功能是利用物理传输介质为数据链路层提供物理连接，以便透明地传送比特流。物理层数据的单位称为比特(bit)。常用设备有集线器、中继器、调制解调器、网线、双绞线和同轴电缆等各种物理设备。

上三层统称应用层，用来控制软件方面。下四层统称数据流层，用来管理硬件。除了物理层之外其他层都是用软件实现的。数据在发至数据流层时将被拆分。

2. OSI 数据通信过程

通过 OSI 分层，信息可以从一台计算机的软件应用程序传输到另一台的应用程序上。例如，主机 A 上的应用程序要将信息发送到主机 B 的应用程序，则 A 中的应用程序需要将信息先发送到其应用层（第 7 层），然后此层将信息发送到表示层（第 6 层），表示层将数据转送到会话层（第 5 层），如此继续，直至发送到物理层（第 1 层）。在物理层，数据被放置在物理网络媒介中并被发送至 B。B 的物理层接收来自物理媒介的数据，然后将信息向上发送至数据链路层（第 2 层），数据链路层再传送给网络层，依次传送直到信息到达 B 的应用层。最后 B 的应用层再将信息传送给应用程序接收端，从而完成通信过程，OSI 数据通信过程如图 5-15 所示。

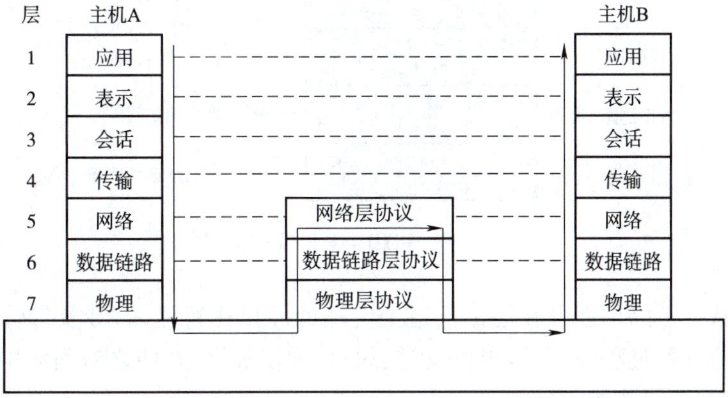

图 5-15　OSI 数据通信过程

二、TCP/IP 参考模型

TCP/IP 是一组用于实现网络互联的通信协议，Internet 网络体系结构以 TCP/IP 为核心。TCP/IP 协议栈具有简单的分层设计，与 OSI 参考模型有清晰的对应关系，如图 5-16 所示。

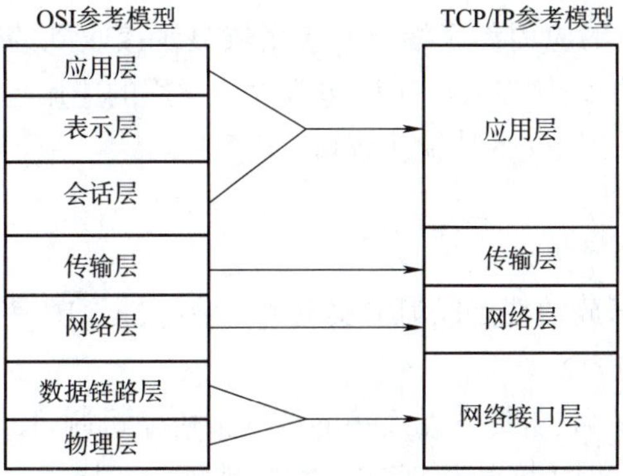

图 5-16　OSI 参考模型和 TCP/IP 参考模型对应关系

TCP/IP 中的网络接口层主要为网络设备提供数据通路。TCP/IP 对传输子网的支持非常广泛,包括传统的以太网、令牌环网及现在常用的 ATM、SDH、SONET 等几乎所有可以利用的网络。

1. TCP/IP 协议基础

TCP/IP 协议结构如图 5-17 所示。

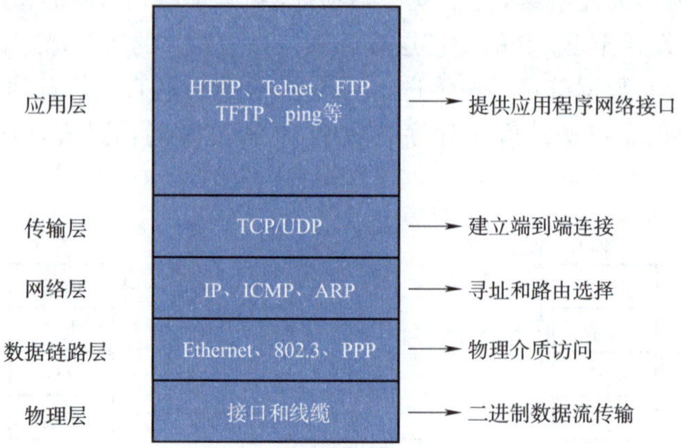

图 5-17 TCP/IP 协议结构

物理层和数据链路层涉及在通信信道上传输的原始比特流,它涉及传输数据所需要的机械、电气、功能性及过程等要素,提供检错、纠错、同步等措施,使之对网络层显现一条无错线路,并且可进行流量调控。

网络层检查网络拓扑,以决定传输报文的最佳路由,执行数据转发。其关键问题是确定数据包从源端到目的端的路由。网络层的主要协议有网际协议(Internet Protocol,IP)、互联网控制报文协议(Internet Control Message Protocol,ICMP)、地址解析协议(Address Resolution Protocol,ARP)等。

传输层的基本功能是为两台主机间的应用程序提供端到端通信。传输层从应用层接收数据,并且在必要时把它分成较小的单元,传递给网络层,确保到达对方的各段信息正确无误。传输层的主要协议有传输控制协议(TCP)和用户数据报协议(UDP)。

应用层负责处理特定的应用程序细节。应用层显示接收到的信息,把用户的数据发送到低层,为应用软件提供网络接口。应用层包含大量常用的应用程序,例如超文本传输协议(HTTP)、远程登录(Telnet)、文件传输协议(FTP)等。

2. 网络层协议

(1)IP

IP 以其简单、有效、开放的特点成为事实上的工业标准。IP 使异种网互联方便可行,对下层通信技术具有巨大包容性。

IP 作为通信子网的最高层,提供无连接的数据报传输机制,IP 是点到点的,核心问题是寻径,它向上层提供统一的 IP 数据报,使得各种物理帧的差异性对上层协议不复存在。

IP 报文格式如图 5-18 所示。

①普通的 IP 头部长度为 20 个字节,不包含 IP 选项字段。

②版本字段标明了 IP 协议的版本号,目前的协议版本号为 4。下一代 IP 协议的版本号为 6。

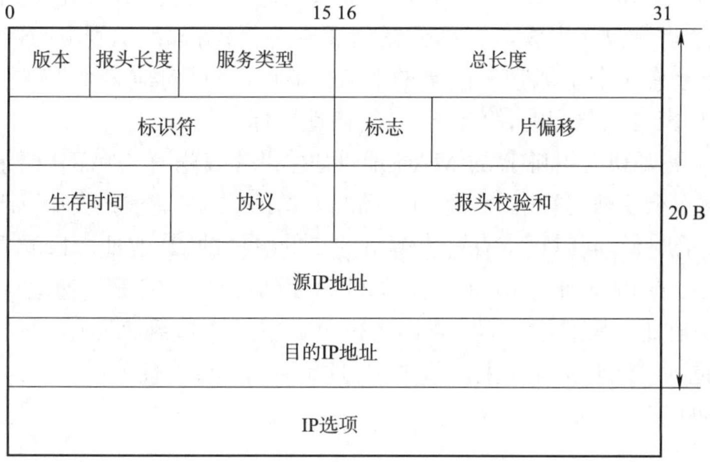

图 5-18　IP 报文格式

③报头长度指 IP 包头部长度，占 4 位。

④服务类型字段占 8 位，包括 3 位的优先权字段（Class of Service，COS）、4 位 TOS 字段和 1 位未用位。4 位 TOS 分别代表最小时延、最大吞吐量、最高可靠性和最小费用。

⑤总长度是整个 IP 数据报长度，包括数据部分。

⑥标识符字段唯一地标识主机发送的每一份数据报。通常每发送一份报文它的值就会加 1。

⑦标志字段标明是否还有更多分段。例如：0x80 为保留字段；0x40 为不分段；0x20 为还有更多的分段。

⑧片偏移字段标明本数据包的数据在分段中的偏移。

⑨生存时间字段设置了数据包可以经过的路由器数目。一旦经过一个路由器，TTL 值就会减 1，当该字段值为 0 时，数据包将被丢弃。

⑩协议字段确定在数据包内传送的上层协议，和端口号类似，IP 用协议号区分上层协议。TCP 的协议号为 6，UDP 的协议号为 17。

⑪报头校验和字段计算 IP 头部的校验和，检查报文头部的完整性。

⑫源 IP 地址和目的 IP 地址字段标识数据包的源端设备和目的端设备。

(2)ICMP

ICMP 定义了网络层控制和传递消息的功能。ICMP 协议是一种主机与路由器传达控制与差错信息的协议，它传递差错、控制、查询报文等信息，ICMP 报文通常被 IP 层或更高层协议（TCP 或 UDP）使用。

ICMP 报文分为差错报文、控制报文、请求/应答报文等。

①差错报文：信宿不可达；超时；参数出错。

②控制报文：拥塞控制与源抑制；路径控制与重定向报文。

③请求/应答报文：回显请求/应答；时戳请求/应答；地址掩码请求/应答。

(3)ARP

ARP 是一种广播协议，主机可以通过它动态地发现一个 IP 地址对应的 MAC 地址。

MAC(Medium/Media Access Control)地址,又称硬件地址,用于定义网络设备的位置,由 48 bit 长的 16 进制数字组成,0～23 位是组织唯一标识符,是识别 LAN(局域网)节点的标志。一个网卡会有一个全球唯一固定的 MAC 地址,但可对应多个 IP 地址。MAC 地址的 24～47 位是厂家自己分配的,第 40 位是组播地址标志位。

假定主机 A 需要知道主机 B 的 MAC 地址,主机 A 发送称为 ARP 请求的以太网数据帧给网段上的每一台主机,这个过程称为广播。发送的 ARP 请求报文中,带有自己的 IP 地址到 MAC 地址的映射,同时还带有需要解析的目的主机的 IP 地址。目的主机 B 收到请求报文后,将主机 A 的 IP 地址与 MAC 地址的映射存到自己的 ARP 高速缓存中,并把自己的 IP 地址到 MAC 地址的映射作为响应发回主机 A。主机 A 收到 ARP 应答,就得到了主机 B 的 MAC 地址,同时,主机 A 缓存主机 B 的 IP 地址到 MAC 地址映射。

3. 传输层协议

(1)TCP

TCP 是一种基于连接、面向字节流的协议,它通过以下过程来保证端到端数据通信的可靠性:

①TCP 实体把应用程序划分为合适的数据块,加上 TCP 报文头,生成数据段。

②当 TCP 实体发出数据段后,立即启动计时器,如果源设备在计时器清零后仍然没有收到目的设备的确认报文,重发数据段。

③当对端 TCP 实体收到数据后,发回一个确认。

④TCP 包含一个端到端的校验和字段,检测数据传输过程的任何变化。如果目的设备收到的数据校验和计算结果有误,TCP 将丢弃数据段,源设备将在计时器清零后重发数据段。

⑤由于 TCP 数据承载在 IP 数据包内,而 IP 提供了无连接的、不可靠的服务,数据包有可能会失序,因此 TCP 提供了重新排序机制,目的设备会将收到的数据重新排序,交给应用程序。

(2)UDP

UDP 是一个简单的面向数据报的传输层协议。进程的每个输出操作都正好产生一个 UDP 数据报,并组装成一份待发送的 IP 数据报。UDP 不具备可靠性,它把应用程序传给 IP 层的数据发送出去,但是并不保证它们能到达目的地。

①UDP 数据报封装

UDP 数据报封装如图 5-19 所示。

②UDP 特点

UDP 无连接且面向数据报。

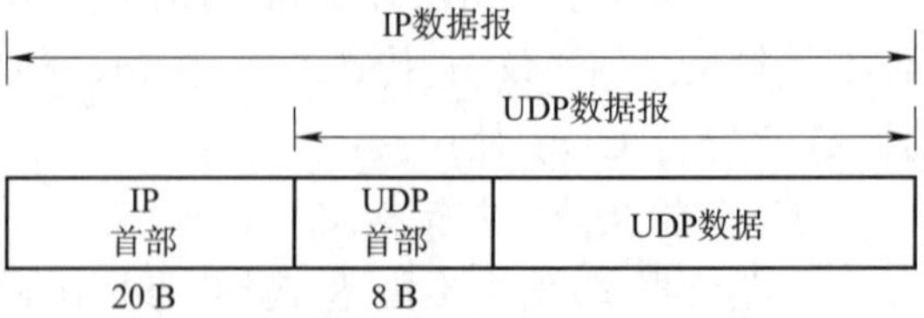

图 5-19 UDP 数据报封装

UDP 报文没有可靠性保证和顺序保证字段、流量控制字段等,可靠性较差。但正因为 UDP 控制选项较少,在数据传输过程中延迟较小,数据传输效率较高,适合于对可靠性要求不高的,或者可以保障可靠性的应用程序,如 DNS、TFTP、SNMP 等。UDP 也可以用于传输链路可靠的网络。

第五节 以太网基本原理

以太网是现有局域网采用的最通用的通信协议标准，包括标准的以太网(10 Mbit/s)、快速以太网(100 Mbit/s)和吉比特以太网(1 Gbit/s)等，该标准定义了在局域网(LAN)中采用的电缆类型和信号处理方法。

一、基本概念

以太网采用无源的介质，按广播方式传播信息。它规定了物理层和数据链路层协议，规定了物理层和数据链路层的接口以及数据链路层与更高层的接口。

1. 物理层

物理层规定了以太网的基本物理属性，如数据编码、时标、电频等。

2. 数据链路层

数据链路层的主要功能是完成帧发送和帧接收，包括对用户数据进行帧的组装与分解，随时监测物理层的信息监测标志，了解信道的忙闲情况，实现数据链路的收发管理。

二、拓扑结构

以太网包括总线型和星型两种拓扑结构。

1. 总线型

总线型的以太网所需的电缆较少、价格便宜，但管理成本高，不易隔离故障点，因其采用共享的访问机制，易造成网络拥塞。早期以太网多使用总线型的拓扑结构，采用同轴缆作为传输介质，连接简单，在小规模的网络中不需要专用的网络设备。但由于它存在固有缺陷，已经逐渐被以集线器和交换机为核心的星型网络所代替。

2. 星型

星型的以太网管理方便、容易扩展，但需要专用的网络设备作为网络的核心节点、需要更多的网线、对核心设备的可靠性要求高。星型以太网采用专用的网络设备(如集线器或交换机)作为核心节点，通过双绞线将局域网中的各台主机连接到核心节点上，形成星型结构。星型拓扑可以通过级联的方式将网络扩展到很大的规模，因此得到了广泛应用，被绝大部分的以太网所采用。

三、工作原理

以太网采用带冲突检测的载波帧听多路访问(CSMA/CD)机制，其所有节点都可以看到在网络中发送的所有信息，因此，可认为以太网是一种广播网络。它的主要目的是提供寻址和媒体存取的控制方式，使得不同设备或网络上的节点可以在多点的网络上通信而不相互冲突。

CSMA/CD 采用 IEEE 802.3 标准。载波帧听(CS)是指网络上各个工作站在发送数据前都要侦听总线上有没有数据传输。若有数据传输(称总线为忙)，则不发送数据；若无数据传输(称总线为空)，立即发送准备好的数据。多路访问(MA)是指网络上所有工作站收发数据共同使用同一条总线，且发送数据是广播式的。若总线上有两个或两个以上工作站同时发送数据,在总线上就会产生信号混合,哪个工作站都辨别不出真正的数据是什么,这种情况称为数据冲突,又称碰撞。为了减少冲突发生后的影响,工作站在发送数据过程中还要不停地检测自己发送的数据有没有在传输过程中与其他工作站的数据发生冲突,这就是冲突检测(CD)。

四、冲突域和广播域

1. 冲突域

冲突域是指连接在同一导线上的所有工作站的集合,或者说是同一物理网段上所有节点的集合或以太网上竞争同一带宽的节点集合。这个域代表了冲突发生并传播的区域。在OSI模型中,冲突域被看作是第一层的概念,连接同一冲突域的设备有集线器、中继器或者其他可简单复制信号的设备。也就是说,用集线器或者中继器连接的所有节点可以被认为在同一个冲突域内,它不会划分冲突域。而第二层设备(网桥,交换机)及第三层设备(路由器)都可以划分冲突域,也可以连接不同的冲突域。

2. 广播域

广播域是指接收同样广播消息的节点的集合。在该集合中的任何一个节点传输一个广播帧,则所有其他能收到这个帧的节点都被认为是该广播帧的一部分。由于许多设备都极易产生广播,所以如果不维护,就会消耗大量的带宽,降低网络的效率。广播域被认为是OSI中的第二层概念,像集线器、交换机等第一、二层设备连接的节点被认为都在同一个广播域。而路由器、三层交换机则可以划分广播域,即可以连接不同的广播域。

五、虚拟局域网(VLAN)

1. VLAN基本概念

VLAN是指在交换局域网的基础上,采用网络管理软件构建的可跨越不同网段、不同网络的端到端的逻辑网络。在逻辑上把网络资源和网络用户按照一定的原则进行划分,把一个物理上实际的网络划分成多个小的逻辑网络。这些小的逻辑网络形成各自的广播域,也就是VLAN。VLAN工作在OSI参考模型的第2层和第3层之间,VLAN之间的通信是通过第3层的路由器来完成的。VLAN示意如图5-20所示,虽然都使用同一个中心交换机,但是左右各属于不同的VLAN,形成各自的广播域,广播报文不能跨越这些广播域传送。

2. 广播风暴

二层交换机在传递广播报文时需要泛洪,即从某个接口收到的数据流向除该接口之外的所有接口转发。如果网络存在环路,网络中的广播报文多次泛洪,广播报文占用的网络资源越来越多,最终有可能形成广播风暴,大量占用带宽,阻塞正常报文传递,或者耗尽交换机资源,导致宕机。

3. VLAN的优点

(1)隔离广播域,抑制广播报文。

(2)减少移动和改变的代价。

(3)创建虚拟工作组,超越传统网络的工作方式。

(4)增强通信的安全性。

(5)增强网络的健壮性。

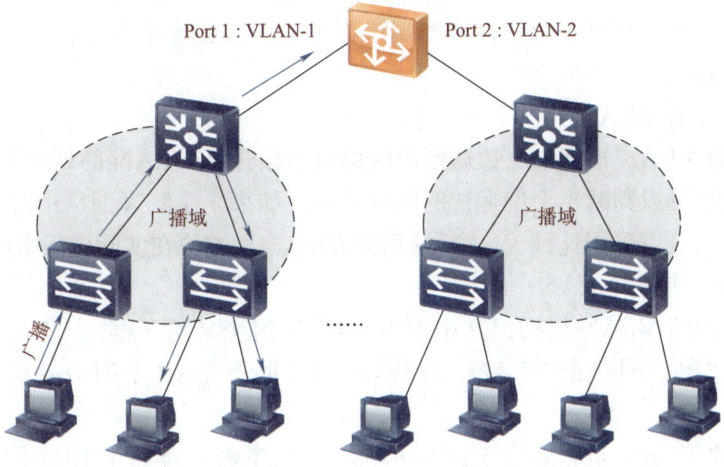

图 5-20　VLAN 示意

4. VLAN 的划分方法

(1)基于端口的 VLAN

基于端口的 VLAN 指根据以太网交换机的端口来划分 VLAN,比如交换机的 1～4 端口为 VLAN A,5～17 端口为 VLAN B,18～24 端口为 VLAN C。这些属于同一 VLAN 的端口可以不连续,如何配置由管理员决定。基于端口的 VLAN 划分如图 5-21 所示。根据端口划分是目前定义 VLAN 最常用的方法,这种划分方法的优点是定义 VLAN 成员时非常简单,只要将所有端口都指定一下。它的缺点是如果 VLAN A 的用户离开了原来的端口,到了一个新的交换机的某个端口,那么就必须重新定义。

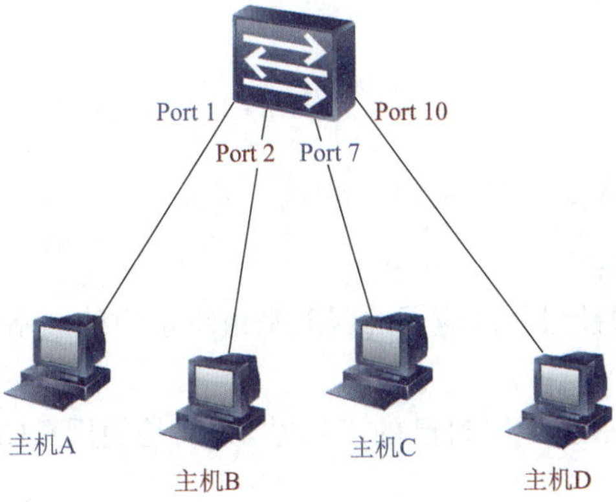

VLAN 表

端口	所属 VLAN
Port1	VLAN5
Port2	VLAN10
…	…
Port7	VLAN5
…	…
Port10	VLAN10

图 5-21　基于端口的 VLAN 划分

(2)基于 MAC 地址的 VLAN

基于 MAC 地址的 VLAN 指根据每个主机的 MAC 地址来划分 VLAN,即对所有主机都根据它的 MAC 地址配置其属于的 VLAN;交换机维护一张 VLAN 映射表,这个 VLAN 表记录 MAC 地址和 VLAN 的对应关系。这种划分 VLAN 方法的最大优点就是当用户物理位置移动时,即从一个交换机换到其他的交换机时,VLAN 不用重新配置,所以,可以认为这种根据 MAC 地址的划分方法是基于用户的 VLAN。这种方法的缺点是初始化时,所有的用户都必须进行配置,如果用户很多,配置的工作量很大。此外这种划分方法也导致交换机执行效率降低,因为在每一个交换机的端口都可能存在很多个 VLAN 组的成员,这样就无法限制广播包。

(3)基于协议的 VLAN

基于协议的 VLAN 根据二层数据帧中的协议字段进行 VLAN 的划分。通过二层数据帧中的协议字段,可以判断出上层运行的网络协议。如果一个物理网络中既有 IP 又有 IPX 等多种协议运行,可以采用这种 VLAN 的划分方法,这种方法在实际应用中用的很少。

(4)基于 IP 子网的 VLAN

基于 IP 子网的 VLAN 根据报文中的 IP 地址决定报文属于哪个 VLAN,即同一个 IP 子网的所有报文属于同一个 VLAN。这样,可以将同一个 IP 子网中的用户划分在一个 VLAN 内。

基于子网的 VLAN 划分如图 5-22 所示,主机 A、主机 C 都属于 IP 子网 1.1.1.×/24,根据 VLAN 表的定义,它们属于 VLAN5;同理,主机 B、主机 D 都属于 VLAN 10。如果主机 C 将自己的 IP 地址修改为 1.1.2.9,那么主机 C 就不再属于 VLAN 5,而是属于 VLAN 10。

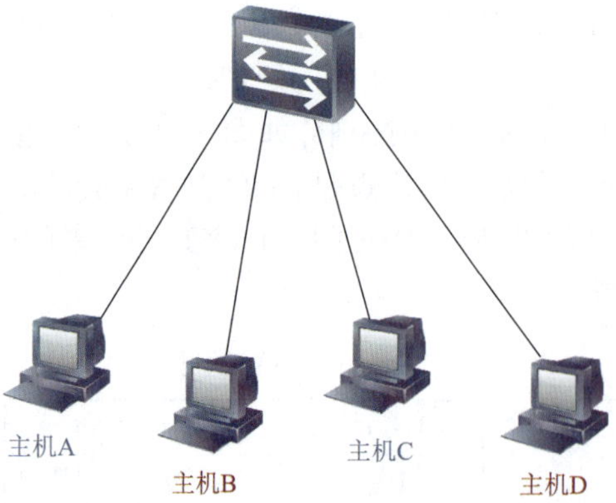

VLAN 表

IP 网络	所属 VLAN
IP 1.1.1.0/24	VLAN5
IP 1.1.2.0/24	VLAN10
…	…

图 5-22 基于子网的 VLAN 划分

利用 IP 子网定义 VLAN 有以下几点优势:

①可以按传输协议划分网段。这对于希望针对具体应用的服务来组织用户的网络管理者来说是非常有诱惑力的。

②用户可以在网络内部自由移动,而不用重新配置自己的工作站,尤其是使用 TCP/IP 的用户。

但这种方法的缺点是效率低,因为检查每一个数据包的网络层地址很费时。同时由于一个端口也可能存在多个 VLAN 的成员,无法有效抑制广播报文。

5. VLAN 的特性

(1)VLAN 的可跨越性

VLAN 信息可以跨越多台交换机被传递到相关交换机中。

VLAN 传递示意如图 5-23 所示,所有 VLAN 3 的数据都能通过中间的过渡交换机实现通信,同样 VLAN 5 的数据也可以相互传递。

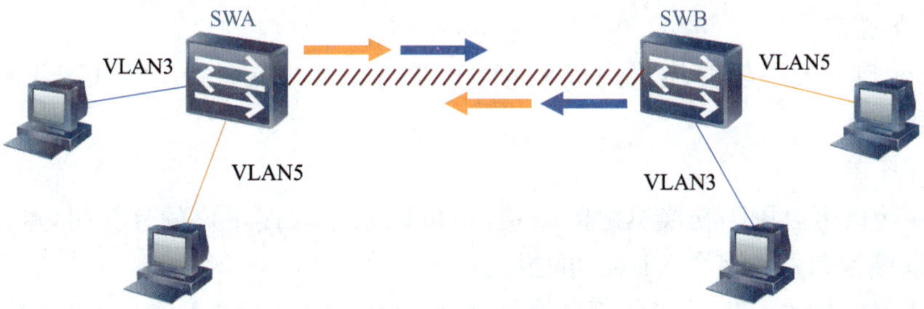

图 5-23　VLAN 传递示意

(2)VLAN 的链路类型和端口分类

①VLAN 的链路类型

VLAN 链路类型示意如图 5-24 所示。接入链路是用于连接主机和交换机的链路。通常情况下主机并不需要知道自己属于哪些 VLAN,主机的硬件也不一定支持带有 VLAN 标签的帧。主机要求发送和接收的帧都是没有打上标签的帧。

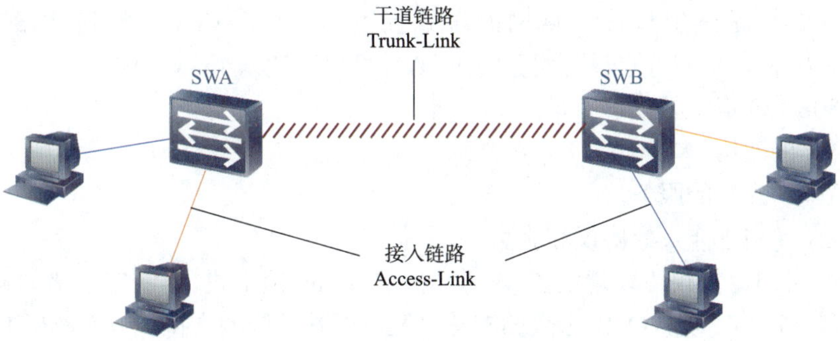

图 5-24　VLAN 链路类型示意

接入链路属于某一个特定的端口,这个端口只属于一个 VLAN,且不能直接接收其他 VLAN 的信息,也不能直接向其他 VLAN 发送信息。不同 VLAN 的信息必须通过三层路由处理才能转发到这个端口上。

和接入链路不同,干道链路用来在不同的设备之间(如交换机和路由器之间、交换机和交换机之间)承载 VLAN 数据,因此干道链路不属于任何一个具体 VLAN。通过配置,干道链路可以承载所有的 VLAN 数据,也可以配置为只能传输指定的 VLAN 的数据。

数据帧在干道链路上传输时,交换机必须用一种方法来识别数据帧是属于哪个 VLAN 的。IEEE 802.1Q 定义了 VLAN 帧格式,所有在干道链路上传输的帧都是打上标签的帧(tagged frame)。通过这些标签,交换机就可以确定哪些帧分别属于哪个 VLAN。

虽然干道链路不属于任何一个具体的 VLAN,但是可以给它配置一个 PVID(port VLAN ID)。不论因为什么原因,干道链路上出现了没有带标签的帧,交换机就给这个帧增加带有 PVID 的 VLAN 标签,然后进行处理。

②VLAN 的端口分类

a. Access 端口

Access 端口一般用于联接用户计算机,只能属于 1 个 VLAN。

b. Trunk 端口

Trunk 端口一般用于交换机之间联接,可以属于多个 VLAN,可以接收和发送多个 VLAN 的报文。

c. Hybrid 端口

Hybrid 端口可以用于交换机之间联接,也可以用于联接用户的计算机,可以属于多个 VLAN,可以接收和发送多个 VLAN 的报文。

Hybrid 端口与 Trunk 端口的不同之处在于 Hybrid 端口可以允许多个 VLAN 的报文不打标签,而 Trunk 端口只允许缺省 VLAN 的报文不打标签。在同一个交换机上 Hybrid 端口和 Trunk 端口不能并存。

③端口的缺省 ID(PVID)

a. Access 端口只属于一个 VLAN,所以它的缺省 ID 就是它所在的 VLAN,不用设置。

b. Hybrid 端口和 Trunk 端口属于多个 VLAN,所以需要设置缺省 VLAN ID,缺省情况下为 VLAN 1。

(3)VLAN 标签

IEEE802.1Q 是虚拟桥接局域网的正式标准,定义了 VLAN 帧格式,统一了标识 VLAN 的方法,保证不同厂家设备配置的 VLAN 可以互通。

IEEE 802.1Q 定义了以下内容:

①VLAN 的架构。

②VLAN 中提供的服务。

③VLAN 实施中涉及的协议和算法。

④IEEE802.1Q 协议不仅规定了 VLAN 中的 MAC 帧格式,还制定了诸如帧发送及校验、回路检测、对业务质量(QoS)参数的支持以及对网管系统的支持等方面的标准。

(4)VLAN 数据转发

①802.1Q 的转发原则——Access-Link

当 Access 端口收到帧时,如果该帧不包含 802.1Q 标志,将打上端口的 PVID;如果该帧包含 802.1Q 标志,交换机不作处理,直接丢弃。

当 Access 端口发送帧时,剥离 802.1Q 标志,发出的帧为普通以太网帧。

②802.1Q 的转发原则——Trunk-Link

当 Trunk 端口收到帧时,如果该帧不包含 802.1Q 标志,将打上端口的 PVID;如果该帧包含 802.1Q 标志,则不改变。

当 Trunk 端口发送帧时,若该帧的 VLAN ID 与端口的 PVID 不同,直接透传;若该帧的 VLAN ID 与端口的 PVID 相同,剥离 802.1Q 标志。

③802.1Q 的转发原则——Hybird-Link

当 Hybird 端口收到帧时,如果该帧不包含 802.1Q 标志,将打上端口的 PVID;如果该帧包含 802.1Q 标志,则不改变。

当 Hybird 端口发送帧时,应判断 VLAN 在本端口的属性,如果是 untag 则剥离 802.1Q 标志再发送,如果是 tag 则直接透传。

第六节　IP 地址

一、IP 地址简介

网络互联协议(IP)规范的部分内容规定了 IP 地址的结构。这个结构为每个主机和路由器接口提供了 32 位二进制逻辑地址。其中包括网络部分与主机部分。

为方便书写及记忆，一个 IP 地址通常用 0～255 之内的 4 个十进制数表示，数之间用句点分开。这些十进制数中的每一个都代表 32 位地址的其中 8 位，即所谓的八位位组，称为点分十进制表示法。

(一)IP 地址分类

原来的 IP 寻址标准没有提供地址类，为了便于管理，后来加入了地址类的定义。地址类的实现将地址空间分解为数量有限的特大型网络(A 类)，数量较多的中等网络(B 类)和数量非常多的小型网络(C 类)。另外，还定义了特殊的地址类，包括 D 类(用于组播)和 E 类(试验或研究类)。IP 地址分类示意如图 5-25 所示。

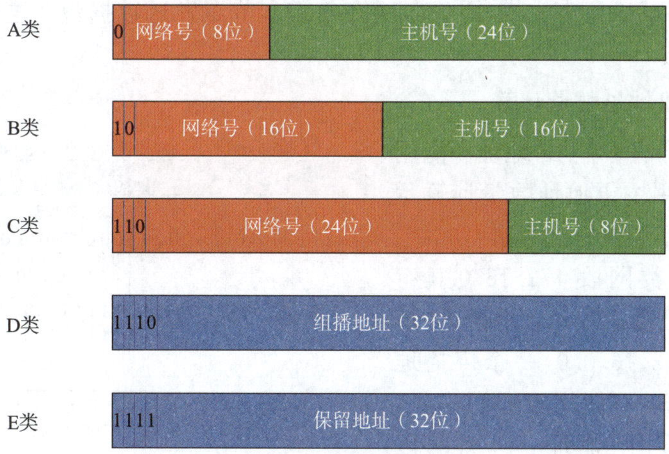

图 5-25　IP 地址分类示意

A 类地址：8 位分配给网络地址，24 位分配给主机地址。如果第 1 个 8 位位组中的最高位是 0，则地址是 A 类地址。这对应于范围为 0～127 的可能的 8 位位组。在这些地址中，0 和 127 具有保留功能，所以实际的范围是 1～126。A 类中仅有 126 个网络可以使用。因为仅为网络地址保留了 8 位，第 1 位必须是 0。然而，主机数字可以有 24 位，所以每个网络可以有 16 777 214 个主机。

B 类地址：为网络地址分配了 16 位，为主机地址分配了 16 位，一个 B 类地址可以用第 1 个 8 位位组的前两位为 10 来识别。对应的值从 128～191。因为前两位已经预先定义，实际上为网络地址留下了 14 位，所以可能的组合产生了 16 384 个网络，而每个网络包含 65 534 个主机。

C 类地址：为网络地址分配了 24 位，为主机地址分配了 8 位。C 类地址的前 8 位位组的前 3 位为 110，对应的十进制数从 192～223。在 C 类地址中，仅仅最后的 8 位位组用于主机地址,这使每个网络最多仅能有 254 个主机。由于网络编号有 21 位可以使用(3 位已经预先设置为 110),则共有 2 097 152 个可能的网络。

D 类地址:以 1110 开始,代表的 8 位位组从 224～239。这些地址并不作为标准的 IP 地址。D 类地址指一组主机,它们作为组播的成员注册,可以通过组播地址将数据发送给一些主机。组播需要特殊的路由配置,在默认情况下,数据包不会通过组播转发。

E 类地址:如果第 1 个 8 位位组的前 4 位都设置为 1111,则地址为 E 类地址。这类地址的范围为 240～254,并不用作传统的 IP 地址,一般用于实验室或研究。

这里重点讨论 A 类、B 类和 C 类地址,因为它们用于常规 IP 寻址类别。

(二)保留的 IP 地址

IP 地址用于唯一的标识一台网络设备,但并不是每一个 IP 地址都可用,一些特殊的 IP 地址被用于各种各样的用途,不能用于标识网络设备。

主机部分全为"0"的 IP 地址,称为网络地址,网络地址用来标识一个网段。例如,A 类地址 1.0.0.0,私有地址 10.0.0.0、192.168.1.0 等。

主机部分全为"1"的 IP 地址,称为广播地址,广播地址用来标识网段中的所有主机,例如,A 类地址 100.255.255.255。全为"1"的 IP 地址 255.255.255.255,也是广播地址,但 255.255.255.255 代表所有主机,用于向网络的所有节点发送数据包。这样的广播不能被路由器转发。

(三)可用主机地址数量计算

每一个网段会有一些 IP 地址不能用作主机地址。可用主机地址数量计算示意如图 5-26 所示。

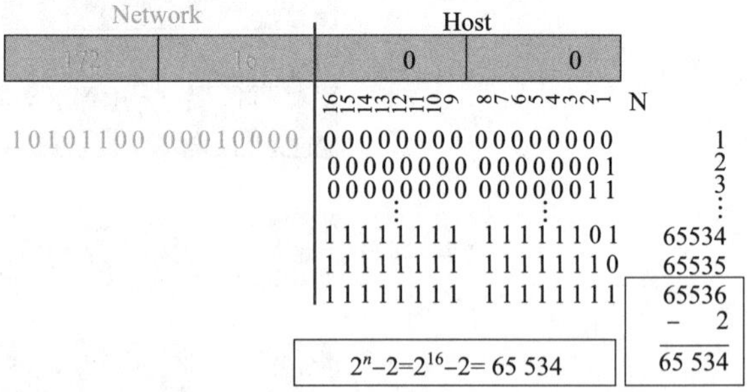

图 5-26 可用主机地址数量计算示意

例如一个 B 类网段 172.16.0.0 有 16 个主机位,因此有 2^{16} 个 IP 地址,去掉一个网络地址 172.16.0.0,一个广播地址 172.16.255.255 不能用于标识主机,共有 $2^{16}-2$ 个可用地址。C 类网段 192.168.1.0 有 8 个主机位,共有 $2^8=256$ 个 IP 地址,去掉一个网络地址 192.168.1.0,一个广播地址 192.168.1.255,共有 254 个可用主机地址。故可以以此计算每一个网段的可用主机地址:假定这个网段的主机部分位数为 n,那么可用的主机地址个数为 2^n-2 个。

网络层设备(例如路由器等)使用网络地址来代表本网段内的主机,可以大大减少路由器的路由表条目。

二、编　　址

1. 没有子网的编址

对于没有子网的 IP 地址组织,从外部将该组织看作单一网络,不需要知道内部结构。例如,所有到地址 172.16.×.×的路由被认为同一方向,不考虑地址的第三个和第四个 8 位分组,这种方案的好处是减少路由表的项目。但这种方案没法区分一个大的网络内不同的子网网段,这使网络内所有主机都能收到在该网络内的广播,会降低网络的性能,另外也不利于管理。比如,一个 B 类网可容纳 65 000 个主机,但是没有任何一个单位能够同时管理这么多主机。这就需要一种方法将这种网络分为不同的网段,按照各个子网段进行管理。

2. 带子网划分的编址

利用子网掩码(subnet mask)可以把大的网络划分成子网。子网掩码又叫网络掩码、地址掩码,它是一种位掩码,可用来指明一个 IP 地址的哪些位标识主机所在的子网,哪些位标识主机。子网掩码不能单独存在,它必须结合 IP 地址一起使用。子网掩码只有一个作用,就是将某个 IP 地址划分成网络地址和主机地址两部分。

子网掩码的设定必须遵循一定的规则。与二进制 IP 地址相同,子网掩码由 1 和 0 组成,且 1 和 0 分别连续。子网掩码的长度也是 32 位,左边是网络位,用二进制数字“1”表示,1 的数目等于网络位的长度;右边是主机位,用二进制数字“0”表示,0 的数目等于主机位的长度。这样做是为了在掩码与 IP 地址做按位与运算时,用 0 遮住原主机数,而不改变原网络段数字,而且很容易通过 0 的位数确定子网的主机数(2^n-2,因为主机号全为 1 时表示该网络广播地址,全为 0 时表示该网络的网络号,这是两个特殊地址)。只有通过子网掩码,才能表明一台主机所在的子网与其他子网的关系,使网络正常工作。

子网计算示意如图 5-27 所示,图中子网位占用了第 3 段的第 1 位,一个 B 类网络被划分成了 2 个子网,每个子网可容纳的主机数量为 $2^{15}-2=32\ 766$ 个。

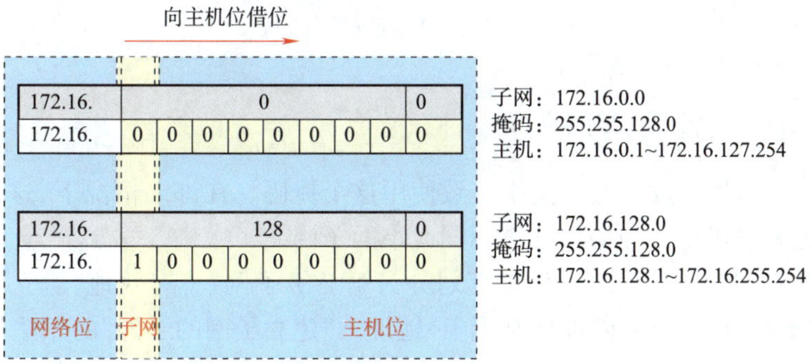

图 5-27 子网计算示意

划分出不同的子网,即划分出了不同的逻辑网络。这些不同网络之间的通信通过路由器完成,即将原来一个大的广播域划分成了多个小的广播域。

网络设备使用子网掩码确定网络位、子网位和主机位。网络设备根据自身配置的 IP 地址与子网掩码,可以识别出一个 IP 数据包的目的地址是否与自己处在同一子网或处在同一主类网络但处于不同子网或处于不同的主类网络。

三、IP 地址计算示例

给定 IP 地址和子网掩码,要求计算该 IP 地址所处的子网网络地址,子网的广播地址及可用 IP 地址范围。

第 1 步,将 IP 地址转换为二进制表示。

第 2 步,将子网掩码也转换成二进制表示。

第3步，在子网掩码的1与0之间划一条竖线，竖线左边即为网络位(包括子网位)，竖线右边为主机位。

第4步，将主机位全部置0，网络位照写就是子网的网络地址。

第5步，将主机位全部置1，网络位照写就是子网的广播地址。

第6步，介于子网的网络地址与子网的广播地址之间的即为子网内可用IP地址范围。

第7步，将前3段网络地址写全。

第8步，转换成十进制表示形式。

第9步，依次列出该IP地址所处子网的网络地址、广播地址及可用IP地址范围。

IP地址计算示例如图5-28所示。

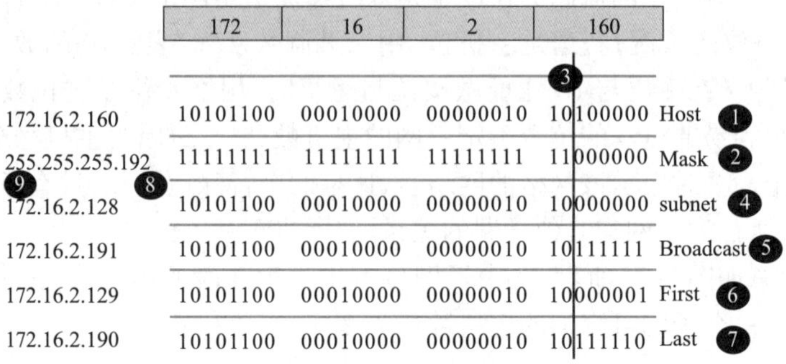

图5-28 IP地址计算示例

四、可变长子网掩码(VLSM)

定义子网掩码时，假设了整个网络一致使用这个掩码。在许多情况下，这浪费了很多主机地址，同时也无法实现把网络划分成不同大小的子网。

使用其中的一个子网，并进一步将其划分为第2级子网，将有效地“建立子网的子网”，并保留其他的子网，可以最大限度地利用IP地址。“建立子网的子网”的想法构成了VLSM的基础。

使用VLSM时通常定义一个基本的子网掩码，它将用于划分第1级子网，然后用第2级掩码来划分一个或多个1级子网。

假设某公司准备用C类网络地址192.168.1.0进行IP地址的子网规划。这个公司共购置了5台路由器，1台路由器作为企业网的网关路由器接入当地ISP(互联网服务提供商)，其他4台路由器连接4个办公点，每个办公点20台PC。需要划分8个子网，4个办公点网段需要21个IP地址(包括一个路由器接口)，与网关路由器相连的4个网段需要2个IP地址，由于每个网段IP地址数目差异较大，可以采用VLSM技术，VLSM计算示意如图5-29所示。4个办公点网段采用子网掩码255.255.255.224，划出3个子网位，共有5个主机位，可以容纳最多$2^5-2=30$台主机。对于4个办公点路由器和网关路由器相连网段，划出6个子网位，2个主机位，最多有2个合法IP地址。这样就可以最大限度地利用IP地址资源。

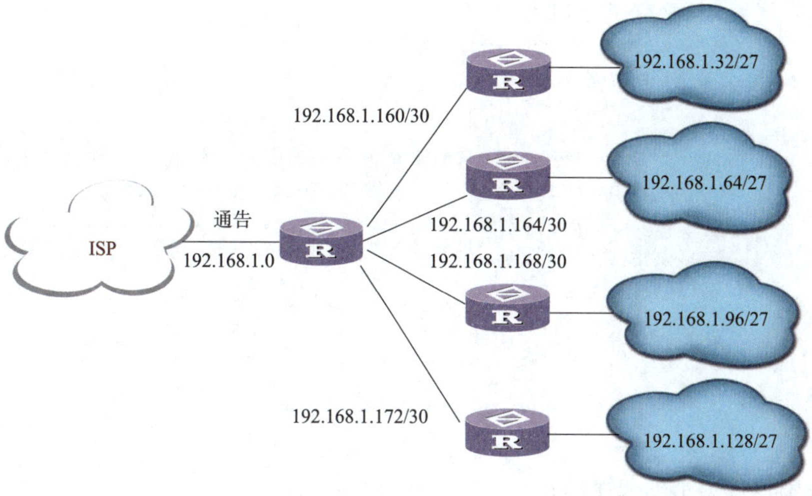

图 5-29　VLSM 计算示意

第七节　路由协议

一、路由和路由表

1. 路由

IP 网络中的路由是指导 IP 报文发送的路径信息。

在数据网中进行路由选择要使用路由器，路由器根据所收到的数据报头的目的地址选择一个合适的路径（通过某一个网络），将数据包传送到下一个路由器，路径上最后的路由器负责将数据包送交目的主机。数据包在网络上的传输类似体育运动中的接力赛，每一个路由器只负责将自己本站数据包通过最优的路径转发，通过多个路由器一站一站地接力，将数据包通过最优最佳路径转发到目的地，当然有时由于实施一些路由策略，数据包通过的路径并不一定是最佳路由。

根据路由的目的地不同，路由可以划分为：

（1）子网路由：目的地为子网。

（2）主机路由：目的地为主机。

根据目的地与该路由器是否直接相连，路由可分为：

（1）直接路由：目的地所在网络与路由器直接相连。

（2）间接路由：目的地所在网络与路由器不直接相连。

2. 路由表

路由器转发数据包的关键是路由表。每个路由器中都保存着一张路由表，表中每条路由项都指明数据包到某子网或某主机应通过路由器的哪个物理端口发送，然后就可到达该路径的下一个路由器，或者不再经过别的路由器而传送到直接相连的网络中的目的主机。华为路由表示意如图 5-30 所示。

- [Quidway]display ip routing
- Routing Tables:
- Destination/Mask proto pref Metric Nexthop Interface
- 0.0.0.0/0 Static 60 0 120.0.0.2 Serial0
- 8.0.0.0/8 RIP 100 3 120.0.0.2 Serial0
- 9.0.0.0/8 OSPF 10 50 20.0.0.2 Ethernet0
- 9.1.0.0/16 RIP 100 4 120.0.0.2 Serial0
- 11.0.0.0/8 Static 60 0 120.0.0.2 Serial0
- 20.0.0.0/8 Direct 0 0 20.0.0.1 Ethernet0
- 20.0.0.1/32 Direct 0 0 127.0.0.1 LoopBack0
- ......

图 5-30　华为路由表示意

路由表中包含了下列关键项：

(1)目的地址(destination)：用来标识 IP 包的目的地址或目的网络。

(2)网络掩码(mask)：与目的地址共同标识目的主机或路由器所在的网段的地址。将目的地址和网络掩码进行“逻辑与”后，可得到目的主机或路由器所在网段的地址。

(3)输出接口(interface)：说明 IP 包将从该路由器哪个接口转发。

(4)下一跳 IP 地址(nexthop)：说明 IP 包所经由的下一个路由器的接口地址。

3. 路由的来源

路由表中的 protocol 字段指明了路由的来源，即路由是如何生成的。路由的来源主要有以下三种：

(1)链路层协议发现的路由(direct)

开销小，配置简单，无需人工维护，只能发现本接口所属网段拓扑的路由。

(2)手工配置的静态路由(static)

静态路由是一种特殊的路由，它由管理员手工配置而成。通过配置静态路由可建立一个互通的网络，但当一个网络故障发生后，静态路由不会自动修正，必须有管理员的介入。静态路由无开销，配置简单，适合拓扑结构简单的网络。

(3)动态路由协议发现的路由(RIP、OSPF、IS-IS 等)

当网络拓扑结构十分复杂时，手工配置静态路由工作量大而且容易出现错误，这时就可用动态路由协议，让其自动发现和修改路由，无需人工维护，但动态路由协议开销大，配置复杂。

4. 路由优先级

到相同的目的地，不同的路由协议(包括静态路由)可能会发现不同的路由，但并非这些路由都是最优的。事实上，在某一时刻，到某一目的地的当前路由仅能由唯一的路由协议来决定。这样，各路由协议(包括静态路由)都被赋予了一个优先级，当存在多个路由信息源时，具有较高优先级(数值越小表明优先级越高)的路由协议发现的路由将成为最优路由，并被加入路由表中。

不同厂家的路由器对于各种路由协议优先级的规定各不相同。华为路由器缺省优先级如图 5-31 所示。图中数值越小，优先级越高，0 表示直接连接的路由，255 表示任何来自不可信源端的路由。

路由协议或路由种类	相应路由的优先级
DIRECT	0
OSPF	10
STATIC	60
RIP	100
IBGP	130
OSPF ASE	150
EBGP	170
UNKNOWN	255

图 5-31　华为路由器缺省优先级

除了直连路由外，各动态路由协议的优先级都可根据用户需求，手工进行配置。另外，每条静态路由的优先级也可以根据需要进行手动配置。

5. 路由的花费

路由的花费标识出了到达这条路由所指的目的地址的代价。通常路由的花费值会受到线路延迟、带宽、线路占有率、线路可信度、跳数、最大传输单元等因素的影响，不同的动态路由协议会选择其中的一种或几种因素来计算花费值(如 RIP 用跳数来计算花费值)。该花费值只在同一种路由协议内有比较意义，不同的路由协议之间的路由花费值没有可比性，也不存在换算关系。静态和直连路由的花费值为 0。

6. 路由自环

路由自环是指某个报文从一台路由器发出，经过几次转发之后又回到初始的路由器。产生的原因可能是配置静态路由有误，或者是动态路由协议错误地计算路由(这种情况发生的概率很小)。当产生路由自环时，报文会在几个路由器之间循环转发，极大地浪费了网络资源，因此应该尽量避免路由自环的产生。

二、静态路由

在组网结构比较简单的网络中，只需配置静态路由就可以使路由器正常工作，仔细设置和使用静态路由可以改进网络的性能，并可为重要的应用保证带宽。

接口静态路由用于表示那些直接连接到路由器接口上的目的网络，故接口静态路由优先级是 0。

静态路由特性分类如下：

(1)可达路由：正常的路由都属于这种情况，即 IP 报文按照目的地标示的路由被送往下一跳，这是静态路由的一般用法。

(2)目的地不可达的路由：当到某一目的地的静态路由具有“reject”属性时，任何去往该目的地的 IP 报文都将被丢弃，并且通过 ICMP 消息通知源主机目的地不可达。

(3)目的地为黑洞的路由：当到某一目的地的静态路由具有“blackhole”属性时，任何去往该目的地的 IP 报文都将被丢弃，但不向源主机发送任何消息。

(4)缺省路由也是一种静态路由。简单地说，缺省路由就是在没有找到匹配的路由表入口项时才使用的路由。在路由表中,缺省路由以到网络 0.0.0.0(掩码为 0.0.0.0)的路由形式出现。可通过命令“display ip route”的输出看它是否被设置。如果报文的目的地址不能与路由表的任何入口项相匹配,那么该报文将选取缺省路由。如果没有缺省路由且报文的目的地址不在路由表中,那么丢弃该报文的同时,将返回源端一个 ICMP 报文,指出该目的地址或网络不可达。

缺省路由在网络中是非常有用的。在一个包含上百个路由器的典型网络中,选择动态路由协议可能耗费较大量的带宽资源,使用缺省路由意味着采用适当带宽的链路来替代高带宽的链路以满足大量用户的通信需求。缺省路由并不一定都是手工配置的静态路由,有时也可以由动态路由协议产生。比如 OSPF 路由协议配置了 Stub 区域的路由器会动态产生一条缺省路由。

三、动态路由

(一)动态路由协议原理

1. 基本原理

每台路由器都将自己已知的路由相关信息发给相邻的路由器,最终每台路由器都会收到网络中所有的路由信息,然后运行某种算法,计算出最终的路由(实际上需要计算的是该条路由的下一跳和花费)。

每种路由协议都有自己的语言(相应的路由协议报文),如果两台路由器都实现了某种路由协议并已经启动该协议,则具备了相互通信的基础。

一台新加入的路由器应该主动把自己介绍给网段内的其他路由器。通过将协议报文广播发送给所有路由器或发送协议报文给特定路由器来实现。

为了能够观察到某台路由器突然离线(路由器本身故障或连接线路中断)这种异常情况,规定两台路由器之间的协议报文应该周期性地发送。

2. 自治系统(AS)

一个 AS 是一组共享相似的路由策略并在单一管理域中运行的路由器的集合。一个 AS 可以是一些运行单个内部网关协议(IGP)的路由器集合,也可以是一些运行不同路由选择协议但都属于同一个组织机构的路由器集合。不管是哪种情况,外部世界都将整个 AS 看作是一个实体。

每个 AS 都有一个唯一的 AS 编号,这个编号是由因特网授权的管理机构 IANA 分配的。它的基本思想就是通过不同的编号来区分不同的 AS。通过采用路由协议和 AS 编号,路由器就可以确定彼此间的路径和路由信息的交换方法。

AS 的编号范围是 1～65 535,其中 1～64 511 是注册的因特网编号,64 512～65 535 是专用网络编号。

3. 动态路由协议的分类

(1)按照工作区域,路由协议可以分为内部网关协议(IGP)和外部网关协议(EGP)。

①IGP:在同一个 AS 内交换路由信息,RIP 和 IS-IS 都属于 IGP。IGP 的主要目的是发现和计算自治域内的路由信息。

②EGP:用于连接不同的 AS,在不同的 AS 之间交换路由信息,主要使用路由策略和路由过滤等控制路由信息在自治域间的传播,如 BGP。

(2)按照路由的寻径算法和交换路由信息的方式,路由协议可以分为距离矢量协议和链路状态协议。距离矢量协议包括 RIP 和 BGP,链路状态协议包括 OSPF 和 IS-IS。

①距离矢量路由协议的优点是配置简单,占用的内存和 CPU 处理时间较少。缺点是扩展性较差,比如 RIP 最大跳数不能超过 16。

②链路状态协议使用增量更新的机制,只有当链路状态发生变化时才发送路由更新信息,这种方式节省了相邻路由器之间的链路带宽。部分更新只包含改变了的链路状态信息,而不是整个路由表。

4. 动态路由协议之间的互操作

每种路由协议只能发布和学习自己协议已知的路由,已知的路由是指在某个接口上运行了该种路由协议,或者在路由表中的本路由协议中发现了该种路由协议。

如果需要知道其他的路由,需要进行引入(import-route)操作,最经常使用的是引入静态路由和直接路由。有时也需要引入其他动态路由协议的路由。引入路由的含义是指:在本路由器的路由表中查询,如果发现要引入的路由(如 static),则作为自己已知的路由发布出去。

5. 动态衡量路由协议的性能指标

(1)正确性:能够正确找到最优的路由,且无自环。

(2)快收敛:当网络的拓扑结构发生变化之后,能够迅速在 AS 中作相应的路由改变。

(3)低开销:协议自身的开销(内存、CPU、网络带宽)最小。

(4)安全性:协议自身不易受攻击,有安全机制。

(5)普适性:适应各种拓扑结构和规模的网络。

(二)RIP

RIP 是路由信息协议(Routing Information Protocol)的简称。它是一种相对简单的动态路由协议,但有着广泛的应用。RIP 通过 UDP 交换路由信息,每隔 30 s 向外发送一次更新报文。如果路由器经过 180 s 没有收到来自对端路由的更新报文,则将所有来自此路由器的路由信息标志为不可达,若在其后 120 s 内仍未收到更新报文,就将该条路由从路由表中删除。

RIP 使用跳数来衡量到达目的网络的距离,称为路由开销(Routing Metric)。在 RIP 中,路由器到与它直接相连网络的跳数为 0,通过一个路由器可达的网络的跳数为 1,其余依此类推。为限制收敛时间,RIP 规定 metric 为 0~15 之间的整数,大于或等于 16 的跳数被定义为无穷大,即目的网络或主机不可达。

为提高性能,防止产生路由环路,RIP 支持水平分割与路由毒化,并在路由毒化时采用触发更新。另外,RIP 协议还允许引入其他路由协议所得到的路由。

RIP 包括 RIP V1 和 RIP V2 两个版本,RIP V1 不支持变长子网掩码,RIP V2 支持变长子网掩码,同时 RIP V2 支持明文认证和 MD5 密文认证。

(三)IS-IS 路由协议

1. IS-IS 协议基础

IS-IS(中间系统到中间系统)是一种基于 OSI 域内的路由选择协议,中间系统是 OSI 中路由器的叫法。IS-IS 可以用作 IGP 以支持纯 IP 环境、纯 OSI 环境和多协议环境。IS-IS 是一种链路状态协议,基于 SPF 算法,以寻找到目标的最佳路径,由于 SPF 算法本身的优势,IS-IS 协议天生具有抵抗路由环路的能力。

2. L1 和 L2 的基本概念

路由系统分为两层:Level1 和 Level2。同一区域内的路由器交换信息的节点组成 1 层(L1),区域内的所有 L1 路由器知道整个区域的拓扑结构,负责区域内的数据交换。区域之间通过 L2 路由器相联接,各个区域的边缘路由器组成骨干网,即 2 层(L2),骨干网负责区域间的数据交换。

①Level 1 路由器,只负责区域内路由,类似于 OSPF 的内部非骨干路由器。只能通告给 L1 路由器和 L1-2 路由器。

②Level 2 路由器,只负责区域间路由,类似于 OSPF 的骨干路由器。

③Level 1-2 路由器,同时负责区域内和区域间路由,类似于 OSPF 的 ABR。其包含两个独立的 Level 1 和 Level 2 数据库。但它不向 L1 路由器通告 L2 路由,所以 L1 路由器不会学到区域外的路由,这有点像 OSPF 的完全末节区域。

3. IS-IS 工作原理

IS-IS 工作原理示意如图 5-32 所示。

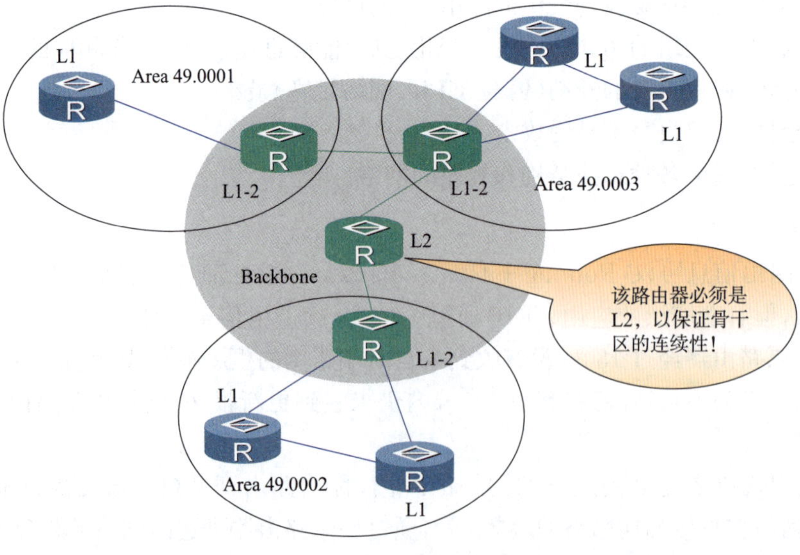

图 5-32 IS-IS 工作原理示意

L1 路由器:接收来自其他系统的报文,如果报文的目的地址在本区域内,就直接将报文转发到目的系统;如果报文的目的地址在本区域外,则将报文转交给离自己最近的一个 L1-2 路由器。L1 路由器仅拥有同一区域中的路由器;拥有自己区域中的信息;可观察 L1 LSP,寻找最近的 L1-2 路由器;可计算出一条通向最近 L1-2 路由器的缺省路径。

L2 路由器:接收来自 L1 路由器的报文,并按照目的地址将报文转交给其他区域的 L2 路由器。接收来自其他区域的 L2 路由器的报文,并按照目的地址将报文转发;可能拥有其他区域中的邻居;拥有关于 L2 拓扑的信息;拥有关于哪些 L1 路由器可以到达,以及如何通过 L2 拓扑到达它的信息。

L2 路由器通常也执行 L1 路由，因此通常称可以执行 L1 路由的 L2 路由器为 L1-2 路由器。骨干区域 L2 必须是连续的。

L1-2 路由器：完成它所在的区域和骨干之间的路由信息交换，既承担 L1 路由器的职责也承担 L2 路由器的职责。

4. 报文分类

(1)链路状态数据单元(Link State PDU)

Link State PDU 用来在区域中传播链路状态记录，分为 Level 1 Link State PDU 和 Level 2 Link State PDU，处于层次 1 的路由器产生 L1 LSP，处于层次 2 的路由器产生 L2 LSP，LSP 只会泛洪到自己的所属层次。1 层 LSP 中包含它的邻居、它的接口在网段中的位置等信息，只用于本地区域。2 层 LSP 中包含它的邻居、通过它都能够到达什么网段等信息，即包含 IS-IS 里所有可到达前缀的信息。链路状态报文含有一个路由器的所有信息，包括邻接、所连接的 IP 前缀、OSI 终端系统、区域地址等。

(2)Hello 报文(IIH PDU)

Hello 报文用于维护邻接。将问候包发送到组播 MAC 层地址来确定其他系统是否在运行 IS-IS。在 IS-IS 里有三种问候包：一种是点对点接口的；一种是对 Level 1 路由器的；一种是对 Level 2 路由器的。发送到 Level 1 路由器和 Level 2 路由器的问候给定了不同组播地址。所以，Level 1 路由器连接到与 Level 2 路由器驻留的地方，但看不到 Level 2 的问候，反之同理。当链路初始化时或从近邻接收到问候包时，发送问候包，此时初始化邻接。在从近邻接收到问候的基础上，路由器把问候包发送回近邻，表明路由器看到了问候。这时就建立了双向联系。这就是邻接的在线状态(up state)。

(3)全时序协议数据单元(CSNP)

CSNP 分为 Level 1 CSNP 和 Level 2 CSNP，用于广播链路上的 LSPDB 同步。DIS 在广播接口上每 10 s 发送一次 CSNP。CSNP 包含了本地数据库里所有 LSP 的完整列表，用于数据库同步。在串行线路上，只在第一次邻接时发送 CSNP。

(4)部分时序协议数据单元(PSNP)

PSNP 分为 Level 1 PSNP 和 Level 2 PSNP，用于非广播链路时，类似于 p2p 链路上的 ACK，响应 LSP 报文。在广播链路上，PSNP 用于数据库同步。当路由器从近邻接收到 CSNP 时，若 CSNP 丢失了部分数据库，路由器将发送 PSNP 请求新的 LSP。

5. 节点识别

(1)系统 ID：唯一标识 AS 内的一个 IS，共 6 个字节，可以使用 MAC 地址或由 IP 地址转化得到。

(2)伪节点 ID：只有在广播子网或者 NBMA 上才有，它的值是伪节点在 DIS 上对应接口的接口 ID，DIS 的伪节点 ID 不为 0。

(3)LSP Number：由于一个 IS 中的链路状态信息太多，导致不能在一个链路状态的报文中装下，这些信息只能装在多个报文中。IS 给每一个分片分配一个 LSP Number 号。

(4)链路状态报文 ID：LSP ID＝System ID＋Pseudo node ID＋LSP Number。

如：**0001.0002.0003.** *00*-<u>00</u> 中，粗体数字为系统 ID；斜体数字为伪节点 ID；下划线对应数字为 LSP Number。

(四)BGP 路由协议

边界网关协议(BGP)是运行于 TCP 上的一种 AS 路由协议。BGP 是唯一一个用来处理像因特网大小的网络的协议,也是唯一能够妥善处理好不相关路由域间的多路连接的协议。BGP 系统的主要功能是和其他的 BGP 系统交换网络可达信息。

1. 基本概念

BGP 是外部路由协议,用来在 AS 之间传递路由信息;是一种增强的距离矢量路由协议;为路由附带属性信息;支持 CIDR(无类域间选路);具有丰富的路由过滤功能和路由策略。

2. BGP 的两种邻居

BGP 在路由器上以 IBGP(Internal BGP)、EBGP(External BGP)两种方式运行。

(1)如果两个交换 BGP 报文的对等体属于同一个 AS,那么这两个对等体就是 IBGP 对等体(Internal BGP)。

(2)如果两个交换 BGP 报文的对等体属于不同的 AS,那么这两个对等体就是 EBGP 对等体(External BGP)。

3. BGP 路由通告原则

(1)多条路径时,只选最优的给自己使用。

(2)只把自己使用的路由通告给相邻体。

(3)从 EBGP 获得的路由会向它所有 BGP 相邻体通告(包括 EBGP 和 IBGP)。

(4)从 IBGP 获得的路由不向它的 IBGP 相邻体通告。

(5)从 IBGP 获得的路由是否通告给它的 EBGP 相邻体,要依 IGP 和 BGP 同步的情况来决定。

(6)连接一建立,BGP Speaker 将把自己所有 BGP 路由通告给新相邻体。

4. 成为 BGP 路由的方法

BGP 的主要工作是在 AS 之间传递路由信息,而不是去发现和计算路由信息。发现和计算路由信息的任务由 IGP(如 RIP、OSPF)路由协议来完成。BGP 的路由信息需要以配置命令的方式注入 BGP 中。按照注入方式的不同,可分为三类:

(1)纯动态注入:路由器将通过 IGP 路由协议动态获得的路由信息直接注入 BGP 中去。纯动态注入方式没有对路由信息做任何过滤和选择,它会把路由器获得的所有 IGP 路由信息都引入到 BGP 系统中。

(2)半动态注入:路由器有选择性地将 IGP 发现的动态路由信息注入 BGP 系统中去。

(3)静态注入:路由器将静态配置的某条路由注入 BGP 系统中。

5. 报文种类

BGP 的报文类型分别为 OPEN、UPDATE(更新)、NOTIFICATION(通知)、KEEPALIVE(保持激活)和 ROUTE-REFRESH(路由刷新)五种。

(1)BGP 对等体间通过发送 OPEN 报文来交换各自的版本、自治系统号、保持时间、BGP 标识符等信息,以进行协商。

OPEN 报文主要用于建立邻居(BGP 对等体)关系,它是 BGP 路由器之间的初始握手消息,应该发生在任何通告消息之前。其他 BGP 路由器在收到 OPEN 消息之后,即以 KEEPALIVE 消息作为响应。一旦握手成功,这些 BGP 邻居就可以进行 UPDATE、

KEEPALIVE 以及 NOTIFICATION 等消息的交换操作。

(2)UPDATE 报文携带的是路由更新信息,包括撤销路由信息、可达路由信息及其路径属性。

(3)当 BGP 检测到差错(连接中断、协商出错、报文差错等)时,发送 NOTIFICATION 报文,关闭同对等体的连接。

(4)KEEPALIVE 报文在 BGP 对等体间周期地发送,以确保连接有效。

(5)ROUTE-REFRESH 报文用于在改变路由策略后请求对等体重新发送路由信息时。只有支持路由刷新能力的 BGP 设备会发送和响应此报文。

6. BGP 路由属性

(1)路由属性的分类

①必遵属性:是路由更新数据报文中必须存在的路由属性,这种属性域在 BGP 路由信息中有着不可替代的作用,如果缺少必遵属性,路由信息就会出错。

②可选属性:它是可选的,不一定存在于路由更新数据报文中,可根据需要设置。

③过渡属性:具有 AS 间可传递性的属性,过渡属性的域值可以被传递到其他 AS 中去并继续起作用。

④非过渡属性:只在本地起作用,出了 AS,域值就恢复成缺省值。

(2)常见 BGP 路由属性

①origin(起点)属性:定义路径信息的来源,标记一条路由是怎样成为 BGP 路由的。如 IGP、EGP、Incomplete 等。

②AS-path(AS 路径)属性:是路由经过的 AS 的序列,即列出在到达所通告的网络之前所经过的 AS 的清单。BGP 发言者将自己的 AS 前置到接收到的 AS 路径的头部,它可以防止路由循环,并用于路由的过滤和选择。

③nexthop(下一跳)属性:包含到达更新消息所列网络的下一跳边界路由器的 IP 地址。它可以是通告此路由的对等体的地址,如 EBGP,这时同 IGP 是相同的。而在其他情况下,BGP 使用第三方的下一跳,如 IBGP 将从 EBGP 对等体获得的下一跳不加改变的在 AS 内传递;在多路访问媒体上,BGP 以路由的实际来源为下一跳,即使它不是 BGP 对等体。

④MED(Multi-Exit-Discriminators)属性:当某个 AS 有多个入口时,可以用 MED 属性来帮助其外部的邻居路由器选择一个较好的入口路径。一条路由的 MED 值越小,其优先级越高。

⑤local-preference(本地优先)属性:本地优先属性用于在 AS 内优选到达某一个目的地的路由。反映了 BGP 发言人对每个外部路由的偏好程度。本地优先属性值越大,路由的优选程度就越高。

⑥community(团体)属性:团体属性标识了一组具有相同特征的路由信息,与它所在的 IP 子网和 AS 无关。公认的团体属性值有:NO-EXPORT、NO-ADVERTISE、LOCAL-AS 和 INTERNET。

(五)MPLS 协议

多协议标签交换(MPLS)是一种用于快速数据包交换和路由的体系,它为网络数据流量提供了目标、路由地址、转发和交换等能力。更特殊的是,它具有管理各种不同形式通信流的机制。MPLS 是利用标签进行数据转发的。当分组进入网络时,要为其分配固定长度的标签,并将标签与分组封装在一起,在整个转发过程中,交换节点仅根据标签进行转发。在 MPLS 中,数据传输发生在标签交换路径(LSP)上。LSP 是包括每一个从源端到终端的路径上的节点的标签序列。MPLS 最初是为了提高转发速度而提出的。与传统 IP 路由方式相比,它在数据转发时,只在网络边缘分析 IP 报文头,节约了处理时间。

1. MPLS 标签结构

MPLS 作为一种分类转发技术,将具有相同转发处理方式的分组归为一类,称为转发等价类(Forwarding Equivalence Class,FEC)。相同转发等价类的分组在 MPLS 网络中将获得完全相同的处理。转发等价类的划分方式非常灵活,可以是源地址、目的地址、源端口、目的端口、协议类型、VPN 等的任意组合。例如,在传统的采用最长匹配算法的 IP 转发中,到同一个目的地址的所有报文就是一个转发等价类。

MPLS 协议的标签位于二层报头和三层报头之间。标签是一个长度固定、只具有本地意义的短标识符,用于唯一标识一个分组所属的 FEC。在某些情况下,例如要进行负载分担,一个 FEC 可能会对应多个标签,但是一个标签只能代表一个 FEC。标签由报文的头部所携带,不包含拓扑信息,只具有局部意义。

标签的长度为 4 个字节,32 bit。标签共有如下 4 个域:

(1)Label:20 bit,标签值字段,用于转发的指针。

(2)Exp:3 bit,保留,用于试验,现在通常用做 CoS(Class of Service),用以表示 0～7 的报文优先级字段。

(3)S:1 bit,栈底标识。MPLS 支持标签的分层结构,即多重标签,S 值为 1 时表明为最底层标签。这个字段表明了 MPLS 的标签理论上可以无限嵌套,从而提供无限的业务支持能力。

(4)TTL:8 bit,和 IP 分组中的 TTL(Time To Live)意义相同。

2. MPLS 网络工作过程

MPLS 网络是指由运行 MPLS 协议的交换节点构成的区域。这些交换节点就是 MPLS 标记交换路由器,按照它们在 MPLS 网络中所处位置的不同,可划分为 MPLS 标记边缘路由器(Label Edge Router,LER)和 MPLS 标记核心路由器(Label Switching Router,LSR)。顾名思义,LER 位于 MPLS 网络边缘,与其他网络或者用户相连;LSR 位于 MPLS 网络内部。两类路由器的功能因其在网络中位置的不同而略有差异。其工作过程如下:

(1)在各个 LSR 中为有业务需求的 FEC 建立路由表和标签映射表。

(2)入节点(Ingress)接收分组,完成第三层功能,判定分组所属的 FEC,并给分组加上标签,形成 MPLS 标签分组,转发到中间节点(Transit)。

(3)Transit 根据分组上的标签以及标签转发表进行转发,不对标签分组进行任何第三层处理。

(4)在出节点(Egress)去掉分组中的标签,继续进行后面的转发。

由此可以看出,MPLS 并不是一种业务或者应用,它实际上是一种隧道技术,也是一种将标签交换转发和网络层路由技术集于一身的路由与交换技术平台。这个平台不仅支持多种高层协议与业务,而且在一定程度上可以保证信息传输的安全性。

3. 基于 MPLS 的 VPN

传统的 VPN 一般是通过 GRE(Generic Routing Encapsulation)、L2TP(Layer 2

Tunneling Protocol)、PPTP(Point to Point Tunneling Protocol)、IPSec(Internet Protocol Security)等隧道协议实现私有网络间数据流在公网上的传送。而 LSP 本身就是公网上的隧道,所以用 MPLS 来实现 VPN 有天然的优势。

基于 MPLS 的 VPN 就是通过 LSP 将私有网络的不同分支联接起来,形成一个统一的网络。基于 MPLS 的 VPN 还支持对不同 VPN 间的互通控制。网络中有以下几种角色:

(1)用户边缘设备(Customer Edge,CE),可以是路由器、交换机或主机等。

(2)服务商边缘路由器(Provider Edge,PE),位于骨干网络边缘。

(3)服务提供商网络中的骨干路由器(Provider,P),不与 CE 直接相连。P 设备只需要具备基本的 MPLS 转发能力,可以将其配置为 M-BGP 的路由反射器,不维护 VPN 信息。

基于 MPLS 的 VPN 具有以下特点:

(1)PE 负责对 VPN 用户进行管理、建立各 PE 间 LSP 连接、同一 VPN 用户各分支间路由分派。

(2)PE 间的路由分派通常是用 LDP 或扩展的 BGP 协议实现。

(3)支持不同分支间 IP 地址复用和不同 VPN 间互通。

(4)简化了寻路步骤,提高了设备性能,加快了报文转发。

第八节 铁路数据通信网设备维护

一、铁路数据通信网

铁路数据通信网是基于 IP 技术的铁路综合数据通信网络,承载了综合视频监控、GPRS、可视会议、动力与环境监控、5T、6C 以及各种 MIS 系统等多种业务,涉及铁路运输组织、客货营销、经营管理、行车安全控制和财务管理。

铁路数据通信网由骨干网络和区域网络(国铁集团区域网络及各铁路局集团公司区域网络)构成。针对不同业务系统对数据网安全性、实时性的要求,按服务质量(QoS)分级提供服务。铁路数据通信网是一个多域的网络,实施分域管理,网络结构示意如图 5-33 所示。

二、铁路数据通信网设备

数据通信设备主要包括路由器、交换机等,下面以铁路数据通信网所运用的华为厂家主流设备 NE 系列路由器为例,从路由器硬件组成入手,讲述单板、功能及指示灯的含义。

1. NE80E 特点

Quidway NetEngine80E 核心路由器(简称 NE80E)是一款万兆级高端路由器,采用通用路由平台(Versatile Routing Platform,VRP)操作系统。NE80E 机箱外形尺寸为 442 mm×669 mm×1 600 mm(宽×深×高),华为 Quidway NetEngine80E 设备及部件外观示意如图 5-34 所示。

2. 电源模块

NE80E 的电源模块包括直流电源模块和交流电源模块,支持直流电源输入和交流电源输入。NE80E 的电源模块均支持热插拔,并且支持 1+1 冗余备份。

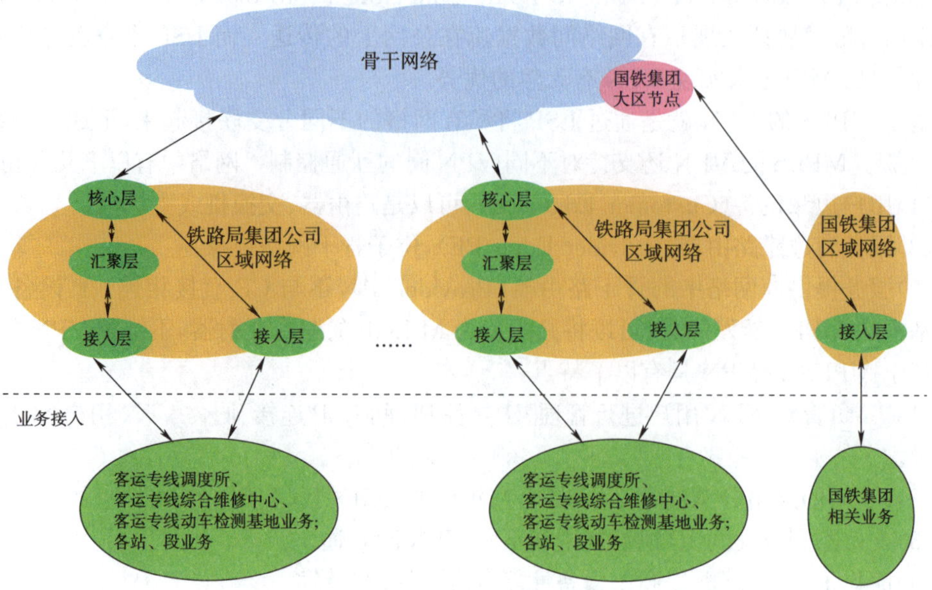

图 5-33 铁路数据通信网网络结构示意

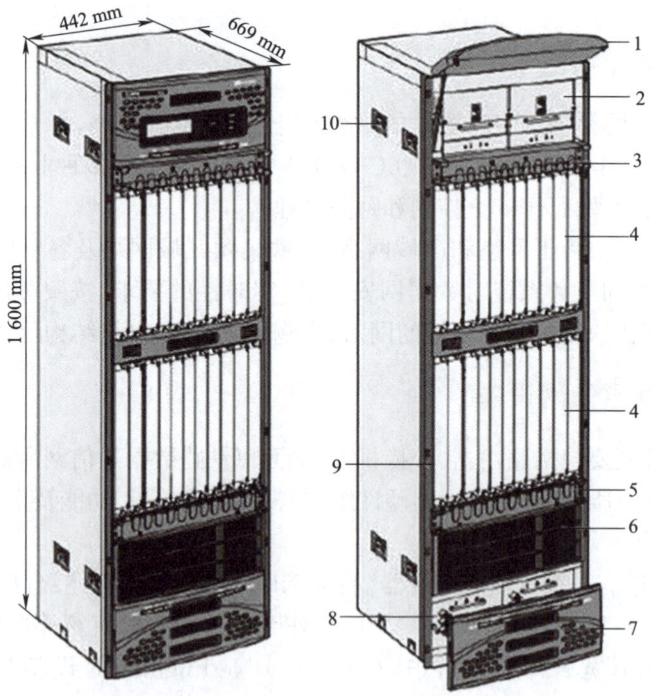

1—液晶显示模块;2—风扇模块;3—上走线槽;4—单板区;5—下走线槽;
6—进风框;7—电源模块塑胶面板;8—电源模块;9—挂耳;10—把手。

图 5-34 华为 Quidway NetEngine80E 设备及部件外观示意

(1)直流电源模块

华为 Quidway NetEngine80E 直流电源模块示意如图 5-35 所示。

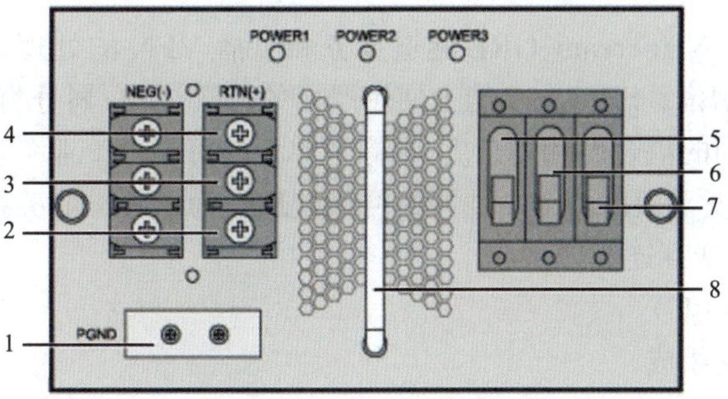

1—保护地;2—第三路电源输入;3—第二路电源输入;4—第一路电源输入;
5—第一路电源开关;6—第二路电源开关;7—第三路电源开关;8—拉手。

图 5-35 华为 Quidway NetEngine80E 直流电源模块示意

(2)交流电源模块

华为 Quidway NetEngine80E 交流电源模块示意如图 5-36 所示。

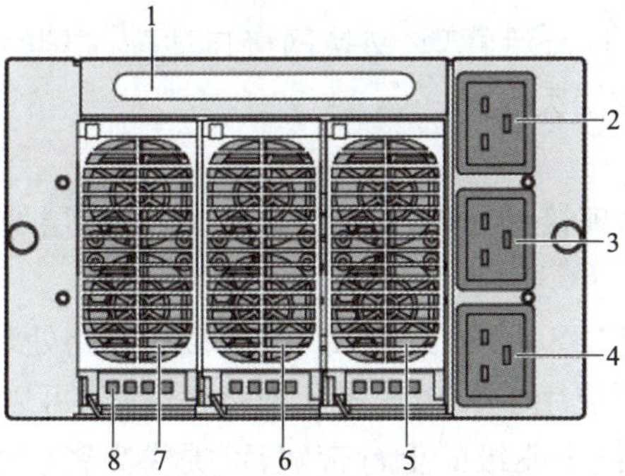

1—拉手;2—第一路电源输入;3—第二路电源输入;4—第三路电源输入;
5—第三路整流模块;6—第二路整流模块;7—第一路整流模块;8—指示灯。

图 5-36 华为 Quidway NetEngine80E 交流电源模块示意

3. 风扇模块

NE80E 包含两个风扇模块,位于液晶显示模块后面,用于对设备抽风散热。风扇模块均支持热插拔,由风扇框、2 个风扇、风扇监控板(FAN Control Board,FCB)等组成。

4. 交换网板(SFU)

SFU 主要承担整个系统业务数据的交换。SFU 板设置了单独的监控通道,可以提供电压和温度监测,及过压和过热保护,且支持单板工作电源的上下电控制和上电顺序控制。SFU 板采用 3+1 负载分担冗余备份工作方式,4 块 SFU 板同时工作,分担业务数据。当 1 块 SFU 损坏或更换时,另外 3 块 SFU 将自动分担其业务,保证业务数据不会中断。

5. 主控板(MPU)

MPU 是 NE80E 的主处理单元,负责系统的集中控制、管理以及数据交换。MPU 采用

1∶1 冗余备份。MPU 板由系统主控单元、LAN Switch 单元、系统时钟单元、系统维护单元组成。

6. 业务板(SPU)

SPU 用来实现对 NetStream、GRE 隧道业务和组播 VPN 的处理,没有任何物理接口,可以插在任意 LPU 槽位。SPU 在功能上使用严格的分层结构,划分为业务控制、报文转发两个平面,减少模块间的耦合度和复杂度,提高了单板的可靠性。业务控制平面以一个通用 CPU 为核心,报文转发平面以两个高性能的网络处理器为核心。业务控制平面和报文转发平面之间采用 PCI 总线互连。

7. 线路处理板(LPU)

(1)线路处理板的组成

LPU 由线路处理模块、交换网适配模块(FAD)、物理接口卡(PIC)组成,可完成业务的快速处理和转发,以及链路协议、业务转发表的维护管理等。

(2)线路处理板的功能

LPU 主要功能有:多种链路层协议(如 Ethernet_Ⅱ、PPP 等)的处理和封装;数据包流分类;监视用户流量;使用访问控制列表进行包过滤、数据缓存管理和调度;根据转发表进行数据转发;识别控制协议报文,通过非线速处理接口转发到主 CPU 处理。

(3)FAD 模块

FAD 模块的主要功能有:流量管理、交换网接口适配、根据队列状态产生流量控制,可确保交换网内部不会发生数据丢失。

(4)PIC

PIC 完成业务接口的物理接口处理,包括光电转换、物理层处理等。

(5)线路处理板的分类

①10Base-T/100Base-TX/1000Base-T-RJ-45 电接口线路处理板

该线路处理板可以广泛应用于 MPLS 骨干网络汇聚层;可以作为个人宽带用户的汇聚接入点,为个人宽带用户提供千兆级的上行带宽;可提供高密度的接口,在不增加单板的情况下,通过划分 VLAN 接入多个用户流量。

②100Base-FX/1000Base-X-SFP 线路处理板

该线路处理板可以广泛应用于 MPLS 骨干网络汇聚层;可以作为个人宽带用户的汇聚接入点,为个人宽带用户提供千兆级的上行带宽;通过使用不同的可插拔接口模块,可以实现 GE 光接口、FE 光接口、10M/100M/1 000M 自适应电接口特性。

③1000Base-X-SFP 光接口线路处理板

该线路处理板可以广泛应用于 MPLS 骨干网络汇聚层;可以作为个人宽带用户的汇聚接入点,为个人宽带用户提供千兆级的上行带宽;可以提供高密度的接口和较远的传输距离;可以广泛用于运营商网络的核心层,或用于组建大型的城域网,并且提供 Eth-Trunk 功能。

④OC-3c/STM-1c POS-SFP 光接口线路处理板

该线路处理板可以广泛应用于 MPLS 骨干网络汇聚层;下行可同时接入 L2/L3 网络;在城域网中,OC-3c/STM-1c POS-SFP 光接口可以作为用户接入节点,提供 155 Mbit/s 的带宽。

三、铁路数据通信网维护要求

1. 一般规定

(1)铁路数据通信网设备包括网络设备、网管设备和配套设备。网络设备由路由器、交换机、域名系统、网络安全设备、DSLAM 等组成。配套设备包含光纤配线架(ODF)、以太网配线架(EDF)、数字配线架(DDF)等附属设备。

(2)铁路数据通信网设置网管系统，并根据需要设置复示终端。数据网网管按两级设置，国铁集团(北京通信中心)设置国铁集团网管，铁路局集团公司设置局网管，通信段可根据需要在车间或数据网汇聚节点处设置复示终端。

2. 网络管理

(1)网络管理采用“集中管理、集中监控、分级维护”的方式。

(2)网络安全管理

①充分利用网络(系统)提供的安全性措施，保证网络通信和网络管理的安全。

②严格执行各级管理员口令管理制度。做到分级管理、定期修改。定期分析系统日志文件，检查是否有非法访问系统的情况。各级维护部门必须有相应的网络安全防范措施与应急处理方案；出现非法攻击时，要及时处理、上报。

3. 维护技术指标

(1)路由器、交换机、网络安全设备指标

①CPU 利用率$<$50%。

②内存利用率$<$70%。

(2)网络性能指标

①端到端主要性能指标

骨干网络端到端的包时延$\leqslant$50 ms。

骨干网络端到端的丢包率$\leqslant 0.5\times10^{-3}$。

骨干网络端到端的包时延变化$\leqslant$25 ms。

铁路局集团公司区域网络端到端的包时延$\leqslant$50 ms。

铁路局集团公司区域网络端到端的丢包率$\leqslant 0.5\times10^{-3}$。

铁路局集团公司区域网络端到端的包时延变化$\leqslant$25 ms。

②互联链路带宽峰值月平均利用率指标

采用主备疏通方式时，链路带宽峰值月平均利用率小于 70%；采用分担疏通方式时，链路带宽峰值月平均利用率小于 45%。

$$互联链路带宽峰值月平均利用率=\frac{当月互联链路带宽每日峰值利用率之和}{当月天数}\times100\%。$$

四、设备模拟及配置案例

以华为公司设备举例，简要介绍 VRP 相关命令及基础配置案例。

(一)VRP 系统简介

VRP 是华为公司具有完全自主知识产权的网络操作系统，可以运行在多种路由器、交换机和防火墙硬件平台之上。VRP 拥有一致的网络界面、用户界面和管理界面，为用户提供了灵活丰富的应用解决方案。

VRP 分层的命令结构定义了很多命令行视图,每条命令只能在特定的视图中执行。每个命令都注册在一个或多个命令视图下,用户只有先进入这个命令所在的视图,才能运行相应的命令。进入 VRP 系统的配置界面后,VRP 上最先出现的视图是用户视图。在该视图下,用户可以查看设备的运行状态和统计信息。若要修改系统参数,用户必须进入系统视图。用户还可以通过系统视图进入其他的功能配置视图,如接口视图和协议视图。通过提示符可以判断当前所处的视图,例如:"〈 〉"表示用户视图,"[ ]"表示除用户视图以外的其他视图。

系统提供了快捷键,使用户能够快速执行操作。快捷键及对应功能如下:

CTRL+A:将光标移动到命令行的最前端。

CTRL+C:停止当前命令的运行。

CTRL+Z:回到用户视图。

CTRL+B:将光标向左移动一个字符。

CTRL+D:删除当前光标所在位置的字符。

CTRL+E:将光标移动到当前行的末尾。

CTRL+F:将光标向右移动一个字符。

CTRL+H:删除光标左侧的一个字符。

CTRL+N:显示历史命令缓冲区中的后一条命令。

CTRL+P:显示历史命令缓冲区中的前一条命令。

CTRL+W:删除光标左侧的一个字符串。

CTRL+X:删除光标左侧所有的字符。

CTRL+Y:删除光标所在位置及其右侧所有的字符。

ESC+B:将光标向左移动一个字符串。

ESC+D:删除光标右侧的一个字符串。

ESC+F:将光标向右移动一个字符串。

此外,若命令字的前几个字母是独一无二的,系统可以在输完该命令的前几个字母后自动将命令补充完整。如"interface",用户只需输入"inter"并按"Tab"键,系统自动将命令补充为"interface"。若命令字并非独一无二的,按 Tab 键后将显示所有可能的命令。如输入"in"并按"Tab"键,系统会按顺序显示以下命令:"info-center""interface"。

VRP 提供部分帮助和完全帮助两种帮助功能。部分帮助指的是,当用户输入命令时,如果只记得此命令关键字的开头一个或几个字符,可以使用命令行的部分帮助功能获取以该字符串开头的所有关键字的提示。完全帮助指的是,在任一命令视图下,用户可以键入"?"获取该命令视图下所有的命令及其简单描述。假设键入一条命令关键字,后接以空格分隔的"?",如果该位置为关键字,则会列出全部关键字及其描述。

系统将命令进行分级管理,以增加设备的安全性。设备管理员可以设置用户级别,一定级别的用户可以使用对应级别的命令行。缺省情况下命令级别分为 0~3 级,用户级别分为 0~15 级。用户 0 级为访问级别,对应网络诊断工具命令(ping、tracert)、从本设备出发访问外部设备的命令(Telnet 客户端)、部分 display 命令等。用户 1 级为监控级别,对应命令级 0、1 级,包括用于系统维护的命令以及 display 等命令。用户 2 级是配置级别,包括向用户提供直接网络服务，包括路由、各个网络层次的命令。用户 3～15 级是管理级别，对应命令 3 级，该级别主要是用于系统运行的命令，对业务起支撑作用，包括文件系统、FTP、TFTP 下载、文件交换配置、电源供应控制，备份板控制、用户管理、命令级别设置、系统内部参数设置以及用于业务故障诊断的 debugging 命令。

（二）VRP 系统常用命令

sys：进入交换机后为浏览视图，若需要修改配置进入系统视图，在提示符下输入“sys”按回车，在系统模式下可以配置设备名称、vlan 等。

save：配置修改后要在浏览视图下输入“save”，按提示信息选择“y”保存信息，否则修改的配置在设备断电后全部丢失。

?：在当前视图下，输入“?”，可以使用的命令将全部显示；另外输入的命令不知道带什么参数时可以在命令后加“?”，按回车后会显示命令帮助信息。

端口配置：端口（如 vlan 端口、以太网端口、用户 vty 端口）配置时先进入相应的端口视图，再进行配置，例如配置以太网 0/1 数据，先输入命令“interface ethernet 0/1”，按回车进入端口视图，开始对端口配置，或输入“shutdown”“undo shutdown”进行端口关闭、打开操作。

dis this：进入到某一个端口下面，可以查看该端口下配置的信息。

dis temperature：查看设备单板温度。

dis voltage：查看单板电压。

dis device：查看单板运行状态，正常情况时，单板状态“online”为“present”，“register”为“registered”，“status”为“normal”。

dis power：查看电源状态，正常情况下，电源板 PWR 的“status”为“normal”。

dis fan：查看风扇状态，正常情况下，电源板的状态为“normal”。

dis cpu-usage：查看 CPU 占用状态，一般规定 CPU 的占用率＜50％。

dis memory：查看内存占用率，一般规定内存占用率＜70％。

dis interface brief：查看接口、链路状态。

dis ip routing-table：查看路由信息。

dis interface（具体的端口）：查看端口信息，其中华为设备可看到端口光模块信息以及光功率的信息。

dis switchover state：查看主备倒换状态。

dis version：查看板件版本。

dis clock：查看系统时间。

（三）常用的调测命令

ipconfig：是调试计算机网络的常用命令，通常用于显示计算机中网络适配器的 IP 地址、子网掩码及默认网关。

ping：是最常用的测试网络故障的命令，它是测试网络联接状况以及信息包发送和接收状况的工具。它通过向目标主机发送一个数据包，并且要求目标主机在收到数据包时给予答复，来判断网络的响应时间及本机是否与目标主机相互联通。命令格式：“ping＋IP 地址或主机名/域名＋命令参数（可选）”。命令参数为“-t”表示不停向目标主机发送数据；命令参数为“-n count”指定要 ping 多少次,具体次数由 count 来指定;命令参数为“-l size”指定发送到目标主机的数据包大小,数据包大小为 0～65 500 B。

tracert(跟踪路由):可以显示数据包到达目标主机所经过的路径,并显示到达每个节点的时间。tracert 命令获得的信息要比 ping 命令详细,它会将数据包所走的全部路径、节点的 IP 以及花费的时间都显示出来。命令格式:“tracert+IP 地址或主机名/域名”。

(四)基础配置案例

1. VLAN 配置

(1)学习目的:掌握 VLAN 的配置方法;掌握 ETH-trunk 的配置方法;理解 Hybrid 接口类型的应用场景。

(2)案例设置:VLAN 配置拓扑图如图 5-37 所示。现有两台交换机组成的以太网环境,连接两台计算机(PC1、PC2)、一台服务器。为了优化此网络,需要提升 S1 和 S2 相连链路的速度和可靠性。创建两个 VLAN,以实现广播域的隔离,PC2 与服务器处于同一 VLAN,同时为了方便访问服务器,要求 PC1 与服务器能互相通信。

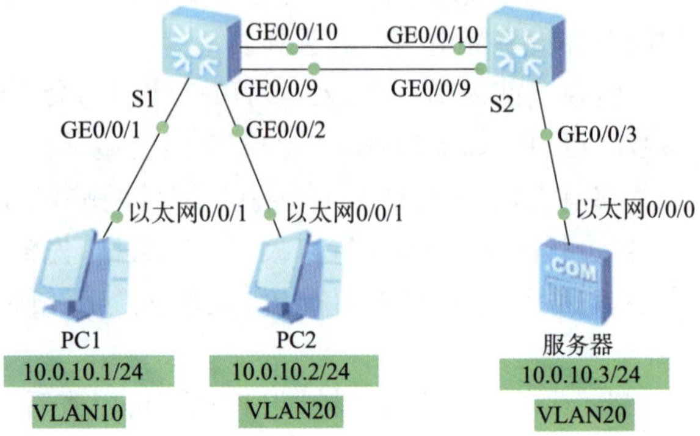

图 5-37 VLAN 配置拓扑图

(3)参考设备配置:

```
[S1]display current-configuration
sysname S1
#
vlan batch 10 20
#
interface Eth-Trunk1
port link-type trunk
port trunk allow-pass vlan 10 20
mode lacp-static
max active-linknumber 1
#
interface GigabitEthernet0/0/1
port hybrid pvid vlan 10
port hybrid untagged vlan 10 20
#
interface GigabitEthernet0/0/2
port link-type access
port default vlan 20
#
interface GigabitEthernet0/0/9
```

```
eth-trunk 1
#
interface GigabitEthernet0/0/10
eth-trunk 1
#
return
[S2]display current-configuration
sysname S2
#
vlan batch 10 20
#
interface Eth-Trunk1
port link-type trunk
port trunk allow-pass vlan 10 20
mode lacp-static
max active-linknumber 1
#
interface GigabitEthernet0/0/3
port hybrid pvid vlan 20
port hybrid untagged vlan 10 20
#
interface GigabitEthernet0/0/9
eth-trunk 1
#
interface GigabitEthernet0/0/10
eth-trunk 1
#
Return
```

2. 静态路由和默认路由配置

(1)学习目的:掌握静态路由的配置方法;掌握默认路由的配置方法;理解下一跳 IP 地址和指定接口的应用场景。

(2)案例设置:静态路由配置拓扑图如图 5-38 所示。现有 3 台路由器组成简单网络,R1 和 R3 各自连接一台计算机,现要求能够实现计算机 PC1 与 PC2 之间正常通信。本例将通过配置基本的静态路由和默认路由来实现。

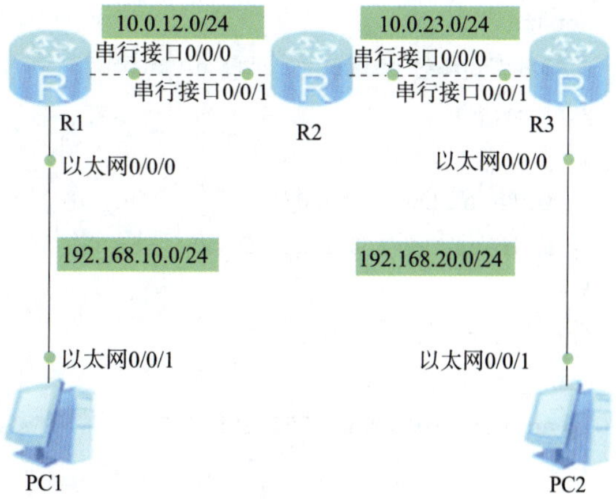

图 5-38　静态路由配置拓扑图

(3)参考设备配置:

```
< R1> display current-configuration
sysname R1
#
interface Ethernet0/0/0
ip address 192.168.10.1 255.255.255.0
#
interface Serial0/0/0
link-protocol ppp
ip address 10.0.12.1 255.255.255.0
#
ip route-static 0.0.0.0 0.0.0.0 10.0.12.2
#
Return
< R2> display current-configuration
sysname R2
#
interface Serial0/0/0
link-protocol ppp
ip address 10.0.23.2 255.255.255.0
#
interface Serial0/0/1
link-protocol ppp
ip address 10.0.12.2 255.255.255.0
#
ip route-static 192.168.10.0 255.255.255.0 Serial0/0/1
ip route-static 192.168.20.0 255.255.255.0 10.0.23.3
#
Return
< R3> display current-configuration
sysname R3
#
interface Ethernet0/0/0
ip address 192.168.20.3 255.255.255.0
#
interface Serial0/0/1
link-protocol ppp
ip address 10.0.23.3 255.255.255.0
#
ip route-static 0.0.0.0 0.0.0.0 Serial0/0/1
#
Return
```

第九节　铁路数据通信网的故障处理

随着铁路数据通信网在铁路通信系统中的重要性不断增强。如何确保铁路数据通信网的高安全性、高可用性和高可靠性，已经成为铁路通信部门数据网运维相关工种的重点工作。

一、故障处理与定位

故障处理是指故障发生后采取措施使通信系统尽快恢复正常的相关操作。

1. 故障处理注意事项

发生故障后，须以业务为中心，以恢复业务为首要任务。

(1)发生故障后，先判断是否为影响面大的紧急故障，是否需要启动应急预案。

(2)严格遵守劳动安全“八防”“八不准”，电路纪律“十不准”“三不动、三不离”等操作规程和安全规程，确保人身和设备安全。

(3)处理过程中遇到的任何问题，都应详细记录各种原始信息。不便于手写记录的可用手机拍照、司法记录仪录像等形式记录，事后整理。

(4)重大操作，如重启设备、清除数据库等均应提前执行安全生产“三预想”制度，仔细确认可行性，做好备份、应急和安全措施后，由具备资格的操作人员执行。

2. 故障处理流程

基本思想是系统地将故障的所有可能原因缩减或隔离成几个小的子集，从而使问题的复杂度迅速下降。

(1)观察现象

通过现场查看设备指示灯状态、听闻设备运行声响、使用“ping”“tracert”等常用命令诊断、查看网管告警监控和 NQA 特性搜集等手段来观察。

(2)收集信息

基本信息包括故障发生时间、地点、故障现象、影响业务范围、网络拓扑结构、导致故障的操作、已采取的措施和结果、发生故障的设备型号版本和配置信息等。

(3)判断分析

铁路数据通信网运维所具备的基本能力之一就是熟悉 OSI 和 TCP/IP 的结构和各层功能，需要关注和分析的是网络层及以下的原因。可以从简单到复杂，即从物理层到网络层进行排查，也可以从中间节点向两边排查。

(4)排查处置

在正确的判断分析基础上，故障原因定位应该比较准确，但是要注意防止真正原因被浅表原因所掩盖。

二、故障处理常用方法

1. 分层处理法

(1)层次化的故障处理

分层处理法认为所有模型都遵循相同的基本前提，即当模型的所有低层结构工作正常时，它的高层结构才能正常工作。如果能够从 OSI 模型的底层逐步向上来探究原因，维护人员将能迅速定位和排除问题。

(2)各层次的关注点

①物理层

物理层需要关注的是电缆、连接头、信号电平、编码、时钟和组帧,这些都是导致端口处于 down 状态的因素。

②数据链路层

封装不一致是导致数据链路层故障的最常见原因。当使用"display interfaces"命令,显示端口和协议均为"up"时,基本可以认为数据链路层工作正常;如果端口为"up"而协议为"down",那么数据链路层存在故障。链路的利用率也和数据链路层有关,若端口和协议正常,但过度使用链路带宽,也会引起间歇性的连接失败或网络性能下降。

③网络层

地址错误和子网掩码错误是引起网络层故障最常见的原因,网络中的地址重复是网络故障的另一个可能原因。排除网络层故障的基本方法是:沿着源到目的地的路径查看路由器上的路由表,同时检查那些路由器接口的 IP 地址。通常,如果路由没有在路由表中出现,就应该检查是否已经输入了适当的静态、默认或动态路由,然后手工配置丢失的路由或排除动态路由选择过程的故障以使路由表更新。

2. 分块处理法

使用"display current-configuration"命令可以查看路由器的配置文件,它是以全局配置、物理接口配置、逻辑接口配置、路由配置等方式编排的。该配置分为以下几块:

①管理部分(路由器名称、口令、服务、日志等)。

②端口部分(地址、封装、cost、认证等)。

③路由协议部分(静态路由、RIP、OSPF、BGP、路由引入等)。

④策略部分(路由策略、策略路由、安全配置等)。

⑤接入部分(主控制台、Telnet 登录或虚拟终端等)。

⑥其他应用部分(语言配置、VPN 配置、QoS 配置等)。

通过查看相关配置模块,可以发现明显的单站配置错误或配置遗漏。

3. 分段处理法

如果两个不同区域路由器不能相互通信时,数据包转发过程中可能经过多台路由器和物理链路,每段物理链路都有可能发生故障,甚至可能多段链路同时存在故障。这时可分段排查,逐一测试。

4. 替换处理法

替换处理法是检查硬件是否存在问题时最常用的方法。当怀疑是网线问题时,可更换一根确定是好的网线,看故障是否依旧存在;当怀疑是接口模块问题时,可更换一个其他接口模块,看现象是否仍存在。

三、设备故障分析处理

1. 电源指示灯不亮

(1)故障现象

设备无法上电,电源指示灯不亮,提示电源输入异常。

(2)原因分析

①检查设备电源开关是否打开。

②检查设备电源线是否插牢且连接正确。

③检查设备供电电源开关是否打开。

④检查所用电源线是否损坏。

(3)处理步骤

①若电源开关未打开,打开电源开关。

②若电源线未插牢,重新插接电源线。若电源线连接错误,根据说明书重新连接电源线。

③若设备供电电源未开,打开设备供电电源。

④若使用电源线损坏,更换电源线。

⑤若以上检查均正常,判断为硬件故障,更换电源模块。

2. 电源红色指示灯亮

(1)故障现象

设备无法上电,电源红色指示灯亮,提示电源异常告警。

(2)原因分析

①关闭设备电源开关,检查电源模块是否正确插牢。

②检查设备的供电电源是否满足设备要求。

(3)处理步骤

①若电源模块未正确插牢,重新安装电源模块。

②若设备的供电电源不满足设备的要求,更换设备供电电源。

3. 风扇模块不在位

(1)故障现象

网管提示风扇框不在风扇框插槽。

(2)原因分析

①检查风扇框是否在风扇框插槽。

②检查风扇框是否与背板连接良好。

(3)处理步骤

①若风扇框不在风扇框插槽,重新安装风扇单元。

②若重新安装后,仍然提示风扇框不在风扇框插槽,更换风扇硬件单元。

③若更换硬件后,仍然显示不在插槽内,则判断为背板故障,更换故障背板。

4. 风扇框面板上的 ALM 红色指示灯亮

(1)故障现象

设备在运行过程中,风扇框面板上的 ALM 红色指示灯亮,且同时在配置终端显示风扇失败。

(2)原因分析

①检查设备风扇一侧是否有异物进入机箱,导致风扇不能正常运转。

②可能为硬件故障。

(3)处理步骤

①若风扇一侧有异物进入机箱,对风扇进行拆卸,清除异物并除尘。

②若以上检查正常时,判断为硬件故障,更换风扇单元。

5. 主控板运行状态指示灯 RUN 常灭

在路由器上,单板故障的处理过程基本相同,现以主控板为例讲述单板故障处理的过程。

(1)故障现象

主控板运行状态指示灯 RUN 常灭。

(2)原因分析

①检查主控板是否正确插入主控板槽位。

②检查设备上电是否正常,电源模块指示灯为绿色表示上电正常。

③可能为单板硬件故障。

(3)处理步骤

①若主控板未正确插入槽位,重新安装主控板。

②若设备上电不正常,检查电源模块指示灯是否存在异常,若有异常,处理电源模块故障。

③联系数据网网管确认主控板的运行状态,并配合网管对故障单板进行测试。

④测试后若不恢复,则为主控板硬件故障,在网管的指导下更换故障单板,并由数据网工程师重新进行数据配置。

6. 主控板告警指示灯 ALM 灯常亮或闪烁

(1)故障现象

主控板告警指示灯 ALM 灯常亮或闪烁。

(2)原因分析

①检查交换网板、业务板、线路处理板指示灯状态,是否存在告警。

②可能为单板硬件故障。

(3)处理步骤

①若交换网板、业务板、线路处理板指示灯异常,联系网管查询告警单板的告警信息,并提取系统日志,对设备系统进行检查,对故障板件进行测试。

②测试后若不恢复,则为板件硬件故障,在网管的指导下更换故障单板。

7. 局域网主机通信故障

(1)故障现象

从位于同一局域网的主机使用 ping 程序来测试路由器以太网口的可达性,无返回报文,或返回报文时延很大,或丢包现象严重。

(2)原因分析

①查看主机和路由器的局域网连接是否正确,并确认连接(link)指示灯和 ACT 指示灯的运行状态。如果均为亮则表明主机与路由器的以太网接口以及网线物理上是正常的,否则应更换网卡、网线、路由器或其相应接口模块等物理设备。

②查看主机和路由器的以太网接口的 IP 地址是否位于同一子网内,即二者的网段地址必须相同,仅有主机地址不相同。如果不在同一子网内,应重新设置 IP 地址。

③查看链路层协议是否匹配。

④查看以太网接口的工作方式是否正确。

(3)处理步骤

在处理以太网故障时使用“display interfaces ethernet”命令可以显示指定端口的当前状态。例如“Ethernet0 current state：down/up/manually down line protocol current state：down/up”信息可指出接口是处于“开”还是“关”的状态，以及和这个接口相关的协议是“开”还是“关”的状态，共有以下四种状态：

①Ethernet0 current state：line protocol current state：up

当出现这个提示时，表示该接口正常工作。

②Ethernet0 current state：up，line protocol current state：down

当出现这个提示时，表示该接口工作异常。可能为以太网接口未和传输媒介相连；可能为一条坏电缆或一条交叉网线连到路由器和交换机上或连接器上；可能为连接器或交换机的接口故障。

③Ethernet0 current state：down，l line protocol current state：down

当出现这个提示时，一般可断定是以太网接口本身的问题，应更换故障端口。

④Ethernet0 current state：manually down，line protocol current state：down

当出现这个提示时，需要联系网管检查路由器的配置是否存在异常。

四、典型案例分析

(一)二层交换机存在错误配置，导致业务时断时续

1. 故障现象

某线路综合视频业务需要在局核心节点新增管理服务器和业务系统，增加地址段为10.148.45.128/25，而管理服务器使用既有管理网段10.148.45.64/26。各业务网关均在核心交换机设备，交换机与路由器使用静态路由。

配置完成后，在新增交换机使用新增业务地址，ping测试管理服务器有严重丢包。交换机配置错误案例组网如图5-39所示。

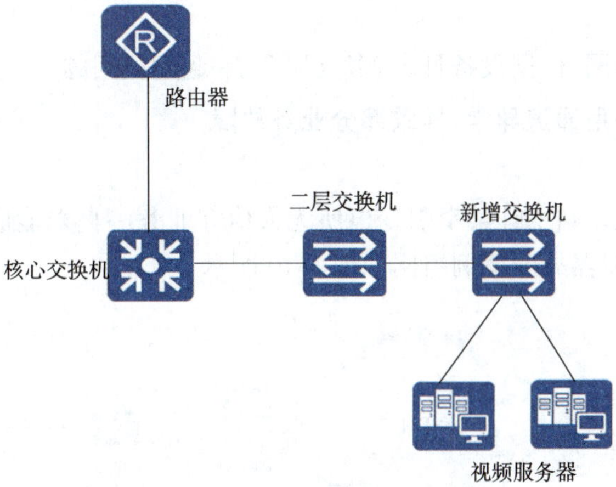

图5-39　交换机配置错误案例组网

2. 故障原因

网络配置错误;网络有环路产生;其他配置错误。

3. 处理过程

(1)由于服务器为两台设备配置了 VRRP 虚拟地址,ping 测试服务器物理地址也存在丢包现象,拔掉一台服务器网线,进行 ping 测试,依旧有丢包现象。排查服务器设置,定位为网络问题。

(2)在新增交换机检查网络 STP 情况,未见异常,交换机设备未形成环型网络,不存在广播风暴。

(3)在新增交换机检查设备 ARP 信息时发现,新增业务网关 10.148.45.129 的 MAC 地址在漂移,一直在两个 MAC 间来回切换,判断为上层设备配置问题。

(4)登录核心交换机设备,查看设置日志,发现有大量的网关攻击冲突告警,告警端口提示为互联二层交换机接口,判断问题来自二层交换机。

(5)登录二层交换机检查配置发现,二层交换机存在了 10.148.45.129 的冗余配置,错误回应了相关 ARP 报文,导致业务故障。

(6)检查该交换机下确实无相关业务网段地址使用后,将地址删除,业务恢复正常。

在该故障中,虽然新增加的服务器和业务终端在同一台交换机下,IP 地址设置也相似,但他们却不在同一个网络中。管理服务器为 10.148.45.64/26 网络,业务终端为 10.148.45.128/25 网络,当双方需要通信时,需要找到各自网关进行转发。业务终端设备在通过 ARP 进行网关 10.148.45.129 查询时,二层交换机和核心交换机均会回应相关报文,当业务终端将二层交换机回应的报文加入 ARP 表时,ping 测试不通。

4. 维护建议

(1)检查相关交换机设置,未进行 VLAN 划分,多个网段使用 VLAN 1,在 VLAN-if 1 下存在多个网段的 sub 地址,使用起来简单方便,但存在很大的安全隐患。建议将不同的业务网段用不同的 VLAN 进行隔离,以免网络混乱。

(2)各业务系统交换机应作好设备端口台账、账号管理、数据备份等工作,以便故障处理时能及时有资料支持。

(3)对于多厂家组网,根据设备日志,多方配合,一起解决问题。

(二)CE 交换机备用通道异常,导致部分业务故障

1. 故障现象

业务部门反馈,某车站下挂某牵引变电所无人值守业务一直未能成功上线,联系车间进行分析处理。光电转换器故障案例组网如图 5-40 所示。

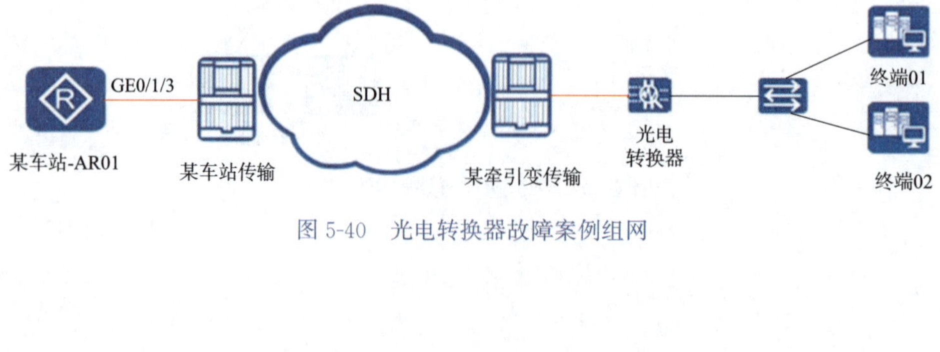

图 5-40 光电转换器故障案例组网

本线无人值守业务为直连接入方式,网关在某车站 AR01-GE0/1/3 接口,通过传输网络落地到某牵引变电所传输设备。传输设备落地接口为 FE 光口,通过光电转换器接入业务系统交换机,实现业务通信。

2. 故障原因

站点终端 IP 设置问题;路由器数据配置问题;传输通道设置问题;光电转换器问题。

3. 处理过程

(1)联系业务部门检查相关终端 IP、掩码、网关配置,配置正常。终端间相互 ping 测试正常,无法 ping 通网关。

(2)检查路由器设备接口数据配置正确,接口 up,与传输均为强制百兆全双工模式,更换光模块后,依旧 ping 不通。

(3)检查传输数据制作正常,传输侧通道测试正常。

(4)检查路由器接口 output 方向有数据发出,但 input 方向无数据流量。接口发出数据包后,未通过传输设备得到相关响应。

(5)在某牵引变电所传输设备侧进行光口环回,路由器设备上报环路告警,判断传输通道正常。

(6)在某牵引变电所传输设备侧监控接口流量,同样发现 output 方向有数据发出,但 input 方向无数据流量返回,判断为光电转换器问题。

(7)现场对光电转换器进行了更换,更换后 ping 测试业务正常。

4. 维护建议

(1)对于通过传输、光电转换器进行的业务接入,在故障分析判断时,可以使用分段定位法逐一排查。

(2)采取替换法、分段法进行逐一排查,分析出问题所在,并通过反复测试,定位问题。

(3)可以采用自环等方法进行通道测试,并根据自环时网管告警提示,进行通道判断。

(4)建议采用 GPON 替代光电转换器的方式开通业务,实现统一运维、统一管理。

复习思考题

1. 数据通信系统由哪几种类型的设备组成?
2. 数据传输的总时延包含哪些?
3. 简述数据通信系统的基本结构。
4. 常见的网络拓扑有哪些?
5. 常见的网络层协议有哪些?
6. 简述冲突域的概念。
7. 路由的来源主要有哪几种?
8. 简述路由自环的概念。
9. RIP 协议有哪些防止路由环路的机制?
10. 故障处理常用方法有哪些?

第六章　接入网系统

接入网在通信网中具有极其重要的地位，它直接面对广大的用户和各种应用系统，是完成语音、数据、图像等综合业务接入的必经之路，它的质量和性能对通信网有着直接的影响。

第一节　接入网系统概述

一、接入网的定义

接入网是由业务节点接口（SNI）和用户网络接口（UNI）之间的一系列传送实体（如线路设备和传输设备）组成的为传送电信业务提供所需传送承载能力的实施系统，可由网管来配置和管理。

接入网位于业务节点（本地交换机 LE）和用户终端之间，可以看作是与业务和应用无关的传送网，主要完成用户到业务节点之间信息的交叉连接、复用和传输，对用户信令进行透明传输，不作解释。

二、接入网的定位

接入网位于通信网络的末端，负责将各种通信业务透明地传送到用户。接入网在通信网中的位置如图 6-1 所示。

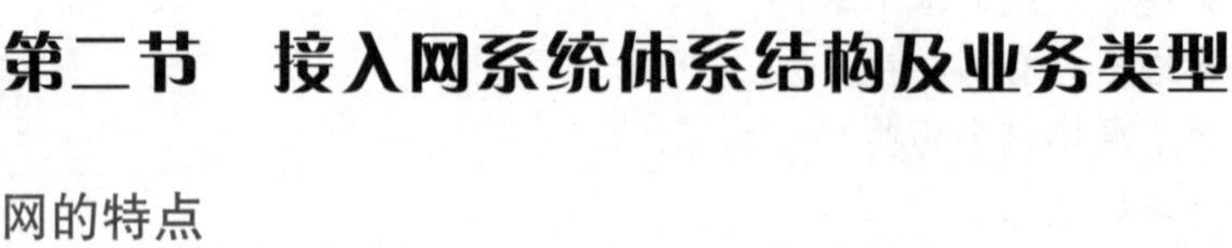

图 6-1　接入网在通信网中的位置

第二节　接入网系统体系结构及业务类型

一、接入网的特点

1. 接入网不具备业务交换功能，主要完成复用、交叉连接和传输功能。

2. 接入网连接不同类型的上级业务节点，提供各种综合业务接入。除了 POTS 和 ISDN 等传统电信业务外，还可接入视像业务（如会议电视）以及租用线业务（如音频专线）等交换机和远端模块无法提供的业务。

3. 接入网提供开放的 V5 接口，兼容任何种类的交换设备，可独立于交换设备进行升级,并能很方便地引入新业务,也易于向宽带网过渡。

4. 接入网可以提供 ADSL、有源光网络、HFC 等多种接入技术,可根据实际情况采用点对点、环型、星型、链型、树型、T 型等灵活多样的组网方式,有利于网络结构的优化。

5. 接入网设备对环境的适应能力强。接入网的远端设备 ONU 无需像交换机一样对机房环境严格要求,甚至可放置在室外,因此建设费用低并且维护方便。

6. 接入网提供了功能较为全面的网管系统,实现对接入网内所有设备的集中维护以及环境监控等功能,并可通过相应的协议接入本地网管中心。

综上所述,接入网是一种对环境适应性强,组网灵活,具有统一规范接口,业务功能丰富,可全面网管的网络。

二、接入网的分类

根据传输方式的不同,接入网可分为有线接入网和无线接入网两大类,见表 6-1。

表 6-1　接入网的分类

<table>
<tr><td rowspan="6">接入网</td><td rowspan="3">有线接入网</td><td>铜线接入网</td><td colspan="2">高比特数字用户线(HDSL)、不对称数字用户线(ADSL)、甚高比特数字用户线(VDSL)、数字线对增容(DPG)</td></tr>
<tr><td>光纤接入网</td><td colspan="2">光纤到路边(FTTC)、光纤到大楼(FTTB)、光纤到户(FTTH)</td></tr>
<tr><td colspan="3">混合光纤/同轴电缆接入网(HFC)</td></tr>
<tr><td rowspan="3">无线接入网</td><td rowspan="2">固定无线接入网</td><td>微波</td><td>一点多址(DRMA)、本地多点分布业务(LMD)、固定无线接入(FWA)</td></tr>
<tr><td>卫星</td><td>甚小型天线地球站(VSAT)、直播卫星(DBS)</td></tr>
<tr><td>移动接入网</td><td colspan="2">蜂窝移动电话、卫星通信、无绳电话、无线寻呼、集群调度</td></tr>
</table>

三、接入网的主要接口

接入网具有三种主要的接口类型:用户网络接口(UNI)、业务节点接口(SNI)和管理接口(Q3),如图 6-2 所示。用户通过 UNI 与接入网相连,接入网通过 SNI 与业务节点相连,并通过 Q3 接口与电信管理网相连。

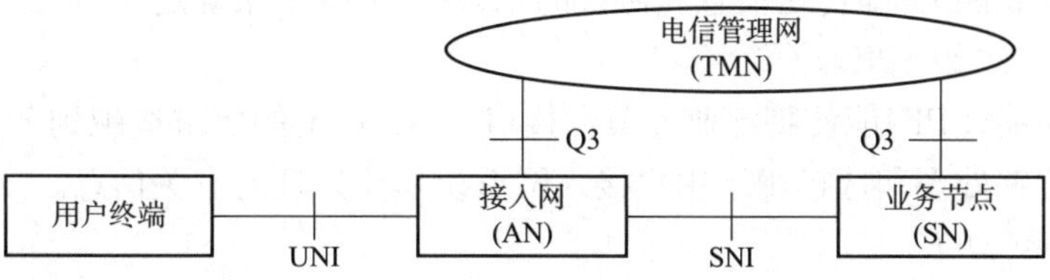

图 6-2　接入网接口类型

1. 用户网络接口(UNI)

UNI 是用户和网络之间的接口,位于接入网的用户侧,支持各种类型的业务接入。

UNI 主要包括二线模拟音频电话接口(Z 接口)、64 kbit/s 接口、2.048 Mbit/s 基群接口、ISDN 基本速率接口(BRI)、ISDN 基群速率接口(PRI)和各种专线接口等。

2. 业务节点接口(SNI)

SNI 是接入网和业务节点之间的接口,位于接入网的业务侧。分为模拟接口(Z 接口)

和数字接口(V接口)两大类。使用Z接口,需引入A/D变换,相对复杂。因此,接入网系统都采用数字的V5接口。

V5接口作为一种标准化的、完全开放的接口,用于交换设备和接入网设备之间的配合。根据速率的不同,V5接口分为V5.1接口和V5.2接口。其中,V5.1接口由一条2 048 kbit/s的链路组成,其对应的接入网无集线功能,不支持30B+D,单链路管理,无保护。V5.2接口按需要由1～16条2 048 kbit/s链路构成,其对应的接入网具有集线功能,支持30B+D,多链路管理,有保护。目前广泛使用的是V5.2接口。

3. 管理接口(Q3)

Q3接口是管理网与通信网各部分的标准接口。接入网作为通信网的一部分,也应通过Q3接口和管理网相连,以便对整个接入网进行有效的管理。通过Q3接口,管理网可实施对接入网的运行、管理、维护和指配,对于接入网来说,比较重要的是指配功能。

四、接入网的功能模型

接入网的功能模型如图6-3所示,它包括五个功能模块,即用户接口功能(UPF)、业务接口功能(SPF)、核心功能(CF)、传送功能(TF)和接入网系统管理功能(AN-SMF)。

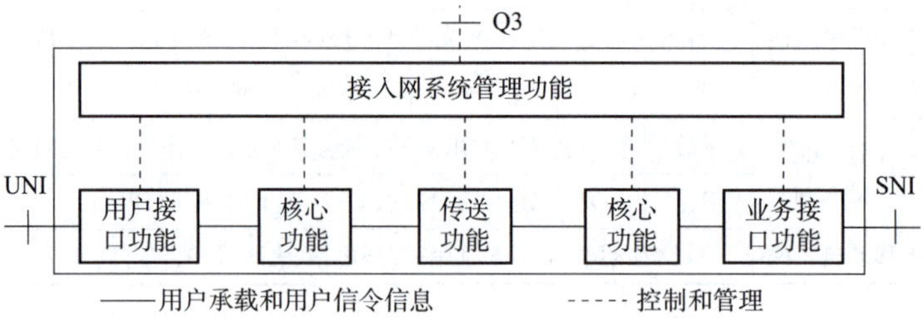

图6-3 接入网功能模型

1. 用户接口功能(UPF)

用户接口功能(UPF)可使特定的UNI的要求适配到核心功能和管理功能。接入网可以支持多个不同的接入业务并要求特定功能的用户网络接口。具体的UNI要根据相应接口规定和接入承载能力(即传送信息和协议的承载体)的要求来确定。

2. 业务接口功能(SPF)

业务接口功能(SPF)能使特定业务节点接口(SNI)规定的要求适配到公共承载体,以便在核心功能中能够处理和选择用于用户接入网系统功能处理的有关信息。

3. 核心功能(CF)

核心功能(CF)处于UPF和SPF之间,使单个用户接口的承载要求或业务接口的承载要求与公共传送承载体相适配,包括依据所需协议进行适配及按照用户接入网的传送复用要求进行协议承载处理,在用户接入网中可以对核心功能进行分配。

4. 传送功能(TF)

传送功能(TF)为接入网中不同地点之间公用承载通路的传送提供通道,同时为相关传输媒质提供适配功能,主要有复用、交叉连接、物理媒质和管理等功能。

5. 接入网系统管理功能(AN-SMF)

接入网系统管理功能的主要作用是对接入网内UPF、SPF、CF和TF进行管理,如指配、操作和维护等。AN-SMF 具体功能包括:配置和控制;业务协调;用户信息和性能数据收集;协调 UPF 和 SN 的时限管理;资源管理;故障检测和指示和安全控制。

五、接入网的组成

接入网由光线路终端(Optical Line Terminal,OLT)、光纤网络单元(Optical Network Unit,ONU)、接入网网络管理系统(AN Network Management System,AN-NMS)三部分组成,如图 6-4 所示。

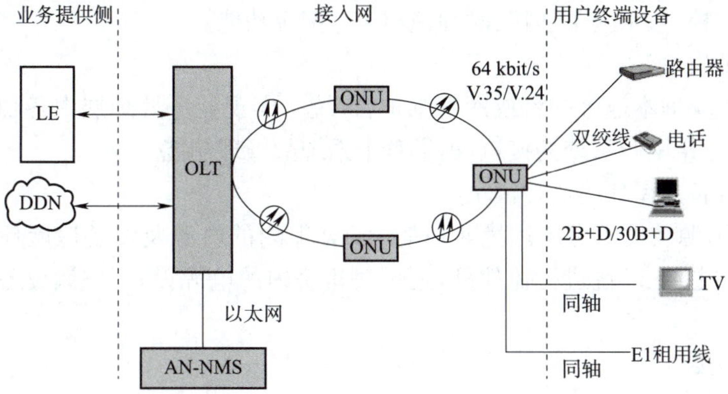

图 6-4 接入网系统的设备组成

1. 光线路终端(OLT)

(1)功能

OLT 是接入网的核心设备,属于接入网的业务节点侧设备,通过 SNI 接口与相应的业务节点设备相连,是语音、数据和图像等各种业务的接入汇聚点。OLT 的作用是为接入网提供网络和本地交换机之间的接口,完成协议处理和业务交叉,实现业务流的汇聚和分发。OLT 经光传输网与用户侧的 ONU 进行通信,同时管理来自 ONU 的信令和监控信息,为 ONU 和本身提供维护和配置功能。

(2)组成

OLT 主要由光传输模块、业务接口模块、协议处理和控制模块、系统管理模块和电源及设备房屋环境监控模块组成,如图 6-5 所示。

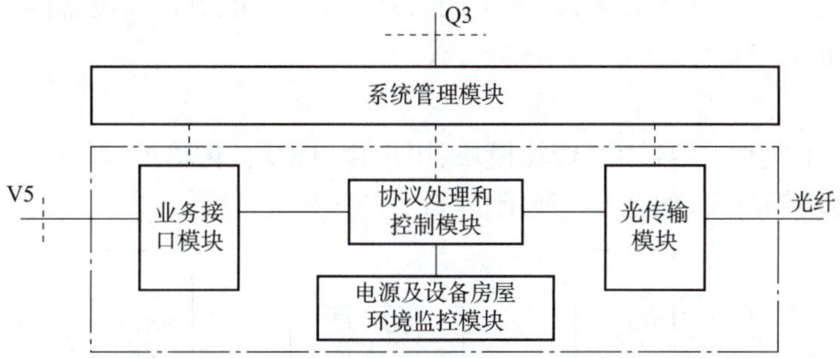

图 6-5 OLT 的组成

①光传输模块

因为 OLT 一般都要通过光传输系统与接入网中的 ONU 相连,因此 OLT 中的光传输模块一般都要配置,只有使用外置的光传输设备时才无需配置光传输模块。

②业务接口模块

业务接口模块是OLT中的基本功能模块,提供与各种业务节点相对应的SNI接口,业务节点一般为本地交换机(LE),业务接口模块通过El链路作为承载通道与业务节点相连,通过V5.2协议实现业务对接。

③协议处理和控制模块

协议处理和控制模块是接入网的核心部分,主要完成各种业务的接入和分配、接口转换、协议处理、主控、数字交叉连接、时钟锁相和分配等功能。

④系统管理模块

系统管理模块即本地维护台或网管维护台,统一实现业务处理层中各功能子系统的操作维护,并提供连接网管系统的接口,提供整个系统的管理功能。

⑤电源及设备房屋环境监控模块

OLT具有电源及设备房屋环境监控能力,OLT内的电源及设备房屋环境监控模块除可对本设备内的电源、环境进行监控外,还可对机房内的电源设备、空调设备及机房环境进行监控。

(3)OLT的接口

OLT通过El接口与交换机相连,使用V5.2接口协议;OLT通过E1接口与DDN网相连,以中继方式接入DDN网等。OLT提供的接口及其对接的业务节点见表6-2。

表6-2 OLT接口的种类及其对接的业务节点

设备名称	接口种类	对接设备名称
OLT	V5.2	LE本地交换机
	E1接口	DDN网

2. 光网络单元(ONU)

(1)功能

ONU是接入网中位于用户侧的远端设备,用于处理光信号并为用户提供电话、数据通信、图像等各种业务接口,其网络侧为光接口,用户侧为电接口,具有光/电及电/光转换、复用及解复用、协议处理及维护管理等功能,并能对语音信号进行数/模及模/数转换,此外还可提供光中继功能。ONU接收来自OLT的管理信息,并将用户及设备的各种状态通过传输系统上报给OLT。

(2)组成

ONU与OLT类似,主要由光传输模块、用户接口模块、传输处理控制模块、电源及设备房屋环境监控模块等组成,如图6-6所示。

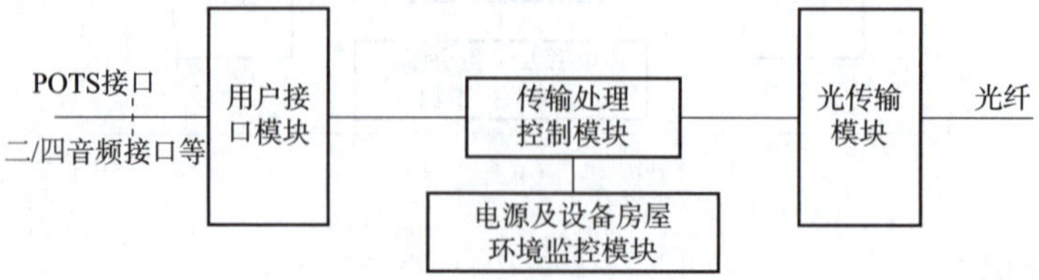

图6-6 ONU的组成

①光传输模块

光传输模块完成复用、解复用以及光电变换功能，为 ONU 的用户单元提供 E1 通道。ONU 的光传输模块与 OLT 一样，可选择内置 SDH 设备，也可选择外置 SDH 设备。

②用户接口模块

用户接口模块能够完成接入网用户业务的接入功能，即将业务节点提供的业务经传输处理控制模块传输到用户接口，再传输给终端设备，完成业务的分配。目前铁路接入网的用户接口模块提供 POTS 普通电话接口、二/四线音频接口等。

③传输处理控制模块

传输处理控制模块(或称为协议处理与控制模块)完成用户单元内各用户接口的状态扫描、电路接续、状态控制等任务，同时提供 E1 链路与局端设备 OLT 相连。

④电源及设备房屋环境监控模块

电源及设备房屋环境监控模块可对机柜内的环境温度、湿度、门禁、电源系统、防雷单元和风扇等各种物理参数和设备的状态进行实时监控，实现远程告警。

某些特殊场合没有配置 OLT，而是采用 V 系列 ONU(即 ONU 的主控框直接提供 V5 接口)，此时，选取某个 V 系列 ONU 与 PC 管理模块相连，完成网管功能。

(3)接口

ONU 提供了丰富的接口种类，接口种类及其对接的业务节点见表 6-3。

表 6-3 ONU 接口的种类及其对接的业务节点

设备名称	接口种类	对接设备名称
ONU	Z 接口(双绞线)	普通话机
	V. 35/V. 24	用户数据终端设备
	2B+D、30B+D	数字话机、数据终端
	E1 接口	E1 租用线
	二/四线音频接口	专线 MODEM、音频电话

3. 接入网网络管理系统(AN Network Management System)

AN-NMS 属于接入网的网管设备，用来维护和管理接入网中各种设备的运行。它向维护人员提供一个图形化的人机界面，方便维护人员对接入网进行操作与维护。

六、接入网的组网方式

接入网可以采用 ONU 单级组网和 OLT+ONU 结合组网两种方式。

1. ONU 单级组网

ONU 单级组网方式是指通过单个 ONU 设备实现语音、数据、专线等业务的综合接入，并在网络侧实现业务的分离。单级组网适合接入业务量较少的业务节点，以减少投资成本。

2. OLT+ONU 结合组网

OLT+ONU 结合组网方式是指通过 ONU、OLT 两组设备实现语音、数据、专线等业务的同时接入。ONU 作为用户端接入设备，提供 POTS、ISDN、V3. 5/V2. 4 等用户接口，在网络侧只需向上提供用于业务传输的接口，如 IP、SDH、ATM 等。OLT 作为网络侧设备，向下需要汇聚来自 ONU 业务的接口，向上需要提供 V5、ATM、IP、DDN E1 等接口，实现对业务的分离。OLT+ONU 结合组网方式中 OLT 主要起汇聚作用,一个 OLT 可以汇聚来自多个 ONU 的业务,因此要求 OLT 设备具有较好的性能,能够提供足够的总线带宽。OLT+ONU 结合组网的拓扑结构可以采用环型、星型、链型及各种混合型拓扑结构,如图 6-7 所示。星型组网适合从一个大容量交换机向周围多方向辐射放号的情况,链型组网比较适合沿途下线的放号情况,环型组网可以组成自愈保护网,增强网络的安全运行能力。

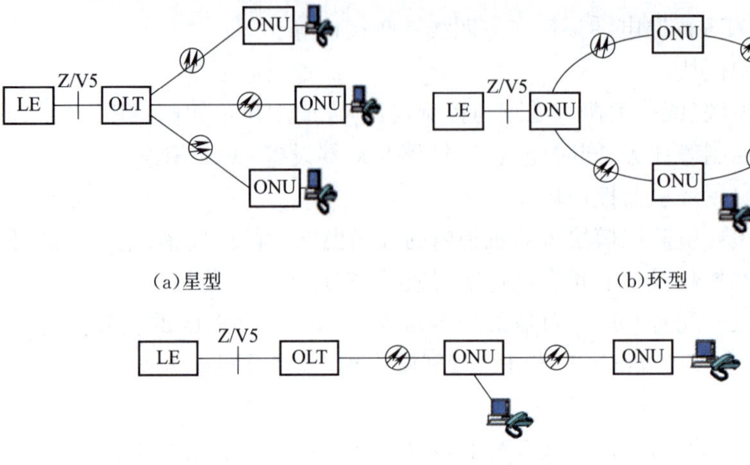

图 6-7　OLT+ONU 结合组网拓扑结构

七、接入网系统在铁路上的应用

铁路通信接入网主要承载于铁路传输网接入层,通过铁路通信接入网,可以将用户信息接入相应的通信业务网络节点,并在传输网的支撑下,实现铁路通信的相应功能。

1. 铁路通信接入网的组网方式

铁路通信接入网设备基本采用星型组网,在铁路沿线中的通信汇聚节点设置 OLT,OLT 设备通过 V5 接口与既有的程控交换机互联。在铁路线沿线的各个小站、配电所、开闭所、AT 所、变电所、分区所、保养点及信号中继站等设 ONU 设备,通过铁路沿线传输系统 E1 接入所属 OLT 设备。

2. 铁路通信接入网提供的业务类型及接口

铁路通信接入网提供轴温、会议、电报、车号识别、电力监控、半自动闭塞的音频专线、无线列调、模拟行调的音频共线电话、专网自动电话、调度直通电话等业务的接入。铁路通信接入网支持的业务类型及接口见表 6-4。

表 6-4　铁路通信接入网支持的业务类型及接口

系　统	业务类型	接　口
交换机	自动电话	V5. 2、POTS
数据通信	TMIS、DMIS、PMIS 等各类数据	2B+D、30B+D、64 kbit/s、2 Mbit/s
专用通信	列调、电调、车务、工务、电务、水电、供电、站间行车、区间电话、道口电话等	2 Mbit/s、64 kbit/s、2/4 W

续上表

系　统	业务类型	接　口
控制通道	调度集中、电力远动、红外轴温、牵引供电远动、电源及设备房屋环境监控等	64 kbit/s、2/4 W
互联网	IP 业务	$N\times64$ kbit/s
图像业务	会议电视、可视电话、图像传送等	$N\times64$ kbit/s、2 Mbit/s、30B+D、2B+D

第三节　光接入网

光接入网(OAN)就是采用光纤传输技术的接入网,泛指本地交换机或远端模块与用户之间采用光纤通信或部分采用光纤通信的系统,也可以定义为共享同样网络侧接口且由光接入传输系统支持的一系列接入链路。

根据接入网室外传输设施中是否包含有源设备,OAN 可以划分为无源光网络(PON)和有源光网络(AON),前者采用光分路器分路,后者采用电复用器分路。

一、光接入网系统分类

根据光接入网系统接入方式的不同,OAN 可分为三类。

1. 综合的 OAN 系统

这类系统的主要特点是通过一个开放的高速数字接口与数字交换机相连。由于接口是开放的,因而 OAN 系统与交换机制造厂商无关,可以工作在多厂家环境,有利于将竞争机制引入接入网,降低用户接入网成本,这是 OAN 的主要发展方向。

2. 通用的 OAN 系统

这类系统在 OAN 和交换机之间应用一个局内终端设备,其功能是进行数模转换并将来自 OAN 系统的信号分解为单个话带信号,以音频接口方式经音频主配线架与交换机相连。由于接口是音频话带接口,这种方式适合任何交换机环境,包括模拟交换机和尚不具备标准开放接口的数字交换机,通用性强。然而,由于需要增加局内终端设备、音频主配线架和用户交换终端,这种方式的成本和维护费用要比综合的 OAN 系统高。

3. 专用交换机的 OAN 系统

这类系统与交换机之间不存在开放的标准接口,是工厂自行开发的专用内部接口,因而交换机和 OAN 系统必须由同一制造厂家生产。这种系统局限性太大,将逐渐淘汰。

二、光接入网的组成

OAN 由光线路终端(OLT)、光配线网(ODN)、光网络单元(ONU)及适配功能(AF)组成,可能包含若干与同一 OLT 相连的 ODN。

OLT 为光接入网提供网络侧与本地交换机之间的接口,并经一个或多个 ODN 与用户侧的 ONU 通信,OLT 与 ONU 的关系为主从通信关系。OLT 可以分离交换和非交换业务,管理来自 ONU 的信令和监控信息,为 ONU 和本身提供维护和供给功能。OLT 可以直接设置在本地交换机接口处,也可以设置在远端,与远端集中器或复用器接口。OLT 在物理上可以是独立设备,也可以与其他功能集成在一个设备内。

ODN为OLT与ONU之间提供光传输手段,其主要功能是完成光信号功率的分配。ODN是由无源光器件(如光纤光缆、光连接器和光分路器等)组成的纯无源的光配线网,呈树形—分支结构。

ONU为光接入网提供直接的或远端的用户侧接口,处于ODN的用户侧。ONU的主要功能是终结来自ODN的光纤处理光信号,并为多个小企事业用户和居民住宅用户提供业务接口。ONU的网络侧是光接口,而用户侧是电接口,因此ONU需要有光/电和电/光转换功能,还要提供对语声信号的数/模和模/数转换、复用、信令处理和维护管理功能。ONU的位置有很大灵活性,既可以设置在用户住宅处,也可以设置在DP处甚至FP处。按照ONU在用户接入网中所处的不同位置,可以将OAN划分为四种基本不同的应用类型,即光纤到路边(FTTC)、光纤到楼(FTTB)、光纤到办公室(FTTO)和光纤到家(FTTH)。

AF为ONU和用户设备提供适配功能,既可以包含在ONU内,也可以完全独立。以FTTC为例,ONU与基本速率NTI(相当于AF)在物理上就是分开的。

三、光接入网支持的业务

OAN是一种为双向交互式业务设计的系统,初期主要支持2 Mbit/s以下速率的业务,基本业务有七类:普通电话(POTS);租用线;分组数据;ISDN基本速率接入(BRA);ISDN一次群速率接入(PRA);$n\times64$ kbit/s;2 Mbit/s(成帧和不成帧)。

除了上述七种基本窄带业务外,还有其他一些可能支持的业务,特别是在将来应能支持宽带业务,诸如单向广播式业务(如CATV业务),双向交互式业务(如VOD或数据通信业务)等,还可能支持模拟广播式业务。

第四节 接入网设备维护与故障处理

一、常用设备

(一)华为OLT设备

1. 华为GV5-Ⅲ主控框

(1)板位图

GV5-Ⅲ主控框有18个槽位,槽位编号为0~17,满配置由2块AV5板,8块DTE板,2块PWC板组成,如图6-8所示。

0	1	2	3	4	5	6	7	8	9	10	11	12	13	14	15	16	17
	PWC	保留	保留	DTE	DTE	DTE	DTE	AV5	AV5	DTE	DTE	DTE	DTE	保留	保留	保留	PWC

图6-8 GV5-Ⅲ主控框配置示意

GV5-Ⅲ主控框实物如图6-9所示。

图 6-9 GV5-Ⅲ主控框实物

(2)主要板件

①H302AV5 协议处理主控板

a. 功能

AV5 板是 OLT 的核心单板,主要功能是 V5 协议处理和控制、系统主控、提供系统时钟、网络交换、辅助控制和通信通道处理以及系统主备份倒换等。2k×2k 交叉矩阵提供基于 64 kbit/s 的交叉;62 条 HW 资源连接中继板完成 V5.2 协议和 HGRP 协议的相互转换;多个异步串口完成网管后台打印环境监控板间通信等功能;提供忙信号音。

b. 面板复位开关和拨码开关

(a)复位开关 S2 是复位按钮。

(b)拨码开关 S3 是控制程序、数据加载的拨码开关。当单板在正常运行状态时,S3 的状态都是 OFF。拨码开关 S3 状态说明见表 6-5。

表 6-5 拨码开关 S3 状态说明

开 关	状 态	
	ON	OFF
S3-1	加载程序	不加载程序
S3-2	加载数据	不加载数据
S3-3	禁止将加载的程序或数据写入 H303AV5 板的存储器	允许将加载的程序或数据写入 H303AV5 板的存储器
S3-4	保留未用	保留未用

c. 单板指示灯

AV5 板指示灯说明见表 6-6。

表 6-6 AV5 板指示灯说明

指示灯	颜 色	说 明	含 义
RUN	红色	运行灯	1 s 亮、1 s 灭闪烁,表示主用正常; 0.1 s 亮、1.9 s 灭闪烁,表示备用正常; 1.9 s 亮、0.1 s 灭闪烁,表示处于备用变为主用的平滑处理阶段; 0.25 s 亮、0.25 s 灭闪烁,表示正在加载或主备身份还未确定; 周期小于 0.25 s 闪烁表示加载程序正在解压缩

续上表

指示灯	颜 色	说 明	含 义
V5S	绿色	V5 接口状态指示灯	亮表示 V5 接口正常; 灭表示 V5 接口不正常; 闪烁表示部分接口不正常
V5L	绿色	V5 链路状态指示灯	亮表示所有 V5 链路层正常; 灭表示所有 V5 链路层异常; 1 s 周期闪烁表示有一条链路不正常; 异常的链路越多闪烁频率越高
MSL	绿色	主备板通信链路状态指示灯	亮表示链路正常; 灭表示链路异常
COM	绿色	网管串口指示灯	亮表示通信正常; 灭表示通信异常
CLK	绿色	单板时钟主备用状态指示灯	亮表示本板时钟主用; 灭表示本板时钟备用
E11-12	—	保留	—
NOD	绿色	主从节点通信指示灯	亮表示通信正常; 0.5 s 亮、0.5 s 灭闪烁,表示与主机通信未建立; 1 s 亮、1 s 灭闪烁,表示接受配置后正常开工运行

②PWC 二次电源板

a. 功能

PWC 板可提供单路+5 V、20 A 电源,每个主控框内可插两块,实现框内电源热备份。

b. 单板指示灯及开关

PWC 面板指示灯及开关说明见表 6-7。

表 6-7 PWC 面板指示灯及开关说明

指示灯	颜 色	说 明	含 义
VIN	红色	本板输入电压状态指示灯	亮表示输入电压正常; 灭表示输入电压异常
VA0	绿色	G1 模块+5 V 工作状态指示灯	亮表示+5 V 输出正常; 灭表示+5 V 输出异常
VB0	绿色	G2 模块+5 V 工作状态指示灯	亮表示+5 V 输出正常; 灭表示+5 V 输出异常
FAIL	黄色	故障状态指示灯	闪烁表示本板内任一模块出现异常状态(25 Hz 的闪烁频率); 灭表示本板内无模块出现异常状态
POWER(S1)	—	板内各模块的控制开关	ON 表示板内各模块正常工作; OFF 表示板内各模块无输出
ALM(S2)	—	声/光告警转换开关	ON 表示板内故障时声光同时告警; OFF 表示板内故障时只有光告警

③DTE 数字中继板(8E1)

a. 功能

DTE 板是 OLT 系统的数字中继接口板,每块单板可以提供 8 路标准 E1 接口。可从 E1 信号中提取时钟供系统时钟作锁相源,可实时检测帧失步、对端告警、滑帧等告警。

b. 单板指示灯

DTE 面板指示灯说明见表 6-8。

表 6-8 DTE 面板指示灯说明

指示灯	颜 色	说 明	含 义
RUN	红色	运行状态指示灯	0.5 s亮、0.5 s灭周期闪烁,表示正常运行; 亮表示未配置数据或通信故障
PCM1～8	绿色	第 1～8 路 E1 信号告警指示灯	亮表示出现信号丢失、失步或对端失步; 灭表示 E1 信号正常; 0.5 s亮、0.5 s灭周期闪烁,表示出现滑帧或 CRC(Cyclic Redundancy Check)校验错误
MODE	绿色	工作方式指示灯	亮表示工作在随路信令 CAS(Channel Associated Signaling)模式; 灭表示工作在共路信令 CCS(Common Channel Signaling)模式

2. 华为 GV5-Ⅰ主控框

(1)板位图

GV5-Ⅰ主控框有 26 个槽位,槽位编号为 0～25,GV5-Ⅰ主控框满配置由 2 块 AV5 板,16 块 DTM 板,2 块 PWC 板组成。GV5-Ⅰ主控框配置如图 6-10 所示。

0	1	2	3	4	5	6	7	8	9	10	11	12	13	14	15	16	17	18	19	20	21	22	23	24	25
	PWC		DTM	DTM	DTM	DTM	DTM	DTM	DTM	DTM		AV5	AV5		DTM	DTM	DTM	DTM	DTM	DTM	DTM	DTM			PWC

图 6-10 GV5-Ⅰ主控框配置

(2)主要单板

①HV01AV5 板

每板提供 2 个 E1 接口,功能单板指示灯拨码开关维护串口与 H302AV5 板相同。

②DTM 板

a. 功能

DTM 板是 OLT 系统的数字中继接口板,每块单板可以提供 2 路标准 E1 接口。可从 E1 信号中提取时钟供系统时钟作锁相源,可实时检测帧失步、对端告警、滑帧等告警。

b. 单板指示灯

DTM 面板指示灯说明见表 6-9。

表 6-9 DTM 面板指示灯说明

指示灯	颜 色	说 明	含 义
RUN	红色	运行状态指示灯	0.5 s亮、0.5 s灭周期闪烁,表示正常运行; 亮表示未配置数据或通信故障
CRC1-2	绿色	CRC4 校验出错指示灯,分别指示第 1～2 路	亮:CRC4 校验出错; 灭:CRC4 校验正常
LOS1-2	绿色	信号失步指示灯,分别指示第 1～2 路	亮:信号丢失或失步; 灭:信号正常
SLP1-2	绿色	信号滑帧指示灯,分别指示第 1～2 路	亮:远端滑帧; 灭:信号正常
RFA1-2	绿色	信号远端高级指示灯,分别指示第 1～2 路	亮:远端告警; 灭:信号正常
MOD	红色	工作方式指示灯	亮:工作在随路信令 CAS 模式; 灭:工作在共路信令 CCS 模式

(二)华为 ONU 设备

1. 华为 PV8-10 主控框

(1)板位图

PV8-10 主控框有 18 个槽位,槽位编号为 0～17,PV8-10 主控框满配置由 2 块 PV8 板、1 块 HWC 板、1 块 TSS 板、2 块 PWX 板以及 10 块各类用户接口板组成。当双配电源板时可配置 10 块用户板,当单配左侧电源板时,可配置 11 块用户板。华为 ONU 的 PV8-10 机框配置如图 6-11 所示。

0	1	2	3	4	5	6	7	8	9	10	11	12	13	14	15	16	17
	PWX	TSS	ASL	ASL	ASL	ASL	ASL	HWC	PV8	PV8	DSL	DSL	ASL	ASL	ASL	ASL	PWX

图 6-11 PV8-10 机框配置

PV8-10 主控框实物如图 6-12 所示。

图 6-12 PV8-10 主控框实物

(2)主要板件

①PV8/PV4 协议处理及主控板

a. 功能

(a)PV8/PV4 板是 V5 协议处理及主控板,也称为窄带主控板,完成对同框窄带单板的控制,并提供窄带业务上行 E1 接口、窄带的交换资源及工作时钟。

(b)PV8/PV4 板通常成对使用,两块单板以主备方式工作,提供双网双机热备份。

(c)每块 PV8 板提供 8 个 E1 接口、8 条本框 TTL HW 接口、32 条扩展差分 HW 接口。

(d)PV4 板与 PV8 板功能和性能指标均相同,区别主要在于 PV4 板仅提供 4 个 E1 接口。

(e)通过 E1 接口,PV8/PV4 板可以和本地交换机(LE)、OLT 或 ONU 进行对接或级联。

b. 拨码开关 S102

在系统刚上电或复位时,拨码开关 S102 的设置决定 BIOS(Basic Input Output System)工作模式,状态说明见表 6-10。

表 6-10 S102 状态说明

开 关	状 态	
	ON	OFF
S102-1	加载程序	不加载程序
S102-2	加载数据	不加载数据
S102-3	不写 Flash Memory	写 Flash Memory
S102-4	保留	

拨码开关 S102-3 的设置说明如下:

(a)单拨 S102-3 为 ON 仅在出厂测试时使用,勿选择此种拨码方式。

(b)当 S102-1 或 S102-2 已拨到 ON(选择加载程序或数据),同时将 S102-3 拨到 OFF 时,加载的程序/数据将被写入 Flash Memory 作掉电保护。

c. 单板指示灯及开关

PV8/PV4 面板指示灯及开关说明见表 6-11。

表 6-11 PV8/PV4 面板指示灯及开关说明

指示灯	颜 色	说 明	含 义
RUN	红色	运行灯	1 s 亮、1 s 灭周期闪烁,表示主用正常; 0.1 s 亮、1.9 s 灭周期闪烁,表示备用正常; 1.9 s 亮、0.1 s 灭周期闪烁,表示处于备用变为主用的平滑处理阶段; 0.25 s 亮、0.25 s 灭周期闪烁,表示正在加载或主备身份还未确定; 周期小于 0.25 s 闪烁,表示加载程序正在解压缩
CLK	绿色	单板时钟主备用状态指示灯	亮表示本板时钟主用; 灭表示本板时钟备用

续上表

指示灯	颜 色	说 明	含 义
V5S	绿色	接口状态指示灯	常亮表示所有接口正常; 灭表示所有接口异常; 闪烁表示部分接口不正常,异常接口越多闪烁频率越高; 常灭表示备板
V5L	绿色	接口链路状态指示灯	常亮表示所有链路正常; 常灭表示所有链路异常; 闪烁表示部分链路不正常,异常链路越多闪烁频率越高; 常灭表示备板
MSL	绿色	主备板通信链路状态指示灯	1.9 s亮、0.1 s灭周期闪烁,表示链路正常; 灭表示链路异常
COM	绿色	网管串口指示灯	亮表示通信正常; 灭表示通信异常
E1S	绿色	E1 链路状态指示灯	由面板上的拨码开关选择显示本板某一路 E1 状态; 亮表示 E1 链路正常; 灭表示 E1 链路帧失步或载波丢失; 0.9 s亮、0.1 s灭闪烁,表示滑码; 0.5 s亮、0.5 s灭闪烁,表示远端帧失步
NOD	绿色	主从节点通信指示灯	0.25 s亮、0.25 s灭周期闪烁,表示与主机通信未建立; 1 s亮、1 s灭周期闪烁,表示接受配置后正常运行
ETN	绿色	未使用	无
复位开关	—	复位开关	用于复位单板
网管串口	—	网管串口	RS-232 串口、RJ-45 头、前出线网管接口

②CC0IASL/CC0HASL 模拟用户单板

a. 功能

CC0IASL 和 CC0HASL 的区别:CC0IASL 是全反极性模拟用户板;CC0HASL 是普通模拟用户板,第 16、17 路端口可以提供反极性功能,需要配置专用的 32 路电缆。

CC0IASL/CC0HASL 用户板由用户线接口部分及控制部分组成,完成 32 路模拟用户电路的 BORSCHT 功能,可提供 32 个用户端口。

b. 单板指示灯

CC0IASL/CC0HASL 面板指示灯说明见表 6-12。

表 6-12 CC0IASL/CC0HASL 面板指示灯说明

指示灯	颜 色	说 明	含 义
RUN	红色	运行灯	1 s亮、1 s灭周期闪烁,表示 CC0HASL 板工作正常; 快闪或灭表示 CC0HASL 板工作不正常; 常亮表示 CC0HASL 板保安单元熔断,48 V 掉电
BSY	绿色	忙闲指示灯	灭表示本板内所有端口处于空闲态; 亮表示本板内至少有一端口处于非空闲态

③CC08ASL/CC09ASL/CC0CASL 模拟用户单板

a. 功能

模拟用户单板 CC08ASL/CC09ASL/CC0CASL(面板丝印名称统一为 ASL)由用户线接口部分及控制部分组成,完成 16 路模拟用户电路的 BORSCHT 功能,可接 16 对用户线。

CC08ASL、CC09ASL、CC0CASL 是三种不同的用户板。CC08ASL 是普通模拟用户板,第 8、9 路端口提供反极性功能;CC09ASL 是全反极性模拟用户板;CC0CASL 是升压远端模拟用户板。

b. 单板指示灯

CC08ASL/CC09ASL/CC0CASL 板的面板指示灯工作状态含义见表 6-13。

表 6-13 CC08ASL/CC09ASL/CC0CASL 板的面板指示灯工作状态含义

指示灯	颜色	说明	含义
RUN	红色	运行灯	1 s 亮、1 s 灭周期闪烁,表示单板工作正常; 快闪或灭表示单板工作不正常

④CB03VFB 铁路共线音频接口板

a. 功能

铁路共线音频接口板 CB03VFB 专门提供共线调度系统终端接口和普通二/四线音频接口。该板与用户板槽位兼容,与 32 路用户板使用相同的电缆。共线音频接口板 CB03VFB 通过软件实现二/四线转换、增益调整功能,无馈电、振铃、摘挂机检测等功能。

(a)单板的上八路采用半双工的工作方式,专门为铁路的共线调度系统终端提供接口,专门用来接电话集中机、音频分机以及调度总机等,不能用作普通的点对点音频业务,不能连接音频 MODEM 传送数据。

(b)单板的下八路则为普通的二/四线音频接口,具有二/四线软件设置功能(与音频接口板 CB02VFB 功能一致,此处不再单独介绍),用于上八路所不能完成的普通的点对点音频业务,包括连接音频 MODEM 传送数据等。

(c)接口阻抗为 600 Ω。

(d)接收、发送增益软件可调,可以通过数管台的音频接口描述表进行电平调节,增益调节范围为:

二线:发送增益为 0～+5 dB;接收增益为−7～−2 dB。

四线:发送增益为−1～+14 dB;接收增益为−11～+4 dB。

由于二线增益的设置范围与四线增益的设置范围不同,如果二线的接收增益或者发送增益设置值超出范围,单板将执行缺省增益配置,即发送增益为 0 dB,接收增益为−3 dB。

b. 单板指示灯

CB03VFB 板指示灯说明见表 6-14。

表 6-14 CB03VFB 板指示灯说明

指示灯	颜色	说明	含义
RUN	红色	运行灯	1 s 亮、1 s 灭周期闪烁,表示工作正常; 快闪或灭表示工作不正常

⑤PWX 二次电源板

a. 功能

PWX 板提供一种通用的中等功率多路输出电源板,该电源板可提供+5 V、10 A,−5 V、5 A,AC 75 V、0.4 A 三路输出,通常插在第 1 槽位和第 17 槽位。

b. 单板指示灯

PWX 板与 PWC 板面板指示灯说明一致。

2. 华为 RSP-14 用户框

(1)板位图

RSP-14 用户框有 18 个槽位,槽位编号为 0～17,RSP-14 用户框满配置由 2 块 RSP 板,1 块 PWX 板以及 14 块各类用户接口板组成。RSP-14 用户框板位如图 6-13 所示。

0	1	2	3	4	5	6	7	8	9	10	11	12	13	14	15	16	17
	PWX	ASL	ASL	ASL	ASL	ASL	ASL	ASL	RSP	RSP	ASL	ASL	ASL	ASL	ASL	ASL	ASL

图 6-13 RSP-14 用户框板位

RSP-14 用户框实物如图 6-14 所示。

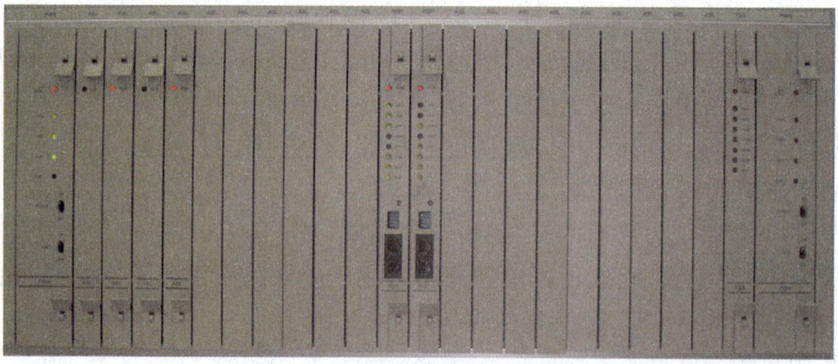

图 6-14 RSP-14 用户框实物

(2)主要板件

①RSP 板远端用户处理板

a. 功能

(a)提供业务承载通道及对本框中的用户板进行管理。

(b)提供远端主节点功能。

b. RSP 板的种类

常用的 RSP 板主要有以下几种:

RSP0:提供 4 路 E1 和 4 条 HW,一般用于商业网等需求大话务量的场合。

RSPB:提供 0 路 E1 和 4 条 HW,一般与 PV8 配合使用。

c. 单板指示灯

RSP 面板指示灯说明见表 6-15。

表 6-15　RSP 面板指示灯说明

指示灯	颜　色	说　明	含　义
RUN	红色	运行灯	1 s 亮、1 s 灭周期闪烁，表示正常； 0.25 s 亮、0.25 s 灭周期闪烁，表示不正常
AID	绿色	互助指示灯	亮表示 RSP 板互助对方板，即对方板出现问题； 正常时两块 RSP 板 AID 灯的状态均为灭
CLK	绿色	时钟主用指示灯	亮表示本板的时钟为 RSP 用户框内的系统时钟； 正常时两块 RSP 板的 CLK 灯一亮一灭
LINK1	绿色	与主机通信状态指示灯	亮表示本 RSP 单板和主机之间的通信正常； 灭表示通信异常
LINK2	绿色	—	目前没有使用
E11～E14	绿色	E1 状态指示灯	E11-E14 指示灯亮时表示对应的 E1 接口异常； 灭表示对应的 E1 接口正常

二、设备故障处理方法

OLT、ONU 设备在日常维护过程中会遇到各类不同的故障，从故障原因上分主要有网管数据配置错误、2M 链路故障和设备板件、用户缆线或用户话机故障等。下面主要从最常遇到的主控系统、V5 接口、用户系统故障角度出发，描述接入网设备故障的处理方法。

（一）主控系统故障

主控系统常见故障分类、故障现象及原因分析见表 6-16。

表 6-16　主控系统常见故障分类、故障现象及原因分析

故障分类	故障现象的具体表现形式	原因分析
前后台通信中断	维护台中显示为离线状态，不能对单板进行查询、维护等操作	多串口卡故障，串口速率配置与加载时的选择不一致
主备倒换异常	不能倒换、倒换后主用异常、倒换后影响其他单板	硬件/软件版本不一致，备板故障
模块加载异常	不能加载、反复加载、加载超时、加载后前后台版本不一致	数据未格式转换或转换出现错误，提示被加载的主控板故障等
级联模块通信异常	维护台中到下级模块的通信中断或业务中断	传输误码或硬件连线问题、单板故障、数据配置错误
时钟故障	时钟告警、整网用户断话或杂音、两块 AV5 板 CLK 灯同时常亮或常灭	2M 线或 DTE 板故障、时钟描述表配置错误

（二）V5 接口故障

1. V5 接口常见故障分类及表现形式

V5 接口常见故障分类、故障现象见表 6-17。

表 6-17 V5 接口常见故障分类、故障现象

故障分类	故障现象的具体表现形式
V5 接口中断	AV5 板上 V5S V5L 灯不亮;该模块出现 V5 告警;V5 接口协议没有建立;所有用户不能呼入呼出
V5 备用链路不能建立	该模块出现 V5 告警;V5 备用链路没有建立;V5 接口不能发起切换
V5 部分协议不能建立	该模块出现 V5 告警;V5 接口部分协议不能建立
V5 接口保护切换异常	V5 接口正常时,从维护台发起保护切换不能成功或主链路故障时,信令链路不能自动切换到备链路上去
级联 V5 接口问题	部分模块不能维护,从维护台观察模块颜色为灰色
2M 链路异常	2M 链路故障;2M 链路状态正常,但是呼叫时,时隙分配到该链路上时不能通话;2M 链路状态为非工作态

2. V5 接口常见故障原因分析

(1)V5 接口故障的常见原因

V5 接口故障的常见原因见表 6-18。

表 6-18 V5 接口故障的常见原因

故障原因	原因分析
硬件故障	中继或协议处理单板故障;2M 链路连接错误
V5 接口数据配置有误	接口两侧需要协商一致的数据未配置一致; 与 2M 链路的连接没有对应
接入网锁相时钟问题	选择时钟源错误;硬件故障,导致时钟源性能严重下降
与其他交换机配合问题	不同厂家的交换机设备对 V5 的处理略有差别,为配合交换机,接入网的某些参数也要作特殊设置

(2)V5 接口 2M 链路故障的原因及分析

V5 接口 2M 链路故障分类、原因及处理过程见表 6-19。

表 6-19 V5 接口 2M 链路故障的分类、原因及处理过程

故障分类	故障原因	处理过程
2M 链路硬件故障	由于 2M 线路连接不好,中继板故障;对端的 PCM 接口故障将引起接口 2M 链路物理层故障	观察中继板是否有 LOS/SLIP 告警,可判断是否是硬件线路引起的故障。硬件故障可通过环回等操作定位
2M 正常,但呼叫时隙分配到该链路上时不能通话	可能是 2M 链路连接交叉错位引起,两端 2M 链路标识相同的链路实际物理连接不一致;也可能两端 2M 链路标识不同	通过维护台发起链路身份标识,可以很方便地验证 2M 链路的物理连接与数据配置是否一致
2M 链路处于非工作状态	可能是由于对端发起 2M 链路的阻塞操作;可能是该 2M 链路连接交叉,导致对端发起了对链路的阻塞;可能是由于两端配置链路数与链路标识不同	首先复位该 2M 端口,故障未解决,再检查 2M 链路的连接是否交叉,分析两端链路配置是否一致

续上表

故障分类	故障原因	处理过程
2M 链路状态不一致	可能是一端对 2M 链路进行了自环，另一端将此 2M 链路断开，造成 2M 链路状态在一端为故障，而在另一端为正常；也可能是因为两端链路配置不同	仔细检查两端 2M 链路 ID 的配置是否一致

（三）用户系统故障

1. 用户系统的常见故障

用户系统的常见故障范围、故障分类及故障现象的具体表现形式见表 6-20。

表 6-20　用户系统的常见故障范围、故障分类及故障现象

故障范围	故障分类	故障现象的具体表现形式
单个用户故障	话机无馈电	摘机指示灯不亮、无拨号音、无舒适噪声
	振铃异常	不振铃、假振铃、摘机不断铃
	通话异常	通话杂音大、通话有串音等
	摘机无音	摘机无拨号音
	单通故障	切不断拨号音、单向通话
大面积用户故障	半框或整框用户故障	主要表现为话机无馈电、不能呼入、无拨号音、通话杂音大、主叫号码显示异常等
	断话故障	单向通话、互不通话、通话掉线

2. 用户系统故障原因

（1）话机无馈电故障

话机无馈电故障原因见表 6-21。

表 6-21　话机无馈电故障原因

故障原因	说　明
用户外线断线	用户环路开路，话机的 a 线或 b 线对地电压为 0
用户外线短路	话机的 a、b 线间电压为 0
用户外线混线	又称交叉线，俗称鸳鸯线，它将造成用户线 a、b 线等电位，使话机失去馈电
ASL 用户内线故障	如雷击造成用户框保险管烧毁，使用户失去馈电
用户话机故障	如话机的整流电路故障，使话机失去馈电等

（2）振铃异常故障

振铃异常故障原因见表 6-22。

表 6-22　振铃异常故障原因

故障原因	说　明
PUX 板故障，无铃流输出	用户框无铃流源可用，常导致整框用户不振铃
ASL 板用户电路故障，铃流无法送出	一般表现为相应电路的用户不振铃

续上表

故障原因	说　明
用户数据中,新业务使用不当	被叫用户设置"无条件呼叫转移"新业务后,没有及时取消,导致所有外线呼入全部被转移,从而使本机用户不振铃
用户话机振铃电路故障,导致话机不振铃	更换话机正常

(3)通话异常故障

通话异常故障原因见表 6-23。

表 6-23 通话异常故障原因

故障现象	故障原因
通话杂音	用户线路问题
	传输的时钟或地线问题
	话机问题
	接入网侧的 2M 链路问题
通话串音	交换机侧问题
	线路问题
	2M 链路问题

(4)摘机无音故障

摘机无音故障原因如下:

①V5 接口问题。

②交换机的 SIG 板问题。

③端口建有非 V5 预连接的半永久连接。

④物理故障,线路单通。

(5)单通故障

单通故障原因如下:

①2M 链路故障。

②HW 线故障。

③母板故障。

④单板故障。

(6)半框或整框用户故障

半框或整框用户故障原因见表 6-24。

表 6-24 半框或整框用户故障原因

故障现象	故障原因
半框或整框用户板故障	数据设置错误
	传输问题
	RSP 板等硬件问题(包括母板)

续上表

故障现象	故障原因
半框或整框用户板故障但 RSP 板正常	2M 下发有误，即把左右 RSP 的 2M 接反，把该下发到其他框的 2M 下发到了故障框
RSP 板互助不成功	数据设置错误(主要是主节点描述表配置错误)；RSP 板硬件故障

(7)断话故障

断话故障原因见表 6-25。

表 6-25 断话故障原因

故障现象	故障原因
用户听到振铃后摘机断话	停初始振铃标志设置不当
	用户话机问题
	用户线路问题
通话过程中断话	用户话机问题
	用户线路问题

(四)光接入网故障

1. 光纤跳接错误导致 ONU 无法上线

(1)现象描述

组网：系统采用一级分光，分光比为 1∶16。主干光纤长 3.2 km，分支光纤长 600 m。

某局点开局时，发现其中一个 ONU 上线失败，该 ONU 的发送光功率为 1.27 dBm，接收光功率为－15.9 dBm。掉电重启和软复位系统都无法解决该问题。

(2)可能原因

①ONU 接收到的光功率小于灵敏度值。

②ODN 线路上存在异常衰减。

③光纤接错端口。

(3)操作步骤

①步骤 1：ONU 的接收光功率为－15.9 dBm，接收光功率正常。

②步骤 2：远程查询时，发现该 ONU 在另外的 PON 口下，推断为光纤跳接错误。

③步骤 3：现场确认，发现存在光纤跳接错误，如图 6-15 所示。

④步骤 4：修改之后，业务恢复正常。

⑤步骤 5：系统运行一个星期，该 ONU 上线稳定。

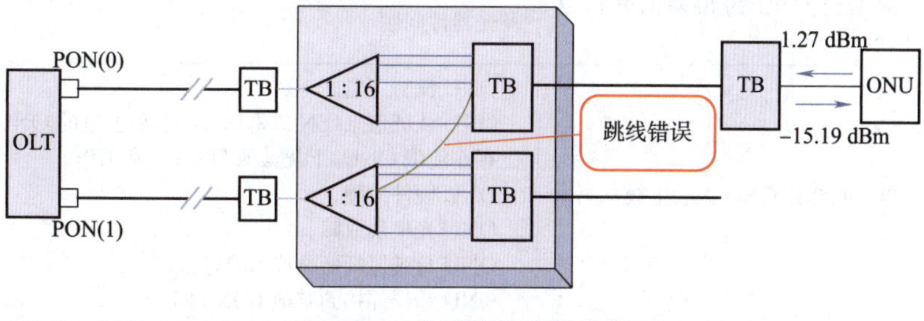

图 6-15 光纤跳接错误示意

(4)建议与总结

建议施工时把不同的端口用标签标识出来,分开管理,防止错接。

2. GPON ONU 状态异常

常见的 ONU 状态异常包括:ONU 无法上线,ONU 配置状态失败,ONU 模板不匹配,ONU 无法自动发现,ONU 频繁掉线。ONU 包括 HG 系列 ONT 和 MDU。

(1)故障定责与定界

①背景信息

上线是指 ONU 上电后,向 OLT 发起注册,并与 OLT 建立管理通道的过程。只有 ONU 上线后,才能够被 OLT 管理和配置业务。可以通过"display ont info"命令查询 ONU 的"运行状态(run state)"来判断 ONU 是否上线。

运行状态为 offline:表示 ONU 离线,对于 OLT 相当于 ONU 不存在。

运行状态为 online:表示 ONU 已经上线。

也可以通过观察 ONU 的指示灯状态来判断 ONU 是否已上线。不同 ONU 的指示灯状态有所不同。

②GPON ONU 无法上线

无法上线又称为无法注册或注册失败。当 GPON 端口下 ONU 无法正常上线,可以在 OLT 侧使用"display ont info"命令查询到 ONU 的"run state"显示为"offline"。

当 ONU 无法上线时,各故障范围的定位依据和可能原因见表 6-26。

表 6-26 故障范围的定位依据和可能原因

故障范围	定位依据	可能原因
OLT	单个或部分 ONU 无法上线	OLT 配置的 SN 或密码与 ONU 实际的 SN 或密码不一致,ONU 无法通过认证并上线。 ONU 到 OLT 的实际距离在 OLT 配置的测距补偿距离范围之外。 OLT 对 ONU 执行了去激活操作
	PON 口下所有 ONU 都无法上线	PON 口没有开启激光器。 可插拔的 PON 光模块故障。 PON 口故障
	单板下所有 ONU 都无法上线	单板或槽位故障
ODN	PON 口下存在 ODN 相关告警,例如: 0x2e11a001:主干光纤断或 OLT 检测不到预期的光信(LOS)。 0x2e112007:分支光纤断或 OLT 检测不到 ONU 的预期的光信号(LOSi/LOBi)	ODN 问题一般是由于设计、施工、光器件选用不合理,导致光路中反射较大、衰减较大: 当单个或部分 ONU 无法上线时,可能是分支光纤线路及光器件问题。 当 PON 口下所有 ONU 都无法上线时,可能是主干光纤线路及光器件问题
ONU	单个或部分 ONU 无法上线	ONU 没有上电。 ONU 认证信息(SN 或密码)冲突,后上电的 ONU 无法上线。 存在流氓 ONU,干扰其他 ONU 正常工作。 ONU 硬件故障。 ONU 光模块故障。 ONU 自带尾纤断裂或弯曲过大。 ONU 错误连接到其他 PON 口上

(2)相关告警处理

操作步骤:查询相关告警,定位故障范围并处理。

①使用"display alarm active alarmparameter frameid/slotid/portid"命令查询 OLT PON 口下未恢复的告警。

②在 GPON 模式下,使用"display ont alarm-state"命令查询 ONU 当前未恢复的告警。

③如果 ONU 之前可以上线,后来无法上线,使用"display ont info"命令查询 ONU 最后一次下线原因(last down cause)。

ONU 无法上线时,OLT 可能产生的告警见表 6-27。

表 6-27　ONU 无法上线时的 OLT 告警

故障范围	相关告警
ODN	0x2e11a001:主干光纤断或 OLT 检测不到预期的光信号(LOS)。 0x2e112007:分支光纤断或 OLT 检测不到 ONU 的预期的光信号(LOSi/LOBi)
ONU	0x2e314021:端口下存在非法入侵的流氓 ONU。 0x2e314022:ONU 是流氓 ONU。 0x2e11a00b:GPON ONU 掉电(DGi)。 0x2e305015:ONU 认证信息非法

(3)OLT 故障

OLT 故障原因、判断依据及处理方法见表 6-28。

表 6-28　OLT 故障原因、判断依据及处理方法

故障原因	判断依据	处理方法
OLT 配置的序列号与 ONU 实际的序列号不一致,ONU 无法通过认证并上线	使用"display onu info"命令查看 ONU 信息,查询结果中的"SN"与 ONU 实际序列号不同	使用"onu modify"命令将配置数据修改为正确的序列号或密码
ONU 到 OLT 的实际距离在 OLT 配置的测距补偿距离范围之外	使用"display port info"命令查询 GPON 端口测距补偿的最近距离(min distance)和最远距离(max distance),ONU 到 OLT 的实际距离在此范围之外。举例:ONU 到 OLT 的实际光纤长度约为 25 km,配置的测距补偿距离为 0～20 km	使用"port range"命令调整最近和最远距离,使实际距离在测距补偿范围内。 说明: 缺省情况下,GPON 端口测距补偿为 0～20 km。按照协议,GPON 端口测距补偿最远距离不能超过 60 km,最近与最远距离不能相差超过 20 km
OLT 对 ONU 执行了去激活操作	使用"display onu info"命令查看 ONU 信息,查询结果中的"控制标志(control flag)"为"去激活(deactivated)"	使用"onu activate"命令激活 ONU。 说明: ONU 在去激活状态时,光模块只接收光信号,不发送光信号
PON 口没有开启激光器	使用"display port info"命令查询端口信息,"GPON 端口管理状态(admin state)"为"关闭(off)"状态	使用"port laser-switch"命令打开 PON 端口激光器。 说明: 缺省情况下,GPON 端口激光器是打开的

续上表

故障原因	判断依据	处理方法
PON口故障	满足以下两个条件之一，可以判断为此原因。 使用“display port state”命令查询端口状态，查询结果中存在不正常的项目，重点检查光模块状态(laser state)是否正常和发送光功率(TX power)是否在正常范围(1.5～5.0 dBm)内。 将业务迁移到其他端口后，ONU可以上线	更换光模块或单板
单板或槽位故障	整块单板下的所有ONU都不能上线	首先更换单板槽位，如果故障无法排除，更换单板

(4)ODN故障

ODN故障原因、判断依据及处理方法见表6-29。

表6-29 ODN故障原因、判断依据及处理方法

故障原因	判断依据	处理方法
光纤连接器端口脏。 说明：光纤连接器端口脏会导致衰减过大，异常反射等情况	①使用OTDR测量主干光纤和分支光纤，存在异常反射和损耗。 ②现场使用“光纤端面检测器”检查光纤连接器端口，发现端口脏	清洁连接器端口
光纤存在较大弯曲。 说明：弯曲半径过小，会导致衰减过大	①使用OTDR测量主干光纤和分支光纤，存在异常损耗点。 ②现场检查发现光纤存在较大弯曲	整理光纤
光纤熔接质量差，如熔接点存在气泡等。 说明：光纤熔接质量差会导致光信号传输不稳定，出现丢包问题	①使用OTDR测量主干光纤和分支光纤，存在异常损耗点。 ②现场使用放大镜检查光纤熔接点，存在气泡等熔接质量问题	重新进行光纤熔接
光纤连接不紧密或不同类型光纤接头对接。 说明：连接不紧密或不同类型光纤接头对接会导致较大的衰减和反射	①使用OTDR测量主干光纤和分支光纤，存在异常损耗点。 ②现场检查发现接口连接不紧密或存在PC(蓝色)接头和APC(绿色)接头对接的情况	如果连接不紧密，重新连接光纤，保证连接紧密。 如果存在不同类型光纤接口对接问题，需要重新制作光纤接口或更换分光器等相关设备
使用了多模光纤。 说明：多模光纤会导致光信号的快速衰减，回波损耗变大	①使用OTDR测量主干光纤和分支光纤，光信号在光纤中衰减很大。 ②现场检查光路，存在多模光纤。多模光纤可以从颜色等物理特征上识别	更换多模光纤为单模光纤
光路中的光衰减值太小。 说明：光路衰减小，会导致ONU接收到的光功率超过其过载光功率	满足以下两个条件之一，可以判断为此原因。 ①使用光功率计测量ONU接收光功率，测试结果大于−8 dBm。 ②检查OLT与ONU之间的光路，总光衰减值太小，一般衰减在10～25 dB为正常	在OLT与ONU之间光路上增加光衰减器件

续上表

故障原因	判断依据	处理方法
ODN 规划不合理。 说明：ODN 链路的分光比不是由连接的 ONU 数量决定的，只要接上分光器，光衰已经产生，分光就要计算。OLT 接收到两个相邻 ONU 的光功率之差不能大于 15 dB	不满足 ODN 链路规划规范和 GPON ClassB+标准要求： ①存在三级分光。 ②ODN 网络覆盖距离远超 20 km。 ③分光比超出规格。例如：某个单板支持的最大分光比为 1∶64，如果一级分光比为 1∶8，二级分光比为 1∶16，实际分光比为 1∶128，超出了规格。 ④某两条光路的光衰相差超过了 15 dB	优化 ODN 网络，满足华为 ODN 建设要求和规范
分光器故障或连接器端口脏	使用光功率计测量分光器输入光功率和输出光功率，发现衰减大于理论值。 说明：OTDR 无法穿透分光器进行测量，所以分光器问题无法使用 OTDR 测量发现	更换故障的分光器或清洁分光器光口
主干光纤断	①使用 OTDR 测量主干光纤，存在光纤断点。 ②在现场检查发现光纤断或未连接	重新连接光纤
分支光纤断	①使用 OTDR 测量分支光纤，存在光纤断点。 ②在现场检查发现光纤断或未连接	重新连接光纤

(5)ONU 故障

ONU 故障原因、判断依据及处理方法见表 6-30。

表 6-30　ONU 故障原因、判断依据及处理方法

故障原因	判断依据	处理方法
ONU 没有上电	满足以下两个条件之一，可以判断为此原因。 ①OLT 侧出现 0x2e11a00b：GPON ONU 掉电(DGi)告警，没有对应恢复告警。 ②现场检查发现 ONU 供电电源故障或关闭	恢复 ONU 供电
存在流氓 ONU，干扰其他 ONU 正常工作。 说明：存在流氓 ONU 时，不能正常上线的 ONU 不一定故障，能够正常上线的 ONU 也可能是流氓 ONU	满足以下条件之一，可以判断为此原因。 ①OLT 侧出现 0x2e314021：端口下存在非法入侵的流氓 ONU 告警。 ②OLT 侧出现 0x2e314022：ONU 是流氓 ONU 告警。 ③将 OLT PON 口光纤直接连接到光功率计上进行测量，只要光功率计有读数，说明有 ONU 长发光或乱发光。测量光功率的方法会导致业务中断，建议仅在 PON 口没有业务时使用(例如开局时)	更换流氓 ONU 为正常的 ONU
ONU 认证信息(序列号)冲突，后上电的 ONU 无法上线	OLT 侧出现 0x2e305015：ONU 认证信息非法事件，原因为新接入的 ONU 的 SN、密码等认证信息与当前 ONU 冲突	更换序列号冲突的 ONU

续上表

故障原因	判断依据	处理方法
ONU 错误连接到其他 PON 口上。 说明:如果在 OLT 上已经配置了某个 ONU,则该 ONU 只能连接到对应的 PON 口下。如果 ONU 连接到其他 PON 口,则 ONU 无法上线	满足以下条件之一,可以判断为此原因。 ①OLT 侧出现 0x2e10a10b:GPON ONU 被自动发现事件,且 PON 口自动发现的 ONU 的认证信息(SN、密码等)与配置在其他 PON 口下的 ONU 的认证信息相同。 ②OLT 侧出现 0x2e305015:ONU 认证信息非法事件,事件原因为新接入的 ONU 的 SN 与另一个端口下已经配置的 ONU 的 SN 重复	选择其中一种方式处理。 保持 ONU 与 PON 口物理连接不变。在 OLT 上使用"onu delete"命令删除 ONU 在 OLT 上的原有配置,使用"onu confirm"命令在自动发现 ONU 的 PON 口上确认 ONU。 保持数据配置不变。将 ONU 连接到已配置了该 ONU 的 PON 口上
ONU 硬件故障	满足以下条件之一,可以判断为此原因。 ①ONU 上电后指示灯不亮。 ②使用正常的 ONU 代替问题 ONU 后,可以正常上线	更换故障 ONU 或光模块
ONU 光模块异常,主要是发送光功率偏小、接收灵敏度差等	使用正常的 ONU 代替问题 ONU 后,可以正常上线。或通过以下测试方法定位故障原因。 ①将 ONU 光模块设置为长发光,使用光功率计测试发送光功率,测试结果在正常范围(0.5~5.0 dBm)外。 ②在 ONU 侧,使用光功率计测试 ONU 接收光功率,测试结果在正常范围(−27~−8 dBm)内	更换故障 ONU 或光模块
ONU 自带尾纤断裂或弯曲过大	现场检查发现尾纤断裂或弯曲过大	更换 ONU 自带尾纤

复习思考题

1. 简述接入网在通信网中的位置并画图表示。
2. 简述接入网的三种主要类型接口。
3. 简述综合业务接入网的组成。
4. 根据接入网室外传输设施中是否包含有源设备,光接入网可以分为哪两类?
5. 铁路接入网主要包括哪些设备?
6. 简述接入网 NU/ONU 设备日常检修作业内容。
7. 简述接入网 2M 链路硬件故障原因及处理方法。

第七章　调度通信系统

调度通信系统是铁路行车指挥的神经枢纽，是直接为铁路运输生产服务的重要通信设施。为保证列车畅通无阻，安全高速，调度通信系统必须提供迅速、安全、可靠的通信服务。

第一节　铁路调度通信系统概述

铁路调度通信系统在 20 世纪基本采用的是音频调度总机（例如 YD-Ⅲ、DC-7 等）、音频调度电话分机（如 YD-Ⅲ-2 型），站场通信采用的大多是模拟集中机（如 CZH-Ⅲ型），其间通过模拟回线连接。上述技术落后、维护成本高、故障率高且通话质量差，难以适应铁路运输需要。

随着光传输的发展，信道容量和通信质量都有了很大的进步。调度通信系统也顺应技术的发展，由模拟跨入了数字时代。车站间开始采用数字 2M 通道，各类终端也都采用了数字终端。按照现有铁路的属地化管理模式，全路十八个铁路局集团公司在其所在地都设有调度主系统，本局的调度主系统通过数字环管理本局内的车站分系统，邻局之间的调度主系统通过 30B+D 通道连接，国铁集团的干调系统通过 30B+D 通道与各铁路局集团公司的调度主系统连接。

从网络结构上来看，各个铁路局集团公司调度主系统和内部车站分系统都采用环型组网，国铁集团干调主系统和各铁路局集团公司调度主系统采用星型组网，从而形成整个铁路调度通信网。在部分较大的铁路局集团公司，主系统可能有多套，此时会有一个汇聚主系统，它们之间采用星型连接，汇聚主系统再与干调系统连接。

随着我国高速铁路、客运专线的蓬勃发展，GSM-R 网络应运而生，基于 GSM-R 的调度通信系统也随之发展起来。其中，固定用户接入交换机（Fixedusers Access Switching，FAS）系统是新一代铁路调度通信系统，主要负责调度员、车站值班员和其他用户间的通信，采用模块化设计、分布式集中控制方式、数字交换和计算机通信技术，具备适应各种通信业务的接口，既能满足调度通信的需要和多种业务的综合接入，又能适应与 GSM-R 网络和其他数字程控交换机的互联互通。

第二节　调度通信系统基本原理及体系结构

一、调度通信系统基本原理

1. 数字共线

在模拟调度系统中，调度总机与所辖的调度分机在同一对调度回线上，调度台通过发送不同的双音频组合来呼叫不同的调度分机，调度分机呼叫调度总机则采用定位受话方式，即不需发送呼叫信号。通话与呼叫是在同一个通话(电路)中进行的。

在数字调度通信系统中,呼叫与通话在不同的时隙中进行,每一个调度台与所辖的所有调度分机分配一个专用的话音通道,这就是常说的“数字共线”通道。呼叫信号和通信信息通过另一个专用通信通道(一般占3～4个时隙)传送。

信令通道呈总线式结构,专用通信通道自主系统贯穿所有分系统,即在总线型组网方式下传送信令,结构如图7-1所示。

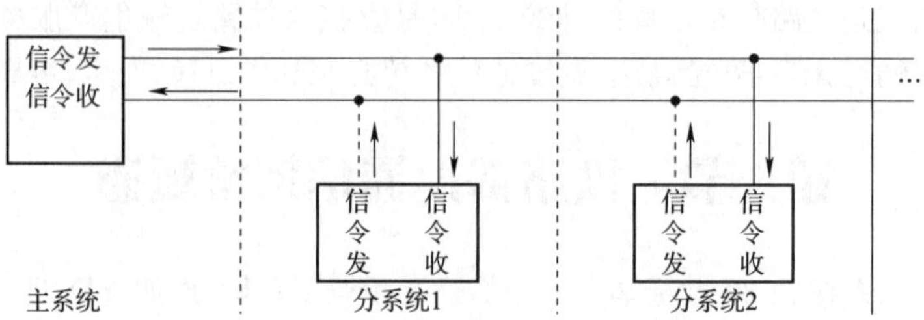

图7-1 信令通道总线式结构

以主系统为主导,其他分系统处于从属地位。

主系统对各分系统采用分时轮循的访问方式,专用通信通道的管理权归主系统。通信由主系统发起,即主系统通过信令发口发送各种消息,其中包含被访问分系统的地址信息,所有的分系统的信令收口均随时处于接收状态,分析主系统是否访问自己。当被访问分系统确认自己为被访问对象时,通过交换网络将该分系统的信令发口连至主系统的信令收总线,从而实现主系统与该分系统间通信。

主系统和分系统间采用专用信令,因此主系统和分系统必须配套使用。数字共线方式如图7-2所示。

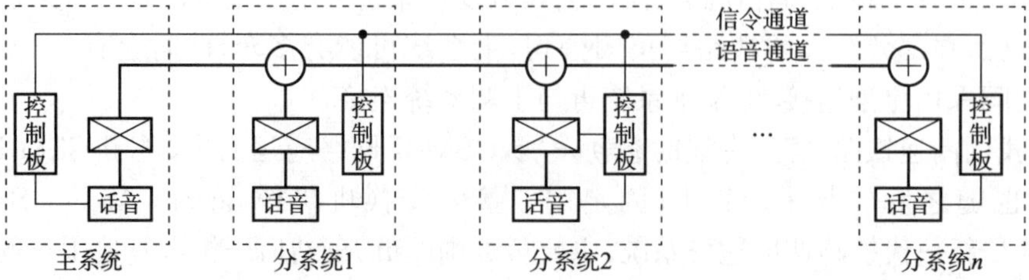

图7-2 数字共线方式

2. 呼叫流程

(1)单呼:指从调度员发起呼叫—值班员摘机应答—双方通话的过程。值班员呼叫调度员的通信过程与其类似。

(2)调度员发起呼叫:在调度台上按下某一呼叫键,键位灯闪烁,显示屏上显示“正在呼叫”并听回铃音;被叫值班台键位灯闪烁并响铃。具体过程如图7-3所示。

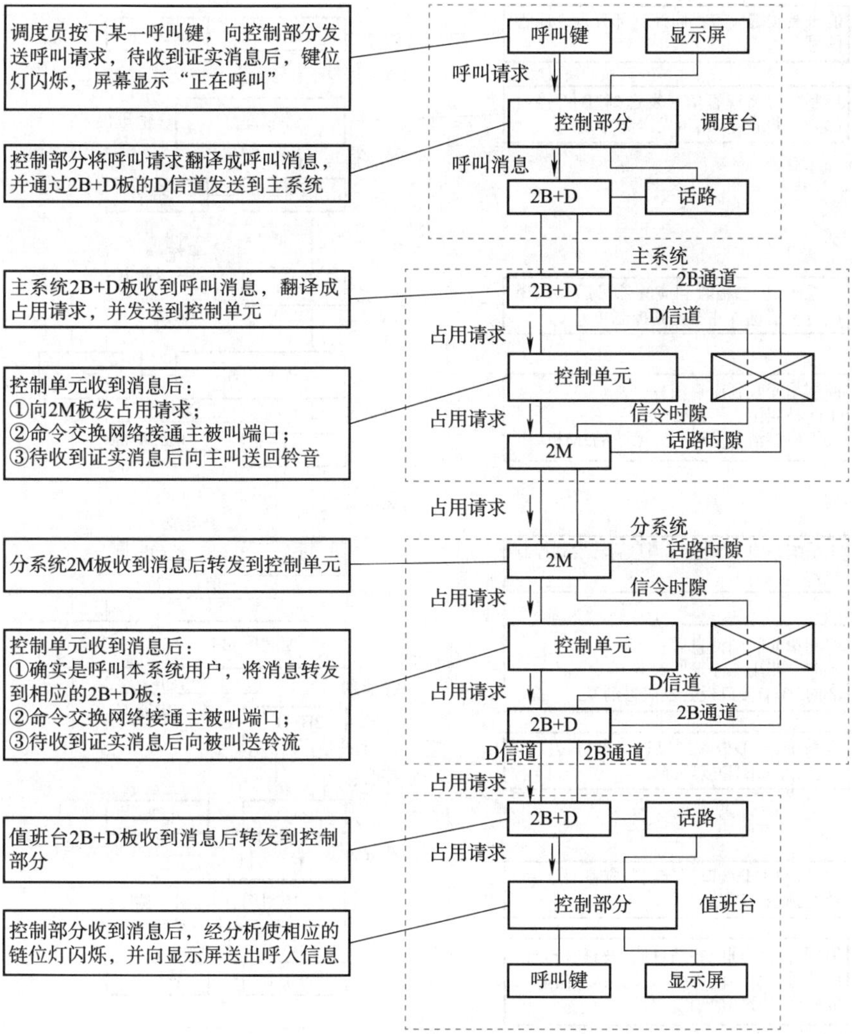

图 7-3　调度员发起呼叫的通信过程

(3)值班员摘机应答：在值班台上按键应答，停止响铃，键位灯由闪烁变为长亮，并停发回铃音，具体过程如图 7-4 所示。

(4)双方通话和话毕挂机：主被叫用户进入通话状态，控制单元不断监视主被叫用户是否挂机，通话完毕一方挂机后，挂机方所属系统(主或分系统)向对方发“挂机(拆线)消息”，未挂机方所属系统收到该“挂机消息”后，向未挂机终端送忙音。

上述发起呼叫或挂机过程中，如果调度员当前呼叫通道内有其他用户，则不向调度员送回铃音或忙音。

3. 组呼(全呼)通信过程

(1)调度台发起组呼(全呼)：调度员组呼或全呼时，主系统在专用通信通道上发“组呼(全呼)消息”，相应分系统收到该“组呼(全呼)消息”后，向相应终端发出呼叫信号，值班台或话机振铃，调度员听回铃音。

(2)被叫应答：当某一被叫分机摘机应答后，其所属分系统向主系统发送被叫“应答消

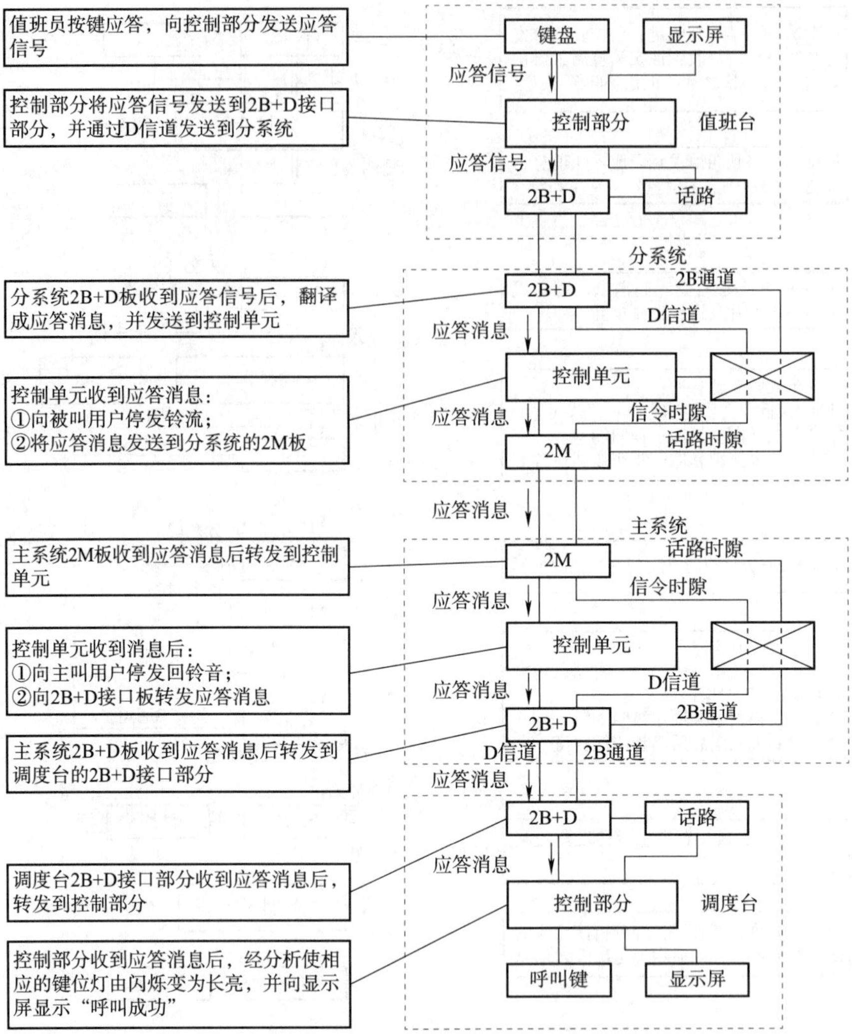

图 7-4　值班员摘机应答的通信过程

息”,然后主系统和该分系统将通道接通,调度员与之通话,其他用户陆续摘机后自动加入通话。

(3)话毕挂机:部分分机挂机后,自动退出通话;只有当调度员或所有分机都挂机后,该呼叫拆除。

二、调度通信系统组成

调度通信系统逻辑上由后台交换主机、终端设备、传输设备等组成,系统结构如图 7-5 所示。

1. 后台交换主机

后台交换主机是系统的核心设备,实现全系统的网络和通道管理功能、各系统的呼叫处理和交换功能、操作台的管理和调度功能、接口的处理及组网功能等。

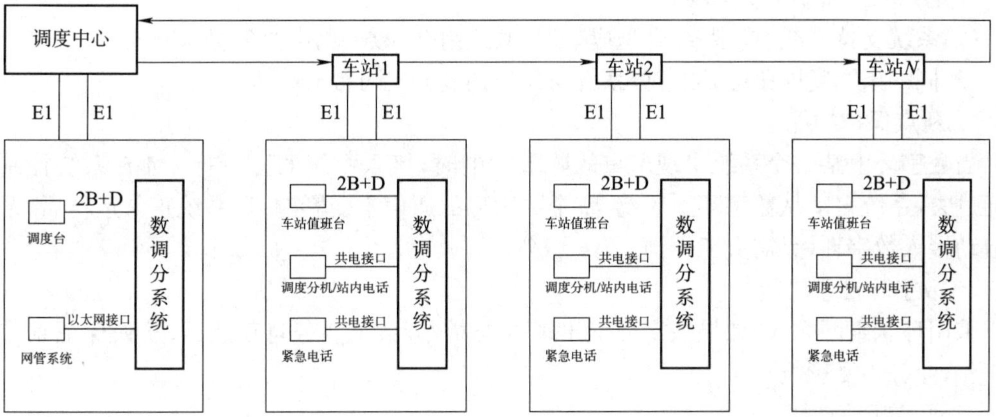

图 7-5　调度通信系统结构

2. 终端设备

终端设备包括操作台、集中维护管理终端(维护台)、各种功能的终端分机等。

3. 传输设备

传输设备将各个独立系统连接起来,组成一个完整的专网系统。在实际应用过程中,传输设备通常是由铁路通信骨干网提供的 2M 传输通道或既有的模拟实回线。

三、调度通信系统功能

(一)系统功能

1. 调度功能

(1)具有呼叫优先级划分功能;具有组呼功能。

(2)系统可以设置多个不同优先级的组呼;系统可以同时发起多个不同优先级的组呼。

(3)能提供实时同步录音接口功能;兼容现有调度设备。

(4)同一用户允许被设置在不同优先级的组呼组内,当多个组呼同时发生时,该用户被接至优先级最高的组呼内通话。

(5)具有强插功能。高优先级的呼叫可以对低优先级的呼叫进行强插;同优先级的组呼和个别呼叫间不允许强插。

(6)调度呼叫接续无阻塞。

(7)具有区别振铃功能。

2. 调度台、值班台功能

(1)支持语音广播;支持有线组呼。

(2)支持呼叫等待、呼叫保持;支持呼叫前转、呼叫转移;支持强插、强拆。

(3)支持自动应答,具有 30 min 的复述功能。

(4)键控调度台或值班台支持 5 km(0.5 mm^2 线径)的电源远供功能。

(5)支持主叫线识别提供业务(CLIP);支持主叫功能号码显示。

(6)扬声器、耳机音量半可调;两个通话通道可同时使用,并可相互切换。

(7)可设置 PTT 键用于组呼通话,发送预定义的双音多频信号。

3. 有线调度业务接入功能

(1)系统支持共线、星型、综合型(星型和共线组合)数字调度业务组织方式。

(2)同一条调度电路中,数字分系统与模拟调度分机可混合接入。

4. 断点保护功能

当数字环上某一个系统出现严重故障或断电时,接入系统的上下行 2M 在系统控制下直通过去,系统自动从数字环上脱离,整个数字环的通信不受影响;该系统正常运行后,系统会自动接入数字环,无需人工干预。

5. 数字环自愈功能

采用环状组网方式,如果数字环上出现一处断点,系统业务自动迂回,从而保证系统正常工作,业务不受影响。

6. 回波相消功能

老式模拟调度通信设备,为防止主通道(麦克风和喇叭)啸鸣,调度总机采用总机定位受话、操纵单工送话的方式,这种方式不仅分散调度员的注意力,操作不当时还经常发生丢话和断话现象;车站集中机采用模拟音控自动半双工的通信方式,这种方式在嘈杂环境下经常不能正常工作。基于以上情况,系统调度台使用了自动增益控制和回波相消技术,以实现主通道的真正全双工通信。

(二)业务功能

1. 列调

(1)列车调度员以单呼(车次号功能寻址/MSISDN 号码方式)、组呼、广播方式呼叫调度辖区内的机车司机。

(2)列车调度员以单呼、组呼方式呼叫调度辖区内的车站值班员。

(3)列车调度员组呼调度辖区范围内的机务段(折返段)运转、列车段(车务段、客运段)、电力牵引变电所等值班员并通话。

(4)列车调度员向调度辖区范围内的车站值班员、机车司机、助理值班员、工务人员、道口人员发起紧急组呼。

(5)机车司机按位置寻址/ISDN 号码方式呼叫当前所在调度辖区的列车调度员并通话。

(6)机车司机按位置寻址/ISDN 号码方式个别呼叫本站/前方站/后方站值班员并通话。

(7)机车司机向所属调度辖区的调度员以及相邻的车站值班员、机车司机、助理值班员、工务人员、道口人员发起铁路紧急呼叫。

2. 电调

(1)牵引供电调度员应按个别呼叫、组呼等方式呼叫调度辖区范围内相关用户并通话。

(2)牵引供电调度员接收所属用户的个别呼叫并通话。

3. 站场通信

站场通信实现以车站值班员(调度员)、助理值班员、客运值班员等为中心的通信,其用户包括机车司机、车站外勤值班员和站内道口、值班工区、客运作业人员等。

4. 站间通信

站间通信实现(相邻)两车站值班员之间语音联络的点对点通信。

四、数字调度通信系统结构

1. 系统结构

数字调度通信系统由调度所主系统、车站分系统、调度台、值班台、其他各类固定终端及网管终端构成。调度所主系统设置在国铁集团和铁路局集团公司等调度机械室；车站分系统设置在车站和用户相对集中的通信机房；调度台设置在各类调度员所在地；值班台设置在车站值班员等用户所在地。其接口定义如下：

(1)Fa 接口：ISDN 基群速率接口(30B+D)，DSS1 信令。

(2)b 接口：ISDN 基群速率接口(30B+D)，DSS1 信令；基群速率 E1，内部信令。

(3)Va 接口：RS-232、RS-485、以太网接口等。

(4)Ua 接口：ISDN 基本速率接口(2B+D)，DSS1 信令；基群速率 E1，内部信令。

(5)Ub 接口：Z 接口、共总接口、共分接口、磁石接口、二/四线音频接口、模拟调度总机接口、选号分机接口、64 kbit/s 接口、录音接口。

2. 组网方式

数字调度通信系统按国铁集团至铁路局集团公司和铁路局集团公司至站段二级结构组网。

(1)国铁集团调度所主系统至各铁路局集团公司调度所主系统采用星型复合结构，且有迂回路由。相邻铁路局集团公司调度所主系统间设直达路由。

(2)铁路局集团公司调度所主系统至车站分系统采用环型或星型结构。

①铁路局集团公司调度所主系统至车站分系统采用环型结构

铁路局集团公司调度所主系统的下行 E1 口经过数字传输通道连接到车站 1 分系统的上行 E1 口，车站 1 分系统的下行 E1 口连接到车站 2 分系统的上行 E1 口上，如此串接到最后一个车站分系统的上行 E1 口，其下行 E1 口连接到铁路局集团公司调度所主系统的上行 E1 数字接口上。这样多个分系统就构成了一个数字环。

②铁路局集团公司调度所主系统至车站分系统采用星型结构

铁路局集团公司调度所主系统提供多个 2M 数字接口，分别与车站分系统的 2M 数字接口连接，每个车站分系统至铁路局集团公司调度所主系统都有自己独立的 2M 通道，铁路局集团公司调度所主系统与任一车站分系统间可独立完成话音及数据等业务。

五、数字调度交换机

1. 数字调度交换机简介

数字调度交换机相当于一台数字交换设备，为调度所和车站提供各种调度相关业务，对全系统的网络、通道、操作台进行管理，对各种接口进行处理，对各类通信业务进行呼叫和交换接续，其结构组成如图 7-6 所示。

2. 数字调度交换机构成

数字调度交换机主要板件及功能如下：

(1)主控板：数字调度交换机的控制单元，提供电路交换网、主控 CPU 系统以及基本的信号音、收发号器资源和会议资源等。

(2)数字中继板：与数字环板共同组成数字中继模块，提供 E1 接口与其他交换机的连接功能。

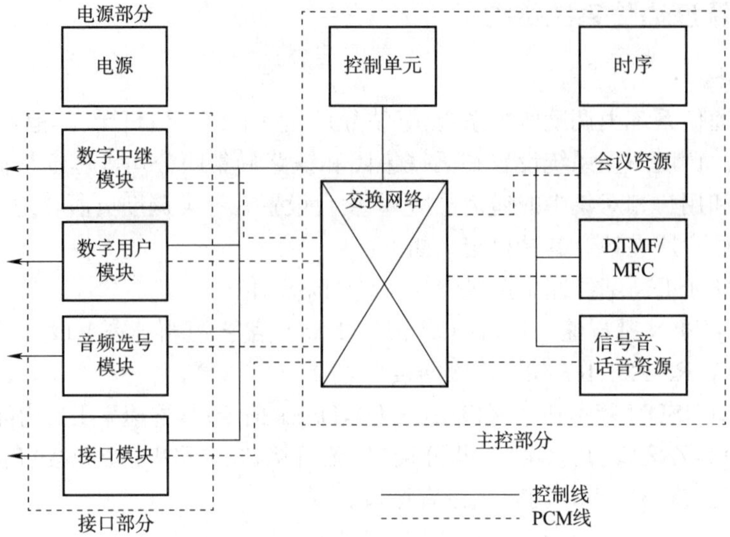

图 7-6 数字调度交换机组成示意

(3)数字环板:与数字中继板共同组成数字中继模块,提供 E1 接口与其他交换机的连接功能。

(4)数字用户板:提供 2B+D 接口与触摸屏调度台或键控式调度台的连接功能。

(5)用户板:即共电用户接口板。

(6)接口板:属于数字调度交换机的接口模块,接口板由母板和各子板组合而成。每块母板可插各类型子板,包括磁石插板、二/四线音频插板、选号插板、区间插板、环路插板等。

(7)铃流板:为数字调度交换机提供信号音资源,提供模拟用户话机和磁石话机的铃流。

(8)电源模块:由−48 V 直流电源模块和 220 V 交流电源模块共同组成。

3. 数字调度交换机网管

(1)佳讯数字调度交换机网管

佳讯调度交换系统运行维护通过 AnyManager 网管系统进行,包括数据和配置管理、告警与测试管理、话务统计与分析、计费、内置式信令分析等模块,各模块可以分别加载,可以部署在一台计算机上,也可以分别部署在不同的计算机上。

网管与交换机之间采用 TCP/IP 通信,网管只需要与一台或几台交换机在一个 LAN 里,其余交换机可以靠主控之间的通信为网管管理远程网元提供 IP 通信通道。网管和主控上都支持 IP 路由协议。网管系统和网元之间采用佳讯私有的应用层协议。

网管系统软件采用 C/S 方式。客户端软件相同,但根据不同的权限可以加载运行一个或多个或全部模块。客户端软件可以和服务器端软件部署在同一台计算机上。

(2)数字调度交换机网管系统功能

①日常管理

a. 查看网络、主系统和各分系统的运行状况;查看各系统的程序和数据版本。

b. 加载程序和数据;下发远程主备切换、复位等命令。

c. 远程完成建立固定连接、半固定连接等网络交叉功能。

d. 监视系统中所有的模拟和数字端口状态;远程调整主/分系统中模拟端口电平值。

②数据配置管理

a. 网络通道时隙使用方式的配置。

b. 主系统和分系统的数据配置；调度台、车站值班台数据的配置等。

③故障管理

a. 全系统所有告警、故障信息的收集、统计和分析。

b. 生成告警日志；告警信息的查看和打印。

④安全管理

a. 建立管理员和操作员数据库，记录管理员和操作员的各种操作信息。

b. 为各级管理员和操作员分配不同的操作权限。

c. 针对不同的管理员和操作员设置不同的操作内容，确保网管系统的安全性。

六、数字调度分系统

1. 数字调度分系统接入

用于一般数字调度通信系统时，佳讯调度交换机或中软调度交换机可用作主系统和分系统，主系统带若干数字环，每个环上有若干个分系统，组网示意如图 7-7 所示。

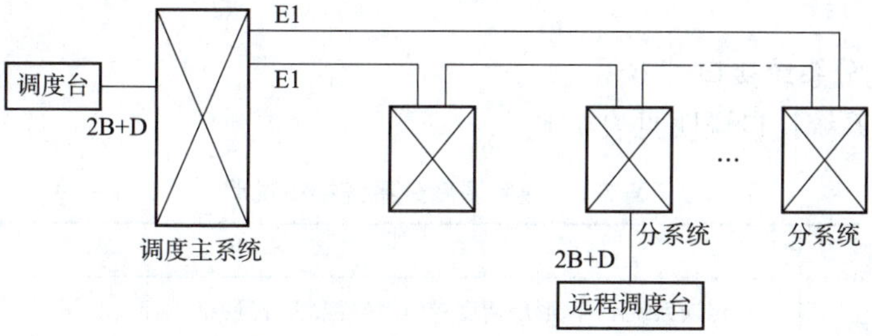

图 7-7　数字调度通信系统组网示意

2. 数字调度分系统构成

数字调度分系统构成示意如图 7-8 所示。

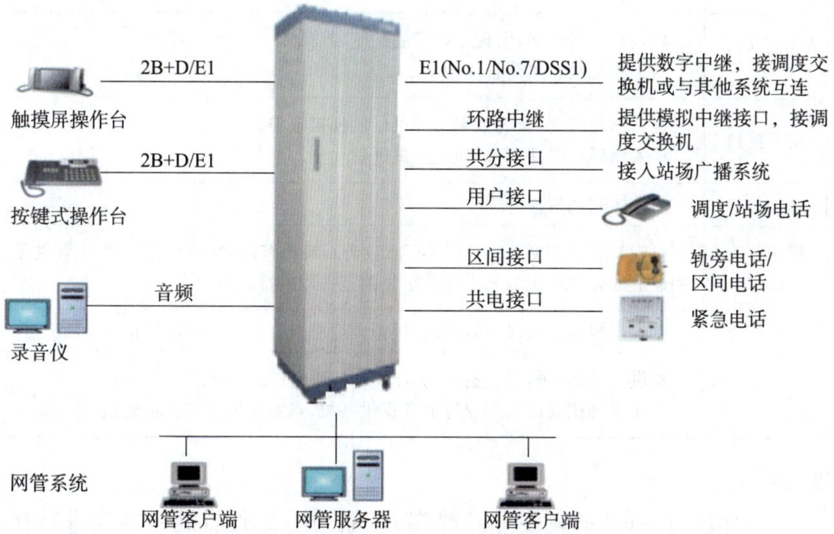

图 7-8　数字调度分系统构成示意

3. 调度台(值班台)

值班台包括与调度所FAS连接的调度台和与车站FAS连接的车站台，由键盘部分、显示部分、控制部分、话路部分、接口部分等组成，如图7-9所示。

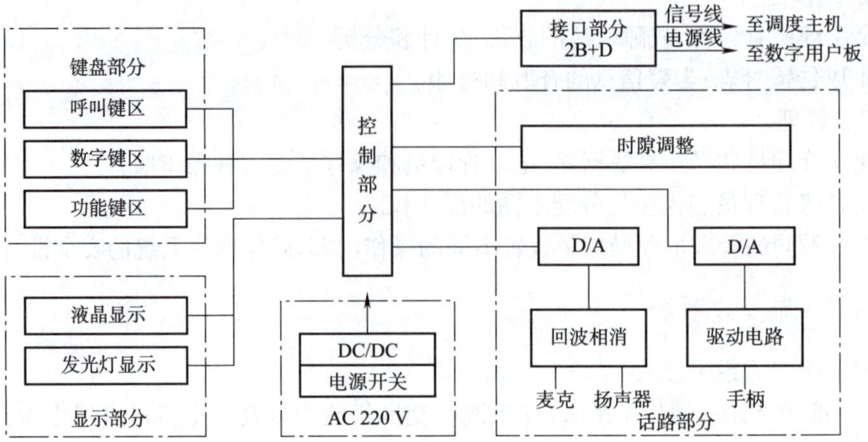

图7-9 值班台组成示意

4. 数字调度分系统接口

数字调度分系统接口说明见表7-1。

表7-1 数字调度分系统接口说明

接口类型		说明
数字接口	2M接口	与传输系统配合，形成调度专用网的“数字环”网络。 每个2M的时隙中可实现数字调度、专用电话、站间业务及数据传输
	U接口	提供2B+D接口与调度台或值班台连接功能，传送一路数据和两路数字化的语音
模拟接口	共电接口	接入调度分机或专用电话分机，接受调度台的调度。 接入站场用户，与值班员通信
	共分接口	接入扩音转接架，实现站内广播。 与集中机共总盘配合使用
	磁石接口	接入站间闭塞，作为数字站间通信的模拟备份。 接入原磁石电话用户，与值班员通信
	区间接口	接入区间通信柱
	模拟调度接口	可代替原有调度总机(DC、GC、YD类)，将原有的调度回线接入数字调度系统中，作为数字通道的备份或作为未进行数字化改造区段的接入方式
	选号接口	接入模拟调度回线，接收各种模拟调度总机发出的模拟呼叫信号
	音频接口	提供二/四音频，提供透明的64 kbit/s通道，接入音频信号。 为无线列调、红外、调监等业务提供共线、点对点的数字传输通道

5. 调度分机

调度分机是除值班台以外的调度业务终端，一般采用普通话机的方式进行接入，完成调度业务的基本呼入呼出功能。

第三节　FAS系统

一、FAS系统基本原理

FAS系统是基于GSM-R网络，完成调度通信、调度命令传输、公务移动通信等功能的固定用户接入系统，主要采用数字交换技术，首先将模拟的话音信号变为数字信号，即话音信号数字化，然后将数字化的语音信号进行交换，实现数字共线和数字交叉连接。

1. 模数转换

调度通信所传送的语音信号是模拟信号，若要在数字通道上传输，必须在对语音信号进行抽样、量化、编码后进行数字化，并在接收端还原成模拟信号。

2. 数字交换

将数字化的话音信号通过数字交换网络进行交换，实际上是时隙信息的交换，也就是通信双方中的发送方将其数字化后的信号，按照一定的时间规律存放在存储器中，接收方也按照相同时间规律从存储器中取出相应的数字信号，这样接收方就能听到发送方的声音了。实现上述原理的数字电路来就是数字交换网络，数字交换网络能够将一个时隙的内容交换到另一个时隙上去。

3. 数字共线

从数字时分交换的原理可知，在数字通信系统中，双方通话只需要进行交换即可，但如果要实现三方或更多方通话，则需要专门的数字会议电路，不能简单地并接。数字会议电路的原理是将通信中两个发送方的数字信号进行叠加后再送给接收方，接收方就可以听到两个发送方的声音。在调度通信系统中实现上述多方通话的方式有两种。一种是各车站的用户占用不同的时隙，经传输汇聚到调度主系统后，再作数字会议加法；另一种是各车站用户在车站处先作数字会议加法，然后同邻站来的时隙内容相加后，再经过同一时隙送向下一站。这个时隙称之为数字共线。

二、FAS系统与数字调度系统的区别

1. 交换容量不同

数字调度系统设备交换容量大多为512×512或1 024×1 024，FAS系统设备的交换容量最少可以达到4 096×4 096，甚至还可以扩至12 288×12 288。

2. 系统结构不同

数字调度系统设备采用主控扩展模式，系统只有一个主控框，其他都是扩展框，主控框出现故障会影响整个系统。FAS系统设备采用全分散模式，系统由多个模块框叠加组成，各模块间完全独立，整个系统没有核心控制模块，任意模块运行故障不会影响其他模块的运行。

3. 对GSM-R的支持程度不同

数字调度系统设备对GSM-R系统的支持不够，经过升级后可以支持部分G网业务。FAS系统设备为后期开发产品，系统可以全面支持GSM-R的各项业务。

4. 对IP的支持不同

数字调度系统设备不支持IP，FAS系统设备支持IP。

5. 对双系统的支持不同

数字调度系统设备不支持设置主备系统，FAS 系统设备可以支持双系统冗余备份设置。

第四节 通信记录装置

一、通信记录装置简介

语音记录仪(以下简称录音仪)采用录音通道与调度通信系统的音频接口连接，对调度台或车站值班台进行录音，也可直接连至所要录音话机(或调度台)的音频接口；采用中继通道与调度通信系统的共电用户接口连接，实现对录音仪的远程调听。中心录音仪与车站录音仪通过 IP 网络连接，可实现全线录音仪的统一管理、配置和录音资料的调听；通过网口与时钟网连接或将本机时间作为全网录音仪时间，供车站系统提取。录音系统组网如图 7-10 所示。

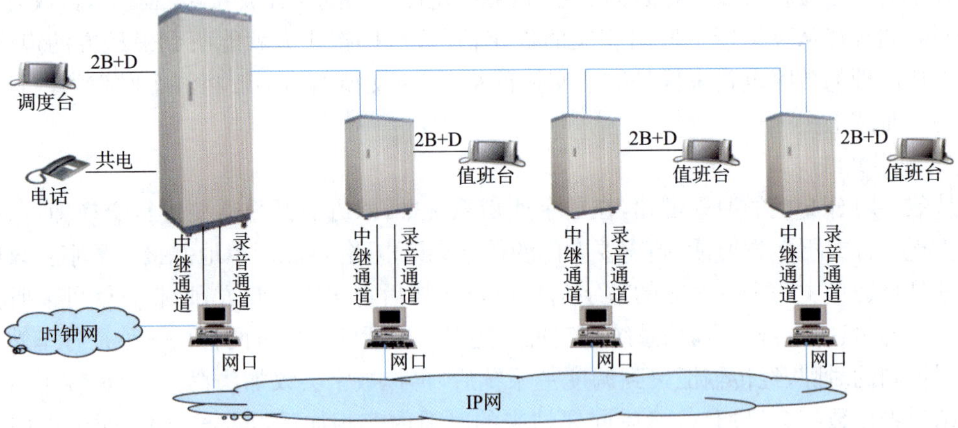

图 7-10 录音系统组网

二、通信记录装置功能

1. 多通道录音功能

同时对多条电话线路进行实时录音，各线路之间互不影响、分别存储，不影响双方通话。

2. 多种放音功能

(1)本地放音：可通过键盘、鼠标操作进入录音系统，选择需要的部分调听，系统将根据使用者输入的信息和权限播放符合要求的录音资料。

(2)电话远程放音：可通过调度通信系统内的任一电话拨打任何一台录音仪，通过语音提示，选择通道号及时间进行电话远程放音。

(3)网络远程放音：通过中心录音仪可调听全线任意一台录音仪的录音资料，包括语音文件的查询、备份、调听。

3. 监听功能

可通过电话拨入录音系统，可选择相应的通道，实时监听。监听时不会影响通话人通话，也不会影响录音质量。

4. 管理功能

(1)用户管理：添加、修改、删除用户。可对用户名称、身份、密码、权限进行设置。

(2)设备管理：添加、修改、删除网内的录音仪。

(3)日志文件管理：日志文件的查询、备份和自动维护。

(4)告警管理：对告警信息的查询、备份。

(5)配置管理：可以对指定的录音仪进行参数配置，包括文件格式、类型、录音服务器名称、最大录音时间、最小录音时间、磁盘满告警等参数。可以对指定的录音仪通道进行配置，包括通道检测方式、通道关联用户、通道是否使用、操作界面等。

(6)远程升级及重启：上传升级文件、发送升级消息、远程重启等。

第五节　数字调度通信设备维护与故障处理

一、数字调度通信设备

1. 佳讯 MDS3400 主要板件

佳讯 MDS3400 数字调度系统如图 7-11 所示。

图 7-11　佳讯 MDS3400 数字调度系统

(1)主控板(MPU)

MPU 提供 512×512 时隙的无阻塞交换；提供 64 个 HDLC 通道、64 个数字信号音资源、128 个时隙的收发号器资源；提供掉电能保持的实时时钟；提供保存数据的存储器等功能。

(2)数字中继板(DTL)

DTL 每板提供 4/8 路 E1 接口，为每个 E1 提供一个 HDLC，板上处理 DSS1 信令，提取时钟，完成 8 Mbit/s 与 2 Mbit/s 之间的速率变换。接口支持主备用，支持软件在线升级。

(3)数字环板(DLL)

DLL 每板提供 8 路 E1 接口(支持断电直通功能)、4 个数字环，提供 256 方会议(每个环 64 方)，提供 9 个 HDLC 控制器，提取时钟，完成 8 Mbit/s 与 2 Mbit/s 之间的速率变换。接口支持主备用，支持软件在线升级，板内为每个数字环提供 8 位地址拔码开关。

(4)模拟用户板(ASL)

ASL 主要提供 BORSCHT 功能,接口支持主备用,支持软件在线升级。

(5)数字用户板(DSL)

DSL 主要提供模拟录音接口,支持电控录音方式,支持专用调度终端,支持升压的远端供电。接口支持主备用,支持软件在线升级。

(6)磁石板(MTL)

MTL 主要提供磁石铃流,支持主备用,支持软件在线升级。

(7)铃流板(RNG)

RNG 主要提供 40 W 铃流,提供过压、过流保护,提供告警指示,支持主备用。

2. 佳讯 MDS3400 面板指示灯及接口

MPU 面板指示灯及接口含义见表 7-2。

表 7-2 MPU 面板指示灯及接口含义

指示灯	颜色	说明	含义
RUN	绿色	运行状态	1 s亮、1 s灭:正常运行; 亮/灭:工作不正常
COM	绿色	主控板与单板通信状态	1 s亮、1 s灭:正在与单板通信; 亮/灭:工作不正常
ACT	绿色	主备用状态	亮:主用; 灭:备用
REF	绿色	参考时钟状态	亮:有 8 kHz 参考时钟; 灭:3 个系统 8 kHz 参考时钟丢失
MOD	绿色	时钟运行模式	亮:跟踪模式; 1 s亮、1 s灭:自由振荡模式; 0.25 s亮、0.25 s灭:保持模式
DSP	绿色	音源 DSP 运行状态	1 s亮、1 s灭:DSP 正常运行; 亮/灭:DSP 工作不正常
CON	—	串口	调试用串口
ETH	—	以太网接口	调试用以太网接口

DTL 面板指示灯含义见表 7-3。

表 7-3 DTL 面板指示灯含义

指示灯	颜色	说明	含义
RUN	绿色	运行状态	1 s亮、1 s灭:正常运行(非主备用模式); 2 s亮、2 s灭:正常运行(主备用模式,备用); 0.25 s亮、0.25 s灭:正常运行(主备用模式,主用); 亮/灭:工作不正常
COM	绿色	与主控板通信状态	1 s亮、1 s灭:正在与主控板通信; 亮/灭:工作不正常

续上表

指示灯	颜　色	说　明	含　义
L1～L8	绿色	E1 接口状态	亮：正常； 1 s亮、1 s灭：同步丢失告警； 0.25 s亮、0.25 s灭：信号丢失告警

DLL 面板指示灯含义见表 7-4。

表 7-4　DLL 面板指示灯含义

指示灯	颜　色	说　明	含　义
RUN	绿色	运行状态	1 s亮、1 s灭：正常运行(非主备用模式)； 2 s亮、2 s灭：正常运行(主备用模式，备用)； 0.25 s亮、0.25 s灭：正常运行(主备用模式，主用)； 亮/灭：工作不正常
COM	绿色	与主控板通信状态	1 s亮、1 s灭：正在与主控板通信； 亮/灭：工作不正常
L1～L8	绿色	E1 接口状态	亮：正常； 1 s亮、1 s灭：同步丢失告警； 0.25 s亮、0.25 s灭：信号丢失告警

ASL 面板指示灯含义见表 7-5。

表 7-5　ASL 面板指示灯含义

指示灯	颜　色	说　明	含　义
RUN	绿色	运行状态	1 s亮、1 s灭：正常运行(非主备用模式)； 2 s亮、2 s灭：正常运行(主备用模式，备用)； 0.25 s亮、0.25 s灭：正常运行(主备用模式，主用)； 亮/灭：工作不正常
COM	绿色	单板与主控板通信	1 s亮、1 s灭：正在与主控板通信； 亮/灭：工作不正常
L1～L8	绿色/红色	模拟用户电路状态	绿色：第 1～8 路； 红色：第 9～16 路； 灭：话机挂机； 亮：话机摘机或者通话中； 1 s亮、4 s灭：正在振铃； 0.25 s亮、0.25 s灭：本路用户电路有故障

DSL 面板指示灯含义见表 7-6。

表 7-6　DSL 面板指示灯含义

指示灯	颜　色	说　明	含　义
RUN	绿色	运行状态	1 s亮、1 s灭：正常运行(非主备用模式)； 2 s亮、2 s灭：正常运行(主备用模式，备用)； 0.25 s亮、0.25 s灭：正常运行(主备用模式，主用)； 亮/灭：工作不正常

续上表

指示灯	颜　色	说　明	含　义
COM	绿色	与主控板通信状态	1 s亮、1 s灭:正在与主控板通信; 亮/灭:工作不正常
L1～L4	绿色	端口激活/通信状态指示灯,分别指示两个端口激活状态	亮:激活; 灭:去激活; 0.25 s亮、0.25 s灭:正在激活; 1 s亮、1 s灭:正在与终端通信

MTL面板指示灯含义见表7-7。

表7-7　MTL面板指示灯含义

指示灯	颜　色	说　明	含　义
ACT	绿色	主备用指示	亮:主用; 灭:备用
L1～L8	绿色	模拟用户电路状态	亮:话机摘机或者通话中

RNG面板指示灯含义见表7-8。

表7-8　RNG面板指示灯含义

指示灯	颜　色	说　明	含　义
ACT	绿色	主备用指示	亮:主用; 灭:备用
−48 V	绿色	48 V电源指示	亮:有48 V电源输入; 灭:没有电源输入
RING	绿色	本板铃流正常指示	闪:铃流正常; 亮/灭:铃流不正常
ALM	绿色	告警指示(本灯指示与主控板或者驱动板的告警指示一致)	亮:本板故障告警; 灭:本板正常

二、调度台(值班台)

1. 佳讯调度台(值班台)功能设置

功能设置包括用户参数、系统参数、机车类型和车次字母、呼叫前转设置等,佳讯调度台(值班台)如图7-12所示。

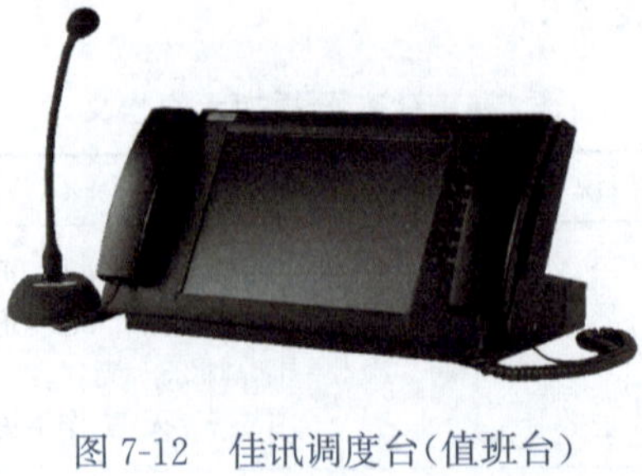

图7-12　佳讯调度台(值班台)

(1)用户参数设置

用户参数设置主要包括:设置 ISDN 号码、功能号码、操作台功能码、呼入自动应答、呼入自动应答时是否响提示铃、铃声类型、用户键及功能键背景色等,值班台主界面如图 7-13 所示。

图 7-13 佳讯值班台主界面

(2)系统参数设置

系统参数设置主要包括:设置脚键、耳麦、会议成员退出追叫、主叫号码限制、被连接号码显示限制等。系统参数设置界面如图 7-14 所示。

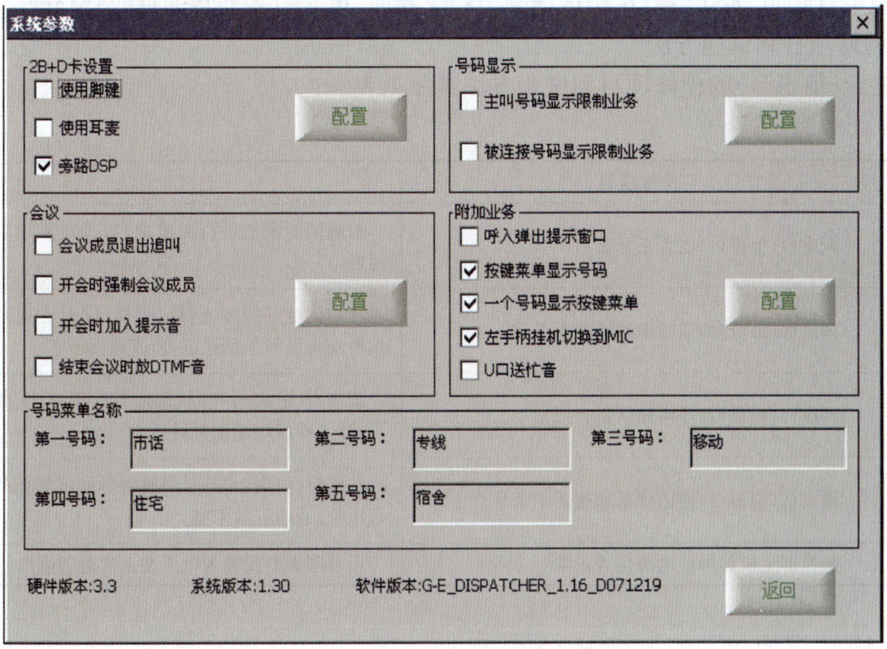

图 7-14 系统参数设置界面

(3)机车类型和车次字母设置

单击“拨号盘”,弹出拨号盘界面,如图 7-15 所示。要对机车类型和车次字母进行设置,可单击“配置”按钮,将弹出配置界面,里面包含所有的机车类型和车次字母,对每一个可预定义按钮选定所需的机车类型或者车次字母后,单击界面中的“确认”即可完成配置。对已预定义过的按钮,单击“清除”,即可清除按钮的车次类型或者车次字母。

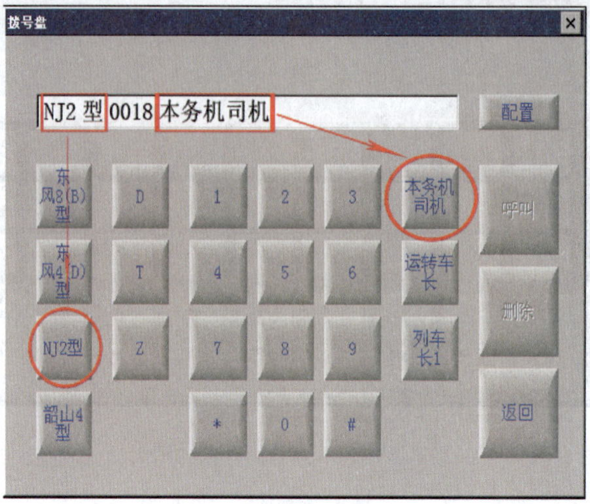

图 7-15 拨号盘界面

(4)呼叫前转设置

系统中有呼叫“转接”键,单击该键弹出相应界面,填入所需前转的目的号码即可。

2. 检修项目和试验方法

调度台(值班台)的检修项目和试验方法具体见表 7-9。

表 7-9 调度台(值班台)的检修和试验方法

序 号	检修项目	试验方法
1	调度台(值班台)能否正常重启	对触摸屏主机进行关电重启,设备重启后能正常运行
2	调度台(值班台)双通道通话是否正常	维护人员进行呼入呼出操作,同时在通话过程中切换麦克风和手柄通道,所有通话正常
3	调度台(值班台)呼叫通话是否正常	调度台(值班台)呼叫调度有线用户、无线手机用户,呼入呼出均能正常通话
4	调度台(值班台)通话状态和通话记录是否正常	调度台(值班台)呼叫时观察触摸屏界面的显示状态正常、通话记录完整
5	触摸屏主机和屏体电源是否正常	用万用表测量输入电压在正常范围值内

三、语音记录仪

目前铁路上主要采用以硬盘或固态存储卡作为储存介质的语音记录仪,常用的固态语音记录仪操作方法如下。

1. 操作界面

(1)使用者界面:为使用者设置的操作界面,只能进行查询、放音等操作。

(2)工程师设置界面:维护工程师对设备进行设置所使用的界面,必须输入正确的密码方可进入此界面,可进行时钟调整、录音启控方式的选择、设置站号、调整接口电平等操作。

2. 操作方法

(1)液晶显示屏界面说明

显示屏界面如图 7-16 所示。

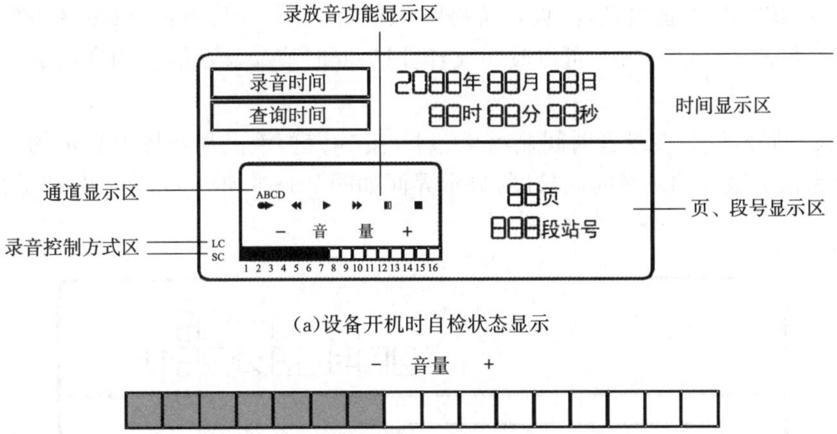

(a)设备开机时自检状态显示

(b)音量显示区

图 7-16　显示屏界面

①页:存储卡内部由多个 FLASH 芯片组成,由 CPU 统一管理。为方便查询管理,将 FLASH 的总容量分为若干部分,每一部分称为"页"。

②段:每次从开始到结束这段时间的内容称为"段",每页中记录着许多这样的语音段。

③放音指针:液晶显示屏上,显示的通道号和页、段表示为目前所在的放音指针的位置。放音时将从该通道的该页该段开始放音。

(2)一般操作

①放音:在放音前,有两种查询方式可以选择放音指针,即手动查询放音和自动查询放音。

a. 手动查询放音:在待机或录音状态下,按"A/B"键选择所要播放的通道,操作"+""—""◂◂""▸▸"按键选择要播放的录音内容,显示界面如图 7-17 所示。

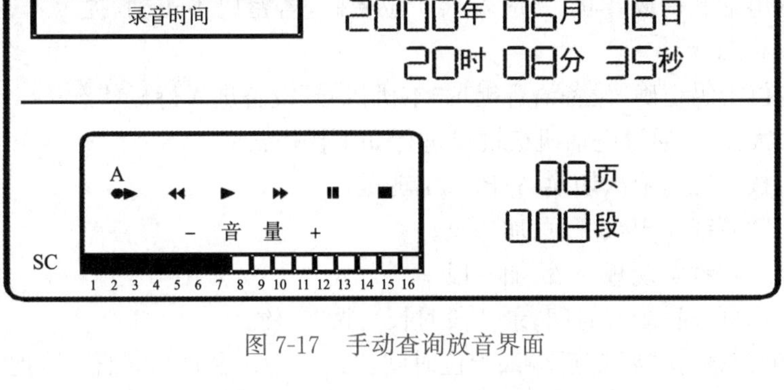

图 7-17　手动查询放音界面

b. 自动查询放音:在待机或录音状态下选择要播放的录音通道,按"确认"键,显示屏上"查询时间"闪烁,设备进入查询时间设定状态,按"▸"可切换数字闪烁位置(分别位于年、月、日、时、分前面),按"+""-"键可以改变闪烁数值的大小,对应改变闪烁数字后面的时间。输入要查询的时间值后,按"确认"键,设备进入查询状态。如果在该时间无语音记录,设备将按查询时间顺序向后查找,将时间相距最近的一段找出,进入录音时间显示状态。

c. 放音操作:查询完毕,按放音键"▸"开始放音。放音时液晶显示屏上放音符号"▸"闪烁。放音时按"■"键,设备停止放音,返回到录音时间显示状态。再按"■"键,设备回到待机状态。放音中按"⏸"键,放音暂停,放音符号"▸"和暂停符号"⏸"闪烁。再按"⏸"键,设备恢复放音。放音时按"+"或"-"键,可以改变放音音量,同时液晶显示屏上的音量显示格将相应移动。

d. 段长、站号显示:在录音时间显示状态下,按"⏸"键,液晶显示屏上显示的第一行为站号,第二行为该页该段的录音时间长度,显示界面如图 7-18 所示。此时,按"▸"键,设备进入放音状态。

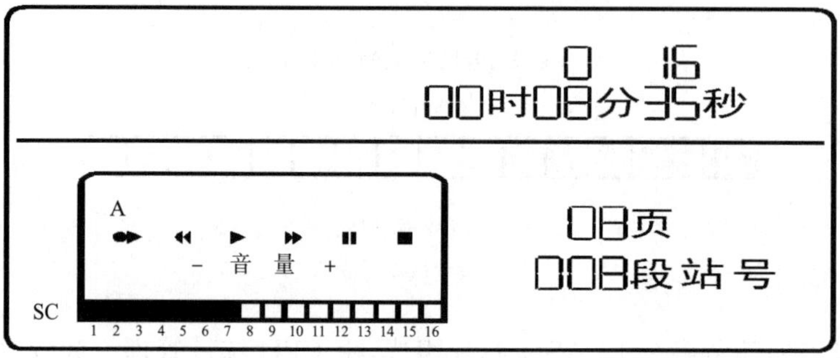

图 7-18 放音操作界面

e. 电话遥控查询放音

(a)将电话线接入本设备电话遥控接口,管理人员或设备维护人员通过双音频电话机呼叫本设备,通过操作电话机按键,查询设备录、放音工作是否正常。

(b)远端电话拨号,拨通后振铃两次,设备进入受控状态,将切断所有现场进行中的键盘操作(包括查询放音等),现场人员若要操作设备,可按"■"键,强行切断正在进行的电话遥控操作,返回键盘操作状态。

(c)如工作正常,电话中出现语音提示"本机工作正常,请输入 4 位密码"。

(d)如进入电话查询放音状态,应输入 4 位密码,若密码不正确,提示 4 遍后,设备自动挂机,退出受控状态。

(e)输入 4 位密码正确,设备语音提示"本机机号"设备进入待机状态。

(f)在待机状态下,通过电话机按键可进行如下操作:

通道切换:按"2"键,依次切换 A/B/C/D 通道。

翻页:按"1""3"键实现减一页、加一页。

翻段:按"2""4"键实现减一段、加一段。

当前段信息(页、段、录音时间、录音段时长):按"5"键。

按时间查询信息:按"#"键后输入十位时间:"××年××月××日××时××分",若输入的查询时间超出此卡录音范围时则转到此卡录音范围的起始段。

放音:按“7”键开始放音,无其他操作时,放音内容将持续 9 min。

放音停止:按“9”键。

操作提示(以上各键操作语音提示):按“＊”键。

退出(退出电话遥控状态):按“0”键。

在受控状态下,1 min 内无任何键操作,设备自动挂机退出遥控状态。放音时如忘记按电话机“9”键而挂机,设备将在 9 min 后自动挂机,退出电话遥控状态。

(3)设置操作

①进入工程师设置界面

a. 设备在待机状态下,按“‖”键,进入密码输入状态,显示屏上“年”后两位、“月”两位闪烁,操作键分别切换为数字键“1”“2”“3”“4”“5”“6”“7”“8”“9”“10”,如图 7-19 所示。如需退出,按任意键四次,返回待机状态。

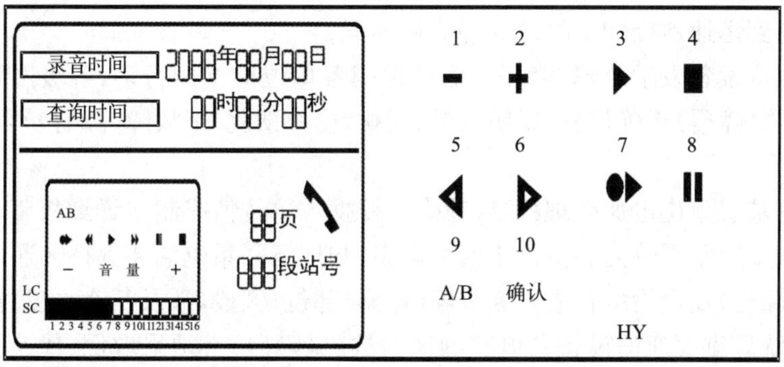

图 7-19　工程师设置界面

b. 输入密码(出厂时密码设置为“6666”),进入时间设置界面。

②调整时钟

时间设置界面如图 7-20 所示。

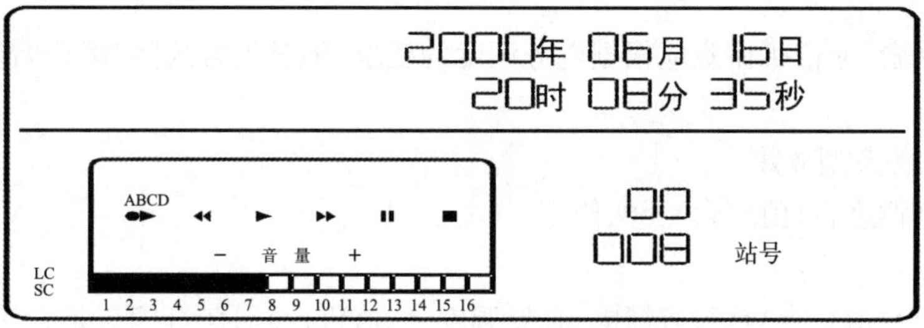

图 7-20　时间设置界面

进入时间设置界面后,操作键“－”“＋”“◀”“▶”切换为功能键。

“年”位闪烁,页、段区显示“00”,按“＋”“－”键,可改变该位的大小。

按“▶”键,“月”位闪烁,页、段区显示“01”,按“＋”“－”键,可改变“月”位的大小。

按"▶"键,"日"位闪烁,页、段区显示"02",按"+""-"键,可改变"日"位的大小。

按"▶"键,"时"位闪烁,页、段区显示"03",按"+""-"键,可改变"时"位的大小。

按"▶"键,"分"位闪烁,页、段区显示"04",按"+""-"键,可改变"分"位的大小。

按"▶"键,"秒"位闪烁,页、段区显示"05",按"+""-"键,可改变"秒"位的大小。

③退出工程师设置界面

设置完成后,按"■"键,退出工程师设置界面,返回待机状态。

四、设备故障处理方法

1. 故障处理流程

调度通信设备的故障处理主要依据系统的基本原理,维护人员要对系统有一定的了解,同时全面掌握系统的组网情况,在处理过程中要详细、准确地了解故障现象、发生时间等要素,使故障能得到迅速地处理。故障处理流程如下。

(1)调度通信设备发生故障(障碍),通信部门各单位应立即行动,各级网管和通信机房要迅速判定故障(障碍)正确位置,组织人员、器材,尽快恢复,把故障(障碍)影响控制在最小范围内。

(2)各通信基层单位迅速处理故障(障碍),根据本单位情况制定详细故障(障碍)处理应急预案,各机械室应掌握管内各室外工区的动态,与现场联系电话要保持畅通。

(3)故障(障碍)发生后应首先判断故障(障碍)部位、区段,涉及行车调度指挥、铁路安全保障及信息系统等重要通信设备和电路的通信故障(障碍)必须采取倒、代、迂回等措施,将影响减小到最低程度。

(4)故障(障碍)处理指挥必须按照相关规定执行。各级网管都要积极主动,尽职尽责,各单位要服从指挥,做好协助配合。

(5)故障(障碍)处理按故障(障碍)处理程序进行,受理要进行编号,处理要做到"五清",即时间清、原因清、地点清、影响范围清、处理过程清。通信段对通信维护车间、班组应按月考核。

(6)各级网管、通信机械室应根据电务调度的要求,随时报告故障(障碍)情况,并听从指挥,积极处理。

2. 佳讯设备典型故障

(1)触摸屏调度台(值班台)无法使用

①原因分析

查看调度台(值班台)是否有馈电;查看调度台(值班台)通信灯闪烁是否正常;查看单呼按键是否有回铃音。

②处理方法

a. 如果有馈电则说明调度交换机供电没有问题;如果没有则说明调度交换机供电有问题,或者远端供电状态下电源适配器有问题,或者调度台(值班台)与电源适配器接线有问题。

b. 如果调度台(值班台)通信灯闪烁正常,则说明调度台(值班台)与调度交换机通信正常，不是硬件本身或硬件连接问题；如果通信灯闪烁不正常（通信灯灭或闪烁速度较快），则说明是2B+D线调度台（值班台）与调度交换机的通信线路有问题或数据有问题。

c. 如果前两条都正常，则按某一单呼按键试验，如果有回铃音但不能呼叫出用户，则说明数据正常，很有可能是外线或对端用户的问题，根据情况做相应处理；如果无回铃音或按键按下去绿灯很快就灭了，则是数据问题，应检查数据是否正确。

(2)模拟用户电话无法使用

①原因分析

检查用户话机是否有馈电、是否有声音。

②处理方法

如果话机没有馈电，则说明是模拟用户板或外线连接或话机本身有问题。如果有馈电，则说明此用户板、外线连接没有问题；能听到忙音或没有声音，则是用户数据问题，应检查数据；若是主控板的音源问题，则复位主控板或更换主控板。

(3)车站值班台无法呼出

①原因分析

可能是数据配置错误、电源线虚接或者调度交换机硬件单板问题。

②处理方法

a. 车站值班台可以呼叫本地用户

一般为调度交换机或值班台数据配置错误，需要重新检查并修改数据。

b. 车站值班台所有用户都无法呼出

若值班台电源指示灯不亮，则电源有问题，需要重新加电或更换设备；若为接线不良，需要重新接线。

c. 该车站有值班台通信告警

一般为值班台通信问题，可按如下操作恢复：

(a)网管操作，重启连接该值班台的单板；

(b)把值班台断电后重新上电；

(c)检查值班台与调度交换机连接线；

(d)涉及硬件故障的，更换故障硬件。

(4)站间呼叫有时能呼通、有时呼不通，呼叫调度业务也是时通时断

①原因分析

数据配置问题。

②处理方法

检查数据，除半固定接续、网管通道用到的时隙外，其余时隙是否都配置为中继线了，且这些中继线是否在中继群中都添加上了（这里说的时隙是主控侧交换网的时隙）。例如：网管通道占用了第1、2、3、4时隙，半固定接续用到第5、6时隙，那么除第0、16时隙外，其余时隙应该全部配置为中继线，如果没有配置全，会出现有时呼叫不通的现象。

(5)呼叫某车站值班台时，听到忙音，而不是回铃音

①原因分析

车站调度交换机设备音源出现问题。

②处理方法

一般系统默认的是远端送回铃音,即被叫侧送回铃音,如果回铃音不正确,则考虑是被叫侧的主控板音源问题,可以切换主控板,试验用另一块主控板是否可以正常送出回铃音。

(6)数字环邻站之间呼叫,被叫可以振铃,但应答后互相听不到对方声音

①原因分析

a. 值班台的手柄或麦克风坏。

b. 上下行 E1 接反。

②处理方法

a. 更换值班台的手柄或麦克风。

b. 调换车站的上下行 E1 线。

(7)在通话过程中,一体化调度台(值班台)扬声器听不到对方声音

①原因分析

在一体化调度台(值班台)的“附加业务”参数设置中将耳机使能了。

②处理方法

a. 如果使用耳机,将“喇叭”的钩去掉,将“左耳麦/左手柄”勾上。

b. 如果使用外置扬声器,将“喇叭”勾上,将“左耳麦/左手柄”的钩去掉。

复习思考题

1. 简述数字调度通信系统的结构。
2. 简述数字调度分系统 2M 接口的作用。
3. 简述 FAS 系统的定义。
4. 简述语音记录仪的主要作用。
5. 通信记录装置有哪三种放音方法?
6. 简述车站调度交换机日常检修项目。
7. 佳讯数字调度分系统呼叫某车站值班台时,听到的是忙音,而不是回铃音,如何处理?

第八章　会议电视系统

会议电视系统是国铁集团与铁路局集团公司、铁路局集团公司与基层站段间进行工作部署以及用于处置突发事件、沟通信息等的重要通信设施。铁路会议电视系统必须提供安全、稳定、可靠、高质量的图像和语音信号。

第一节　会议电视系统概述

一、会议电视的基本概念

会议电视(也称视频会议)是指利用视讯技术和设备,通过现代通信网络把不同地点的会议室联接起来,在两地或多地召开实时、双向、交互式的可视会议的一种多媒体通信手段。

会议电视利用摄像机、话筒和通信信道能实时传送与会者的形象及声音、会议资料、实物图像等,使身居不同地点的与会者可以互相闻声见影,如同坐在同一间会议室中一样。实现“面对面”的效果。

二、会议电视系统的国际标准

为了规范多媒体通信产业的发展,国际电联(ITU-T)为会议电视系统制订了一系列的标准框架,如 H. 310、H. 320、H. 321、H. 322、H. 323、H. 324 等,这些标准框架通过各自的子协议和子标准对电视会议系统的性能指标、视音频压缩算法、信息结构、控制命令、信令规程和组建电视会议网的原则等做了完整的规定。

1. H. 320 标准

H. 320 协议第 1 版于 1990 年推出,主要建立在 E1、DDN、ISDN 等网络上。经过多年来的发展与实践,无论是功能和性能,还是在工程实施与系统可靠稳定运行方面,H. 320 系统都已十分成熟,在大型专业会议电视系统领域占据着统治地位。

2. H. 323 标准

H. 323 是支持在分组交换网络进行多媒体通信的协议。H. 323 标准涵盖了音频、视频及数据在以 IP 包为基础的网络(Lan、Intranet 和 Internet)上的通信。

由于其承载网络是没有 QoS 保证的 IP 网络,因此 H. 323 的会议电视系统在视音频质量和稳定性上要劣于 H. 320 系统,但对于范围广泛的基于 IP 网络的多媒体通信应用来说,由于 H. 323 协议的推出符合 IP 统一一切、在开放式网络平台和应用平台上进行互联互通的国际发展趋势,成为目前应用最广的协议标准。

第二节　会议电视系统的组成

会议电视系统主要由终端设备、传输信道(通信网络)、多点控制单元(MCU，Multipoint Control Unit)三部分组成，在实际应用时通常还包括网络管理系统，其结构示意如图 8-1 所示。

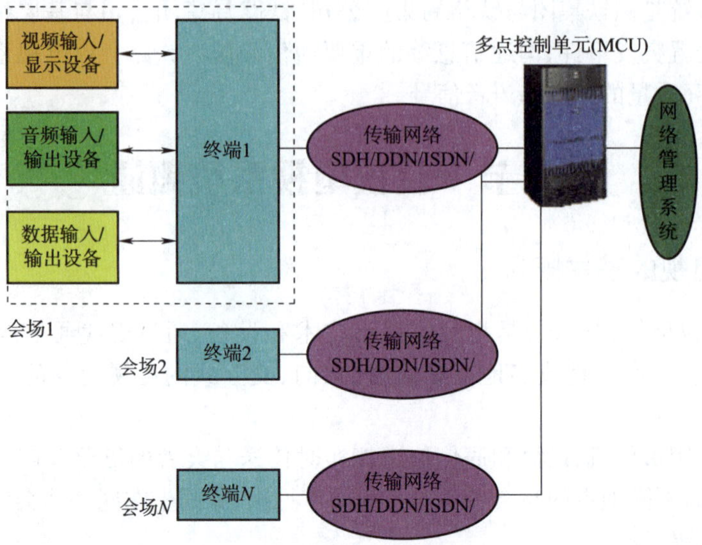

图 8-1　会议电视系统的基本结构

其中终端设备和多点控制单元是会议电视系统特有的，通信网络则是已经存在于各类通信网。因此，会议电视在通信网上运行，必须服从网络的各项要求。

一、会议电视终端

(一)终端的主要功能

会议电视终端属于用户数字通信设备。它的主要作用就是将会议点的实况图像信号、语音信号以及用户的数据信号进行采集、压缩编码，多路复用后送到传输、数据网信道上去，同时把重新接收到的会议电视信号进行分解、视音频解码，还原成对方会场的图像、语音以及数据信号输出给用户的视听播放设备。同时，会议电视终端还将本点的会议控制信号送到 MCU，同时接收 MCU 送来的控制信号，执行 MCU 对本点的控制指令。

会议电视终端主要实现以下四个功能(图 8-2)：

(1)完成用户视频、音频和数据信号的输入和输出。

(2)对数字视频、音频信号进行压缩编解码。

(3)信道传输。

(4)系统控制功能。

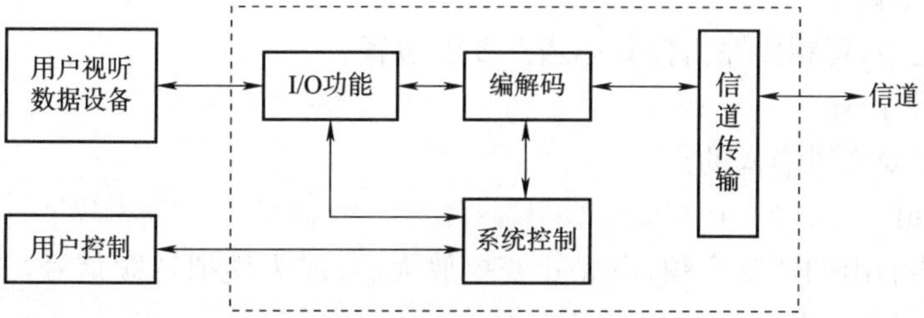

图 8-2　会议电视终端功能示意图

(二)终端的组成

图 8-3 所示为会议室型终端设备的基本配置情况。终端设备左边是用户 I/O 设备,包括摄像机、监视器、麦克风、扬声器及数据设备。由于终端设备的核心作用是编解码,因此常称终端设备为编解码器。终端设备的右边是编解码器和数字通信网的连接通道。

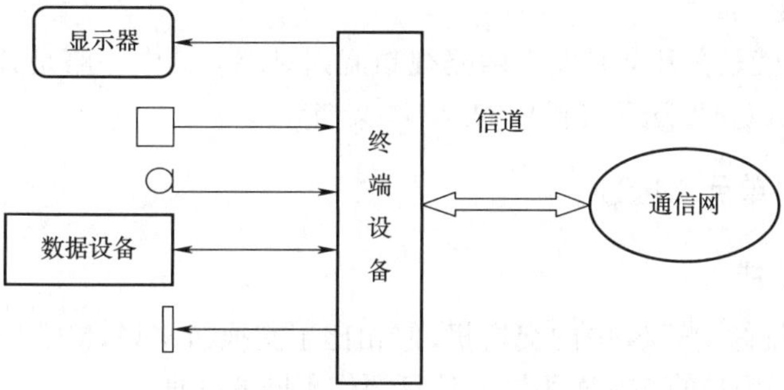

图 8-3　终端设备的基本配置

(三)信号的输入输出

1. 视频输入输出

(1)视频输入

会议电视终端设备的视频信号,大部分来自摄像机,输出彩色电视信号。

与摄像机配套使用的镜头、云台、云台控制器,会议室型系统的摄像机一般都要求配齐这三项设备。镜头要求可调光圈,以便控制曝光量;可以调节视距和调整聚焦。云台用来控制摄像机拍摄角度,通过电控的机械传动装置,使摄像机能在一定范围内上下左右转动。云台控制器是负责控制摄像镜头和云台动作。

除了摄像机输入以外,录像机、磁带机、光盘机等都可以作为视频信号输入来源,但这些设备输出信号必须是标准的复合视频信号或者 S-VEDIO 信号。

(2)视频输出

经过解码重建的数字图像信号,形成视频信号。根据不同的设置,视频信号的形式可以是复合视频信号,也可以是 S-VIDEO 信号。

会议室型的会议电视系统中,一般采用大屏幕电视机。对于桌面会议电视系统,可以借用计算机显示器;对于某些大型会议室,可能会采用投影仪。

2. 音频输入输出

在会议电视中,音频传输占据着相当重要的位置。

(1)音频(语音)输入

语音是通过麦克风输入的。

(2)音频输出

经过解码器输出的数字音频,由 a/d 变换放大后,成为模拟音频信号,直接推动喇叭发出声音。

(3)回声抑制

在本地会场中,编码端要将麦克风的语音信号发送出去,但麦克风和扬声器里的解码输出语音同处于一个会议室空间,扬声器中发出的声音不可避免地回窜到麦克风中;因此,回声抑制器是必不可少的,视讯产品使用内置回声抑制器。

3. 数据的输入输出

在会议电视系统中,除了可传输实时图像和语音之外,还可以传输各种数据。

4. 视频会议双流模式

视频会议双流就是在开会时发送两路视频流到对端。其中一路是开会会场的场景;另一路一般是 PC 界面(可发送正在操作的 PPT、文档等)。

二、多点控制单元 MCU

(一)MCU 的功能

MCU 的作用就像 PSTN 中的交换机,但相比于交换机来说,MCU 处理的是图像等宽带业务,还需要根据用户的需求对不同的信息源作不同的处理。

MCU 是一个数字处理单元,通常设置在网络节点(汇接)处,可供多个地点的会议同时进行相互通信。MCU 的主要功能是对输入的多路会议电视信号进行切换,但是由于会议电视信号中包含图像、语音及数据三类不同的信号,因此,MCU 要对三类信号进行不同的处理,而且都是在数字域中实现的。

针对视频信号,MCU 可以采取切换或混合两种处理方式,MCU 在收到所有终端送上来的视频信号之后,通常选择一路(一般选择主席会场或当前发言者的会场)视频将其切换分配到所有会场;但在多画面会议中,MCU 可以将多路视频信号通过分屏的方式混合成一路视频信号,然后再将这个混合后的多画面视频信号切换分配给所有会场。

针对语音信号,MCU 也可以采取切换或混音两种处理方式。在切换方式下,MCU 将当前发言会场的语音直接切换分配到所有会场;而在混音方式下,MCU 将多个会场的语音信号进行混合处理之后再切换分配到所有会场。显然,切换方式适合于只有一个会场发言的场合,而混音方式适合于有若干个会场同时要发言或集体讨论的场合。

此外,MCU 还要完成对通信控制信号、网络接口信号的处理。下面对 MCU 的几个主要功能进行介绍。

1. 时钟和通信控制

为了实现多点之间的信息交流,MCU 起到了“交换机”的作用。MCU 和诸多终端之间的连接呈星形,即参加会议的各个终端都以双向通信的方式和 MCU 联接。MCU 按照会议控制者的要求,将多方信息进行配送。为此,MCU 的各个端口上的信息流必须同步在同一个时钟上。MCU 首先要将进入 MCU 的所有终端（或 MCU）的信号码流，都在一个统一的控制时钟上同步，并且对码流中的帧定位信号（FAS）进行校验，输出新的比特率分配信号（BAS）、复帧同步信号，以便对各端口的信息定位。

此外，MCU 还要支持各端口的信令和互通方式，支持各种通信速率，具备主席控制、语音控制、演讲人控制等会议控制功能。MCU 根据通信初始化建立过程中的会议控制指令，将收到的各个码流的能力（速率、编解码方法、数据协议等）进行比较，选择各个终端都能接受的能力进行通信。

2. 码流处理

MCU 要对所有的输入码流进行处理，当然，它并不是简单的码流切换。为此，MCU 先对会议电视码流进行解复用处理，对所解出的各路压缩数字视频信号不再解码，而采用直接分配的方式，将数字视频码流送到相应的会场。对解出的各路压缩语音信号进行解码，得到多路 PCM 信号，将这些多路 PCM 音频信号进行叠加，形成一个现场感很强的混合语音信号。最后将这一混合音频压缩编码后送到所有的终端。对于数据信号的处理，MCU 采用广播方式或使用 MLP 信道将源数据送往其他有关会场。

3. MCU 的端口和连接

MCU 处在星型会议电视网的中心，它必须具备多个和终端相连接的接口，这些接口就是 MCU 的端口。由于一个 MCU 同时可接多个端口，所以它可以同时控制若干个独立的分组会议。

由于 MCU 最大端口数有一定限制，因此，在遇到会议点特别多的情况时，可以将多个 MCU 级联使用，这样就可以增加会议电视系统的场点容量。一般情况下级联的层数不超过 2。目前已经有一些 MCU 实现了 3 级的会议级联，可以组成更大规模的会议电视网。

在 MCU 的简单连接方式中，相连接的两台 MCU 是对等的，仅把对方看成是另一个终端，这种方式宜采用导演控制；在具有多台 MCU 的网络中，MCU 之间必须按主从关系连接，其中一台为主 MCU，其余皆为从 MCU，此时宜采用主席控制方式或语音控制方式。

（二）MCU 的原理和构成

MCU 主要由线路单元、视频处理单元、音频处理单元、数据处理单元、控制处理单元几个功能模块组成。

1. 线路单元

MCU 的一个线路单元对应一个端口，包含网络接口、多路分解、多路复接和呼叫控制四个模块。其中，网络接口模块分为输入和输出两个方向，完成输入/输出码流的波形转换，按系统时钟定位输入数据流；多路分解模块负责校验并将输入数据流中的视频、音频和数据信号分别送到相应的处理单元进行处理；多路复接模块将各个处理单元的数据进行复合，并插入所需的 BAS 码和相关信令，形成信道帧，输出到数字信道。

2. 视频处理单元

一般情况下，MCU 无需对视频信号进行编解码，视频处理单元只负责对视频信号进行切换选择，然后插入信道帧传到各个会场。

3. 音频处理单元

音频处理单元由语音代码转换器（ATC）和语音混合模块组成，它用来完成对语音信号的处理。

4. 数据处理单元

数据处理单元是可选模块,但在远程教育中非常有用。数据处理单元具有数据广播功能,能运用多层协议(MLP)来完成数据信息处理。

5. 控制处理单元

控制处理单元进行路由选择,混合和切换音频视频信号,并控制会议。

MCU 将各终端送来的信号进行分离,抽取出音频、视频、数据和信令,分别送到相应的处理单元,进行音频混合或切换、视频切换、数据广播、路由选择、会议控制、定时及呼叫处理等,处理后的信号由复用器按格式组帧,再经过网络接口送到相应的端口。

三、会议电视系统的网络管理

网管中心用于控制和管理会议电视系统,通常兼网络管理与会议电视管理于一身。不仅可以管理所有 MCU 和终端设备,实现系统后台控制,还能提供友好的人机界面,完成会议调度、计费管理、会议配置、会议信息管理以及系统安全管理等功能。

会议电视网管系统要完成的主要任务可归纳如下:

1. 网络综合配置

设定网络设备的传输速率,控制数据通道的开关,选择视频和语音标准,对各端口进行设置。

2. 系统安全管理

对系统的安全性进行分级管理,进行多层保护。还能对软、硬件配置进行统一管理,对版本进行维护,一旦软件需要更新,可通过网管进行远程下载。

3. 会议调度和管理

通过管理工作站,用户可在一个地方管理所有的 MCU,对整个会议进行全面的管理。

4. 设备状态测试

对网上正在运行的所有 MCU 和终端的实时工作状态进行监视,对设备软硬件配置进行检查,并能够对系统动态性能进行分析与控制。

5. 故障诊断

诊断 MCU 和终端的故障,故障检测到单板级。一旦设备出现问题,帮助网络管理员及时方便的对系统故障进行定位。记录会议期间网络运行状态和故障现象、故障的时间地点等。

6. 导演控制

点名发言以及切换均可在网管上操作,实现会议的导演控制方式,减轻主 MCU 的工作负荷,提高全网的稳定性。为了和不同厂家的网管互联提供接口,网管系统还支持标准的网管协议 SNMP。

第三节 会议电视系统的现场设备

会议电视系统可分为局端设备和终端设备,下面对目前常用的中兴厂家局端设备 ZXV10 M9000 和终端设备 ZXV10 ET802 进行介绍。

一、局端设备 ZXV10 M9000

ZXV10 M9000 电信运营级智能视讯服务器是适合大中型企业的高清视频会议 MCU 设备，拥有强大灵活的会议控制能力，能满足高品质的会议服务支持丰富的声音、视频编码格式，支持最高 8 Mbit/s 带宽和 4K 视频分辨率。

(一)机柜结构

ZXV10 M9000 设备的单机柜最大配置如图 8-4 所示。

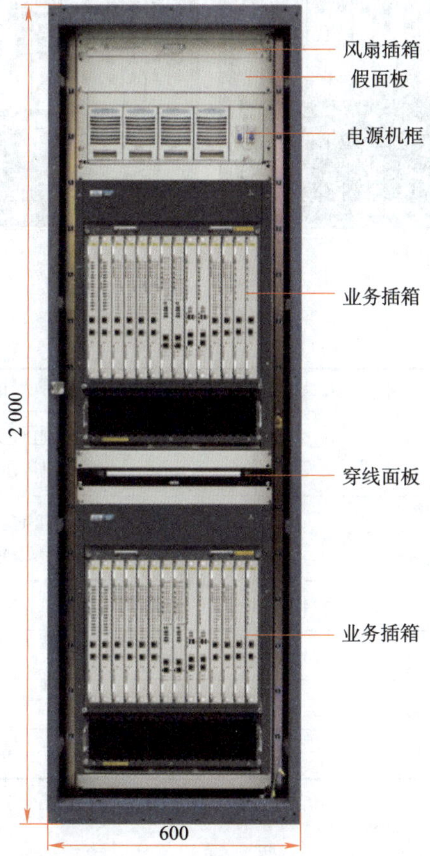

图 8-4　机柜结构布局图(单位：mm)

(二)机框结构

将插入机框的各种电路板通过背板组合起来，构成一个独立的系统。ZXV10 M9000 的业务机框，采用前后对插单板的机框结构形式，如图 8-5 所示。

各模块说明参见表 8-1。

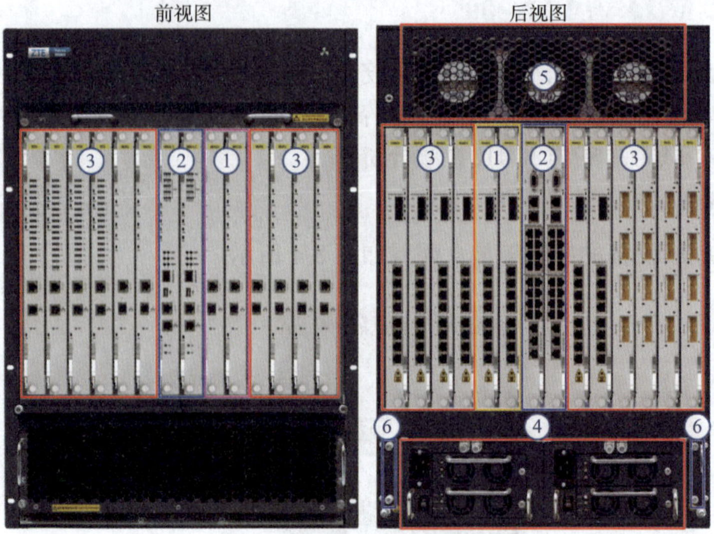

图 8-5　机框的前视图和后视图

表 8-1　模块说明

序　号	模　　块	槽　　位	说　　明
1	主控单板区	9、10	MPCU4、MPCU5 单板插槽,主备模式。 注:MPCU4、MPCU5 不可互为主备
2	交换单板区	7、8	MSU3_C、MSU4_C 单板插槽,主备模式。 注:MSU3_C、MSU4_C 不可互为主备
3	业务单板区	1～6、11～14	VCU2、VCU3、ECU、ANCU2、MGPU、XGPU 等单板插槽
4	电源模块区	—	主备模式
5	风扇区	—	—
6	RIDC 卡	—	机框 ID 卡

(三)单板列表

ZXV10 M9000 板卡可分为主控板、媒体交换板和业务单板。业务单板又可分为 XGPU、MGPU、ANCU2 板、VCU2 板、VCU3 板和 ECU 板,单板功能说明见表 8-2。

表 8-2　单板功能说明

单　　板	主要功能	配置说明
MSU3_C、_bookmark87 MSU4_C	媒体交换板,用于节点内单元连通、流量汇聚和 ACL 功能	必备板
MPCU4、_bookmark86 MPCU5	主控板,用于 MC 多点控制、GK 管理、MP 管理、资源调度和其他管理功能	必备板

续上表

单　　板	主要功能	配置说明
MGPU、XGPU	视频＋语音＋网络接入处理板，集成 ANCU2 和 VCU3 的功能，即实现音频处理、IP 网络接入、视频转码和多画面功能。XGPU 是 MGPU 的升级版，视频处理能力更强大	必须配置 MGPU 或者 XGPU 或者 ANCU2 单板
ANCU2	语音＋网络接入处理板，用于语音处理、网络接入功能	
VCU2、VCU3	视频处理板，用于多画面、多速率会议时的视频处理、速率匹配等功能	多画面、多速率会议，必须配置 MGPU 或者 XGPU 或者 VCU2 或者 VCU3
ECU	E1 处理单元，用于 MCU 的 H. 320 协议处理和 ISDN 协议处理	E1 接入的必备板

ZXV10 M9000 智能视讯服务器中使用的后插板参见表 8-3。

表 8-3　后插板功能说明

后 插 板	主要功能
RMSU3_C	分别为 MSU3_C、MSU4_C 板的后插板，为 MSU3_C、MSU4_C 提供框间级联的 GE 电口、时钟输入输出口
RMPCU2(也叫 RMSTU)	MPCU4 后插板，为 MPCU4 板提供对外的 GE 电口和光口
RANCU	MPCU5、MGPU、XGPU、ANCU2 后插板，为 MPCU5、MGPU、XGPU、ANCU2 提供对外的 GE 电口和光口
RECU	ECU 后插板，为 ECU 提供对外的 64 个 E1 接口

二、会议终端设备 ZXV10 ET802

ZXV10 ET802 是中兴通讯推出的新一代 H. 265 双模高清视频会议终端，卓越的音视频处理能力，可在超低带宽下实现双路 1 080 p 高清视频。视频会议终端型号定义如图 8-6 所示。

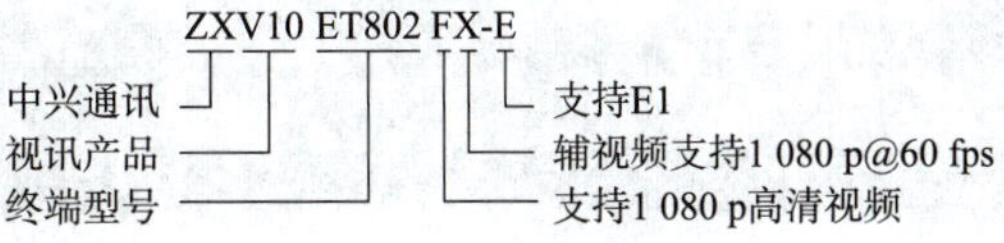

图 8-6　终端型号说明

(一)系统基本组成

系统由 ZXV10 ET802 终端主机、高清摄像头、监视器(如电视机、显示器、投影仪等显示设备)、红外遥控器、麦克风等组成，参见表 8-4。

表 8-4　基本组成部件

部　件	图　　示	功能描述
终端主机		ZXV10 ET802 终端主机是系统的核心设备，负责将本端图像和语音编码后发送至传输网络，同时将接收到的远端图像和语音进行解码后输出到本端连接的视频、音频设备
摄像头		摄像头为基本视频输入设备。 注：左图图例非固定配置，可根据需要选配其他类型的摄像头
麦克风		麦克风为基本音频输入设备。 注：左图图例非固定配置，可根据需要选配其他类型的麦克风
红外遥控器		红外遥控器是 ZXV10 ET802 主要的操作和控制设备，使用户能近距离对视频会议进行遥控

(二)主机前面板

ZXV10 ET802 终端主机前面板如图 8-7 所示。

图 8-7　终端主机前面板

ZXV10 ET802 终端主机的前面板有 3 个状态指示灯、1 个电源开关和 1 个 USB 接口，其说明参见表 8-5。

表 8-5　ZXV10 ET802 前面板指示灯、开关和接口说明

序　号	名　　称	功能说明
1	RUN,运行状态指示灯	正常状态下指示灯闪烁
2	ALM,告警指示灯	告警时指示灯闪烁
3	电源开关/PWR,电源状态指示灯	开启/关闭电源,电源开启时长亮
4	USB 接口	用于终端的 USB 软件升级功能

(三)主机后面板

ZXV10 ET802 的后面板提供各类接口,包括视频相关接口、音频相关接口、网络接口等,如图 8-8 所示。

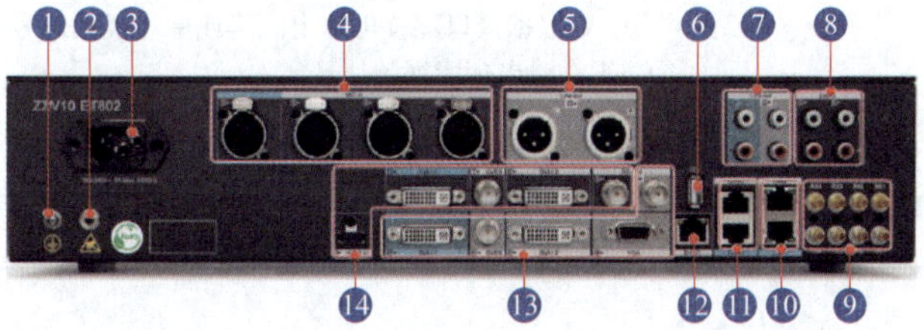

图 8-8　ZXV10 ET802 后面板

后面板的接口标识说明如下:

带有●←标识(箭头指向终端接口)表示此接口是输入接口。

带有●→标识(箭头远离终端接口)表示此接口是输出接口。

ZXV10 ET802 终端后面板的接口说明参见表 8-6。

表 8-6　ZXV10 ET802 接口说明

序　号	接口类型	用　　途
1	地线接口	拧开螺丝连接地线,保护设备
2	静电释放接口	连接防静电设备,如:静电手环等
3	电源接口	连接 220 V 交流市电,为终端供电
4	模拟麦克风接口	连接模拟麦克风: MIC in 1～3:连接平衡麦克风,如界面麦克风。 MIC in 4:连接非平衡麦克,如鹅颈麦克风
5	音频输出接口	连接电视机、调音台等设备
6	USB 接口	用于终端软件 USB 升级功能,与前面板 USB 接口功能相同
7	音频输出接口	连接电视机、录音机、调音台等设备。 Line out 1:输出远端的声音。 Line out 2:输出整个会议的声音
8	音频输入接口	连接计算机、DVD 播放机、调音台等设备
9	E1 接口对	1 个 RX 和 1 个 TX 接口组成,提供 2M 带宽,4 对 E1 接口提供 8M 带宽
10	以太网接口	LAN1:连接 IP 网络。 LAN2:用于 LAN1 的网口备份;也可以连接到电脑,实现截包、访问 Web 页面、设备调试功能,慎用

续上表

序　号	接口类型	用　　途
11	串口	COM1:连接摄像机的串口,使终端可以控制摄像机,也可以用于设备调试(慎用)。 COM2:连接摄像机的串口,使终端可以控制摄像机,也可以实现通过用遥控器对准该摄像机操作终端
12	数字麦克风接口	连接数字麦克风,如 ZXV10 A100
13	视频输出接口	连接电视机、投影仪等设备: DVI1、DVI2:输出 DVI 信号,通过转接线还可输出 HDMI、YPbPr 或 VGA 信号。 3G-SDI:输出高清视频信号。 VGA:根据接口配置可输出高清或标清视频信号。 CVBS:输出标清视频信号
14	视频输入接口	连接摄像机、计算机、DVD 播放机等设备。各接口的使用说明参见"视频相关接口"

(四)视频相关接口

1. 视频输出接口

ZXV10 ET802 终端提供 4 路高清视频输出接口,1 路标清视频输出接口,如图 8-9 所示,接口说明参见表 8-7。

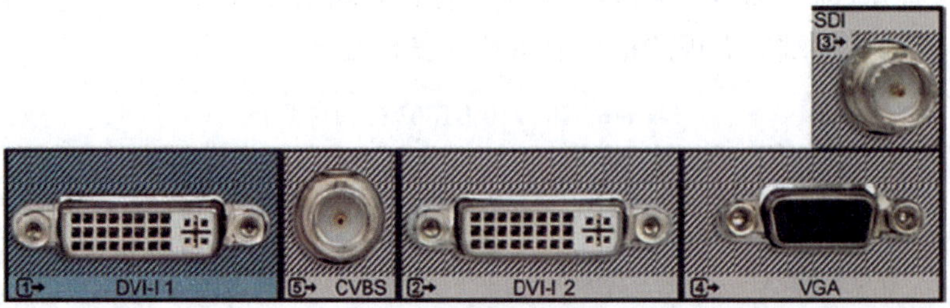

图 8-9　视频输出接口

表 8-7　视频输出接口说明

接　　口	类　　型	用　　途
DVI1、DVI2	数字视频接口	输出高清视频到电视机、投影仪等显示设备。可配置成 YPbPr、HDMI、VGA、DVI 共 4 种接口模式。 当 DVI 转接为 HDMI 的模式时,还能输出音频信号
3G-SDI	高清数字分量串行输出接口	输出高清视频到电视机、投影仪等显示设备
VGA	视频输出接口	输出高清/标清视频到电视机、投影仪等显示设备
CVBS	标清视频输出接口	输出标清视频到电视机等显示设备

2. 视频输入接口

ZXV10 ET802 终端提供 4 路高清视频输入接口,1 路标清视频输入接口,如图 8-10 所示的接口，其说明参见表 8-8。

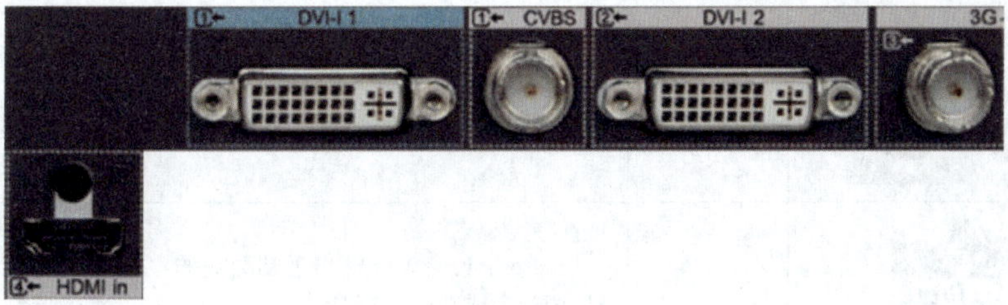

图 8-10　视频输入接口

表 8-8　视频输入接口说明

接　口	类　型	用　途
DVI1、DVI2	高清数字视频接口	输入视频信号，可配置成 YPbPr、HDMI、VGA 和 DVI-D
CVBS	标清视频输入接口	输入标清视频信号
3G-SDI	高清数字分量串行输入接口	输入高清视频信号
HDMI in	高清视频输入	输入未经压缩的高清视频信号

(五)音频相关接口

1. 音频输入接口

ZXV10 ET802 终端提供 4 路模拟麦克风接口，2 路线性电平音频输入接口，1 路数字麦克接口，参见表 8-9。

表 8-9　音频输入接口

接　口	类　型	用　途
	模拟麦克风接口（卡龙头）	连接模拟麦克风： MIC in 1～3，连接平衡麦克风，如界面麦克风。 MIC in 4，连接非平衡麦克，如鹅颈麦克风
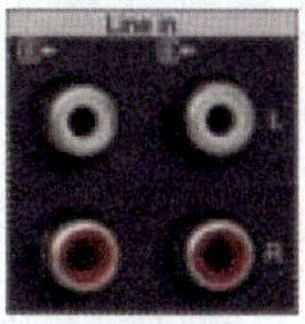	线性电平音频输入接口（双莲花头）	连接双莲花头接口的音频输入设备，如 PC、DVD 播放机、录音机
	数字麦克风接口	连接数字麦克风，如 ZXV10 A100

2. 音频输出接口

ZXV10 ET802 终端提供 3 路音频输出，参见表 8-10。

表 8-10 音频输出接口

接　口	类　型	用　途
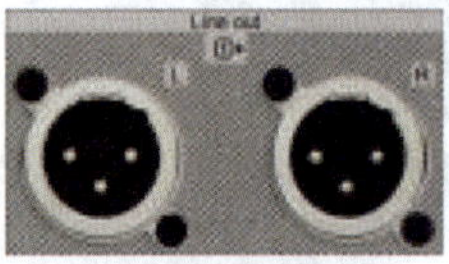	卡龙头	将声音输出到调音台等设备
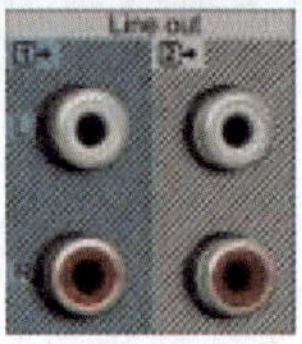	双莲花头	Line out 1:会议中输出远端会场的声音,通过本接口输出到电视机、调音台或功放音箱等设备。 Line out 2:会议中输出远端会场声音加本地声音,通常使用该接口输出到录像机等设备进行会议声音的录制

三、会议终端设备 ZXV10 ET802 支持的设备连接

(一)转换接口及缆线

根据不同的组网方式、外围设备,使用的线缆、转换接口有所不同。常用的线缆、转换接口参见表 8-11。

表 8-11 线缆、转换接口介绍

名　称	图　示	A 端	B 端
直通网线		8P8C	8P8C
摄像头控制线缆		8P8C	8 芯 MINI DIN 插头(针)
HDMI 音视频线		19 芯 HDMI 插头	19 芯 HDMI 插头
VGA-YPbPr 线缆		VGA	RCA * 3M/RCA * 3F
VGA 线缆	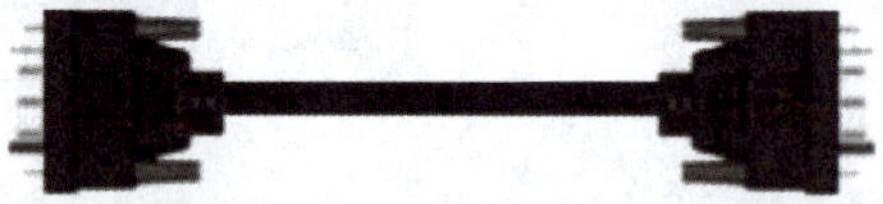	DB15M	DB15M
SDI 线缆		BNC	BNC
双莲花线		RCA * 2	RCA * 2
DVI-HDMI 转接头		(24+1)DVI 插头(针)	HDMI 插头
DVI-VGA 转接头		(24+5)DVI 插头(针)	DB15(孔)

(二)支持的设备连接

ZXV10 ET802 终端支持的常用设备连接,如图 8-11 所示,用户可根据需要选择。

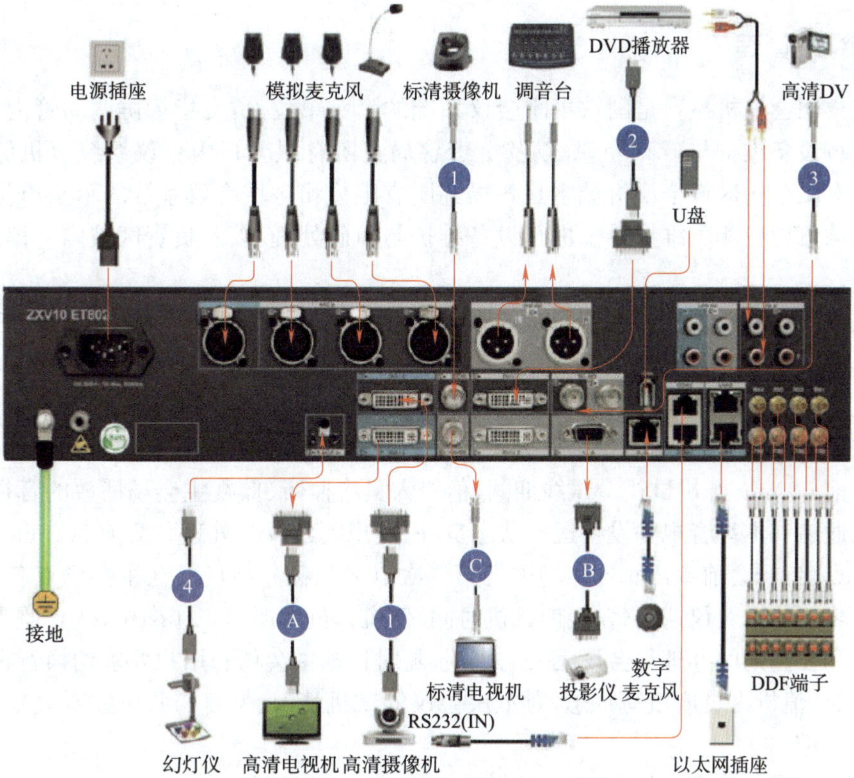

图 8-11　支持的常用设备连接

ZXV10 ET802 与多种外设连接时,参见以下说明。

如图 8-13 所示,使用 IP 网络需连接 LAN 1 口到以太网口;使用 E1 网络需连接 E1 接口到 DDF 端子。

根据会议的需要和外设配备情况,选择使用模拟麦克风和数字麦克风。

ZXV10 ET802 可配置 4 路视频源,同一时间最多选取其中两路用于视频输入,如图 8-11 所示的端口 1、2、3、4 端口。提供 4 路高清视频输出接口,1 路标清视频输出接口,如图 8-11 所示的端口 A、B、C 端口。

将终端的串口(COM1 或者 COM2)与一个摄像头的串口相连接,使 ZXV10 ET802 终端可以控制摄像头。

根据外设配置和终端接口、线缆情况选择是否连接 DVD、调音台、录音机等音视频设备。

第四节　会议电视系统的维护与故障处理

一、网络管理

国铁集团会议机械室是国铁集团会议系统的牵头单位,负责指挥协调局管内各相关维护单位进行设备维护与障碍处理,以及负责各局集团有限公司内会议系统值机保障工作。各局集团有限公司区域会议机械室是各局集团有限公司区域会议系统的牵头单位,负责指挥协调区域管内各相关维护单位进行设备维护与障碍处理,以及负责区域内会议系统值机保障工作。

会议系统按照集中指挥、分级负责的原则进行运行管理,即国铁集团会议机械室—局会议机械室—局区域会议机械室(局从 MCU 通信机械室)—站段及相关单位的会议设备维护部门。

值机人员应由专职人员负责会议值机工作,遇重要会议,应双人值机。值机人员应按照要求接线,不得随意接入与本次会议无关的终端设备。国铁集团、局集团有限公司级电视会议应于会前 60 min 开机试线。试线期间,值机人员应监听、监视主会场播放的音视频信号,以便确认通道和本端音视频设备运行状态良好,发现问题及时处理。会前 30 min 主会场进行第一次点名,开会前 5 min 主会场进行第二次点名。各分会场要在主会场点名前完成管内对下点名工作。会议期间(含会前试机时间)值机人员应严守工作岗位,认真监听和监视,严禁脱岗和在岗期间办理与会议无关的事项,随时根据主会场和用户要求切换音视频信号。会议结束后,值机人员应填写日志,对本次会议的试机情况、发言与收听收看效果以及突发情况进行登记。

所有运行维护管理人员,均应熟悉并严格执行安全保密制度:

(1)外部人员进入机房,应经上级批准,方可入内。值班人员应对外来人员的工作内容进行有效监督。

(2)根据会议主办方要求进行录音、照相、录像,不得任意复制。音视频会议设备的资料以及会议的音像资料不得擅自携出机房,防止失密。

二、会议电视系统故障处理方法

(一)原始信息分析

原始信息包括:通过用户故障申告;其他局故障通告;维护中发现的异常等反映出来的故障信息;维护人员在故障初期通过各种渠道和方法收集到的其他相关信息。

这些信息是进行故障判断与分析的重要原始资料。原始信息分析主要用来判断故障的范围、确定故障的种类,在故障处理的初期阶段,为缩小故障判断范围、初步定位问题提供判据。如果维护经验丰富,甚至还可以直接定位故障。

(二)告警信息分析

告警信息是指告警系统输出的信息,告警信息分析是故障分析的主要手段之一,主要用于查找故障的具体部位或原因,常常可以用来直接定位故障的原因,或配合其他方法共同定位故障的原因。

(三)指示灯状态分析

指示灯状态分析主要用于快速查找大致的故障部位或原因,为下一步处理提供思路,但由于指示灯包含的信息量相对不足,因此,它常常与告警信息分析配合使用。

(四)测试/环回

(1)测试主要是指借助于仪器仪表、软件测试工具等手段,对可能处于故障状态的用户线路、传输信道等进行相关技术参数的测量,根据测量的结果判断设备是否已经故障或者正处于故障的边缘。

(2)环回主要是指采用硬件或软件的方法,对某一设备或信道采取自发自收(自环)的方法,通过判断自环后设备、信道、业务状况、信令配合等正常与否。

(五)对比/互换

(1)对比是指将故障的部件或现象与正常的部件或现象进行比较分析,查出不同点,从而找出问题所在,一般适用于故障范围单一的场合。

(2)互换是指用备件进行更换操作后,仍然不能确定故障的范围或部位,此时将处于正常状态的部件(如单板、光纤等)与可能故障的部件对调,比较对调后两者运行状况的变化,以此判断故障的范围或部位,一般适用于故障范围复杂的场合。

(六)倒换/复位

(1)倒换是指将处于主备用工作方式下的交换设备进行人工切换的操作,也就是将业务从主用设备上全部转移到备用设备上,对比倒换后系统的运行状况,以确定主用设备是否异常或主备用关系是否协调。

(2)复位是指对设备的部分或全部进行人工重启的操作,主要用于判断软件运行是否混乱、程序是否"吊死"等软件 BUG 问题,是不得已采取的极端操作行为。

(3)相对于其他方法而言,倒换或复位不能对故障的原因进行精确定位,而且由于软件运行的随机性,倒换或复位后故障现象一般难以在短期内重现,从而容易掩盖故障的本质,给设备的安全、稳定运行带来隐患,因此,该方法只能作为一种临时应急措施,在迫不得已的情况下谨慎使用。

(七)仪器/仪表辅助分析

应用仪器、仪表进行故障分析与定位,是故障处理常用的技术手段。它以直观、量化的数据直接反映故障的本质,在波形分析、线路误码检测等方面有着广泛的应用。

三、会议电视系统常见故障案例

(一)部分会场看广播源卡住

1. 故障现象

MCU 会议中,一开始正常,过一段时间后切换广播源,部分会场看广播源是卡住的画面;有一部分终端在已经上会的情况下,又有一部分终端集中同时上线,已经上会的终端出现主辅视频花屏卡顿现象,经过 5～10 min 后恢复正常。

2. 原因分析

(1)MCU 的 MCAPP 配置文件中 NPUSmothParam(码流平滑系数)可能较高,导致峰值流量在经过交换机时被丢弃,导致画面卡顿。

(2)交换机的网口工作模式不为自适应,导致与 MCU 媒体板协商出现问题,导致丢包卡顿。

(3)传输网络不稳定,存在明显丢包。

(4)交换机能力较低,不足以支持瞬时转发能力。

(5)会议设备太老,编解码能力不足。

3. 处理方法

(1)抓包截取终端侧的码流。

(2)抓包截取交换机处的码流。

(3)tcpdump 抓包截取 MCU 媒体版内侧的码流。

(终端侧和交换机侧的丢包率基本一致,排除网络传输故障;交换机处的丢包和 MCU 内的截包丢包率不同,推断问题出在 MCU—交换机这一段)

(4)设置 MCU 码流平滑系数为 100(设置为 100 后问题依然存在)。

(5)检查交换机的网口工作模式(检查交换机网口设置为自适应模式,与 MCU 相同)。

(6)检查交换机的传输能力(数通合作方),检查后发现交换机是一种能力较低的交换机,端口缓存能力比较小,在处理瞬时的大数据时会由缓存较小导致转发能力不足,从而造成终端在接收方向存在较大丢包,导致花屏。

(7)修改交换机的配置项,关闭其他功能,增大缓存,问题解决。

4. 经验总结

对大面积花屏卡顿现象,主要从以下几方面着手:

(1)对于老设备,检查会议模板中的能力,降低会议能力,排除老设备编解码能力不足的问题。

(2)检查 MCU 码流平滑系数,排除设置值太高导致交换机丢包。

(3)排查传输网络丢包。

(4)检查交换机设置及能力。

(二)使用 IP 地址呼叫会议终端成功后又自动断开

1. 故障现象

某单位有一台 M9000 MCU 通过 IP 地址呼叫会议终端,在会议控制界面看到会议终端呼叫成功后,一会儿又自动断开。

2. 原因分析

MCU 通过 IP 地址呼叫终端成功后又自动断开,说明信令已正常,需要排查以下两点:

(1)会议终端 ping ANCU2 语音网络控制单板的 IP 地址是否正常。

(2)MS90 网管的 90 端口页面网段配置是否正常。

3. 解决方法

(1)在会议终端诊断测试页面 ping ANCU2 语音网络控制单板单板的 IP 地址正常,说明网络正常。

(2)检查 MS90 网管的 90 端口页面:MCU 配置——网段配置,发现网段配置的媒体地址是空白,信令地址是 MPCU4 主控单板地址。把媒体地址选成:ANCU2 单板 IP 地址,然后重启 MCU,等 MCU 启动正常后,召开会议,会议终端加入会议正常,故障得到解决。

4. 经验总结

MCU 通过 IP 呼叫会议终端入会，出现呼叫成功后又自动连接断开的情况，除要排除会议终端至 MCU 各单板 IP 地址是否可达，还要检查网段配置是否正确。

(三)涉及网口的网络丢包问题

1. 故障现象

MCU 会议中，会议列表中的大多数会场出现丢包，而且丢包率较高。

2. 原因分析

该局点有两台 MCU，每台 MCU 的单板组成相同，所有单板都是通过网口与汇聚交换机相连。

3. 解决方法

(1)确认传输网络中，视频会议业务的带宽为静态带宽，排除传输网络中其他业务的影响。

(2)将相同的会议转移到另一台 MCU2 上开，会议正常，参会终端没有出现大面积丢包。此结果证明终端以及网络传输网络没有故障。

(3)将交换机上 MCU1 与 MCU2 的网口接口做交换，MCU1 和交换机上原来连接 MCU2 的接口连接后，重新开会，会议正常，无大面积丢包。证明 MCU1 与汇聚交换机相连的网口或者网口模块有问题。

(4)排查各接口网线及网口模块障碍后，会议正常，无大面积丢包。问题解决。

4. 经验总结

(1)大面积丢包大概率为平台侧或者网络传输系统有问题。

(2)先尽量排除网络传输系统的问题。

(3)若局点有多台 MC，可以先做 MCU 切换，再做逐步排查。大概范围限定在 MCU 及汇聚交换机上。

(四)终端出现卡顿

1. 故障现象

召开会议模板为 4M 会议时，多个终端视频出现卡顿。

2. 原因分析

(1)网络存在异常。

(2)终端异常。

(3)ANCU2 或 VCU3 单板硬件异常。

3. 解决方法

(1)针对视频卡顿站点，进行长 ping 大包测试，若无丢包，网络正常，排除网络问题。

(2)排查是否因带宽不足导致。

(3)视频卡顿站点随机，并不是固定站点，初步排除终端硬件问题。

(4)现场检查 M9000 只配置有一块 ANCU2 和 VCU3 单板，为排除单板问题更换 VCU3 和 ANCU2 单板后，故障仍存在。

(5)在诊断中查看 ANCU2 单板状态发现，网络协商能力为 100M 全双工，与单板千兆口不符，经过排查发现交换机为 ZXR10 2950-28TC，此型号交换机只有两个口为千兆口，其他为 100M 电口,现场两个千兆口用来做汇聚口使用。

(6)交换机更换为全千兆交换机后,故障消失,问题解决。

(五)MPCU 单板反复重启导致会议无法召开

1. 故障现象

ZXV10 M9000-MPCU 单板反复重启导致会议无法召开,每隔约 1 min 就重启一次。

2. 原因分析

(1)MPCU2 硬件故障。

(2)MPCU2 双机热备不同步造成。

(3)病毒原因。

(4)mpcu 软件或系统方面问题。

3. 解决方法

(1)在 ms90 的单板诊断中发现 MPCU2 未发生重启动作时,MPCU2 以及各单板状态都正常。

(2)拔出一块 MPCU2 板,保持单 MPCU2 板运行,还是不断重启,现象依旧。

(3)登录 MPCU2,通过 TOP 命令查看 CPU 占用情况无异常,且无异常进程大量占用 CPU 资源。

(4)登录到 MPCU 单板,查看日志,发现/home/log/CLILZP. txt 的日志大小达到 2 GB 以上,怀疑是由于日志过大造成。

删除/home/log/CLILZP. txt 的日志文件后,重启 MPCU 后,故障解决。

4. 经验总结

(1)定期检查/home/log/下的日志文件有没有异常增大的问题,以避免此问题。

(2)后经研发确认此问题为版本问题,升级到 V1. 2. 6 以后版本可以规避此问题。

复习思考题

1. 什么是会议电视系统?它有哪些部分组成?
2. 简述会议电视终端设备主要功能。
3. 中兴 ZXV10 ET802 终端面板指示灯有哪些,指示灯有哪些含义?
4. 会议电视设备故障处理方法?
5. 简述多点控制单元 MCU 的功能。

第九章　铁路综合视频监控系统

铁路综合视频监控系统直接服务于铁路客货运输生产。各编组站、大型客运站、铁路局集团公司、国铁集团等各级用户，根据需要可选择实时调用或回放各采集点视频图像，是监控运输安全的重要手段。

第一节　铁路综合视频监控系统概述

一、视频监控系统的概述

视频监控系统是安全防范系统的组成部分，它是一种防范能力较强的综合系统。视频监控以其直观、方便、信息内容丰富而广泛应用于许多场合。

1. 视频监控发展

视频监控系统发展了短短数十年时间，从 20 世纪 80 年代模拟监控到数字监控再到网络视频监控，发生了翻天覆地变化。在 IP 技术逐步统一全球的今天，我们有必要重新认识视频监控系统发展历史。从技术角度出发，视频监控系统发展划分为第一代模拟视频监控系统（CCTV），第二代基于"PC＋多媒体卡"数字视频监控系统（DVR），第三代完全基于 IP 网络视频监控系统（IPVS），正在高速发展的第四代智能网络视频监控系统。

2. 视频监控基础知识

(1)图像

图像是人对视觉感知的物质再现。图像可以由光学设备获取，如照相机等，也可以人为创作，如手工绘画。图像可以记录、保存在纸质媒介、胶片等对光信号敏感的介质上。随着数字采集技术和信号处理理论的发展，越来越多的图像以数字形式存储。因而，有些情况下"图像"一词特指数字图像。

(2)视频和帧频

视频泛指将一系列静态影像以电信号的方式加以捕捉、纪录、处理、储存、传送与重现的各种技术。连续的图像变化每秒超过一定次数时，根据视觉暂留原理，人眼无法辨别单幅的静态画面；看上去是平滑连续的视觉效果，这样连续的画面叫做视频。

帧频是指视频格式每秒钟播放的静态画面数量，又称帧率，通常用帧/s 表示。每一帧都是静止的图像，快速连续地显示帧便形成了运动的假象，还原了物体当时的状态。高帧率可以得到更流畅、更逼真的动画。每秒钟帧数（帧/s）愈多，所显示的动作就会愈流畅。一般来说，图像帧率设置为 25 帧/s 或 30 帧/s 已经足够。常用的 PAL 格式规定更新率为 25 帧/s。

(3)分辨率

①显示分辨率

显示分辨率是指显示屏上能够显示出的像素数目。例如，显示分辨率为 1 920×1 080

(1 080 P)表示显示屏分成 1 080 行,每行显示 1 920 个像素,整个显示屏总共含有 2 073 600 个显像点。屏幕能够显示的像素越多,说明显示设备的显示分辨率越高,可显示的图像质量也就越高。

②图像分辨率

图像分辨率指图像中存储的信息量,是每英寸图像内有多少个像素点,分辨率的单位为 PPI,通常叫做像素每英寸。图像分辨率的表达方式也为“水平像素数×垂直像素数”。常用视频图像分辨率有:CIF(352×288)、4CIF(704×576)、D1(720×576)、720 P(1 280×720)、1 080 P(1 920×1 080,约 200 万像素)、4 K(4 096×2 160,约 800 万像素)等。

(4)视频编码方式

视频编码方式就是指通过特定的压缩技术,将某个视频格式的文件转换成另一种视频格式文件的方式。视频监控中主要采用 MJPEG、MPEG1/2/4、H. 264、H. 265 等几种视频编码技术,目前铁路主流的编码压缩技术是 H. 264 与 H. 265。

①H. 26X 系列(由国际电信联盟 ITU 主导)包括 H. 261、H. 263、H. 264、H. 265。

H. 261:主要在 20 世纪 90 年代的视频会议和视频电话产品中使用。

H. 263:主要用在视频会议、视频电话和网络视频上。

H. 264:H. 264 也称高级视频编码(AVC),是一种被广泛使用的高精度视频的录制、压缩和发布的标准。

H. 265:高效率视频编码(HEVC)是一种视频压缩标准,H. 264/AVC 的继任者。HEVC 不仅提升图像质量,同时也能达到 H. 264/AVC 两倍的压缩率(等同于同样画面质量下比特率减少了 50%),可支持 4 K 分辨率,甚至到超高画质电视,最高分辨率可达到 8 192×4 320(8 K 分辨率),这是目前发展的趋势。

②MPEG 系列(由国际标准化组织 ISO 下属的运动图像专家组 MPEG 开发)视频编码方面主要有:

MPEG-1:主要使用在 VCD 上,有些在线视频也使用这种格式。该编解码器的质量大致上和原有的 VHS 录像带相当。

MPEG-2:等同于 H. 262,使用在 DVD、SVCD 和大多数字视频广播系统和有线分布系统中。

MPEG-4:可以使用在网络传输、广播和媒体存储上。比起 MPEG-2 和第一版的 H. 263,它的压缩性能有所提高。

MPEG-4 AVC:技术上和 ITU-T H. 264 是相同的标准,也被叫做 AVC。最后这两个编码组织合作,诞生了 H. 264/AVC 标准。ITU-T 给这个标准命名为 H. 264,而 ISO/IEC 称它为 MPEG-4 高级视频编码(AVC)。

(5)码流

图像数字化之后的数据量非常大,在通信网上传输时很费时间,存储时很占空间,因此必须要对图像数据进行压缩。压缩的目的就是要满足存储容量和传输带宽的要求,而付出的代价是大量的计算及一定的质量损失。

码流是指视频图像经过编码压缩后在单位时间内的数据流量,也叫码率,单位是 kbit/s 或 Mbit/s,是视频编码中画面质量控制中最重要的部分。相同分辨率下,压缩比越小,视频图像的码率就越大,画面质量就越高。根据码流可计算出视频所需存储空间大小。

二、铁路综合视频监控系统

1. 铁路综合视频监控系统概念

铁路综合视频监控系统是采用先进的视频监控技术和 IP 传输方式构建的网络化、数字化的视频监控系统，系统提供应用所需的视频图像，满足铁路各业务部门及铁路其他信息系统对视频信息的需求，从而实现视频网络资源和信息资源的共享。从视频监控的技术演进角度看，在早期建设的少数专用视频监控系统属于第一代模拟视频系统，在客专线建设中同步建成的铁路综合视频监控系统从第二代（数字监控技术）技术起步，并随着各种研究的深入在不断改进，目前广泛应用第三代（IP 网络视频监控技术）技术。

2. 铁路综合视频监控系统功能

铁路综合视频监控系统旨在为铁路各业务部门，包括调度、车务、客运、机务、工务、电务、车辆等，提供一套完整、统一的视频监控平台，主要实现通信/信号机房内外、区间 GSM-R 基站、车站咽喉区、牵引变电所、开闭所、分区所、电力配电所、公跨铁立交桥、桥梁救援疏散通道、隧道口、正线与联络线结合处及 GSM-R 铁塔巡视的实时监控、图像存储、历史图像查询等功能。

第二节 铁路综合视频监控系统结构

铁路综合视频监控系统由视频节点、前端设备、网络设备和视频终端组成。其中，视频节点包括视频核心节点、视频区域节点、视频接入节点，前端设备包括摄像机、NVR 等设备，视频终端包括用户终端（含显示设备）和管理终端。视频监控系统接口包括 A、B、C、E、H 接口，其中 B、H 是视频监控系统外部接口，A、C、E 是视频监控系统内部接口。A 接口为视频终端与视频节点之间的接口；C 接口是指视频核心节点、视频区域节点、视频接入节点之间的接口；E 接口是视频接入节点和前端设备之间的接口；视频节点为视频外部系统提供 B 互联接口；H 接口是视频节点与业务系统进行后台联动时的接口。系统逻辑结构及接口如图 9-1 所示。

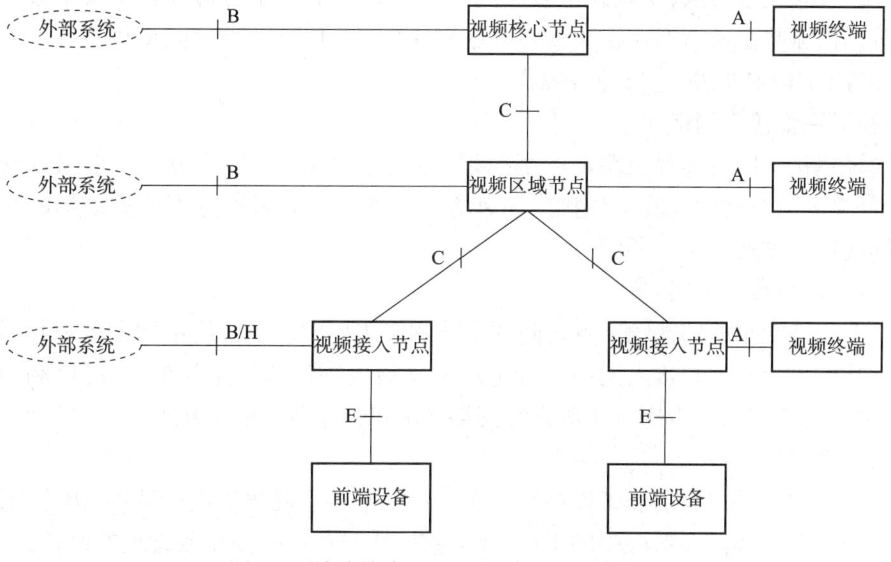

图 9-1 铁路综合视频监控系统逻辑结构图

1. 视频节点

视频核心节点是具有信息的存储、分发及转发、调用、控制,本节点设备资源管理、用户管理、报警管理、资源展示、运用质量管理、与其他系统互联等功能的节点。视频核心节点设置在国铁集团,由服务器设备、存储设备、大屏显示设备、配套的网络设备、电源设备以及配套软件组成。

视频区域节点是具有对本区域信息的存储、分发及转发、调用、控制、设备资源管理、用户管理、报警管理、资源展示、运用质量管理、与其他系统互联和联动等功能的节点。视频区域节点设置在路局所在地或客专调度所。视频区域节点是路局综合视频监控系统的管理中心,负责全线视频监控设备及网络的统一管理和调度,具有管理、监视、控制及报警等功能;同时具有和其他相关应用系统进行数据交互功能。视频区域节点由管理服务器、数据库服务器、存储设备、视频分发服务器、接口服务器及配套的网络设备、电源以及配套软件等组成。

视频接入节点能对前端信息进行接入、存储、分发、转发、调用及控制,可与其他业务系统互联和联动,并具有本节点设备资源管理、用户管理、报警管理等功能。视频接入节点一般设置在大型车站或其他视频相对集中的区域。视频接入节点设备由管理服务器、视频编码器、存储设备、行为分析仪、网络设备以及配套软件等组成。

2. 前端设备

前端设备是安装于监控现场的信息采集编码、存储、安全控制等设备。

3. 网络设备

网络设备包括交换机、路由器、传输设备等。通过网络设备所构建的传输网络为铁路综合视频监控系统提供图像、告警信息、控制信息等数据的传输服务。视频网络包括以下三个部分:视频骨干网络、视频采集接入网络以及视频用户接入网络。

(1)视频骨干网络

视频骨干网络在视频核心节点、视频区域节点以及视频接入节点之间提供监控数据的传送服务。视频核心节点、视频区域节点之间的视频骨干传输网络应利用铁路数据通信网进行承载。铁路数据通信网在视频核心节点与各个视频区域节点之间提供点对点的逻辑承载通道,利用 MPLS VPN 进行业务隔离。

(2)视频采集接入网络

视频采集接入网络实现前端设备至视频接入节点的接入,接入方式可以采取视频线缆接入、光纤接入以及利用传输系统接入三种方式。各类视频采集点可根据现场的具体情况选择不同的接入方式。

(3)视频用户接入网络

用户监视终端至相邻视频节点之间的传输网络主要解决用户终端的图像调用需求以及云镜控制功能。视频用户接入网络的带宽应根据最大图像调用路数决定,可以利用传输系统、铁路数据通信网以及吉比特无源光纤网络(GPON)等多种接入方式。

4. 视频终端

视频终端包括用户终端和管理终端。用户终端是对音视频流进行调用、浏览的设备;管理终端是对综合视频监控系统中的用户、业务数据或设备进行操作或管理的设备。

视频终端设备包括计算机、通信接入设备等。

第三节　铁路综合视频监控系统设备组成

一、铁路综合视频监控系统的设备组成

铁路综合视频监控系统由前端设备、传输部分、后端的存储、显示及监控部分组成，如图 9-2 所示。

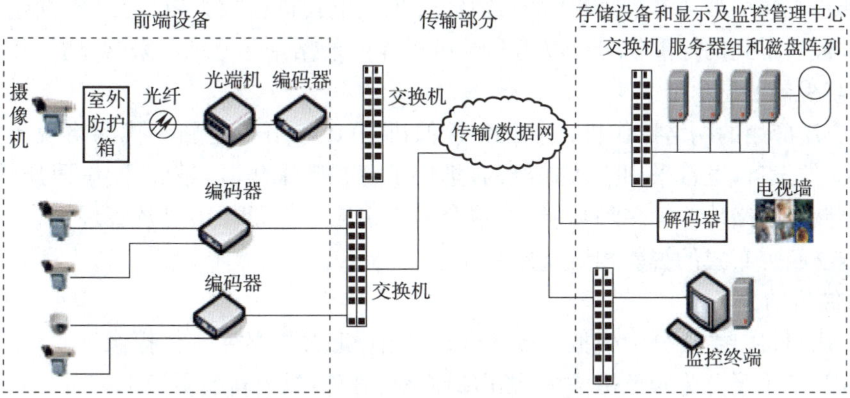

图 9-2　铁路综合视频监控系统设备组成

1. 前端设备

前端部分包括摄像机及与之配套的附属设备(如云台、防护罩、室外设备箱、照明装置等)和视频编码器等设备。主要完成对被监视区域图像信息的连续采集，以及对采集到的视频和音频信息进行压缩编码、数字化处理等。

2. 传输部分

传输部分主要完成音视频及控制信息的传输。一方面，将前端采集到的音视频信息传送到监控中心，另一方面，将控制信号从监控中心传向前端摄像机及镜头、云台等受控对象。

在视频监控系统中，视频信号的传输方式主要根据传输距离的远近、摄像机的多少决定。传输距离较近时，视频信息采用同轴电缆的基带传输方式，即视频信号直接从摄像机传输至视频编码器；传输距离较远时，采用光纤作为介质的频带传输方式；如果是大规模的分布式系统时，采用 IP 网络与光纤组合的传输方式。

3. 存储部分

存储部分主要完成音视频信息的存储、存储容量和性能扩充以及数据管理等。存储设备有硬盘录像机、存储服务器、磁盘阵列等，采用 NAS、SAN、磁盘阵列等方式进行数据存储，可保证数据的大容量可靠存储。

4. 显示及监控部分

显示及监控部分可实现全网视频统一调用、控制及显示，实现对视频的远程访问、视频流接收、数字视频的解码显示和大屏幕视频显示控制等功能。显示及监控部分包括管理服务器(AMS)、视频分发服务器、告警服务器、监控终端和电视墙模块等。其中，管理服务器

是监控系统的控制核心,通过 AMS 可实现对各站点的控制管理。

二、摄 像 机

摄像机是获取监视现场图像的前端设备,是整个系统的“眼睛”,是把景物光像转变为电信号的装置。摄像机种类繁多,其工作的基本原理都是一样的:把光学图像信号转变为电信号,以便于存储或传输。当我们拍摄一个物体时,此物体上反射的光被摄像机镜头收集,使其聚焦在摄像机器件的受光面(如摄像管的靶面)上,再经过摄像器件把光信号转变为电信号,即得到了视频信号。光信号很微弱,须经过预放电路进行放大,再经过各种电路进行处理和调整,最后得到的标准信号可以送到录像机等记录媒介上记录下来,或通过传播系统传播或送到监视器上显示出来。

目前广泛应用的网络摄像机,也叫 IP 摄像机(IPC)。IPC 是新一代网络视频监控系统中的核心硬件设备,通常采用嵌入式架构,集成了音视频采集、信号处理、编码压缩、智能分析、缓冲存储及网络传输等多种功能,再结合网络视频存储录像系统及管理平台软件,就可以构建大规模、分布式的智能网络监控系统。

1. 摄像机的分类

(1)按输出接口主要分为模拟摄像机、数字摄像机、模拟数字一体摄像机。

(2)按颜色主要分为彩色摄像机、黑白摄像机、彩色/黑白转换摄像机。

(3)按组成主要分为固定式摄像机和云台式摄像机。固定摄像机主要有枪式摄像机,半球摄像机两种;云台摄像机主要有一体化摄像机和快球摄像机两种。

(4)按应用场合的不同,分为室内摄像机和室外摄像机。室内型摄像机一般可以选用球型/半球型摄像机。室外摄像机可选用定焦摄像机、变焦摄像机和长变焦摄像机。其中,室外定焦摄像机主要用于全天候采集室外固定短距离场景图像;变焦摄像机主要用于全天候采集室外一定范围内(一般为 100 m 距离内)的场景图像;而长变焦摄像机用于采集室外较大范围内(1 500 m 距离内)的场景图像。

(5)按照清晰度主要分为标清 SD 摄像机、高清 HD 摄像机和全高清 Full HD 摄像机。它的区分是通过物理分辨率来的,一般来说,分辨率在 720P 以下的摄像机为标清摄像机,分辨率在 720P 以上的摄像机则为(全)高清摄像机。

2. 摄像机的组成

摄像机主要由镜头、电耦合器件(CMOS/CCD)、DSP(数字信号处理器)、外部接口及相关电路组成。其工作原理是被摄物体经镜头成像在影像传感器表面,形成微弱电荷并积累,在相关电路控制下,积累电荷逐点移出,经过滤波、放大后输入 DSP 进行编码和图像处理,最后形成视频信号输出。

摄像机的外部接口,以智能球机外部接口为例,如图 9-3 所示。

3. 摄像机的辅助设备

摄像机的附属设备包括防护罩、支架、云台、室外控制箱、照明装置等。

(1)防护罩主要是防止摄像机和镜头遭到人为破坏,避免受到周围环境的不良影响,如图 9-4 所示。

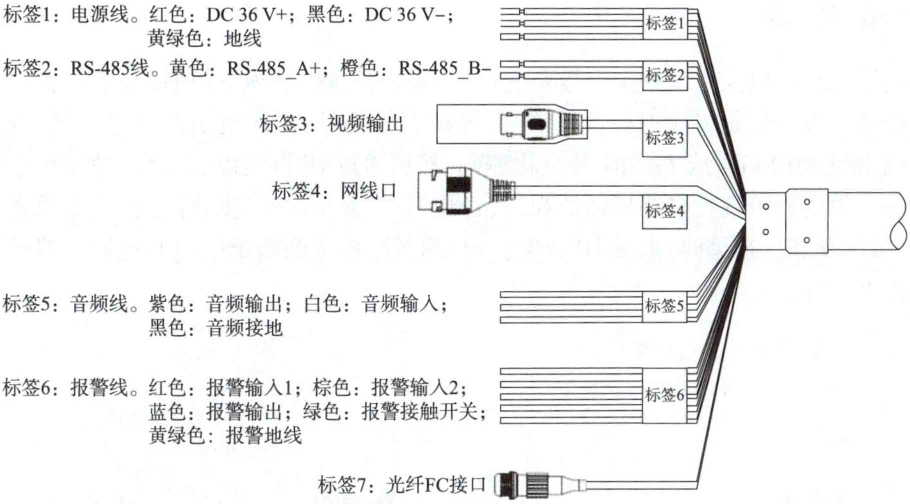

图 9-3　智能球机外部接口

(2)支架是用于固定摄像机、防护罩、云台的部件。一般利用支架将摄像机、防护罩和云台固定到墙壁、天花板、柱子和建筑物上，以实现对场景的监控，如图 9-4 所示。

(3)云台是安装、固定摄像机的支撑设备，是承载摄像机进行水平和垂直两个方向转动的装置。利用云台带动摄像机做水平转动和俯仰运动，以使其指向所需的特定目标，如图 9-4 所示。

(4)室外控制箱的主要作用是对箱内的设备进行防护。控制箱主要包括视频光端机、光缆终端盒、空开、防雷设备、变压器等，如图 9-5 所示。

(5)红外灯在视频摄像机光线不足时提供光源补偿，使摄像机成像清晰。红外灯按其红外光辐射机理分为半导体固体发光(红外发射二极管)红外灯和热辐射红外灯两种。

图 9-4　摄像机防护罩、支架及云台

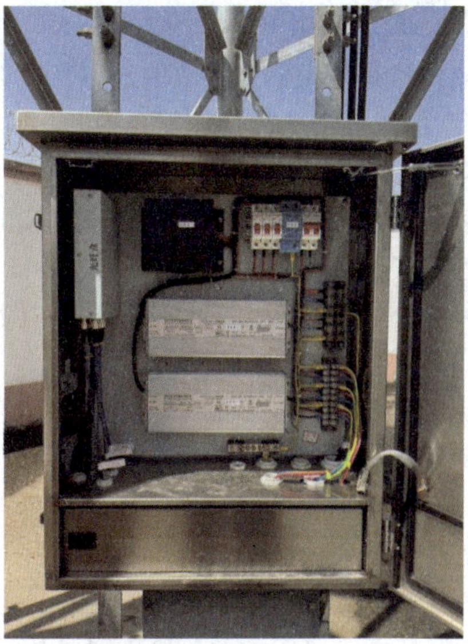
图 9-5　视频控制箱

三、编 码 器

编码器是视频监控系统中一个重要的设备,是一种编码压缩、处理音视频数据的专业网络传输设备。编码器是将模拟视音频信号、各种告警信号、摄像机的 PTZ 控制信号及低速串行数据进行 MPEG-4 或 H. 264 数字化编码,然后通过 IP 网络以 25 帧/s 速率传送动态图像的设备。编码器负责把多路模拟的视频、音频信号(如摄像机、麦克风、音箱等视音频源信号)进行数字化和压缩编码,形成 IP 数据包,利用网络传送到指定的目的地址。编码器背部端口如图 9-6 所示。

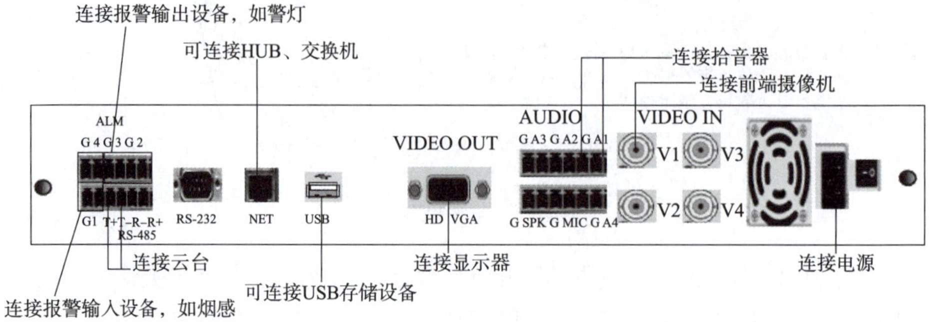

图 9-6　编码器后视图

四、视频服务器

视频服务器是指用于后台实现分发、网管、接口、数据库、告警、防病毒等功能的各类服务器的统称。视频服务器根据功能的不同,分为管理服务器、存储服务器、告警服务器、分发服务器、网管服务器等。

五、存储设备

存储设备是视频信息存放的地方。视频信息应采用合适、安全、有效的技术方案存放在具有冗余、保护等功能的物理媒介中。

1. 存储设备的类型

视频数据量非常大,对存储设备要求很高。视频存储设备包括硬盘录像机、存储服务器、磁盘阵列等。

(1)硬盘录像机:较多的是应用在前端存储的工程中,这类工程的采集点一般设置的较为分散,存储视频的数据量较小。

(2)存储服务器:较多的是应用在接入节点或区域节点进行集中存储的工程中,这类工程的存储点中处理的视频数据量较大,系统对存储设备的管理较为集中。

(3)磁盘阵列:视频监控系统中,磁盘阵列 RAID 主要用于视频的存储及视频回放检索。RAID 是独立冗余磁盘阵列,它是一种把多块独立的硬盘(物理硬盘)按不同的方式组合起来形成一个硬盘组(逻辑硬盘),从而提供比单个硬盘更高的存储性能与数据备份能力的技术。RAID 技术主要包含 RAID 0～RAID 7 等数个规范,各个规范在存储性能、数据安全性和存储成本方面各不相同,铁路规范要求磁盘阵列支持 RAID 5、RAID 6 和 RAIDTP 等硬盘管理技术。

2. 存储设备的存储方式

视频监控系统中，视频存储设备分为内置存储和外置存储两大类，外置存储又分为直连式存储和网络存储两类。直连式存储有直接附加存储（DAS）存储，存储网络可分为网络接入存储（NAS）和存储区域网络（SAN）。

（1）直接附加存储（DAS）

DAS 存储架构是比较传统的存储形式，服务器直接连接存储设备，如磁盘阵列。连接方式有两种，即 SCSI 线缆和光纤通道，如图 9-7 所示。网络对 DAS 的管理是分散的，资源利用率较低；当存储容量增加时，很难扩展。分散存储一般设置在前端设备处，主要适用于传输通道带宽受限的情况下。

（2）存储区域网络（SAN）

SAN 方式是在网络服务器的后端，采用光纤通道连接成高速专用网络，使网络服务器与多存储设备直接连接，如图 9-8 所示。SAN 通常由存储设备（如：磁盘阵列等）和光纤交换机组成。SAN 具有高性能，高扩展性，高可靠性，简单、集中管理等特点，但成本较高。

图 9-7　DAS 存储方式图

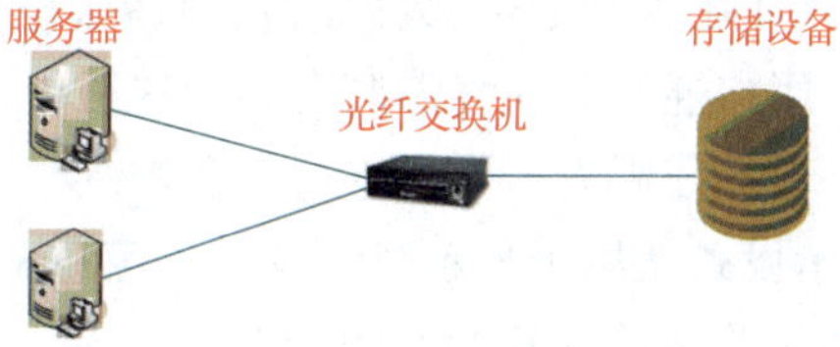

图 9-8　SAN 存储方式

（3）网络附加存储（NAS）

NAS 是将存储设备连接到现有的网络上，提供数据和文件服务，如图 9-9 所示。这种方式具有高容量、高效能、高可靠特征。但也存在访问效率低、后期扩展费用高等问题。

图 9-9　NAS 存储方式

DAS 和 SAN 技术主要是进行“块”存储，而 NAS 技术主要是进行“文件”存储。比较之下，DAS 是分散存储方式，而 NAS 和 SAN 都是集中存储方式。集中存储方式下，需考虑网络线路中断时，可能引起监控视频丢失，所以监控系统设计时要考虑集中存储和前端保活备份存储相配合，即在网络线路故障时，前端可以根据策略保存一定时间的数据存储，网络恢复后数据再备份至中心存储。

铁路综合视频监控系统存储方案采用集中和分散相结合的方式，即调度所和车站存储相结合。调度所存储全线的报警信息以及用户设定的其他重要信息。车站存储本站和就近的区间节点视频信息。

六、视频监控终端

视频监控终端是综合视频监控系统中的后端设备,它由 PC 机、打印机、UPS 电源和相应的软件组成。各监视终端实现对管辖区内各类视频采集点的分专业、分区域远程监控以及实时图像调用。视频监控终端可点播或轮巡播放实时音视频;显示实时告警信息;云台控制(上、下、左、右、调焦、聚焦、光圈、预制位、雨刷等);手动录像、抓拍;回放图片及录像(手动、告警);查询历史告警信息;系统管理员可远程管理服务器等。

视频终端包括视频管理终端、用户终端和显示设备,视频管理终端设置在视频核心节点、视频区域节点、视频接入节点处;用户终端可根据需要设置在调度、车务、机务、工务、电务、车辆、客运、货运和供电等有关业务部门处。

视频管理终端分为业务管理终端和设备管理终端,为网管用户使用。其中,业务管理终端主要完成对用户和视频资源的维护管理,可以实现对授权的视频进行浏览和查询;设备管理终端主要完成对设备和网络的维护管理。

视频用户终端是指对系统资源、用户和设备进行管理操作的终端设备以及经过系统注册并授权使用视频信息、数据信息的终端设备。用户终端是为视频用户提供视频操作和浏览界面,用户通过监视终端调看实时和历史视频图像,对视频内容分析产生的告警进行确认处理,并根据权限对摄像机进行云台控制。

显示设备是用于显示视频及相关信息的设备,包括 DLP 一体化投影单元、LCD 液晶显示器、视频监视器、LED 显示屏等。

七、行为分析模块

1. 行为分析的概念

行为分析技术是指利用现代计算机视觉的方法,在不需要人为干预的情况下,通过对摄像机拍摄的视频序列进行实时自动分析,实现对视频场景中所关注目标的定位、识别和跟踪,并在此基础上分析和判断目标的行为,以侦测和应对异常情况的一种智能视频分析技术。

2. 行为分析模块的主要功能

根据铁路视频监控系统要求,对区间通信信号机房门口、联络线与正线连接处、桥梁救援疏散通道等地进行视频行为分析。行为分析模块的主要功能有:入侵检测、人群异常行为检测、遗留物监测等功能。

铁路综合视频监控系统通过行为分析技术的运用,自动对重点部位的异常情况进行报警,辅助监控人员及时响应。具体来讲,行为分析主要应用在重要区段及咽喉区入侵检测、公跨铁区域高空落物分析、客运丢包探测、逆行探测及摄像机的自身维护当中。

3. 行为分析模块的设置

行为分析模块是前端连接摄像机的一种设备,其在系统中的位置如图 9-10 所示。图中,行为分析模块从摄像机获取模拟视频信号,经过视频行为分析处理之后将带有分析结果的模拟视频流传输给编码器。编码器把编码之后的视频流传输给视频分发服务器,在由视频分发服务器通过网络把视频发送给监控终端显示。

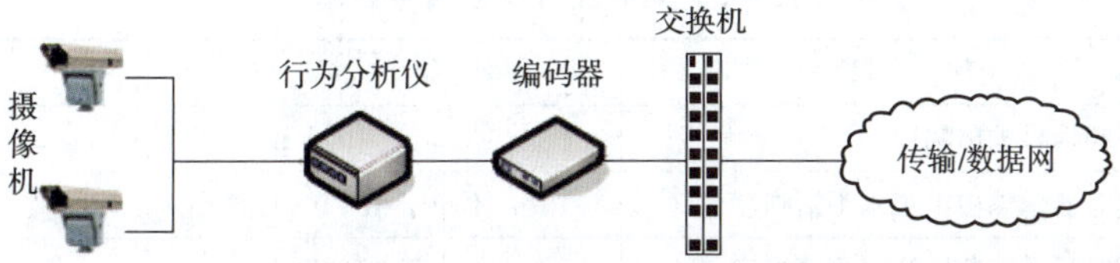

图 9-10　行为分析仪在系统中的位置

第四节　铁路综合视频监控系统维护标准

1. 综合视频系统维护质量标准

综合视频系统维护质量标准见表 9-1。

表 9-1　综合视频系统维护质量标准

序号	项　目	质量标准	备　注
1	实时视频	音视频清晰、流畅、稳定，没有干扰、抖动、遮挡、丢帧、跳帧等现象，色彩不失真；PTZ 控制功能良好，对焦清晰，光圈开关正常；预置位功能良好	
2	历史(告警)视频	音视频清晰、流畅、稳定，没有干扰、抖动、遮挡、丢帧、跳帧等现象，色彩不失真；存储时间满足系统设计要求及相关技术标准；系统响应时延满足技术规范要求；抽取录像时间与存储录像时间相符。告警图像预录时间不小于 10 s	
3	视频内容分析	告警信息及时、准确。漏报率为 0，误报率不高于 20%(暂定)	
4	联动功能	联动功能满足系统设计要求	误报率为具备视频内容分析的视频错误报警次数/报警总次数×100%
5	预置位(守望位)功能	视频监视图像与守望位、预置位重合，无偏差	—
6	时间同步功能	系统内所有设备应保持时间同步，相对精度误差≤1 s	守望位应参考主要用户需求进行设置，预置位可参考其他用户需求进行设置
7	设备接地	服务器、磁盘阵列、交换设备等室内设备接地电阻≤1 Ω；视频杆、视频控制箱等室外设备接地体与机房地网相连时的接地电阻应≤1 Ω，未与机房地网相连时的接地电阻应≤4 Ω	特殊条件下应满足机房管理中的电阻要求

2. 系统图像质量

(1)模拟复合视频信号应符合表 9-2 的要求。

表 9-2 模拟复合视频信号要求

序 号	项 目	指 标	备 注
1	视频信号输出幅度	$1V_{P-P}\pm3$ dB VBS	
2	实时显示黑白电视水平清晰度	不小于 420 TVL	
3	实时显示彩色电视水平清晰度	不小于 400 TVL	
4	回放图像中心水平清晰度	不小于 300 TVL	
5	黑白电视灰度等级	不小于 8	
6	随机信噪比	不小于 45 dB	

(2)数字视频信号应符合表 9-3 的要求。

表 9-3 数字视频信号要求

序号	项 目	指 标	备 注
1	单路画面像素数量	CIF 352×288； 4CIF 704×576； D1 720×576； 720 P 1 280×720； 1 080 P 1 920×1 080	
2	1 080P 及以下的图像显示帧率	不小于 25 帧/s	
3	单路画面光学有效像素总数检测值	不应低于标称值的 90%	
4	视觉分辨率	4CIF(或 D1)中心不低于 200 LW/PH； 720 P 中心不低于 200 LW/PH； 1 080 P 中心不低于 500 LW/PH	针对不同有效像素总数的摄像头，其中心视场的水平、垂直分辨率
5	白平衡	偏差不大于 20	在 3 400 K 和 6 500 K 色温光源照明条件下，所得图像 RGB 的三色值
6	动态范围	能区分灰阶测试图卡上从黑到白 10 级不同灰度，并且全部 20 个色块灰度值单调递减	—
7	色彩还原准确度	R、G、B 三个色块的色彩还原误差不超过 30%，平均色彩还原误差不超过 20%	—
8	几何失真	摄像机所摄图像周边的枕形或桶形畸变绝对值不大于 2%	—

3. 综合视频系统网络性能指标

核心节点到区域节点以及区域节点到接入节点间网络传输质量要求：

(1)网络时延不大于 400 ms；

(2)时延抖动不大于 50 ms；

(3)丢包率不大于 1×10^{-3}。

4. 系统时延

(1)综合视频系统的端到端时延应符合下列要求：

音视频失步时间不大于 300 ms；端到端的双向信息延迟时间不大于 3 s，每级转发时延不大于 50 ms。

(2)端到端的双向信息延迟时间是指从用户发起请求到在用户终端上呈现音视频的时延，主要包括请求消息处理、发送端信息编码、网络传输(不大于 150 ms)、接收端信息解码、显示等过程需要的时间。

5. 视频图像资源命名和时间显示要求

(1)视频图像资源命名应符合下列要求：

图像命名使用中文，反色显示，在图像左上角宜用一行，不超过 64 字符。

(2)时间显示应符合下列要求：

时间宜在视频图像的右下角显示；时间显示格式应符合 yyyy-mm-dd hh:mm:ss。

第五节　铁路综合视频监控系统故障处理

一、常见故障分类

根据现场维护经验，目前对视频故障处理主要以前端故障为主，常见前端故障又分为模拟前端故障和网络前端故障。

二、常见故障及处理方法

(一)模拟前端常见故障

根据现场的维护经验，综合视频监控系统常见的模拟前端故障现象有以下几类：监控终端显示“无视频信号”；监控终端显示蓝屏或黑屏；监控终端显示图像干扰；监控终端显示图像不是实时信号；变焦摄像机无法控制等。

1. 监控终端显示“无视频信号”

原因分析：当监控终端显示“无视频信号”时，一般情况是由于监控终端—存储分发服务器—编码器之间的数据连接中断。

处理方法：可以通过检查监控终端—存储分发服务器—编码器的数据连接情况以及编码器的运行状态，定位故障点并进行处理，具体步骤如下：

(1)通过监控终端检查确认问题图像的编码器和服务器地址；

(2)判断监控终端至存储分发服务器及存储分发服务器至编码器数据连接状态；

(3)尝试重启编码器。

2. 监控终端显示蓝屏或黑屏

原因分析：视频监控终端显示蓝屏或黑屏，一般情况下是编码器已经连接到服务器(可以从监控终端 ping 该编码器 IP 地址进行确认)，但是编码器视频端口没有输入电平产生所致，常见原因如下：

(1)视频数据线端子脱焊，该问题有可能发生在从摄像机输出端到编码器接收端之间的任何一处视频数据线端子连接处；

(2)摄像机或云台故障;

(3)视频光缆或视频数据线中断;

(4)防雷器击穿;

(5)摄像机电源无输入。

处理方法:

(1)专业仪器测试法

采用视频监控测试仪(又称视频监控工程宝)、万用表等仪表,逐一对各个数据线接头处进行测试,分析找到故障点。

(2)指示灯判断法

通过查看各设备的指示灯,以此判断其工作状态是否正常。

(3)替换法

在无条件使用仪器测试法时可以在事先假设问题视频相关的全部设备均为问题设备,再通过更换故障视频对应的编码器、光端机板卡等主要设备进行尝试,逐一排除故障源。替换法也可以对视频信号传递通道进行替换,用以确认视频信号传送通道是否存在问题。

3. 视频监控终端显示图像干扰

(1)图像出现雪花点、噪点

原因分析:光路衰减过大;设备供电线路存在高频干扰信号;接地环路存在干扰信号。

处理方法:测试光缆传输质量,检查光纤跳纤连接情况;重新设置单独的接地。

(2)图像出现条纹,并且跳动或者闪动

原因分析:视频数据线端子接触不良。

处理方法:重新焊接视频数据线成端头或重新拔插视频数据线。

(3)图像出现滚动的黑白条纹

原因分析:工频干扰,因现场环境用电设备多,设备功率大的地方会因为三相不平衡或者接地方式不一样引起电位差。

处理方法:检查UPS供电相位是否正常;对设备进行断电复位操作。

(4)图像出现网纹或者白线

原因分析:电磁波干扰;视频数据线信号线与屏蔽线短接。

处理方法:改变视频线路径并以金属管防护;重新制作视频数据线成端。

(5)视频木纹干扰

原因分析:视频数据线缆特性不良;存在强电线路干扰。

处理方法:更换视频电缆;改变视频线路径,并加金属管防护,必要时金属管接地。

4. 监控终端显示图像不是实时信号

原因分析:摄像机卡死。

处理方法:对摄像机进行断电再加电的操作。

5. 变焦摄像机无法控制

原因分析:

(1)云台故障;

(2)摄像机何云台的连接线固定不良;

(3)控制防雷器被击穿;

(4)控制线在某处接线端子处短路或者断路；

(5)编码器控制模块损坏。

处理方法：通过仪器法排查前端故障，进行进一步处理。

(二)网络摄像机常见故障

1. 监控终端显示黑屏

(1)原因分析：单点摄像头黑屏可能原因：摄像机故障、电源故障、通道故障、交换机端口故障、服务器故障。

处理方法：先通过视频终端浏览器页面登录故障摄像头，如果可以登录并有图像显示则初步判断服务器故障，先网管重启服务器，不恢复再现场进行重启。如果浏览器页面登录不上则通过进入交换机查看对应端口状态，如果端口 down 则重新开启。再判断端口是否能收到光，如果能收到光功率则初步判断电源及通道无问题，现场可以重启摄像头和测试收光功率，如果重启不好则建议更换摄像头。

(2)原因分析：若本机房下挂摄像头全部黑屏则故障情况有可能为：交换机故障、电源故障、通道故障。

处理方法：检查交换机电源及运行情况，检查交换机上联通道是否正常。

(3)原因分析：若连续几处机房交换机下挂视频全部黑屏则可能为：服务器故障、通道故障、路由故障。

处理方法：检查视频服务器工作是否正常，上联通道是否正常。

(三)服务器常见故障

1. 用户终端无法调取历史图像。

原因分析：通常是磁盘阵列故障、录像服务器存储磁盘未打开共享、管理服务器软件故障等导致。

处理方法：

(1)远程打开录像服务器查看录像存储盘是否异常。如果存储盘符丢失，需现场查看磁盘阵列是否有告警提示，对磁盘阵列进行检修来排除故障。

(2)在客户终端打开运行选项，输入录像服务器 IP 地址，访问共享空间，如提示错误则录像服务器共享未打开，对录像服务器重新设置共享服务。

(3)在传输正常情况下，本地管理服务器可以正常调看历史图像，用户终端无法调取历史图像，可判断为管理服务器软件故障，重启软件。

2. 本地告警不能上报。

原因分析：通常是管理服务器软件故障或管理服务器软件未设置告警上报。

处理方法：单击监控软件系统选项，排除告警屏蔽设置异常或在管理服务器资源配置界面调看该站点告警配置是否正确设置。

3. 用户监控终端无法登录。

原因分析：通常是用户名和密码错误、管理服务器未响应、用户名不存在等原因导致。

处理方法：远程 ping 管理服务器 IP 地址，看是否响应；远程登录管理服务器查看软件是否正常运行；与网管确认用户信息是否正确。

综合视频监控系统的故障分析与处理，需要在了解整个系统工作流程的基础上，通过替代法、排除法、比较法等处理方法来定位、处理故障,在工作中不断总结维护经验,提高故障处理能力。

复习思考题

1. 简述铁路综合视频监控系统。
2. 简述铁路综合视频监控系统结构。
3. 摄像机按输出接口分为哪几种?
4. 常用的视频存储设备有哪几种?
5. 视频接入节点的主要功能有哪些?一般设置在何地点?

第十章　应急通信系统

铁路应急通信是指发生自然灾害、铁路交通事故等突发事件时，为快速启动应急通信响应和保障，确保应急通信指挥畅通，利用各类通信手段，在事件现场与各级应急救援指挥机构（以下简称应急指挥中心）之间建立语音、图像、数据等通信联络，为现场救援指挥提供的通信手段。

第一节　应急通信系统概述

一、应急通信系统组成

应急通信系统由应急抢险现场和应急指挥中心组成，是集通信、指挥、控制、信息于一体的综合系统，它将计算机网络、通信技术、图像技术等最先进的科学技术应用到铁路的应急救援系统中，通过计算机通信网络将功能独立的各子系统有机地集成在一起，实现信息共享，便于统一指挥、调度。应急通信系统主要由应急中心通信设备、通信网络、应急通信现场设备等三部分构成，如图 10-1 所示。

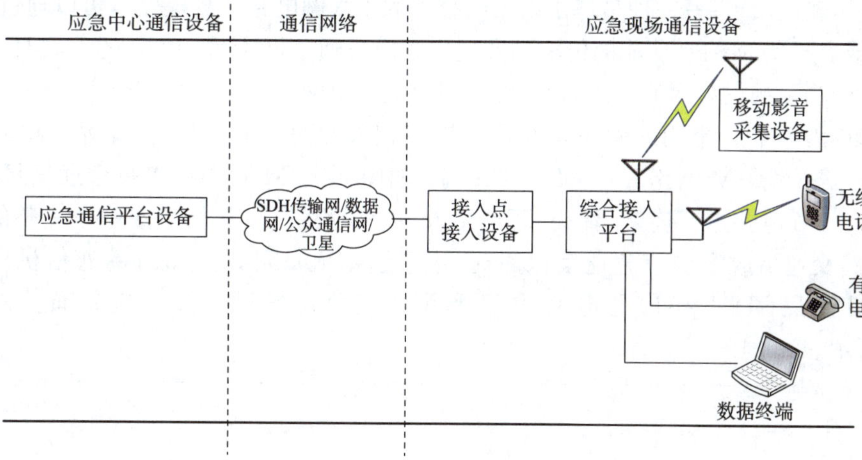

图 10-1　应急通信系统组网图

二、应急中心设备

应急中心是整个系统的“大脑”，它的主要功能是实现应急中心与突发事件现场、应急中心之间话音、图像和数据信息的实时交互及系统管理等。应急中心设备可通过外部接口实现与自动电话网、调度通信网的通信，实现综合视频系统、静图系统图像信息的接入，并为图像显示系统提供图像信息。

应急中心通信设备是应急通信系统中的关键设备,采用软交换技术、VOIP方式实现与现场及其他应急中心的话音终端设备的通信,并与铁路自动电话网和调度通信网形成互联互通网络。

应急中心通信设备可以同时接入三个现场设备,并且自动按现场设备上线的先后分配相应的号码,即每个应急中心对外只公开3~4组现场电话号码(含自动网、数调网),在现场设备上线后,中心设备可以自动选取一组现场电话号码赋予该现场设备,这样避免了因现场设备套数较多造成的号码冗杂带来的应用不便。

三、通信网络

广义上的通信网络是指将各个孤立的设备进行物理连接,实现人与人、人与计算机、计算机与计算机之间进行信息交换的链路。常用的网络拓扑结构有三种,分别是环型网、总线型网和星型网。

应急通信网络泛指连接应急中心设备和应急现场设备的传输通道,可由铁路数据通信网、传输网、铁路数字移动通信网、公众通信网以及卫星网络来实现。当发生铁路交通事故,启动应急通信响应时,铁路工作人员可以通过公众通信网或铁路移动数字通信网来完成响应任务。在应急通信保障人员和设备到达现场后,为了提高应急通信的质量,通常使用铁路数据通信网或传输网络来完成保障任务。

在日常工作中如果不加特殊说明,铁路应急通信网络用来特指通过铁路数据通信网或传输网构建的应急电路网。应急电路目前最常见的分为2种:一种是基于SDH技术的2M电路,通过传输网实现;另一种是基于以太网技术的以太网电路(FE电路),可以通过铁路数据通信网或者具备MSTP功能的传输网实现。当应急通信网络采用2M的方式时,通常采用环型组网,当采用以太网的方式时,通常采用总线型组网。

采用环型组网时,常用的做法是在铁路沿线相邻的两个通信机房(车站、基站、亭所)之间开通一条应急2M电路并在DDF架成端,空闲时用2M同轴线将每个通信机房2个方向的应急2M电路进行连接,环头、环尾接入应急中心设备,从而形成一个完整的环路。当发生铁路交通事故需要应急通信保障时,应急通信人员可以从就近的通信机房(接入点)DDF架上断开DDF架应急电路的U形头将应急现场设备接入应急通信网络,如图10-2所示。

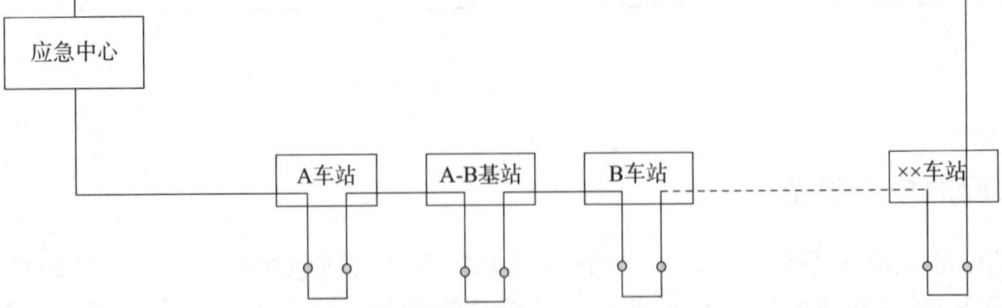

图10-2 应急通信网络(2M)示意图

采用总线型组网时，通常根据需要从应急中心至铁路铁路沿线的通信机房开通一条以太网电路，每个机房绑定一个以太网端口并在 EDF 架成端。当发生铁路交通事故需要应急通信保障时，应急通信人员可以将应急现场设备从就近的通信机房(接入点)EDF 上接入应急通信网络，如图 10-3 所示。

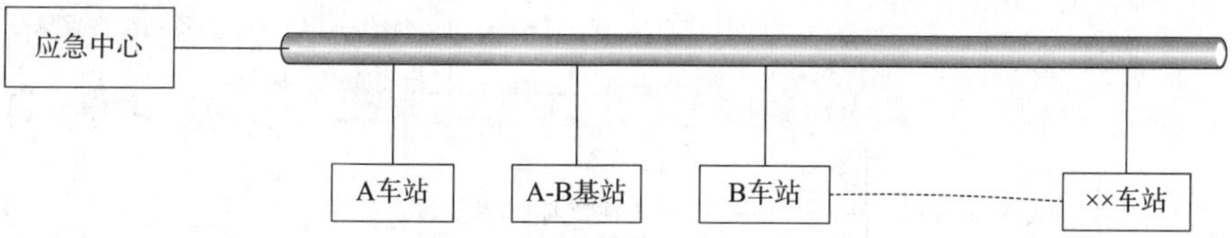

图 10-3 应急通信网络(以太网)示意图

除了应急中心和应急现场之外，国铁集团应急指挥中心与下属各个集团公司应急指挥中心、各个集团公司应急指挥中心之间也需要使用通信网络进行联接，实现应急联动、协调和指挥。他们之间通常以以太网电路为主通道，2M 电路作为备用通道进行联接，完成应急语音、视频图像、数据业务。

四、应急通信现场设备

应急通信现场设备主要完成采集现场的真实语音和实时动图，由通信模块传送至现场接入设备，现场接入设备再将现场的动图、静图、语音、数据等信息通过有线、宽带无线、卫星等接入方式最终将信息传给指挥中心，从而建立应急指挥中心与事故现场间的应急通信网络。可使远在指挥中心的应急指挥人员在第一时间了解各种复杂的实际情况从而做出准确的决策。

应急通信现场设备分为 A、B、C、D 四类。

A 类设备主要包括搭载救援列车或应急通信车，用于重大突发事件实施通信保障的卫星通信、数据通信、图像采集、电视电话会议等设备。结合救援列车或应急通信车布局在通信(电务)段集中配备。

B 类设备主要包括静动态图像采集设备、接入设备和移动/固定式语音终端、现场接入设备等，结合应急通信保障时限要求，在现场通信车间和枢纽地区进行配备。

C 类设备是便携应急通信设备，提供语音，静图等业务，主要设备有：静图终端、海事卫星数据终端、照相机、公网移动终端、GSM-R 移动终端等，结合应急通信保障时限要求和现场通信条件，原则上按工区选配。

D 类设备提供语音业务，主要设备有自动电话机、磁石电话机、海事卫星语音终端、区间复用设备及区间引入线缆等抢险设备器材等，结合区间基础设施日常养护维修需要，在现场工区、车站值班点配备。高原、高寒、山区等自然环境恶劣地区或无公众移动通信网及 GSM-R 网络的区段，根据应急通信保障需要可选配海事卫星语音终端。

应急通信现场设备主要包括：现场接入设备、现场终端设备、接入点接入设备及附属配件等组成，如图 10-4 所示。

1. 现场接入设备

现场接入设备主要实现将事故现场的视频、语音、数据、采集的图像上传到中心，并且在

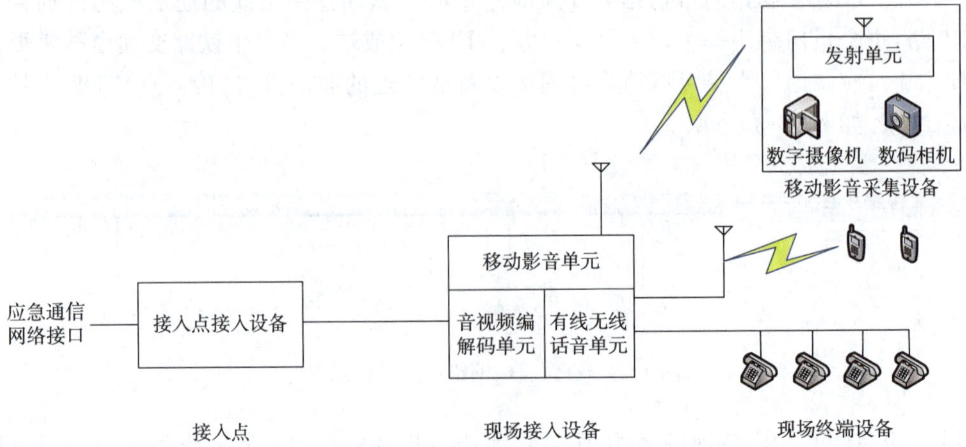

图 10-4 应急通信现场设备示意图

事故现场至少能提供 4 部固定电话和 4 部无线手机,可以实现现场内部固定电话之间、固定电话与无线手机之间、无线手机间的任意呼叫,可以设置为热线直通、自动拨号等呼叫方式。事故现场内部的话音通信能够保证现场各部门工作人员的密切沟通与协作,为快速准确地完成抢险任务,降低事故损失提供了技术保障。

2. 现场终端设备

现场终端设备主要包括:有线电话机和无线电话机、移动影音采集设备(摄像机、移动影音发送单元、耳麦等)、静图传输设备(含数码相机)、数据终端设备(计算机)等。

3. 接入点接入设备

接入点接入设备应包括 FE 接口单元、E1 接单元、宽带无线设备。

五、应急通信现场设备的接入方式

应急通信现场设备可采用有线、无线等多种方式实现应急通信现场设备与接入点接入设备之间的信息传送。其中,有线接入为光缆(网线)接入;无线接入方式为宽带无线接入、宽带卫星接入、窄带卫星接入、移动通信网接入、无线局域网接入等。

1. 光缆接入

应急通信现场设备通过光缆与相邻车站/基站的接入点接入设备相连,接入点接入设备提供 FE 接口或 E1 接口通过铁路数据通信网或铁路传输网络为应急中心与应急现场之间提供通道此方式可提供话音、数据、图像实时传送通道带宽需求。

采用光缆接入方式时,主要包括接入点接入设备、现场接入设备、光缆、现场终端设备如图 10-5 所示。

2. 宽带无线接入

在现场接入设备与接入点接入设备成对设置宽带无线设备(含有线无线转接设备),利用无线传输为现场接入设备与接入点接入设备之间提供传输通道,接入点接入设备提供 FE 或 E1 接口,通过铁路数据通信网或铁路传输网为应急中心与应急现场之间提供通道。

此方式可提供话音、数据和视频图像的实时传输带宽需求。采用宽带无线接入方式时,主要包括接入点接入设备、现场接入设备、现场终端设备,如图 10-6 所示。

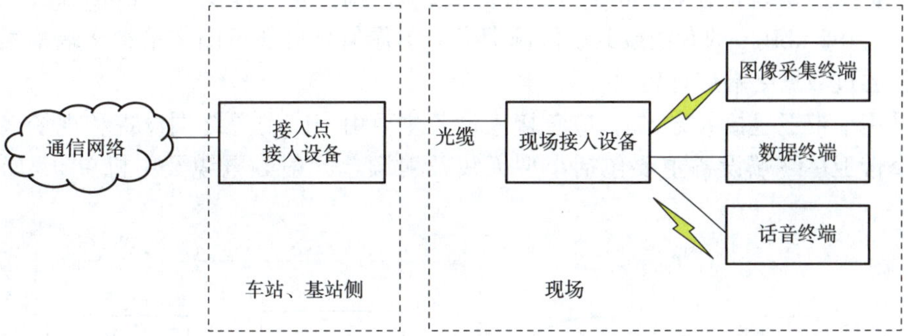

图 10-5　光缆接入方式示意图

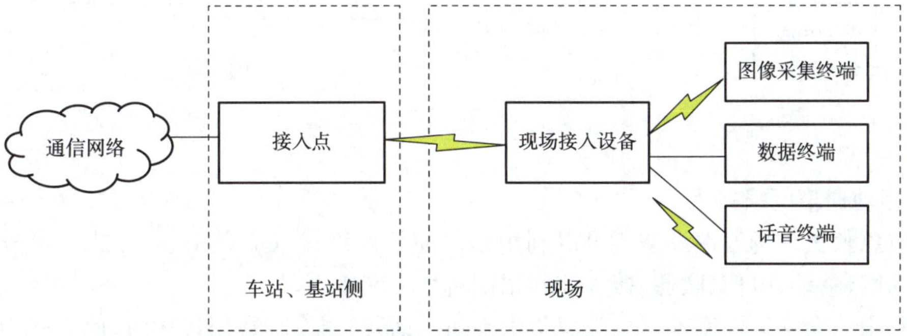

图 10-6　宽带无线接入方式示意图

3. 宽带卫星接入

在应急救援现场还可以在应急通信车上安装宽带卫星远端设备，通过与宽带卫星固定地面站设备构成双向传输通道，通过承载网络与应急中心设备连接，实现应急通信车在现场及开往现场途中与应急中心通信。此方式可提供话音、数据、视频图像的传输带宽需求，传输速率不小于 2 Mbit/s。

当采用宽带卫星接入方式时，应急接入设备主要由宽带卫星设备、现场接入设备和现场终端设备组成，如图 10-7 所示。

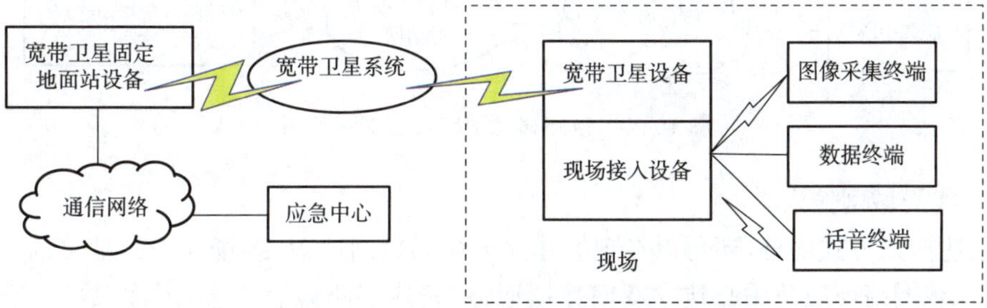

图 10-7　宽带卫星接入方式示意图

4. 窄带卫星接入

在现场配置窄带卫星终端设备，通过窄带卫星系统和承载网络实现 64 kbit/s 数据传输,或 64 kbit/s 语音传输,或同时实现语音及数据传输,并可提供 128 kbit/s、256 kbit/s、384 kbit/s、492 kbit/s 的专线或共享传输带宽。图像信息可通过图像采集终端采集后作为数据文件通过数据终端进行传送。

当采用窄带卫星接入方式时,应急接入设备主要由窄带卫星终端设备和现场终端设备组成。窄带卫星终端设备主要包括小型天线及射频单元射频电缆及主机单元,如图 10-8 所示。

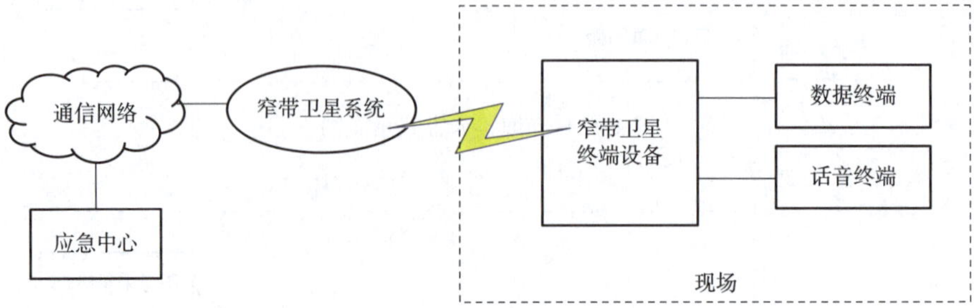

图 10-8 窄带卫星接入方式示意图

5. 移动通信网络接入

在应急救援现场终端设备还可以利用移动通信网络接入应急中心,方式又可分为利用公众移动网(移动、电信、联通)接入和利用铁路移动网接入。

当利用公众移动网实现现场与应急中心间的话音、图像和数据传输时,此方式由公众移动网、专用或公网移动终端设备组成,如图 10-9 所示。

图 10-9 公众移动网接入方式示意图

当利用铁路移动网实现现场与应急中心间的话音、图像和数据传输时,此方式由铁路移动网、铁路专用移动终端设备组成,如图 10-10 所示。

图 10-10 铁路移动网接入方式示意图

6. 无线局域网接入

除上述接入方式之外,还可以在现场建立无线局域网覆盖,现场移动终端接入 Wi-Fi 网络,通过承载网络与应急中心建立双向数据通道,完成多路应急语音、图像、数据业务,移动终端可移动的范围不小于 100 m。

当采用无线局域网接入方式时,主要包括无线局域网接入单元、移动终端设备,如图 10-11 所示。

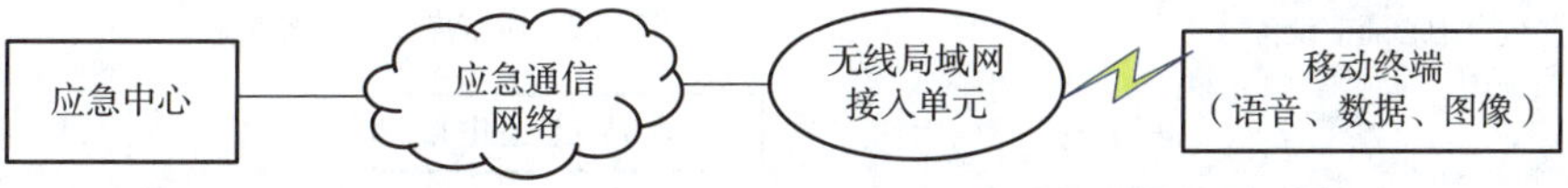

图 10-11 无线局域网接入方式示意图

7. 高清智能布控球接入

高清智能布控球是近年来开始应用在应急通信中的新技术，现场架设好布控球后可以方便的利用 4G/5G 网络联接到应急通信中心，应急通信中心通过布控球终端将现场视频引入应急视频编解码器，通过视频编解码器接入应急通信中心服务器，如图 10-12 所示。

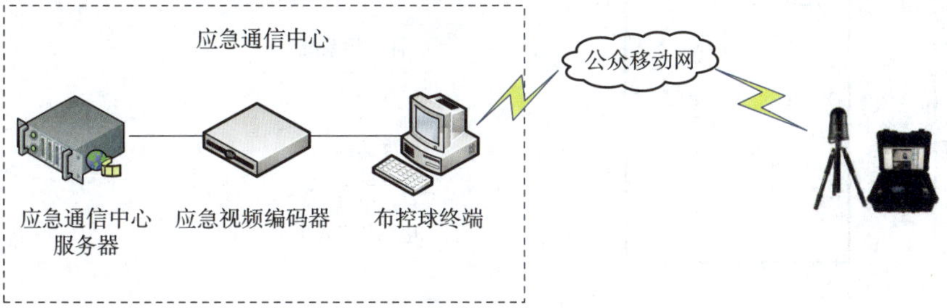

图 10-12 高清智能布控球接入方式示意图

第二节 应急通信系统硬件组成

一、应急通信中心设备

（一）应急通信中心设备组成

应急通信中心设备主要由应急中心主设备、应急指挥台、应急操作台、应急值班台、应急中心音视频终端和网管终端组成，通过外部接口与现场设备以及其他系统互联。其构成示意图如图 10-13 所示。

应急中心通信主设备的硬件结构由语音调度指挥主机、语音服务器、视频服务器、管理（存储）服务器、局端接入主机及以太网交换机等六大部分组成。结构示意图如图 10-14 所示。

（二）应急通信中心设备的主要功能

1. 话音单元的主要功能

实现应急中心与现场、相关应急中心之间的话音通信；实现应急通信系统与自动电话网和调度通信网的话音通信；为已经注册的现场设备分配相应的电话号码，电话号码分配宜遵循以下原则：4 个自动号、2 个调度号、2 个系统内部号（供热线和单兵用）；具有单呼、组呼、强插等调度功能；组织系统内系统外的电话会议；并能同时接入三个现场设备；具有对系统内的话音终端设备进行通话录音和话单记录功能；对系统内的话音终端通话状态具有监视功能。

2. 视频单元的主要功能

具有实时接入现场视频图像的功能；支持视频流按照设定规则存储功能；具有视频分发、转发、实时调看和回放功能；支持暂停、停止、快进、慢进、单帧播放等播放控制功能；支持

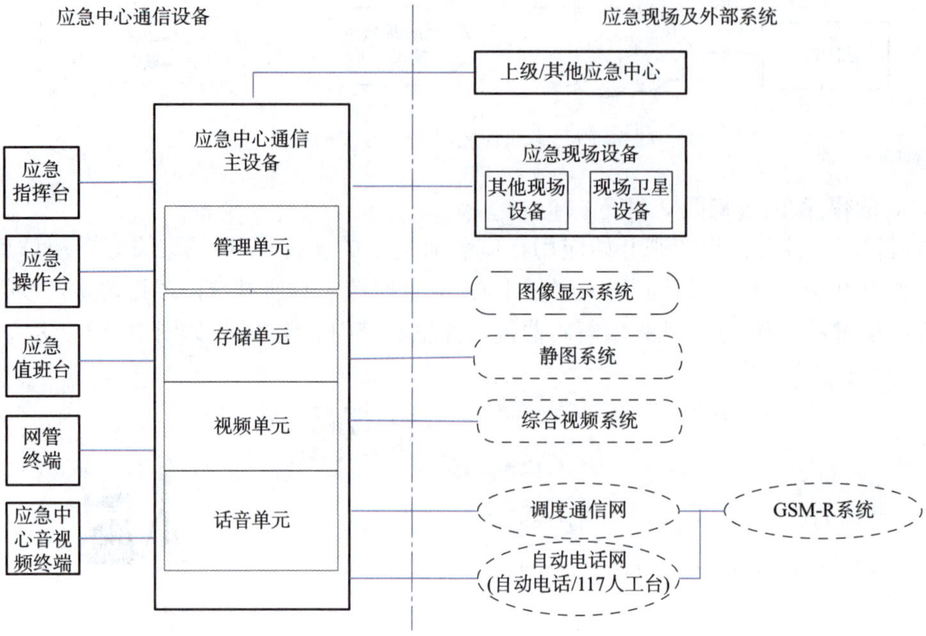

图 10-13 应急通信中心设备构成示意图

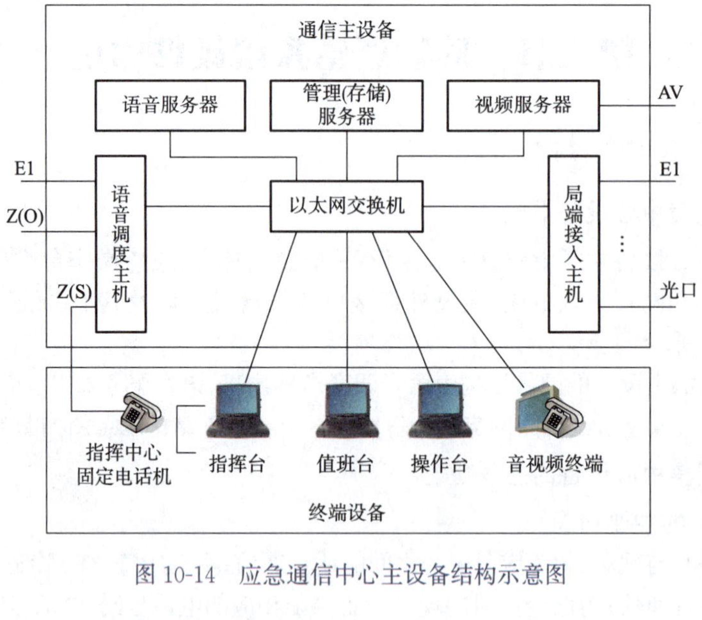

图 10-14 应急通信中心主设备结构示意图

视频流和录像文件以 AV 信号方式输出的功能。

3. 管理单元的主要功能

具有配置管理、性能管理、故障管理和安全管理功能。

4. 应急指挥台/操作台/值班台的主要功能

①应急指挥台

应急指挥台是提供给应急救援指挥中心指挥人员使用的用户终端设备,其主要功能如下:

a. 应实现与现场用户、调度网用户以及自动电话网用户语音通信的功能。

b. 各种电话调度功能。

c. 具有对实时视频的调看、抓拍功能。

d. 具有对历史视频的回放功能。

e. 宜支持对静图系统的图片信息的调看功能。

②应急操作台

应急操作台是提供给应急救援指挥中心通信人员使用的用户终端设备，与指挥台相比，操作台除了指挥台的全部功能外，强化了操作功能，主要有以下几个：

a. 具有会议召集、控制和管理功能。

b. 支持对现场视频参数的配置功能。

c. 支持键盘输入功能，对上传的视频根据地点信息、时间信息进行标识。

③应急值班台

应急值班台是提供给应急值班人员使用的用户终端设备。

5. 应急中心音/视频终端

应急中心音/视频终端是提供给应急救援指挥中心其他人员使用的用户终端设备。

二、应急通信现场设备

(一)现场终端设备

现场终端设备包括话音终端、图像采集终端和数据终端。图像采集终端包括数字照相设备、数字摄像设备、移动影像发送单元。

1. 语音终端

语音设备主要用于应急现场内部、应急现场与调度指挥中心及调度通信网、自动电话网、铁路人工话务台之间的语音通信，如图 10-15 所示。

图 10-15　应急现场 D 类设备

语音设备可以分为有线语音设备和无线语音设备。有线语音设备常用普通电话机,无线语音设备可分为卫星电话和手机,手机又可分为利用公众通信网的手机和利用铁路GSM-R网络的铁路专用GSM-R手机。移动话音设备应应满足以下要求:具有来电显示功能;具有重拨功能;支持耳麦方式;具有工作状态指示灯显示功能。

2. 图像采集终端

①单兵设备

图像采集终端目前可分为数字照相设备、数字摄像设备和移动影像发送单元(又称为应急通信包或单兵设备,如图10-16所示),主要用于应急现场视频图像和图片的采集、处理和发送。

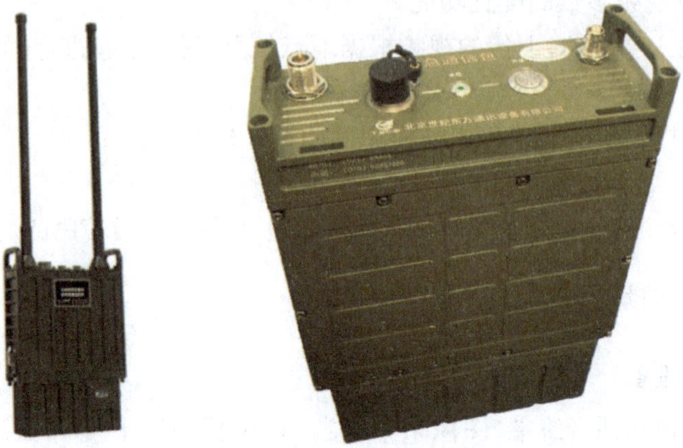

图10-16 应急通信包

②高清智能布控球

高清智能布控球是采用4G/5G无线图传技术,功能全面、携带方便的无线视频应急指挥一体化产品。它将高清晰摄像机、红外云台、减震吸盘、视频编码、无线传输等模块集成于一体,内置高性能锂电池组,具备清晰度高、防水防震、远程布控、智能告警等特性,执行任务时可快速将设备临时安放在需要监控的位置或直接吸附在车辆上,通过4G/5G网络快速接入铁路应急指挥调度平台,非常方便地将应急救援现场音视频数据实时上传至指挥中心,供应急指挥人员决策部署。任务结束时可方便将设备拆下,适用于外勤执法、侦查布控、安防安保、应急指挥、抢险抢修、巡线管理等行业应用,比如公安、电力抢修、铁路抢修、交警、消防、路政、城管、交通、法院、监狱、林业、水利、环保等单位。

高清智能布控球具备多种接口,除了通过4G/5G进行通信外还可以通过光纤、网线、同轴电缆等形式将现场图像上传到接入点。它支持多种控制方式,可以通过App、微信小程序、电脑客户端等方式实现对现场摄像机的控制,是铁路应急通信的发展趋势,具体设备如图10-17所示。

3. 数据设备

数据设备用语现场和应急中心间的数据通信,包括文字及图片等文件的编辑、发送、查询及下载,通常由便携式笔记本完成。

图 10-17　高清智能布控球

(二)现场接入设备

应急救援现场通过应急现场终端设备采集现场的真实语音和实时动图,由发射模块传送至现场接入设备,现场接入设备再将现场的动图、静图、语音、数据等信息通过有线、宽带无线等接入方式发送到接入点,通过接入点的应急通信网络最终将信息传给指挥中心,从而建立应急指挥中心与事故现场间的应急通信网络。可使远在指挥中心的领导在第一时间了解各种复杂的实际情况从而做出准确的决策,具体设备如图 10-18 所示。

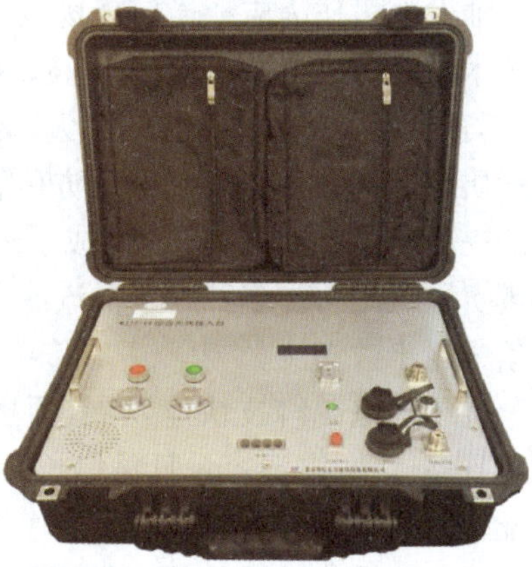

图 10-18　现场接入设备

现场接入设备包含宽带无线模块、移动影音接收单元、音视频处理单元。应满足以下要求:实现现场终端的接入;支持对采集图像的实时监视及输出;现场接入设备防护等级不低于 IP65;现场接入设备与接入点接入设备之间支持光缆、宽带无线等接入方式,提供信息传输通道接入点接入设备支持通过承载网络实现现场与应急中心之间的通信;移动终端通信距离不小于 1 000 m(无遮挡);设备启动时间不应大于 3 min,现场接入设备质量不大于 10 kg。

(三)接入点接入设备

应急通信接入点通常设置在铁路沿线通信机房,提供接入应急中心的网络接口。现场接入设备通过接入设备连接到接入点,接入应急通信网络,完成应急中心和应急现场信息的交互。

接入点接入设备通常分为宽带无线设备(无线网桥)、光收发器,提供 FE 接口、E1 接口,如图 10-19 所示。

图 10-19　接入点接入设备

(四)后备电源

铁路突发事故需要应急通信保障时,由于环境的特殊性往往需要长时间运用,这就对应急通信现场的电力供应提出了要求。在过去常见的做法是给应急通信系统配备一定功率的汽油发电机来满足应急通信设备的电力需求。采用汽油发电机作为应急通信现场电力供应的优点是技术成熟、操作简单、可靠性高,缺点是体积笨重,不容易携带,应急现场噪声大,影响应急通信通话质量。随着我们国家对消防和危险品管理要求的提高,汽油的日常保管也成了班组必须面对的现实风险之一。多种因素下汽油发电机在应急通信中逐步被淘汰。

图 10-20　便携式移动电源实物图

近年来电源科技快速发展,便携式储能电源技术日益成熟、电源容量日益增长,给应急通信设备配备便携式移动电源成了应急通信电力供应新的选项。便携式移动储能电源(图 10-20)又称为便携式锂离子电池储能电源,具备高储存能量密度、大容量、性能稳、循环寿命长、携带方便等诸多优点,具有多功能输出接口,AC/DC 输出、USB 输出、车充接口输出,支持方便用户在不同的场景下使用。可以方便的为应急通信现场设备提供稳定的电源输出,满足现场应急通信的要求。

第三节　应急通信现场设备的连接

应急通信现场设备的连接方法根据现场设备类别不同,有不同的连接方法,当现场设备使用移动通信网或卫星设备接入应急中心时,可开机直接使用。本节主要讲述应急现场 B 类、C 类设备的连接方法。

一、B 类应急现场设备

(一)硬件连接

1. 按月度应急设备联机试验计划提前联系应急中心通信设备维护部门做好试验配合。

2. 作业人员携带应急通信 B 类设备赶往应急演练地点，提前明确人员分工，到达现场后第一时间建立防护体系。

3. 作业人员安装好现场接入设备，并将设备通过野战光缆、光收发器、宽带无线网桥和车站或基站的上下行应急光路相连接，全向柱状玻璃钢天线与发射机连接，接收机天线使用升降三脚架固定并升高，柱状玻璃钢天线和现场接入设备通过馈缆连接，将全部设备和电源或电池连接，如图 10-21 所示。

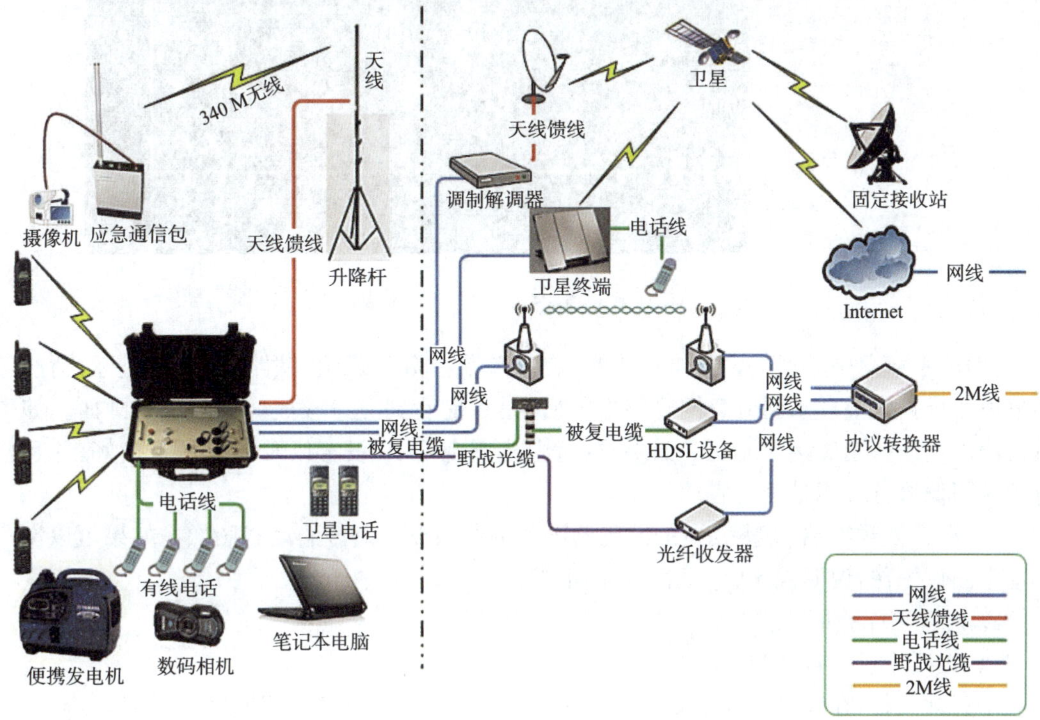

图 10-21　应急现场 B 类设备连接示意图

4. 连接完成后，打开笔记本电脑，ping 应急中心设备的语音服务器 IP 地址，视频服务器 IP 地址，ping 通且无明显丢包后确认现场接入设备与应急通信设备连接已经建立。

5. 作业人员进行电话拨打与接听，确认现场语音通信功能正常。

6. 作业人员进行动静图功能确认，背上组装好的单兵应急包，打开摄像机，在现场防护人员防护下，对应急现场进行摄像；同时登录数据终端的视频软件 ivms4200，访问监控点查看单兵摄像机所拍摄的图像，本地预览确认正常后，致电问网管中心是否看到现场图像，画面中日期时间、文字标识是否正确，图像是否有明显卡顿或乱码。网管中心确认现场动图正常后，应急通信 B 类现场设备连接完成。

(二)功能验证

1. 动图功能验证

(1)通过现场接入设备的网口与便携式笔记本电脑接入连接，打开笔记本电脑中的动图软件，输入用户名和密码，进入了软件界面，单击预览，双击下面的通道 01，可直接观看图像，如笔记本电脑能正常显示应急救援(演练)现场摄像机的图像，说明应急现场连接没有问题，动图功能验证界面如图 10-22 所示。

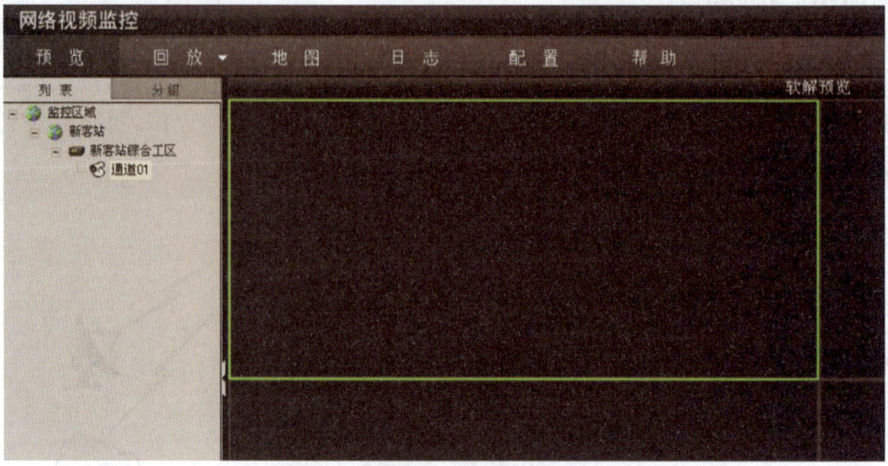

图 10-22 动图功能验证界面图

(2)联系应急中心通信设备维护人员,自报单位、部门、班组、铁路线别、公里标,请应急通信设备维护人员登录到应急网管终端,确认是否能看到应急救援(演练)现场画面。如果有说明现场动态图像接入成功。如果没有,则检查现场 IP 设置以及线缆是否接好,并且检查视频图像服务程序是否已启动。

(3)在音视频终端,单击相应的编码器设备浏览该设备上传的动态图像。如果可以浏览到动态图像图像,说明视频服务单元工作正常。

2. 语音功能验证

(1)无线手机拨打操作

①正常拨打:在键盘输入所需拨打号码加"#"键,再按"TALK"键发送号码,接通后按"END"键挂机。

例:拨打 8005 号码,在键盘上输入"8005",按"#"再按"TALK"键发送号码;通话结束,按"END"键挂机。

②小号拨打:在面板上按"2-WAY"键,输入注册号码,再按"TALK"键发送号码。

例:用 13 拨打 11,在 13 面板上按"2-WAY"键,输入"11",再按"TALK"键发送号码;通话结束,按"END"键挂机。

(2)有线电话与无线电话的使用

①现场接入设备最多可接收 4 路有线电话和 4 路无线电话。

②每个电话都有自己的号码,号码是段根据应急管理规范在应急中心配好的。

③如不知道电话号码,可随意拿起一路电话拨"#00",就可告诉你本机的号码。

④知道了号码就可直接有线电话与无线电话之间进行拨号通话(注:若第 1 路设置的为热线,直通与中心互通)。

⑤无线手机与无线手机之间的拨打除了拨打设置的号码以外,还可以拨打小号无线手机屏幕的左上角都有一个小号,从 11 到 14。如您想拨打 13,可直接按"2-WAY"键,再拨"13",可直接互通。拨打其他无线手机小号使用同样的方式。

3. 静图功能验证

(1)目前静图上传方式主要是使用 FTP 登录的方式进行,先用照相机拍摄几张现场图,使用数据线把照片传送到电脑并命名。

(2)例如:在“我的电脑”地址栏里输入 ftp://xx. xx. xx. xx(服务器地址),输入相对应的用户名和密码即可登录,把命名好的照片复制到里面即可,如图 10-23 所示。

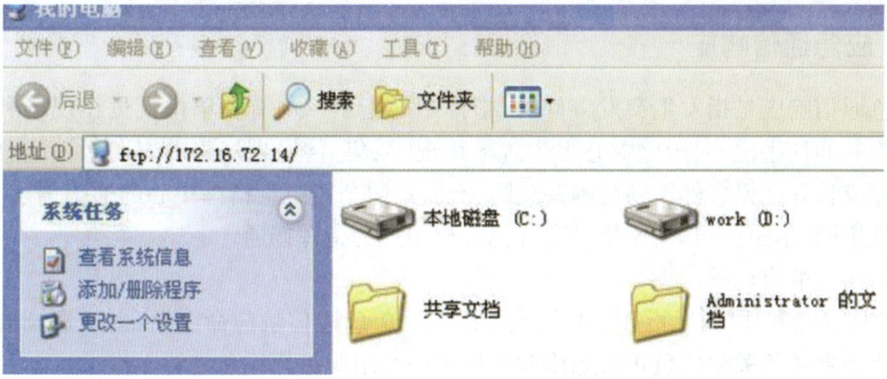

图 10-23　静图功能验证示意图

(3)应急中心工作人员登录到数据管理服务器,查看静态图像存储位置,是否能够看到刚刚上传的现场照片。如果有,说明静态图像传输成功;如果没有,检查 FTP 设置是否正确。

(4)登录网管终端,查看静态图像数据,是否有刚刚上传的现场图片记录。如果有,说明应急中心静态图像服务软件工作正常;如果没有,请检查静态图像服务软件是否已经开启且正常工作。

二、C 类应急现场设备的连接

1. 按月度应急设备联机试验计划提前联系应急中心通信设备维护部门做好试验配合。

2. 作业人员携带应急通信 C 类设备赶往应急演练地点,提前明确人员分工,到达现场后第一时间建立防护体系。

3. 检查静图照相机日期、分辨率,确认正常后开始拍照并用 TF 读卡器读出照相机图片,也可以通过数据线连接照相机和电脑,用电脑读出图片。

4. 从车站机房 VDF 配线架上或就近通话柱找到应急端口,用超五类线布放至应急救援(演练)现场。

5. 连接笔记本电脑与调制解调器(调制解调器可以是外置也可以是内置,每种调制解调器接口不同,视具体情况而定),将应急电话线连接调制解调器 LINE 口,打开静图软件,单击左上角“拨号连接”按钮,开始拨号。连接成功后会出现弹窗提示连接建立。如拨号连接异常,则需检查线路质量。

三、利用公众移动通信网的 D 类应急现场设备的连接

1. 当利用公众移动通信网手机来实现与应急通信中心的连接时,只需打开手机 App 或利用企业微信来实现应急通信,无需做具体连接。

2. 为了确保应急通信的质量,需要现场作业人员对手机进行固定,通常采用带摇柄的可旋转的三角支架来实现,作业人员需要加手机固定在三脚架的手机支架上来取得一个相对稳定的工作环境。

第四节 应急通信流程和要求

一、应急通信响应

应急通信响应是指发生突发事件时,指挥中心指示(令)有关单位人员在现场利用一切可以利用的通信手段,向指挥中心报告现场情况,采集、传送现场静动态图像。应急通信响应和保障应首先确保事件现场与国铁集团、所属集团公司应急指挥中心的通信需求,同时需确保国铁集团、集团公司、站段领导和其他有权用户的指挥畅通。

应急通信响应流程:

1. 通信(电务)段调度指挥中心接到上级启动应急通信响应命令后,由当班调度立即通知段主要领导及相关部门负责人至段调度指挥中心组织指挥应急处置工作。

2. 与此同时启动应急通信命令通知应急中心设备、117 立接台所属车间和事故现场就近车间和事故现场维护车间进入应急通信响应和保障状态。

①应急中心通信设备人员就位。命令应急中心设备所属车间立即安排人员专人值机,开启应急通信中心平台、操作台、值班台、网管终端、音视频显示终端。联系确认现场应急通信响应人员身份后,将现场应急响应设备接入应急中心设备。安排专人至调度所相关调度台值守保障,安排专人至集团公司应急指挥中心保障,协助集团公司指挥中心与现场进行通信联络,按要求调取现场图片或视频。

②"117"立接台安排领班值台。命令"117"立接台所属车间立即安排领班至"117"立接台坐席值台,及时受理通过"117"立接台呼转的通话业务。

③现场车间应立即按照应响应"先出动"、保障"紧跟上"的原则组织人员。第一时间(15 min 内)启动应急响应,安排应急人员携带应急响应设备及个人手机赶赴现场事故。

3. 到达现场情况汇报

应急通信响应人员到达现场后,应拨打"117"立接台,依次转接至段调度指挥中心和集团公司应急指挥中心。

4. 应急响应设备交付使用

应急通信响应现场负责人与事件现场应急救援指挥人员取得联系,将应急响应设备交付其使用。主动向其报告集团公司应急指挥中心电话号码为×××-×××××××××,并安排人员现场值守,提供技术支持和保障服务。

此时调度所调度台(主调)可通过调度值班台按"应急电话 117"键呼叫"117"立接台,接通现场应急电话。现场指挥人员可利用应急响应设备拨打"117"立接台,由"117"立接台转接集团公司调度所相关调度台。需要注意的是如果应急响应设备使用铁路自动电话,可直拨"117"接通立接台,如果使用公众通信网的应急响应设备,需要拨打"117"立接台的市电号码才能接通"117"立接台。

5. 应急通信响应人员根据集团公司应急指挥中心或事件现场救援指挥人员的要求采

集现场音视频信息，经现场指挥人员确认同意后上传应急中心平台。

二、应急通信保障

1. 应急通信保障启动

通信设备维护车间在接到应急通信命令后，立即组织应急通信保障人员携带应急通信保障设备，迅速赶赴事件现场。

2. 到达现场情况汇报

应急通信保障人员到达现场后，迅速开通应急通信保障装备试验良好后，应依次向应急指挥中心和现场指挥人员报告。

3. 应急保障设备交付使用

应急通信保障现场负责人与现场指挥人员联系对接，将应急保障设备交付应急救援指挥人员使用，并安排人员现场值守，保障满足应急通信需求。根据集团公司应急指挥中心或事件现场救援指挥人员的要求，拍摄并传送图像和视频，经现场指挥人员确认同意后上传应急中心平台。

4. 应急通信保障撤除

应急通信保障任务结束后，承接应急通信响应和保障的站段必须接到发令部门的结束命令后，方可撤除应急通信保障人员和现场设备，现场保障现场人员和设备必须接到段应急指挥中心撤除命令，方可撤离现场。

三、铁路应急通信的时限要求

根据应急通信接通时限要求，承担应急通信保障的现场工区、车间应配备(或租用)机动车辆，以保证按规定时限赶赴现场。不具备机动车辆配备条件或机动车辆难以通达现场的，在应急处置时应组织应急通信保障人员登乘图定列车、救援列车或自轮运转特种设备赶赴现场。紧急情况下，可开行路用列车将有关人员、应急救援装备送达现场。

执行应急通信保障任务时，现场应急通信设备接通指挥中心的时限应符合下列规定：

1. 通信工区所在车站站区范围内，30 min 内接通现场电话，1 h 内具备传送静态图像条件，2 h 内具备传送动态图像条件。

2. 区间范围内，1 h 内接通现场电话，2 h 内具备传送静动态图像条件。

3. 交通特别困难地段，现场电话接通时间最长不得超过 2 h、图像传输不得超过 3 h。

四、应急通信保障图像传送格式要求

1. 静止图像(数码照片)应标注以下信息：

(1)归属集团公司。输入事件所属集团公司名称(汉字)。

(2)事件地点。输入铁路线名(汉字)种铁路里程(K×××+×××)。

(3)图像采集时间。

(4)图像上传时间(年、月、日、时、分)。

(5)上报人、保障单位名称，填写“××通信段××车间××工区”。

(6)事件图像概述(可选)。包括图片拍摄位置、图片内容。

2. 动态图像应符合以下要求

(1)动图显示时间呈现在图像左上角,保证时间准确,误差在1 s之内。

(2)动图位置信息呈现在图像右下角,填写"××线"。

(3)动图下方的信息填写保障单位名称,填写"××通信段××车间××工区"。

五、铁路应急通信的资料管理

各级应急通信中心应及时对各类现场图像资料进行整理、归档,其中事件现场应急通信保障记录资料保存时间不少于1年,演练图像保存时间不少于6个月。未经允许,任何单位和个人不得擅自提取、发布、传播应急通信话音及各类数据、图像信息。

承担应急通信保障的单位应建立应急通信保障总结、分析和报告制度。应急通信保障任务(含演练)完成后执行单位应及时上报执行情况,准确记录应急通信保障启动和结束时间、保障地点(线路、区间、公里标等)、出动原因、保障人员、保障设备、图像数量等情况,3个工作日内报集团公司电务调度。

第五节　应急通信系统维护和故障处理

一、应急通信设备维护的要求

应急通信设备维护单位应加强应急通信设备的日常维护,保证设备始终处于良好工作状态,随时可投入使用。根据《铁路通信维护规则》要求的周期,对应急通信设备进行试验,发现设备状态异常及时提报故障件返修申请,并盯控维修进度。

应急通信设备、器材按照日常检修、集中检修、重点整修三种方式纳入维修体系。应急通信设备及应急通信网通道纳入维护作业计划。防洪、防寒季节及遇有重要繁忙通信保障任务期间,应增加检查频次。

二、应急通信设备维护注意事项

1. 在应急设备日常演练过程中,需在设备间缆线连接正确,天线与端口插接正确之后,才可以开启设备电源开关。

2. 应急通信工作结束后,需先关闭设备电源才可拆卸设备天线及连接缆线。

3. 现场应急设备完全使用电池作为工作能源,设备使用完后应及时对设备内部电池充电;长时间不使用设备情况下,设备电池为高能锂离子聚合物电池,存在自然放电过程,属于正常现象,需每月对设备进行完全充电一次,保证设备电池性能稳定,工作正常。

三、应急通信系统故障处理

(一)案例一

应急现场电脑动图软件无图像,显示蓝屏的判断和处理步骤。

1. 原因分析

现场接入设备与视频终端的连接出现了问题。

2. 处理方法

①检查现场接入设备电池是否连接,电源开关是否打开。

②检查所有的电缆连接,检查天线架设是否正确,天线接头是否进水、松动或脱落。

③应急包的位置是否在射频有效覆盖范围内。

④检查应急包工作是否正常,电量是否过低。

⑤检查附近是否有同频信号干扰。

⑥检查接入台频率是否与应急包频率一致。

(二)案例二

应急现场电脑动图软件无图像,显示黑屏的判断和处理步骤。

1. 原因分析

现场接入设备故障,或与数据终端的连接出现了问题。

2. 处理方法

①检查与摄像机与应急通信包连接的视频线缆是否连接正常。

②检查现场接入设备与笔记本电脑的网线连接是否正常。

③检查现场接入设备与移动影音接收单元的天馈线连接是否正常。

(三)案例三

笔记本电脑动图软件图像出现停顿、卡屏现象的判断和处理步骤。

1. 原因分析

数据终端至视频终端之间经过的链路或设备出现了问题,或有外界干扰。

2. 处理方法

①无线信号质量不佳,可能受到遮挡。

②检查附近有无对讲机、电台或其他信号源干扰。

③检查现场接入设备与笔记本电脑的网线连接是否松动。

④检查现场接入设备与移动影音接收单元的天馈线连接是否松动。

(四)案例四

协议转换器连接 2M 通道后未能接通,指示灯不正常的判断和处理步骤。

1. 原因分析

①协议转换器故障。

②连接方式出错。

③通道有误码。

2. 处理方法

①协议转换器 AIS 告警灯(黄色)闪烁,表明通道有软环未恢复或硬环误接,联系传输网管进行排查。

②AIS 灯长亮为 LOS 告警,说明现场 2M 连接接反或端口接错,可将 2M 先 TX/RX 先互换后再试,若交换收发端口仍未接通,可将通道端口连接打环,联系本段网管和应急中心进行排查。

③AIS 无告警,WRK 灯不亮,表明通道双向不通,联系网管确认 2M 端口位置是否正确、传输数据是否完善、通道是否有断点等。

④如怀疑协转故障,可通过 DDF 线架将协转自环,若 AIS 灯闪烁告警,则证明协转工作正常。

复习思考题

1. 简述铁路应急通信响应和保障的区别。
2. 简述应急通信接通时限要求。
3. 简述应急通信系统的架构。
4. 应急通信系统的接入方式有几种?
5. 应急通信现场设备可分为几类?

第十一章　列车及站(客)场广播

广播设备包括车站客运广播设备、旅客列车广播设备、站场扩音对讲设备(或广播)。铁路列车、站场、客场广播系统主要用于铁路列车、铁路运输编组场及车站发布信息公布、通告事项及室内外人员业务联系等。

第一节　列车及站(客)场广播概述

列车广播机适用于列车上,对乘客发布相关广播信息。分为模拟列车广播机和数字列车广播机,由于模拟列车广播机故障率高、杂音大,正在逐步淘汰。

一、列车广播设备

1. 设备构成

数字列车广播机由电源、存储控制处理、信源、功率放大器等基本部分构成。

(1)电源部分由电源滤波和开关隔离电源组成,完成电源干扰波动抑制,为数字列车广播机的其他部分提供工作电源。

(2)存储控制处理部分由控制计算机以及接口控制处理电路组成,完成数字量控制、数字音频的存储处理等功能。

(3)信源部分由收音、数字录音、话筒放大电路以及外部音频和 USB 接口组成。可加入 CD 或 U 盘、MP3 播放器等作为信号源。

(4)功率放大器部分由电平调整电路和数字功率放大器组成,并可安装两个完全相同的功率放大器,互为倒备。

2. 设备主要功能

(1)具有话筒广播功能。

(2)具有收音广播功能。

(3)具有数字语音节目的自动播放或手动播放功能,并给自动识别 MP3 和 WAV 的格式声音数据。

(4)具有数字录音和播放功能。

(5)具有应急广播功能,即在主系统出现故障,仅功率放大器能够正常工作的情况下,也可进行话筒广播。

(6)具有语言编辑合成功能。

(7)具有信源输出选择、录音选择、监听选择功能。

(8)支持通过 RGB 和 USB 接口播放外接存储介质中内容的功能。

(9)具有对功率放大器进行故障和温度检测功能,并能够指示出开路、过载、短路及超温状态。

(10)具有主备用功率放大器自动和手动倒换的功能。

(11)具有显示各项操作、播放内容、曲目编辑和各种工作状态的功能。下面举例对FCL-300E智能化全数字列车广播机说明。

二、站场广播设备

站场广播设备主要用于铁路运输编组场、值班区值班员、列检值班员、机务段(折返点)整备场运转值班员等诸场所的站调、列检、机调的广播扩音,作为室内值班员指挥场内人员作业和发布命令、通告事项、室内外人员业务联系等用途。

(一)站场广播设备基本组成

站场广播设备的扩音机主要有前置放大器、推动放大器、功率放大器三大部分组成。信源有话筒、收音、录放卡座、线路等,外部由线路、线路匹配变压器、扬声器组成。

(二)站场广播设备扩音机原理

站场广播设备扩音机原理图如图11-1所示。

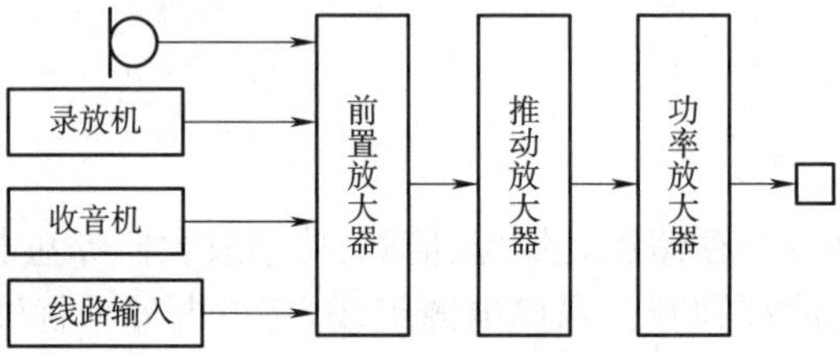

图11-1 扩音机原理

选择信源将微弱信号送入前置放大器进行前级和倒相放大,经倒相放大后的信号再送入推动放大器进一步放大,以获得足够激励信号使末端功率放大器放大,功率放大器信号输出到线路,通过线路变压器匹配让其扬声器发音。

(三)站场广播设备扩音机分类

1. 按功率大小

站场广播设备扩音机按功率大小分为大功率和小功率。

大功率一般有275 W、300 W,小功率有50 W、100 W、150 W。中小功率扩音机的各个组成部分一般都安装在一个机箱内;大功率扩音机为防止级间干扰,一般分装成两个部分。一部分是推动级和功放级;另一部分是前级电压放大级。

2. 按输出方式分

站场广播设备扩音机可分为定阻式和定压式两类。定阻式是指扩音机的电路中无负馈或只加少量负反馈。因而它的输出阻抗较高,当负载阻抗变化时,它的输出电压变化较大。只有在它的输出电路配接一个和扩音机输出阻抗相等的负载,扩音机才能在允许的非线性失真范围内输出额定的功率和额定的电压。该扩音机在实际使用时一般为中小功率扩音机,不允许轻载和重载。

定压式扩音机在其电路中采用了深度负反馈电路,因而它的输出阻抗较低。当负载阻抗在大于额定输出阻抗的范围变化时,扩音机的输出电压基本不变。在负载很轻,甚至开路时，扩音机仍能正常工作。定压式扩音机在实际使用中允许轻载但不允许重载。

3. 按照材质分

站场广播设备扩音机有晶体管扩音机、集成电路扩音机、电子管扩音机三种。

目前铁路仍有少量站场使用电子管 275 W 扩音机，但由于电子管广播机工艺陈旧，耗电大、配件缺乏，已逐步淘汰，向全晶体管、集成化、智能化发展。

三、客运广播设备

(一)客运广播设备组成

随着技术的发展，车站客运广播已逐步发展成基于计算机网络、IP 网络的数字广播系统。车站客运广播设备采用计算机控制，是一个多语言实时的公共广播系统，它由客运广播、消防广播、网管系统三部分组成。各部分主要功能如下。

1. 客运广播

主要播送列车到发动态、车站指南等信息，同时可为旅客提供呼唤、寻人、失物招领等广播服务，在广播间隙可播放背景音乐。

2. 消防广播

在发生火灾或其他紧急情况下，进行紧急广播，指挥旅客疏散、调度工作人员抢险救灾。

3. 网管系统

广播系统从广播控制台或客运服务平台提取行车动态数据，进行实时的全自动广播。客运广播系统同时向客运服务平台发送各个广播区的播音内容、状态及故障信息。

车站客运广播系统主要由信号源、前置放大器、广播控制接口取样设备、应急广播控制器、数字功率放大器、输出转换控制器、扬声器等设备组成，如图 11-2 所示。

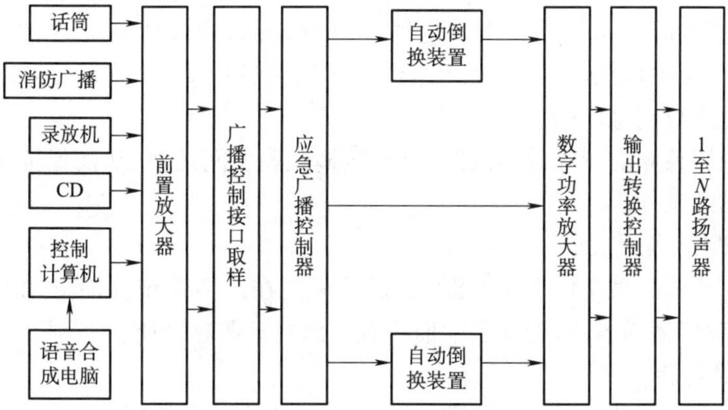

图 11-2　车站客运广播系统组成

其核心设备为前置放大器、数字功率放大器。

信号源主要有应急广播、综合广播室话筒广播、自动语音合成广播、数字调谐收音机、CD 播放机、双卡录放机、预留线路级广播、候车厅现场作业寻呼广播(可以插到任意回路)。

(二)客运广播设备基本原理

车站客运广播系统采用了先进的数字环境噪声自动控制技术、数字广播音频处理技术、大量远程无线呼叫系统、IP 传输等技术。

基本原理是:音频工作站(广播室)将数字语音合成器合成的数字音频以及话筒、CD 播放器等进行 A/D 转换后的数字音频进行统一封包,然后通过以太网传输到远端的(广播机械室)数字功率放大器进行 D/A 转换,并通过功率放大,驱动相应的扬声器发出声音。

一根以太网双绞线可以同时传输多路音频信号到多个功率放大器,实现复杂的多点的多路平行广播。音频矩阵切换通过以太网用软件实现。同时完成客运系统的所有监听、自动查询、自动检测、音量自动调整等功能。

(三)客运广播设备功能

1. 多信源广播功能

本系统设置有多种广播信源,可以通过相应的广播信源播放不同的内容,并同时向不同的广播区域广播。

广播信源主要有:

(1)DVD 唱机:播放背景音乐;

(2)MP3:播放预先录制好的数字音频节目;

(3)收音机:播放电台节目;

(4)应急广播话筒:可以进行紧急广播;

(5)多路自动语音合成广播,可支持中文、英文等多种语言;

(6)消防自动广播:播放火灾信息;

(7)人工话筒广播;

(8)预留信源:用于扩展。

2. 应急广播功能

广播系统在广播室设有一套应急广播系统,它由应急广播控制器、应急广播通信分配器、应急信源转换器以及功放和扬声器网络等组成,可以输入话筒音频/数字调谐器/DVD 等信号,具有部分编组功能,有 6 个常用编组。使用应急广播时,值班员可以通过应急话筒对几个常用编组进行应急广播。

应急广播使用独立的音频传输线路,可直接输入设备间功放,从而保证了系统在出现各种异常时仍能继续工作。

3. 广播信源监听功能

当广播员需要监听某个广播信源时,值班员只要在广播系统界面上选择需要监听的按键,即可听到相应广播内容,可选择手动监听或信源自动跟踪监听。

4. 消防广播功能

本系统可实现与消防系统的广播联动。当有火灾或紧急情况时,广播系统接收到消防广播的联动信号时,会自动中断广播区正在广播的内容,同时切入消防广播。在所有的广播项目中,消防广播优先级最高,可以打断所有的广播内容。

5. 播放背景音乐功能

本系统配备有 DVD 唱机(代 USB 接口)及数字调谐器,可以根据需要对各个广播区域播放不同的背景音乐。

6. 延时开机功能

本系统设计基于安全性考虑,由于功率放大器是大功率的设备,如果十几台功率放大器同时开机，由于瞬间电流过大会对电源系统造成冲击导致其瘫痪。为避免这种影响，广播系统中配有可编程电源控制器，可按照设定的时间使功率放大器逐次上电，大大降低了故障隐患。每个可编程电源控制器可以同时给 6 路功率放大器供电，延时功放的开机时间且时间可设置。

7. 功放倒机功能

系统中设有功放检测控制器，它时时检测功率放大器的输入与输出信号，当功率放大器出现故障，它会将出现其对应的输入音频切换到备用功率放大器上，同时广播区切换控制器会将备用功率放大器的输出音频切换到相应的广播区。可编程电源控制器会将出现故障的功率放大器的电源切断，以保证系统安全广播。

8. 广播信源的优先级设置功能

广播信源有优先级之分，系统初始设定消防广播具有最高优先权。但为了保证系统的可配置性，可在控制计算机上对系统优先级进行设置。

9. 功放音量远程调节功能

本系统可通过广播控制计算机的操作界面远程调节功放的音量，实现操作人员在广播室调节各个广播区音量的功能。

(四)客运广播设备冗余备份

1. 独立应急系统

广播系统在广播室设有一套应急广播系统，它由应急广播控制器、应急广播通信分配器、应急信源转换器以及功放和扬声器网络等组成，可以输入话筒音频/数字调谐器/DVD等信号，具有部分编组功能，有 6 个常用编组。使用应急广播时，值班员可以通过应急话筒对几个常用编组进行应急广播。

应急广播使用独立的音频传输线路，可直接输入设备间功放，从而保证了系统在出现各种异常时仍能继续工作。

2. 功率放大器热备

为了保证广播系统的正常工作，系统必须考虑备份功放的自动热切换功能。本系统中配备了备用功放，根据广播区的功率按照 N 备 1 配置。为了实现功放的自动热切换功能，同时系统配备了功放检测控制器。

功放检测控制器对工作中的功率放大单元进行检测，功率放大器出现故障时，及时切换到备用功率放大器上。功放检测控制器可以对系统中前级输出的信号和功率放大器输出的信号进行实时检测、判断和处理。

功放检测控制器对外线路的开路、短路进行检测及报警。实现不中断广播状态下的自动检测。出现故障时，能自动切入备用功率放大器，保证系统的正常广播，显示故障状态，并输出报警信号。同时可编程电源控制器会把出现故障的功率放大器的电源切断，保证系统安全广播。待功放排除故障后，立即自动返回。

第二节　列车及站(客)场广播设备

一、站(客)场广播设备

目前常用的 ZC-2 型站场广播设备，如图 11-3 所示。

图 11-3　ZC-2 型站场广播设备

(一)TBA-2170 站场前置放大器

前置放大器内设外线 24 V 自动辅助电源。开启灵敏度高,外线环阻≤3 kΩ 时能可靠工作。设置四个级别六种信源输入和独立的通话柱对讲扩声等进行前级增音及控制调节。同时设有外线测试信号,级别最低,可用于外线扬声器检修;内设置独立信源电平调节,适应多种信源需要;通话柱受信(扬声器音量)电平调节。

前置放大器面板图如图 11-4 所示。

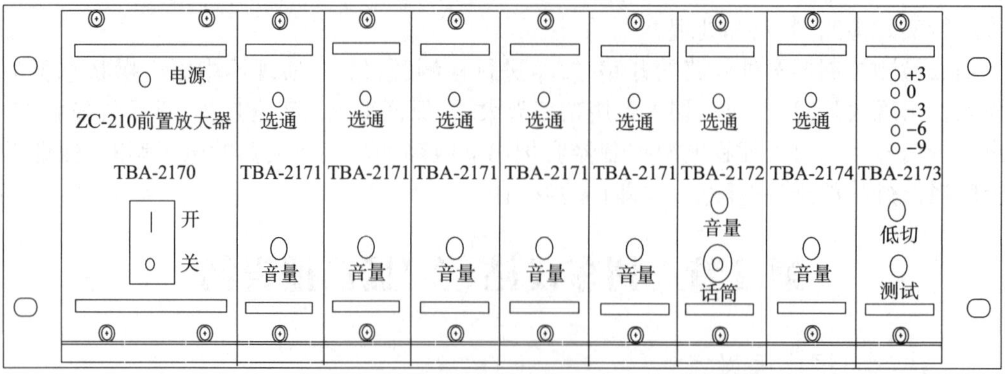

图 11-4　TBA-2170 站场前置放大器面板图

(1)TBA-2170 为电源单元,设有前置放大器电源开关和电源指示灯。

(2)TBA-2171 为线路输入单元,设有选通指示灯及音量调节电位器,单元优先级可由板上短路线位置确定,短路线接“CON”位置时为较低优先级,短路线接:“H”位置时为最高级。最高级单元接值班员共分机扩音,其他输入单元可接话柱扩音、半扩音、电话扩音等输入设备。

(3)TBA-2172 为话筒单元,设有选通指示灯、音量电位器及 $\phi 6.35$ 话筒插座。

(4)TBA-2173 为混合输出单元,它实现各路信号的混合,输出至功率放大器,该单元设有 LED 电平指示灯,五点电平分别为:−9 dB、−6 dB、−3 dB、−0 dB、+3 dB,低切开关用于切除信号 150 Hz 以下的低频分量,测试键用于启动 1 kHz 音频信号,用于外声场维修。

(5)TBA-2174 为通话柱单元,设有选通指示灯和音量电位器,它可实现通话柱与值班员共总机的对讲功能,该单元采用电子器件代替原传统的混合线圈,消除了振鸣,改善了对讲质量,实现了一体供电。

(二)TBA-8650 功放检测控制器

TBA-8650 功放检测控制器是自动广播系统的功放检测设备。每台功放检测控制器,可外接控制五台功率放大器,实现四台功率放大器主用,一台功率放大器备用。在自动广播系统可实现二级通信,第一级为主系统通信,第二级为五台功率放大器。当某台功率放大器出现故障时,功放检测控制器将其从广播系统中隔离出去,将备用功率放大器接入系统中。

二、列车广播设备

旅客列车智能广播系统包括旅客列车播音终端和远程广播控制中心两个部分。系统采用集中控制播音和分散自律播音两种广播推送模式。其中,集中控制播音模式在 GPS 定位、4G 通信信号正常情况下使用;分散自律模式在旅客列车长时间处于通信信号中断状态下应急使用。

旅客列车智能广播系统通过列车位置信息和运行状态的自动感知,多途径、多方式智能处理列车播音内容,分等级、按秩序向旅客推送正常和应急广播,系统操作简单,播音控制准确、语音清晰流畅,大大提高了旅客满意度。

目前常用的 FCL-300FZ 型列车广播设备,如图 11-5 所示。

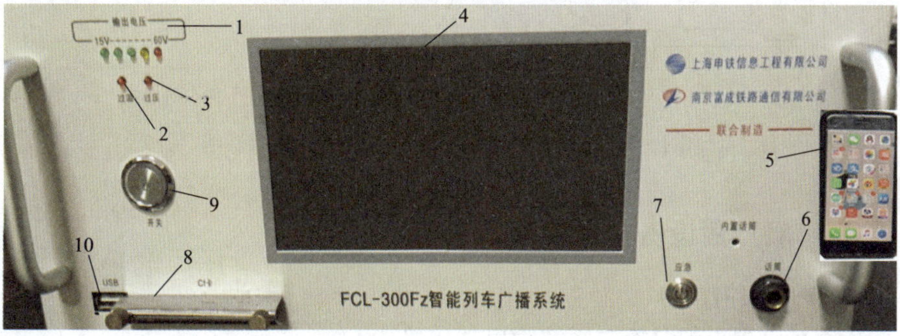

1—输出电压指示;2—过流指示;3—过压指示;4—液晶触摸显示屏;5—远程控制终端;
6—话筒;7—应急话筒;8—CF 卡接口;9—总电源开关;10—USB 接口。

图 11-5 FCL-300FZ 型列车广播图

第三节 列车及站(客)场广播的维护与故障处理

一、旅客列车广播设备维护分工

目前,通信段维护的旅客列车广播只有普通列车上的广播设备。普通旅客列车广播设备由通信段和车辆段共同维护。

1. 通信段维修范围:

(1)列车广播机及话筒等。

(2)总配线箱至广播机之间的配线。

(3)车厢扬声器及阻抗匹配变压器。

2. 车辆段维修范围:

(1)广播室及室内备品;

(2)总配线箱及其中的端子板、开关;

(3)车顶收音天线(调幅、调频)及至总配线箱的馈线;

(4)车厢播音干线、支线、播音电源线、连接器和连接插座插销;

(5)扬声器开关和音量调节器(硬座车采用扬声器直连,硬卧车厢安装扬声器开关,软卧及软座车厢安装音量调节器)。

通信段与车辆段维护分界以车厢总配线箱中端子板接线端子与车厢扬声器接线端口为界,分界示意如图 11-6 所示。

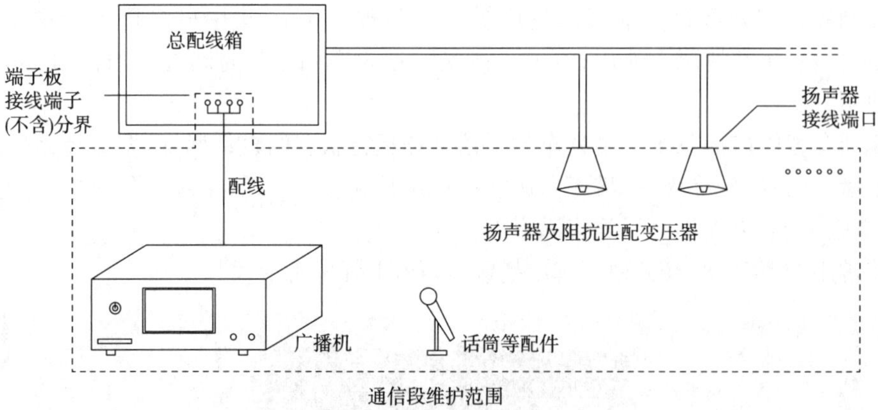

图 11-6 普通旅客列车广播设备维护分解示意图

二、站(客)场广播设备常见故障处理

1. 系统扬声器没有声音

(1)请检查扬声器电缆是否与系统输出端接好。

(2)若电缆已接好,请断开接头,测量扬声器系统的阻抗值,以确定扬声器系统,是开路、短路或正常。

(3)若扬声器系统正常,请检查音频信号是否输入到广播系统上,此时可按下TBA-2173上的试验按钮,扬声器应发出测试信号声;否则将备用功率放大器倒入系统中,扬声器应发出测试信号声,若仍无测试信号声,请检查机柜内的接线是否有短路、短路的地方。

2. 系统扬声器声音小

(1)请检查是否将240 V定压的扬声器,接到120 V定压的功率放大器上。

(2)输入音频信号太小。

3. 扬声器有杂音

请检查系统的接地线路是否正常。

三、旅客列车广播设备常见故障处理

1. 开机,正常灯不亮

(1)查电源线是否接好,如没接好,则重接。

(2)保险丝好坏,如坏则更换保险丝。

2. 开机正常灯亮,其余灯不亮

(1)查接接线有无脱焊现象,如脱焊则重焊。

(2)电源逆变板烧,更换电源逆变板。

3. 加电爆保险丝

(1)电源逆变板坏,更换电源逆变板。

(2)功放管短路坏,更换大功率管。

4. 无输出,无指标

(1)检查保险丝,如保险丝断则更换保险丝。

(2)输出联线有无脱焊,如脱焊则重新焊接。

(3)功放板坏,更换功放板或返回厂家修理。

(4)内负载开关坏,更换内负载开关。

(5)表头坏或切换板坏,更换。

5. 有输出指示,无输出信号

(1)查保险丝,如保险丝坏则更换保险丝。

(2)连接线有无脱焊,如脱焊则重新焊接。

(3)假负载开关是否打开,如打开则关掉假负载开关即可。

6. 输出转换指示灯正常,无信号输出,但话筒有输出信号

(1)有无虚焊,如虚焊则重新焊接。

(2)2N14052坏,更换4052。

(3)2N64066坏,更换4066。

(4)输入电压70 V,过压灯亮,信号无输出。

7. 有输出,无监听

(1)查2N34052是否为好,如坏则更换。

(2)监听放大部分,喇叭连线断,重新焊好,或更换喇叭。

8. 话筒无输出

(1)查有关连线有无脱焊。如脱焊,则重新焊好。

(2)话筒插座坏,更换话筒插座;31N55534 坏。更换 5534。

9. 输出、话筒、监听电位器失控

(1)电位器地线脱焊,重新焊接。

(2)电位器坏,更换电位器。

10. 电风扇不工作

(1)连线开路,重新焊接好。

(2)电风扇坏,更换风扇。

11. 电风扇工作不停

温度控制继电器坏,更换继电器。

12. MP3 缺字

更换字库。

13. MP3 白屏

(1)先换掉连接插卡器连接,再重新开机。

(2)有无台标出现,如无,则 MP3 主板坏,更换 MP3 主板。

(3)如有,则插卡器坏,更换插卡器。

14. 光标切换不移动

(1)查各按键是否灵活,不灵活请将按健修理好,再试。

(2)连接插头松动,连接不好,换新连线再试,以上都不行,更换主板。

四、旅客列车广播设备的应急管理

1. 跨局开行的旅客列车,列车广播设备实行跨局故障修。局管内开行的旅客列车,车间应在折返站放置广播设备备品。遇有广播设备途中故障,必须在列车折返前修复。

2. 车间、通信维修工区接到列车(含外局列车)在管内运行途中发生广播设备故障通知后,应及时登车检查处理;确实不能恢复使用时,应立即将故障情况通知前方站、折返站的通信维修工区更换故障设备,保证正常播音。

3. 通信维修工区人员登车检查处理后,如确实不能恢复时,应查明原因和故障所属单位,做好记录;通信维修工区人员接到列车广播设备故障通知后应携带整机和其他必要的器材上车处理。当故障设备折返后,工区应对故障设备进行全面检查及对故障进行彻底分析,找出故障原因。当故障设备属外局设备时,故障处理人员应及时与对方通信维修工区联系,并送还更换的设备。应急故障处理完毕后,为确保新换列车广播设备运用稳定,应添乘一个区段。

4. 车间、工区接到管内列车在外局途中发生广播设备故障时,应及时与前方站广播工区联系,请求派员上车协助处理。并与广播员保持联系,随时掌握故障处理情况。待列车折返后,需对故障设备进行全面检查及对故障进行彻底分析,查找故障原因。将处理故障所用的设备送返原单位。

复习思考题

1. 客运广播的信号源有哪些?
2. 旅客列车广播机在外局途中发生设备故障的应急处置步骤有哪些?
3. 列车广播机设备主要由哪些部分构成?
4. 应急广播的功能有哪些?
5. 简述车站客运广播系统工作的基本原理。

第十二章　移动通信网

移动通信采用无线通信方式，用户设备便于移动环境使用，具有机动、灵活、受空间限制少和实时性好等特点，被广泛应用在社会的各个领域。本章将介绍移动通信的概念、分类、组网方式、基本技术、铁路无线列车调度通信、铁路数字移动通信 GSM-R 等内容。

第一节　移动通信基本技术

一、蜂窝技术

蜂窝移动通信系统诞生于 20 世纪 80 年代，第一代模拟蜂窝系统解决了移动电话业务中长期存在的阻塞和服务质量差的问题。随着数字通信技术的发展，模拟蜂窝系统用了十年左右就被淘汰了，新一代数字蜂窝移动通信系统成为移动通信的主流。

为了提高频率的利用率和系统容量，目前移动通信系统广泛采用小区制的组网方式。在面状覆盖的小区制移动通信系统中，小区的形状可为正三角形、正方形和正六边形。由于正六边形小区的中心间隔最大，各基站间的干扰最小；交叠区面积最小，同频干扰最小；交叠距离最小，便于实现跟踪交换；覆盖面积最大，对于同样大小的服务区域，采用正六边形覆盖所需的小区数最少，即所需基站数少，最经济；所需的频率个数最少，频率利用率高。因此，小区的形状一般采用正六边形。若干个正六边形小区构成的网络形同蜂窝，因此把小区形状为六边形的小区制移动通信系统称为蜂窝移动通信系统，如图 12-1 所示。

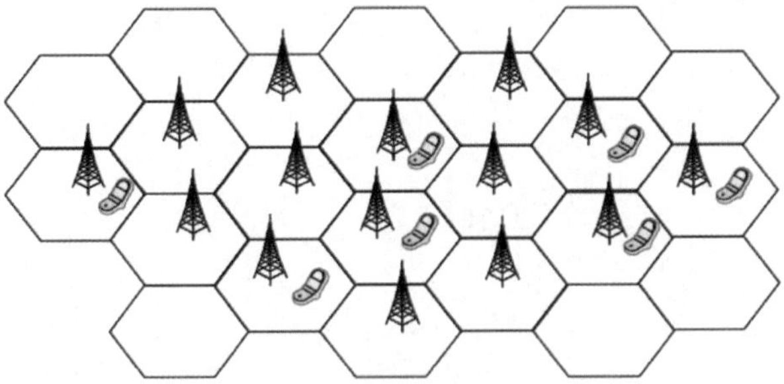

图 12-1　蜂窝网示意图

在铁路、公路、狭长的水面上这样的呈带状的地区，往往采用线状覆盖的方式。线状覆盖使用的蜂窝基本原理与面状覆盖类似，只是在小区频率组的分配和重叠区的问题上要单独考虑。铁路沿线的覆盖示意图如图 12-2 所示。

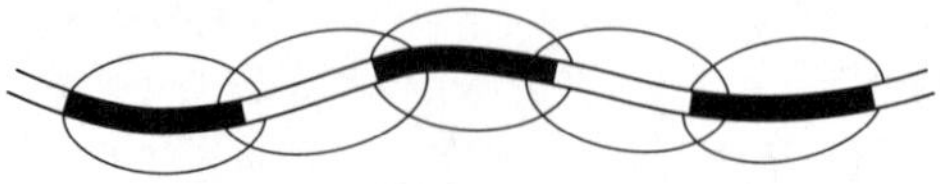

图 12-2　铁路沿线的覆盖示意图

二、多址技术

在移动通信系统,有许多用户都有要通过同一基站和其他用户进行通信,因而,必须对不同移动台和基站发出的信号赋与不同特征,使基站能从众多移动用户的信号中区分出是哪一个移动台发出来的信号,而各移动台又能识别出基站发出的信号中哪个是发给自已的信号。解决这一问题的方法称为多址技术。

移动通信的多址技术有三种基本类型,即频分多址(FDMA)、时分多址(TDMA)和码分多址(CDMA)。

1. FDMA

FDMA 是把通信系统的总频段划分成若干个等间隔的频道(或称信道)分配给不同的用户使用,即每一个用户占用一个频道进行通话,如图 12-3 所示。

由图 12-3 可见,采用 FDMA 技术的移动通信系统,其基站同时能发射和接收多个不同频率的信号;任意两个移动用户之间进行通信都必须经过基站的转发,因此必须同时占用两对频道才能实现双工通信。

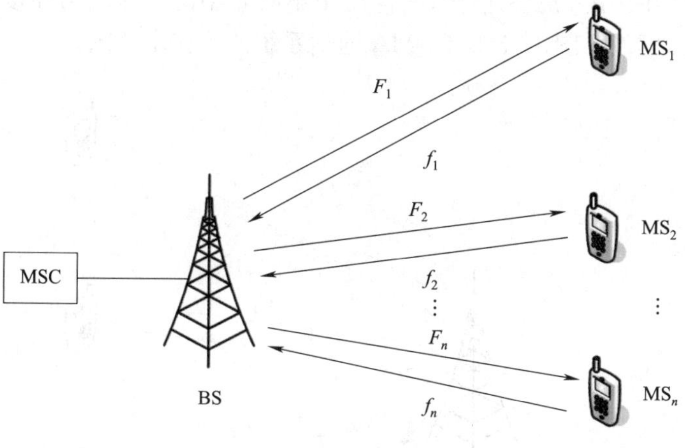

图 12-3　FDMA 通信系统的工作示意图

FDMA 通信系统具有通信容量低、通信质量差、设备复杂庞大、系统控制困难等特点,主要用于模拟移动通信网中。

2. TDMA

TDMA 是指把一个频道按等时间间隔分割成周期性的帧,每一帧再分割成若干个时隙,每一用户占用不同的时隙进行通信,即同一个信道可供若干个用户同时通信使用。在同样频道数的情况下,采用 TDMA 比 FDMA 通信方式能容纳更多的用户,如图 12-4 所示。

在 TDMA 移动通信系统中,各个移动台在每帧内只能按指定的时隙向基站发射信号,满足定时和同步的条件下,基站可以在各时隙中接收到各移动台的信号而互不干扰。同时,基站发向各个移动台的信号都按顺序安排在预定的时隙中传输,各移动台只要在指定的时隙内接收,就能在合路的信号中把发给它的信号区分出来。

TDMA 通信系统具有突发传输的速率高、抗干扰能力强、系统容量大、基站复杂性减小、越区切换简单等特点,主要用于数字蜂窝移动通信网络(如 GSM 系统)。

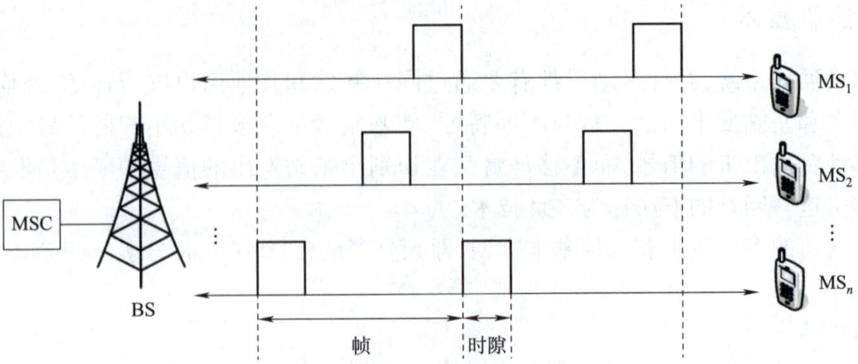

图 12-4 TDMA 通信系统的工作示意图

3. CDMA

CDMA 是指不同用户传输信息所用的信号不是靠频率不同或时隙不同来区分,而是用各自不同的编码序列来区分。在 CDMA 通信系统中,接收机用相关器可以在多个 CDMA 信号中选出其中使用预定码型的信号,其他使用不同码型的信号因为和接收机本地产生的码型不同而不能被解调。图 12-5 是 CDMA 通信系统的工作示意图。

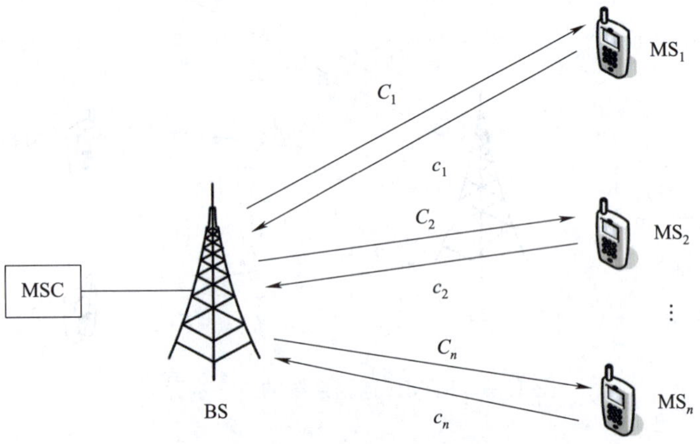

图 12-5 CDMA 通信系统的工作示意图

CDMA 通信系统与 FDMA 通信系统或 TDMA 通信系统相比,具有更大的系统容量、更高的语音质量以及抗干扰、保密性强等优点,在第二代和第三代移动通信系统中得到广泛应用。

三、天线技术

天线是移动通信系统的重要组成部分,只有天线才能把信号发射出去或接收下来,没有天线,就没有移动通信。

1. 天线的概念

天线是能够有效辐射和接收电磁波的装置。发射天线能够有效地将高频电流能量转换为电磁波能量并辐射出去;接收天线能够有效地将电磁波能量转换为高频电流能量并送入接收机。因此从能量观点来看,天线是一种能量变换器。

天线具有互易性,天线的输入阻抗、方向性等不论在发射状态或接收状态均相同,这样同一副天线既可用于发射又可用于接收,其性能完全相同。

2. 天线辐射的基本原理

由物理学可知,变化的电场产生变化的磁场,变化的磁场又产生变化的电场。变化的电场和变化的磁场构成了一个不可分离的统一的场,这就是电磁场,而变化的电磁场在空间的传播形成了电磁波。电磁波在传播过程中,其电场和磁场在空间是相互垂直的,且两者又都垂直于传播方向,如图 12-6 所示。

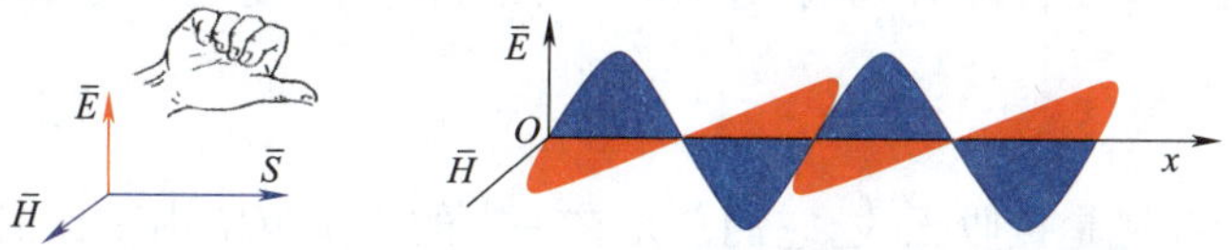

图 12-6　电磁波传播方向

当传输线上有交变电流流动时,就可以发生电磁波的辐射,辐射的能力与导线的长度和形状有关。如图 12-7 所示,如果两传输线距离很近而且电流方向相反,变化的电场局限于传输线之间及其周围,辐射到远处的场已相互抵消,导致辐射很弱。当平行传输线张开时,变化的电场就会分散到周围空间,且两根传输线上的电流方向相同,辐射到远处的场相互增强。因此,从传输线的观点来看,天线就是张开的终端开路的平行传输线。

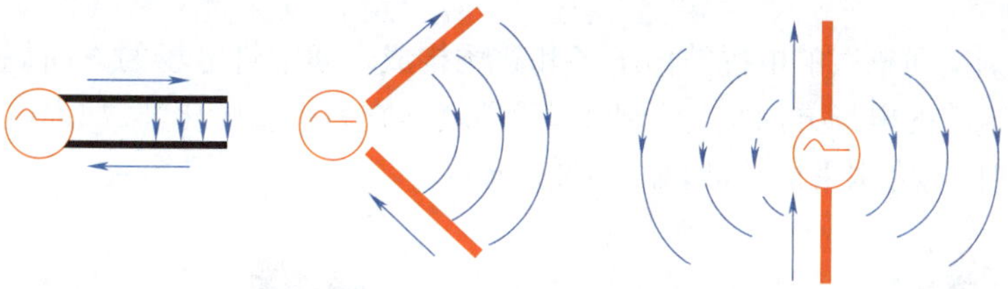

图 12-7　振荡回路电磁辐射示意图

要提高电磁波的辐射强度,辐射体必须是一个开放的系统;信号源的频率要高;辐射体上传导电流的幅值要大且分布要合理。

3. 天线的分类

天线根据工作波段、方向性、频带宽度、用途等有不同的分类方法。

按照工作频段,可分为长波天线、中波天线、短波天线、超短波天线以及微波天线等;按方向性分类,可分为全向天线和定向天线。全向天线在水平方向图上无方向性,而在垂直方向图上表现为有一定宽度的波束;定向天线在水平方向图上表现为一定角度范围辐射,也就是平常所说的有方向性,在垂直方向图上表现为有一定宽度的波束;按照结构形式来分类,可分为线天线和面天线。线天线的辐射体由截面半径远小于波长的金属导线构成,面天线其辐射体由金属面或介质面构成。

4. 天线的基本特性

天线的基本特性有天线的方向性、输入阻抗、工作频段、增益和极化等。

(1)天线的方向性

天线的方向性是指天线向一定方向辐射电磁波的能力。对于接收天线而言，方向性表示天线对不同方向传来的电波所具有的接收能力。天线有了方向性，就能在某种程度上相当于提高发射机或接收机的效率，并使之具有一定的保密性和抗干扰性。

(2)输入阻抗

天线和馈线的连接端，即馈电点两端感应的信号电压与信号电流之比，称为天线的输入阻抗。天线与馈线的连接，最佳情形是天线输入阻抗是纯电阻且等于馈线的特性阻抗，这时馈线终端没有功率反射，馈线上只有反射波，即行波。天线的输入阻抗随频率的变化比较平缓。天线的匹配工作就是消除天线输入阻抗中的电抗分量，使电阻分量尽可能地接近馈线的特性阻抗。

(3)工作频带

无论是发射天线还是接收天线，它们总是在一定的频率范围内工作的，通常工作在中心频率时天线所能输送的功率最大，偏离中心频率时它所输送的功率都将减小，据此可定义天线的频带宽度。

天线的频带宽通常定义为：天线增益下降 3 dB 时的频带宽度，或在规定驻波比下天线的工作频带宽度。天线的工作频带宽度是实际应用中选择天线的重要指标之一。

(4)增益

天线增益是用来衡量天线在某一特定方向收发信号的能力，它是选择天线最重要的参数之一。相同的条件下，增益越高，电波传播的距离越远。

(5)极化

天线向周围空间辐射的电磁波由电场和磁场构成。通常将电场的方向规定为天线的极化方向。如果电波的电场方向垂直于地面，我们就称它为垂直极化波；如果电波的电场方向与地面平行，则称它为水平极化波，如图 12-8 所示。

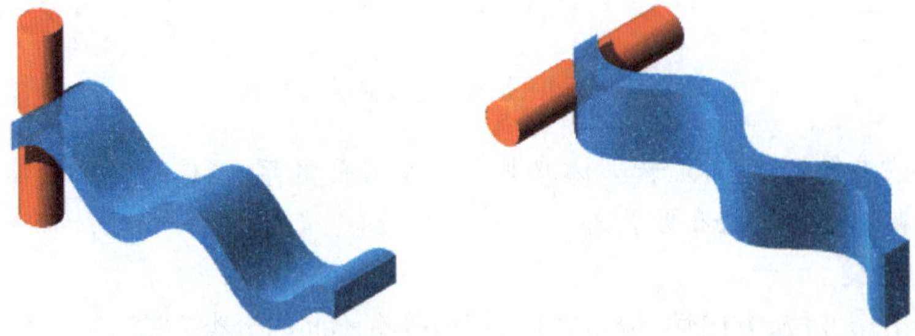

(a)垂直极化　　(b)水平极化

图 12-8　天线极化示意图

当来波的极化方向与接收天线的极化方向不一致时，在接收过程中通常都要产生极化损失。当接收天线的极化方向(例如水平极化)与来波的极化方向(相应为垂直极化)完全正交时，接收天线也就完全接收不到来波的能量，这时称来波与接收天线极化是隔离的。因此，在实际应用中一定要注意收发天线要极化匹配，即垂直极化波要用具有垂直极化特性的天线来接收，水平极化波要用具有水平极化特性的天线来接收。

第二节　列车无线调度通信系统

一、无线列调概述

列车无线调度通信系统用于调度员、车站值班员对沿线行驶的列车司机、运转车长进行调度指挥。其使用人员包括行车调度员、车站值班员、助理值班员、机车司机、运转车长等。

1. 无线列车调度通信的发展

近年来，随着国民经济的快速发展，对铁路运输需求越来越高，为了提高运输指挥效率和能力，相继在 450 MHz 无线列调系统中增加了无线车次号校核信息、调度命令信息、列车尾部风压报警信息等数据业务传送功能。为了消除列车无线调度通信电台发射相同频率产生同频干扰以及解决隧道中无线电波的传播问题，先后研制了 150 MHz、450 MHz 四频组单、双工兼容的列车无线调度通信电台。

为了解决 450 MHz 列车无线调度通信系统频率利用率低，枢纽地区通信干扰严重以及可靠性等实际问题。在客运专线和高速铁路上列车无线调度通信无论是语音，还是数据业务均由 GSM-R 网络承载，针对机车交路的不确定性，机车有可能运行在既有线 450 MHz 列车无线调度通信系统覆盖区段，也有可能运行在开通 GSM-R 网络覆盖区段，为了解决目前两个系统网络并存情况下移动机车的电台适应性，机车上装备的机车综合无线通信设备(CIR)是基于列车无线调度通信、GSM-R、800 MHz 列车防护报警等系统的机车终端设备，既满足了以往 450 MHz 列车无线调度通信的需求，也适应了铁路专用移动通信系统 GSM-R 的需求。

2. 无线列调系统功能

无线列车调度通信系统可以实现调度员、车站值班员、机车司机之间的“大三角”通信以及车站值班员、机车司机、车长之间的“小三角”通信。车站值班员、助理值班员、司机、运转车长之间可以通话。

二、系统基本原理与组成

1. 无线列调通信系统组成

铁路 450 MHz 列车无线调度通信系统主要由调度总机、车站台、机车台和便携电台组成，此外还包括区间设备(中继器、异频中继电台、光纤直放站、射频漏泄同轴电缆等)、系统监测设备、机车出入库自动检测设备。

(1)调度总机

调度总机是列车无线调度通信系统中的地面固定设备，设置在调度所，通过四线制有线线路与车站台连接。调度总机由调度员操作使用，通过选择本调度区段与机车邻近的车站台自动转接并发出呼叫，调度员可呼叫司机。

(2)车站台

车站台放置在铁路沿线各车站，主要由车站值班员操作使用，完成调度员、车站值班员、机车司机、车长之间通信。

(3)机车台

机车台安装在牵引机车上。机车台供司机使用，用于机车司机与调度员、车站值班员、其他机车司机、运转车长之间通信联系。

(4)便携台

便携台主要用于车站助理值班员、运转车长等人员与机车司机、车站值班员及其他使用便携台的人员进行通话。

2. 无线列调通信系统特点

(1)450 MHz 列车无线调度通信就其通信范围看,属于带状移动通信,根据铁路区段指挥调度的特点,在每一个调度区段设置一套系统,采用设小功率电台的方式。调度员借助与机车附近的车站台和机车司机通信。通常车站台之间距离为 5~10 km,在每一个车站和机车均设置 3~10 W 的小功率电台。两相邻车站电台无线信号连续覆盖,且车站电台的覆盖通常不应小于两相邻电台之间距离的二分之一。

(2)450 MHz 列车无线调度通信系统采用有线与无线相结合的组网方式。

车站和机车设置小功率电台后,调度员与机车司机通信时,在调度所调度员通过无线调度通信系统的调度总机以及与其连接有线四回线通道,控制被呼叫机车附近的车站台(或调度区段沿线所有车站台)以无线方式与机车司机建立通信通道的,这样可以构成调度员、车站值班员、机车司机之间的通信;在调度员不使用车站台时,机车司机、车站值班员以及车长之间的通信直接采用无线方式,构成机车司机、车站值班员以及车长之间的通信。

(3)450 MHz 列车无线调度通信系统除语言通信外,还可以进行数据传输。

系统除完成一般的语音通信外,还可以完成 CTC/TDCS 的车次号信息和调度命令信息的数据传送,这些数据传输方式采用 FFSK 编码方式,通过系统中的列车无线车次号校核信息传送设备和调度命令信息无线传送设备以及 CTC/TDCS 车站设备、CTC/TDCS 中心设备实现。

3. 无线列调弱场强区解决方案

无线列调系统通信质量的好坏直接关系到铁路的行车安全,因此无线列调工程设计必须根据实际情况科学合理地解决无线列调弱场强区问题,保证系统良好的场强覆盖,以满足列车运行调度的高可靠性要求。下面重点介绍无线列调弱场强常用的解决方案:漏泄同轴电缆加中继方式和光纤/无线射频传输系统方式。

(1)无线中继器方式

系统采用异频双工、半双工解决铁路隧道内等地区的弱场覆盖,现有技术已经成熟。

系统由洞口中继器,洞内中继器、漏泄电缆及其相应配件组成,如图 12-9 所示。由于衰耗限制了电缆的使用长度,为了放大传输信号,必须在洞内设置洞内中继器。组网时,按照电缆性能不同又分为两种方案:对于中小型可设置洞口中继器;对于大型,除了设置洞口中继器,还要再设置一个或多个洞内中继器。

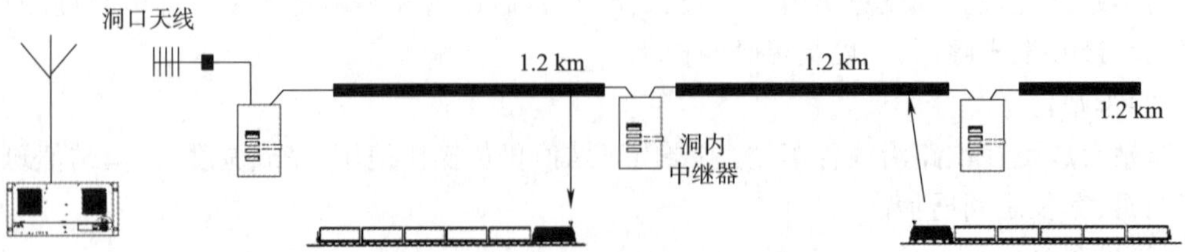

图 12-9 无线中继器组成原理框图

洞口中继器通过洞口天线与车站台联系，当接收到来自车站台的下行信号后，通过洞口中继器传送到电缆，完成遂道内的场强覆盖。同轴电缆加中继方式的优点是场强覆盖效果好，易于控制，技术成熟；缺点是造价较高，维修困难，且只能应用于收发异频的系统。

(2)光纤直放站系统

光纤直放站中继系统是一种近年来广泛应用于解决弱场区覆盖问题的方案，它利用光纤作为中继媒介，能够提供一个宽带、多频段的传输平台，涵盖铁路 450 MHz 无线列调、800 MHz 集群以及 900 MHz 的 GSM-R 频段。

光纤直放站系统由光纤直放站近端站、远端站、配套天馈设备以及网管系统组成，如图 12-10 所示。

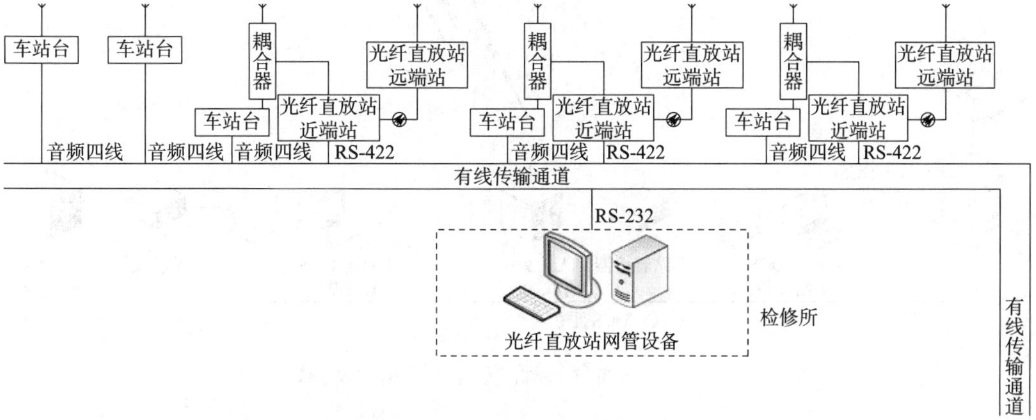

图 12-10 光纤直放站系统结构图

光近端站应设置在车站台较近的位置，远端站设置在有供电条件的区间点(或车站)，通过 2 芯光纤与近端站相连；网管单元设在调度所。

近端站接收来自车站台的无线射频信号，然后进行射频/光信号转换，再通过光纤发给远端站。远端站接收到中心站发来的光信号，转换为射频电信号，再通过天线发往移动台。反之，远端站将移动台发来的无线射频信号转换为光信号后通过光纤送往近端站，经光电转换后，将射频信号通过耦合器馈入基站。

各车站近端站设备设有监测采集接口，通过 RS-232、RS-422 或音频四线接口与网管设备连接，实现遥测区间设备故障、遥调沿线区间设备参数等功能。

三、无线列调应用

无线列调不仅可以实现调度员、车站值班员、司机、运转车长之间的话音通信，还可实现调度命令、无线车次号校核信息等数据信息的传送。

1. 调度命令无线传送系统

铁路行车调度命令是行车调度处理日常行车工作中有关问题以及在非正常情况下组织指挥行车有关部门和人员办理行车工作、指示作业和安全注意事项的带有约束性的指令，包括行车凭证、调车作业通知单、列车接车进路预告等信息。调度命令无线传送系统适用于列车调度指挥系统(TDCS)和新一代调度集中(CTC)系统。

(1)系统构成

如图 12-11 所示,调度命令无线传送系统由 TDCS/CTC 设备、无线列调设备、机车运行安全记录装置(简称监测装置或是 TAX 箱)、调度命令车站转接器(简称车站转接器)、调度命令机车装置等构成。

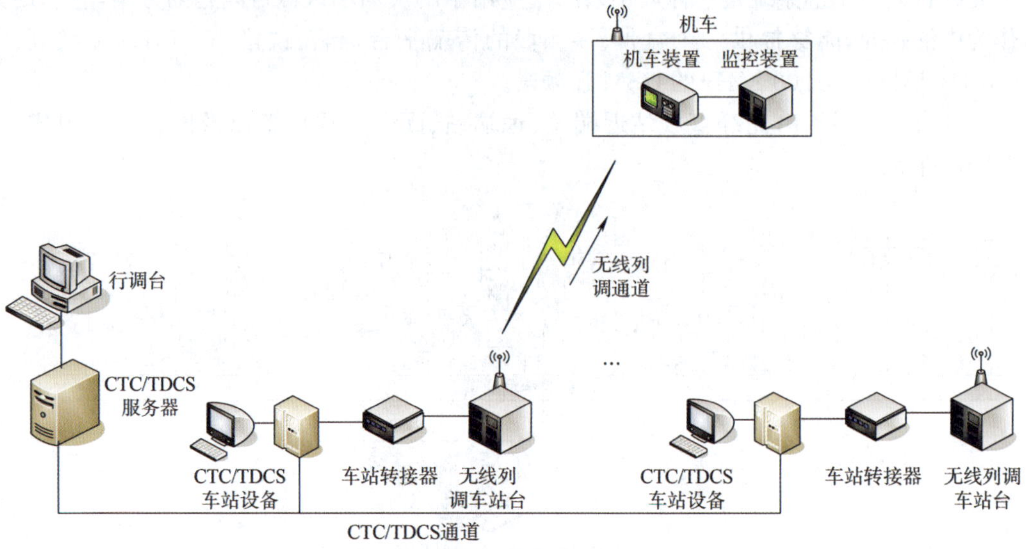

图 12-11 调度命令无线传送系统构成示意图

(2)系统功能

①调度员向辖区内的运行列车发送调度命令等信息,在 CTC 区段并能发送行车凭证、调车作业通知单等信息。

②车站值班员向辖区内的运行列车发送行车凭证、调车作业通知单等信息。

③自动向辖区内的运行列车发送列车接车进路预告信息。

④在 CTC 区段机车装置向车站发送调车请求信息。

⑤机车装置向发送终端发送自动确认和签收信息。

⑥TDCS/CTC 设备和机车装置应完整存储所有调度命令,操作过程。

⑦系统中各终端应具有文字提示功能,机车装置还应具有语音提示功能。

2. 无线车次号校核系统

以无线方式传送到 CTC/TDCS 的列车车次号、机车号、位置、运行速度等信息,由 CTC/TDCS 进行车次号校核,简称车次号信息。

无线车次号校核系统主要采用 450 MHz 列车无线调度通信系统来传送无线车次号信息,并由 TDCS 系统进行车次校核。

(1)系统构成

如图 12-12 所示,无线车次号校核系统由机车安全信息综合监测装置、无线列调机车电台、机车数据采集编码器(含主机、连接电缆)、车站数据接收解码器(含主机、天线、连接电缆等)、车站 TDCS 分机和铁路局 TDCS 通信服务器等构成。

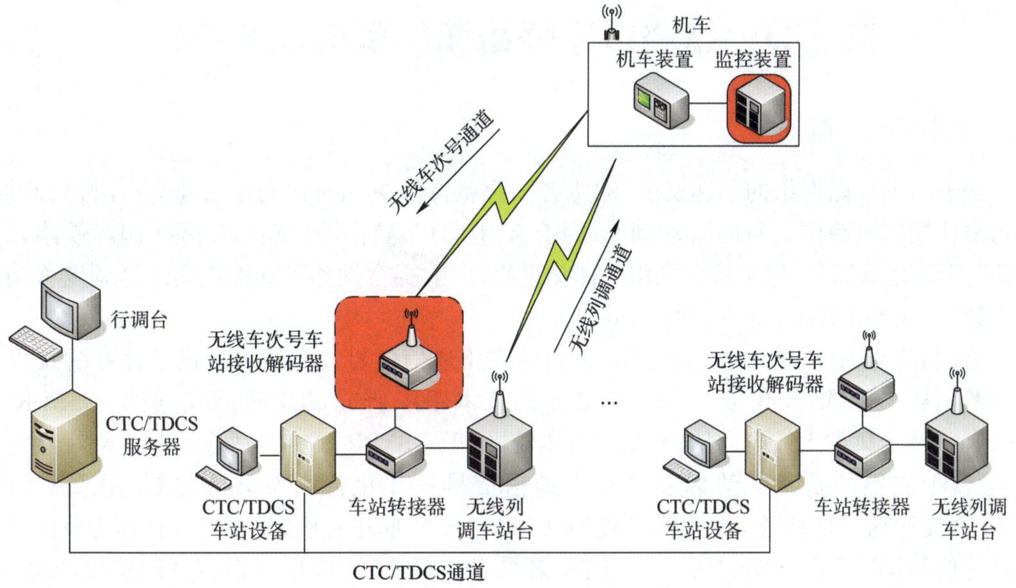

图 12-12　无线车次号校核系统构成示意图

(2)系统功能

①采集机车的车次号、机车号、机车速度、机车位置、车重、计长等信息(即车次号信息)。

②在规定位置控制机车台实时传送车次号信息。

③接收车次号信息后传送给 TDCS 车站分机。

④进行车次号校核。

四、设备维护

设备维护单位应根据本维护规则制定相应的维护作业指导书、维护管理制度,编制检修计划表。按计划进行维修、添乘,及早发现问题,减少障碍的发生。

1. 设备维护单位应加强无线场强覆盖管理,严格控制场强覆盖区,消除越区覆盖现象。根据场强测试资料和场强分布曲线,建立场强覆盖曲线数据库,针对弱场和问题区段,开展场强整治工作。整治完成后应及时进行场强复测。

2. 无线列调系统的场强覆盖,是在满足机车电台接收机输出端电压信噪比不低于 20 dB 条件下,按 95%的地点、时间概率统计,测量接收机天线输入端的最小接收电平。最小接收电平应符合下列要求:

(1)非电气化铁路不低于 0 dBμ。

(2)电气化铁路不低于 10 dBμ(利用电务试验车测试)、6 dBμ(利用动车组综合检测车测试)。

3. 无线列调场强覆盖应符合下列规定:

(1)两相邻车站电台场强覆盖不小于两相邻电台之间距离的二分之一,且至少有 500 m 重叠区。

(2)对车站站间距不足 5 km 的,两端车站电台的场强应相互覆盖到对端站。

(3)局间交界区车站电台的场强除满足上述规定外,还应连续覆盖至局界。

第三节 铁路数字移动通信系统(GSM-R)

一、GSM-R 概述

随着欧洲铁路网络的迅速发展,欧盟各国都亟待解决如何在列车高速运行时语音数据的可靠传输以及跨国运行时自动列车防护(ATP)的互操作性(兼容)问题。国际铁路联盟(UIC)为满足欧洲 21 世纪铁路网络一体化进程,向欧委会推荐了欧洲铁路综合调度移动通信系统——GSM-R(GSM for Railway)。

欧洲 GSM-R/ETCS 的成功运用,为我国铁路通信信号技术发展提供了良好的技术借鉴。我国从 1994 年就开始对专用移动通信技术跟踪研究,当时的重点是将 GSM-R 和 TETRA(陆上集群无线电通信)系统进行比较,由于 GSM-R 具有更适应铁路运输特点的功能优势,更成熟的技术优势以及更符合通信信号一体化技术发展的需要,更重要的是 GSM-R 支持铁路移动通信的可持续发展,因此 2000 年底正式确定将 GSM-R 作为我国铁路移动通信的发展方向。2003 年 2 月,国铁集团建立 GSM-R 应用与模拟系统实验,2003 年 9 月,信息产业部无线电管理局批准 GSM-R 使用频段,自 2003 年 6 月开始,随着青藏、大秦、胶济三条线的建设,相关技术规范和标准的制定,工程建设可行性论证和建设规划的展开等,标志着 GSM-R 在我国铁路的全面实施。

国内铁路从 2006 年随客专开始大规模建设 GSM-R 系统,经过十几年的发展,全路 GSM-R 网络已形成一定规模,并不断发展完善,核心网的架构也基本形成。截至 2022 年底,已完成全部 19 个核心网节点建设,无线网络覆盖里程近 9 万 km,用户近 40 万,覆盖了高铁、客专、城际、重载铁路和部分普速铁路,提供了列车运行控制类、调度指挥类、列车运行安全监控类、运营维护类等多种业务,适应了当前铁路快速发展,为铁路运输安全、提高运输效率起到了非常重要的保障作用。

二、GSM-R 基本原理

GSM-R 可实现跨越国界的高速和一般列车之间的通信,能将现有的铁路通信应用融合到单一网络平台中,以减少集成和运行费用,而且 GSM-R 是由已标准化的设备改进而成,GSM 平台上已经提供了大量的业务,因而引入铁路专用的功能时只需最低限度地改动,故能保证价格低廉、性能可靠地实现和运行。另外,在 GSM Phase 2+中添加了 ASCI(先进语音呼叫业务)特性,能灵活地提供专网中所需的语音调度服务如 VBS(语音广播业务)、VGCS(语音组呼业务)和 eMLPP(增强型多优先级与强拆业务)。因此 GSM-R 是面向未来的技术,它将从广阔的 GSM 公网市场和 GSM 技术的不断演进中获益,具有巨大的发展空间。

下面从话音信号的处理、无线覆盖等几个方面来介绍其基本原理。

1. 话音信号的处理

在 GSM-R 系统的终端设备中,话音信号要经过话音编码、信道编码、交织、加密等处理,如图 12-13 所示。

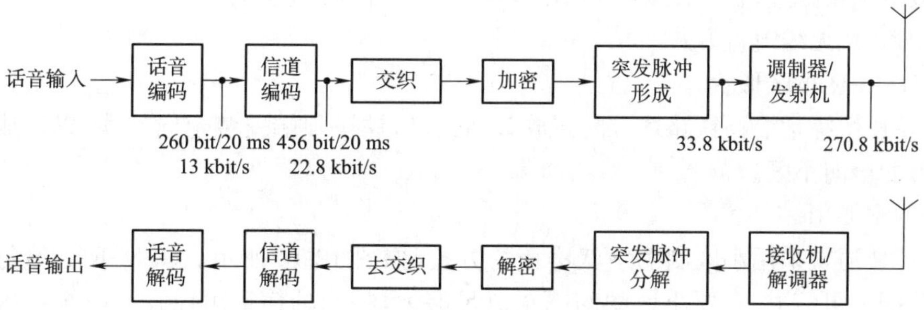

图 12-13　GSM 系统话音信号的处理过程

(1)话音编码

GSM-R 系统是数字移动通信系统,而原始的话音信号是模拟信号。为此需要采用话音编码技术将模拟话音信号转换为二进制的数字信号。由于移动信道的带宽资源有限,在 GSM-R 系统中采用低速率的话音编码技术,即规则脉冲激励—长期预测编码(RPE—LTP),编码输出速率为为 13 kbit/s。

与传统的 PCM 编码方式相比,GSM-R 的话音速率要低得多,而且也可以保证足够的话音质量。

(2)信道编码

信道编码就是在数据发送之前,在信息码元中再加入一些冗余码元,用来代接收端检出或纠正信息在信道中传输时产生的误码。由此可见,为了降低信息传输的误码率,同时也增加了传输速率(即传输带宽)。话音编码器中输出的码流经信道编码后输出速率为 22.8 kbit/s(456 bit/20 ms)。

(3)交织

信道编码可以较好地纠正随机误码,但多数情况下无法纠正突发误码。为此用交织编码(简称交织)的方法把信道编码输出的信息变成交错码,信息传送到接收端后再恢复为原来的顺序(去交织),这样就可以使突发错误比特分散,然后再利用信道编码得到纠正。

(4)突发脉冲形成

GSM 系统中,一个时隙就是一个物理信道,可用来传输某一个用户的信息。突发脉冲就是在一个时隙内传输的脉冲序列。

可以将突发脉冲看成是信息在无线信道上传输的载体。

(5)调制

调制是为了使信号特性与信道特性相匹配,显然,不同类型的信道将对应不同类型的调制方式。由于移动通信具有频带严重受限和传播条件恶劣等特征,因此其调制系统应满足以下特性:

①为了在衰落条件下获得所要求的误码率,需要好的载噪比和载干比性能;

②所用的技术必须在规定频带约束内提供高的传输效率;

③为了确保终端的重量和尺寸满足要求,需要使用简易和小型的电路;

④应使用高效率的功率放大器,而带外辐射又必须降低到所需的要求。

目前 GSM-R 系统采用的是 GMSK 调制解调技术。GMSK(高斯最小频移键控)是一种特殊的数字调频方式,它可以减小频谱的扩散,增加信道的有效性。

2. GSM-R 无线覆盖方式

(1)GSM-R 小区形状

GSM-R 系统是沿路铁路线方向布放基站铁塔,铁塔顶端安装定向天线,以形成沿铁路线椭圆形的全向小区。

(2)频率复用

GSM-R 通常采用小区制的线状覆盖的方式,如图 12-14 所示。GSM-R 会给每个小区的基站分配一组信道,只要小区的间隔距离足够远,相同的信道可以在另一个小区重复使用。把若干个使用全部频率的小区组成的集合称为一个簇,把不同簇中使用相同频率的小区成为同频小区。2 个同频小区之间的距离成为同频复用距离。为了避免同频小区之间的干扰,必须选定合适的同频复用距离。

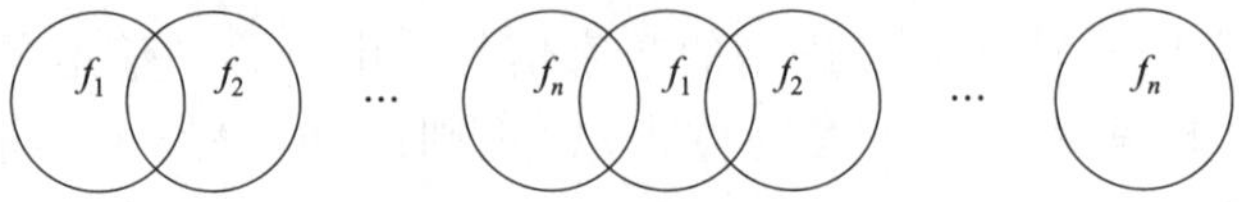

图 12-14 频率复用示意图

(3)GSM-R 的干扰

有线通信是可以基本上不考虑干扰问题的,而无线通信首先要考虑的就是干扰问题,这是有线通信与无线通信最大的不同之处。

①同频干扰

同频干扰是由于采取频率复用,在同频小区之间产生的干扰。通常用同频干扰信噪比 C/I 来衡量接收机的接收质量。小区簇的 N 值决定了移动台的接收信噪比,同时也决定了系统的容量。所以只要指定一个能够保证话音质量的接收门限电平,就能够确定簇的大小和频率复用的方案。

②邻道干扰

邻道干扰是指相邻的或邻近频道信号的相互干扰。可以通过避免在相邻小区之间分配连续的频率,同时使相邻小区之间的频率间隔最大来减小邻道干扰。

(4)GSM-R 无线覆盖方式

GSM-R 无线覆盖方式主要有单网覆盖、交织单网覆盖、同站址双网等三种方式。

①单网覆盖

单网覆盖如图 12-15 所示,它的优点是低成本、无线参数易于设置、最有效的利用频率、需要较少的站址。缺点是一旦某 BTS 故障,其服务区域将不再提供业务。此方式主要运用于既有线未承载 CTCS-3 业务的铁路。

②交织单网覆盖

交织单网覆盖如图 12-16 所示,它是在单覆盖单层网的基础上增加了一倍的小区覆盖,BSC 只设一套。当线路上的某个点的基站出现故障时,该点的场强仍能通过相邻基站得到保证,使沿线的业务应用不会因非相邻的 BTS 故障而影响业务。其优点是 BTS 冗余、中等成本。缺点是除了某一个 BTS 故障,基站子系统中其他设备出现故障时网络不提供冗余;对服务质量有一定影响,如切换数量增加;较低的频率利用效率,如高重叠区域;需要较多的站址；无线参数设置复杂度中等。主要运用于承载 CTCS-3 业务的高速铁路。

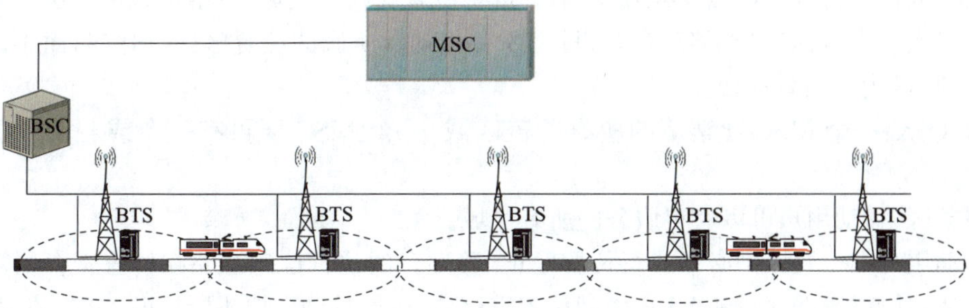

图 12-15　单网覆盖

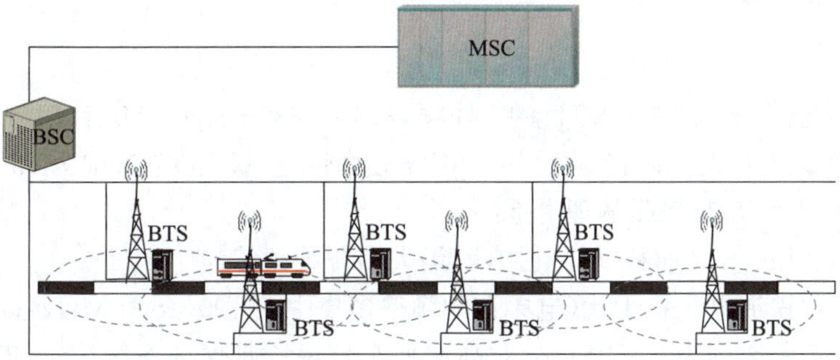

图 12-16　交织覆盖单层网

③同站址双网覆盖

同站址双网如图 12-17 所示，该覆盖方式在同一地点设置 2 套 BTS(含天馈线)，两套 BTS 在同一机房内，共享一套传输，电源等设备，共用一个铁塔。两副天线安装在同一铁塔上，需保证天线的隔离度。每层网各由一套 BSC 控制，形成双层无线覆盖。其优点是全系统冗余、较低的站址需求，能共享机房、铁塔。缺点是投资高；无线参数设置较为复杂；如果某一站址出现问题，同样发生服务中断。

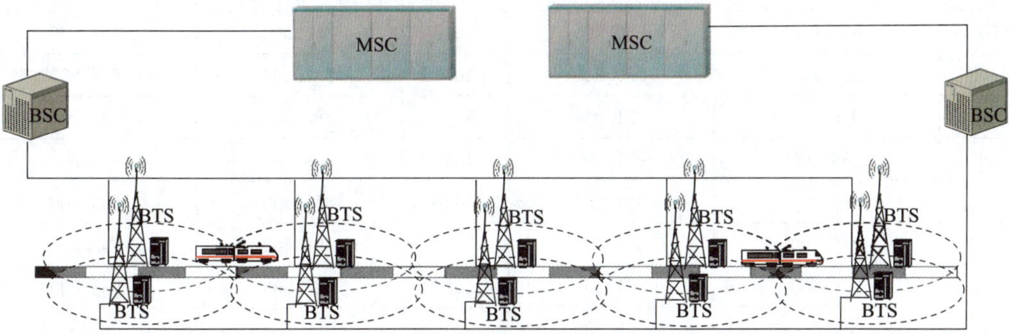

图 12-17　同站址双网

(5)GSM-R 系统位置理论

在 GSM-R 系统中，有几个与区域有关的概念，分别是小区、位置区、MSC 区、服务区等。

小区:一个 BTS 所覆盖的全部或部分区域(扇区),是最小的可寻址无线区域。

位置区:移动台可以任意移动但不需要进行位置更新的区域,一个位置区可由一个或多个小区组成。当 MSC 寻找移动台时,只需要在移动台所属的位置区进行呼叫,而不需要在整个 MSC 区内呼叫移动台。

MSC 区:一个 MSC 管辖下的所有覆盖区域,一个 MSC 区可有一个或若干个位置区组成。

服务区:移动用户可以获得服务的所有区域。

移动用户在位置区中必须进行位置登记,移动台的位置信息存储在位置寄存器功能单元(HLR 归属位置寄存器和 VLR 访问位置寄存器)中。移动台要不断地向 MSC 的 VLR 提供自己的位置信息,这一过程称为位置更新。

三、GSM-R 主要技术参数

1. 工作频段

GSM-R 系统采用 GSM 900 MHz 的工作频段,上行 885～889 MHz(移动台发,基站收),下行 930～934 MHz(基站发,移动台收),共 4 MHz 频率带宽,双工收发间隔为 45 MHz。GSM-R 系统选择工作在 900 MHz 频带的理由是:

(1)适合 500 km/h 高速移动体的通信(最大多普勒频移为 415 Hz);

(2)抗电气化铁道电火花干扰(电火花的频率多集中在 400～800 MHz);

(3)典型覆盖距离约为 5～10 km,对高速列车来说这是保证系统容量和服务质量的最小范围。

2. 载频间隔

GSM-R 系统的载频间隔为 200 kHz,共有 21 个载频。频道序号从 999～1019,扣除低端 999 和高端 1019 作为隔离保护,实际可用频点 19 个。GSM-R 频率分配见表 12-1。

表 12-1 GSM-R 频率分配表

频道号	基站接收频率(MHz)	基站发射频率(MHz)	频道号	基站接收频率(MHz)	基站发射频率(MHz)
1000	885.200	930.200	1010	887.200	932.200
1001	885.400	930.400	1011	887.400	932.400
1002	885.600	930.600	1012	887.600	932.600
1003	885.800	930.800	1013	887.800	932.800
1004	886.000	931.000	1014	888.000	933.000
1005	886.200	931.200	1015	888.200	933.200
1006	886.400	931.400	1016	888.400	933.400
1007	886.600	931.600	1017	888.600	933.600
1008	886.800	931.800	1018	888.800	933.800
1009	887.000	932.000			

在 GSM-R 中,同一基站的载频间隔不小于 400 kHz,相邻基站载频间隔不小于 400 kHz。

3. 多址方式

GSM-R 采用了时分多址(TDMA)+频分多址(FDMA)的多址方式,通过上下行的频率不同来收发信号，在频率、时间上进行用户复用，实现每个载频由 8 个用户共享，即 8 个时隙构成一个 TDMA 帧，某个用户的信息利用所分配的一个时隙进行传输，横轴代表频分多址复用方式，纵轴同一频率的 TS_0～TS_7 由 8 个用户共享。

四、GSM-R 网络结构

GSM-R 系统由网络交换子系统（NSS）、基站子系统（BSS）、智能网子系统（IN）、操作和维护子系统（OSS）、通用分组无线业务子系统 GPRS 和无线终端子系统组成。

GSM-R 系统通过网络交换子系统（NSS）中的网关移动交换中心（GMSC）实现与其他通信网络的电路域业务的互联互通（如无线闭塞中心 RBC）；通过通用分组无线业务子系统 GPRS 中网关 GGSN（GPRS 业务支持节点）实现与其他数据信息网络的分组域业务互联互通（如 CTC）。

1. 网络交换子系统（NSS）

网络交换子系统（NSS）建立在移动交换中心（MSC）上，负责端到端的呼叫、用户数据管理、移动性管理和与固定网络的连接。

NSS 一般由 6 个功能实体组成，分别是移动交换中心（MSC）、归属位置寄存器（HLR）、访问位置寄存器（VLR）、鉴权中心（AUC）、设备识别寄存器（EIR）和互联功能单元（IWF）。NSS 中还可以有实现语音组呼和语音广播的实体组呼寄存器（GCR）以及用于短消息业务的短消息服务中心（SMC-SC）。

（1）移动业务交换中心（MSC）

MSC 是整个 GSM-R 网络的核心，对它所覆盖区域中的移动台进行通信控制和管理。它除了完成呼叫接续、路由控制等功能外，还要完成无线资源的管理、移动性管理、安全性管理等功能，如信道分配、鉴权、越区切换、漫游等。MSC 还起到 GSM-R 网络和公众电信网络（如 PSTN，PLMN 等）的接口作用。

（2）归属位置寄存器（HLR）

HLR 是管理本地移动用户的主要数据库，每个移动用户都应在某 HLR 注册登记。HLR 主要存储两类信息数据：登记在该 HLR 中有关用户的参数，如：MSLSDN、IMSI、MS 类别、接入优先等级等；登记在该 HLR 中用户所注册的有关电信业务、承载业务和附加业务等方面的数据，用户位置信息等。

（3）访问位置寄存器（VLR）

VLR 也是一个用户数据库，用于存储当前位于该 MSC 服务区域内所有移动用户的动态信息，如用户的号码、所处位置区的识别、向用户提供的服务等参数。每个 MSC 都有一个它自己的 VLR。

（4）鉴权中心（AUC）

AUC 负责确认移动用户的身份，产生相应的认证参数。AUC 对任何试图入网的移动用户进行身份认证，只有合法用户才能接入网中并得到服务。

（5）设备识别寄存器（EIR）

EIR 是存储有关移动台设备参数的数据库，主要完成对移动设备的识别、监视、闭锁等功能。每个移动台有一个唯一的国际移动设备识别号（IMEI），以防止被偷窃的、有故障的或未经许可的移动设备非法使用本 GSM 系统，移动台的 IMEI 要在 EIR 中登记。

2. 基站子系统(BSS)

基站子系统 BSS 是 GSM-R 系统网络中最主要的组成部分,负责无线发送接收和无线资源管理;BSS 通过无线接口直接与移动台相联,通过 A 接口与 NSS 相联,实现移动用户之间或移动用户与固定用户之间的通信联接,并且传送系统信令和用户信息等。

BSS 的总体结构如图 12-18 所示。BSS 通常由基站收发信机(BTS)和基站控制器(BSC)组成,BTS 主要负责空中接口,提供无线传输资源;BSC 主要负责控制和管理。一套 BSC 根据容量不同,最大可以管理多达上百个 BTS。在 BSS 中,由于空中接口和有线网络接口的速率不同,加入 TRAU 设备提供速率变换和透明传输功能。

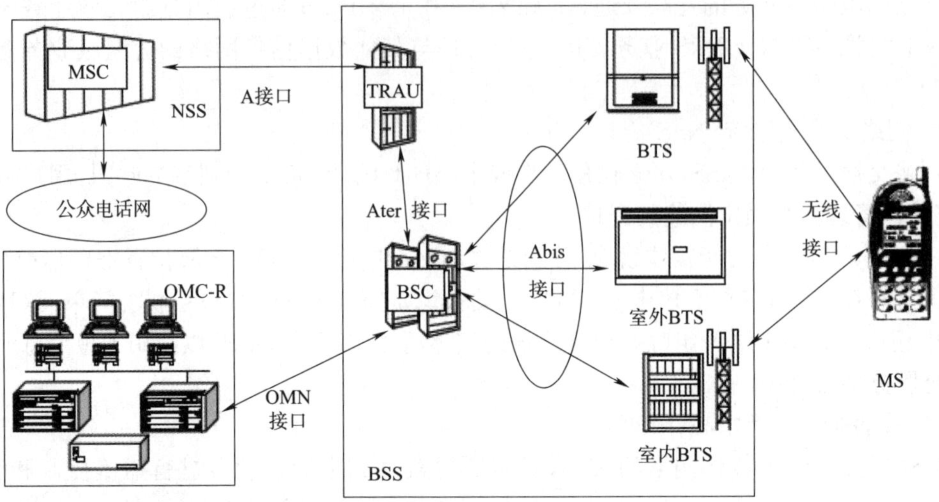

图 12-18　BSS 的总体结构

3. 通用分组无线业务(GPRS)子系统

通用分组无线业务子系统(GPRS)是在 GSM 技术的基础上提供的一种端到端分组交换业务。GPRS 主要负责为无线用户提供分组数据承载业务。如与铁路 CTC/TDCS 系统互联,实现车—地、车—车数据信息传送。

在 GSM-R 中引入 GPRS,使移动通信与数据网络合二为一,给铁路数据业务的开展提供了空间,提高了数据传输速率。GPRS 子系统由 GPRS 服务支持节点(SGSN)、GPRS 网关支持节点(GGSN)、分组控制单元(PCU)、域名服务器(DNS)、认证服务器(RADIUS)等设备组成,如图 12-19 所示。

(1)GPRS 服务支持节点(SGSN)

SGSN 为 GPRS 服务支持节点,是 GSM-R 网络结构中的一个节点,它与移动交换中心 MSC 处于网络体系的同一层。SGSN 通过 BSC 与 BTS 相连,是 GSM-R 网络结构与移动终端之间的接口。SGSN 主要完成移动性管理和路由选择功能,记录移动终端的当前位置信息,并且在移动和 GGSN 之间完成移动分组数据的发送和接收。

(2)GPRS 网关支持节点(GGSN)

GGSN 为 GPRS 网关支持节点,GGSN 通过基于 IP 协议的 GPRS 骨干网联接到 SGSN,是联接 GSM-R 网络和外部分组交换网的网关,也被称为 GPRS 路由器。GGSN 可以把 GSM-R 网中的 GPRS 分组数据包进行协议转换,从而可以把这些分组数据包传送到

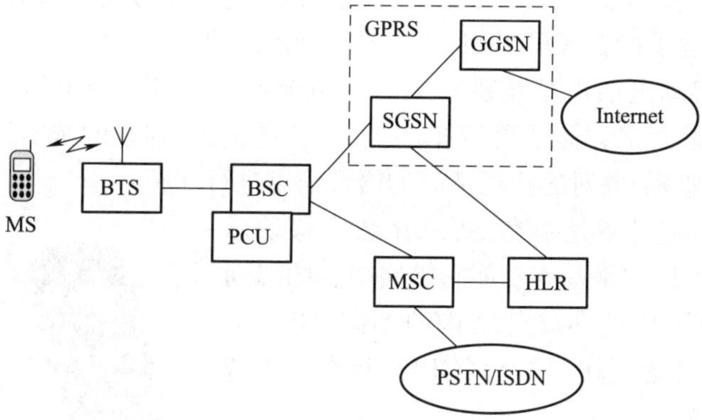

图 12-19　GPRS 的网络结构

远端的 TCP/IP。GGSN 主要完成路由选择、地址分配、网关、协议转换等功能。

(3)分组控制单元(PCU)

负责数据分组、无线信道管理、差错检测和自动重发等功能。

(4)域名服务器(DNS)

负责提供 GPRS 网络内部 SGSN、GGSN 等网络节点的域名解析等功能。

(5)GPRS 认证服务器(RADIUS)

负责存储用户的身份信息,并完成用户的认证和鉴权等功能。

(6)GPRS 接口服务器(GRIS)

GRIS 是铁路信息化的重要组成设备之一,是联接 GPRS 网络与其他外部 IP 数据网和 CTC 网络的核心设备,实现了车—地之间各种分组数据信息的高效可靠传输和转发。

(7)GPRS 归属服务器(GROS)

GROS 主要负责向机车台 CIR 或其他移动终端提供当前归属 GRIS 地址的查询服务。

4. 智能网子系统(IN)

智能网是一种附加在移动交换网基础之上的业务网,用于实现功能寻址、位置寻址,并管理功能号。

智能网的基本思想是依靠 No. 7 信令网和大型集中数据库的支持,将网络的交换思想的控制功能相分离;简化交换机的软件,使之只完成基本的接续功能;引入业务控制点(SCP),具体怎样根据智能业务的业务逻辑完成呼叫的接续步骤,由 SCP 来决定;交换机采用开放式结构和标准接口与业务控制点相连。这样,需要增加或修改新业务的时候,不必改动各交换中心的交换机,只要在业务控制点 SCP 中增加或修改新业务逻辑,并在大型数据库中增加新的业务数据和用户数据即可。

智能网由业务控制点(SCP)、业务交换点(SSP)、业务管理系统(SMS),并在系统中建立短消息服务平台(SMSC)。

5. 终端子系统

GSM-R 网络的终端主要包括机车综合无线通信设备(CIR)、手持台(手机)等。

(1)车载台:机车综合无线通信设备(CIR)、列控机车车载通信设备(MT)、机车同步操作机车车载通信设备、列尾装置主机等。机车综合无线通信设备(CIR)由主机、操作显示终端(简称“MMI”)、送受话器、扬声器、打印终端、天线及连接电缆等组成。

(2)手持台:作业手持台(OPH)、通用手持台(GPH)等。

GSM-R 数字移动电话机必须装上 SIM 卡方能使用。SIM 卡也称为智能卡、用户身份识别卡。它在一个芯片上存储了数字移动电话客户的信息,加密的密钥等内容可供 GSM-R 网络客户身份进行鉴别,并对客户通话时的语音信息进行加密。

GSM-R 手持终端设备是指在 GSM-R 数字移动通信网中能实现 GSM-R 网络基本功能和扩展功能的移动终端设备。根据使用环境和硬件结构的不同,GSM-R 终端设备大体上可分为通用手持台(GPH)和作业手持台(OPH)两大类(图 12-20)。

图 12-20 OPH/GPH 设备

通用手持台主要用于铁路各类管理人员、与铁路业务相关的人员话音和数据通信。

作业手持台主要用于列车、车站、编组场、沿线区间及其他铁路作业区的各工种工作人员话音和数据通信。

OPH 和 GPH 均为铁路 GSM-R 数字移动通信系统下使用的无线终端,两种终端的不同在于发射功率、接收灵敏度、适应工作环境、电池容量等方面存在差异。

6. 操作和维护子系统 OSS

操作和维护子系统(OSS)是相对独立的子系统,为 GSM-R 网络提供管理和维护功能。它的具体功能由操作维护中心(OMC)来完成,其中 OMC-R 负责管理 BSS,OMC-S 负责管理 NSS。OSS 主要提供移动用户管理、移动设备管理、网络操作和控制三类功能。

OSS 是操作人员与系统设备之间的中介,它实现了系统的集中操作与维护,完成了包括移动用户管理、移动设备管理及网络操作维护等功能。它的一侧与设备相连(不包括 BTS,对 BTS 的操作维护是经过 BSC 进行管理),另一侧是作为人机接口的计算机工作站。这些专门用于操作维护的设备被称为操作维护中心 OMC。系统的每个组成部分都可以通过特有的网络连接至 OMC,从而实现集中维护。

五、GSM-R 主要业务与应用

随着我国铁路 GSM-R 网络的建设和使用,铁路 GSM-R 网络承载的业务越来越多。按照承载业务类型,GSM-R 网络承载的业务可分为语音业务、智能业务及 GPRS 业务。

(一)GSM-R 主要业务

下面对与 GSM-R 无线通信终端密切相关的语音业务、智能业务和 GPRS 业务进行介绍。

1. 语音业务

语音业务包括语音通话、短信等基本电信业务以及 GSM-R 特有的增强型多级优先和强拆业务。

(1)移动用户的位置登记

对于移动通信来说,最基本的功能就是网络要实时掌握用户的位置,这是移动通信的基础。对 GSM-R 网络来说,移动用户向网络注册位置信息的过程称为位置更新过程。

(2)移动用户呼叫移动用户

移动用户间的呼叫是 GSM-R 网络的最基本业务模式,可分为同 MSC 下移动用户呼叫和不同 MSC 下移动用户呼叫。移动用户间的呼叫可以通过拨打对方的用户号码实现语音通信。

(3)移动用户与他网用户之间的呼叫

①移动用户呼叫 FAS、PSTN

GSM-R 移动用户通过拨打调度终端(含调度分机)用户号码实现语音通信。呼叫使用"收端入网方式":由 FAS 所接入的 MSC 负责将呼叫路由至 FAS 系统,当 FAS 与移动用户所在 MSC 没有直联时,长途通道由 GSM-R 网络负责。

GSM-R 移动用户拨打铁路自动电话网的路由方式与 GSM-R 拨打调度通信网相同,区别在于被叫号码指向不同系统。拨打方式为"901＋0＋铁路自动电话网长途区号＋自动电话终端用户号码"。如:GSM-R 终端用户呼叫北京地区自动电话终端用户(铁路自动电话北京地区长途区号为 21),被叫终端自动电话用户号码为 66666,则 GSM-R 终端用户拨打"90102166666"。

②FAS、PSTN 呼叫移动用户

调度通信网终端用户通过拨打 GSM-R 终端用户号码实现的语音通信。如,被叫 GSM-R 终端用户号码为 14982136666,则调度通信网终端用户拨打"14982136666"或"82136666"。

铁路自动电话网(PSTN)呼叫移动用户流程与 FAS 一致。铁路自动电话终端用户通过拨打 GSM-R 终端用户号码实现的语音通信。拨打方式与铁路自动电话终端所处位置有关,其中:

国铁集团、集团公司所在地(含与集团公司所在地铁路自动电话网长途区号相同的地区)自动电话终端用户直接拨打 GSM-R 终端用户号码。

国铁集团、集团公司所在地以外其它地区铁路自动电话终端用户拨打"0＋被叫 GSM-R 终端用户号码"。

(4)增强型多级优先与强拆(eMLPP)

增强多优先级与强拆(enhanced Multi-Level Precedence and Pre-emption service, eMLPP)是一种补充业务。eMLPP 业务主要由三个元素构成:优先级、呼叫建立时间和资源抢占能力。

eMLPP 中的优先级是指在呼叫建立时给该呼叫指配一个优先级别,并和该呼叫的建立时间类型一起参与网络资源的竞争与调配。

eMLPP 业务定义了 7 个优先等级:A、B(网络内部使用)、0～4,4 级最低。

eMLPP 中的呼叫建立时间是指从用户按下"发送"键开始,到被叫用户能够接收信息为止,不包含用户反应时间。对于多方呼叫、VGCS 或 VBS,呼叫建立时间是指至少有一个被叫用户能够接收信息为止。eMLPP 业务规定的呼叫建立时间有 3 个等级:

1 级,快速呼叫建立,1～2 s;

2 级,正常呼叫建立,＜5 s;

3 级,慢速呼叫建立,＜10 s。

eMLPP 中的资源抢占是指当网络没有空闲资源可用时,具有较高优先级的呼叫将抢占正在被较低优先级呼叫占用的信道资源,还可以表现为被叫用户断开正在进行的低优先级呼叫而接听高优先级的呼入呼叫。资源抢占有两种情况:

网络资源抢占:呼叫建立或切换时,没有空闲网络资源,则终止低优先级呼叫,将资源给高优先级呼叫使用的过程。

用户接口资源抢占:具有较高优先级的呼叫请求与正在进行较低优先级通话的用户建

立通信时,网络终止被叫用户的当前呼叫,并将其接入高优先级呼叫的过程。

(5)话音组呼

语音组呼业务(Voice Group Call Service,VGCS)定义了一种由多方参加(GSM 移动台或固网电话),一人讲话、多方聆听的语音通信方式。参与同一个 VGCS 通信的移动用户可以分布在多个蜂窝小区内,用一个组功能码(组 ID)来呼起所有该组成员。VGCS 业务突破了 GSM 网络点对点通信的局限性,能够以简捷的方式建立组呼叫,实现调度指挥、紧急通知等特定功能,尤其适用于铁路的行车指挥调度部门。

一个特定的 VGCS 通信由组功能码(组 ID)和组呼区域唯一确定。组 ID 与组呼区域的结合共同称作组呼参考,即组呼参考唯一的确定一个 VGCS 通信。

组 ID 标识该组的功能,即由哪些身份的成员参加。

组呼区域是指 VGCS 通信所覆盖的地理范围,以无线蜂窝小区为基本单位。

铁路紧急呼叫也是一种语音组呼业务,只不过在 GSM-R 系统中给铁路紧急呼叫分配中最高的优先级 0。

(6)话音广播

语音广播呼叫业务(Voice Broadcast Service,VBS)是指在某个特定的区域上,一个用户讲话,其他用户在下行链路上聆听讲话内容,即 VBS 实现的是单向语音通信功能,且所有参与 VBS 的用户都必须经过授权。

VBS 业务与 VGCS 业务非常相似,在业务定义、信令流程、对系统和终端的需求、呼叫控制等方面都大同小异。两种业务一个最重要的不同之处在于:VBS 的业务用户不能实现讲话者与聆听者之间的转换,因此 VBS 的呼叫发起者一定是讲话者。

2. 智能业务

智能业务包括 GSM-R 特有的位置寻址、功能寻址及基于位置呼叫限制等。

(1)功能寻址业务

功能寻址指用户可以由它们当时所担当的功能角色,而不是它们所使用的终端设备号码来寻址。这种业务的优点在于用户不必记忆所有需要通话的用户的 MSISDN 号码,而功能号本身与用户身份相关,便于记忆。功能号码可以动态注册、注销。在同一时刻,至少可以为一个用户分配若干功能地址,而只能将一个功能地址分配给一个用户。

在铁路系统中,功能寻址主要用于解决固定用户到移动用户的呼叫。

(2)位置寻址业务

位置寻址业务业务是 GSM-R 网络的特色智能业务,主要用于实现移动用户呼叫与所处位置相关的固定用户的语音通话业务。GSM-R 网络通过用户所处的位置来判断该位置对应的调度员(车站值班员)的号码,实现基于位置的寻址业务。业务实现过程中用两个参数来确定固定台的号码:被叫用户短号码类别(调度员、车站值班员)、主叫用户所处的位置(小区识别码)。其中,被叫方地址是由移动终端通过空中接口中向 MSC 提供的,而在每次呼叫中,BSC 都要向 MSC 提供移动台当前所处小区的小区识别码。

①短号码

为方便用户使用,基于位置寻址业务使用短号码进行触发。当用户拨打特定短号码时,MSC 将识别该业务为位置寻址业务,并进行相关处理。

在铁路 GSM-R 网络中,短号码为 4 位数字,且第一位为 1(CT=1)。

②紧急组呼记录

当移动终端参与过紧急组呼，在呼叫结束后终端自动发送一个 1612 短号码呼叫，将参与完成的紧急组呼的相关消息发送到网络中的呼叫确认中心(AC)，对该紧急组呼进行记录。在此过程中，可以通过智能网将短号码翻译为呼叫确认中心(AC)的实际号码。

由于紧急组呼一般都是由同 MSC 下的 AC 进行确认记录，智能网参与 1612 的位置寻址意义不大，可将 1612 直接指向本地 AC。在铁路应用中 1612 通常被看作一个短号码，但并不是通常意义上的智能网业务。

3. GPRS 业务

GPRS 业务是使用分组数据通道提供数据业务，在国际上，中国铁路率先将 GPRS 网络应用在铁路 GSM-R 中，并实现了列车无线车次号校核信息传送、调度命令信息无线传送等业务。

GSM-R 系统的 GPRS 网络主要承载了列车无线车次号校核信息传送、调度命令信息无线传送等业务。GPRS 网络实际是作为承载网络为铁路运输生产提供无线分组数据通信业务的通信平台，不同的铁路业务在 GPRS 网络中的基本业务流程是相对一致的。

(1)IMSI 附着流程

IMSI 附着如图 12-21 所示。

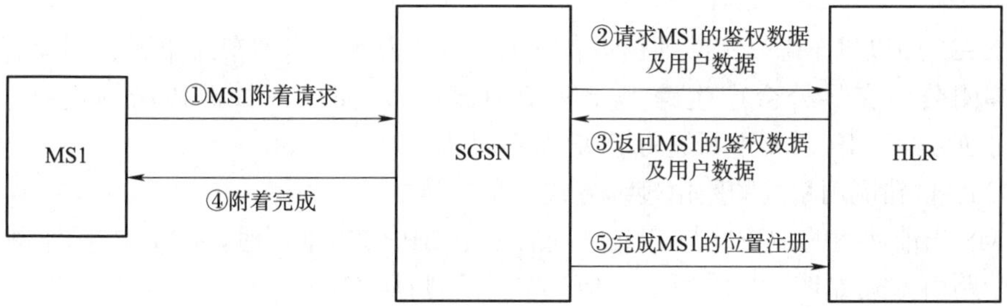

图 12-21　IMSI 附着过程

IMSI 附着成功后，表明终端已接入 GPRS 网络。

(2)PDP 激活过程

如图 12-22 所示，以 CIR 为例描述了 PDP 激活过程。

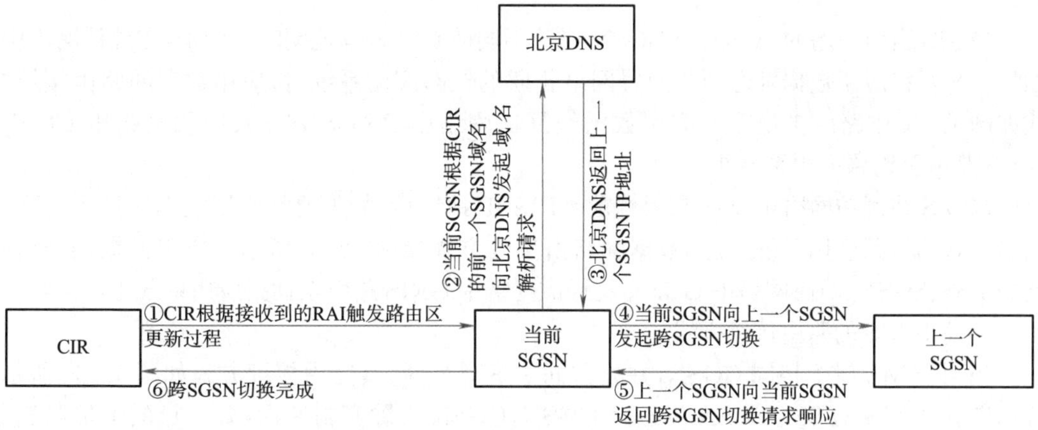

图 12-22　PDP 激活过程

PDP 激活过程可以埋解为终端获取 IP 地址的过程,PDP 激活成功,表明终端具备了 IP 通信的条件。

(3)跨 SGSN 切换过程

跨 SGSN 切换过程图 12-23 所示。

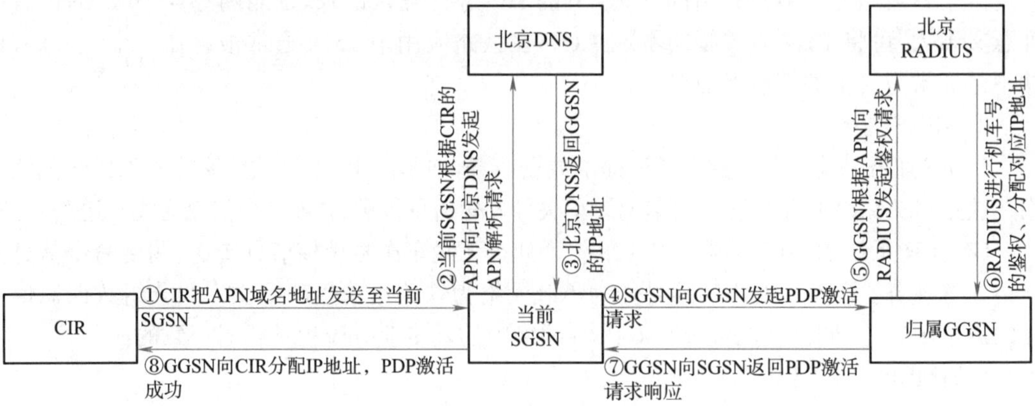

图 12-23 跨 SGSN 切换过程

图 12-23 中以机车综合无线通信设备(CIR)终端为例。当列车跨集团公司运行时,CIR 在相邻集团公司交界处会产生跨 SGSN 切换流程,从而保证数据传输的连续。如果跨 SGSN 切换失败,CIR 需要重新进行 PDP 激活过程。

(4)MS-铁路应用系统的路由接续方式

当 MS 当前使用的 SGSN 与 GGSN 同属一个 GPRS 本地网时,称 MS 在归属网络中,应用数据的路由方式如图 12-24 所示。应用数据经归属 GPRS 网络中 BSS、SGSN、GGSN、GRIS 设备路由至铁路应用系统。

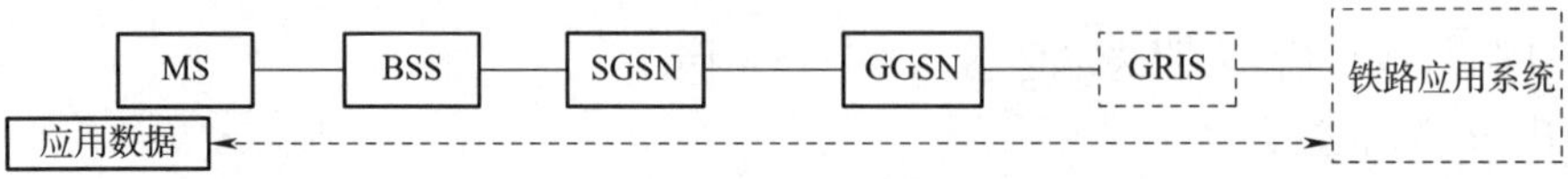

图 12-24 归属网络中路由接续方式

当 MS 当前使用的 SGSN 与 GGSN 属于不同的 GPRS 本地网时,称 MS 在拜访网络中,如果 MS 要将应用数据发送到与归属网络相联的铁路应用系统时,应用数据的路由接续方式如图 12-24 中路由 1 所示。应用数据经拜访网络中 BSS、SGSN 及归属网络中 GGSN、GRIS 路由至铁路应用系统Ⅱ。

当 MS 在拜访网络中,MS 获得当前 GRIS IP 地址后,如果要将应用数据发送到与拜访网络相联的铁路应用系统,应用数据的路由接续方式如图 12-25 所示。应用数据经拜访网络中 BSS、SGSN、归属网络中 GGSN 及拜访网络中 GRIS 路由至铁路应用系统Ⅰ。

(5)MS-MS 的路由接续方式

当两个 MS 属于相同 GGSN,并处在同一 SGSN 时,其路由接续方式如图 12-26 所示。应用数据经 MS1、BSS1、SGSN 发送至 GGSN,GGSN 去除其封装后,确定目的地址归属本 GGSN,并通过 PDP 报文确定目的地址对应的 SGSN,重新封装后发往相应的 SGSN,再由

SGSN 经 BSS2 发送至 MS2。

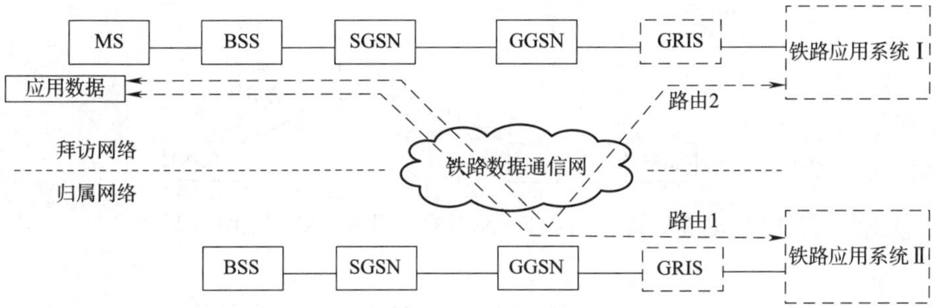

图 12-25　拜访网络中路由接续方式

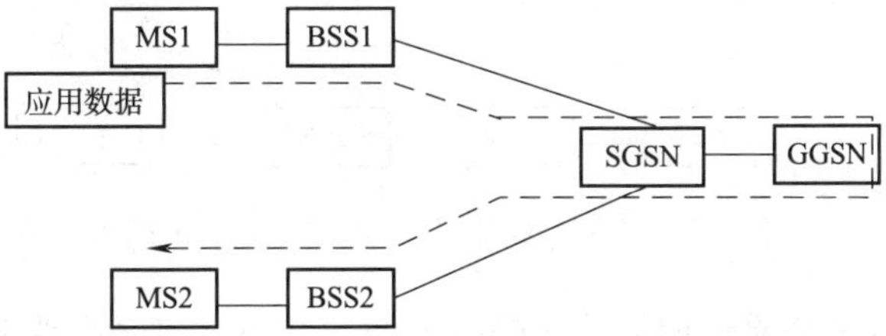

图 12-26　MS 属于相同 GGSN，处在相同 SGSN 的路由接续方式

当两个 MS 属于相同 GGSN，处在不同 SGSN 时，其路由接续方式如图 12-27 所示。应用数据经 MS1、BSS1、SGSN1 发送至 GGSN，GGSN 去除其封装后，确定目的地址归属本 GGSN，并通过 PDP 报文确定目的地址对应的 SGSN2，重新封装后发往相应的 SGSN2，再由 SGSN2 经 BSS2 发送至 MS2。

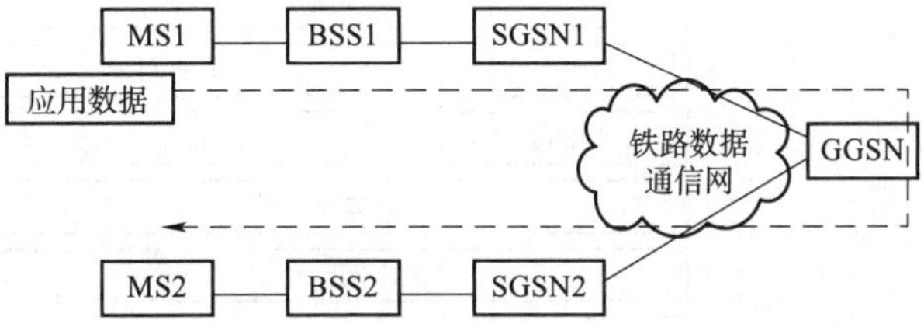

图 12-27　MS 属于相同 GGSN，处在不同 SGSN 的路由接续方式

当两个 MS 属于不同 GGSN，处在相同 SGSN 时，其路由接续方式如图 12-28 所示。应用数据经 MS1、BSS1、SGSN 发送至 GGSN1，GGSN1 去除其封装后，确定目的地址不归属 GGSN1，将分组数据发送至数据网，数据网将分组数据路由至 GGSN2，GGSN2 通过 PDP 报文确定目的地址对应的 SGSN，重新封装后发往相应的 SGSN，再经 BSS2 发送至 MS2。

当两个 MS 属于不同 GGSN，处在不同 SGSN 时，其路由接续方式如图 12-29 所示。应用数据经 MS1、BSS1、SGSN1 发送至 GGSN1，GGSN1 去除其封装后，确定目的地址不归属 GGSN1，将分组数据发送至数据网，数据网将分组数据路由至 GGSN2，GGSN2 通过 PDP 报文确定目的地址对应的 SGSN2，重新封装后发往相应的 SGSN2，再经 BSS2 发送至 MS2。

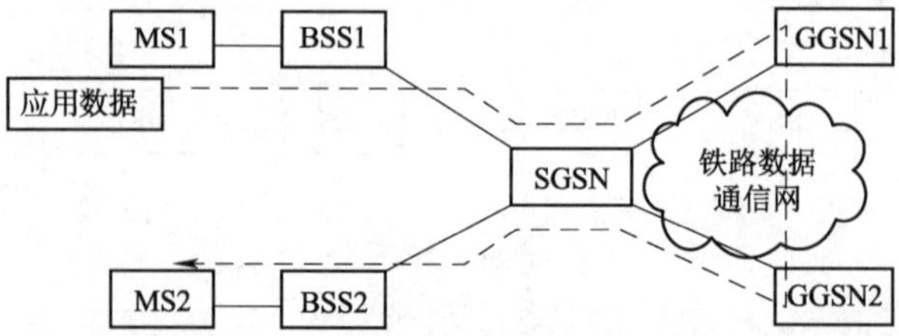

图 12-28 MS 属于不同 GGSN,处在相同 SGSN 的路由接续方式

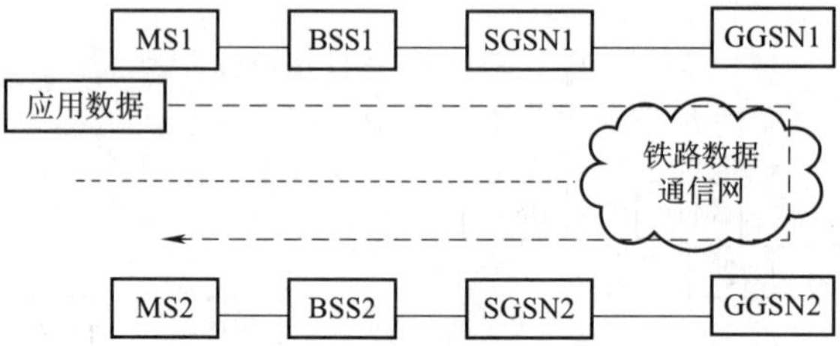

图 12-29 MS 属于不同 GGSN,处在不同 SGSN 的路由接续方式

GSM-R 所提供的业务是面向铁路运输生产的,它以 GSM 业务为基础,又加入适应铁路需求的特殊业务,从而能够为铁路的运营和服务提供各种应用。

4. GSM-R 业务模型

GSM-R 是专门为铁路通信设计的综合专用数字移动通信系统,它基于 GSM 的基础设施及其提供的 ASCI(先进语音呼叫业务),并以此作为信息化平台,使铁路部门用户可以在此信息平台上开发各种铁路应用。GSM-R 系统的业务模型层次结构如图 12-30 所示。

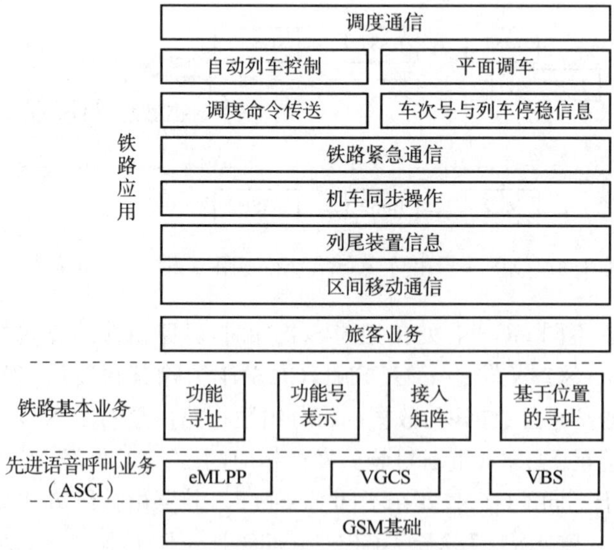

图 12-30 GSM-R 系统业务模型示意图

(二)GSM-R 在铁路中的应用

1. 调度通信

调度通信系统业务包括列车调度通信、货车调度通信、牵引变电调度通信、其他调度及专用通信、站场通信、应急通信、施工养护通信和道口通信等。

利用 GSM-R 进行调度通信系统组网,既可以完全利用无线方式,也可以同有线方式结合起来,共同完成调度通信任务。

目前,铁路调度通信网络主要是 GSM-R+FAS(固定用户接入交换机)的无线/有线混合网络,实现调度区段内点对点的通信、语音组呼、语音广播和多方通信等调度业务通信。GSM-R+FAS 调度通信系统主要由 FAS、MSC、BSS、调度台、车站台、机车综合无线设备 CIR、作业手持台信其他固定终端等构成,系统构成及组网方式如图 12-31 所示。

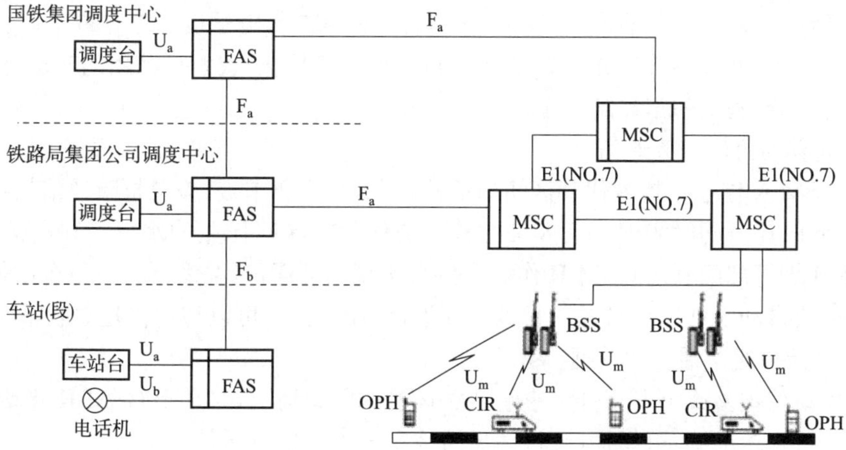

图 12-31 GSM-R 调度通信系统构成及组网方式示意图

铁路沿线采用无线覆盖,机车上采用无线终端,即 CIR,而车站台和调度台都是有线终端。采用有线/无线组网方式。在国铁集团、集团公司设置 FAS,就近与 MSC 连接,沿线车站根据需要设备 FAS,接入局 FAS,既有有线干调网、数字区段调度网应改造升级后接入 GSM-R 网络,其中车站台和调度台通过 FAS 连接到 GSM-R MSC 上,从而实现有线和无线用户的通信。

2. 车次号传输与列车停稳信息传送

GSM-R 车次号传输与列车停稳信息传送对铁路运输管理和行车安全具有重要的意义。基于 GSM-R 电路交换技术或 GPRS 技术的数据采集系统,可实现车次号校核信息、列车停稳信息的数据传输。保证铁路运输管理和行车安全管理。

3. 调度命令传送

铁路的调度命令是调度所里的调度员向司机下达的书面命令,它是列车行车安全的重要保障。调度员通过向列车司机发出调度命令对行车、调度和事故进行指挥控制是实施铁路运输管理的重要手段。

采用车地数据通道传输调度命令无疑将加速调度命令的传递过程,提高工作效率。调度员可以通过计算机编辑调度命令,而司机也是通过计算机接收调度命令,这样就可以把调度命令保存在计算机的磁盘中,用于事故分析和明确责任;而且双方都可以用打印机打印成书面文件,其优点显而易见。

4. 列尾装置信息传送

GSM-R列尾装置信息传送业务是利用GSM-R的分组交换技术(GPRS技术)将尾部风压状态随时通过列尾装置传输,机车司机随时可查询、反馈列尾工作状态。将尾部风压数据反馈传输通道纳入GSM-R,可避免单独投资及单独组网建设,同时利用GSM-R强大的网络功能,克服了原有的抗干扰性差、信息无法共享等缺点。

列尾装置信息传送系统由GPRS子系统、BSS子系统、CIR和列尾主机构成。

5. 列车控制信息传送

列车运行控制系统是我国铁路提速线路和高速铁路保证列车行车安全、提高列车运行效率的重要技术装备。以有效的技术手段对列车运行速度、运行间隔进行实时监控和超速防护,同时能够减轻司机劳动强度、改善工作条件,提高乘客舒适度。

利用GSM-R可实现车—地之间双向列控数据信息传输,代替目前用的轨道电路来传输色灯信号的指令,满足列车控制响应时间的要求。

6. 区间移动公(工)务通信

利用GSM-R作业手持台代替区间通话柱,可满足紧急求援、应急抢险通信指挥的需要,方便灵活;同时还可同时实现区间人员的移动通信。在区间作业的水电、工务、信号、通信、供电、桥梁守护等部门利用GSM-R作业手持台实现内部通信,在需要时可与车站值班员、各部门调度员或自动电话用户联系。紧急情况下,作业人员还可以与司机建立联系。

7. 应急指挥通信话音和数据业务

当发生自然灾害或突发事件等影响铁路运输的紧急情况时,基于GSM-R移动通信的应急通信系统可迅速准确、可靠畅通、机动灵活地实现铁路应急通信。

8. 旅客列车移动信息服务通道

利用GSM-R数据通信业务,每列旅客列车都有能与地面中心维持一条实时双向数据传输通道,所有与旅客相关的移动信息服务数据(车—地和地—车)都可通过这条通道进行传输,为旅客提供优质服务,增加旅客的舒适性,如购票服务、预订服务、时刻表信息以及与公网通信。

六、GSM-R系统编号

GSM-R系统中,要实现对某个用户或设备的呼叫(通信),需要预先给该用户或设备在GSM-R网络中分配一个可以唯一识别该用户或设备的标志,称为编号。

GSM-R网络中的编号包括国内GSM-R网络号码、国际GSM-R网络号码、短号码、引示号、移动用户及固定用户号码、特服号、GSM-R网络设备编号、IP地址、信令点编码等,下面只对与无线通信终端相关的编号进行介绍。

(一)国内GSM-R网络号码

用于在同一GSM-R网络内注册的用户之间的呼叫。国内GSM-R网络号码的结构如图12-32所示。

图12-32 国内GSM-R网络号码结构

呼叫类型(CT)用来区分GSM-R网络内不同类型的呼叫,由1~3个数字组成。如CT=1表示短号码；CT＝2 表示车次功能号；CT＝91 表示调度用户功能号等。

用户号码(UN)由用户识别号码(UIN)和功能码(FC)组成，UN 的长度依据它所包含的信息多少而变化。用户识别号码(UIN)必须是以下号码之一：车次号、机车号、车号、调车组位置号码、维修组位置号码、调度员和值班员位置号码、组位置号码。

功能码(FC)是一种识别号，用来识别列车上或站场内的人员、设备，或者某给定区域内的特定编组。功能码(FC)描述移动台的实际功能，FC 根据呼叫类型(CT)分别定义。如当 CT＝2 时，FC＝01 表示本务司机，FC＝10 表示列车长；当 CT＝91 时，FC＝01 表示列车调度员，FC＝05 表示车站值班员等。

(二)短号码

短号码用于 GSM-R 网络内快速拨号。对某些功能，终端可使用标准短号码发起呼叫。短号码应由 4 位数字组成，第 1 位数字为 CT＝1。短号码在全网范围内统一定义，但某些号码必须作为国际通用号，以实现互联互通。例如：短号码 1200 表示连接最适当的列车调度员。

(三)引示号

用于 GSM-R 网络用户呼叫其他网络用户的分隔码。例如：接入到铁路专用固定电话网，需要使用引示号"901"，然后是被叫方完整的电话号码。当 GSM-R 网络允许授权用户接入国内公众电信网时，应使用引示号"0"，然后是被叫方完整电话号码。

(四)移动用户及固定用户号码

移动用户号码用于 GSM-R 网内用户之间以及 GSM-R 网与其他通信网络间的用户的呼叫。

1. 移动用户号码

与移动用户有关的号码包括 MSISDN 号码、国际移动用户识别码(IMSI)、临时移动用户识别码(TMSI)、移动用户漫游号码(MSRN)。

MSISDN 号码采用 E.164 编码方式，其号码结构为：

国家代码 CC	国内有效移动用户号码 NDC＋SN

我国国家代码 CC 为 86；NDC(N1N2N3)为 GSM-R 国内目的代码，暂定为 149；SN 号码长度暂定为 8 位，结构为：H0H1H2＋ABCDE。H0H1H2 为 HLR 的识别号，其中 H0＝CT＝8，H1H2、ABCDE 由全网统一定义，其中预留 00000 为 HLR 识别号。例如北京局移动用户为 H1H2＝21 等。

IMSI 号码采用 E.212 编码方式，号码总长度为 15 位，其号码结构为：

移动国家代码 MCC	移动网络代码 MNC	移动用户识别号码 MSIN

其中：MCC＝460，MNC 暂定为 20。MSIN 为 H0H1H2 S××××××，H0H1H2 与 MSISDN 号码中的 H0H1H2 相同，S 为 MSISDN 号码中的 NDC 的末位(即 S＝9)。

为了对 IMSI 保密，VLR 可给来访移动用户在位置登记(包括位置更新)后或激活补充业务时，分配一个唯一的 TMSI 号码，它仅在本地使用，为一个 4 字节的 16 进制编码。移动用户的 TMSI 与 IMSI 是对应的,在呼叫建立和位置更新时,空中接口传输使用 TMSI。

移动用户漫游号码(MSRN)的结构为:NDC+0+M0M1M2+ABCD。其中:NDC+0 为漫游号码标记,M0M1M2 为漫游地 MSC 端局号码,与 MSISDN 号码中的 H0H1H2 相同,即 M0=8,M1M2=H1H2。ABCD 为漫游地 MSC 临时分配给用户的漫游号码,范围为 0000～4999。

切换号码(HON)结构同 MSRN 号码,其中 ABCD 的范围为 5000～8999。

组呼号码(GCN)结构同 MSRN 号码,其中 ABCD 的范围为 9000～9999。

2. 调度通信网用户号码

调度通信网用户 ISDN 号码,采用 E.164 编码方式,其号码结构为:

国家代码 CC	调度通信网用户号码 NDC+SN

其中,CC、NDC 同 MSISDN 规定。SN 号码长度暂定为 8 位,结构如下:H0H1H2+ABCDE。H0H1H2 为调度通信网的识别号,其中 H0=CT=7,H1H2 同移动用户同 MSISDN 号码。调度通信网用户号码中 ABCDE,首位 A 可表示 FAS 局向,个位(E)按工种分配。BCDE=0000 预留为 FAS 虚拟用户号。

(五)IP 地址

GSM-R 网络中 IP 地址主要包括 GPRS 网络设备 IP 地址、GPRS 用户终端 IP 地址和 GSM-R 网管 IP 地址。

1. GPRS IP 地址分配方案

在 GPRS 网络中采用铁路计算机网络 IP 地址段中 10.12.0.0～10.15.127.255 的 IP 地址进行统一分配,此地址和铁路信息系统的 IP 地址没有冲突。

2. GPRS 域名规划

铁路 GPRS 网络是一个内部专用网络,域名采用内部域名。

(1)域名应用

铁路 GPRS 网的域名解析主要有四个用途:

①在 PDP 上下文激活过程中,SGSN 对 APN(Access Point Name,接入点名称)进行域名解析,获得用户上网所使用的 GGSN 的 IP 地址,实现 APN 至 GGSN IP 地址的解析。

②在 SGSN 间路由区更新过程中,通过 RAI(Routing Area Identity,路由区域标识)构造的域名进行解析,得到旧 SGSN 的 IP 地址,并与旧的 SGSN 进行信令和数据交互,从而完成路由区更新过程,实现 RAI 至 SGSN IP 地址的解析。

③实现系统各网元之间通信时网元域名至网元 IP 地址间的解析。

④机车台、列尾主机等车载 GPRS 设备的域名至其 IP 地址的解析。

(2)域名命名规则

域名中国铁集团、集团公司采取统一命名的原则,避免出现重名现象。其中,国铁集团=TDB,集团公司=集团公司域名编码,见表 12-2。

表 12-2 集团公司域名分配表

序号	集团公司名称	域名编码	序号	集团公司名称	域名编码
1	哈尔滨局	HEB	10	上海局	SH
2	沈阳局	SY	11	南昌局	NC
3	北京局	BJ	12	广铁(集团)公司	GZ
4	太原局	TY	13	南宁局	NN
5	呼和浩特局	HHHT	14	成都局	CD
6	郑州局	ZZ	15	昆明局	KM
7	武汉局	WH	16	兰州局	LZ
8	西安局	XA	17	乌鲁木齐局	WLMQ
9	济南局	JN	18	青藏公司	QZ

(3)APN

接入点名称(APN)在 GPRS 骨干网中用来表示要使用的 GGSN,由 APN 网络标识和 GPRS 运营网络标识两部分组成,表示格式为:APN 网络标识 . GPRS 运营网络标识。其中,APN 网络标识的格式为:业务信息系统英文缩写 . 相关 GGSN 所属集团公司域名。常用的 APN 编号见表 12-3。

表 12-3 常用 APN 分配表

序号	业务	APN 编号	序号	业务	APN 编号
1	CTC	GRIS. ××××	5	大风监测业务	FJC. ××××
2	GSM-R 测试	TEST. ××××	6	机车信号远程动态监测业务	CSRMS. ××××
3	漏泄同轴电缆监测业务	LCXMS. ××××	7	冻土监测业务	prms. ××××
4	DMS 业务	GRIS. DMS	8	光纤直放站网管测试业务	ofrs. ××××
注:××××为集团公司域名编码。					

对于 CIR 而言,其所承载的列车无线车次号校核信息传送、调度命令信息无线传送等业务均是为了满足 CTC 的要求,所以 CIR 一般采用 GRIS. ××××作为进行 GPRS 数据传输的接入点,××××则填入该 CIR 所属集团公司的域名编码。

(4)RAI

RAI 域名是由 RAI 编码构造的,构造后的格式为:RACxxxx. LAC yyyy. MNCzzzz. MCC wwww. GPRS。

其中:xxxx=RAC 值,yyyy=LAC 值,zzzz=MNC 值,wwww=MCC 值。RAC 是路由区编码,为 4 位 16 进制码,RAC 由各局按照行车调度区段分配,相邻 LAC 之间相邻的 RAC 编码不宜重复。LAC 为 4 位 16 进制码,MNC、MCC 为 4 位十进制码,如果 RAC、LAC、MNC、MCC 值不足 4 位,在左侧补 0。

(5)网元域名

网元是 GPRS 网络中的相关网络设备,包括 GGSN、SGSN、DNS 等。网元域名命名规则:

设备名称域名编码+设备编号 . 设备所在位置(集团公司或地区域名). NE. GPRS。

设备编号取 2 位数字,用于区分国铁集团、集团公司的多个相同设备。

(6)车载设备域名

车载设备指机车、列车上的各种 GPRS 终端设备,车载设备域名命名规则:

设备名称域名编码 . 车次(或机车、车辆)编号 . 所属集团公司 . MS. GPRS。

设备名称域名编码 . 列尾设备编号 . 所属集团公司 . MS. GPRS。

第四节　机车综合无线通信设备(CIR)

一、CIR 设备的组成

CIR 设备由主机和操作显示终端(MMI)、送(受)话器、扬声器、打印机、天线、合路器、馈线、缆线、机车数据采集编码器等附属设备组成。CIR 设备组成如图 12-33 所示。

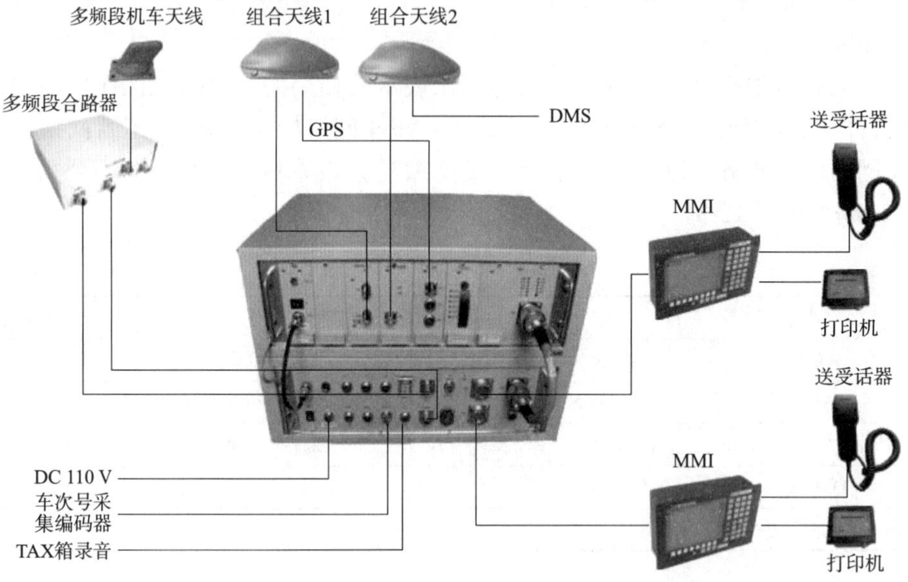

图 12-33　CIR 设备组成

1. 主机

主机包括主控单元、接口单元、电源单元、后备电源(蓄电池)单元、GPS 单元、GSM-R 话音单元、GSM-R 数据单元、高速数据单元、记录单元、天馈单元、450 MHz 机车电台单元(450 MHz 调度命令单元)、800 MHz 列尾和列车安全预警车载电台(简称 800 MHz 车载电台)单元等,各组成部分模块化,可根据功能要求进行模块配置。

主控单元:实现对各模块单元的控制及部分数据信息的记录;

接口单元:连接设备内部有关单元及为数据应用业务提供接入接口。

电源单元:为设备提供供电电源(450 MHz 机车电台单元、800 MHz 车载电台单元单独供电方式)。

后备电源(蓄电池)单元:为外界直流供电切断后进行 GSM-R 功能号注销提供备用电源。

GPS 单元:为设备提供公用 GPS 位置信息,其中时钟信息作为设备的标准时钟。

GSM-R 话音单元：在主控单元的控制下完成 GSM-R 调度通信功能。

GSM-R 数据单元：在主控单元的控制下完成数据的收发(支持 GPRS 方式、CSD 电路连接方式)。

高速数据单元：支持 IEEE 802.11b 标准中规定的通用数据传输功能。

记录单元：具有对话音、承载业务信息及操作过程等记录和话音回放的功能。

450 MHz 机车电台单元：在主控单元的控制下完成 450 MHz 调度通信功能。

450 MHz 调度命令单元：在主控单元的控制下完成 450 MHz 调度通信所规定的机车电台功能及承载的数据传输功能。

800 MHz 车载电台：实现《800 MHz 列尾和列车安全预警系统主要技术条件(暂行)》规定的车载设备功能。

2. 操作显示终端 MMI

实现人机信息的交互。

3. 打印终端

可在 MMI 的控制下打印输出纸质调度命令等信息。

二、CIR 设备的功能

机车无线通信设备(CIR)可提供话音、数据等业务，随着通信技术的发展和业务需求的不断增加，机车无线通信的内容也得到了完善与发展，并形成了机车综合无线通信平台。

CIR 设备应基于 GSM-R 数字移动通信技术、GPS 全球定位技术、450 MHz 模拟无线电台通信技术、800 MHz 无线电台通信技术等开发的综合车载通信设备。它与地面的 GSM-R 设备和 450 MHz 等地面设备共同组成一个完善的铁路综合无线通信网。CIR 设备 GSM-R 调度通信系统功能、GSM-R 话音通信功能，两网同时存在时首选 GSM-R。GSM-R 通用数据传输功能，可根据承载业务的需要提供 GPRS 或电路方式数据传输链路。设备调度通信和数据传输采用不同的信道机，故可以同时实现调度通信和数据通信。

CIR 设备配备了全球卫星定位系统 GPS，利用卫星对机车位置进行实时定位，可向机车上的其他用户提供 GPS 原始信息、公用 GPS 位置信息等。GPS 单元提供标准时间作为时间基准。CIR 设备集成了目前机车无线通信的所有业务，可以满足目前机车无线通信要求，也适应将来发展的需要。CIR 的基本功能如下：

(1)具有 450 MHz 通用式机车电台承载的列车尾部风压、无线车次号、调度命令等数据信息的传输功能。

(2)具有 GSM-R 调度通信功能。

(3)具有 GSM-R 通用数据传输功能，根据承载业务的需要提供 GPRS 或电路方式数据传输链路。其中 GPRS 业务包括当前 GRIS IP 地址的申请、无线车次号校核信息、无线调度命令(包括调度命令、进路预告、行车凭证、调车作业单等信息。

(4)具有工作模式自动、手动转换功能和语音提示功能。

(5)具有上、下行线路分别设定工作模式转换点的功能。

(6)卫星定位信息无法确定唯一的运行线路时，具有提示并手动选择运行线路的功能。

(7)卫星定位单元失效时，具有手动转换工作模式和选择运行线路的功能。

(8)具有输出卫星定位原始信息、公用位置信息的功能。

(9)MMI 具有调度通信、通用数据传输所需的操作、状态显示以及语音提示功能。

(10)具有通过 MMI 控制 LBJ 启动和解除列车防护报警功能。

(11)具有接收报警信息功能,并通过 MMI 显示和语音提示。

(12)具有客车列尾状态基本信息显示和提音功能。

(13)具有话音、数据业务和状态信息记录及转储功能。

(14)具有整机自检功能和故障定位功能(故障定位到单元模块),包括 450 MHz 机车电台单元、GSM-R 话音单元、GSM-R 数据单元、记录单元、卫星定位单元、MMI、机车数据采集编码器、电池单元,并可将自检结果发送到库检台。

三、天馈系统

CIR 天馈系统主要负责空间无线信号的发射和接收。它一方面将来自发射机的射频信号转换成无线电波发射出去;另一方面将来自移动台的无线电波转换为射频信号,再传送给接收机。

1. 天馈系统组成

CIR 天馈系统包括 GSM-R 话音单元天线及馈线,GSM-R 数据单元天线及馈线,450 MHz 单元天线及馈线,800 MHz 单元天线及馈线;受车顶安装空间的限制,有些动车组采用了多频段合路器将 450 MHz 单元天线和 800 MHz 单元天线进行合路,如图 12-34 所示。

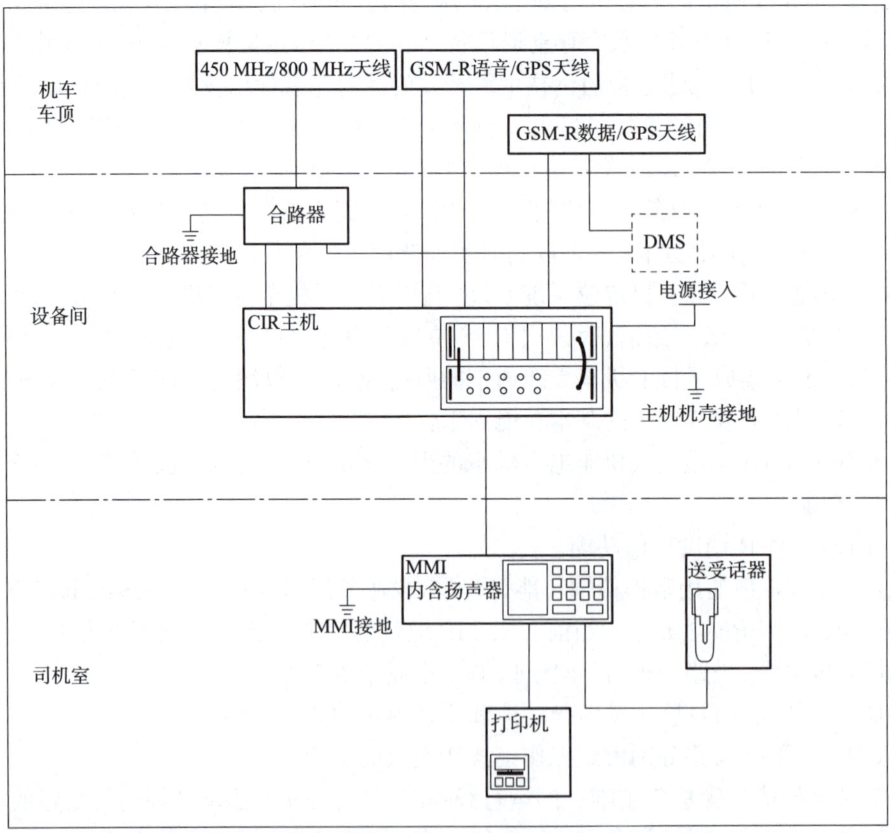

图 12-34 采用合路器后的天馈系统连接关系示意图

2. 机车天线

天线是指能有效地辐射和接收电磁波，将传输线与空间或其他媒质耦合器来的一种装置。它包括直接到传输线端口为止的所有匹配、平衡、移相或其他耦合装置。

铁路机车由于天线作用不同，在机车上会安装不同频段的天线，以满足 CIR 的设备工作需求。天线类型包括：450 MHz 机车天线、800 MHz 机车天线、GSM-R 机车天线、多频段机车天线、组合天线、GPS 天线等，如图 12-35 所示。

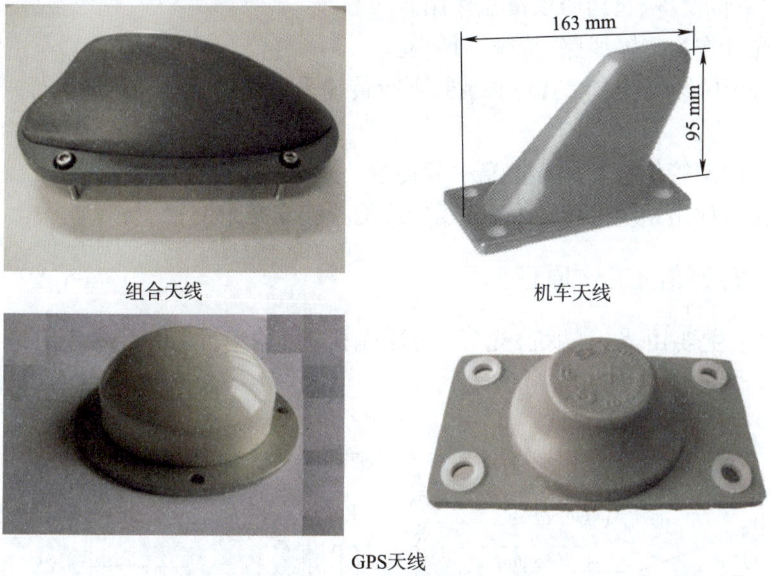

图 12-35　机车天线示意图

第五节　光纤直放站

一、光纤直放站系统

1. 直放站的组成

光纤直放站组成如图 12-36 所示。每个 MU 用 2 根馈线连接到 1 个基站上，通过定向耦合器连接。MU 用光纤以星型方式连接到 RU 上。每个 RU 都连接 2 个 MU，用 2 根光纤连接主用 MU，用 1 根光纤连接备用 MU，相邻两个 RU 之间用漏缆连接。每个 RU 同时对外发射 2 路信号（分别来自主用 MU 和备用 MU），主用 MU 的信号比备用 MU 信号高 6 dBm。

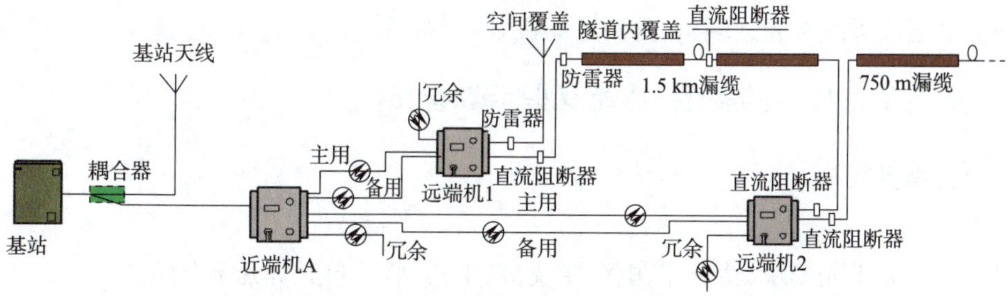

图 12-36　光纤直放站组成示意图

2. 直放站的分类

直放站根据传输信号的不同,分为 GSM 直放站、CDMA 直放站等;根据安装场所的不同,分为室外型直放站和室内型直放站;根据传输带宽的不同,分为宽带直放站和选频(选信道)直放站;根据传输方式的不同,分为直放式直放站、光纤直放站和移频传输直放站等。

3. 直放站的特点

(1)光纤直放站属于同频双向放大设备,是指在无线通信传输过程中起到信号增强的一种无线电发射中转设备,起到弱场覆盖作用。

(2)采用光纤作为传输线路,传输损耗小。

(3)一般采用单纤收发,节约传输资源,下行传输采用 1 310 nm 波长,上行采用 1 550 nm 波长。

(4)远端机的网管信息和业务信息一起传输。

(5)为确保直放站系统的稳定性,有冗余式配置和非冗余配置。

二、光纤直放站的工作原理

光纤直放站主要由光近端机、光纤、光远端机(覆盖单元)几个部分组成,如图 12-37 所示。

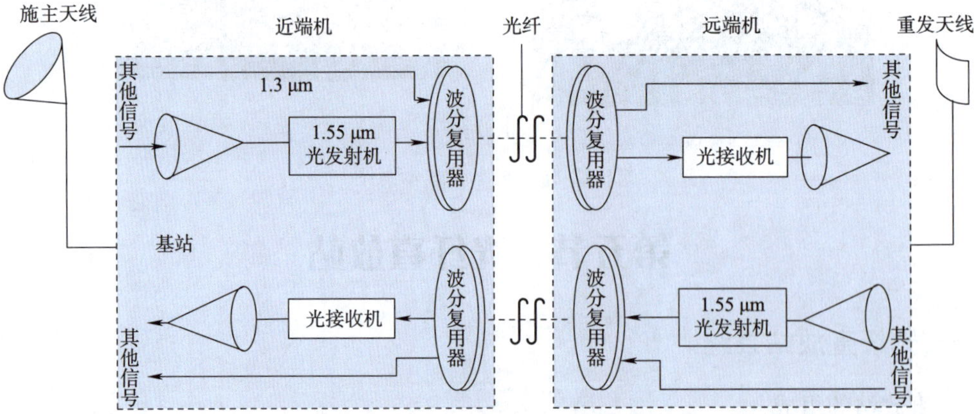

图 12-37 光纤直放站原理示意图

无线信号从基站中耦合出来后,进入光近端机,通过电/光转换,将电信号转变为光信号,从光近端机输入至光纤,经过光纤传输到光远端机,光远端机把光信号转为电信号,进入射频单元进行放大后,送入发射天线,覆盖目标区域。上行链路的工作原理一样,移动终端发射的信号通收天线至光远端机,再到近端机,回到基站。

三、直放站各板件的类型、功能及指示灯含义

(一)三维直放站

1. 近端机

近端机主要由光模块、功分器、电源模块、双工器、监控单元等几部分组成。

(1)光模块:实现上、下行间的光电转换,模块为热备份配置,其指示灯含义见表 12-4。

表 12-4　光模块指示灯含义

指示灯/状态	TX	RX
绿色	正常	正常
红色	光发射故障	光接收故障

(2)功分器:一路输入信号能量分成两路或多路输出相等或不相等能量的器件,也可反过来将多路信号能量合成一路输出,此时可也称为合路器。

(3)电源模块:采用实时热备份方式,为近端机提供各种工作电源,其指示灯含义见表 12-5。

表 12-5　电源模块指示灯含义

指示灯 In OK	指示灯 Out OK	含　义
绿色	绿色	正常工作状态
绿色	熄灭	温度太高 过载 输出电压太高 输出电压太低
熄灭	熄灭	没有输入电压 输入电压太低 输入电压太高 控制输入开关没有连接

(4)双工器:将发射和接收信号相隔离,保证接收和发射都能同时正常工作,由两组不同频率的阻带滤波器组成。

2. 远端机

远端机由监控模块、光模块、前端射频单元、功率放大器、电源模块等部分组成。

(1)光模块:进行上、下行间的光电转换。当从近端机到远端机的光链路中光衰耗在一定范围变化时光模块可自动补偿还原出恒定的射频信号。

(2)远端机前端射频单元:上行信号放大,模块内置漏缆监控功能。

(3)功率放大器:用于增强信号功率。

(4)电源模块:采用实时热备份方式,任一路电源模块发生故障时,不影响单机设备的工作。

(二)COMLAB 直放站

1. 近端机

COMLAB 近端机由光模块、功分器、电源模块、双工器等部分组成。各部分的功能同三维直放站近端机,不再赘述。

(1)COMLAB 直放站近端机光模块指示灯见表 12-6。

表 12-6　COMLAB 直放站近端机光模块指示灯含义

指示灯	颜色	状态	含　义
FOINSP	绿色	常亮	工作正常
		熄灭	无电

续上表

指示灯	颜色	状态	含　义
FOANDT	黄色	常亮	未建立连接
		闪烁	建立自检过程中
TX	绿色	常亮	光发射正常
	红色	常亮	光发射故障
RX	绿色	常亮	光接收正常
	红色	常亮	光接收故障

(2)COMLAB 近端机电源模块指示灯含义见表 12-7。

表 12-7　COMLAB 直放站近端机电源模块指示灯含义

指示灯 In OK	指示灯 Out OK	含　义
常亮	常亮	正常工作状态
常亮	熄灭	传感器信号没有正确的连接
常亮	熄灭	温度太高 过载 输出电压太高 输出电压太低
熄灭	熄灭	没有输入电压 输入电压太低 输入电压太高、 控制输入开关没有连接

2. 远端机

COMLAB 直放站远端机由 MOXA 模块、远端机光模块、远端机前端、预制功率放大器、功率放大器、电源模块等部分组成，多数模块功能与三维直放站远端机类似，这里不再赘述，仅介绍一下 COMLAB 直放站特有的 MOXA 模块。

MOXA 模块配备有 2 个串口和 2 个 10/100M 以太网口，可以内建 8 MB NOR FLASH ROM 和 16 MB SDRAM，可以实现数据采集和协议转换方面的应用平台。

COMLAB 直放站远端机 MOXA 模块指示灯含义见表 12-8。

表 12-8　COMLAB 直放站远端机 MOXA 模块指示灯含义

指示灯	颜色	含　义
Ready	绿色	电源打开且功能正常
P1/P2(TX)	绿色	串口 1/2 正在发送数据
	熄灭	未发送数据
P1/P2(RX)	黄色	串口 1/2 正在接收数据
	熄灭	未接收数据

第六节　通信铁塔

一、通信铁塔的分类

通信铁塔分类见表12-9。

表12-9　通信铁塔的分类

分类方式	名　称	明　细
按制式分	自立式铁塔	楼顶自立塔
		楼顶增高架
		地面自立塔
	拉线式铁塔	楼顶拉线桅杆杆
		地面拉线铁塔
		楼顶拉线增高架
按材质分	角钢塔	地面角钢塔
		楼顶角钢塔
	钢管塔	楼顶钢管塔
		地面钢管塔
按形状分	角钢塔	三柱角钢塔
		四柱角钢塔
	钢管塔	单柱钢管塔
		三柱钢管塔
		四柱钢管塔
		六柱钢管塔

铁塔是铁路通信网重要的配套设备，维护工作应突出其专业特点，确保设备的安全、可靠运行。

(1)安全要求

铁塔投入使用后，任何单位和个人不得随意附挂其他设施。确需附挂的由专业技术部门对铁塔载荷等技术性能进行评估，满足铁塔安全条件，经集团公司电务部同意后方可实施。

(2)仪表配备

电子经纬仪、接地电阻测试仪、磁性覆层厚度测量仪、超声波探伤仪、水准仪、混凝土回弹仪、混凝土碳化深度测量仪、非金属超声检测仪、裂缝宽度观测仪、水平尺、扭矩扳手、普通塞尺、放大镜等。

二、通信铁塔的组成

通信铁塔主要由塔基、塔身、辅助设备和接地网四大部分组成,下面重点介绍自立式铁塔和拉线式铁塔。

1. 自立式铁塔

自立式铁塔为塔式结构,塔身下端固定,上端为自由的高耸构筑物。塔身多数为上小下大的变倾角锥形结构,少数铁塔为直柱形。塔身常做成空间桁架和钢架,塔身横断面形状有三角形、正方形、六边形,腹杆由横撑、斜撑、辅助撑组成。除横断面为三角形的金属塔外,需每隔一定高度以及在塔柱变倾角截面处设置水平横膈,每段横隔应加装十字撑。

2. 拉线式铁塔

拉线式铁塔是沿塔身高度等距或不等距设置若干层拉线,拉线下端锚于地面,用拉线保持塔身直立和稳定,塔身越高,拉线层数越多,一般每层布置三根拉线,双桅杆时可用五根拉线(中间两根为两杆间水平拉线)。拉线与地面的倾角为30°～60°,以45°较好,拉线材料为高强度镀锌钢绞线,用开式具螺旋扣预加压力,以增强杆身强度和整体稳定性。拉线地锚基础有重力式、挡土墙式、板式和锚杆基础等。塔身断面形状一般采用圆钢、角钢材料做成三角形状,塔身主杆每段连接方式为内外刨钢,法兰盘或拼接连接,塔身基础一般为钢筋混凝土阶梯形独立基础。

第七节　移动通信设备维护与故障处理

GSM-R无线系统在铁路通信中的应用越来越广泛,与行车的联系也愈加密切。本章结合通信综合维修岗位的技能要求,介绍了无线子系统(BSC设备、BTS设备、天馈系统、直放站、漏泄电缆、铁塔等)维修的相关技能。

一、BSC各板件功能及故障处理

BSC设备运行正常与否,直接关系到整个GSM-R系统的运用状态。本节主要介绍GSM-R系统常用的华为、诺西等厂家BSC设备的硬件组成、各种指示灯含义及常见故障的处理等内容。

BSC的维护标准按照国铁集团相关规则执行。

(一)华为BSC(以华为BSC6000为例)

华为BSC6000主要包括GXPUM、GXPUT、GTNU、GSCU、GDPUP、GGCU、GEPUG、GEIUT、GOMU、GDPUX、GEIUA、PAMU等板件,其机柜如图12-38所示。

1. GXPUM板

GXPUM(GSM eXtensible Processing Unit for Main service)板为BSC的主业务处理单元,实现BSC的核心业务处理功能。主要包括:寻呼控制功能、系统消息管理功能、信道分配功能、基站公共业务管理功能、语音呼叫控制功能、分组业务控制功能、切换功能、功率控制功能等,其面板如图12-39所示。

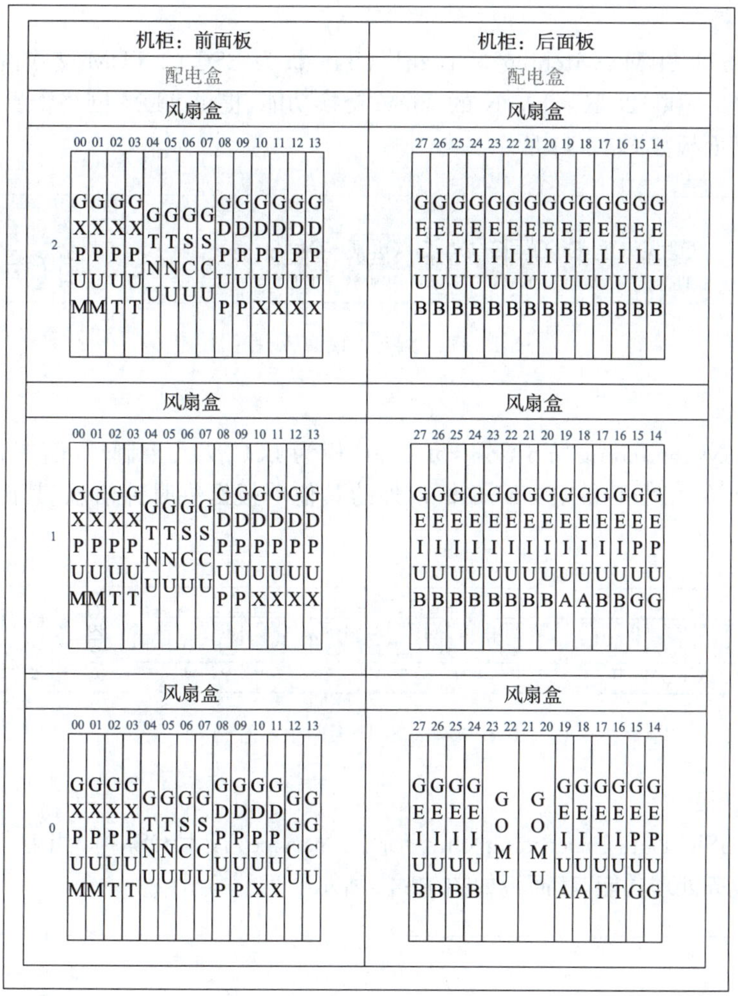

图 12-38　华为 BSC6000 机柜满配示意图

图 12-39　GXPUM 板面板示意图

2. GXPUT 板

GXPUT(GSM eXtensible Processing Unit for Transmission)板为传输处理单元，处理 LAPD 协议和 CCSS7 MTP3 协议，其面板如图 12-40 所示。

图 12-40　GXPUT 板面板示意图

3. GTNU 板

GTNU(GSM TDM switching Network Unit)板为 BSC 的 TDM 交换网络单元,实现 TDM 交换功能,提供 128 K×128 K 的 TDM 交换功能,提供 TDM 网络资源分配以及搭网和拆网功能,其面板如图 12-41 所示。

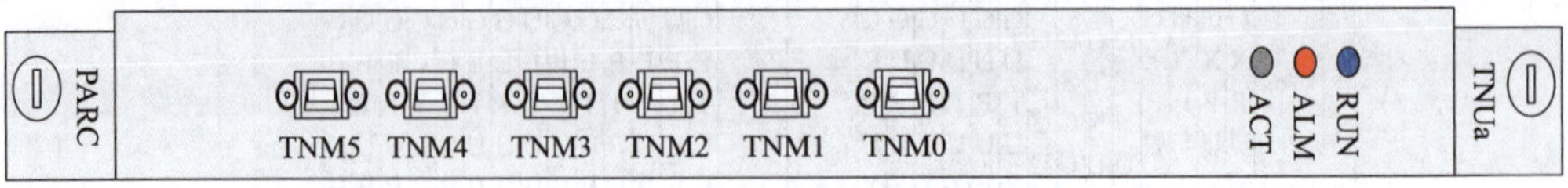

图 12-41　GTNU 板面板示意图

4. GSCU 板

GSCU(GSM Switching and Control Unit)板为 BSC 交换控制单元,提供维护管理功能,为除 GGCU/GXPUT/GXPUM 单板以外的其他单板提供时钟信息,其面板如图 12-42 所示。

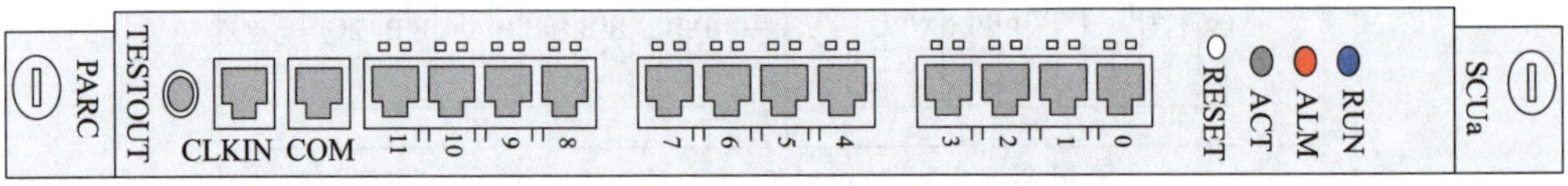

图 12-42　GSCU 板面板示意图

5. GDPUP 板

GDPUP(GSM Data Processing Unit for PS service)板为 GSM 分组业务处理单元,实现 BSC 分组业务处理功能,其面板如图 12-43 所示。

图 12-43　GDPUP 板面板示意图

6. GGCU 板

GGCU 板(GSM General Clock Unit)为 BSC 通用时钟单元,为 BSC 系统提供同步时钟信号;提供传输同步时钟的跟踪、产生和保持功能;提供备板时钟跟踪主板时钟相位,主备倒换时保证输出时钟相位平滑,其面板如图 12-44 所示。

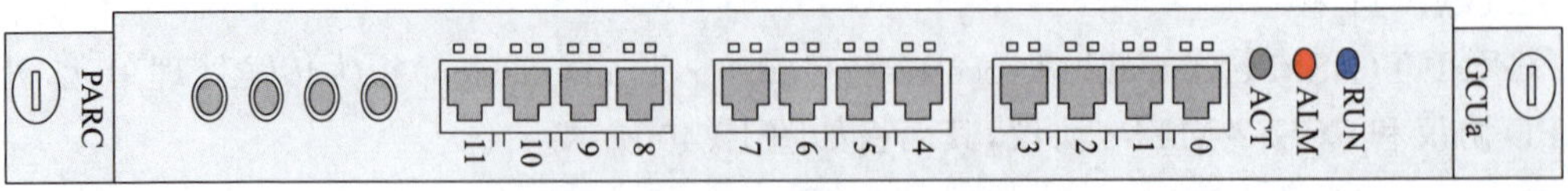

图 12-44　GGCU 板面板示意图

7. GEPUG 板

GEPUG(GSM E1/T1 Packet Unit for Gb)板为 Gb 接口 FR over E1/T1 接口单元,为

BSC 的 Gb 接口提供 E1/T1 传输，其面板如图 12-45 所示。

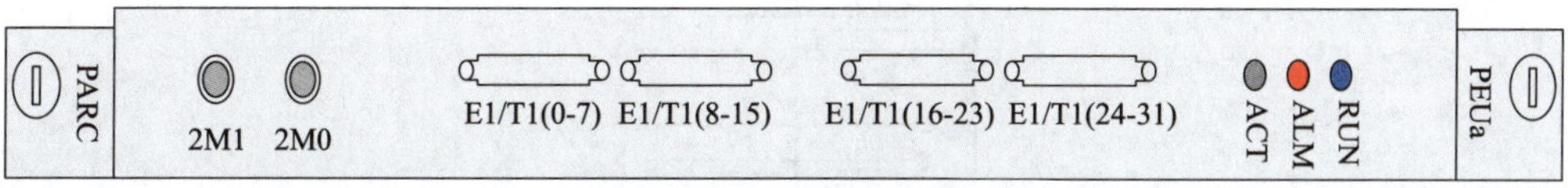

图 12-45　GEPUG 板面板示意图

8. GEIUT 板

GEIUT(GSM E1/T1 Interface Unit for aTer)板为 Ater 接口 E1/T1 接口单元，为 BSC 的 Ater 接口提供 E1/T1 传输，其面板如图 12-46 所示。

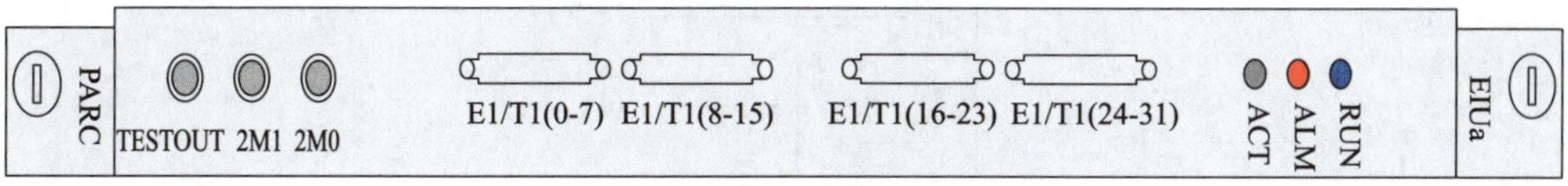

图 12-46　GEIUT 板面板示意图

9. GEIUB 板

GEIUB(GSM E1/T1 Interface Unit for aBis)板为 Abis 接口 E1/T1 接口单元，为 BSC 的 Abis 接口提供 E1/T1 传输，其面板如图 12-47 所示。

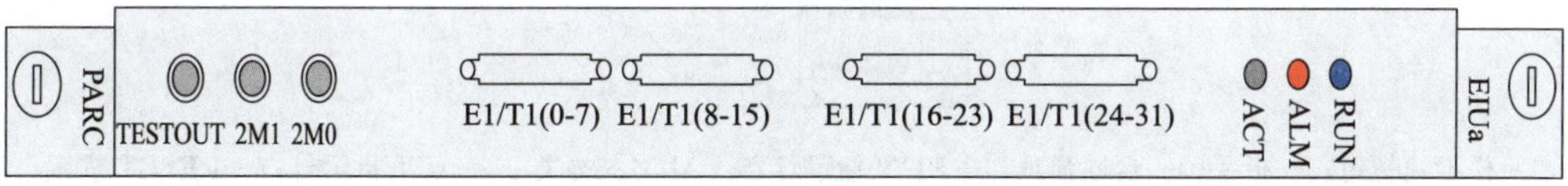

图 12-47　GEIUB 板面板示意图

10. GDPUX 板

GDPUX(GSM Data Processing Unit for eXtensible service)板为 GSM 电路业务扩展处理单元，实现 BSC 语音业务和数据业务处理功能。

11. GOMU 板

GOMU 板(GSM Operation and Maintenance Unit)为 BSC 服务器单板，是操作维护终端与 BSC 其他单板通信的桥梁，其面板如图 12-48 所示。

12. GEIUA 板

GEIUA(GSM E1/T1 Interface Unit for A)板为 A 接口 E1/T1 接口单元，为 BSC 的 A 接口提供 E1/T1 传输，其面板如图 12-49 所示。

13. PAMU 板

PAMU(Power Allocation Monitoring Unit)板为 BSC 大功率配电盒的配电监控通信板，用于监控 BSC 配电盒，其面板如图 12-50 所示。

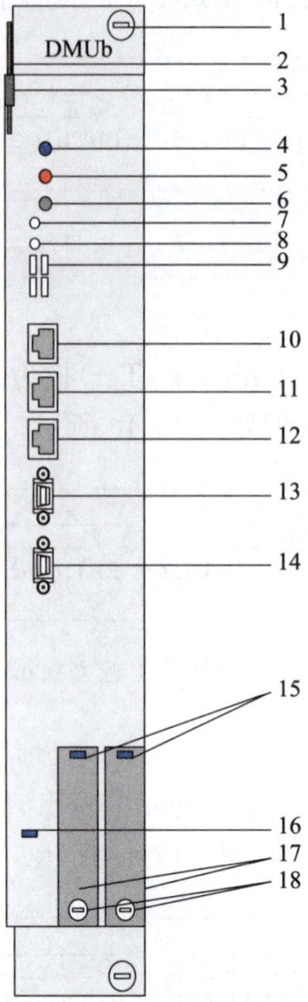

1—松不脱螺钉;2—扳手;3—自锁弹片;4—RUN 指示灯;5—ALM 指示灯;6—ACT 指示灯;7—RESET 按钮;8—SHUTDOWN 按钮;9—USB 接口;10—ETH0 网口;11—ETH1 网口;12—ETH2 网口;13—COM 串口;14—VGA 接口;15—HD 指示灯;16—OFFLINE 指示灯;17—硬盘;18—硬盘固定。

图 12-48 GOMU 板面板示意图

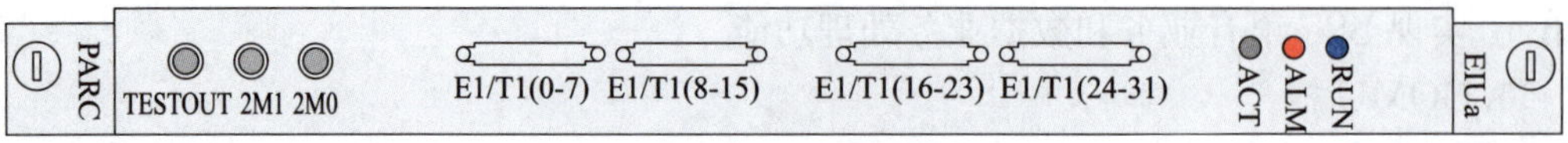

图 12-49 GEIUA 板面板示意图

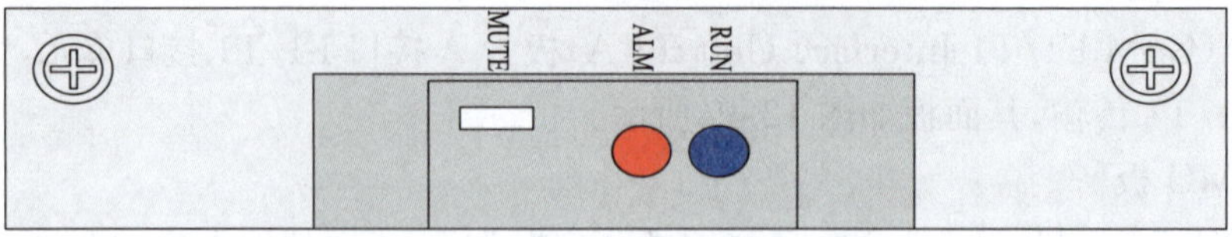

图 12-50 PAMU 板面板示意图

(二)BSC 的语音故障处理

在 GSM-R 网络中,BSC 产生故障会造成其管辖范围内的用户语音不通、数据业务不通。现结合这两种故障现象对 BSC 故障处理作如下介绍。

1. 故障现象

BSC 管辖范围内所有 GSM-R 语音业务不通。

2. 原因分析

所有语音不通时需要从以下几个方面进行分析：

(1)BSC 相关模块工作不正常，造成语音不通。

(2)BSC 与 TRAU 之间 Ater 口链路故障，造成语音不通。

(3)BSC、TRAU、MSC、HLR 数据异常，造成业务不通。

(4)TRAU、MSC 相关模块工作不正常，造成语音不通。

(5)MSC 与 HLR 间的链路故障，造成语音不通。

3. 处理方法

(1)网管确认模块硬件故障，在网管指挥下更换故障模块。

(2)检查 BSC 至 DDF 架 Ater 接口连接电缆，确认是连接线缆故障后，更换连接线缆；配合网管对 Ater 接口 2M 电路进行测试、处理。

(3)网管检查数据有异常，则由网管进行数据恢复操作。

(4)网管检查 TRAU、MSC 模块工作状态，更换故障模块。

(5)网管对 MSC 与 HLR 之间的连接线缆及 2M 电路进行检查、测试，更换故障线缆、处理 2M 电路故障。

(6)网管操作完成后，由现场人员进行拨打测试。

(三)BSC 的数据故障处理

1. 故障现象

BSC 管辖范围内所有 GSM-R 数据业务不通。

2. 原因分析

所有数据不通时需要从以下几个方面进行分析：

(1)检查 BSC 模块工作异常，造成业务不同。

(2)BSC 与 SGSN 之间 GB 口链路故障，造成业务不通。

(3)BSC、TRAU、SGSN、GGSN、GRIS 等设备数据异常，造成业务不通。

(4)TRAU、SGSN、GGSN、GRIS 等设备相关模块工作不正常，造成业务不通。

3. 处理方法

(1)网管确认模块硬件故障，在网管指挥下更换故障模块。

(2)检查 BSC 至 DDF 架 GB 接口连接电缆，确认是连接线缆故障后，更换连接线缆；配合网管对 GB 接口 2M 电路进行测试、处理。

(3)网管检查 BSC、TRAU、SGSN、GGSN、GRIS 等设备数据有异常，由网管进行数据恢复操作。

(4)网管检查 TRAU、SGSN、GGSN、GRIS 等设备相关模块工作工作状态，更换故障模块。

(5)网管操作完成后，由现场人员进行拨打测试。

二、BTS 各板件功能及故障处理

基站(BTS)设备在 GSM-R 系统中设置分散，数量众多，维护工作量较大。本节主要针对铁路 GSM-R 系统常用的华为、诺西等厂家的设备，介绍了具体包括 BTS 设备的硬件组成、功能、各种指示灯含义及常见故障的处理等内容。

BTS 的维护标准按照国铁集团相关规则执行。

(一)华为 BTS(以华为 BTS3012 为例)

华为 BTS3012 基站主要由 DTRU、DDPU、DTMU、DCCU、DCSU、DMLC、DSAC 和风扇盒等板件组成,如图 12-51 所示。

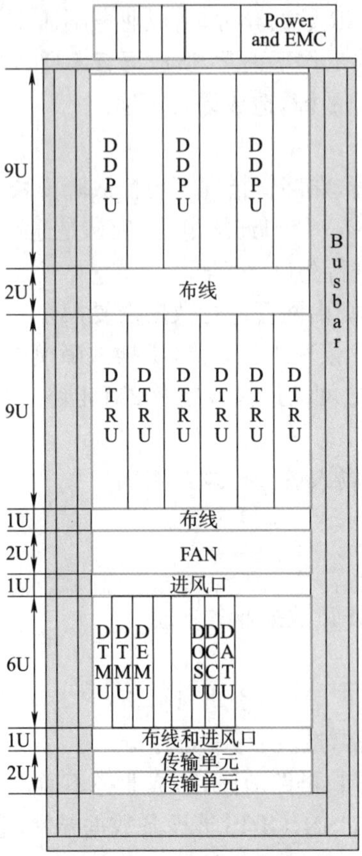

图 12-51 BTS3012 机柜满配置示意图

1. DTRU 模块

DTRU(Double-Transceiver Unit)模块是收发信机单元,位于基站双密度载频子系统中,一个 DTRU 模块完成两个载波的处理功能。负责基带处理、射频发射和射频接收。DTRU 模块如图 12-52 所示。

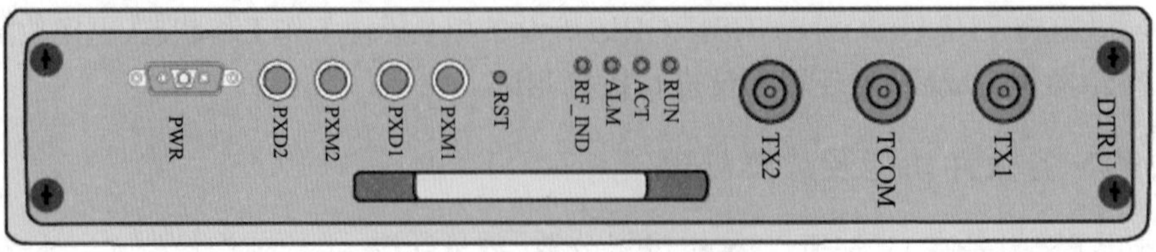

图 12-52 DTRU 模块面板示意图

2. DDPU 模块

DDPU(Dual-Duplexer Unit for DTRU BTS)模块为双双工单元。DDPU 模块将来自 DTRU 模块发信机的多路射频发射信号发送给天线,同时将来自天线的接收信号放大和一分四后送给 DTRU 模块接收机。DDPU 模块如图 12-53 所示。

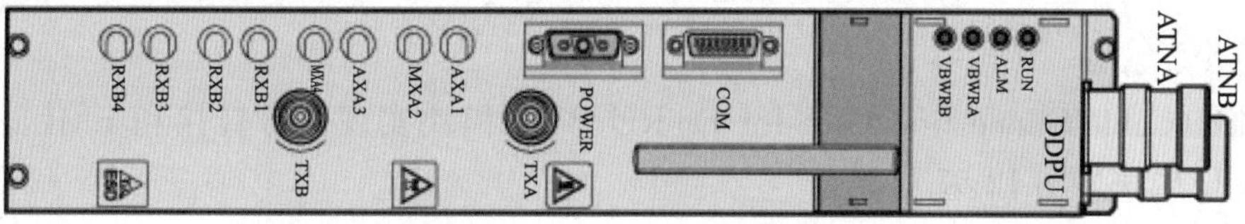

图 12-53　DDPU 模块面板示意图

3. DELC 板

DELC(E1 Signal Lightning-Protection Card for DTRU BTS)为 E1 信号防雷单板,主要功能是实现 4 路 E1 信号的防雷,其面板如图 12-54 所示。

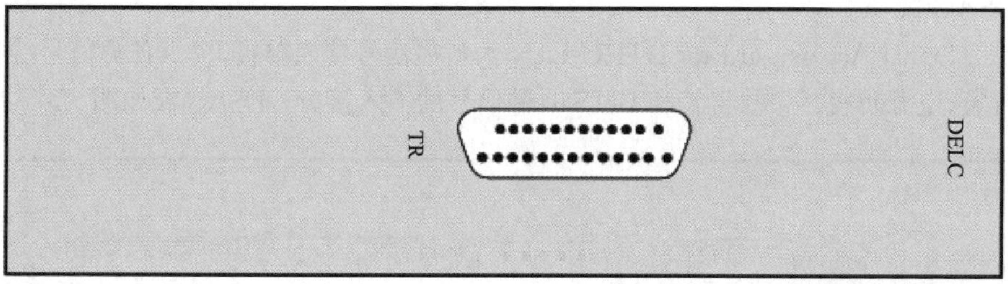

图 12-54　DELC 板面板示意图

4. 风扇盒模块

风扇框(FAN Box)为公共框、载频框和 DAFU 框提供强制通风散热,它与机柜的进风盒组成通风回路,进行通风散热。对机柜入风口和风扇框内温度进行监控,控制风扇转速。风扇盒模块如图 12-55 所示。

图 12-55　风扇盒模块面板示意图

5. DCSU 模块

DCSU(Combined cabinet Signal connection Unit for DTRU BTS)为并柜信号转接板,负责转接并柜并组信号、DAFU 框内模块在位检测信号和 DTMU 模块板至 DTRU 模块的基带信号。DCSU 模块如图 12-56 所示。

图 12-56 DCSU 模块面板示意图

6. DCCU 模块

DCCU(Cable Connection Unit for DTRU BTS)模块实现信号转接和 EMI 滤波的功能。DCCU 模块如图 12-57 所示。

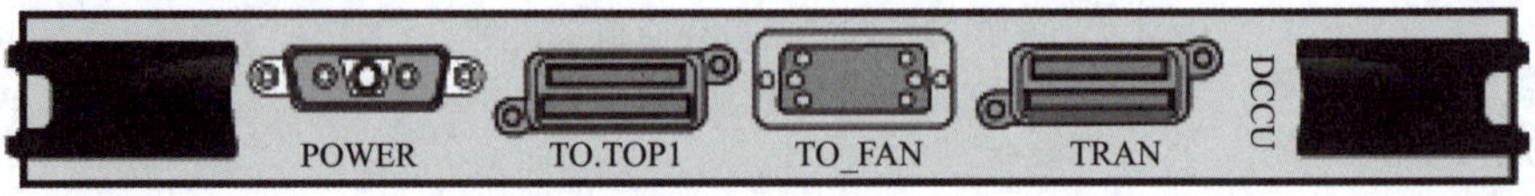

图 12-57 DCCU 模块面板示意图

7. DSAC 板

DSAC(Signal Access Card for DTRU BTS)为扩展信号接入单板,提供各类信号线接口,如开关量告警、电源防雷器失效告警和 BITS 时钟信号的输入接口。DSAC 板如图 12-58 所示。

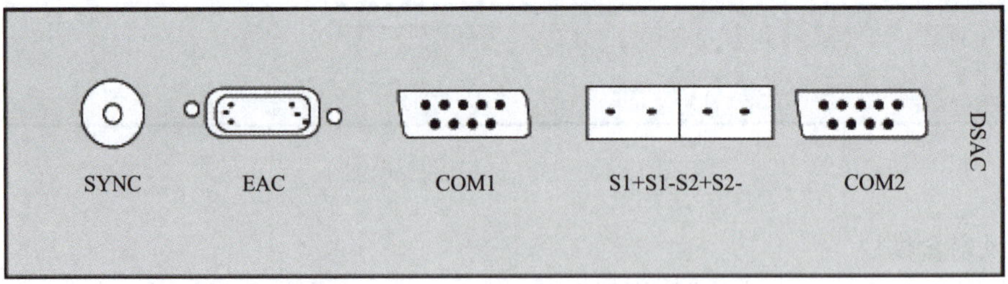

图 12-58 DSAC 板面板示意图

(二)BTS 退服故障处理

1. 故障现象

BTS 不能正常工作。

2. 原因分析

(1)BTS 电源故障。

(2)主控单元、载频单元、合路单元模块故障。

(3)天馈系统故障。

(4)连接钢跳线松动或损坏。

(5)2M 电路故障。

3. 处理方法

(1)测量输入电源电压,若输入电压过低/过高,则处理电源;若电源线接触不良或损坏,则处理电源线。

(2)检查 BTS 各模块面板运行状态,若有异常,则联系网管进行相关故障模块的更换。

(3)天馈系统驻波比测试超标,则分别检查天线、馈线、功分器、防雷器及各连接部位,更换、处理损坏部件。

(4)检查 BTS 连接钢跳线,处理连接部位松动或更换连接钢跳线。

(5)检查 BTS 相关模块面板指示灯状态,若有 2M 链路告警,则配合网管进行 2M 电路的故障排查。

(三)BTS 基站发射功率低

1. 故障现象

路测发现基站覆盖区域的无线场强覆盖弱。

2. 原因分析

天线驻波比高;天线方位角、俯仰角发生变化;BTS 的发射功率低。

3. 处理方法

(1)天馈系统驻波比测试超标,分别检查天线、馈线、功分器、防雷器及各连接部位,更换、处理损坏部件。

(2)检查天线方位角、俯仰角是否与资料一致,若不一致,则进行调整。

(3)测试基站发射功率,若发射功率低,则更换载频单元或合路单元模块。

三、天馈系统维护与故障处理

天馈系统是影响 GSM-R 系统指标的重要因素之一,也是现场维护的工作重点。本节主要介绍了馈线的成端制作、调整天线的方法以及天馈系统的常见故障处理等内容。

(一)天馈系统的维护

天线电缆的加工质量直接影响设备的通话效果,若需要现场人员制作电缆,请在制作完成后务必检查是否有虚焊的现象。

以 1/2 馈缆制作 N 型接头为例,详细介绍馈线成端的制作工艺。

1. 施工准备

检查 1/2 N 型接头各部件是否完备,包括尾螺母、垫圈、弹簧圈、头螺丝和塑料卡子。

2. 馈缆开剥

馈缆开剥如图 12-59 所示。

(1)将馈缆拉直,使用钢锯锯口,用尺子量取 40 mm 剥下护皮。

(2)使用专用工具轻轻旋转 12 次左右。

(3)使用钳子、美工刀除去外导管、泡沫和粘合剂。

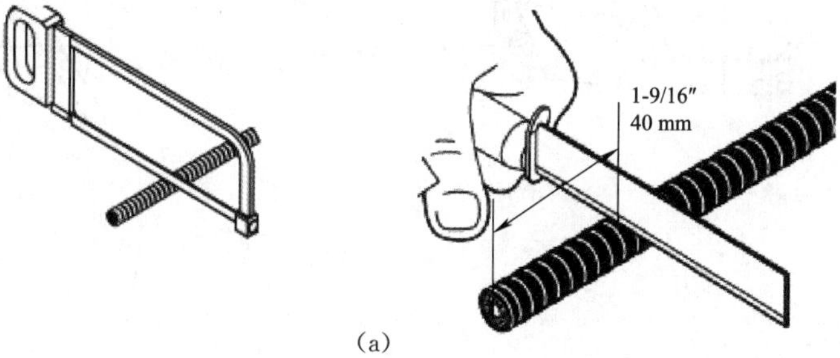

(a)

图　12-59

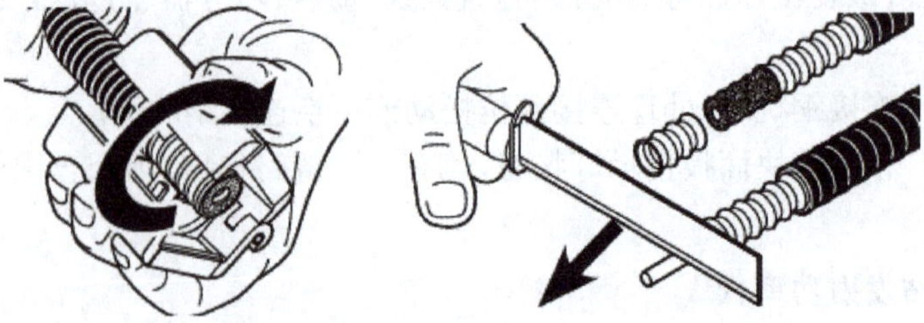

(b)　　　　　　　　　　　　(c)

图 12-59　馈缆开剥示意图

3. 安装连接器

(1)加 O 形圈、弹簧圈和接头体。

(2)切整内心导体。安装连接器如图 12-60 所示。

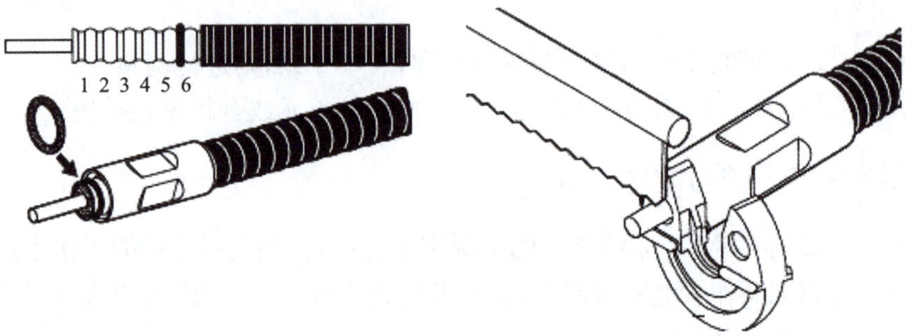

(a)　　　　　　　　　　　　(b)

图 12-60　连接器安装示意图

4. 整修馈缆

整修馈缆如图 12-61 所示。

(1)锥削内心导体。

(2)去除内缘和外导体上的毛刺。

(3)去除残渣。

(4)压紧塑料泡沫。

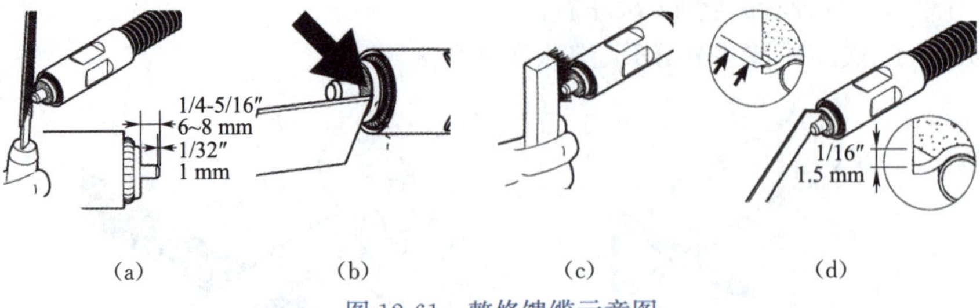

(a)　　　　(b)　　　　(c)　　　　(d)

图 12-61　整修馈缆示意图

5. 拧紧螺母

使用一把扳手固定前螺母,另一把旋转接头体紧固,如图 12-62 所示。

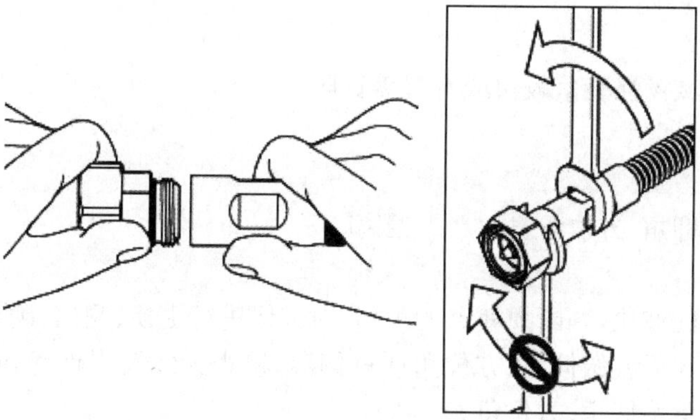

图 12-62　螺母拧紧示意图

6. 结束

清理施工现场施工废料等。

7. 注意事项

(1)安装时注意线缆必须拉直,避免制作出来的馈缆接头弯曲。

(2)接头安装时必须清理干净残渣泡沫,安装结束不与设备连接时使用胶带封住接头。

8. 调整天线方位角

天线方位角指以正北方向为起点,顺时针方向至目标方向线之间的水平夹角。用罗盘确定天线的方位角,根据工程设计或网络优化的要求决定方位角调整的范围,轻轻扭动天线调整方位角直至符合设计指标,误差不大于 5°,再将天线下部固定螺丝拧紧。

9. 调整俯仰角

俯仰角是指天线轴线与水平面之间的夹角。轻轻搬动天线,调整天线上部固定夹直至俯仰角符合设计要求,误差不大于 5°,再将天线上部固定螺丝拧紧。

(二)天馈系统的故障处理方法

1. 驻波比告警

(1)故障现象

网管显示基站驻波比告警。

(2)原因分析

①基站射频输出口连接松动。

②天线或馈线损坏。

③天线与馈线连接处松动或进水。

(3)处理方法

①检查基站射频输出口连接情况,若出现松动,则拧紧后与网管确认。

②测试天馈线驻波比,判断损坏点的距离,对损坏的天线或馈线进行修复,并与网管确认。

③测试天馈线驻波比,判断损坏点的距离,对天线与馈线连接处松动或进水予以处理,并与网管确认。

2. 场强覆盖不达标

(1)故障现象

路测发现该区域场强衰落较快或有覆盖盲区。

(2)原因分析

①天线损坏。

②定向天线俯仰角、方位角发生严重偏离。

(3)处理方法

①测试天馈线驻波比,判断损坏点的距离,对天线进行更换、测试,确认回复。

②目测发现定向天线俯仰角、方位角严重偏离,检查天线及附件无损坏,则根据该基站的基础台账信息调整俯仰角、方位角。

四、直放站维护与故障处理

直放站作为GSM-R系统的重要补充设备,起到延伸基站覆盖范围和消除盲区的作用。本节主要针对铁路GSM-R系统中常用的三维、COMLAB、泰通等厂家的设备,介绍了其硬件组成、功能、各种指示灯含义及常见故障处理方法等内容。

直放站的维护标准按照国铁集团相关规则执行。

(一)直放站的维护

1. 近端机

直放站近端机由电源单元(PWR)、网管单元(OMU)、控制单元(MCU)、光电单元(OEU)、射频单元(RFU)等几部分组成,如图12-63所示。

图12-63 直放站近端机

(1)电源单元PWR:为近端机各个单元进行供电。

(2)网管单元OMU:内部采用RS-485总线对OEU、RFU、MCU、PWR进行数据收集,外部通过以太网接口上报至网管中心。

(3)控制单元MCU:上报维修和开通信息。

(4)光电单元OEU:采集远端机数据,内部采用双纤光端机实现光电转换功能,实现主备光纤冗余功能。

(5)射频单元RFU:对射频信号进行上下行分路。

2. 远端机

直放站远端机由射频模块、光端机电源模块、监控模块组成，其中：

(1)射频模块主要由功放模块、低噪声模块、双工器等组成；

(2)光电信号转换模块即光端机模块；

(3)电源模块为整个远端机各模块供电；

(4)监控模块通过 RS-485 总线采集设备内各模块的相关信息，传输给近端机，并上报至网管中心。

监控模块指示灯含义如下：

①电源灯：反映设备供电状态，灯亮表明设备无外部供电。

②工作灯：反映设备控制程序的工作状态，闪烁表明程序运行正常。

③TX 数据灯：在设备向近端机发送数据时闪烁。

④RX 数据灯：在设备接收近端机数据时闪烁。

⑤功放驻波灯：反映设备天馈线状态，灯亮表明驻波过大，告警。

⑥光路状态灯：反映设备光端机状态，灯亮表明光路告警。

⑦上行灯：反映上行低噪功放模块状态，灯亮表明告警。

⑧下行灯：反映下行功放模块状态，灯亮表明告警。

⑨KEY：按键指示，有键按下时，该灯亮，数据发送完毕后，该灯灭。

(二)直放站的故障处理

1. 光通道中断告警

(1)故障现象

近端机或远端机收、发无光告警。

(2)原因分析

①远端机光模块故障。

②近端机光模块故障。

③光缆中断。

④光纤连接器件损坏。

(3)处理方法

①测试光模块输出光功率，若光模块不能正常工作，则更换该光模块。

②测试光缆，若光缆中断或衰耗过大，则处理光缆故障。

③测试尾纤(含连接法兰)，若不通或衰耗过大，则分段排查后更换故障器件。

2. 下行功放告警

(1)故障现象

网管显示下行功率告警。

(2)原因分析

①远端机下行功放故障。

②远端机光模块故障。

③远端机功放前级连线出现断路。

(3)处理方法

①检查功放门限设定值是否过低，如过低则适当调整；若门限设定正常，则更换下行功

放模块。

②测试光模块输入光功率,判断是输入光功率过低还是光模块自身故障。若输入光功率过低,则排查光缆及近端机光模块;若光模块自身故障,则更换远端机光模块。

③测试功放射频输入功率,判断功放或前级连线好坏。若判断为功放故障,则更换远端机功放;若判断为前级连线故障,则修复连线。

3. 驻波比告警

(1)原因分析

①远端机输出口接触不良。

②远端机输出口至天线/漏缆接口接触不良或进水。

③远端机天线馈源进水或馈线受损。

(2)处理方法

①检查远端机射频输出口及至天线/漏缆接口,若发现接触不良或进水,则重新处理接口。

②测试远端机射频输出口至天线的驻波比,若驻波比不合格,则分段测试检查,处理损坏器件。

第八节 漏泄电缆

一、漏泄电缆的基本知识

1. 漏泄电缆的基本概念

漏泄同轴电缆,又称泄漏同轴电缆(简称漏缆),是外导体不完全封闭的同轴电缆,信号沿电缆内部传输,一部分通过外导体上的孔隙耦合到该外导体和周围环境所构成的传输系统,或按与上述相反的方向进行耦合。漏泄同轴电缆具有同轴电缆和线型天线的双重功能,又有称辐射电缆或同轴天线。

漏泄同轴电缆是一种特殊的同轴电缆,与普通同轴电缆的区别在于其外导体上开有用作辐射的周期性槽孔。普通同轴电缆的是将射频能量从电缆一端传输到电缆的另一端,横向屏蔽使信号能量不能穿透电缆以避免传输过程中的损耗。漏泄电缆则是减小横向屏蔽,使得电磁波在漏缆中纵向传输的同时通过槽孔向外界辐射电磁波;外界的电磁场也可通过槽孔感应到漏缆内部并传送到接收端。其工作原理是射频信号在漏泄同轴电缆内部传输的过程中,一部分通过外导体孔隙耦合到外部空间;另一方面,外部空间的射频信号也可以通过外导体孔隙耦合到电缆内部。因而,漏泄同轴电缆兼具射频信号传输线及收发天线的双重功能。

目前,泄漏同轴电缆的频段覆盖在450 MHz～2 GHz以上,适应现有的各种无线通信体制,应用场合包括无线传播受限的地铁、铁路隧道、公路隧道、室内覆盖等。

2. 漏泄电缆构成

漏泄同轴电缆的结构与普通的同轴电缆基本一致,由内导体、绝缘介质和开有周期性槽孔的外导体和外护套等四部分组成,如图12-64所示。内导体采用光滑铜管或轧纹螺旋铜管,外导体采用簿铜皮,其上开制不同形式的槽孔纵包而成,槽孔形式多种多样,有八字形、U字形、J字形、一字形、椭圆形等,而且槽孔的排列也不尽相同。槽孔的形式、尺寸、排列与频带、频率、泄漏、极化、辐射方向图等密切相关。内外导体可以轧纹成波纹管，也可以不轧纹，轧纹是为了减轻由于弯曲给外导体和槽孔带来的应力及截面变形。绝缘介质为物理发泡聚乙烯，其介电常数很小。电缆护套的材料是黑色聚乙烯或无冈低烟阻燃聚烯烓，要求防火、防水、防震、防腐蚀、阻燃、低烟、无卤、无毒及防紫外线。

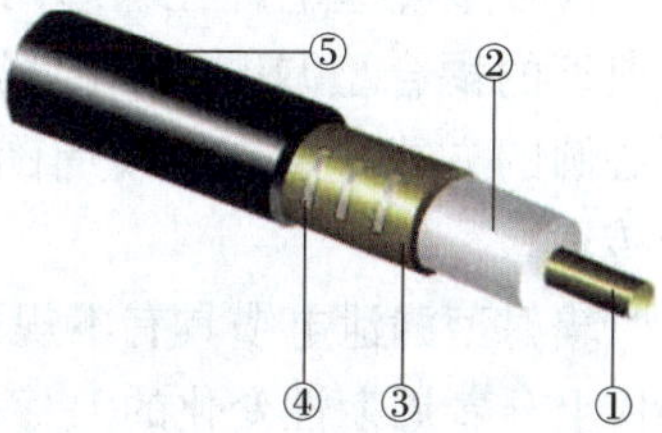

1—内导体；2—绝缘体；3—外导体；4—槽孔；5—护套。

图 12-64　漏泄电缆构成

3. 漏泄电缆分类

漏泄电缆的安装方式，主要有自承式和非自承式两种。自承式由 $\phi 2.2\times 6$ 的镀锌钢丝绞合而成，位于漏泄电缆上方，截面呈 8 字形，吊线护套材料与缆芯护套材料相同，如图 12-65 所示。非自承式夹具为 PA66 阻燃尼龙材料制品，预先按一定间距(如 1.2 m)装在墙上或隧道壁上，如图 12-66 所示。电缆护套上应对电缆泄漏方向作明显标识。

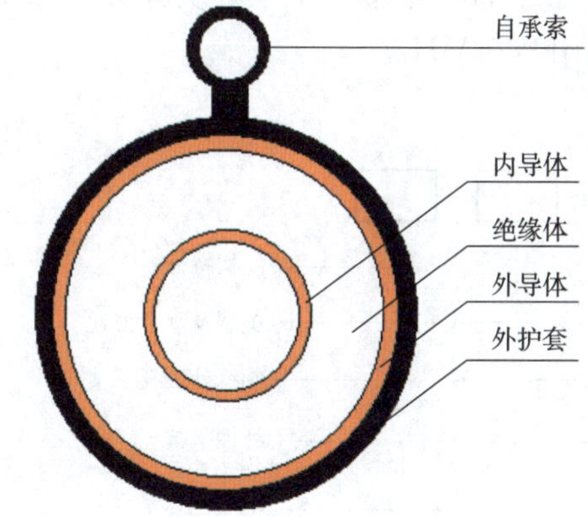

图 12-65　自承式电缆的截面图

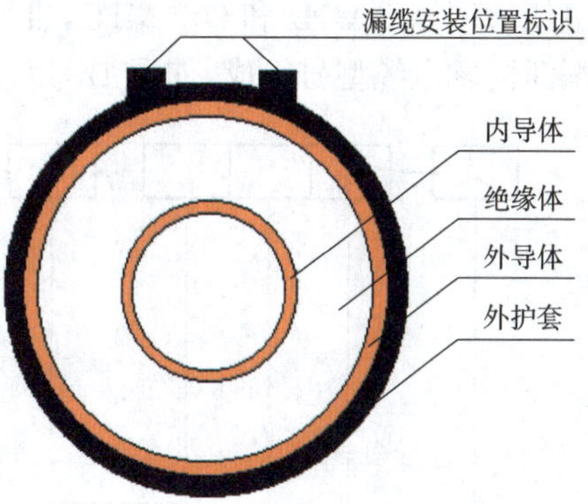

图 12-66　非自承式电缆的截面图

漏泄电缆按漏泄原理的不同分为三种基本类型：辐射型(RMC)、耦合型(CMC)、漏泄型(LSC)。其中，漏泄型可以归属辐射型，耦合型漏泄电缆如图 12-67 所示，辐射型漏泄电缆如图 12-68 所示。

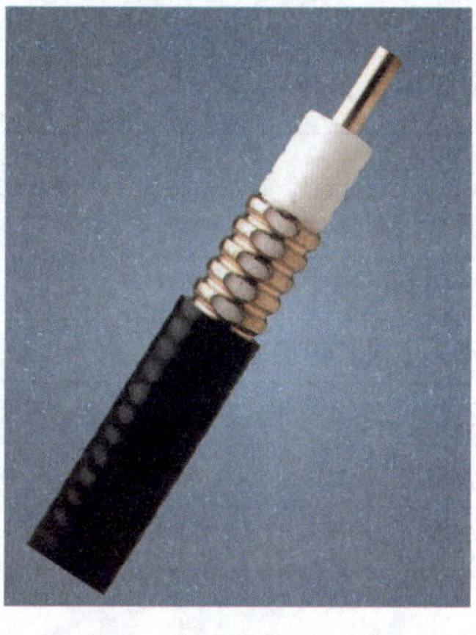

图 12-67　耦合型漏泄电缆

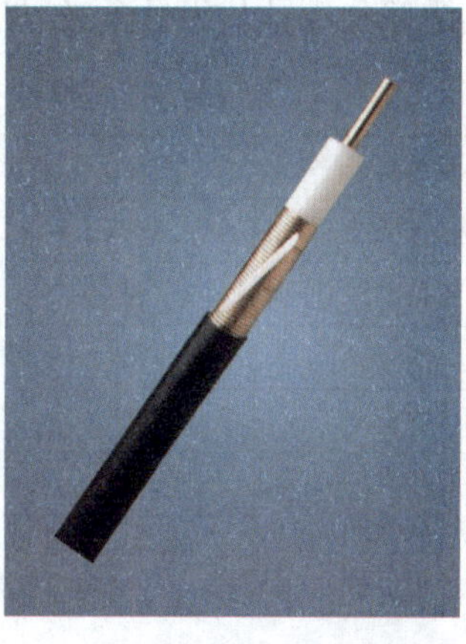

图 12-68　辐射型漏泄电缆

耦合型漏泄电缆在漏缆两边开缝的槽孔比较规则,外导体轧纹且纹上锭小孔的电缆,是典型的耦合型漏缆。电磁场通过小孔衍射,激发漏缆外导体的外部电磁场,电磁能量以同心圆的方式扩散在电缆周围,纵向能量较少,并随距离的增加迅速减小,比较适合于宽带传输。

辐射型漏泄电缆具有不规则非周期性的槽孔,槽孔有八字形、斜一字形、横一字形等,外导体上开着周期性变化的L字槽、八字槽,是典型的辐射型漏缆。辐射型漏缆泄漏的电磁能最有方向性,相同的泄漏能量可在辐射方向上相对集中,并且不会随距离的增加而迅速减小。

根据不同的应用场合可选择不同类型的漏泄电缆,如隧道通信可选辐射型漏泄电缆,而室内分布系统可选择耦合型漏泄电缆。目前耦合型漏缆和传统辐射型漏缆应用较少,新型辐射型漏缆应用较多。

4. 漏泄电缆的规格型号

漏泄同轴电缆按使用频率分为Ⅰ型电缆、Ⅱ型电缆、Ⅲ型电缆。Ⅰ型电缆适用450 MHz,Ⅱ型电缆适用450 MHz和900 MHz,Ⅲ型电缆适用900 MHz。

漏泄同轴电缆型号组成,如图12-69所示。

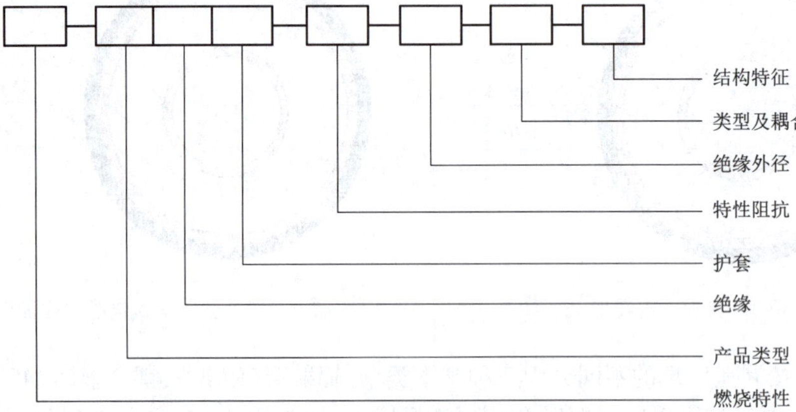

图12-69 电缆型号组成

漏泄同轴电缆部分代号及代号含义,见表12-10。

表12-10 电缆型号各部分代号及代号含义

序 号	型号组成	代 号	含 义
1	燃烧特性	WDZ	无卤低烟阻燃(非阻燃省略)
2	产品类别	SL	漏泄同轴电缆
3	绝缘	YW	物理发泡聚乙烯绝缘
4	护套	Y	聚乙烯护套(阻燃电缆中表示阻燃聚烯烃护套)
5	特性阻抗	75	特性阻抗75 Ω
		50	特性阻抗50 Ω

续上表

序 号	型号组成	代 号	含 义
6	绝缘外径	22	绝缘标称外径 22 mm
		32	绝缘标称外径 32 mm
		42	绝缘标称外径 42 mm
7	类型及耦合损耗	Ⅰ48	Ⅰ型电缆,耦合损耗 80～89 dB
		Ⅰ47	Ⅰ型电缆,耦合损耗 70～79 dB
		Ⅰ46	Ⅰ型电缆,耦合损耗 60～69 dB
		Ⅱ	Ⅱ型电缆
		Ⅲ	Ⅲ型电缆
8	结构特征	Z	自承式(非自承式省略)

示例:

(1)物理发泡聚乙烯绝缘、无卤低烟阻燃聚烯烃护套、特性阻抗为 75 Ω、绝缘标称外径 32 mm、频率 450 MHz、耦合损耗最大值在 73 dB 的Ⅰ型自承式漏泄同轴电缆标记为:

WDZ-SLYWY-75-32-Ⅰ47-Z。

(2)物理发泡聚乙烯绝缘、无卤低烟阻燃聚烯烃护套、特性阻抗为 50 Ω、绝缘标称外径 32 mm 的Ⅱ型漏泄同轴电缆表示为:

WDZ-SLYWY-50-32-Ⅱ。

(3)物理发泡聚乙烯绝缘、无卤低烟阻燃聚烯烃护套、特性阻抗为 50 Ω、绝缘标称外径 32 mm、频率 900 MHz、耦合损耗最大值在 75 dB 的Ⅲ型漏泄同轴电缆表示为:

WDZ-SLYWY-50-32-Ⅲ。

二、漏泄电缆架挂质量标准

1. 普速铁路漏泄电缆架挂质量标准

(1)隧道内漏缆支架的安装

①支架的安装位置,距离钢轨面高度一般为 4.8～4.9 m。

②支架上夹板固定位置要统一,以使电缆与洞壁之间的距离保持一致,洞内防火型两用吊夹一般每隔 5 m 安装一个。

③隧道内无衬砌面时,采用钢丝承力索吊挂电缆方式。固定钢丝承力索的支架采用 40 mm×40 mm×4 mm 角钢,孔深为 120 mm,并采用水泥沙浆灌注。角钢间距不宜大于 15 m,根据地形可适当移动位置,但移动距离不应大于 2 m。

(2)隧道内(外)吊挂漏泄电缆

①漏缆吊挂在隧道侧壁,槽口向下,在一般隧道内距轨面的吊挂高度为 4.5～4.8 m。

②电气化区段隧道内吊挂漏缆应在接触网回流线的另侧。若设在同侧时漏缆与回流线或 PW 线的距离应大于 0.6 m。与吸上线交越时,漏缆外再套厚 8 mm、长 500 mm 的聚乙稀塑料护套作防护。

③隧道内漏缆宜采用人工抬放。如采用机械施工时,电缆盘不得卡阻,载运轨道车不得猛起动或急刹车。布放电缆不得拉得过紧,吊挂电缆应平直,不得出现过松现象。

④隧道外漏缆架设采用电杆支撑和钢丝承力索吊挂方式。承力索采用 $7\times\phi(2.0\sim2.2)$mm 镀锌钢绞线。漏缆在钢丝承力索上采用吊夹固定,洞外吊夹一般每隔 2.5～5 m 安装一个。漏缆吊挂高度距轨面 4.5～4.8 m。

⑤电气化区段隧道外吊挂漏缆与回流线或 PW 线的距离不小于 0.6 m,在回流线或 PW 线加绝缘保护的区段,不应小于 0.2 m,与牵引供电设备带电部分的距离应不小于 2 m。

⑥吊挂后漏缆垂度应保持在 0.15～0.2 m 范围内。漏缆过轨采用换接软电缆方式。

2. 高速铁路漏泄电缆架挂质量标准

(1)隧道内漏缆架挂标准

①漏缆吊挂应在隧道侧壁,槽口朝向线路侧。

②电力牵引供电区段隧道内漏缆吊挂位置应符合设计要求。当漏缆与回流线、接地母线在同侧吊挂时,其距离应不小于 0.6 m。与吸上线交越时,漏缆外应套厚 0.8 mm,长 0.5 m 的聚乙烯塑料防护套防护。

③漏缆与其他线缆同时支架安装时,尽可能避免交叉。如无法避免时,应将漏缆布设在外侧,避免其他线路阻挡漏缆的信号辐射。

④漏缆固定件应采用膨胀螺栓方式,与隧道壁距离应不小于 80 mm。

⑤采用吊夹固定漏缆时,吊夹间距为 1～1.3 m,防火夹间隔 10～15 m。

⑥支架孔的高度应符合设计要求,孔距宜为 0.8～1.5 m。

⑦支架孔施工宜采用打眼作业车,保证施工精度和质量。

⑧支架孔的直径,孔深应符合设计要求;孔应平直,不得成喇叭装。

⑨隧道内无衬砌面时,应采用钢丝承力索吊挂电缆,支架宜采用 40 mm×40 mm×4 mm 角钢,孔深应为 120 mm,角钢支架间距应符合设计要求。

(2)隧道外漏缆架挂标准

①漏缆吊挂方式应符合设计要求;吊挂高度宜距轨面 4.5 m～4.8 m。

②在电力牵引供电区段,漏缆与回流线的距离应不小于 0.6 m,在回流线或 PW 线加绝缘保护的区段,不应小于 0.2 m,与牵引供电设备带电部分的距离不应小于 2 m。

③采用支柱吊挂方式时,上吊夹前钢丝承力索应加(300±30)kg 的张紧力;电缆承力索悬挂漏缆后的最大允许垂度控制在 0.15～0.2 m 以内(20 ℃时);漏缆与支柱的间距应不小于 150 mm。

④漏缆过轨时应采用阻抗相同的射频电缆换接。

⑤单独立杆路架设漏缆时,支柱之间的距离、隧道口及设备房屋处距离第一根支柱距离应符合设计要求;承力索与柱顶之间的距离应不大于 0.3 m。

⑥采用支柱安装时,钢丝承力索宜采用 $7\times\phi2.2$ mm 镀锌钢绞线。

3. 漏缆连接器安装标准

(1)连接器安装应包括固定连接器、阻抗转换连接器、DC 模块、功率分配器及终端匹配负载。

(2)固定接头应保持原电缆结构开槽间距不变。

(3)连接应牢固可靠,并保证电性能指标。对于驻波比过大、阻值过大、绝缘不良、衰耗过大偏大的应该制作后再连接。

(4)连接器装配后接头外部应进行防护。

(5)连接器应可靠固定在承力索上。

三、漏泄电缆设备的成端制作

1. 漏泄同轴电缆接头制作流程

施工准备→漏缆端头制备→外护套开剥→接头安装→接头质量检测→漏缆吊挂→跳线连接→接头防护。

2. 施工准备

根据漏缆测试记录找到接续点，将需要成端的漏缆从卡具上卸下 3～5 m，垂下的漏缆弯曲半径应大于漏缆外径的 20 倍。漏缆接续场地应平整整洁，并设工作台。漏缆接头、接线工具、测试仪表、防护材料等齐全。

3. 漏缆端头制备

将需要装接头的漏缆理直 500 mm，将已理直的漏缆架设在工作台上，用锯把破损、污染及封头粘连部分的漏缆锯断，锯断后的漏缆端面应垂直、平整，用锉刀或斜口钳将内导体铜管做好倒角，然后用毛刷或钢丝刷将内导体铜管内的铜屑清理干净，最后用毛刷将切面处的铜屑清除干净，如图 12-70 所示。

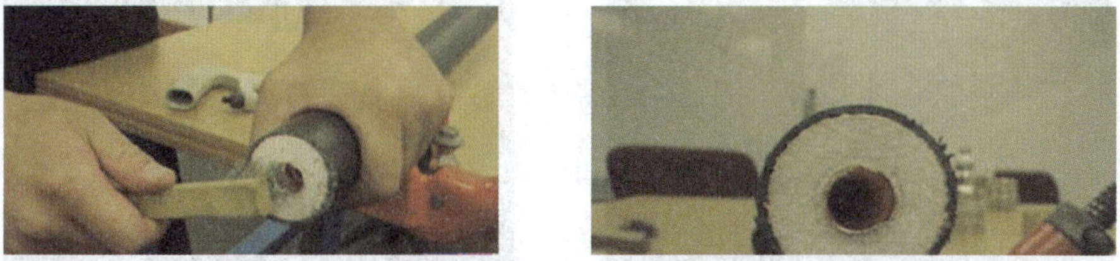

图 12-70 漏缆端面制作及清洁

4. 外护套开剥

按照接头说明书规定的尺寸用测量外护套，做好标记。使用切管器环切漏缆的外护层并将外护套剥离。剥外护套时不能伤到外导体，如果发现已伤及外导体，务必重新锯断并将外导体表面打磨平整，如图 12-71 所示。

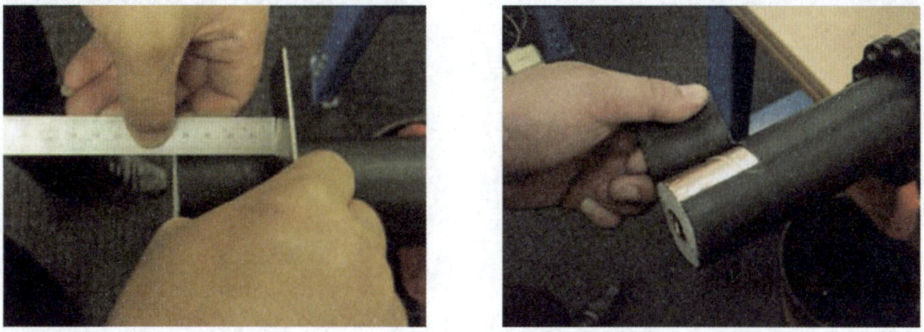

图 12-71 漏缆外护套切除

切除包裹线及外导体上的绝缘纸，在开剥时小心谨慎，不得伤及外导体，如图 12-72 所示。

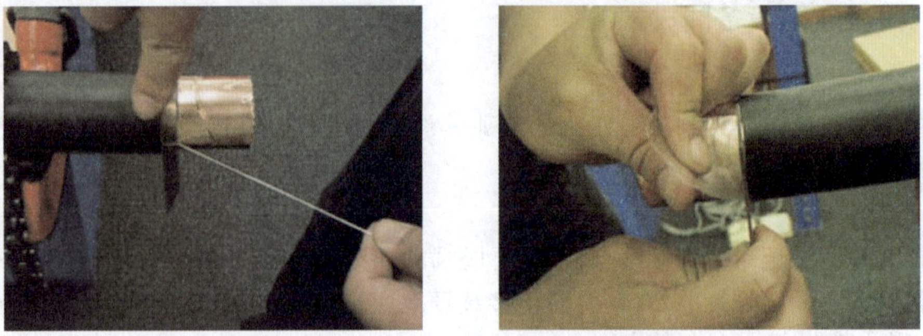

图 12-72　漏缆包裹线及塑料薄膜切除

用扁锉锉平外导体边缘的毛刺，剪下一块防水胶泥缠绕于螺丝刀顶部，清洁内导体，将内导体内的铜粉清洁干净，如图 12-73 所示。

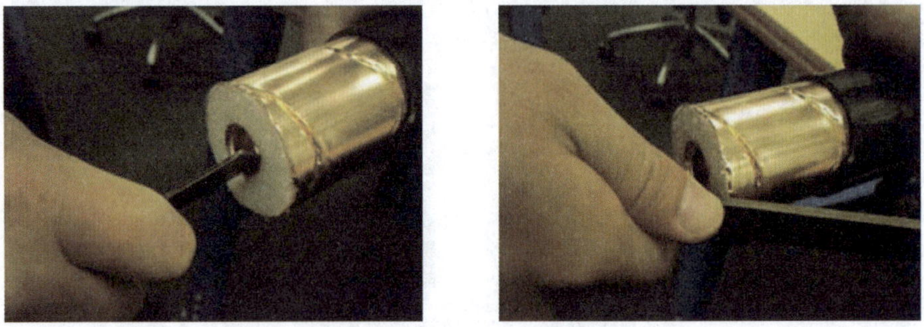

图 12-73　漏缆内、外导体清理

5. 接头安装

(1)分体式接头安装

先安装接头后体，再安装接头内体，内体与漏缆端面在同一平面，如图 12-74 所示。

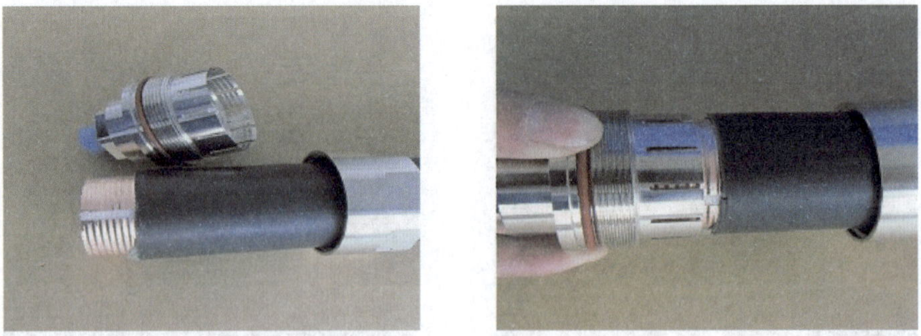

图 12-74　分体式接头安装

将漏缆外导体与接头内体充分接触，并清理内整齐内绝缘层，如图 12-75 所示。

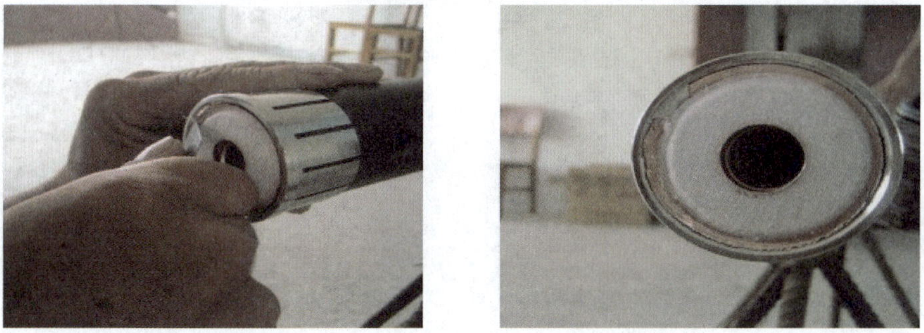

图 12-75　接头外导体与接头内体安装

将接头后体向内体推送并充分压紧，连接接头前体，用扳手固定前体同时旋紧后体，固定时务必“固定前体，拧紧后体”，紧固时只能旋转接头后体，避免连接器内、外导体装置与漏缆内外导体摩擦产生铜粉，影响性能，如图 12-76 所示。

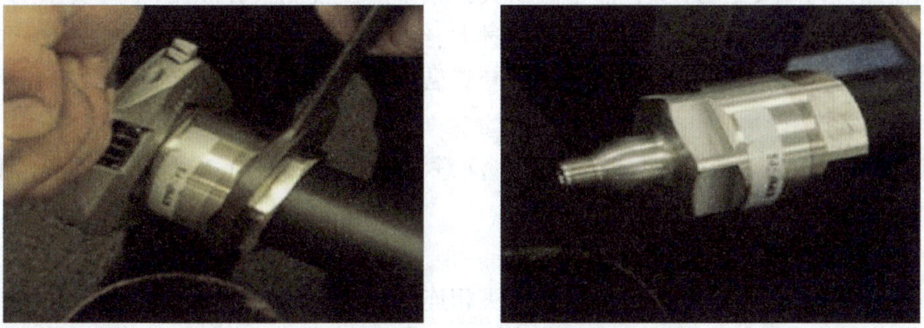

图 12-76　接头拧紧示意图

(2)一体式接头安装

套上压紧铜环，用橡胶锤轻向里敲击，敲击至压紧铜环与漏缆切面平齐，如图 12-77 所示。

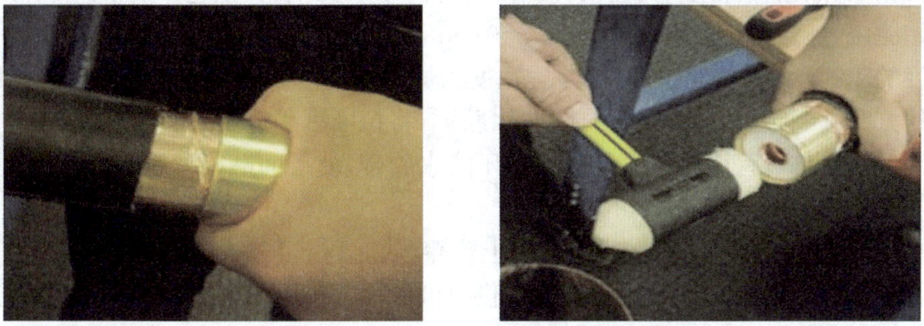

图 12-77　一体式接头铜环安装

顶住前体不动并旋紧后体，用扳手固定前体同时旋紧后体，紧固接头务必按照“固定前体，拧紧后体”进行紧固，如图 12-78 所示。

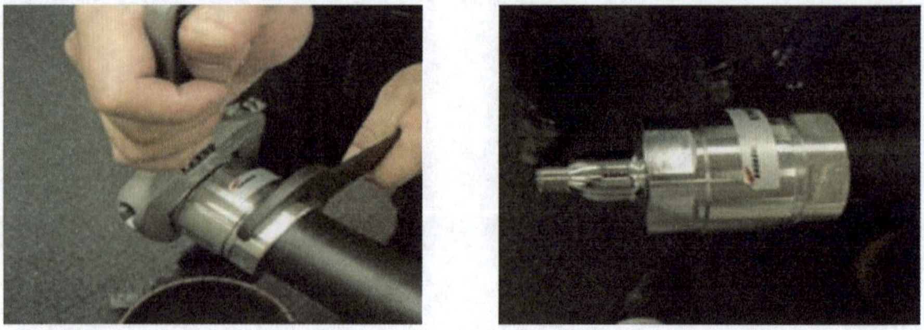

图 12-78　一体式接头拧紧示意图

6. 接头质量检测

(1)用万用表进行接头内、外导体测试,不应短路,轻敲接头,万用表应无变化。

(2)检查接头各部件螺纹是否拧紧。

(3)在漏缆对端安装终端阻抗,本侧用天馈系统测试仪测量驻波比,不应大于 1.5。

(4)接头应保证电性能指标,对于阻抗过大、绝缘不良、衰减偏大的接头应锯断重做。

(5)接头装配好后,应用胶带配合热缩套管做好防水,防止潮气侵入。

7. 漏缆吊挂

隧道内漏缆放入卡具中,并卡上卡具。注意漏缆固定的方向,定位筋应向着墙体(即安放于卡具凹槽内)。

8. 跳线连接

(1)连接跳线时,将跳线接头与漏缆接头相连,并拧紧。

(2)连接终端阻抗时,将终端阻抗与漏缆接头相连,并拧紧。

(3)连接隔直器(直流隔断器、DC 模块)时,将隔直器串接在跳线与漏缆中间,并拧紧。

(4)连接功分器时,将漏缆引出的跳线连接在功分器上,并拧紧。

9. 接头防护

漏缆与跳线或馈线连接后,接头处采用防水胶泥和防水胶带组合对进行防潮处理,将防水胶泥自粘层(黑色)与衬层(白色)剥离开,压住防水胶泥端头(黑色)在漏缆或射频电缆接头端开始缠绕,缠绕部分应超过两端接头 50 mm,缠绕防水胶泥时,必须重叠绕包(重叠量为胶带宽度的 1/3),均匀拉伸胶带,拉伸后宽度为原宽度的 3/4,确保完全粘接,避免松脱,按照上述的方法缠绕防水胶泥两层,拉断防水胶泥,将拉断处平整挤压,使端头自粘到其他防水胶带上,绕包完毕,宜用手在被包覆处挤压防水胶带,使层间贴附紧密无气隙以便充分粘结,如图 12-79 所示。

防水胶泥缠绕后再用防水胶带重复以上步骤,从上到下重叠绕包三层(重叠量为胶带宽度的 1/3),增强抗紫外线、防腐蚀功能并提供机械保护的作用。胶带收尾时要用剪刀剪断并压紧,以免因翘边而影响防潮效果,如图 12-80 所示。

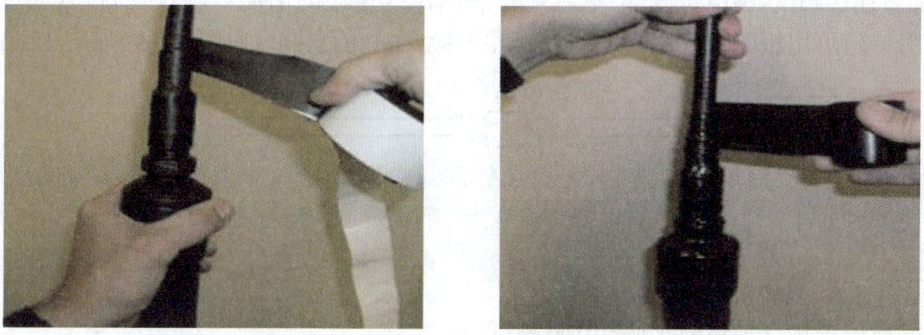

图 12-79　防水胶泥和防水胶带缠绕示意图

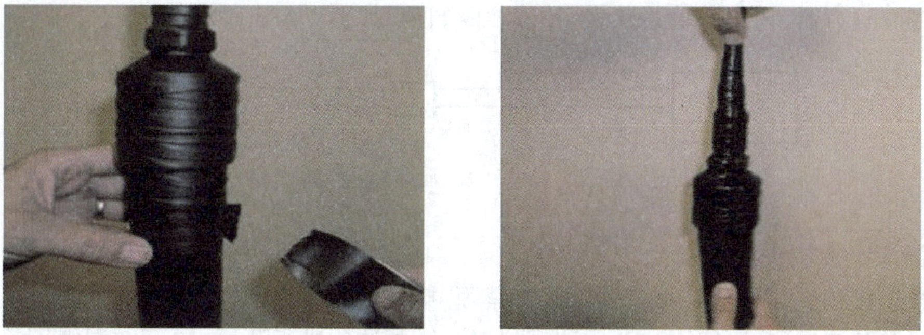

图 12-80　防水胶带缠绕示意图

四、漏泄电缆维护与故障处理

(一)漏泄电缆维护

1. 漏泄电缆维修项目

漏泄电缆维修项目分为日常检修、集中检修、重点整修。

(1)漏泄电缆日常检修

漏泄电缆日常径路检查,采用添乘或徒步巡查方式现场目测检查,检查漏缆固定牢靠,无锈蚀、无缺损;无明显的折、拧现象,无破损,架空引入应平直,挂钩均匀,地下引入应加防护。

(2)漏泄电缆集中检修

①漏缆直流环阻、内外导体绝缘电阻测试、接头检查、整修及更换。

a. 漏泄电缆直流环阻测试

可采用直流电阻测试仪或万用表对直流环阻进行测试,测试方法如下:

校准仪表:测试线连接在电桥上,在 N 头上连接短路头进行校正,并在电桥上读取电阻值 R_1,如图 12-81 所示。

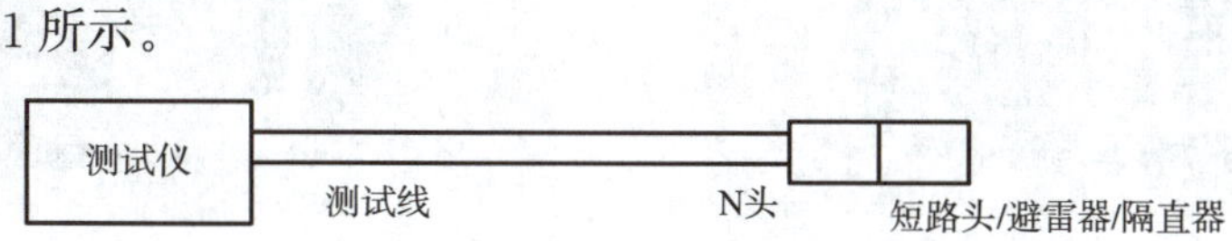

图 12-81　测试仪表校正

校准后连接测试,将电桥和测试线(电桥和测试线重连的话需重新校正)接入漏缆进行测试,漏缆另一端可用短路头或避雷器或隔直器连接,在电桥上读取电阻值 R_2,如图 12-82 所示。

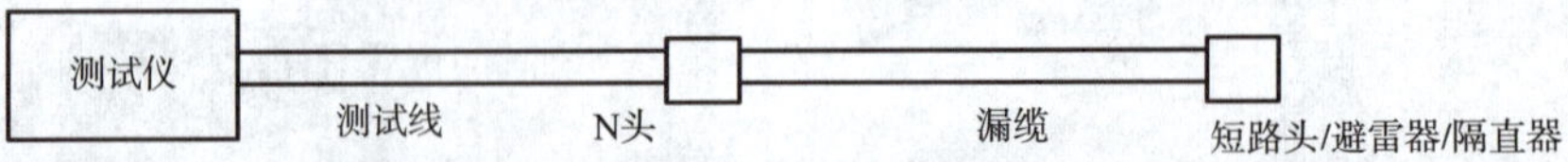

图 12-82 漏缆电缆直流环阻测试连接示意图

环阻值计算:$R_L = R_2 - R_1$。

b. 漏泄电缆内、外导体间绝缘电阻测试

可采用绝缘电阻测试仪对内、外导体间绝缘电阻进行测试,测试方法如下:

将绝缘电阻测试仪和测试线接入漏缆进行测试,漏缆另一端需开路,绝对不能连接短路头/避雷器/隔直器,匀速摇动兆欧表,并读取欧姆值,如图 12-83 所示。

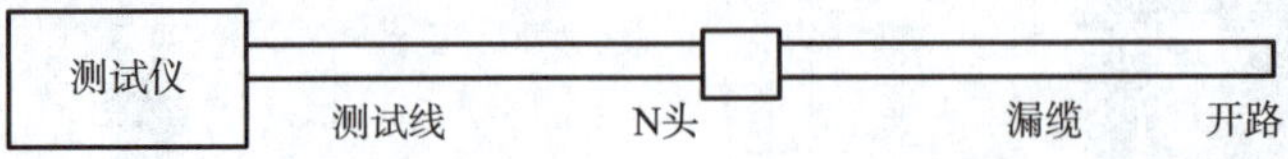

图 12-83 漏泄电缆内、外导体间绝缘电阻测试连接示意图

c. 漏泄电缆接头检查

检查连接接头、隔直器、避雷器等接头紧固、接触良好不松动、防水是否有效。

②漏缆驻波比测试:使用驻波比测试仪对漏缆驻波比进行测试,也可在漏缆网管上操作实施,测试时应并锁闭所在基站或直放站,仪表测试方法如下:

a. 设置驻波比测试仪的频率范围为 885～889 MHz;

b. 对驻波比测试仪进行校准,并根据屏幕提示连接相应校准件,如图 12-84 所示;

c. 将漏缆连接至驻波比测试仪,读取当前最大驻波比值,如图 12-85 所示;

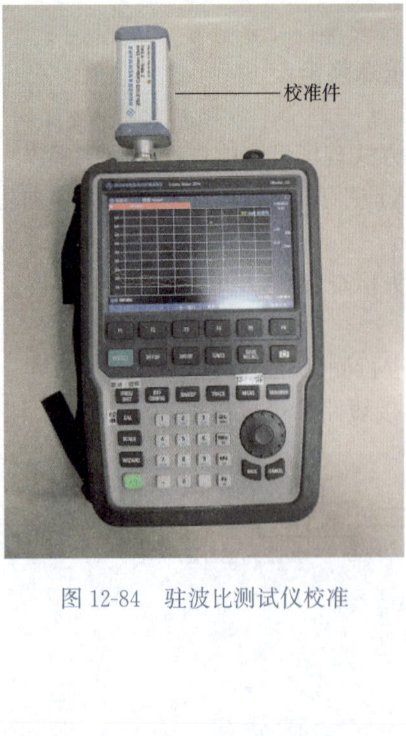

图 12-84 驻波比测试仪校准

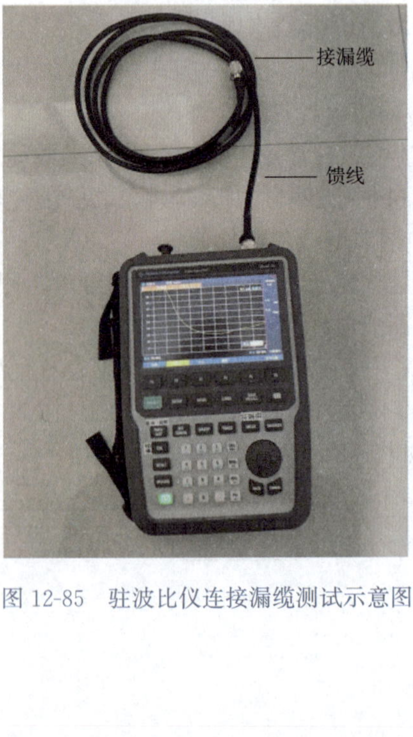

图 12-85 驻波比仪连接漏缆测试示意图

d. 调整驻波比测试仪的频率范围为930～934 MHz；

e. 所测试驻波比值应小于1.5；

f. 测试完成后恢复漏缆连接，网管对比测试后驻波比变化，确认恢复情况。

③漏缆吊挂件、吊线、固定件检查：漏缆吊挂件、吊线、固定件安装牢固，无松动、缺少等情况。

2. 漏泄电缆及杆路集中修

(1)漏泄电缆及杆路中修项目与内容：

①漏泄电缆电特性测试、整修、补强。

②漏泄电缆承力索、支架、吊夹整修，更换；调整吊挂漏泄电缆垂度。

③电杆、拉线、撑杆整修、调整。

④天线及馈缆、漏泄电缆及馈缆接头、阻抗变换器、直流阻断器、功分器、匹配负载、天馈线支架和避雷装置的整修或更换。

⑤防雷保安装置及地线补充和整修。

⑥电源引入缆线的整治、补强或更换。

⑦中继房整修、防护围栏整治加固。

(2)漏泄电缆及杆路中修竣工后，应认真执行施工单位自验、通信段验收、电务部抽验的中修验收制度。

(3)中修交验应具备以下资料：

①工程施工记录。

②检查、验收记录(包含隐蔽工程)。

③竣工、验收资料。

④中修工作总结。

3. 漏泄电缆及杆路大修

(1)漏泄电缆及杆路大修主要工作项目：

①漏泄电缆补强、更换。

②杆路、天线杆补强或更换。

③天馈线系统补强或更换。

④漏泄电缆、防雷等接地设施整修、更换。

⑤中继房大修、防护围栏整治加固。

(2)漏泄电缆及杆路大修工程交验应具备如下文件：

①工程设计文件

主要设备、设施、系统性能或结构强度测试记录及技术资料。

②竣工报告、资料

工程检查、验收及监理记录(包含隐蔽工程)，验收报告。

(二)漏泄同轴电缆的故障处理

1. 漏泄同轴电缆故障信息上报

漏泄同轴电缆的故障一般有漏缆监测系统漏缆监测网管进行监测上报。漏缆监测系统一般由监测设备、监测数据传输链路和监测主机等组成。

漏缆监测系统具有以下功能：

(1)具备漏缆驻波比指标的监测和告警功能。

(2)具备故障定位功能,其故障点位置信息应以电缆的距离和线路的公里标表示。

(3)具备同时监测至少两条漏缆的功能。

(4)具备从本地维护接口读取、存储及导出数据的功能。

(5)具备将主机(现场采集单元)的相关信息经数据传输链路传送至网管系统的功能。

(6)网管功能:具备配置、查询、故障管理、安全管理、日志管理、时间同步、信息上传等功能。

2. 漏泄同轴电缆常见故障

(1)漏缆本缆或接头处进水。

告警内容:漏缆监测网管上报漏缆××m处驻波比大1.5告警。

产生的告警告警原因分析:漏泄同轴电缆进水的原因有人为因素和自然的因素。自然因素是由于漏缆外皮老化,雨水渗透到漏缆内,晴天时漏缆没有驻波比告警,阴天或下雨时,漏缆监测网管即有驻波比告警。人为因素造成漏缆进水的情况较多,主要包括漏缆接地处、接头处没有密封好,漏缆安装时造成漏缆外皮破损,雨雪天气水气进入漏缆,产生驻波比告警。

处置方法:将漏缆接头打开发现接头处有水气,将漏缆头朝下将积水倒出并晾干,重新制作漏缆接头做好密封处理;或更换受损、老化区段漏缆,重新制作漏缆接头,测试正常后接入系统,漏缆监测网管显示该区段驻波比小于1.5。

结论:漏缆接头密封防水未做蜜贴或漏缆受损老化,同时隧道冲洗作业大量水直接冲淋在漏缆上,导致漏缆接头进水。漏缆进水同金属异物一样会产生大量回波信号,同时也会导致内芯与屏蔽层的短路,产生高驻波比。

(2)漏缆接头内有金属异物产生的告警

告警内容:直放站故障定位单元告警,驻波比异常。

故障处理:打开故障点处漏缆接头,发现芯线内部有未清理干净的铜屑,应该是漏缆接头时,用钢锯弓锯缆时产生的铜屑,进入内芯却未处理干净。处理干净后再次测试驻波值恢复正常。

结论:由漏缆故障定位单元发出的扫频信号会在金属异物处产生大量的回波信号,故障定位单元对此信号进行响应处理。

(3)直流隔断器故障。

告警内容:直放站故障定位单元驻波告警值大于1.5。

故障处理:断开接头处1/2跳线后取下直流隔断器,将2个方向漏缆头直接以1/2跳线连接,经测试故障消失。更换新的直流隔断器后经测试正常,故障排除。

结论:依据标准漏缆每500 m应加装一个直流隔断器,阻断直流通路,同时不影响信号传输。直流隔断器技术标准中在100~1 500 MHz频段电压驻波比应小于1.06,而换下的直流隔断器经测试驻波值已高达1.6,无法使用。直流隔断器驻波值高的原因主要有两个:

①施工过程中直流隔断器产生了磕碰导致内部零件松动或错位。

②接触网带电后对漏缆及直流隔断器产生的影响。

(4)其他可能导致的告警问题

①漏缆接头制作质量不不符合要求

漏缆头的制作非常关键。漏缆头应严格按照规范来制作,制作漏缆接头时,漏缆的内芯不得留有任何遗留物。接头必须紧固无松动、无划伤、无露铜、无变形。

在做接头时，控制好连接接头的力量和连接接头的扭矩（一般扭矩为 25～30 N/m），最好选用扭矩扳手。如果扭矩过大，会造成接头损伤，致使接头严重不匹配；如果扭矩过小，接头松动，会产生三阶交调干扰，影响通信质量。

漏缆驻波比告警大多就是由于在漏缆头制作或安装时造成的问题，导致漏缆驻波比过大而告警。

②漏缆及 1/2 跳线的布放工艺不达标

漏缆从漏缆盘中抽出到上挂到漏缆吊架的过程中应避免在地面上拖动，防止被尖锐物体划伤、进水导致故障。

漏缆吊架设计间隔 1 m 一个，漏缆上挂应保证平滑，没有明显硬弯，其弯曲半径不小于 2 m。漏缆接头处用 1/2 跳线连接，同时加装一个直流隔断器。1/2 跳线布放时，弯曲半径不小于 20 cm。跳线与漏缆接头、直流隔断器连接处应牢固可靠，防止晃动，密封良好，同时缠上防水胶布和胶泥，以防止进水。跳线用 1/2 馈线卡固定，防止晃动，松紧适宜，严禁打硬折、死弯，以免损伤跳线。

③产品自身质量导致的驻波告警

目前铁路所使用的漏缆、7/8 馈线、1/2 馈线等产品出厂均经过严格检测，有产品合格证书。同时材料进场时在监理监督下进行单盘测试，基本杜绝了因产品质量导致驻波告警的可能性。但把关不严会出现产品质量导致的驻波问题，最终因更换产品缺陷漏缆导致误时误工，应汲取教训，严把质量关，避免此类问题。

复习思考题

1. 简述三维直放站面板指示灯的含义。
2. 移动通信系统由哪几部分组成？
3. GSM-R 系统由哪几部分组成？
4. 天线的基本特性有哪些？
5. 无线列调通信系统由哪几部分组成？
6. 450 MHz 的列车无线调度通信有哪些局限性？
7. 简述漏泄电缆的构成。

第十三章　通信电源及动力与环境监控系统

通信电源作为通信系统的“心脏”,在通信系统中具有无可比拟的地位。动力与环境监控系统可对通信机房电源系统的各种指标、机房内的温度、湿度、烟雾、水浸、门禁和空调等异常情况进行集中监控、管理并报警,以便及时发现和排除各机房内的异常情况,确保系统安全可靠运行。

第一节　通信电源系统

一、通信电源系统概述

通信电源为通信设备提供稳定可靠的交、直流供电。电源的安全、可靠是保证通信系统正常运行的重要条件。通信设备对电源系统的要求包括：

(1)可靠性、稳定性、效率高。

(2)模块化、小型化、自动化、智能化。

(3)低压、大电流,多组供电电压需求。

(4)能实现集中监控。

二、通信电源系统组成

铁路通信电源系统一般由外供电源、交流供电系统、直流供电系统、接地系统、防雷系统组成。其中交流供电系统设备包括交流配电设备、不间断电源(UPS)和蓄电池组;直流供电系统设备包括高频开关电源设备(含交流配电设备、整流设备、直流配电设备)和蓄电池组,如图 13-1 所示。

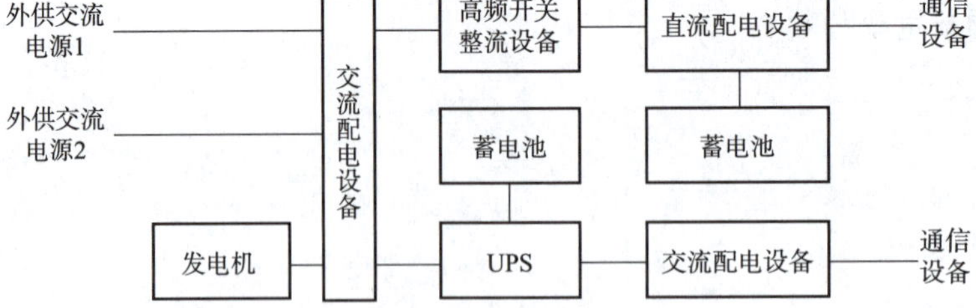

图 13-1　通信电源系统构成示意图

1. 外供电源

外供电源由外供交流电源及自备发电电源组成。外供交流电源可从铁路地区变、配电所,铁路专用专盘专线电源,电力贯通线电源,自动闭塞电力线电源及地方电源接引。自备发电电源可采用光伏发电系统、风力发电系统、燃油发电机等。

实际应用中，通信外供交流电源主要由铁路电力专业（又称“路电”）供电，对个别铁路供电不能覆盖的通信机房采用地方电源（又称“市电”）供电。对于特别重要的通信机房（如调度所、通信枢纽机房）通常设置固定式燃油发电机组作为备用电源。

铁路电力外供交流电源负荷分级：

根据供电可靠性要求及终端供电对人身安全、经济损失或影响程度，将铁路用电负荷分为一级负荷、二级负荷、三级负荷。一级负荷由双重电源（即两路相互独立的电源）分别供电至用电设备或低压双电源切换装置处。当一路电源发生故障时，另一路电源不应同时受到损坏。对于特别重要场所的不允许间断供电的一级负荷还应增设后备电源，后备电源包括蓄电池组和备用发电设备等。二级负荷可由来自同一变电所的两路电源线路供电，在负荷较小或地区供电条件困难时，可由一路电源线路供电。三级负荷可由一路电源供电。

通信机房用电负荷多为一级负荷，由双路外供交流电源供电。一般来说，高铁线通信设备、通信站设备以及自动闭塞区段的通信设备为一级负荷；非自动闭塞区段的通信设备以及为通信设备配置的空调设备为二级负荷。

2. 交流供电系统

交流供电系统由交流输入配电设备、不间断电源设备（UPS）、蓄电池组、交流输出配电设备等组成。系统结构如图 13-2 所示。

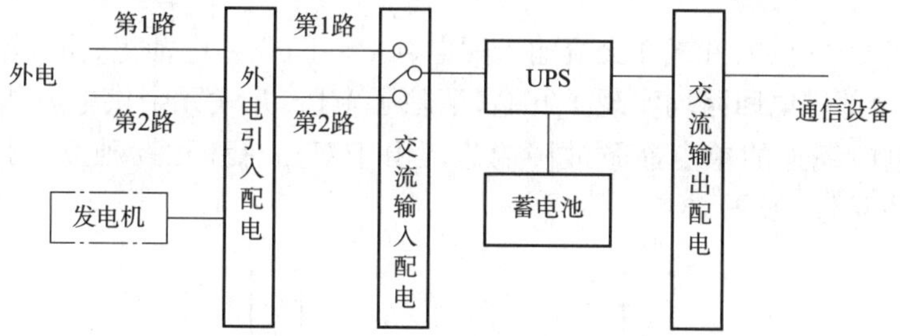

图 13-2　交流供电系统组成

铁路通信交流供电系统常用供电方式有三种：单机 UPS 供电方式、并联冗余 UPS 供电方式、独立双总线 UPS 供电方式。

（1）单机 UPS 供电方式

单机 UPS 供电方式指单台 UPS 给负载供电，UPS 宕机可能造成负载掉电，可靠性较低。单机 UPS 供电方式如图 13-3 所示。

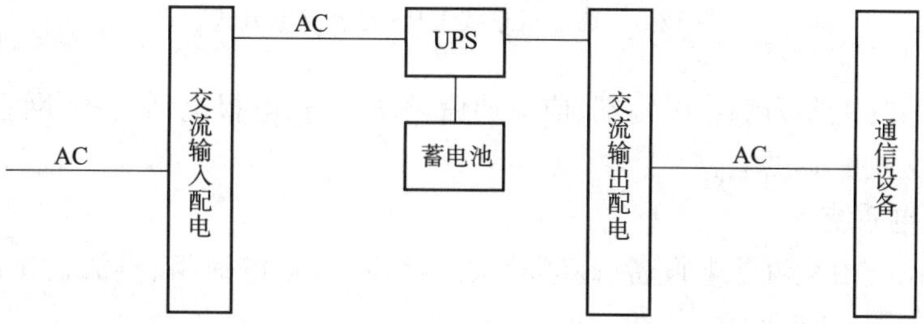

图 13-3　单机 UPS 供电方式

(2)并联冗余 UPS 供电方式

并联冗余 UPS 供电方式常用 $N+1$ 并联冗余，即用 N 台、(热)备 1 台，各 UPS 的输出端并联在同一母排上，并联台数越多，控制电路越复杂，系统稳定性越低，因此一般规定，UPS 并联台数不宜超过三台。与单机 UPS 供电方式相比，并联冗余 UPS 供电方式优点是降低了故障率，缺点是建设投入成本更高。并联冗余 UPS 供电方式如图 13-4 所示。

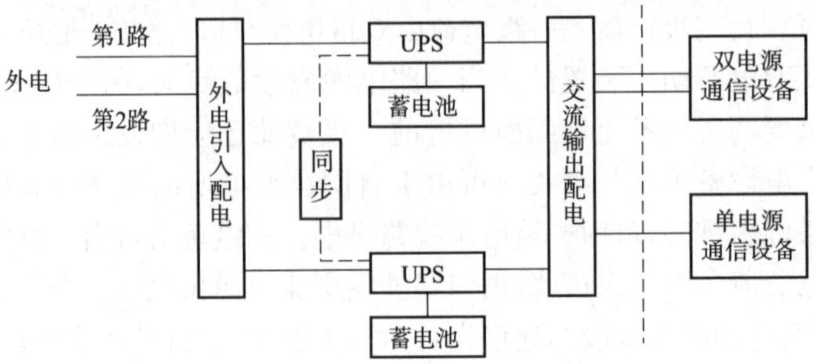

图 13-4 并联冗余 UPS 供电方式

(3)独立双总线 UPS 冗余供电方式

独立双总线 UPS 供电方式中，其中任一路 UPS 设备的容量能支持全部通信设备的长期交流供电。

独立双总线 UPS 供电方式在交流输入配电、UPS 主机、蓄电池组、输入输出配电设备供电电缆等 UPS 全部供电回路均实现了冗余，消除了 UPS 并联冗余供电方式中输入输出配电设备以及供电电缆上的单点瓶颈故障隐患。由于双路总线相互独立，可以完善地解决 UPS 系统的可维护性，如图 13-5 所示。

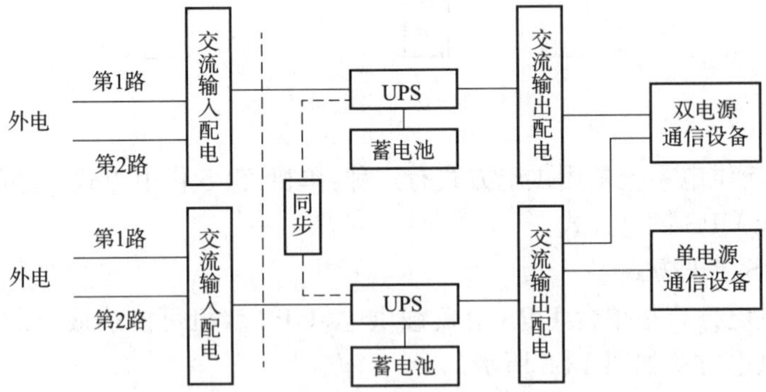

图 13-5 独立双总线 UPS 冗余供电方式

交流供电系统主要为触摸屏终端、应急通信局端设备、电报电话设备、网管设备、综合视频等设备提供交流电源供电。

3. 直流供电系统

直流供电系统由交流配电设备、高频开关整流设备、蓄电池组、直流输出配电设备等组成。系统结构如图 13-6 所示。

通信直流供电系统的供电方式分为单系统供电方式和双系统供电方式两种。

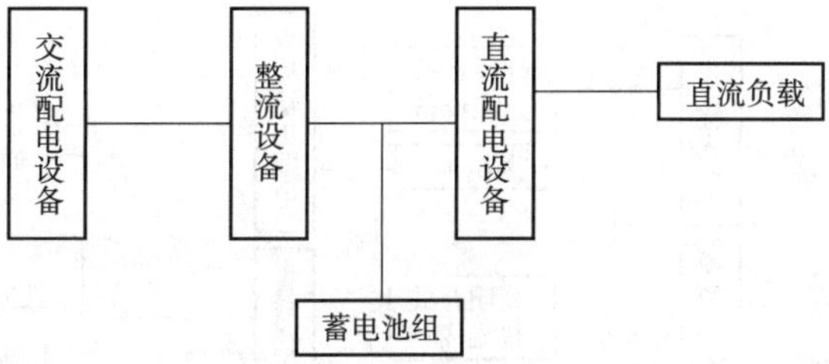

图 13-6　直流供电系统组成

(1)直流单系统供电方式

直流单系统供电方式如图 13-7 所示。一套高频开关电源设备后备两组蓄电池，对于双电源负载，从同一套配电设备中引出双路电缆为其供电，通常称为单系统双回路供电方式。系统的整流模块采用冗余并联工作方式，支持热插拔，当某个模块发生故障时自动退出运行，不影响系统正常供电，大幅缩短了故障的在线维修时间；另外，直流供电系统中的蓄电池组直接并接在直流输出母排上，相当于两个不同性质的电源并在一起为通信设备供电，提高了供电的可靠性。但是，输入输出配电环节仍然存在单点故障隐患。普速线路车站机房、区间基站机房通常采用直流单系统供电方式。

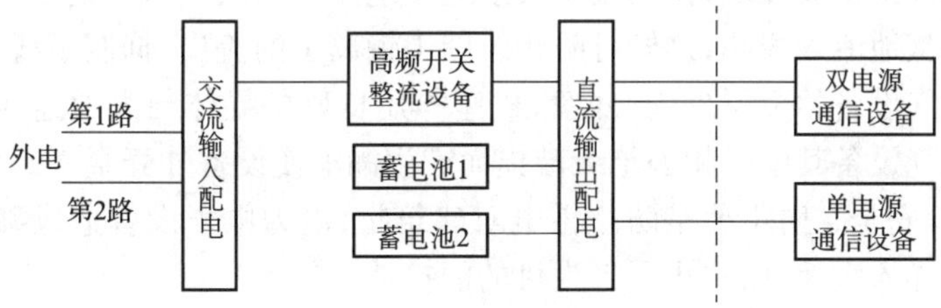

图 13-7　直流单系统供电方式

(2)直流双系统供电方式

直流双系统供电方式如图 13-8 所示。建设两套完全独立的高频开关电源系统，对于双电源负载，从两系统的套配电设备中各引出一路电缆为其供电，通常称为双系统双回路供电方式。每套系统的容量均应满足全部负载和本系统后备电池组充电电流之和。一套系统在维修更换时，另一套系统能支持全部负荷长期供电。

为提高供电系统可靠性，在外电引入配电后，设置双套交流输入配电设备；对于双电源通信设备，采用直流双母线供电，从两套直流系统分别引出一路，为双电源负载供电；每套系统仅配置一组蓄电池组即可。双系统、双母线供电方式，交流输入配电、整流器、蓄电池组、直流输出配电及供电电缆，均具备冗余，供电安全性很高。铁路通信枢纽、通信网管中心、调度所、GSM-R 网络核心节点等一类通信机房通信电源系统通常采用直流双系统供电方式。

与交流供电系统相比，直流供电系统中的蓄电池组直接并接在直流输出母排上，相当于两个不同性质的电源并在一起为通信设备供电，蓄电池与负载之间不存在类似 UPS 的直流—交流逆变装置，因此直流供电系统可靠性高于交流 UPS 供电的可靠性，故铁路通信电源仍以直流电源系统为主。

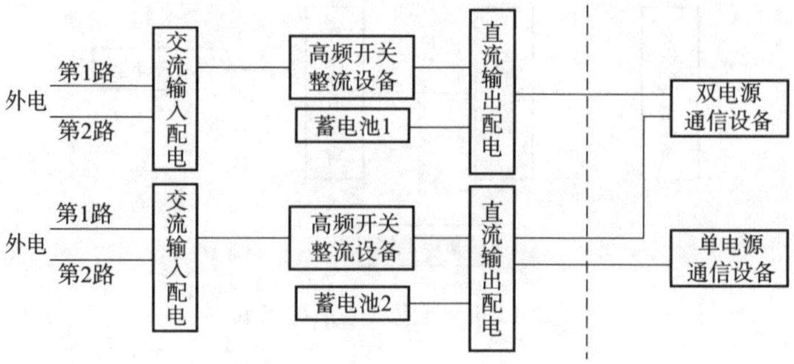

图 13-8 直流双系统供电方式

4. 接地与防雷系统

接地系统由接地体、接地引入线、接地汇集线、接地线四部分组成。接地系统是通信电源系统的重要组成部分,它不仅直接影响通信的质量和电力系统的正常运行,还起到保护人身安全和设备安全的作用。防雷系统由避雷针、接地引下线、接地体、等电位连接、各级浪涌保护器(SPD)组成。

在通信电源接地系统中,按用途可分为工作接地系统、保护接地系统、防雷接地系统。工作地即直流电源的正极接地,作用是正极接地使电路中的电位低于地电位,使有线圈的电器的漏电流方向从地流入线圈,这样可防止线圈中铜离子的流出,抑制了线圈的腐蚀。保护地就是把电子电气设备的金属外壳、底盘、机座等用良好的导体与大地连接成等电位,其作用防止当电子电气设备其中一相因绝缘破损而产生漏电使设备外壳金属部份产生过大的对地电压,危及人身安全。防雷地是防止雷电对建筑物,电力电子设备造成破坏的接地,作用是把雷电流迅速导入大地,以防止雷害为目的的接地。

5. 铁路通信设备雷电综合防护实施

(1)通信机房(楼、站、机械室,以下均统称通信机房)应采用外部防雷和内部防雷措施进行综合防护,如图 13-9 所示。

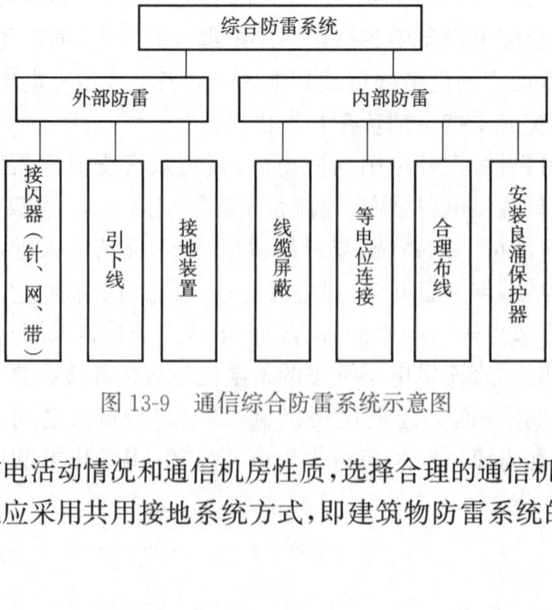

图 13-9 通信综合防雷系统示意图

(2)应根据当地雷电活动情况和通信机房性质,选择合理的通信机房的雷电防护措施。

(3)通信机房接地应采用共用接地系统方式,即建筑物防雷系统的接地装置、建筑物金属构件、低压配电保护线(PE)、防静电接地以及通信设备的工作接地、保护接地、防雷接地等连接在一起构成共用的接地系统。当条件具备时应接入铁路综合接地系统。

(4)邻近信号机房的通信接地系统应充分利用信号机房既有的雷电综合防护装置。

(5)位于非通信机房(信号、信息、电力等机房)中的通信设备应与建筑物内其他系统共用接地装置,该共用接地装置的接地电阻值应符合设计规定。

(6)当通信机房与其他专业机房不共地时,相应的数字通信电缆/端口应进行光电隔离。

6. 通信机房外部防护与内部防护

通信机房外部防护措施包括安装避雷网、避雷带、引下线(或利用建筑物内主钢筋)、设置地网以及通信铁塔的接地与防护。内部防护措施主要包括设置接地汇集线、等电位连接、线缆屏蔽及合理布线以及加装浪涌保护器(SPD)等防护项目。

三、高频开关电源

高频开关电源将交流电源转换成－48 V 的直流电源,为通信设备提供电源,通过同蓄电池的配合使用,可保证通信设备的不间断供电。可提供负载下电和电池低电压保护、故障告警及保护、提供多路、多规格直流输出、监控等功能。

1. 高频开关电源的分类

按照安装方式,高频开关电源可分为落地式、壁挂式等;按照组成结构,可分为组合式和分立式两种。

组合式高频开关电源设备是指将交流配电设备、整流设备、直流配电设备等组成部分合设于一个机柜。系统容量较小,通常满配容量在 600 A 及以下,系统输入电压为 220 V 或 380 V。

分立式高频开关电源设备是指:交流配电设备,整流设备、直流配电设备分别设于独立的机柜。容量较大,通常满配容量可达几千安培,系统输入电压为 380 V。

高频开关电源整流模块的系列通常为 15 A、20 A、30 A、50 A、100 A,其中后 3 种为铁路通信常用型号。

高频开关电源系统的容量一般为 90 A、120 A、150 A、200 A、300 A、600 A、1 000 A、1 500 A、2 000 A、3 000 A。

目前,300 A 及以下系统常用 30 A 整流模块;300～600 A 系统,常用 50 A 整流模块;600 A 以上系统采用 100 A 整流模块。

2. 高频开关电源系统的组成及工作方式

高频开关电源系统由交流输入配电、高频开关整流器、直流输入配电以及监控单元组成,如图 13-10 所示。

高频开关电源系统在稳压工作的基础上,与蓄电池组并联以浮充工作方式或均充工作方式向通信设备供电。

浮充工作方式是指高频开关电源系统以浮充充电电压对和负载并联的蓄电池组进行小电流充电,以补充蓄电池组自身的电量损失。均充工作方式是指高频开关电源系统以均衡充电电压对和负载并联的蓄电池组进行大电流充电,以补充蓄电池组放电的电量损失及符合蓄电池定期进行均衡充电的要求。

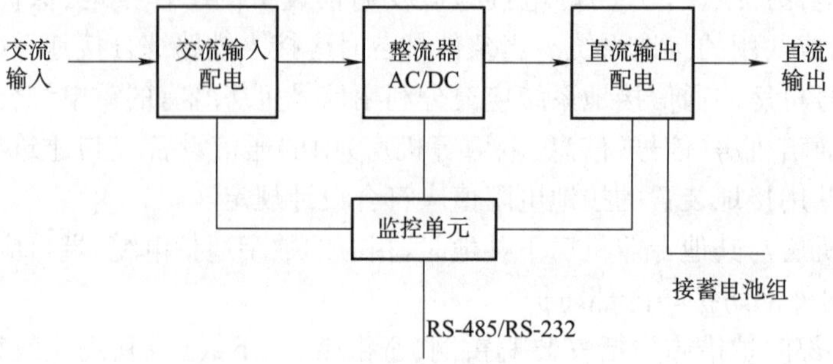

图 13-10　高频开关电源系统组成

在外部交流电正常时,交流电经高频开关电源整流后,向通信设备供电同时向蓄电池组浮充充电;当交流电停电时,由蓄电池组放电向通信设备提供直流不间断供电;当外部交流电恢复供电时,高频开关电源除了保证通信设备的不间断供电外,同时也向蓄电池组充电。如果蓄电池组在外电中断过程中放出电量较多,达到均充启动条件,外部供电恢复后,高频开关电源以均充工作方式向蓄电池组充电,当蓄电池组电量充满后转入浮充方式运行。

高频开关电源整流模块采用冗余并联均分负载的工作方式,支持热插拔,当某个模块发生故障时自动退出运行,不影响系统正常供电。

3. 高频开关电源的基本原理

(1)高频开关电源整流器的组成

高频开关电源主要部分为整流器,通常由工频滤波电路、工频整流电路、功率因素校正电路、直流—直流变换器和输出整流滤波器等部分组成,其组成方框图如图 13-11 所示。

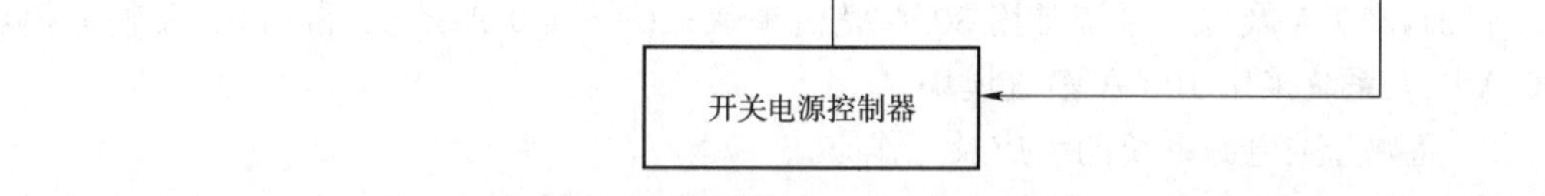

图 13-11　高频开关整流器组成方框图

图中输入电路的作用是将交流输入电压整流滤波变为平滑的高压直流电压;功率变换器的作用是将高压直流电压转换为频率大于 20 kHz 的高频脉冲电压;整流滤波电路的作用是将高频的脉冲电压转换为稳定的直流输出电压;开关电源控制器的作用是将输出直流电压取样,来控制功率开关器件的驱动脉冲的宽度,从而调整开通时间以使输出电压可调且稳定。

(2)高频开关电源的特点

①重量轻,体积小

采用高频技术,去掉了工频变压器,与相控整流器相比较,在输出同等功率的情况下,高频开关整流器的体积仅为相控整流器的 1/10，重量也接近 1/10。

②功率因数高

相控整流器的功率因数随可控硅导通角的变化而变化，一般在全导通时，可接近 0.7 以上，而小负载时，仅为 0.3 左右。经过校正的开关电源功率因数一般在 0.93 以上，并且基本不受负载变化的影响(对 20%以上负载)。

③可闻噪声低

在相控整流设备中，工频变压器及滤波电感工作时产生的可闻噪声较大，一般大于 60 dB。而高频开关电源在无风扇的情况下可闻噪声仅为 45 dB 左右。

④效率高

高频开关电源采用的功率器件一般功耗较小，带功率因数补偿的高频开关电源其整机效率可达 88%以上，较好的可做到 91%以上。

⑤冲击电流小

开机冲击电流可限制在额定输入电流的水平。

⑥模块式结构

由于体积不大，重量轻，可设计为模块式结构，目前的水平是一个 2 m 高的 19 英寸(in)机架容量可达 48 V/1 000 A 以上，输出功率约为 60 kW。

⑦可靠性高

高频开关电源的功率调整管工作在开关状态，可以模块化设计，通常按 $N+1$ 备份，组成的系统可靠性高。

⑧负荷均分

一套高频开关电源系统至少需要两个高频开关电源模块并联工作，大的系统甚至多达数十个电源模块并联工作，这就要求并联工作的电源模块能够共同平均分担负载电流，即均分负载电流。均分负载电流的作用是使系统中的每个模块有效地输出功率，使系统中各模块处于最佳工作状态，以保证电源系统的稳定、可靠、高效地工作。

四、UPS 电源

1. UPS 概念

UPS 是不间断供电电源系统的英文简称，是能够持续、稳定、不间断向负载供电的一类重要电源设备。从广义上说，UPS 包含交流不间断电源系统和直流不间断电源系统。长期以来，已习惯于把交流不间断电源系统称为 UPS。

2. UPS 分类

(1)按产品设计结构分为：整机式(又称塔式)UPS 和模块化 UPS。

(2)按输入输出交流电源配电方式分为：单入单相输入/单相输出 UPS，适合小容量 UPS，一般 10 kVA 及以下；三相输入/单相输出 UPS，适合容量稍大些 UPS，一般 10～20 kVA；三相输入/三相输出 UPS、适合中大容量 UPS，一般 10 kVA 以上均可，单机容量目前可达 1 200 kVA。

随着半导体技术的发展，采用了大功率逆变技术和强电流电子开关，来实现大功率的电能转换。这种电能转换电路，不论是主电路还是其他控制电路，均采用半导体固体器件，故称固态不停电电源或静止型不停电电源，简称静态 UPS。静态 UPS 的基本框图如图 13-12 所示。

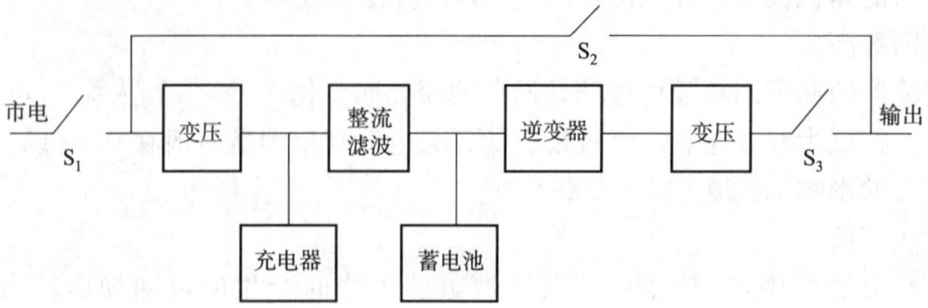

图 13-12 静态 UPS 框图

静态 UPS 从工作方式上可分为三类,后备式(OFF—LINE)UPS;在线式(ON—LINE)UPS;在线互动式 UPS。目前通信机房中使用的大部分为在线式 UPS,下面主要介绍在线式 UPS。

在线式 UPS 是指不管电网电压是否正常,负载所用的交流电压都要经过逆变电路,即逆变电路始终处于工作状态,在线式 UPS 一般为双变换结构。所谓双变换是指 UPS 正常工作时,电能经过了 AC/DC、DC/AC 两次变换后再供给负载。当然为了提高系统的可靠性,双变换在线式 UPS 一般增加了自动旁路电路。目前在用关键设备对电源要求相当高、输入功率也相当大,大量采用了在线式 UPS。

在线式 UPS 由整流滤波电路、逆变器、输出变压器及滤波器、静态开关、充电电路、蓄电池组和控制监测、显示告警及保护电路组成,如图 13-13 所示。

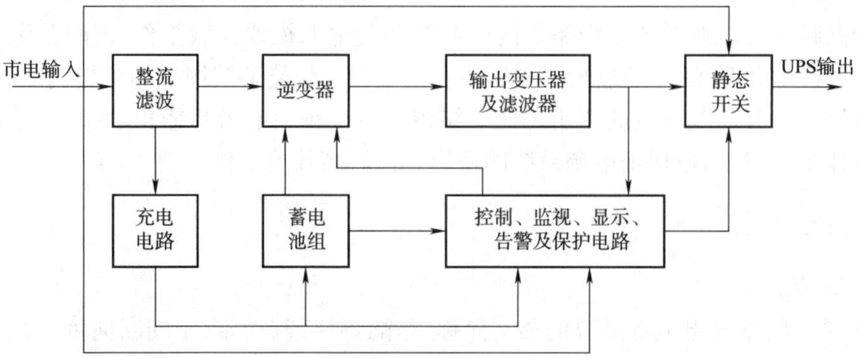

图 13-13 在线式 UPS 组成方框图

在线式 UPS 的输出电压波形通常为标准正弦波。

市电正常时,输入电压经整流滤波电路后,给逆变器供电,逆变器输出经过输出变压器输出滤波电路将 SPWM 波形变换成纯正弦波。同时,整流电压经充电器给蓄电池补充能量。在这种工作状态下,市电经整流滤波器、逆变器及静态开关给负载供电,并由逆变器完成稳压和频率跟踪功能。

市电正常但逆变器出现故障或输出过载时,UPS 工作在旁路状态。静态开关切换到市电端,市电直接给负载供电。如果静态开关的转换因逆变器故障引起,UPS 将发出报警信号,如果因过载引起静态开关转换,过载消失后,静态开关将重新切换到逆变器端。控制监测、显示告警及保护电路提供逆变、充电、静态开关转换所需的控制信号，并显示各自的工作状态。UPS出现过压、过流、短路、过热时，及时报警并同时提供相应保护。比如，负载发生短路时，保护电路很快关断逆变器，使其免受损害，静态开关也不转换到市电，短路消失后，逆变器重新启动，恢复供电。

在线式UPS中，无论市电是否正常，都由逆变器供电，所以市电故障瞬间，UPS的输出不会间断。另外，由于在线式UPS加有输入EMC滤波器和输出滤波器，所以来自电网的干扰能得到很大衰减；同时因逆变器具有很强的稳压功能，所以在线式UPS能给负载干扰小、稳压精度高的电压。

五、蓄电池组

1. 蓄电池结构及工作原理

(1)蓄电池结构

蓄电池通常是指铅酸蓄电池，它是电池中的一种，属于二次电池。蓄电池结构如图13-14所示。

(2)工作原理

①蓄电池充电

蓄电池充电过程是电能转化成化学能的过程，充电电压和电流要合适，偏大和偏小均会影响蓄电池的寿命。

②蓄电池放电

蓄电池放电过程是通过蓄电池的化学反应，实现化学能转化成电能的过程。

2. 蓄电池的作用

(1)后备电源，在交流电异常或整流器不工作的情况下，由蓄电池单独为通信负载提供安全、稳定、可靠的电力保障，确保通信设备的正常运行。

(2)平滑滤波，在市电正常时，与整流器并联运行。由于对低频谐波电压呈现极小电阻，蓄电池对整流器的输出纹波电压具旁路功能，起到了平滑滤波的作用。

(3)调节系统电压。

(4)动力设备的启动电源。

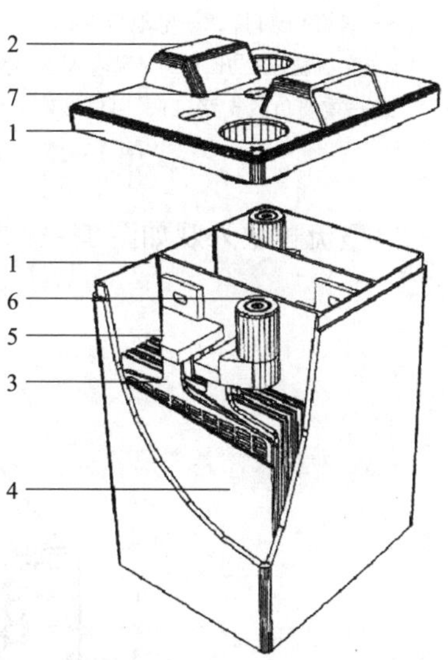

1—蓄电池槽、盖；2—提手；3—正负极群；4—微细玻璃纤维隔板；5—汇流排；6—端子；7—安全阀。

图13-14　蓄电池结构图

六、通信电源设备

目前铁路通信电源设备主要为艾默生、中兴、中达、华为等厂家的设备，现以华为电源设备进行介绍。

(一)华为高开MTS9603B-N20R1

1. 华为高频开关电源设备MTS9603B-N20R1内部结构如图13-15所示。

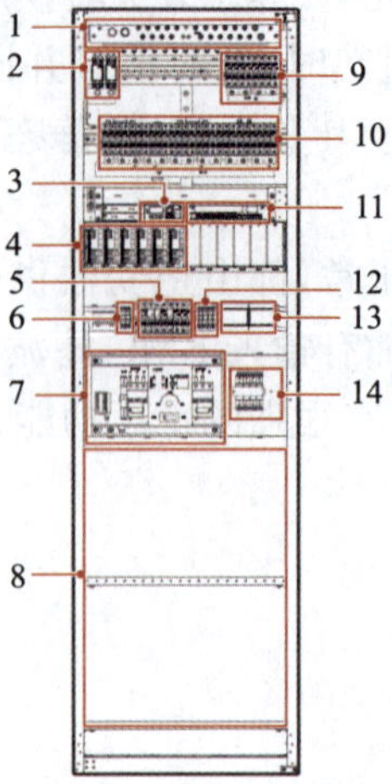

1—RTN+母排;2—电池熔丝;3—监控模块 SMU02C;4—整流模块安装空间(最大支持 6PCS 整流模块);5—交流输出空开;6—交流输入 N 端子;7—交流切换开关 ATS;8—铅酸电池安装空间;9—次要负载支路;10—重要负载支路;11—用户接口模块 UIM03F1;12—交流输出 N 端子;13—交流电表;14—交流防雷器。

图 13-15　华为高开 MTS9603B-N20R1 内部结构图

2. 整流模块外观如图 13-16 所示。

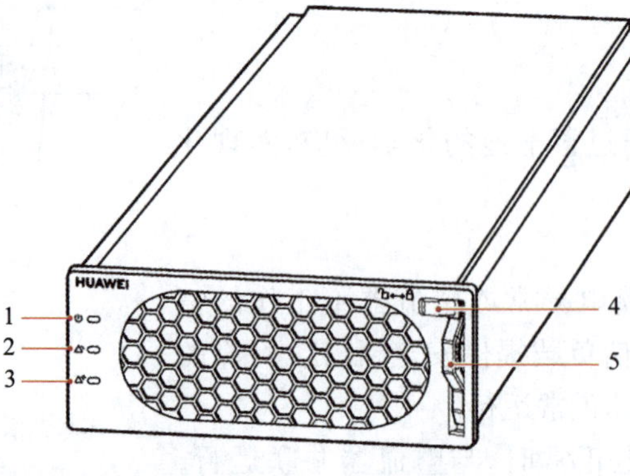

1—电源指示灯;2—告警指示灯;3—故障指示灯;4—拨销;5—把手。

图 13-16　整流模块外观图

整流模块指示灯含义见表 13-1。

表 13-1　整流模块指示灯含义

指示灯	颜　色	状　态	说　明
电源指示灯	绿色	常亮	整流模块有交流输入
		常灭	无交流输入
			整流模块内部损坏
		0.5 Hz 闪烁	人工查询状态
		4 Hz 闪烁	整流模块处于应用程序加载状态

续上表

指示灯	颜　色	状　态	说　明
告警指示灯	黄色	常灭	整流模块无保护告警
		常亮	环境温度过高引发预告警。 环境温度过高或过低保护关机告警
			交流输入过欠压保护
			整流模块休眠关机
		0.5 Hz 闪烁	整流模块与外部通信中断
故障指示灯	红色	常灭	整流模块无故障
		常亮	输出过压锁死
			整流模块内部故障引起的无输出

3. 监控模块 SMU02C 外观如图 13-17 所示。

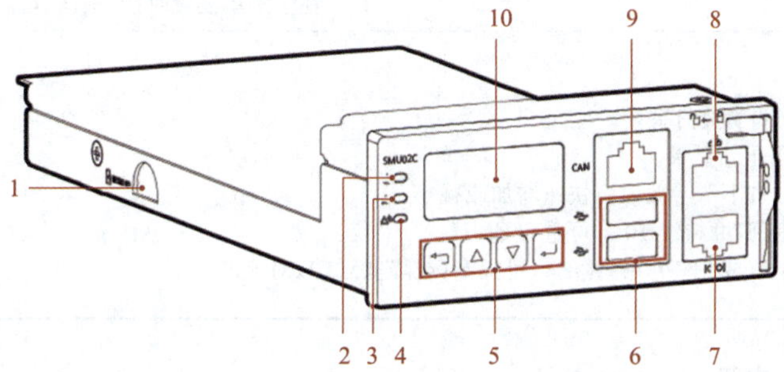

1—SD 卡槽；2—运行指示灯；3—次要告警指示灯；4—重要告警指示灯；5—按键；
6—USB 接口(该端口支持安全保护机制)；7—通信口 RS-485/RS-232；8—通信口 FE；
9—通信口 CAN；10—液晶显示屏。

图 13-17　监控模块 SMU02C 外观图

监控模块 SMU02C 指示灯含义见表 13-2。

表 13-2　监控模块 SMU02C 指示灯说明

名　称	颜　色	状　态	说　明
运行指示灯	绿色	常灭	监控模块故障或无直流输入
		慢闪(0.5 Hz)	监控模块正常工作，与上位机通信正常
		快闪(4 Hz)	监控模块正常工作，与上位机通信不正常
次要告警指示灯	黄色	常灭	无次要告警和提示告警
		常亮	有次要告警或提示告警
重要告警指示灯	红色	常灭	无紧急告警和重要告警
		常亮	有紧急告警或重要告警

监控模块 SMU02C 按键说明见表 13-3。

表 13-3 监控模块 SMU02C 按键说明

按键标识	按键名称	说　明
	上	按"上"或"下"可以翻阅菜单或选择参数
	下	
	返回	按"返回"可退回上一级菜单并且不保存所设置菜单值
	确认	在待机屏时,按"确认"可进入主菜单。 在主菜单中按"确认"可进入下一级子菜单。 在子菜单设置时按"确认"可以保存菜单选项值
说明: 30 s 内无按键操作 LCD 背光灯关闭。 1 min 内无按键操作需重新登录。 设置参数时长按"上"或"下",参数值将快速增加或减小。 同时按下"确认"和"返回"并持续 10 s,可重启 SMU。 同时按下"确认"和"上"(或"下")并持续 2 s,可提高(或降低)LCD 对比度		

(二)华为 UPS 电源

1. UPS 型号说明见表 13-4。

UPS2000-G-3KRTLL

1　2　3　4　5　6　7

表 13-4 UPS 型号说明

标　识	含　义	取　值
1	产品大类	UPS:Uninterruptible Power System 缩写,表示 UPS 产品
2	产品系列	2000
3	产品小类	G:系列名称
4	输出容量	3 K:3 kVA
5	机器形态	RT:表示塔式机架互换
6	长机	L:Long 的缩写,表示需要外置大容量电池组,提供长时间备电时间的机型
7	外置电池类型	L:LFP 锂电池

2. 华为 UPS(3 kVA)前后视图如图 13-18 所示。

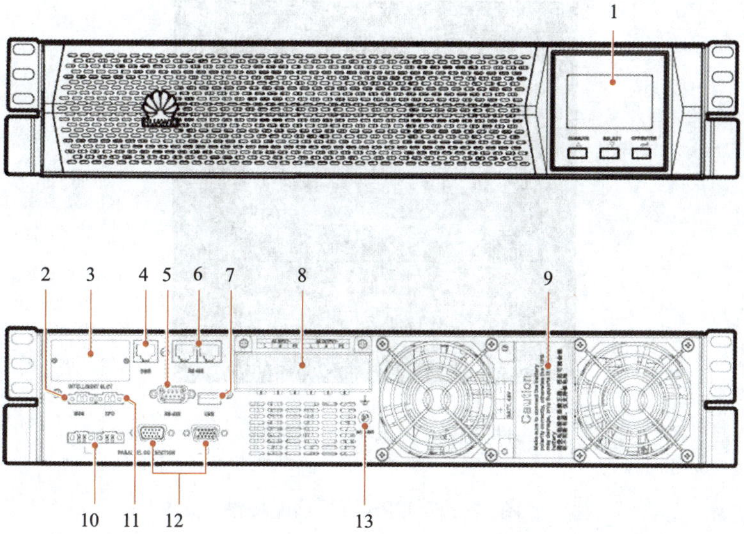

1—液晶显示屏；2—维修旁路模式接口(MBS)；3—选配卡插槽；4—BMS 接口；5—RS-232 通信接口 b；
6—RS-485 通信接口(接北向设备)；7—USB 接口 a；8—交流输入、输出端子(盖板下方)；
9—电池输入端子(盖板下方)；10—并机均流端口；11—EPO 接口；12—并机通信端口；13—电池 PE 端子。

图 13-18 华为 UPS(3 kVA)前后视图

3. UPS 的控制面板位于机箱的前面板上。通过控制面板，可以实现对 UPS 的操作控制、运行状态查看、参数设置、告警查看等功能。LCD 显示屏如图 13-19 所示。

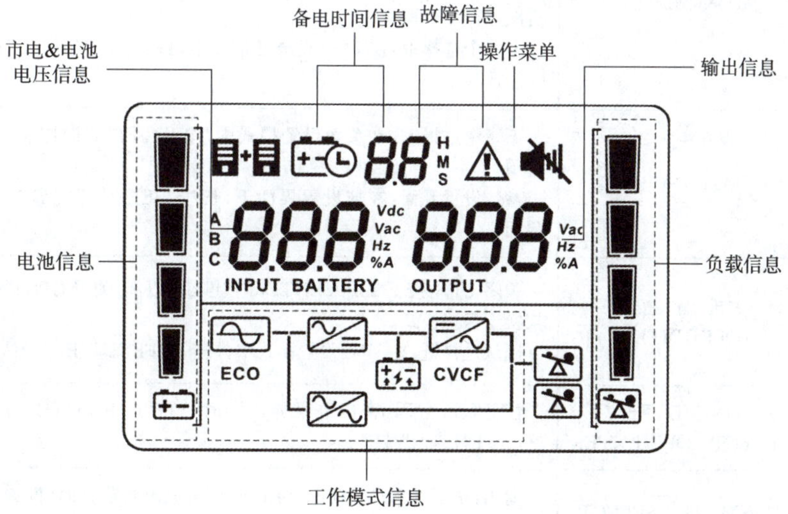

图 13-19 LCD 显示屏

4. UPS 面板功能按键如图 13-20 所示。

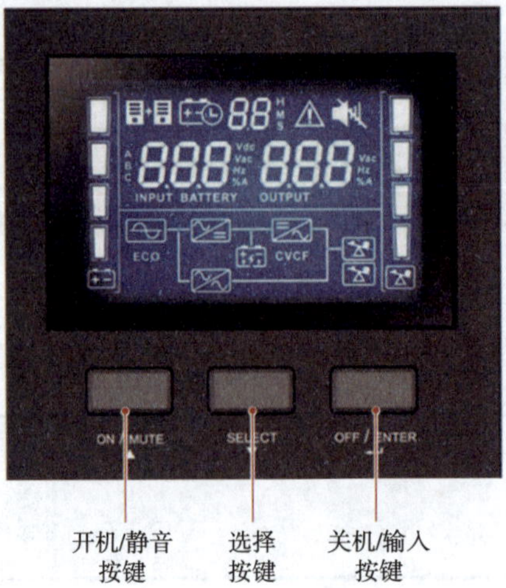

图 13-20　UPS 面板功能按键

5. 按键功能说明见表 13-5。

表 13-5　按键功能说明

序号	按　　键	功　　能
1	开机/静音按键(ON/MUTE)	开启 UPS:按下“ON/MUTE”键,点亮 UPS 的 LCD。 开启 UPS 逆变:按下“ON/MUTE”键 5 s 以上,UPS 逆变开启。 关闭蜂鸣器:在非参数设置模式时,按下“ON/MUTE”键 2 s 以上对当前警告静音,在 UPS 发生新的告警时,静音功能将失效,如果还需静音,需要再次进行静音操作。 上一个选择键:在 LCD 亮屏的情况下,按下“ON/MUTE”按键可进入上一个选项
2	选择按键(SELECT)	下一个选择键:在参数设置模式中,按下“SELECT”按键,可进入下一个选项。 参数设置界面:在非设置界面下,长按“SELECT”按键 1 s,可进入设置界面
3	关机/输入按键(OFF/ENTER)	关闭 UPS:按下“OFF/ENTER”按键 5 s 以上,关闭 UPS 逆变。有市电时切换至旁路模式。 确认选择键:在 UPS 设置模式中,按下“OFF/ENTER”确认选择
4	ON/MUTE+SELECT+OFF/ENTER	恢复默认密码:密码登录界面同时长按“ON/MUTE”+“SELECT”+“OFF/ENTER”按键 3 s
5	ON/MUTE+SELECT	退出:按下“ON/MUTE+SELECT”可退出当前界面(设置界面返回上一级菜单,选择信息界面可返回默认界面)

七、通信电源设备维护标准

电源设备的进出配线应整齐、牢固,必须绝缘良好。应采用具有阻燃绝缘层的铜芯软电缆。馈电线应按以下规定颜色配置:

交流电缆(线)A相:黄色;B相:绿色;C相:红色;零线:天蓝色或黑色;保护地线:黄绿双色。直流电缆(线)正极:红色;负极:蓝色。

(一)高频开关电源设备

1. 高频开关电源柜的交流电源应采用三相五线制或单相三线制供电,当接入两路交流电源时,必须具有可靠的电气联锁和机械联锁装置,严禁并路使用。

2. 设备的外壳及防雷保护单元必须接保护地线。

3. 高频开关电源的直流配电柜(单元),应能同时接入两组蓄电池,并满足并组均充、浮充、放电的要求,操作时必须保证不中断供电。

4. 高频开关电源柜应设有停电、交流输入过压、欠压等声光报警装置,依据供电情况合理设置告警门限值,并保证有效。

5. 高频开关电源必须设置直流输出欠压告警,具备二次下电功能的设备,应确保直流输出欠压告警先于一次下电(又称负载下电保护)动作,二次下电(又称电池低电压保护)动作电压设置值宜为43.2 V。

6. 高频开关电源系统参数设置参考值见表13-6(可根据现场情况调整)。

表13-6 高频开关电源系统参数设置参考表

序号	项目	设置值	参考范围
1	交流输入电压高告警值	264 V(相) 456 V(线)	高限在120%额定输入电压以上
2	交流输入电压低告警值	176 V(相) 304 V(线)	低限在80%额定输入电压以下
3	交流输入频率高告警值	55 Hz	高限在110%额定频率以上
4	交流输入频率低告警值	45 Hz	低限在90%额定频率以下
5	交流输入过载(过流)告警值	根据实际	高限在额定容量80%以上
6	直流输出电压高告警值	57.6 V	高于均充电压1 V以上,推荐范围57.5~58.5 V
7	直流输出电压低告警值	50 V	低于浮充电压1 V以上,推荐值48 V
8	一次下电(负载下电)允许	否	是/否
9	二次下电(电池保护)允许	是	是/否
10	一次下电电压(负载下电电压)	46 V	低于直流输出电压低告警值1 V以上
11	二次下电电压(电池保护电压)	43.2 V	推荐值43.2 V
12	蓄电池组浮充电压	53.6 V	依据电池特性设定,常用值53.5
13	蓄电池组均充电压	56.4 V	依据电池特性设定,常用值56.4
14	蓄电池组充电电流系数	0.1	0.1~0.25,推荐值0.1
15	蓄电池组充电电流告警值	根据实际	大于最大充电电流值
16	蓄电池组均充周期设置	90 d	依据电池特性设定,3~6个月
17	电池管理方式	自动	自动/手动
18	蓄电池组自放电测试周期设置	90 d	
19	蓄电池组自放电测试时长(电压)设置	1 h或3 h	车站及站内节点1 h,区间节点3 h
20	温度补偿系数设定值	−3 mV/℃(单体)	宜为(−5~−3)mV/℃(单体),推荐值−3 mV/℃(单体)

(二)UPS 电源和逆变器

1. UPS 电源和逆变器的交流输入和输出均应采用三相五线制或单相三线制供电。

2. 重要通信机房的 UPS 电源应冗余配置,根据系统重要程度,可采用 $N+1$ 并联冗余供电、单机双总线供电或双系统双总线供电方案。

3. 为提高系统供电的可靠性,应选用在线式 UPS 电源和逆变器。

4. 对于并联冗余供电的 UPS 及逆变器系统,应在并机均分负载的方式下运行。

5. UPS 电源和逆变器应设有停电,缺相,输入、输出电压过高、过低,蓄电池电压低,旁路失效以及输出熔丝熔断(断路器跳闸)声光报警装置,并保证有效,告警参数设置值应合理。

6. UPS 系统参数设置参考值见表 13-7(可根据现场情况调整)。

表 13-7 UPS 系统参数设置参考表

序号	项　目	设置值	参考范围
1	UPS 输入电压高告警值	264 V(相) 456 V(线)	高限在 120%额定输入电压以上
2	UPS 输入电压低告警值	176 V(相) 304 V(线)	低限在 80%额定输入电压以下
3	UPS 输入频率高告警值	55 Hz	高限在 110%额定频率以上
4	UPS 输入频率低告警值	45 Hz	低限在 90%额定频率以下
5	UPS 输出电压高告警值	231 V(相)	高限在 105%额定输出电压以上
6	UPS 输出电压低告警值	209 V(相)	低限在 95%额定输出电压以下
7	输出过载(过流)告警值	额定容量×0.8	高限在额定容量 80%以上
8	频率跟踪速率值	设备默认值	(0.5～1)Hz/s
9	频率跟踪范围	设备默认值	(50±2)Hz 可调
10	UPS 整流器输出直流电压	设备默认值	
11	蓄电池组最高充电电压	设备默认值	
12	蓄电池组工作电压低高警值	设备默认值	
13	蓄电池组最低工作电压	设备默认值	
14	蓄电池组浮充电压	设备默认值	
15	蓄电池组均充电压	设备默认值	
16	蓄电池组最大充电电流	设备默认值	
17	蓄电池组均充周期设置	90 d	
18	蓄电池组自放电测试周期设置	90 d	
19	蓄电池组自放电测试时长(电压)设置	1 或 3 h	车站及站内节点 1 h,区间节点 3 h
20	温度补偿系数设定值	−3 mV/℃(单体)	宜为(−5～−3) mV/℃(单体),推荐值−3 mV/℃(单体)

(三)阀控式密封铅酸蓄电池

1. 在维修工作中,阀控式蓄电池的外观、极柱,出现下列情况之一时,必须及时更换:

(1)电池槽、盖发生破裂。

（2）电池槽、盖的结合部渗漏电解液。

（3）极柱周围出现爬酸现象或渗漏电解液。

2. 阀控式密封铅酸蓄电池组符合下列条件之一时，应整组更换：

（1）阀控式密封铅酸蓄电池组实存容量低于80%标称容量。

（2）多块单体电池出现跑酸漏液、外壳膨胀等质量强度下降情况，通过单体电池更换不能恢复整组电池质量强度时。

3. 不同规格、型号、设计使用寿命的电池禁止在同一直流供电系统中使用，新旧程度不同的电池不宜在同一直流供电系统中混用。

4. UPS等使用的高电压电池组的维护通道应铺设绝缘胶垫。

（四）配电柜（箱）

1. 当交流配电柜（箱）同时接入两路以上交流电源时，必须具有可靠的电气联锁和机械连锁装置，严禁并路使用。当任何一路发生停电或缺相时应发出告警信号。外部交流电源不能保证的地区，配电柜（箱）应预留油机接入端子。

2. 交流配电柜（箱）在接入电源时，其相序应连接正确，备用发电机与外供电源相序应一致。

3. 直流配电屏应具有输出过电压、输出欠电压、输出熔断器（断路器）熔断（跳闸）声光报警装置，并保证有效。

4. 电源机房至通信设备的直流供电线路，应分级设置保护装置（如熔断器、断路器），一般不宜多于四级。直流电源配电回路中应使用直流断路器（熔断器），不宜使用交流断路器替代直流断路器。

（五）通信设备雷电综合防护装置

1. 通信设备雷电综合防护系统包括避雷网（带、针）、引下线、接地装置、线缆屏蔽、等电位连接、合理布线以及安装浪涌保护器（SPD）等防护措施和装置。

2. 接地电阻测试值大于规定值时，应检查接地装置和土壤条件，找出变化原因，并采取有效措施进行整改。

八、典型故障案例

监控单元故障，造成高频开关电源无输出，蓄电池放电。

故障现象：某基站，高频开关电源设备发生模块无输出，蓄电池组放电。查看动环网管发现两路交流输入正常。

故障分析，本故障可能的原因有：

（1）电网原因引起输入交流超限，引起开关电源保护，造成模块交流无输入，从而引起模块无输出，蓄电池组放电。

（2）交流单元控制电路或切换装置故障，造成模块交流无输入，从而引起模块无输出，蓄电池组放电。

（3）整流模块故障，引起模块无输出，蓄电池组放电。

（4）监控单元PCB板故障，控制模块不输出，引起蓄电池组放电。

故障处理：

(1)用万用表对输入交流进行测量，交流输入电压、频率正常，排除电网原因引起输入交流超限问题。

(2)对模块输入用万用表进行测量，交流电正常说明交流单元控制电路或切换装置正常。

(3)检查整流模块，发现整流模块保护指示灯亮，更换备用模块现象照旧，而现场有四个整流模块也不大可能同时不良引起无直流输出。

(4)因整流模块保护指示灯亮，怀疑监控单元控制了整流模块，认真查询设备系统参数未发现异常，在对实时数据进行仔细查询，发现负载电流达到 300 A，实际钳形表数值为 13.6 A。

(5)更换 PCB 板问题解决。

故障总结：

这个故障根本原因是监控单元检测到负载电流超过 300 A，而单个模块最大输出电流是 30 A，四个模块的工作电流总和只有 120 A，负载电流大大超出额定电流，监控单元认为电流过大会损毁模块，控制模块进行保护，引起模块无直流输出，蓄电池放电。

第二节　动力与环境监控系统

一、动力与环境监控系统概述

动力与环境监控系统是通过技术手段实现对机房动力、环境不间断集中监控，实现及时掌握通信机房电源、空调等设备的运行状态。动力与环境监控具备对各种通信机房(包括基站等)的设备特点和工作环境，对通信电源、蓄电池组、UPS、发电机、空调等智能、非智能设备以及温湿度、烟雾、地水、门禁等环境量实现“遥测、遥信、遥控”等功能。

动力与环境监控系统主要实现以下三种功能：

1. 数据采集和控制

数据采集是监控系统最基本的功能要求，必须精确和迅速；对设备的控制是为实现维护要求而立即改变系统运行状态的有效手段，必须可靠。数据采集和控制功能可以总结为“三遥”功能，即遥测—远距离数据测量、遥信—远距离信号收集、遥控—远距离设备控制。

2. 设备运行和维护

运行和维护是基于数据采集和设备控制之上的系统核心功能，完成日常的告警处理、控制操作和规定的数据记录等。

3. 维护管理

管理功能应实现以下四组管理功能：

(1)配置管理

配置管理提供收集、鉴别、控制来自下层数据和将数据提供给上级的一组功能，包括局向数据的增加、删除、修改等，现场监控量的一般配置、告警门限配置等。

(2)故障管理

故障管理提供对被监控对象运行情况异常进行检测、报告和校正的一组功能。及时发现紧急事件,防止因设备原因造成通信中断、机房失火等重大事件的发生。提供告警等级管理、告警信号的人机界面、告警确认、告警门限设置和告警屏蔽等。

(3)性能管理

性能管理提供对监控对象的状态以及网络的有效性评估和报告的一组功能。例如提供设备主要运行数据及参数;停电、油机及供电情况;设备故障、告警统计。

(4)安全管理

安全管理提供保证运行中的监控系统安全的一组功能。

二、动力与环境监控系统结构

动力与环境监控系统一般采用逐级汇接的三级结构,在此基础上可根据维护管理要求灵活配置网络结构形式。监控系统的结构如图 13-21 所示,它由机房/基站设置监控单元(SU),若干个机房/基站设置监控站(SS),本地网设置监控中心(SC)构成三级结构。

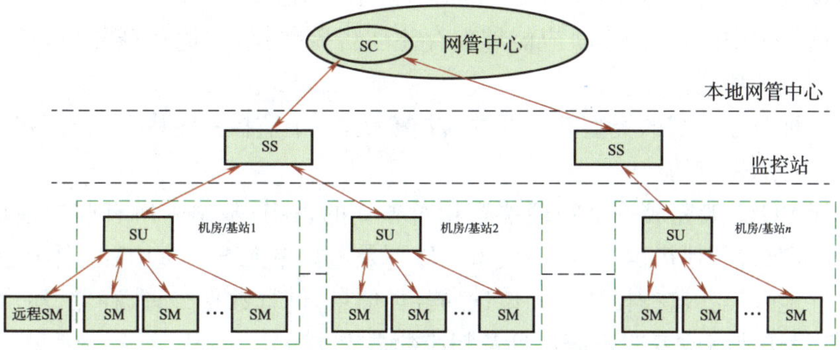

图 13-21　系统结构图

随着计算机网络的延伸,这种三级逐级汇接的树状结构正逐步被网络型结构替代,如图 13-22 所示。SS 的汇接作用也逐渐由 SC 统一完成了,这样不仅便于网管中心的集中管理,而且降低了系统造价和复杂程度。通常 SS 通过延伸 SC 的一个业务控制台经过软件设置实现原来的功能。

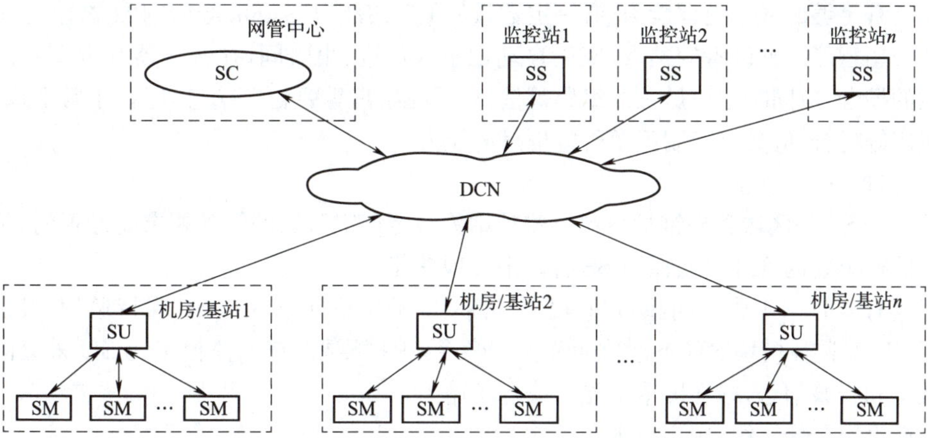

图 13-22　网络型监控系统结构

1. 监控对象

(1)按用途分为动力和环境监控两大类。动力的主要监控对象包括高压配电设备、变压器、低压配电设备、备用发电机组、UPS、逆变器、整流配电设备、蓄电池组、DC/DC变换器等;环境主要监控对象包括空调、机房环境和安全等。

(2)按监控对象的特性可分为智能和非智能设备。智能设备具有一定的数据采集和处理能力,并带有智能接口,可直接与计算机通信。只要有协议,即可直接纳入监控系统,如智能高频开关电源系统。非智能设备不具备数据采集和处理能力,无智能接口,需通过采集器采集信号使其智能化再接入监控系统,如蓄电池组、低压配电柜等。

2. 监控系统的功能

(1)监控模块SM功能

监控模块SM主要有以下几项功能:

①实时采集监控对象的运行参数和工作状态,收集故障告警信息,并送往监控单元SU。

②实时接收和执行来自监控单元SU的监测和控制命令。

③当通信发生中断,监控模块应能够保存主要告警数据,在通信恢复后,具备将通信中断期间的数据上报功能。

一般按照被监控系统的类型有不同的监控模块,一个监控系统中可以有多个监控模块。

(2)监控单元SU功能

监控单元SU一般完成一个物理位置相对独立的机房/基站内所有监控模块的管理工作,个别情况可兼管其他机房/基站的设备。以下是监控单元SU的几项具体功能:

①周期性地采集各监控模块SM传送的各类信息,进行数据处理、存储、显示打印,实时向监控站SS发送状态改变或告警信息及相应数据。

②随时接收并快速响应来自SS的监控命令。

③可通过监控模块SM对各工作点下达监测和控制命令。

④具有定时统计辖区内各个监测数据的最大值、最小值和平均值的功能,并将这些统计数据定时上传到监控站SS。

⑤当蓄电池组运行状态变化时,浮充(或均充)转放电和放电转浮充(或均充),其运行参数和单体电池电压记录间隔时间不超过30 s,且应记录充放电全过程。

⑥具有足够的数据处理能力,有一定数量的RS-232C、RS-485或RS-422物理接口。

⑦采用智能门禁设备的站点,应能自动记录人员进、出时间,在读卡器和数字密码锁配合使用的场合,应同时记录员工的编码等信息,同时给出重要告警信息;但在正常上班时间、有人机房等场合,应具有抑制门禁告警信息的能力。

(3)监控站SS功能

监控站SS是区域管理维护单位。监控站为满足特定区域的管理要求而设置的,负责辖区内各监控单元的管理。监控站SS有以下几项功能:

①具有实时作业功能,能同时监视辖区内SU的工作状态并与SC保持通信,可透过监控单元SU对监控模块SM下达监测和控制命令,根据需要,查询监控单元SU采集的各种监测数据和告警信息,并在屏幕上显示或打印输出。

②能设定告警等级、用户权限。

③能设定各个监控点性能门限值。

④实时监视各站点电源、空调及环境的工作状态，接收故障告警信息（具有告警过滤能力），具有彩色图形显示方式，可在指定的现场运行流程图上通过逐层扩展，最后将故障定位在某一设备上。

⑤具有统计功能，能生成各种统计报表及曲线图，具有数据存储功能，告警数据、操作数据和监测数据应至少保存半年时间。

⑥实时向监控中心 SC 转发紧急告警信息。必要时（如监控站 SS 夜间无人值守），可设置成将所收到的全部告警信息转送到监控中心 SC。

⑦接收监控中心 SC 定时下发的时钟校准命令。

⑧系统软件具备实现系统互联的 C 接口和 D 接口。

（4）监控中心 SC 功能

监控中心 SC 是本地网或者同等管理级别的网络管理中心。监控中心 SC 是为适应集中监控、集中维护和集中管理的要求而设置。它具有以下功能：

①实时监视各通信局站电源、空调及环境的工作状态和运行参数，接收故障告警信息，并可设定告警等级、用户权限，对下级监控系统送上来告警具备过滤能力，具有彩色图形显示方式，可在指定的现场运行流程图上通过逐层扩展，最后将故障定位在某一设备上。

②在接管 SS 的控制权后，对于告警信息的处理与 SS 相同，实时监视各 SS 的工作状态。

③根据需要，查询 SS 和监控单元 SU 采集的各种监测数据和告警信息，并在屏幕显示或打印输出，可透过 SS 对 SU 下达监测和控制命令。

④具有统计功能，能生成各种统计报表及曲线图，具有文件备份功能，存档的文件（日、月、年汇集告警文件和监测数据文件）应能在硬盘上保存 1 年，然后导入外存。

⑤具有实时向上一级监控中心转发紧急告警信息和接受上一级监控中心所要求的监测数据信息的能力。

⑥向监控站定时下发时钟校准命令。

⑦具有监视设备或系统故障状态，外接电子显示屏的能力。

⑧系统软件具备实现系统互联的 D 接口。

三、动力及环境监控系统设备

（一）辉煌智能监控单元设备

辉煌智能监控单元根据现场安装环境的不同，分为壁挂型（A 型，图 13-23 所示）和机架型（B 型，图 13-24 所示）两种，但其硬件接口的种类和数量都是一样的，包括 16 路开关量输入（标注为 DI）、10 路模拟量输入（标注为 AI）、8 路开关量输出（标注为 DO）、4 路 RS-232C 接口、5 路 RS-485 接口、2 路以太网接口，具体各接口的功能如下：

（1）16 路开关量输入接口：负责采集烟雾传感器、玻璃破碎传感器、门磁传感器、水浸传感器、红外传感器和综合视频监控系统联动接点等设备输出干接点状态。

（2）10 路模拟量输入接口：负责采集温湿度传感器的输出信号，每个智能监控单元可以采集 5 个温湿度传感器。

（3）8 路开关量输出接口：负责控制机房点灯电路、烟雾传感器复位控制、与综合视频监控系统联动的干接点等干接点输出接口；控制机房点灯电路时，其控制能力应不大于电流 10 A，电压 AC 250 V。

(4)4 路 RS-232C 接口:其中 1 路用作为调试接口(标注为 C0),其他 3 个 RS-232C 接口(标注为 C2、C3、C4)分别用来连接高频开关电源监控模块的串口、UPS 监控模块的串口以及其他设备的 RS-232C 接口。

(5)5 路 RS-485 接口:5 个 RS-485 接口(标注为 C1、C5、C6、C7、C8)分别用来连接蓄电池监测仪的串口、智能空调的串口或民用空调的空调监控器的串口以及其他设备的 RS-485 接口。

(6)2 路以太网接口:1 路用来连接监控中心,实现与监控中心的信息交互;另 1 路用于连接车站的智能门禁设备,或作为接口与监控站的其他系统进行信息交互。

RTU 核心的液晶屏(机架式在其前面板上)是 RTU 的人机交互界面,点击液晶屏上"ENTER"键可以查看监控单元的工作状态、监控单元 ID、IP 地址和各端口信息及告警信息。

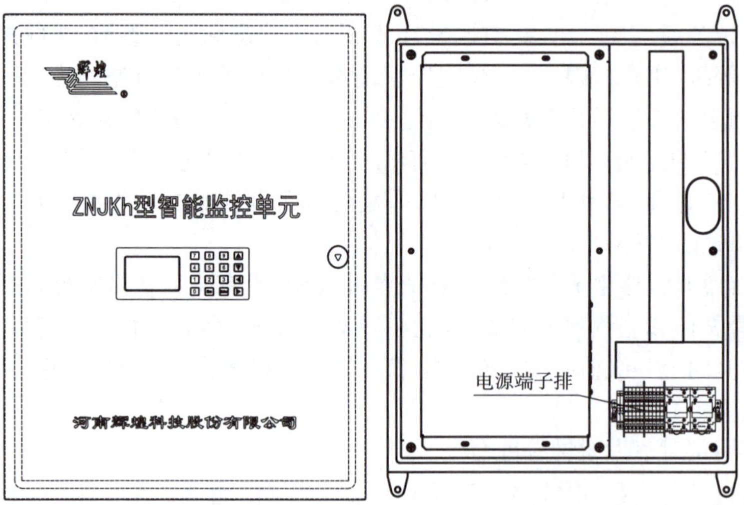

图 13-23　壁挂型智能监控单元示意图

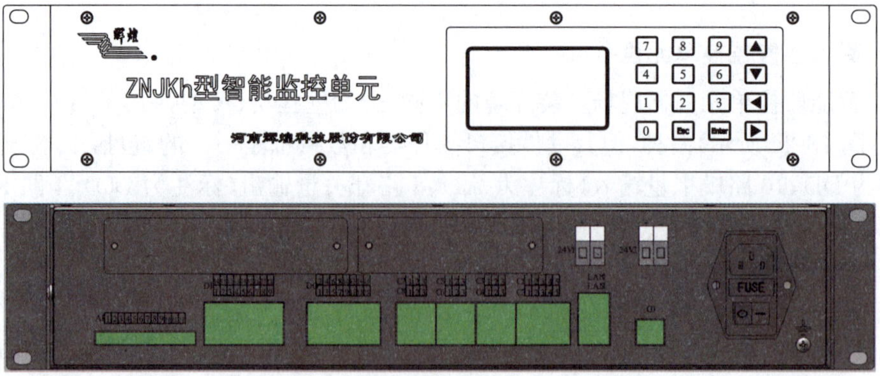

图 13-24　机架型智能监控单元示意图

(二)传感器及监控设备

在通信电源系统中,要监控采集的信号可分为非电量信号和电量信号,也可分为模拟信号和数字信号。

传感器主要完成非电量信号到标准电量信号的转换,然后送采集器采集。如温度传感器、湿度传感器、感烟探测器、红外探测器、门磁开关、水浸、液位传感器等。

监控设备主要包括开关电源柜监控设备、UPS电源监控设备、空调监控设备、蓄电池组监控设备等。它可通过动力和环境设备自身智能接口,使用专用的通信协议进行数据的采集。接口形态主要有RS-232、RS-485等。监控设备自成系统,数据的采集不影响设备的运行。

1. 门磁

门磁开关又称为门碰,实际上是一个干簧管,干簧管由两个靠得很近的金属弹簧片构成,两个金属片为软磁性材料,当干簧管靠近磁场时,金属片被磁化,相互吸引而接触,当干簧管远离磁场时弹簧片失去磁性,由于弹力的作用两金属片分开,因此门磁相当于一个常闭开关,多个门磁开关可串联接入采集器的同一个通道。

2. 红外双鉴探测器

红外双鉴探测器根据红外光电效应,感应人及物体发出的红外光。它的作用是监控人员、动物的侵入,防止火灾的发生。红外双鉴探测器信号类别为开关量输入。

3. 玻璃破碎探测器

玻璃破碎探测器采集玻璃破碎时特有的高频、低频的两个声波,作用是防止人员破坏窗户,从窗户进入。它的信号类别是开关量输入。

4. 水浸传感器

水浸传感器利用水的导电性能,当水浸入检测线时使检测线短路,用来防止水进入机房它的信号类别为开关量输入。一般安装于机房内标高最低的位置。

5. 温湿度传感器

机房内温湿度发生变化化,相应监测回路的电流也发生变化,从而实现对机房内温湿度的监控。它的信号类别为模拟量输入。

6. 烟雾传感器

烟雾传感器简称烟感,是一种火灾探测器。火灾探测器分为感烟探测器、感温探测器和火焰探测器。感烟探测器分离子感烟型和光电感烟型;感温探测器分定温感温型和差温感温型;工程上使用最多的是离子型感烟探测器。

离子感烟探测器利用放射性元素产生的射线,使空气电离产生微电流来检测空气中是否有烟。烟雾传感器告警时具有告警保持的特点,即一旦告警烟感两端将一直为导通状态。烟感告警或测试烟感后,一定要进行复位。复位的方法很简单,给传感器断一次电即可。

7. 蜂鸣器

设备主机输出12 V电源至蜂鸣器,使其发出刺耳声音,达到告警目的。蜂鸣器的信号类别为开关量输出,一般安装于入口处的上方中间位置。

8. 照明联动

设备主机输出12 V电压控制继电器的吸合,继电器吸合形成短路来代替照明开关的短路,从而达到控制灯的作用。照明联动的信号类型为开关量输出。继电器一般安装于动从主机箱内,另需配电源线控制线至入口门的照明开关处。

9. 空调监控设备

空调监控设备分智能空调和非智能空调监控设备两种。智能空调监控设备使用空调自带的通信模块接口;非智能空调主要是家用空调,需增加通用红外控制箱才能对空调进行监控。

10. 蓄电池监控设备

蓄电池监控的主要内容有电池组的总电压,电池组的总电流,每节电池的电压、内阻、温度等。电池仪包括主机(插箱式、壁挂式)、电池单体模块、电流传感器、电压传感器四部分。单体模块安装于电池上表面或侧面,电压传感器直接安装于机柜导轨上,电流传感器安装于蓄电池架上,让电池组负极电源线直接穿过电流环。蓄电池单体监测模块连接示意图如图 13-25 所示,假设 4 节电池为一组,两组两个电流检测模块,一个传输模块。①黑色实线为模块之间的内部连线,线是由电池厂家提供,并且跟随监测模块一并到现场;蓄电池之间连接线。②虚线为网线连接。③直流电流传感器时是固定在电池架上。④蓄电池正负极相连。⑤直流电流传感器连线时注意其具有方向性。

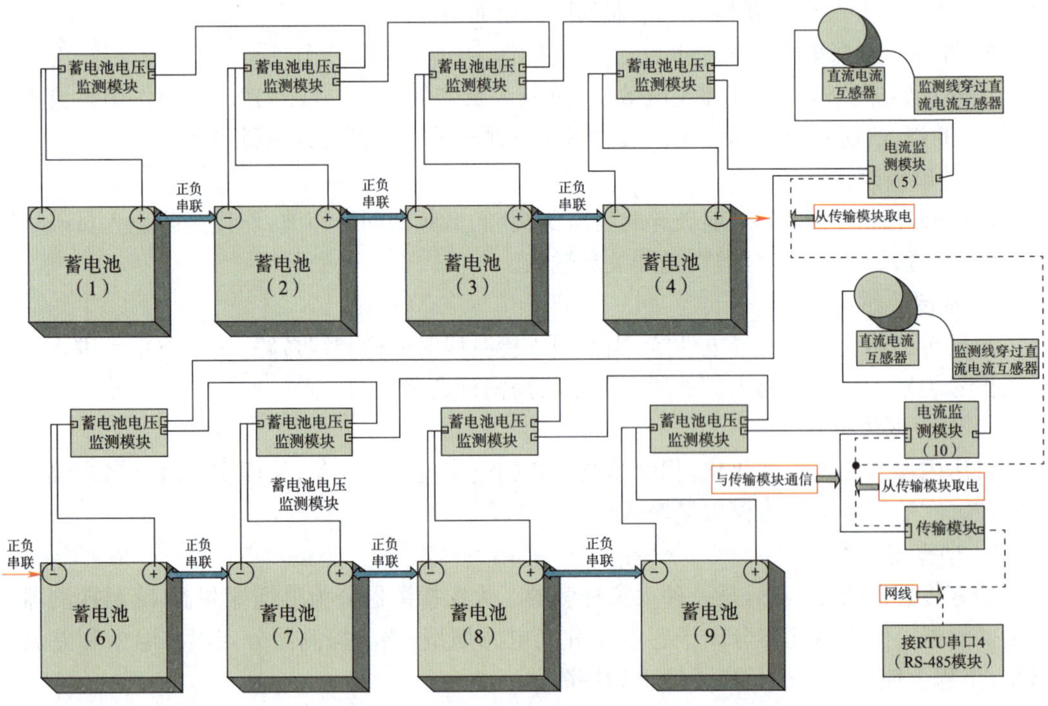

图 13-25 蓄电池监测模块连接图

四、动力与环境监控系统设备维护标准

1. 设备性能

遥测量精度:直流电压优于 0.5%;2 V 单体蓄电池电压测量误差≤5 mV;12 V 单体蓄电池电压测量误差≤20 mV;温度测量误差不大于±1 ℃;在环境温度为 25 ℃、湿度范围为 30%RH~80%RH 时,湿度测量误差不大于 5%RH;湿度超出 30%RH~80%RH 时,湿度测量误差不大于 10%RH;其他电量测量误差优于 2%;其他非电量测量误差优于 5%。

门禁(磁):正确显示门的开关状态,遥控、告警等功能正常。

水浸、烟感、红外等：告警功能正常。

联控：照明、视频联控功能正常。

2. 网管性能

(1)服务器

服务器运行正常、散热良好；按设计要求能完成对设备的故障定位、告警管理、参数配置、用户权限认证等工作；配置数据准确并有备份，CPU 利用率应小于 80%，内存利用率应小于 80%，硬盘空间应利用率小于 70%。

(2)显示器及客户端(监控终端)

显示器显示状态正常，客户端(监控终端)设备运行正常、散热良好；能按设计要求完成对网络设备(被监控设备)的故障定位、告警管理、参数配置、用户权限等各项管理；配置数据准确并有备份。

3. 网络设备

网络设备运行正常、散热良好；配置数据准确并有备份，CPU 利用率应小于 50%，内存利用率应小于 70%。

4. 存储设备

运行正常、散热良好、存储功能正常。

五、动力与环境监控系统故障处理

1. 输入开关量(门磁、红外、窗破、水浸)告警

常见原因：

(1)前端传感器接线松动，检查传感器接线，测量电压。

(2)前端传感器损坏，更换相同型号传感器。

(3)布线损坏，检查更换布线。

(4)卡线端子松动，重新卡线。

(5)卡线端子到主板模块的线松动或损坏，更换接线，重新插拔。

(6)底板或开关量输入模块损坏，更换底板或开关量输入模块。

2. 模拟量(温湿度、烟雾)告警

常见原因：

(1)前端传感器接线松动，检查传感器接线，测量电压。

(2)前端传感器损坏，更换相同型号传感器。

(3)布线损坏，检查更换布线。

(4)卡线端子松动，重新卡线处理。

(5)卡线端子到主板模块的线松动或损坏，更换接线，重新插拔。

(6)模拟量输入模块损坏，更换开关量输入模块。

3. 输出开关量：蜂鸣器不响或照明联动异常

常见原因：

(1)前端设备接线松动，检查设备接线，测量电压。

(2)前端设备损坏，更换相同型号蜂鸣器。

(3)布线损坏，检查更换布线。

(4)卡线端子松动,重新卡线处理。

(5)卡线端子到主板模块的线松动或损坏,更换接线,重新插拔。

(6)模拟量输入模块损坏,更换开关量输入模块。

4. 空调数据采集不到

常见原因:

(1)空调监控箱内保险管损坏,更换保险管。

(2)空调监控箱内电路板损坏,更换电路板。

(3)RJ-45 头接触不好、损坏或线序错误,重新制作 RJ-45 水晶头。

(4)布线损坏,检查更换布线。

(5)卡线端子松动或线序错误,重新卡线处理。

(6)通用红外控制模块(空调板)损坏,更换模块,重新输入空调控制数据(参考空调数据软件操作)。

5. 动力设备(电源柜、UPS)数据采集不到

常见原因:

(1)动力设备串口没有数据输出,维修动力设备,保证串口输出数据正常。

(2)DB9 头损坏或接线错误,更换 DB9 头,重新接线。

(3)布线损坏,检查更换布线。

(4)卡线端子松动或线序错误,重新卡线处理。

(5)卡线端子到主板模块的线松动或损坏,更换接线,重新插拔。

(6)串口接口损坏,更换底板。

6. 蓄电池监测单元测得电池组总电压数据异常

常见原因:

(1)电池组损坏,测量电压,确定原因。

(2)保险管损坏,更换保险管。

(3)布线损坏,检查更换布线。

(4)卡线端子松动或线序错误,重新卡线处理。

(5)卡线端子到电压传感器接线松动或损坏,更换接线,重新插拔。

(6)电压传感器损坏,更换相同型号电压传感器。

(7)电压传感器到电池主模块的接线松动或损坏,更换接线,重新插拔。

(8)电池主模块坏,更换电池主模块,作相应参数设置。

7. 蓄电池监测单元发生电池单体监测模块全部不上数

常见原因:

(1)查看电池单体监测模块第一节是否损坏,更换第一节单体监测模块,设置地址。

(2)第一节电池单体监测模块到卡线端子连接线松动或损坏,加固或更换连接线。

(3)卡线端子到电池仪主模块连接线松动或损坏,更换电池仪主模块,作相应参数设置。

8. 蓄电池监测单元发生电池总电流、总电压、节点模块都不上数

电池主模块损坏,更换电池主模块,做相应参数设置。

复习思考题

1. 简述铁路通信电源系统的组成。

2. 铁路通信直流供电系统的供电方式有哪几种?

3. 在维修工作中,阀控式蓄电池的外观、极柱出现哪些情况时,必须及时更换?

4. 动力与环境监控系统的电源及机房环境监控系统所监控的对象按用途和特性各分为哪些?

5. 动力与环境监控系统的数据采集和控制功能有哪些?

第十四章　通信常用仪表

仪器仪表的正确使用是铁路通信综合维修岗位应具备的基本技能。在现场维护工作中，熟悉仪器仪表及工具的使用，可以提高维护工作质量和工作效率。本章主要介绍目前常用仪器仪表的使用方法及相关知识。

第一节　数字万用表

一、数字万用表概述

数字万用表具有灵敏度高、准确度高、显示清晰、过载能力强、便于携带、使用简单等特点，基本功能有测直流电压和交流电压、直流电流和交流电流、电阻、电容，二极管 PN 结导通电压值测试以及线路通断测试，三极管放大倍数测试，TEST 功能，方波输出等功能，图 14-1 所示为数字万用表。

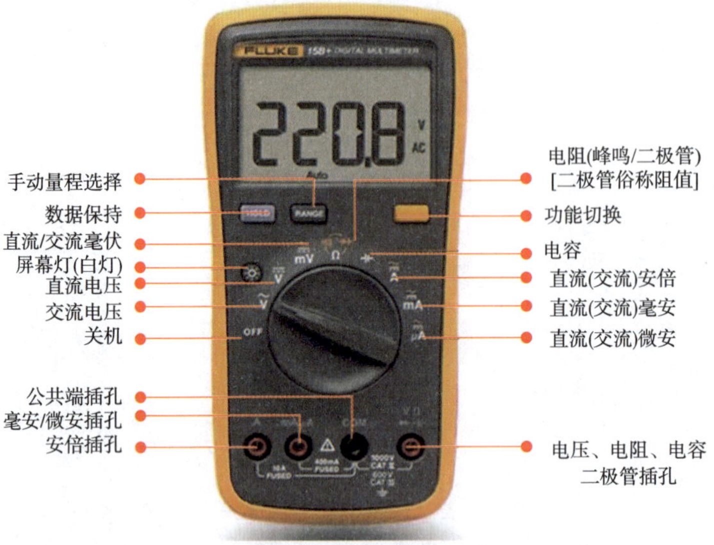

图 14-1　数字万用表

1. 交直流电压测试

电压的国际单位是伏特(伏，V)，常用单位毫伏(mV)、微伏(μV)、千伏(kV)等。换算关系：1 kV=1 000 V、1 V=1 000 mV、1 mV=1 000 μV。

2. 交直流电流测试

电流的国际单位是安培(安，A)。常用单位千安(kA)、毫安(mA)、微安(μA)等。换算关系：1 kA=1 000 A、1 A=1 000 mA、1 mA=1 000 μA。

3. 电阻、电容测试

电阻基本单位是欧姆(Ω)，常用单位有微欧(μΩ)、毫欧(mΩ)、千欧(kΩ)、兆欧(MΩ)等。电容的基本单位是法拉(F)，常用单位有微法(μF)、纳法(nF)、皮法(pF)。

二、数字万用表的原理

数字万用表基于信号采集、信号处理和数字显示等技术，通过将电学量转化为数字信号进行测量和显示。它由转换开关、测试线路、数字式电压基本表三部分组成。

三、数字万用表的使用方法

1. 数字万用表的检查

使用前需对数字万用表进行外观检查，包括：

(1)检查外观良好、无破损。

(2)仪表绝缘性良好。

(3)表笔良好无破损。

(4)按键正常，显示屏清晰，电源充足。

2. 数字万用表的测试流程

(1)校表测试

①表笔插入正确，选择蜂鸣挡。

②红黑表笔进行短接，发出“滴滴”声响。

③选择电阻挡进行短接，数字显示为“0”。

(2)电压测试

①交流电压测试

a. 表笔插入正确，挡位选对且量程合适，测量方法得当。

b. 估计和说出电压估计值，或不能估出待测电压值的情况下，从最高挡位测起。

c. 将两表笔并联在被测电路两端，并做可靠接触。

d. 测试时，站在绝缘垫上，穿戴绝缘鞋，带好绝缘手套。

e. 测试完毕，红表棒先离开火线。

②直流电压测试

a. 表笔插入正确，挡位选对且量程合适，测量方法得当。

b. 估计和说出电压估计值，或不能估出待测电压值的情况下，从最高挡位测起。

c. 将仪表的表笔并联接入被测电路中，并做可靠连接，显示负值，调整表笔顺序。

d. 测试时，标棒绝缘，不得触碰表笔金属部分，小心短路，防止触电。

(3)电阻电容测试

①电阻测试

a. 表笔插入正确，挡位选对且量程合适，测量方法得当，估计和说出电阻估计值，或不能估出待测电阻值的情况下，从最高挡位测起，显示 OL，超出测试量程。

b. 用 200 Ω 电阻挡测量低电阻时，应首先将两支表笔短接，测出两根表笔引线的电阻值，测量完毕后需把要把结果减去此值，才是实际电阻值(指针表)。

c. 注意事项:

(a)禁止在电阻量程测量输入电压。

(b)测电路中的电阻时,禁止带电测电阻(测电阻前先将电阻从电路中脱离)。

②电容测试

a. 表笔插入正确,挡位选对且量程合适,测量方法得当。

b. 估计和说出电容估计值,或不能估出待测电容值的情况下,从最高挡位测起。

c. 测试前后将电容短路放电。

d. 测量大电容时,稳定读数需要时间。

(4)二极管测试

①二极管正负极判断

a. 普通二极管。有色端标识的一极为负极,另外一端则为正极。

b. 发光二极管,长脚为正,短脚为负;如果脚一样长,发光二极管里面的金属极大点是负极,小的是正极。

②二极管正负极测试

a. 表笔插入正确,转换开关转到正确挡位。

b. 正向测量:红表笔接正极,黑表笔接负极,显示正向电压,正常;显示 000,击穿;显示 OL,开路。

c. 反向测试:红表笔接负极,黑表笔接正极,显示 OL,正常。

(5)仪表定置

①测量结束后从插孔取出表笔,并将旋钮开关旋至交流电压最高量程(指针型)。

②将万用表关机,将表笔线拔出,梳理整齐放入表袋,并摆放整齐。

③长期不用取出电池,注意防水、防尘。

④不宜在高温和强磁场环境下存放和使用。

四、数字万用表的安全注意事项

1. 操作者应该穿绝缘鞋站在绝缘垫上,防止触电,造成人身伤害,仪表设备损坏甚至引起火灾,操作者严禁佩戴金属物品。

2. 禁止在电阻量程和电流量程测电压,禁止带电测量电阻。

3. 挡位更换时表笔离开被测物,选择合适量程挡位;测试前检查仪表和表笔。

第二节 兆欧表

一、兆欧表简介

兆欧表又称摇表、梅格表、高阻表,主要用来检查电气设备、家用电器或电气线路对地及相间的绝缘电阻。它由一个手摇发电机、表头和三个接线柱(即 L:线路端;E:接地端;G:屏蔽端)组成,单位为 MΩ。图 14-2 所示为兆欧表外观。

二、兆欧表原理

兆欧表主要由作为电源的手摇发电机(或其他直流电源)和作为测量机构的磁电式流比

计(双动线圈流比计)组成。测量时,实际上是给被测物加上直流电压,测量其通过的泄漏电流,在表的盘面上读到的是经过换算的绝缘电阻值。

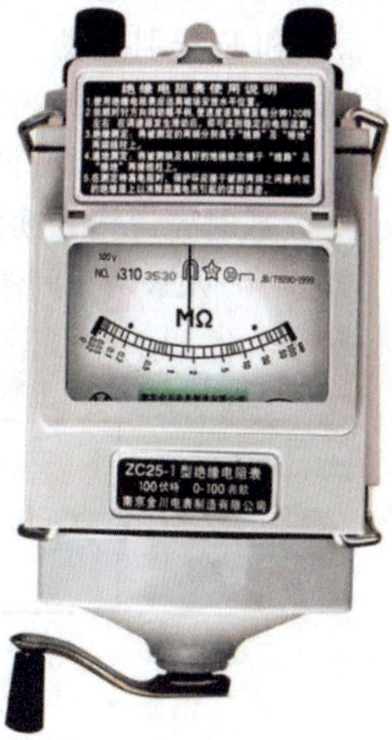

图 14-2 兆欧表

三、兆欧表选择

测量前应正确选用表计的规范,使表计的额定电压与被测电气设备的额定电压相适应,额定电压 500 V 及以下的电气设备一般选用 500～1 000 V 的兆欧表,500 V 以上的电气设备选用 1 000～2 500 V 兆欧表;高压设备选 2 500～5 000 V 兆欧表。

四、兆欧表使用方法

1. 兆欧表外观检查

使用前需对兆欧表进行外观检查,包括:

(1)检查外观良好、无破损。

(2)手柄转动正常。

(3)表盘完整,玻璃无破碎,指针清晰。

(4)绝缘垫正常,接线柱紧固,测试表线完好无破损。

2. 兆欧表测试流程

(1)校表测试

①开路校表:表笔分开,由慢到快的逐渐摇动到 120 rad/min,边摇边说出:指针指向无穷,开路校表正常,如图 14-3 所示。(如果为 0,直接停止摇动手柄)

②短路校表:表笔短接一起,摇 1/4 圈,指针指向 0,短路校表正常,如图 14-4 所示。

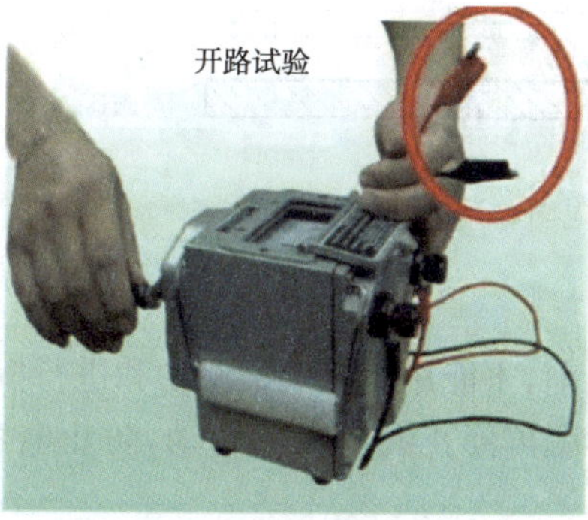

图 14-3 开路试验

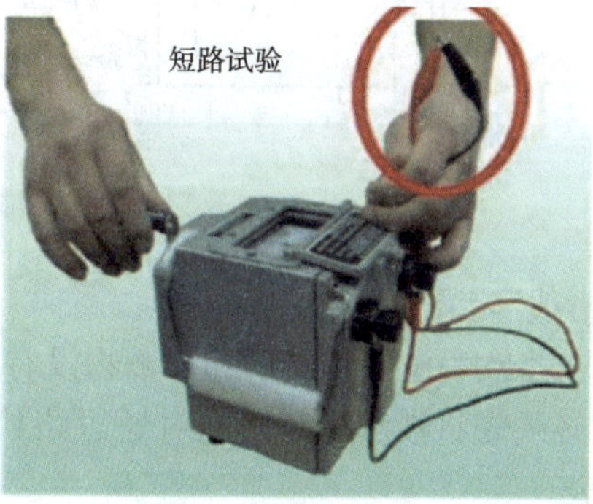

图 14-4 短路试验

(2)电缆测试

①测试前准备

a. 测量前必须将被测电缆与设备断开,并对地短路放电,决不允许电缆带电进行测量,以保证人身和设备的安全。

b. 被测物表面要清洁,减少接触电阻,确保测量结果的正确性。

②两线间绝缘电阻测试

a. L 和 E 分别接线芯,G 接地,如图 14-5 所示,摇动手柄逐渐加速至 120 rad/min,保持匀速转动,1 min 后指针稳定后读数,边摇边读数。

b. 若指针趋向∞,则两线间绝缘良好;若指针趋向 0,则线间绝缘不良,立即停止转动。

c. 读数时先说指针朝向,再说绝缘电阻标准,最后说结果。例,指针指向无穷(偏向 0),大(小)于 10 MΩ,两线间绝缘××(根据实际测量结果说出)。

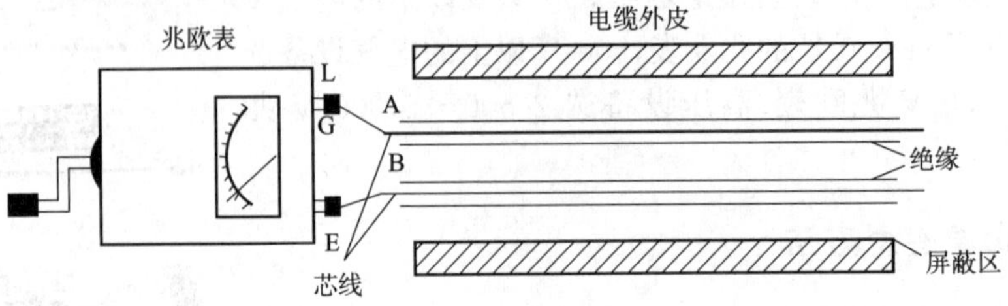

图 14-5　两线间绝缘电阻测试连线图

③单线对地绝缘电阻测试

a. L 接一根线芯,E 接地,G 接芯线外皮(消除表面漏流或干扰对测量结果的影响),如图 14-6 所示,摇动手柄逐渐加速至 120 rad/min,保持匀速转动,1 min 后指针稳定后读数,边摇边读数。

b. 若指针趋向∞,则芯线对地绝缘良好;若指针趋向 0,则芯线对地绝缘不良,立即停止转动,同理测另一根芯。

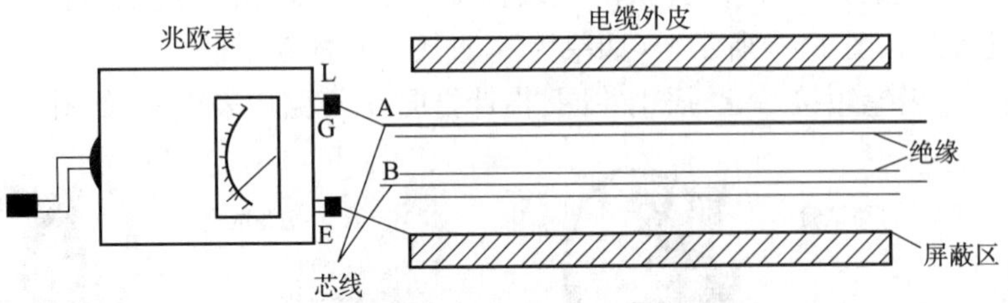

图 14-6　单线对地绝缘电阻测试连线图

④拆线、定置

a. 在兆欧表没停止转动和被测物没有放电以前,不能用手触及被测物和进行拆线工作。

b. 必须先将被测线路分别对地短路放电,然后再停止兆欧表的转动,防止电容放电损坏兆欧表。

五、兆欧表的安全注意事项

1. 禁止在雷电时或高压设备附近测绝缘电阻,只能在设备不带电,也没有感应电的情况下测量。

2. 摇表未停止转动之前或被测设备未放电之前,严禁用手触及。拆线时,也不要触及引线的金属部分。

3. 测量结束时,对于大电容设备要放电,要定期校验其准确度。

第三节　接地电阻测试仪

一、接地电阻测试仪的介绍

接地电阻测试仪的主要作用是对通信设备及防雷设备的接地电阻值进行测试，精确测量大型接地网场区地表电位梯度，精确测量大型接地网接触电位差、接触电压、跨步电位差、跨步电压，精确测量大型接地网转移电位，测量接地引下线导通电阻，测量土壤电阻率，仪表外观如图 14-7 所示。

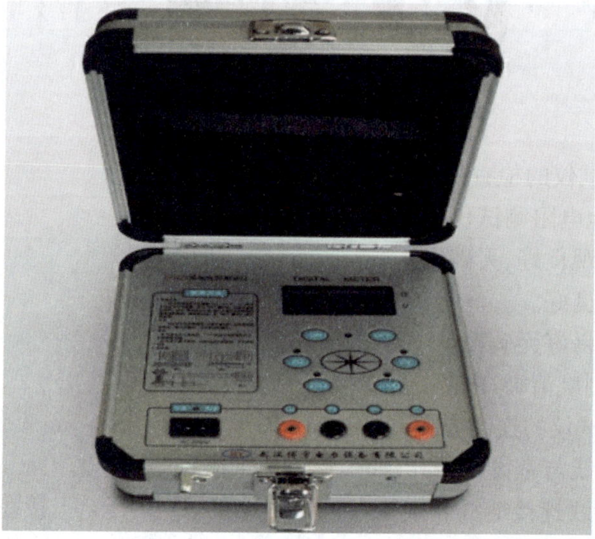

图 14-7　接地电阻测试仪外观

二、接地电阻测试仪的原理

接地电阻测试仪的工作原理是利用电流测量原理，通过在接地系统中加入一定的电流，然后测量电流通过接地系统时的电压降，从而计算出接地电阻。根据欧姆定律，电阻值等于电压与电流的比值。因此，可以通过测量电流和电压来计算出接地电阻的值。它由测试主机、2 个铁钎、5 m 导线、20 m 导线、40 m 导线。

三、接地电阻测试仪的使用方法

1. 接地电阻测试仪工具材料准备

(1)接地电阻测试仪。

(2)锤子一把。

(3)50 cm 镀锌钢钎 2 根。

(4)扳手 2 把。

(5)5 m 多芯铜导线 2 根、20 m 多芯铜导线 1 根、40 m 多芯铜导线 1 根，如图 14-8 所示。

图 14-8 接地电阻测试仪工具材料

2. 接地电阻测试仪的检查

使用前需对接地电阻测试仪进行外观检查,包括:

(1)检查仪表外观良好、无破损。

(2)仪表绝缘性良好。

(3)测试铜导线良好无破损。

(4)按键正常,刻度清晰,电源充足。

3. 接地电阻测试仪的连线方式

(1)用扳手将地线与室设备断开(如生锈可用平措打磨干净)。

(2)用 5 m 连接线连接地线和接地电阻测试仪 C_2、P_2 端子(C_2 接在远离接地体的一端、P_2 接在靠近接地体的一端)。

(3)用锤子将电压探针在接地体辐射 20 m 处打入地下 40 cm 深度,用 20 m 导线连接 P_1 端子和电压探针。

(4)用锤子将电流探针在电压探针同方向(在一条直线上)距离仪表 40 m 处打入地下 40 cm 深度,用 40 m 导线连接 C_1 端子和电流探针,连线方式如图 14-9 所示。

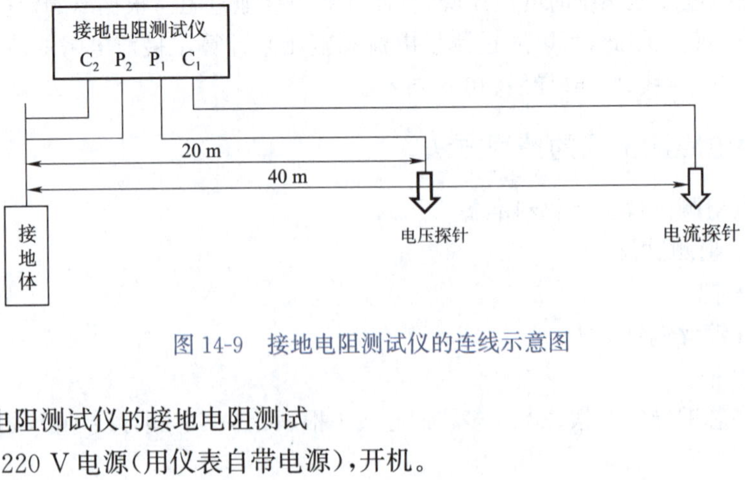

图 14-9 接地电阻测试仪的连线示意图

4. 接地电阻测试仪的接地电阻测试

(1)连接 220 V 电源(用仪表自带电源),开机。

(2)根据接地电阻的估测值,按下相应量程。
(3)读取数值(更改合适量程),并记录仪表显示的数值。
(4)仪表定置:关机、断开电源、断开测试线,回收钢钎、测试线。
(5)恢复地线连接。

四、接地电阻测试仪的安全注意事项

(1)按规定穿戴劳动防护用品。
(2)雷雨天气严禁对地线进行测试。
(3)解开和恢复地线时,佩戴绝缘手套。
(4)必须确认无人员触碰金属连接体后,才能启动仪表。
(5)测试完毕后,进行充分放电。

第四节　电 平 表

一、电平表简介

电平表由输入电路、宽频放大器、检波器、指示电路等部分组合而成,可以用于测量信号传输电平以及增益、衰减量、线路杂音等各种参数,如图 14-10 所示。电平表相当于"电平表+振荡器+万用表+频率计"属于多功能综合测试仪表。

图 14-10　电平表

二、电平表面板介绍

(1)Resistance 黑色插孔:输出电平/电阻测量孔。
(2)AC. V 红色插孔:输入电平/真有效值电压测试孔。
(3)Output level:输出电平调节旋钮。
(4)Input Impedance:输入阻抗选择开关。
(5)Resistance:选择开关—电阻测量挡。
(6)AC. V/RMS:选择开关—真有效值电压挡。
(7)Level:选择开关—电平挡。
(8)Off:选择开关—关闭仪表。

三、电平表的使用方法

1. 电平表的检查
使用前需对电平表进行外观检查,包括:
(1)检查外观良好、无破损。
(2)仪表绝缘性良好。
(3)表笔良好无破损。
(4)按键正常,显示屏清晰,电源充足。

2. 电平表的测试流程

(1)电压测试

①将仪表选择开关置于 AC. V/RMS(真有效值)挡,并将被测信号源连接至 AC. V/Input 红色测试孔。

②选定 Input Impedance(可选 600 Ω 或 100 kΩ),显示屏即显示被测信号源的真有效值电压。

③电压挡测试范围 0.775 mV～6.15 V。

④当测试电压低于 0.775 mV,仪表显示"- - - -"。

⑤当被测电压高于 6.15 V,仪表显示"+ - - -"。

(2)电平测试

①将仪表选择开关置于 Level 挡,并将被测信号源连接至 AC. V/Input 红色测试孔,选定 Input Impedance,显示屏即显示被测信号源的电平值。

②电平挡测试范围－60 dB～＋18 dB。

③当被测信号源电平值大于＋18 dB,仪表显示"+ - - -"。

④当被测信号源电平值小于－60 dB,仪表显示"- - - -"。

(3)电阻测试

①将仪表选择开关置于 Resistance(电阻)挡,表笔一端连接仪表 Resistance Output 口,一端连接被测导体,显示屏即显示被测导体电阻值。

②当被测导体的电阻值大于 2 000 Ω 时,仪表首位显示"1",后三位熄灭,表示超出电阻值测量范围。

(4)振荡器测试

将仪表选择开关置于 Level 或 AC. V/RMS 挡,输出信号源有信号输出,旋转输出电平调节旋钮(Output Level)调节输出电平,输出电平范围"－30 dB～0 dB"可调节。

(5)仪表定置

①测量结束后从插孔取出表笔,并将旋钮开关挡位。

②将电平表关机,将表笔线拔出,梳理整齐放入表袋。

四、电平表的安全注意事项

1. 仪表在接通电源工作时,若显示欠压符号,表示电池电量不足,应更换电池使用。

2. 选择开关置于电平挡和有效电压挡无输入信号时,延迟 5 min 自动关机;电阻挡无输入信号时,延迟 10 min 自动关机。

3. 仪表长期不使用,应将电池取出,注意防水防尘。

4. 不宜在高温和强磁场环境下存放和使用。

第五节　内阻测试仪

一、内阻测试仪的介绍

本仪器是用于测量铅蓄电池、镍镉/镍氢等电池的内阻、电压与端子温度,以判断电池老化状态的测量仪器,如图 14-11 所示。

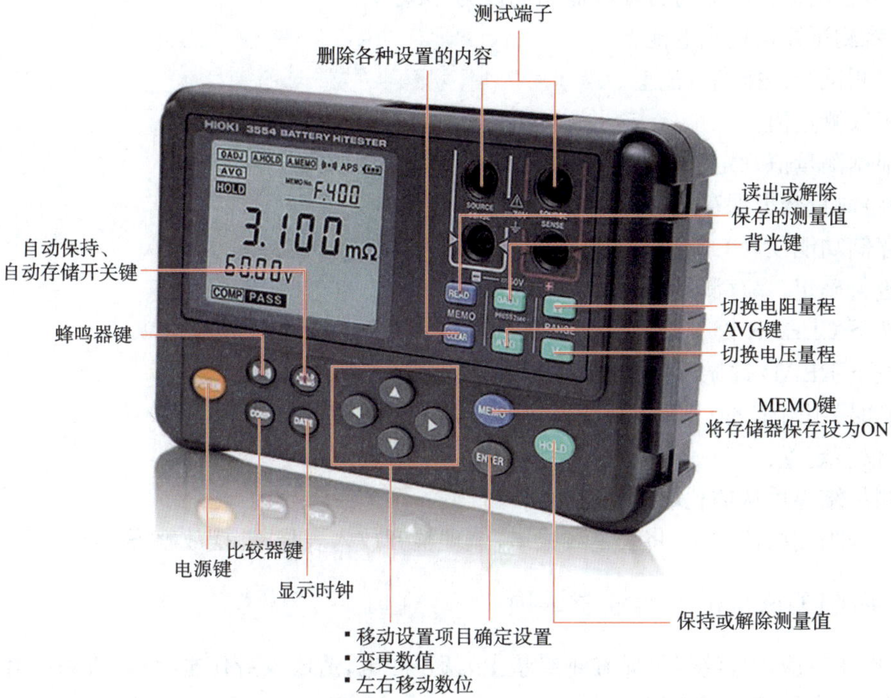

图 14-11　内阻测试仪的面板

二、内阻测试仪的使用方法

1. 内阻测试仪的检查

使用前需对内阻测试仪进行外观检查，包括：

（1）检查外观良好、无破损。

（2）仪表绝缘性良好。

（3）表笔良好无破损。

（4）按键正常，显示屏清晰，电源充足。

2. 蓄电池内阻测试

（1）将测试线连接到本仪器上，接通本仪器的电源。

（2）调零：

①针型测试线时，使用附带或作为选件的调零板。

②在调零板中选择与要测量电池的端子之间最近距离的孔。

③将测试线垂直地抵住调零板。

（3）选择电阻量程：

①量程选项：3 mΩ/30 mΩ/300 mΩ/3 Ω。

②如果按下 Ω 键，则会显示当前的设置。如果继续按下该键，则会切换量程。

（4）选择电压量程：

①量程选项：6 V/60 V。

②如果按下 V 键，则会显示当前的设置。如果继续按下该键，则会切换量程。

(5)将自动保持功能与自动存储功能设为ON。

(6)将测试线连接到电池上:

①将测试线连接到电池上。

②读取测量值。

③根据测量值判定电池的老化状况。

(7)将测量数据保存到存储器中:

①存储功能设为ON。

②进行确定,保存测量值。

③按下CLEAR键1 s以上,则可删除最终保存数据。

④按下READ键显示存储器读出画面。

(8)如果用附带的USB连接线连接PC,则可下载测量数据。

(9)仪表定置:

①测量结束后从插孔取出表笔。

②将内阻测试仪关机,将表笔线拔出,梳理整齐放入表袋,并摆放整齐。

三、内阻测试仪的安全注意事项

(1)操作者应该穿绝缘鞋站在绝缘垫上,禁止触电,造成人身伤害,仪表设备损坏甚至引起火灾,操作者严禁佩戴金属物品。

(2)禁止测试超过60 V量程测试。

(3)挡位更换时表笔离开被测物;选择合适量程挡位;测试前检查仪表和表笔。

第六节 蓄电池容量测试仪

一、蓄电池容量测试仪的介绍

蓄电池容量测试仪是专门针对蓄电池组进行核对性放电实验、容量测试、电池组日常维护、工程验收以及其他直流电源带载能力的测试而设计,如图14-12所示。

二、蓄电池容量测试仪参数

1. C_1～C_{10}是指电池1～10小时率的放电容量。

2. I_1～I_{10}是指电池1～10小时率的放电电流。

3. η是指电池放电容量系数,放电电流越小,容量系数越大。

4. 单体电压门限值是指放电单体的终止电压。单体2 V的电池为1.8 V,6 V的为5.4 V,12 V为10.8 V。

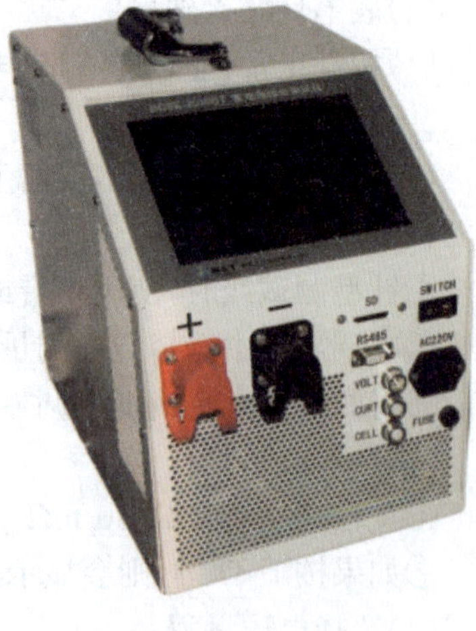

图14-12 蓄电池容量测试仪

三、蓄电池容量测试仪接口

蓄电池容量测试仪接口如图 14-13 所示。

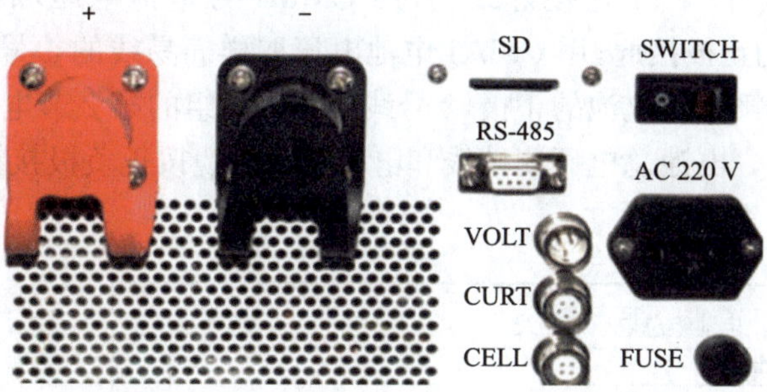

图 14-13　蓄电池容量测试仪接口

1. SD:SD 卡槽用于转存数据。

2. SWITCH:电源开关,开关置"ON",设备上电,进入工作状态;开关置"OFF",设备断电,停止工作。

3. RS-485:通信串口,用通信线与上位机连接,用于远程通信。

4. AC 220 V:AC 220 V/50 Hz 工作电源的接入口。

5. VOLT:总电压采集接口用电压采集线采集外部电压。

6. CURT:电流采集接口,预留接口。

7. CELL:单体电池采集接口,通过单体电池测试线缆与单体电池连接,采集单体电池信息。

8. FUSE:保险。

9. +、−:蓄电池的正负极接入口。

四、蓄电池容量测试仪使用方法

1. 蓄电池容量测试仪的检查

使用前需对内阻测试仪进行外观检查,包括:

(1)检查外观良好、无破损。

(2)仪表绝缘性良好。

(3)表笔良好无破损。

(4)按键正常,显示屏清晰,电源充足。

2. 蓄电池容量的测试

(1)蓄电池与设备分离

①在对电池容量测试时,确保交流不能停电,整流模块输出正常,否则存在单站掉电宕机,造成通信中断的风险。

②将要测试的蓄电池组与开关电源的连接线断开。即将要实验的一电池组脱离系统,将另一组电池组作为系统备用电源。

③拔掉电池熔丝,先断负极,断开后用绝缘胶布包好,正极断开后做同样处理。操作过程中严禁接头碰触电池极板,电池架或其他带电体,以免造成短路或打火。

(2)连接线缆

测试线按序号如图 14-14 连接好线缆,用 CMM1 号电池电压取样简易线(上有标号 CMA1)从蓄电池组的正极接起,用 CMA1 电池电压取样简易线的 1 号线(上有小标签),接蓄电池组(从正极数)第 1 节电池的正极,2 号线接蓄电池组的第 2 节电池的正极……5 号线接第 4 节电池的负极。电池总电压测试线和电池放电电缆按正负极接在电池组的两个极柱上。(正极红色、负极黑色)

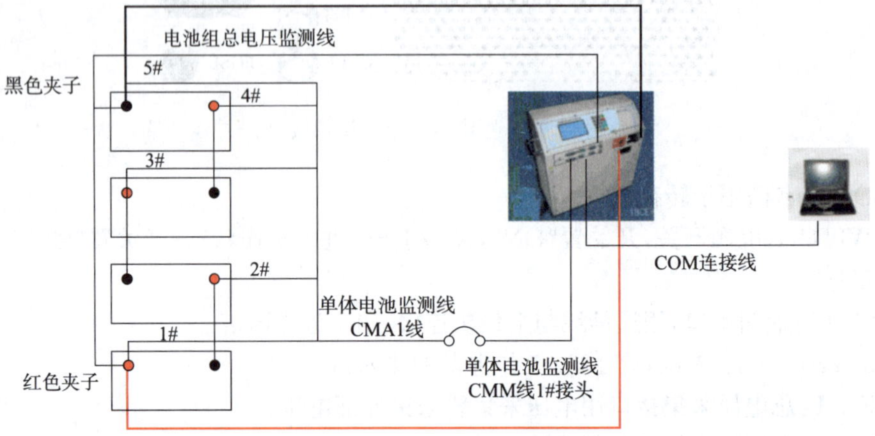

图 14-14 蓄电池容量测试仪接线示意图

(3)设置参数

在容量测试仪上按电池型号设置好放电参数。

(4)电池测试

①在主界面,单击【电池测试】选项,进入“电池测试”界面,如图 14-15 所示。

②恒流放电:在“电池测试”界面,单击【恒流放电】选项,进入“恒流放电参数设置”界面,单击【返回】按钮,返回主界面,如图 14-16 所示。

图 14-15 电池测试

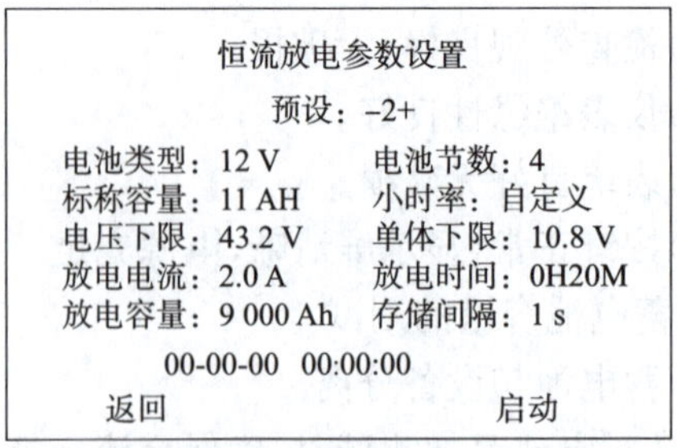

图 14-16 “恒流放电参数设置”界面

③在“恒流放电参数设置”界面,需要设置哪个参数,只需单击该参数对应的位置,将会弹出键盘,通过键盘键入要设置的参数值,依此类推更改所有系统参数,所有参数都设置完毕后,单击【启动】按钮,则会弹出“启动放电”对话框,如图 14-17 所示。

④按＜返回＞键返回主菜单，按＜启动＞键启动放电，进入“恒流放电实时数据”界面，如图 14-18 所示。

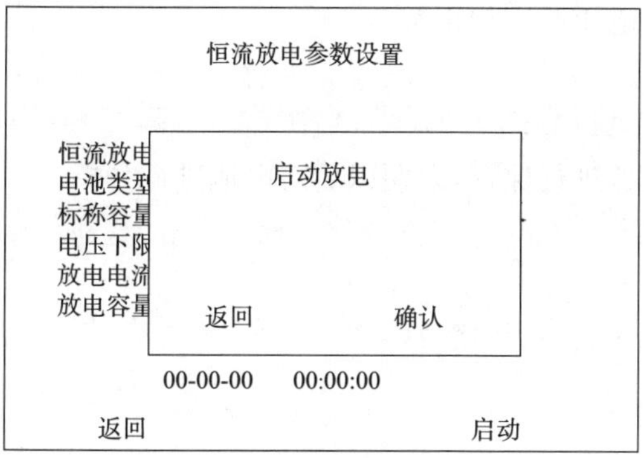

图 14-17 “启动放电”界面

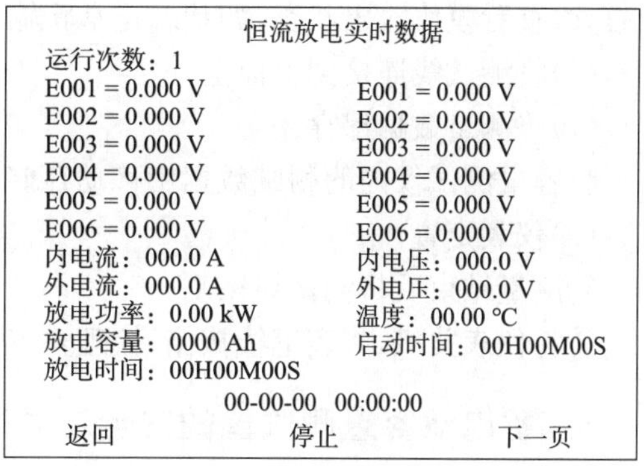

图 14-18 “恒流放电实时数据”界面

⑤单击下一页还可以查看单体实时数据与柱状图，如图 14-19 所示。

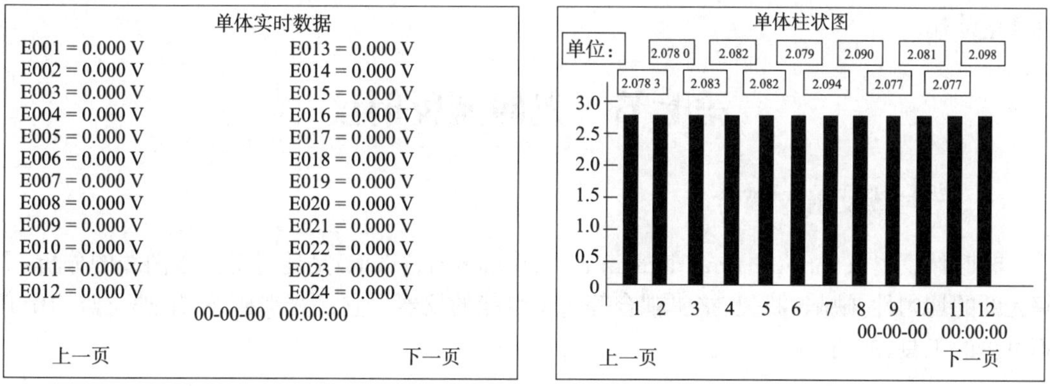

（a）　　（b）

图 14-19 单体实时数据与柱状图

⑥以时间到为例[图 14-20(a)]，手动停机，即按＜停止＞键，出现图 14-20(b)所示对话框时按＜确认＞键即可。

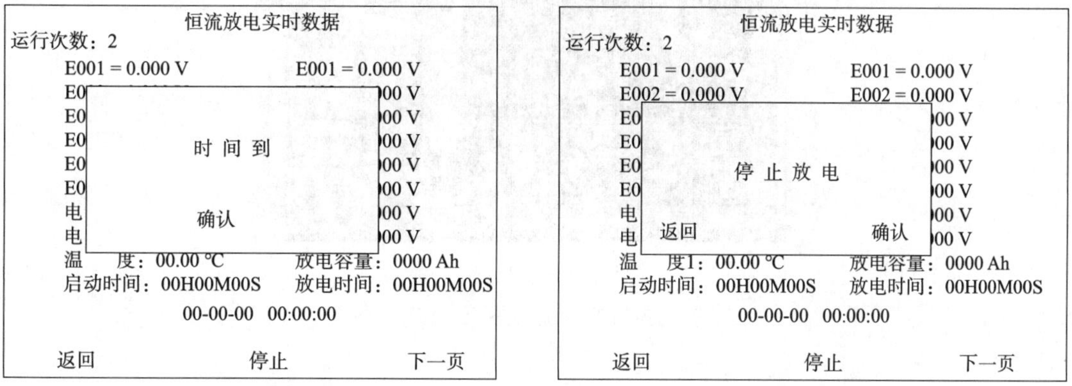

（a）　　（b）

图 14-20 测试时间到与停止放电

(5)测试完成恢复电池连接线

对电池组总电压进行测量,将模块输出电压调整到测量电压高 0.3 V 左右,避免插上熔丝打火,查看模块输出状态,如状态正常将输出电压调整到正常。

(6)将测试线连接到电池上

(7)将测量数据保存

将容量测试仪内的测试数据用移动存储设备进行保存,以便以后对电池进行分析。

(8)仪表定置

①测量结束后将测试线恢复。

②将仪表关机,将表笔线拔出,梳理整齐放入表箱,并摆放整齐。

五、蓄电池容量测试仪的安全注意事项

(1)电缆线接到电池组上时应先连接负极电缆线,后连接正极电缆线。

(2)正负极性,不要接反。

(3)在接线过程中应关机操作,放电前接线应先接仪表端,放电结束后拆出线缆时应先拆蓄电池端。

第七节　光时域反射仪

一、光时域反射仪简介

光时域反射仪(optical time-domain reflectometer,OTDR)是通过对测量曲线的分析,了解光纤的均匀性、缺陷、断裂、接头耦合等若干性能的仪器。它是光缆施工、维护及监测中必不可少的工具,如图 14-21 所示。

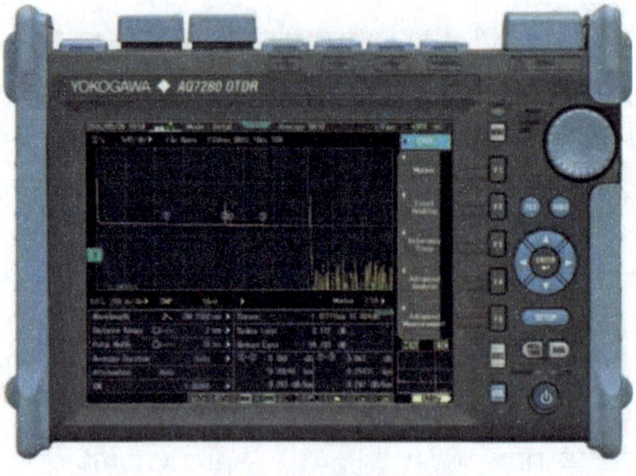

图 14-21　光时域反射仪

二、光时域反射仪(OTDR)的原理

OTDR 是基于光的背向散射与菲涅耳反射原理制作,利用光在光纤中传播时产生的后

向散射光来获取衰减的信息，可用于测量光纤衰减、接头损耗、光纤故障点定位以及了解光纤沿长度的损耗分布情况等。它由DC电源模块、光连接器、USB接口(主机)、USB接口(功能)连接PC、可选模块插槽组成。

三、光时域反射仪功能

1. 长度测试

如单盘测试(光缆铺设前期准备工作)、光纤链路长度。

2. 定位测试

如光纤链路中的熔接点、活动连接点、光纤裂变点、断点等位置。

3. 损耗测试

以上所述各种事件点的连接、插入、回波损耗，单盘或链路的损耗和衰减。

4. 其他功能

除了测试功能外，它能实现光纤档案的存储，打印，以及当前、历史档案的对比等功能。

四、光时域反射仪的主要参数

1. 波长(λ)

不同的波长对应不同的光线特性(包括衰减、微弯等)，测试波长一般遵循与系统传输通信波长相对应的原则，即系统开放1 550 nm波长，则测试波长为1 550 nm。1 550 nm波长测试距离更远，1 550 nm比1 310 nm光纤对弯曲更敏感，1 550 nm比1 310 nm单位长度衰减更小、1 310 nm比1 550 mm测的熔接或连接器损耗更高。在实际的光缆维护工作中一般对两种波长都进行测试、比较。

2. 脉宽(Pulse Width)

脉宽越长，动态测量范围越大，测量距离更长，但在OTDR曲线波形中产生盲区更大；短脉冲注入光平低，但可减小盲区。脉宽周期通常以ns来表示。

3. 测量范围(Range)

OTDR测量范围是指OTDR获取数据取样的最大距离，此参数的选择决定了取样分辨率的大小。最佳测量范围为待测光纤长度1.5～2倍距离之间。

4. 平均时间

由于后向散射光信号极其微弱，一般采用统计平均的方法来提高信噪比，平均时间越长，信噪比越高。

5. 光纤参数

光纤参数的设置包括折射率 n 和后向散射系数 η 的设置。这两个参数通常由光纤生产厂家给出。

五、光时域反射仪的使用方法

1. 光时域反射仪检查

使用前需对光时域反射仪(OTDR)进行外观检查，包括：

(1)检查外观良好、无破损。

(2)接口良好、无污染。

(3)按键正常,显示屏清晰,电源充足。

2. 光时域反射仪测试

(1)清洁,连线

①光纤活接头接入 OIDR 前,必须关闭仪器进行清洗,包括 OTDR 的输出接头和被测活接头,否则插入损耗太大、测量不可靠甚至使测量不能进行,它还可能损坏 OTDR。

②避免用酒精以外的其他清洗剂,因为它们可使光纤连接器内粘合剂溶解。

(2)设置参数

①选择"自动化 OTDR",设备可自行智能化设置相关参数,选择测试波长,点击右侧"启动",进入测试界面,进行光纤距离的粗测。

②选择"高级 OTDR"根据"自动化测光纤情况,人工设置测试所用的波长、量程、脉冲、平均化时间等,单击右侧"启动",进入测试界面。

(3)OTDR 的测试方法

①两点法

a. 两点衰减系数

(a)第一点放在光纤前端,但在熔接点后,以避开前端附加损耗。

(b)第二点放在光纤末端,避开末端附加损耗(菲涅耳峰)。

b. 两点损耗

用来测量一段光纤任意两点间的损耗,指光在光纤中传输所有的累计损耗。

(a)第一点放在被测光纤段的起点。

(b)第二点放在被测光纤段的末端。

c. 两点长度

指光纤的长度,即纤芯长度。因热胀冷缩及抗弯曲因素,纤芯比光缆略长长度,同样是用两点法来测试:

(a)第一点放在被测光纤的起点。

(b)第二点放在被测光纤的末端。

②四点法

通常用四点法测试熔接点损耗,熔接点损耗是指两段光纤接续时产生的损耗。

(a)第一点放在熔接点左侧光纤平滑段前端。

(b)第二点放在熔接点左侧光纤平滑段末端,熔接点附近。

(c)第三点放在熔接点右侧,光纤平滑段前端,熔接点附近。

(d)第四点放在熔接点右侧,光纤平滑段末端。

(4)保存测量数据

选择菜单中的结果,点击右侧菜单保存,对文件进行命名后,单击"确认",对曲线进行保存。

(5)读取文件

在"文件"按键中选择要调用的文件目录,单击"读取",曲线加载成功,可以进行查看。

(6)仪表定置

①测量结束后将测试线恢复,盖上防尘帽。

②将仪表关机,将测试尾纤线拔出,梳理整齐放入表箱,并摆放整齐。

六、光时域反射仪的测试曲线分析

目前光缆的测试主要采用光时域反射仪进行，它能将光纤的完好情况和故障状态，以一定斜率直线（曲线）的形式清晰的显示在仪表液晶屏上。根据事件表的数据，能迅速地查找确定故障点的位置和判断障碍的性质及类别，对分析光纤的主要特性参数能提供准确的数据。在光缆线路的测试中，应尽量保持使用同一块仪表进行某条线路的测试，各次测试时主要参数值的设置也应保持一致，这样可以减少测试误差，便于和上次的测试结果比较。即使使用不同型号的仪表进行测试，只要其动态范围能达到要求，折射率、波长、脉宽、距离、平均化时间等参数的设置亦和上一次的相同，这样测试数据一般不会有大的差别，下面重点介绍一下测试测试结果的分析。

1. 正常测试曲线分析

正常测试曲线如图 14-22 所示。

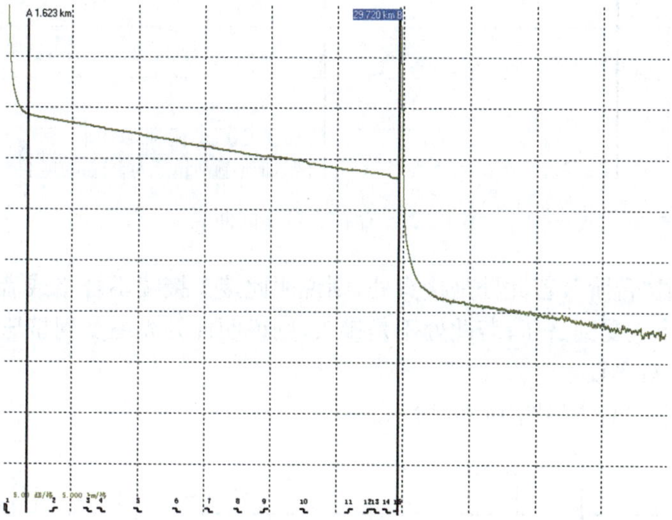

图 14-22　正常测试曲线

判断曲线是否正常的方法：

（1）线主体斜率基本一致，且斜率较小，说明线路衰减常数较小，衰减的不均匀性较好。

①衰减不均匀性要求

在光纤后向散射曲线上，任意 500 m 长度上的实测衰减值与全长上平均每 500 m 的衰减值之差的最坏值应不大于 0.05 dB。

②衰减点不连续性要求

对 B1.1 类（即 G.652）单模光纤，在 1 310 nm 波长，一连续光纤长度上不应有超过 0.1 dB 的不连续点；在 1 550 nm 波长，一连续光纤长度上不应有超过 0.05 dB 的不连续点；对 B4 类（即 G.655）单模光纤，在 1 550 nm 波长，一连续光纤长度上不应有超过 0.05 dB 的不连续点。

（2）无明显“台阶”，说明线路接头质量较好，一般指标要求：接头损耗（双向平均值）≤0.1 dB/个。

(3)尾部反射峰较高,说明远端成端质量较好。

2. 异常测试曲线分析

(1)曲线有大台阶

存在大台阶的曲线如图 14-23 所示。

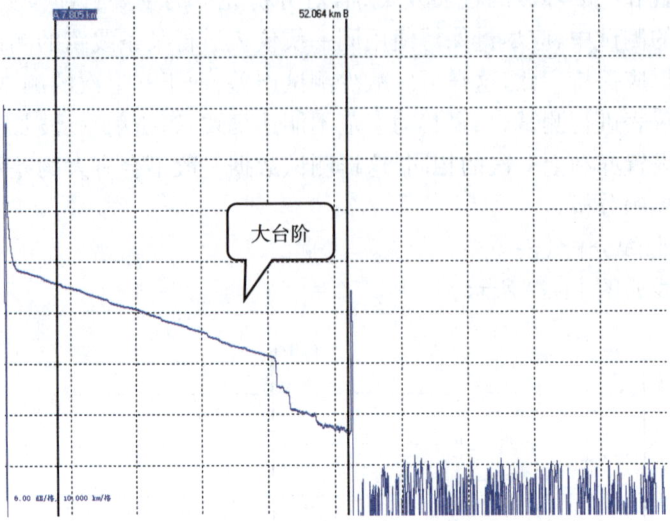

图 14-23　存在大台阶的曲线

曲线中有明显“台阶”,若此处是接头处,则说明此接头接续不合格或者该根光纤在收容盘中弯曲半径太小或受到挤压;若此处不是接头,则说明此处光缆受到挤压或打了急弯。

(2)曲线有段斜率较大

存在较大斜率的曲线如图 14-24 所示。

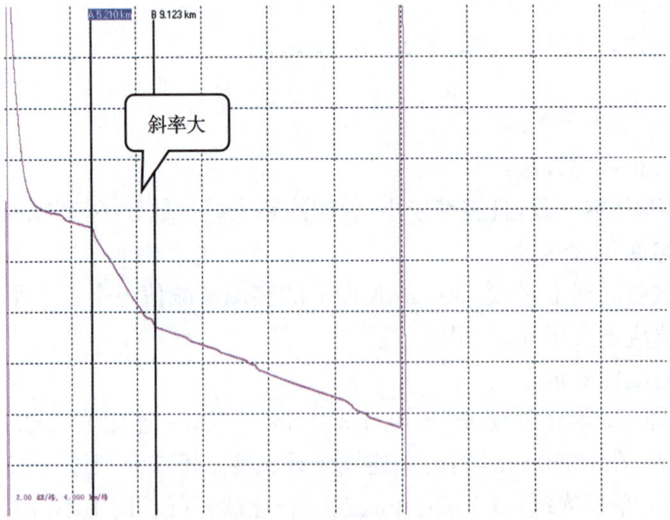

图 14-24　存在较大斜率的曲线

此段曲线斜率明显较大,说明此段光纤质量不好,衰耗较大。

(3)曲线远端没有反射峰

远端没有发射峰的曲线如图 14-25 所示。

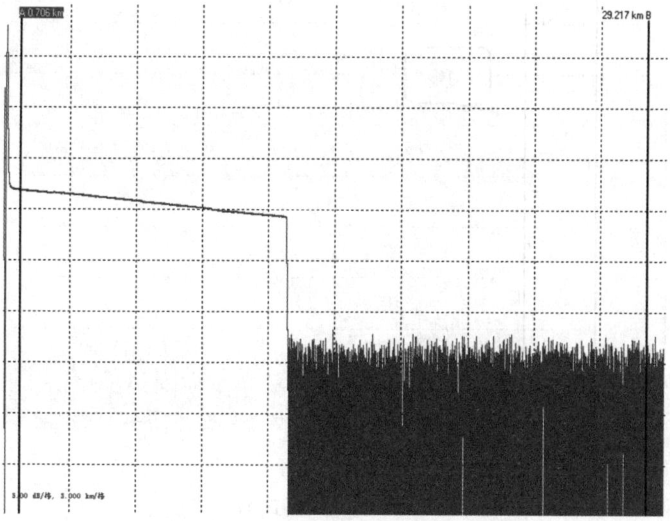

图 14-25　远端没有发射峰的曲线

此段曲线尾部没有反射峰,说明此段光纤远端成端质量不好或者远端光纤在此处折断。

(4)幻峰(鬼影)的识别与处理

幻峰曲线如图 14-26 所示。

幻峰(鬼影)的识别:曲线上鬼影处未引起明显损耗,如图 14-26(a)所示。沿曲线鬼影与始端的距离是强反射事件与始端距离的倍数,成对称状,如图 14-26(b)所示。

消除幻峰(鬼影)的方法:选择短脉冲宽度,在强反射前端(如 OTDR 输出端)中增加一定的衰减。若引起鬼影的事件位于光纤终结,可将光纤"打小弯"以衰减反射回始端的光。

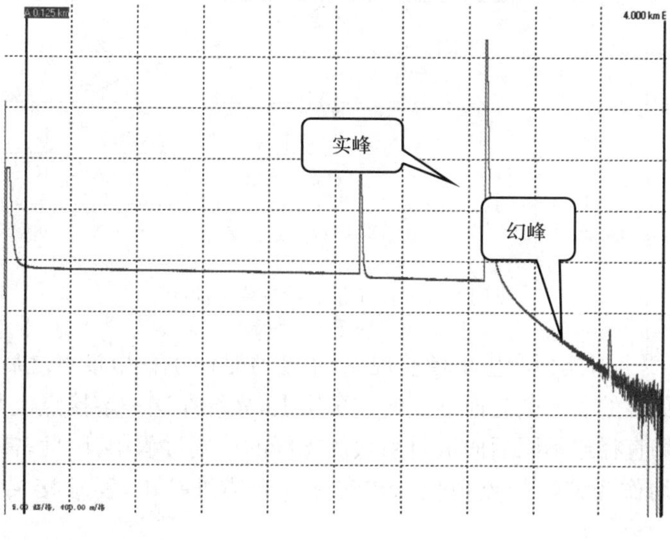

(a)

图　14-26

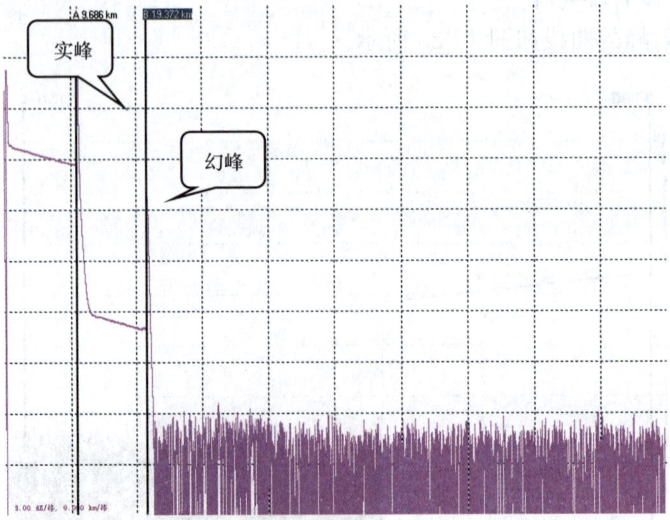

(b)

图 14-26 幻峰曲线

(5)正增益现象曲线

存在正增益现象的曲线如图 14-27 所示。

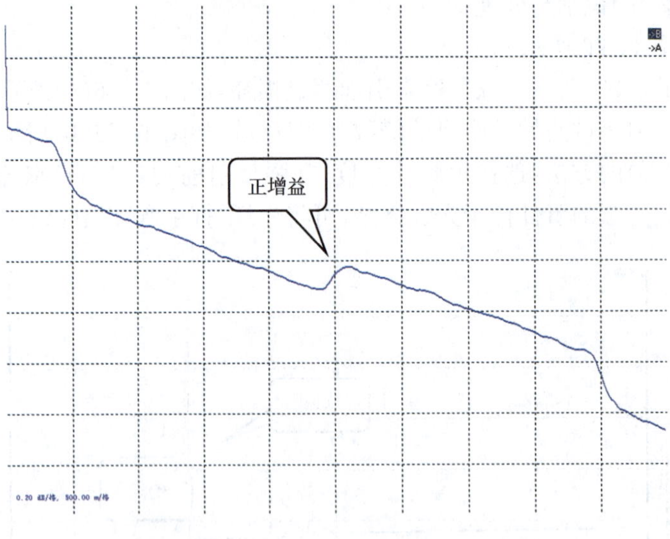

图 14-27 存在正增益现象的曲线

在 OTDR 曲线上可能会产生正增益现象,正增益是由于在熔接点之后的光纤比熔接点之前的光纤产生更多的后向散光而形成的。事实上,光纤在这一熔接点上是有熔接损耗的。常出现在不同模场直径或不同后向散射系数的光纤的熔接过程中,因此,需要在两个方向测量并对结果取平均作为该熔接点损耗。在实际的光缆维护中,要求接头平均损耗值为≤0.08 dB。

七、事件表说明

在光纤分析结果中，“事件”是指由于有损耗的连接（微弯、连接器或熔接点）造成的衰减异常、反射连接（连接器或光纤断裂）或光纤远端。事件表中只列出超出预设阈值的事件。超出告警阈值的事件在事件表中以高亮度红色显示，事件表见表 14-1。

表 14-1　OTDR 事件表

序号	距离（km）	事件类型	插入损耗（dB）	反射（dB）	平均衰减（dB/km）	累计损耗（dB）
01	34.400 0		0.383	（−48.342）	0.196	6.740
02	49.115 0		0.544	（−54.036）	0.191	9.936
03	73.670 0		光纤末端	−15.688	0.211	15.662

1. 到事件点处的距离

事件表中到事件点处的距离指从轨迹的起点到事件点处的距离，距离单位“km”。

2. 事件类型

（1）反射型事件：从未饱和的接续点产生反射，例如由机械接头和连接器造成的菲涅尔反射。

（2）饱和反射型事件：从饱和的接续点产生反射，例如由机械接头和连接器造成的菲涅尔反射。

（3）非反射型事件：未产生反射的熔接点或微弯点。

（4）群事件：当几个事件点靠的太近而无法分开时，将被当作一个事件点。在事件表中，整个群事件的结果显示在第一个事件处。

（5）光纤远端：损耗超过设置的光纤阈值的事件被认为是被测光纤的远端。

八、光时域反射仪（OTDR）的安全注意事项

（1）测试时严禁眼睛直视光纤截面或发光口。

（2）主要通道测试，测试时对段断开光纤与设备连接。

（3）插入尾纤清洁无污染，卡扣对槽入口，连接紧密。

第八节　光源、光功率计

一、光源、光功率计的介绍

光源是产生光信号的仪表，光功率计是用来测量光传输设备光口发送或接收功率及光纤链路损耗的仪表。光源一般与光功率计配合使用，可以测量光纤系统的光损耗，如图 14-28 所示。

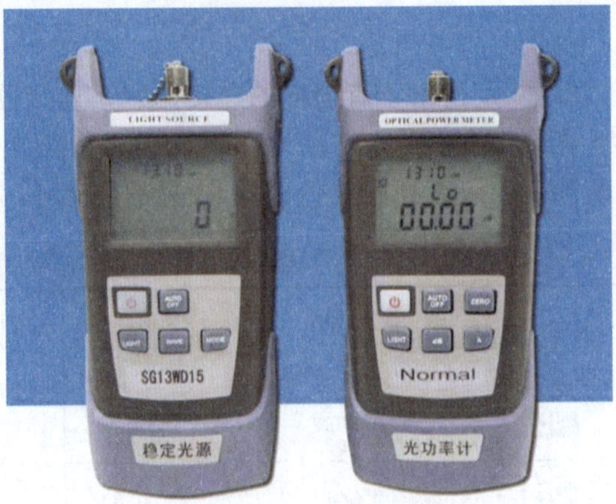

图 14-28　光源、光功率计

二、光源、光功率计功能键

光源:专用于产生光信号的仪表。能够稳定输出特定波长、特定模式、特定功率的激光,产生稳定的光信号,其功能键如图 14-29 所示。

1. ON/OFF 键:开/关机。
2. AUTO OFF 键:自动关机。
3. Mode 键:来选择调制方式 0 Hz、1 000 Hz、2 000 Hz 等间切换。
4. LIGHT 键:背光键。
5. WAVE 或 λ 键:波长选择键,选择光源不同的发光波长。

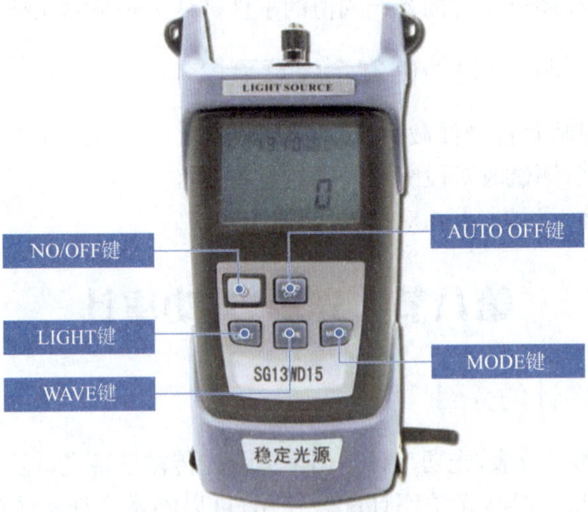

图 14-29　光源功能键

光功率计:用于测量光传输设备,光口发送或接收功率及光纤链路损耗的仪表。在光纤系统中，测量光功率是最基本的。通过测量发射端机或光网络的绝对功率，一台光功率计就能够评价光端机设备的性能。光功率计功能键如图 14-30 所示。

1. ON/OFF 键：开/关机。

2. AUTO OFF 键：自动关机。

3. ZERO 或 REF 键：用于绝对测量和相对测量状态的切换及相对测量参考。

4. LIGHT 键：背光键。

5. dB 键：单位切换键(dB dBm nW)。

6. λ 键：波长选择键，选择光源不同的发光波长。

7. SAVE 键：保存键；DEL 键：删除键。

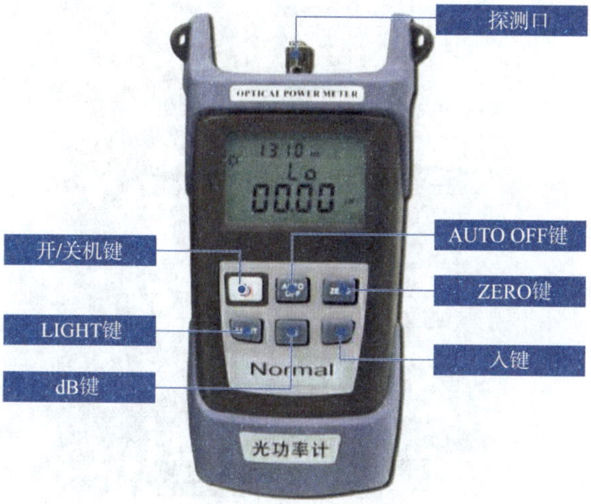

图 14-30　光功率计功能键

三、光源、光功率计的参数计算

1. W/mW：瓦/毫瓦，光功率常用计量单位。

2. dBm：分贝毫瓦，表示功率绝对值，是为了便于计算而引入的光功率计量单位。dBm 可以认为是以 1 mW 功率为基准的一个比值，以分贝表示的绝对功率电平。

3. dB：分贝，光功率衰减或增益的比数值。是一个表征相对值的数值，纯粹的比值，只表示两个量的相对大小关系，没有单位。例如，15 dBm－5 dBm＝10 dB。

四、光源、光功率计的使用方法

1. 光源、光功率计的检查

使用前需对光源、光功率计进行外观检查，包括：

(1)检查外观良好、无破损。

(2)FC/PC 接口正常良好、无污染。

(3)按键正常，显示屏清晰，电源充足。

(4)连接尾纤完好无破损、扭曲。

2. 光源、光功率计的测试

(1)校表

光源、光功率计校表如图 14-31 所示。

①将光纤连接器接入光输出端口。

②按下 ON/OFF 键打开,工作指示灯亮。

③通过按动 λ 键来调整光源的输出波长。

④通过 MOD 键来调整光源的调制频率。

⑤确认两端波长频率一致。

⑥用标准尾纤连接光源、光功率计,记录入射功率 P_1(约等于稳定光源光功率)。

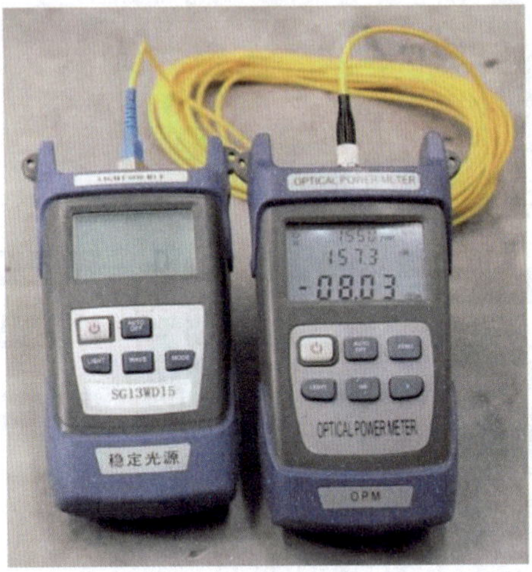

图 14-31　光源、光功率计校表

(2)光线路的测试

①测试前准备

a. 测量前必须将被测光缆与设备断开,决不允许光缆带电进行测量,以保证设备的安全。

b. 光源,光功率计和被测光口表面要清洁,确保测量结果的正确性。

②光线路的测试流程

a. 外观及按键、显示屏检查是否正常。

b. 清洁光纤及光纤连接器,用尾纤连接光源光功率计(卡口对准)。

c. 打开光源光功率,设置工作波长,进行记录读数(光源输出光功率值),按 REF 键设置参考值。(若不使用 REF 键,在需测链路的两端测试记录功率值为出射功率 P_2,计算:$A(\mathrm{dB})=P_1-P_2$,A 为该链路的衰耗值)

d. 核对 ODF 台账,开机,清洁,连接仪器,设置工作波长,读取读数,进行记录,恢复。

e. 按 SAVE 保存,整理仪表。

f. 恢复对端设备连接,作业完毕。

(3)光设备的测试

①测试前准备

a. 测量前必须将被测光缆与设备断开。

b. 光功率计和被测光口表面要清洁，确保测量结果的正确性。

②光设备的测试流程

a. 将光功率计设置在被测波长。

b. 选择连接本站光板 OUT(发送)或 IN(接收)接口的尾纤。

c. 将此尾纤的另一端连接光功率计的测试入口，待接收到的光功率稳定后，读出光功率值，即为该光板的发送或接收功率。

d. 恢复对端设备连接，作业完毕。

(4)保存、读取文件

短按光功率计的“SAVE”键，保存数据，长按短按光功率计的“SAVE”键，查看存储的数据，再短按“SAVE”键逆序查看数据记录，长按“SAVE”键，退出数据查看模式。

(5)仪表定置

①将仪表关机，将测试尾纤线拔出，盖上防尘帽。

②测量结束后将测试线路、设备恢复，并加以确认。

③梳理整齐放入表箱，并摆放整齐。

五、光源、光功率计的安全注意事项

1. 使用前，查看仪表右上角电池电量，确保电池电量充足。

2. 避免仪表机械振动、碰撞、跌落及其他机械损伤，使用中，眼睛切勿直视仪表发光口，以免激光灼伤眼睛。

3. 若长期不用请取出电池，防止电池受潮影响光源光功率计的准确测量；光源光功率计不用时，立即盖好防尘盖，保持端面清洁、无污染。

第九节　2M 误码测试仪

一、2M 误码测试仪简介

2M 误码测试仪用于 E1/G.703 线路的现场维护和分析以及数据线(V.35，V.24/RS-232，RS-449，RS-530，X.21)的误码测试。可根据用户的要求对测试数据进行存储、统计、分析，是线路质量测量的理想工具，如图 14-32、图 14-33 所示。

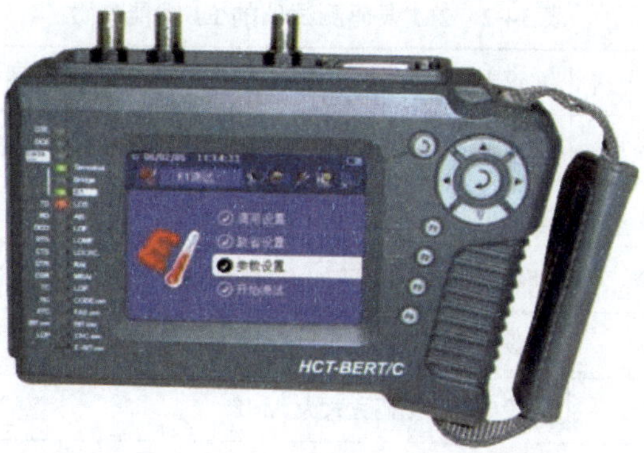

图 14-32　2M 误码测试仪

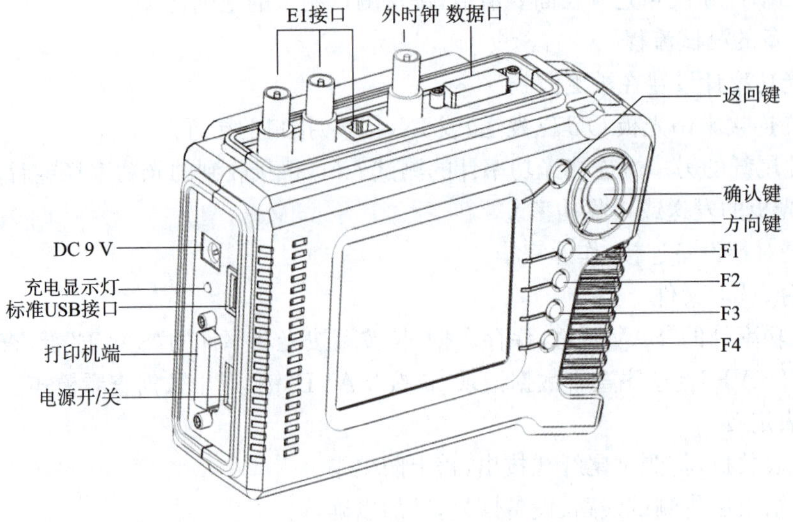

图 14-33 2M 误码测试仪的接口、按键示意图

二、2M 误码测试仪参数

1. 误码秒(ES):在系统可利用时间内出现误码的秒数。

2. 严重误码秒(SES):在系统可利用时间内出现的误码率大于 1×10^{-3} 的秒数。

3. 系统可利用时间秒数:测试到的系统总的可利用秒数。

4. 信号丢失(或称无信号-LOS):在测试过程中测试到的多于 15 个连“0”信号时表明信号已经丢失,此时告警测试将定义信号丢失或称为无信号。

5. 信号告警指示(AIS)告警:在测试过程中测试到的多于 15 个连“1”信号时表明系统全 1 告警,此时告警测试将定义为 AIS 告警。

6. 同步丢失(OOF 或 LOSY):测试中,由于传输设备或仪表设置的原因导致的仪表收、发之间地码型失步,称为同步丢失。

三、2M 误码测试仪的 E1 功能参数介绍

2M 误码测试仪的 E1 功能参数见表 14-2。

表 14-2 2M 误码测试仪的 E1 功能参数

连接方式	端接	设定 HCT-BERT/C 发送及接收端口为 E1 终端模式
	桥接	设定 HCT-BERT/C 为 E1 桥接模式。接收端阻抗≥1 kΩ
连接阻抗	75 Ω	设定 HCT-BERT/C 端口阻抗为 75 Ω
	120 Ω	设定 HCT-BERT/C 端口阻抗为 120 Ω
编码类型	HDB3	设定线路编码方式为 HDB3
	AMI	设定线路编码方式为 AMI

续上表

成帧类型	PCM31	PCM31 模式。时隙设置为 FULL 时，FAS＋时隙 TS1～TS31 全被设为使用中；时隙设置为 $N\times64$ 时，时隙为 FAS＋设定为使用中的 TS(其余 TS 被设定为空闲)。注：TS 表示时隙
	PCM30	PCM30 模式。时隙设置为 FULL 时，FAS＋CAS＋时隙 TS1 至 TS15＋TS17 至 TS31 全被设为使用中；时隙设置为 $N\times64$ 时，FAS＋CAS＋设定为使用中的 TS(其余 TS 被设定为空闲)
	PCM31＋CRC	PCM31 模式，CRC4 启动。时隙设置为 FULL 时，FAS 时隙 TS1～TS31 全被设为使用中；时隙设置为 $N\times64$ 时，时隙为 FAS＋设定为使用中的 TS(其余 TS 被设定为空闲)
	PCM30＋CRC	PCM30 模式，CRC4 启动。时隙设置为 FULL 时，FAS＋CAS＋时隙 TS1～TS15＋TS17～TS31 全被设为使用中；时隙设置为 $N\times64$ 时，FAS＋CAS＋设定为使用中的 TS(其余 TS 被设定为空闲)
	非成帧	非成帧模式。TSO～TS31 全被设定为使用中
	自动监测	自动检测模式。HCT-BERT/C 会根据当前线路状态，自动识别对端 E1 接口的成帧类型
时隙设置	FULL	根据成帧类型的选择，将所有可使用的时隙设置为使用中
	N×64	选择将可使用的时隙设置为使用中或空闲(参见"成帧类型"的描述)
发送时钟	恢复时钟	发送时钟，采用 E1/T1 接收口提取(Recovery)出的时钟，当作参考时钟
	内时钟	发送时钟采用 HCT-BERT/C 内部石英振荡器产生的频率，为 2 048 kbit/s
	外时钟	发送时钟，采用 HCT-BERT/C 的外部(参考时钟)口输入的时钟，当作参考时钟
	50 ppm	发送时钟，使用 HCT-BERT/C 内部石英振荡器产生的频率，加上 50 ppm 偏移值，当作参考时钟
	100 ppm	发送时钟，使用 HCT-BERT/C 内部石英振荡器产生的频率，加上 100 ppm 偏移值，当作参考时钟
	－50 ppm	发送时钟，使用 HCT-BERT/C 内部石英振荡器产生的频率，加上－50 ppm 偏移值，当作参考时钟
	－100 ppm	发送时钟，使用 HCT-BERT/C 内部石英振荡器产生的频率，加上－100 ppm 偏移值，当作参考时钟
测试时间	连续	一直会执行 BERT 测试
	15 min	执行 BERT 测试 15 min
	30 min	执行 BERT 测试 30 min
	1 h	执行 BERT 测试 1 h
	24 h	执行 BERT 测试 1 d
空闲码	7E	被设为预设空闲的时隙，会在该发送的时隙填入十六进制 0x7E 的码
	7F	被设为预设空闲的时隙，会在该发送的时隙填入十六进制 0x7F 的码
	通过	如果发送时钟设为"恢复时钟"时，将空闲时隙收到的数据作为"空闲码"再在该时隙发送出去

四、2M 误码测试仪的使用方法

1. 2M 误码测试仪的检查

使用前需对 2M 误码测试仪进行外观检查，包括：

(1)外观无破损、各类接口正常。

(2)自环接头正常。

(3)按键正常，显示屏清晰，电源充足。

(4)2M 连接线完好无破损、扭曲。

2. 2M 误码测试仪的测试

(1)校表

①测试之前，对 2M 表进行自环校表，确认仪表及附属 2M 线性能良好。

②仪表 RX 接仪表 TX。

③通过指示灯正常与否判断校表是否成功。

(2)2M 电路环回测试

①将仪表 RX 接设备 TX，仪表 TX 接设备 RX 对电路做软环回或硬环回，选择开始测试 15 min 或 24 h，观察 2M 误码测试仪指示灯状态。

a. 灯显状态：E1，Termmianal 或 Bridge 指示灯绿灯长亮，且接收比特数按秒增长，差错计数均为 0，无告警。表示 2M 表测试接收信号良好。可判断 2M 环路通道良好。

b. 灯显状态：LOS 指示灯红灯亮，接收比特数为 0，仪表下方显示“信号丢失”。表示该 2M 表 RX 端口没有接收到信号。

可能原因：本端 2M 表 RX 接设备 RX，TX 接设备 TX，即 2M 线接反了，或本端传输 2M 接收部分故障。

c. 灯显状态：AIS、LOP 指示灯红灯亮，接收比特数按秒增长，比特差错书逐步增大，仪表下方显示图案同步丢失，表示传输对端 2M 无信号输入。

可能原因：对端 2M 发送部分故障，对端站业务配置错误。常见为对端 2M 未环上或对端 2M 发送部分线路故障。

(3)保存、读取文件

①测试完成后，按“F2”键进行保存，文件名命名。

②在参数设置中，按“F1”键可以对原来保存的参数直接调用，并用于测试，按“F3”可对当前的配置进行保存。

③选择文档管理模块中的结果文档，进入选择 E1 选项，进行结果的查看。

(4)仪表定置

①测量结束后将测试线路、设备恢复。

②将仪表关机，将测试线拔出，梳理整齐放入表箱，并摆放整齐。

五、2M 误码测试仪的安全注意事项

1. 使用前，先检查仪表设置，并自环校表，确保仪表自身正常。

2. 进行测试时，注意收和发的端口不要接反，要分清是否可以带业务进行测试，以免影响业务使用。

3. 带业务测试模式时，仪表的连接阻抗要设为高阻抗，连接方式设为桥接，避免对正在使用的业务带来不必要的影响。

第十节　网线测试仪

一、网线测试仪简介

网线测试仪对双绞线 1、2、3、4、5、6、7、8、G 线对逐根测试，可区分判断某一根(对)的错线、短路、开路、反接和串线。

二、网线测试仪的外观

网线测试仪由主机端、测试端、1～8 面板指示灯、接地指示灯、照明灯组成，它有两个 RJ-45 端口、两个 RJ-11 端口、外接电源口组，如图 14-34 所示。

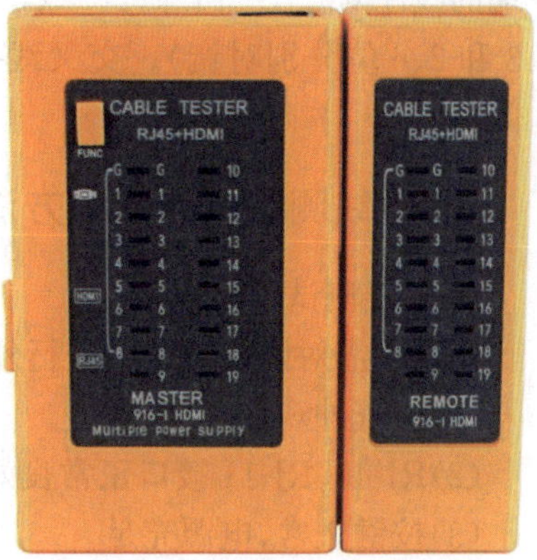

图 14-34　网线测试仪

三、网线制作的基本知识

1. 网线线序简介

网线线序如图 14-35 所示。

(1)568A：568A 的排线顺序为白绿、绿、白橙、蓝、白蓝、橙、白棕、棕。

(2)568B：568B 的排线顺序为白橙、橙、白绿、蓝、白蓝、绿、白棕、棕。

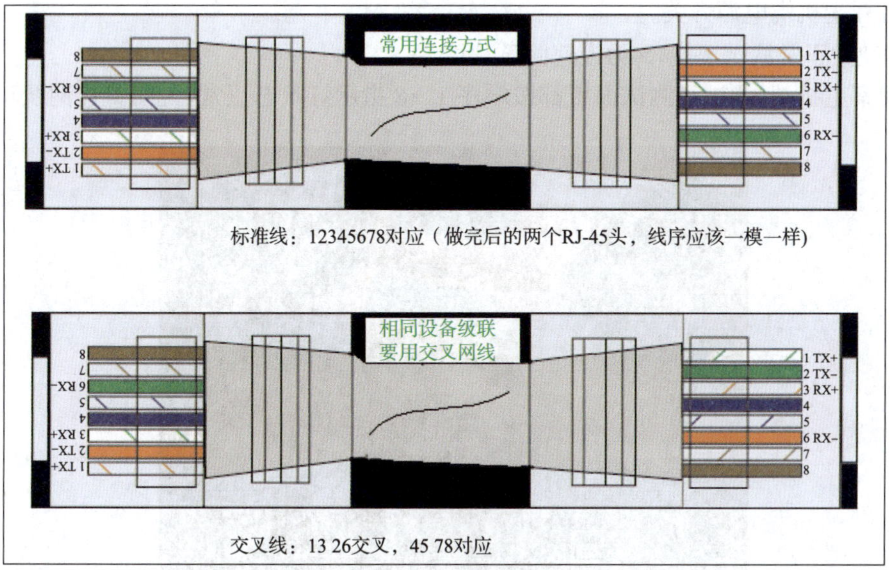

图 14-35　网线线序

2. 网线分类

网线分为直通线和交叉线。

(1)直通线

标准线,两端都采用 568B 做线标准。两端的线序对是:1—白橙,2—橙,3—白绿,4—蓝,5—白蓝,6—绿,7—白棕,8—棕。注意两端都是同样的线序且一一对应,这种线就是我们平时最常用的网线。直通线一般连接不同的设备,比如电脑和路由器。

(2)交叉线

反线,一端采用 568B 做线标准,一端采用 568A 的标准。

一端的线序对是:1—白橙,2—橙,3—白绿,4—蓝,5—白蓝,6—绿,7—白棕,8—棕。另一端的线序对是 1—白绿,2—绿,3—白橙,4—蓝,5—白蓝,6—橙,7—白棕,8—棕(即正线的 1、3 和 2、6 位分别对调)。交叉线一般用于相同设备的连接,比如路由和路由电脑和电脑之间。

四、网线测试仪的使用方法

1. 网线测试仪检查

使用前需对网线测试仪进行外观检查,包括:

(1)检查外观良好、无破损。

(2)RJ-45、RJ-11 接口正常良好。

(3)按键正常,电源充足。

2. 网线测试仪测试(图 14-36)

(1)测试步骤

①将网线一段插入主机端、另一端插入测试端。

②打开主机端电源开关。

③ON 为正常测试速度,S 为慢速测试速度。

④观察主机端、测试端测试面板都按顺序 1~8 指示灯状态正常,说明直连网线正常。

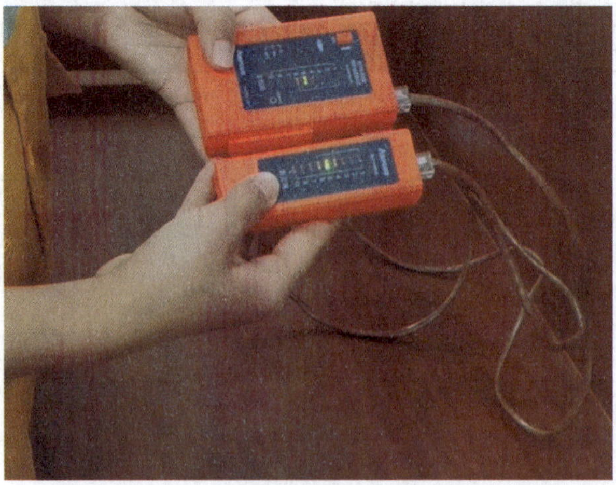

图 14-36　网线的测试

⑤观察主机测试面板顺序 1～8 指示灯状态正常，测试端按顺序 3、6、1、4、5、2、7、8，说明交叉网线正常。

(2)仪表定置

①测量结束后网线拔出，梳理整齐放入表袋，并摆放整齐。

②长期不用取出电池，注意防水防尘。

五、网线测试仪的安全注意事项

1. 使用前，查看仪表电池电量，确保电池电量充足。
2. 当网线测试仪测试时，先关闭电源开关，连接完毕，再打开电源，观察指示灯状态。
3. 若长期不用请取出电池，保持水晶头金属触点无污垢和铁锈。

第十一节　视频监控测试仪

一、视频监控测试仪简介

视频监控测试仪用于 IP 网络高清摄像机、模拟视频监控摄像机等安防监控设备的安装和维护。主码流显示 H. 265 编码网络高清摄像机图像。仪表内置 POE 供电测试、ping、IP 地址查找等以太网测试功能；支持 HDMI 高清数字信号输入输出；网线测试、寻线器等线缆测试功能；LED 灯夜晚照明、DC 12 V 电源输出等功能，如图 14-37 所示。

图 14-37　视频监控测试仪

二、视频监控测试仪功能

1. 全新硬件解码，支持 H. 265 解码。摄像机在 H. 265/H. 264 编码模式下，主码流测试图像最高分辨率 4 K。

2. 新 IP 摄像机测试一体化功能，集成 DC 12 V/POE 48 V 供电及功率检测、网络信息、IP 地址搜索、图像显示等功能一体。

3. 支持拍照、录像、放大、回放。

4. 双千兆以太网口，支持 10/100/1 000 M 速率，全双工/半双工自适应。可提供 2 000 M 的双向数据传输速率，提升网络传输性能。

5. HDMI 高清数字信号输入，支持图像显示、录像、拍照和回放。

6. 支持同轴高清 4.0,TVI8MP、CVI8MP、AHD5MP 摄像机图像测试、同轴视控及菜单调用。

三、视频监控测试仪功能键

视频监控测试仪功能键如图 14-38 所示,功能键说明见表 14-3。

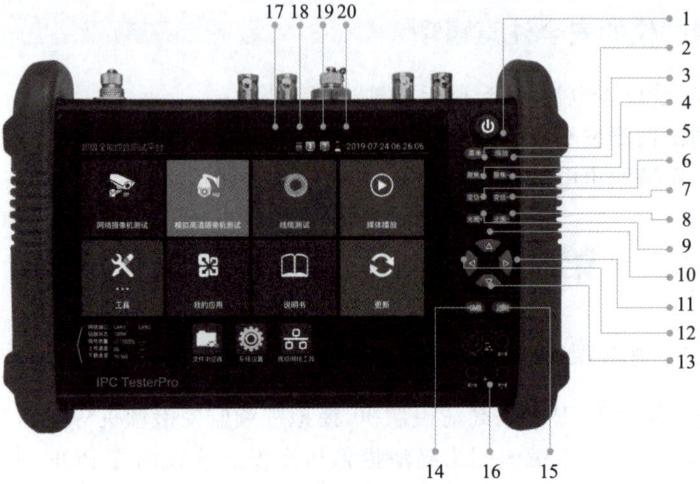

图 14-38 视频监控测试仪功能键

表 14-3 视频监控测试仪功能键说明

序号	功能键	说　明	序号	功能键	说　明
1	⏻	长按2 s以上打开或关闭测试仪电源,短按为待机状态或唤醒待机	11	▷	向右方向键。向右改变设置参数/移动菜单项/转动球机,移动标尺等
2	菜单	菜单按键	12	▽	向下方向键。向左改变设置参数/移动菜单项/转动球机,移动标尺等
3	缩放	图像放大按键	13	◁	向左方向键。向左改变设置参数/移动菜单项/转动球机,移动标尺等
4	聚焦+	近焦(聚焦+),表示图像聚集到近处	14	确认	确定键
5	聚焦-	远焦(聚焦-),表示图像聚集到远处	15	返回	取消/关闭按钮。菜单参数设置时的返回及取消键
6	变倍+	变倍+,镜头拉近,控制镜头放大	16		万用表接口
7	光圈-	变倍-,广角按钮,推远镜头,增大镜头广角	17		电池充电指示灯,充电时亮红色。电池充满时,指示灯灭
8	光圈-	确认/打开按钮。参数设置时的确定键;光圈打开或光圈增大命令	18		RS-485数据发送指示灯,红色
9	光圈-	光圈关闭或光圈减小命令	19		RS-485接收数据指示灯,红色
10	△	向上方向键。向左改变设置参数/移动菜单项/转动球机,移动标尺等	20		外接电源指示灯,绿色

四、视频监控测试仪的使用方法

1. 视频监控测试仪的检查

使用前需对视频监控测试仪进行外观检查,包括:

(1)检查外观良好、无破损。

(2)各个接口正常良好、无污染。

(3)按键正常,显示屏清晰,电源充足。

(4)配件整齐,无缺失。

2. 视频监控测试仪的测试

(1)网络摄像机的测试

①将网络摄像机连接到仪表的 LAN 端口,给网络摄像机接上电源,仪表的 LAN 端口的 LINK 长亮,数据指示灯闪烁,表示仪表和 IP 网络摄像机正常连接和通信,仪表可测试该摄像的图像。如果仪表 LAN 端口两个指示灯不亮,请检查 IP 网络摄像机是否已上电或网线是否有问题。

②查找摄像机 IP,用手指轻触主界面的 进入该功能。仪表将自动搜索与仪表连接的全网段 IP,并自动修改仪表本机 IP 与摄像机同网段,如图 14-39 所示。

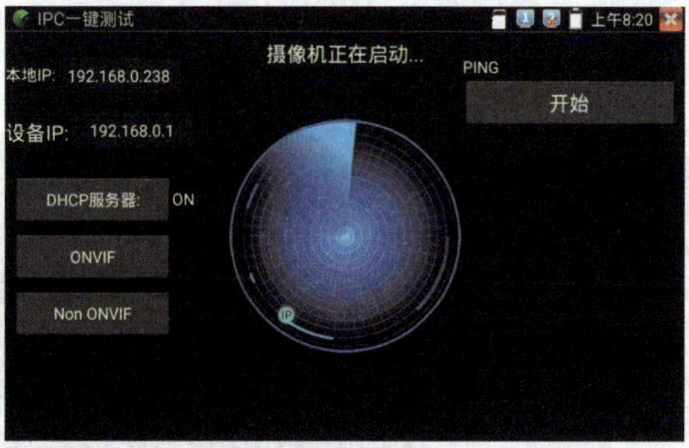

图 14-39　IPC 一键测试

③用手指轻触主界面的 进入 ONVIF 工具功能界面,仪表自动扫描网段内的所有 ONVIF 网络摄像机,在左边设备列表中列出摄像机名称和地址。仪表将自动登录并播放摄像机画面。默认使用 admin 密码自动登录,修改密码后,将使用修改后的密码自动进行登录。

(2)模拟摄像机的测试

①将摄像机或快球的视频输出连接到 IPC Tester 视频监控测试仪的视频输入端 VIDEO IN,如图 14-40 所示,仪表的 LCD 屏幕将显示摄像机的图像。

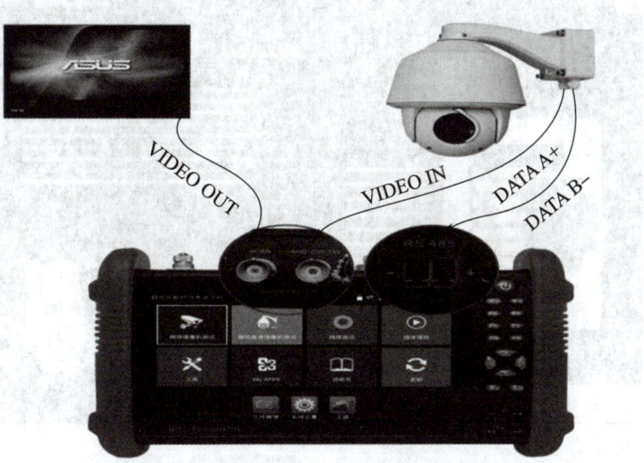

图 14-40　模拟摄像机的测试连接示意图

②将快球或摄像机 PTZ 云台的 RS-485 控制线缆,连接到视频监控测试仪 IPC Tester

的 RS-485 端口,注意连接线缆的正负极,正对正,负对负连接。

③利用云镜控制键对画面进行控制。

(3)图像发生器的使用

图像发生器如图 14-41 所示。①用手指轻触主界面的进入图像发生器功能,屏幕上显示的测试图像通过仪表的 Video Out 端口输出。轻触上面的 PAL 按键,可选 PAL、NTSC 制式输出。

②BNC 回路测试:连接相应 BNC 接口,可通过 VIDEO OUT 端口输出不同制式彩条视频图像,同时可以由 VIDEO IN 接收回来,显示视频的输入和输出情况,本功能适用于测试监控传输通道,如视频光端机、视频线缆等,VIDEO OUT 端口接光端机的发射端,VIDEO IN 接光端机的接收端。

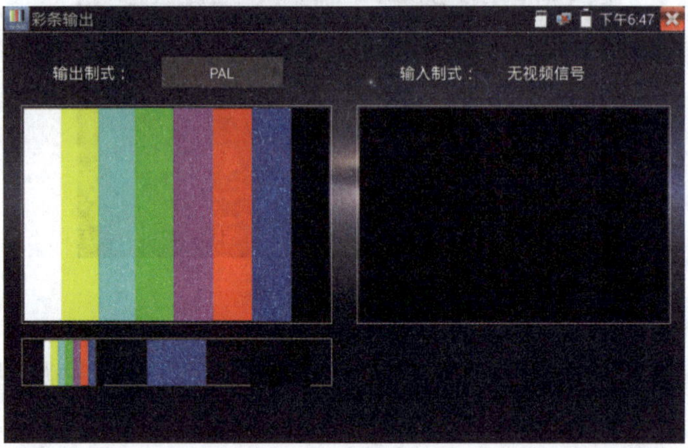

图 14-41　图像发生器

(4)网线测试器(图 14-42)的使用

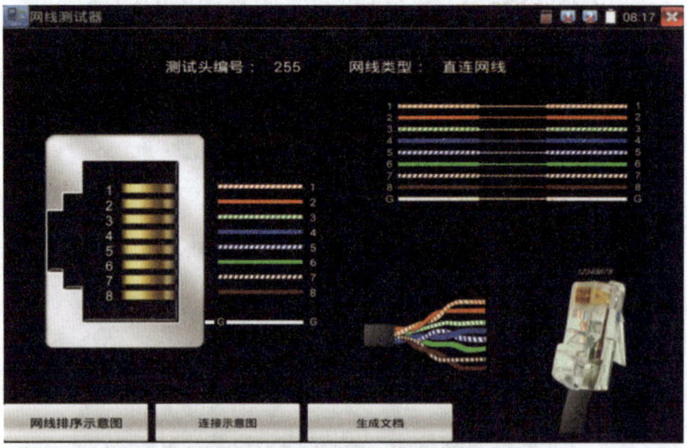

图 14-42　网线测试器

①仪表功能界面,手指轻触键,按键进入"网线测试器"界面。

②将被测网线的一端连接至仪器右侧的 UTP/SCAN 端口，另一端连接寻线器上的网线测试口。

③网线是否可用的可视化判断。

(5)仪表定置

①测量结束后将测试线路、设备恢复。

②将仪表关机，整理附属配件，梳理整齐放入表箱，并摆放整齐。

五、视频监控测试仪的安全注意事项

1. 使用前，查看仪表右上角电池电量，确保电池电量充足。
2. 保持仪表接头端面清洁、无污染，避免仪表机械振动、碰撞、跌落及其他机械损伤。
3. 若长期不用请取出电池，防止电池受潮影响仪表的准确测量。

第十二节　驻波比测试仪

一、驻波比测试仪简介

驻波比测试仪的主要功能是对 BTS 天馈系统的驻波比进行测试，对测试结果进行分析，并对故障点进行定位。天馈线系统的维护目标：基站信号尽可能多的被传送到天线从而被辐射出去。驻波比测试仪如图 14-43 所示。

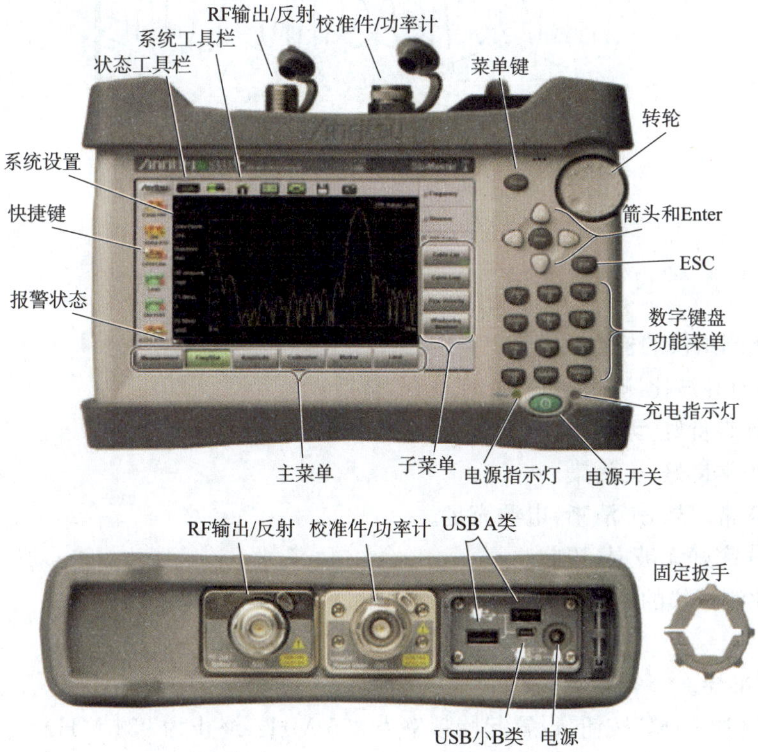

图 14-43　驻波比测试仪外观

二、驻波比测试仪参数

1. 电压驻波比 V_{SWR}

信号理想传播时,电压恒定不变,当存在反射信号时,两者结合形成驻波,驻波会迫使射频电压波形改变,反射信号越大,V_{high}越大,V_{low}越小,故定义 $V_{SWR}=V_{high}/V_{low}$ 来表征反射信号的大小。

2. 回波损耗 RL

回波损耗 RL(return loss)是反射系数的倒数,以分贝表示。RL 的值在 0 dB 到无穷大之间,回波损耗越小,表示匹配越差;反之则匹配越好。0 dB 表示全反射,无穷大表示完全匹配。《铁路通信维护规则》中要求回波损耗大于 14 dB(对应 $V_{SWR}=1.5$)。

图 14-44 所示为电压驻波比原理。

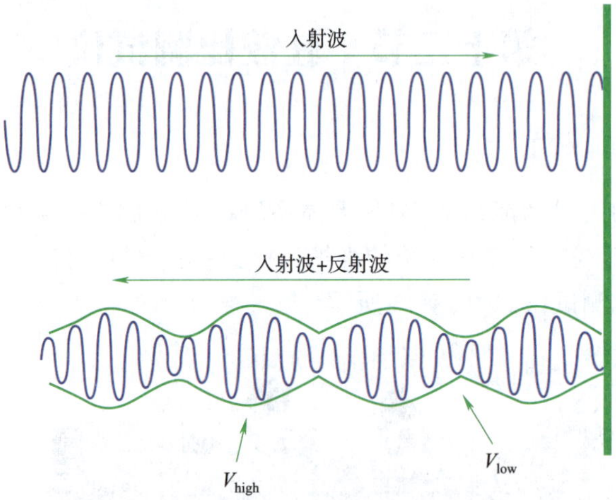

图 14-44　电压驻波比原理

三、驻波比测试仪使用方法

1. 驻波比测试仪的检查

使用前需对驻波比测试仪进行外观检查,包括:

(1)检查外观良好、无破损。

(2)接口正常良好、无污染。

(3)按键正常,显示屏清晰,电源充足。

(4)连接线完好无破损、扭曲。

2. 驻波比测试仪的测试

(1)校表

①连接校准棒。

②点击"频率/距离"按钮,设置起始频率为 885 MHz,终止为 934 MHz。

③点击"开始校准",出现对话框后,按 ENTER 键,直至校准状态为 ON。

④卸下校准棒。

(2)闭塞载频

①在 BSC 网管上右键点击需要测试的载频,单击“修改管理状态”,如图 14-45 所示。

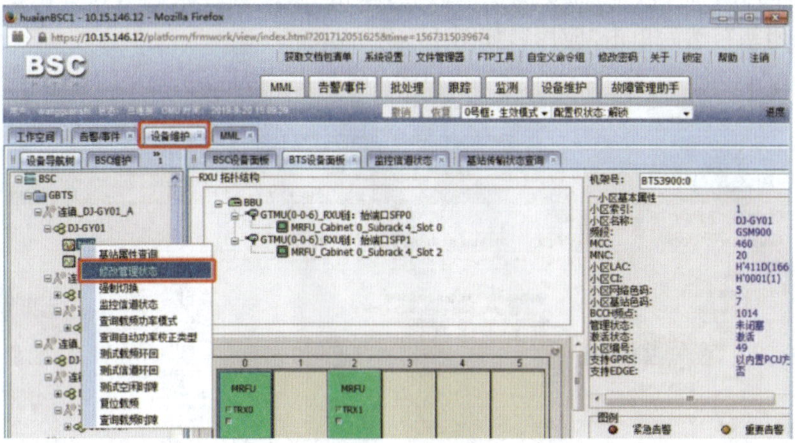

图 14-45　修改管理状态

②在弹出窗口,“修改状态”选择“闭塞”,然后单击“应用”,如图 14-46 所示。

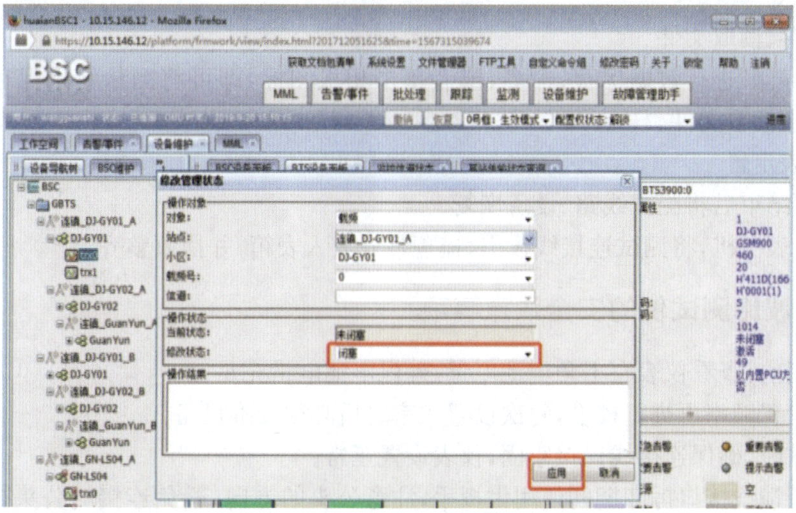

图 14-46　闭塞及应用

(3)基站驻波比测试

①带防静电手镯,用扳手连接测试线和天馈线。

②反射驻波比测试方法:单击“测量”按钮,将功能打到“电压驻波比”,单击“幅度”按钮为顶线“2”,底线“1”,标准数值在 1.5 以下。

③断点距离驻波比的测试方式:如果驻波比测试值大于 1.5,对故障点位置进行判断。

a. 单击“测量”按钮,选择“距离故障点驻波比”。

b. 设置距离 D1-起始距离参数,D2-终止距离参数。

c. 先进行“标记”设置“M1”,选择“标记峰值”,即可将标记自动移到波峰位置,并通过标记值确定故障点的位置,读取并记录在某一点的最大驻波比。

④驻波测试完毕后将基站 1/2 跳线还原,然后在 BSC 网管上解开闭塞的载频,步骤如下:

在 BSC 网管上右键点击需要测试的载频,单击"修改管理状态",在弹出窗口,"修改状态"选择"未闭塞",然后单击"应用",如图 14-47 所示。

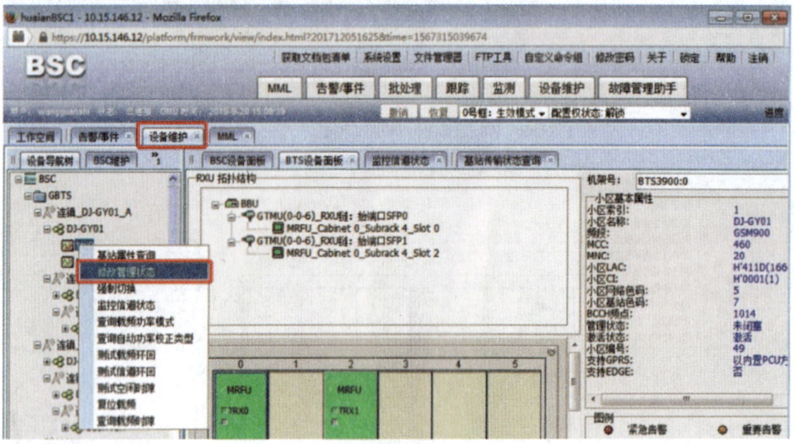

图 14-47　解闭塞及应用

(4)保存、读取文件

单击"存储"进行数据保存、命名,或者单击相机图标,即可将测量结果保存到仪表里。选择文件夹,读取文件。

(5)仪表定置

①测量结束后将测试线路、设备恢复。

②将仪表关机,将测试连接线拔出,梳理整齐放入表箱,并摆放整齐。

五、驻波比测试仪的安全注意事项

1. 使用前,查看仪表右上角电池电量,确保电池电量充足。

2. 先设置频率再进行校准,每次设置频率之后必须校准设备。

3. 测试时,确保连接线连接牢固,仪表设置正常。

4. 在天馈线接口拆卸期间使用大扳手,注意公头的方向,避免连接时公头损坏,不可使用蛮力。

复习思考题

1. 简述数字万用表如何进行校表。
2. 计算 1 nW 等于多少 dBm。
3. 什么是误码秒?
4. 网线 568B 的线序是什么?
5. 简述 OTDR 的四点法测量熔接点损耗的步骤。